Friedrich Wilhelm Korff

Das musikalische Aufbauprinzip der ägyptischen Pyramiden

Ein Nachruf auf die zeitgenössische deutsche Ägyptologie

Georg Olms Verlag
Hildesheim · Zürich · New York
2015

Das Werk ist in allen seinen Teilen urheberrechtlich geschützt.
Jede Verwertung außerhalb der engen Grenzen des Urheberrechtsgesetzes
ist ohne Zustimmung des Verlages unzulässig.
Das gilt insbesondere für Vervielfältigungen, Übersetzungen,
Mikroverfilmungen und die Einspeicherung und Verarbeitung
in elektronischen Systemen.

Die Deutsche Bibliothek verzeichnet diese Publikation
in der Deutschen Nationalbibliografie; detaillierte bibliografische Daten
sind im Internet über http://dnb.ddb.de abrufbar.

© Georg Olms Verlag AG, Hildesheim 2015
www.olms.de
Alle Rechte vorbehalten
Printed in Hungary
Gedruckt auf säurefreiem und alterungsbeständigem Papier
Umschlagentwurf: Anna Braungart, Tübingen
ISBN 978-3-487-08567-8

Für Jan Assmann und Rainer Stadelmann

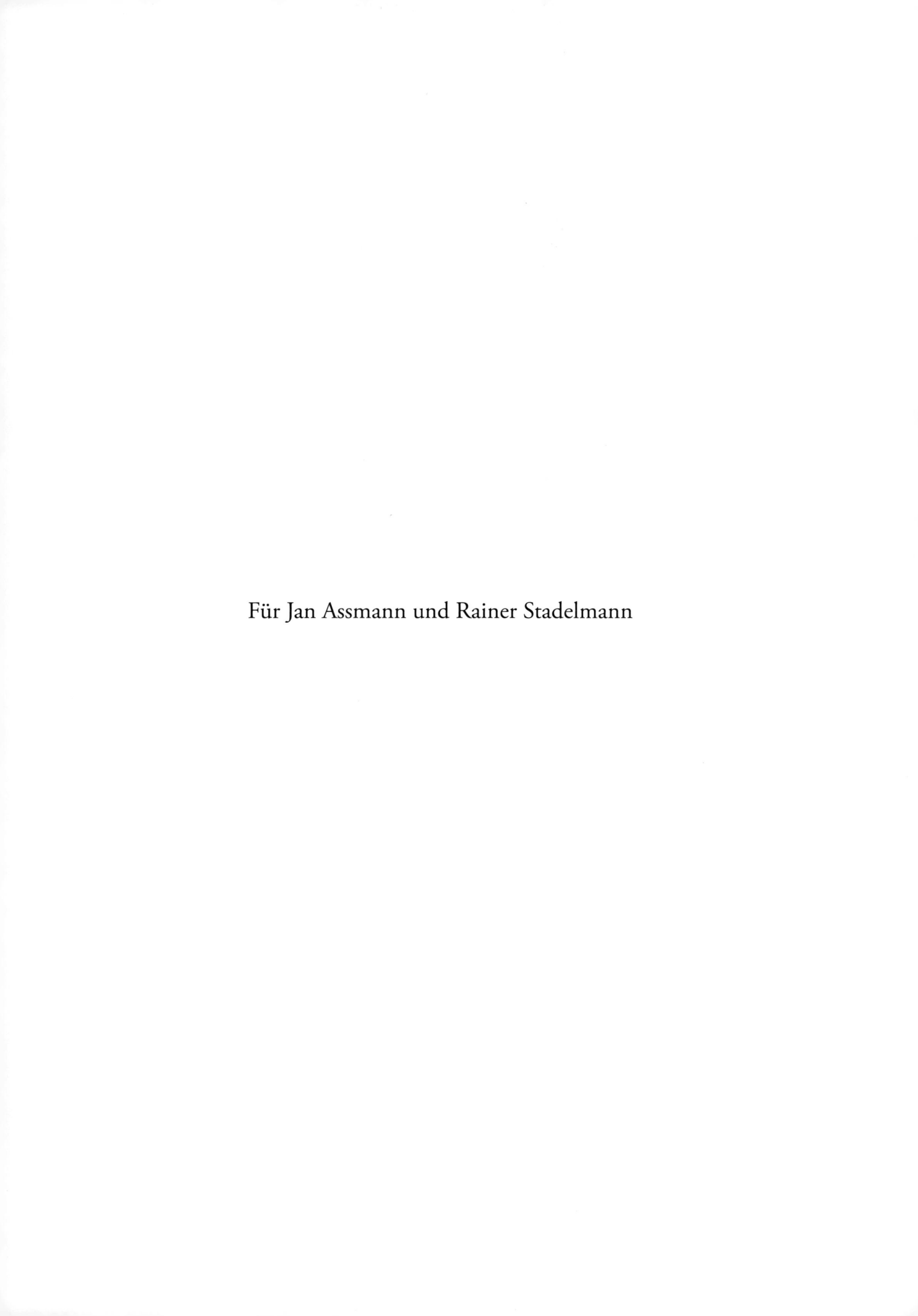

Inhaltsverzeichnis

Vorwort und Überblick .... IX–XXIV

Kapitel I
Das Geheimnis der Pyramidenneigungen ist entdeckt!
Die Ratio architektonischer Proportionen – d. h. das Verhältnis der Strecken Pyramidenhöhe zu ihren Basishälften – sind als zwei harmonisch zusammenklingende Frequenzen in Hertz gemessen und zu Gehör gebracht, ganzzahlige Tonabstände aus der Natur- und Obertonreihe sowie Intervalle antiker Tonarten, die Platon, Ptolemaios aus Alexandria und Boëthius überliefern. 1–45

Kapitel II
Brief an Jan Assmann über die Neigung der Pyramide des UNAS und über die gleiche Quinte in Papagenos Flötensignal in Mozarts Oper „Die Zauberflöte" 46–60

Kapitel III
Platons Zahl 5040, seine Dreieckszahlen, Pyramiden- und Pyramidenstumpfzahlen im Entwurf und Bau der Pyramiden. 61–68

Kapitel IV
COMMEDIA EGIZIANA – Platonisches Gespräch mit einem zeitgenössischen deutschen Ordinarius für Ägyptologie 69–93

Kapitel V
Die Partial- und Obertonreihe in der ägyptischen und der klassisch-griechischen Architektur ... 94–127

Kapitel VI
Pilgerfahrt nach Priene 128–135

Kapitel VII
Was heutigen Ägyptologen nicht gegenwärtig ist: Vitruvs Erinnerung an nötige Kenntnisse in der Musiktheorie und an die unabdingbare universale Bildung eines Architekten 136–138

Kapitel VIII
Rechnen mit Platons musikalischem Abakus. 139–143

Kapitel IX
Die harmonischen Abmessungen aller Pyramidien sind jetzt gefunden!
Ein Erlebnisbericht für Rainer Stadelmann, Jan Assmann und seine Heidelberger Studenten der Ägyptologie 144–178

Kapitel X
Drei Regeln überprüfen korrekte Pyramidenabmessungen in zukünftigen Handbüchern. Stücklisten des Blocksteinbedarfs der Cheopspyramide und von Dahshur-Nord 179–184

Kapitel XI
Ein Geschenk, das uns alle erfreut
Imhoteps Erfindung der „Königselle" aus Bohrlochabständen der Nay-Flöte 185–192

Anhang 1
Friedrich Wilhelm Korff
Essay über den Komponisten Don Carlo Gesualdo, Principe di Venosa (1560–1613) 193–198

Anhang 2
Die mißglückten Versuche, das „Weltseelen"-Schema „Timaios 35 a ff." zu verstehen, werden nach Platons Ausmerzung des pythagoräischen Kommas (Tim 36 b5) aus der „Timaios"-Scala korrigiert, und damit sind die bisherigen Interpretationen beendet, die aus Unkenntnis der Musiktheorie an der Apotomenproblematik scheiterten. Ein Kapitel aus meinem noch nicht veröffentlichten Buch über Platons Musiktheorie. 199–217

Anhang 3
F. W. Korff: „Platons Sprache der Musik. Seine Ableitung der Partial- und Obertonreihe / ‚Epinomis 990 E' in neuem Licht" 218–230

Anhang 4
B. L. van der Waerden: „Die Harmonielehre der Pythagoreer" in: „Hermes, Zeitschrift für Klassische Philologie", Bd. 78, Weidmannsche Verlagsbuchhandlung, Berlin 1944 231–268

Anhang 5
Nachruf auf die zeitgenössische deutsche Ägyptologie 269–276

Epilog 277

Erleichterte Leseprobe zur Einheit der antiken Musiktheorie, Geometrie und Mathematik
Nachweis für Laien und Fachfremde, daß die in Platons Tonart Diatonon Malakon proportionierten Abmessungen der Cheopspyramide, notiert man ihre Ellen als Frequenzen, meßbar in Hz, heute tatsächlich rein in A-Dur klingen. 278–283

Personenregister 284–286

Friedrich Wilhelm Korff

Das musikalische Aufbauprinzip der ägyptischen Pyramiden

Ein Nachruf auf die zeitgenössische deutsche Ägyptologie

Binomialkoeffizienten im Pascalschen Dreieck ▲

Dreiecks-, Pyramiden- u. Pyramidenstumpfzahlen im Pascalschen ▲

```
        1           ↓Folge natürlicher Zahlen(1,2,3,4,5,6,7)
       1 1          ↓ 1. Summe (1+2+3+4+5+6=21) (Dreiecksz.)
      1 2 1         ↓ 2. Summe (1,4,10,20,35,56,84) (Pyramiz.)
     1 3 3 1        ↓3.Summe(1+4+10+20+15+35+56+84=210)
    1 4 6 4 1       (Pyramidenstumpfzahlen)
   1 5 10 10 5 1
  1 6 15 20 15 6 1
 1 7 21 35 35 21 7 1
1 8 28 56 70 56 28 8 1
1 9 36 84 126 126 84 36 9 1
         ⎯⎯ 210 ⎯⎯
```

Inhalte des Pyramidions u. der Stümpfe   Summe der 7 Höhen

Pyramidionvolumen 1,96 E³ (0,2793610221 m³)   1x 4/3 = 4/3 E
Stumpf (a)   +243,04 E³ (34,64076674 m³)   4x 4/3 = 5 1/3 E
Stumpf (b)   +6370 E³ (907,9233218 m³)   10x 4/3 = 13 1/3 E
Stumpf (c)   +77420 E³ (11034,76037 m³)   20x 4/3 = 26 2/3 E
Stumpf (d)   +588245 E³ (83843,22676 m³)   35x 4/3 = 46 2/3 E
Stumpf (e)   +3248456,96 E³ (463006,2534 m³) 56x4/3 E = 74 2/3 E
Stumpf (f)   +14230823,04 E³ (2028335,342 m³) 84x 4/3 = 112 E
Vol. Cheops = 18151560 E³ (2587162,426 m³)   210 St.x4/3=280 E
Höhe der Cheopspyramide: 280 Ellen (146,2608 m)
Basislänge der Cheopspyramide 441 Ellen (230,36076 m)

Binomialkoeffizienten im Pascalschen Dreieck ▲
Die endgültigen Abmessungen der Cheopspyramide in antiker Berechnung,
Ellenmaß: 0,52236 m, entdeckt 2007 von F.W.Korff

x 2,1 E=Pyramid.B.,1,096956 m **1** x4/3 E=H₁ Pyramidion 0,69648 m
x 2,1 E = B₂ = 10,5 E Basisbreite (a) = 5,48478 m **5** **4** x 4/3 = H₂ = 5 1/3 E Stumpf (a) = 2,78592 m
x 2,1 E = B₃ = 31,5 E Basisbreite (b) = 16,45434 m **15** **10** x 4/3 = H₃ = 13 1/3 E Stumpf (b) = 6,9648 m
x 2,1 E = B₄ = 73,5 E Basisbreite (c) = 38,39346 m **35** **20** x 4/3 = H₄ = 26 2/3 E Stumpf (c) = 13,9296 m
70 **35** H₅ = 46 2/3 E Stumpf (d) = 24,3768 m
147 E Basisbreite (d) = 76,78692 m
126 x 2,1 E = B₆ = 264,6 E Basisbreite (e) = 138,216456 m **56** **56** x 4/3 E = H₆ = 74 2/3 E Stumpf (e) = 39,00288 m
210 **210** x 2,1E = B₇ = 441 E Basisbreite (f) = 230,36076 m **84** x 4/3 E H₇ = 112 E Stumpf (f) = 58,50432 m

Vorwort und Überblick

Die bis heute unbekannte harmonische Einheit von Arithmetik, Geometrie und Musiktheorie im Aufbau ägyptischer Pyramiden

Einer sehr einfachen antiken Mathematik, die auf nichts anderes als auf ihre schöne und praktische Anwendung in Entwurf und Bau ägyptischer Pyramiden ausgerichtet war, verdanke ich die Ergebnisse meines Buchs. An einem Beispiel für alle, am Aufbau der Pyramide des Cheops, konnte ich sie schon auf der Titelseite zusammenfassen.

Die arithmetische Lösung

In der Schule lernten wir, daß $(a + b)^2 = 1a^2 + 2ab + 1b^2$ ist. Man löse jetzt den Umschlag vom Buch und lege ihn neben dieses Vorwort. Wenn man den binomialen Ausdruck $(a + b)^n$ von $n = 0$ bis $n = 10$ ausrechnet, ergibt sich eine Zahlenpyramide, in der die steigenden Potenzen von a und b Beiwerte der Vergrößerung, also Binomialkoeffizienten, in Form ganzer natürlicher Zahlen 1 bis n erhalten. Diese Beiwerte haben die Ägypter mit Ellen versehen und genutzt, um im Pyramidenquerschnitt zur bestimmten Höhe zugleich auch die dazu gehörige Basisbreite einer zur Basis parallelen Schnittfläche zu erhalten. In den gesamten Pyramidenquerschnitt wurden so übereinander verlagerte Trapeze verteilt, die zuoberst den Querschnitt des Pyramidions enthielten. Auf diese Weise gelang es den Ägyptern, vermessungstechnisch die vier Kanten einer Pyramide gerade zu halten, um sie im Baufortschritt exakt in die Spitze des Pyramidions zusammenzuführen, weil sie die genauen Koordinaten der Schnittflächen mit den Pyramidenböschungen hatten. Ausführlich wird diese mit der Zahl 5040 verbundene und in Platons „Nomoi" beschriebene Berechnungsweise im Kapitel III vorgeführt, und ich stelle sie auch hier am Beispiel der Cheopspyramide vor. Sie ist eine sichere Methode auch im Aufbau aller anderer Pyramiden gewesen, die bislang, wie ich vermute, noch nicht entdeckt wurde.

Binomialkoeffizienten im Pascalschen Dreieck (Aus: Helmut Sieber, „Mathematische Tafeln", S. 32, Stuttgart 1970)

$(a + b)^0 =$ 1
$(a + b)^1 =$ $1a + 1b$ ←   ← Reihe der natürlichen Zahlen, die proportioniert $(1:2:3 \ldots n/n+1)$ die Obertonreihe ergeben, multipliziert Fakultätszahlen.
$(a + b)^2 =$ $1a^2 + 2ab + 1b^2$
$(a + b)^3 =$ $1a^3 + 3a^2b + 3b^2a + 1b^3$
$(a + b)^4 = \rightarrow$ Binomial- ↕   1   4   6   4   1   Z. B. $7! = 5040 = 1 \times 2 \times 3 \times 4 \times 5 \times 6 \times 7$ und
$(a + b)^5 =$ koeffizienten   1   5   10   10   5   1   addiert Dreieckszahlen z. B. $(1 + 2 + 3 = 6)$
$(a + b)^6 =$ 1   6   15   20   15   6   1
$(a + b)^7 =$ 1   7   21   35   35   21   7   1
$(a + b)^8 =$ 1   8   28   56   70   56   28   8   1
$(a + b)^9 =$ 1   9   36   84   126   126   84   36   9   1
$(a + b)^{10} =$ 1   10   45   120   210   252   210   120   45   10   1

Nota bene 1: Da die 11 in den ersten 10 Reihen des Pascalschen Dreiecks ebenfalls im ägyptischen Meß - und Maßsystem – 1 Elle à 52,5 cm, 7 Handbreit à 15/2 cm, 28 Finger à 15/8 cm – <u>nicht vorkommt, kann die bisherig angenommene Basislänge der Cheopspyramide von 440 Ellen (4x11x10) auch nicht stimmen.</u> Sie muß 441 Ellen sein, denn als Binomialkoeffizient entstammt sie dem Pascalschen Dreieck und ist als Produkt von Binomialkoeffizienten $(21 \times 21 = 441)$ oder von $(1 \times 3 \times 7)^2$, eine Quadratzahl $(21)^2$. Sie erfüllt damit die Gesetzmäßigkeiten des Pascalschen Dreiecks, daß die Summe zweier aufeinander folgender Dreieckszahlen der Gestalt von ($S_n = n/2 \times (n+1)$) stets ein Quadrat über der um Eins (1) höheren Dreieckszahl ist ($S_n + S_{n+1} = n^2$):

$(a + b)^{10}$ ▲-Zahlen 45   Quadratzahlen   Beispiel: 1▲ +2▲ + 1▼ = 4▲ $(a + b)^{15}$ +105   = 196
$(a + b)^{11}$ +55   = 100 $(a + b)^{16}$ +120   = 225
$(a + b)^{12}$ +66   = 121   ▲ $(a + b)^{17}$ +136   = 256
$(a + b)^{13}$ +78   = 144   ▲▼▲ $(a + b)^{18}$ +153   = 289
$(a + b)^{14}$ +91   = 169 $(a + b)^{19}$ +171   = 324

Nota bene 2: Weitere Ursache für das Fehlen der 1 ist, $(a + b)^{20}$ +190   = 361 $S_{20} + S_{21} = 21^2$
daß in hieratischer Schrift die Eins ein bloßer Punkt (.) $(a + b)^{21}$ +210   = 400 $20/2 \times 21 + 21/2 \times 22 = 441$
ist, der durch Jahrhunderte tradiert leicht verloren geht. $(a + b)^{22}$ +231 $210 + 231 = 441$

Die geometrische Lösung

Die ersten zehn Reihen des Pascalschen Dreiecks enthalten nur Summen und Produkte der ersten fünf Primzahlen (1, 2, 3, 5, 7) des ägyptischen Meß- und Maßsystems. Die erste Reihe besteht aus Einsen, die zweite aus natürlichen Zahlen, die dritte aus ihrer Summe, den „Dreieckszahlen". Deren Summe nenne ich mit Nikomachos von Gerasa aus seiner „Einführung in die Arithmetik" (s. S. XII) „Pyramidenzahlen", und schließlich bekomme ich die vierte Reihe, die wiederum eine Summe der Pyramidenzahlen enthält, die ich nun „Pyramidenstumpfzahlen" nenne. Wir haben also vier einfache Summen von Zahlen, von denen die Einsen noch undimensioniert sind, also Stücke des Aufbausystems, die, dann vom Punkt in die Linie und die Linie in die Fläche bis in die Raumausfüllung dimensioniert, die genaue Zahl der Pyramidien (210^3) ausmachen werden, aus denen sich die ganze Pyramide zusammensetzt. Die Folge der natürlichen Zahlen ist, wie gesagt, die Einteilung einer Linie, die in erster Dimension später die Höhe der Pyramide sein wird, die also diese Stücke in Abstände aus natürlichen Zahlen reiht. Die dritte Reihe der „Dreieckszahlen" füllt nun mit ihren zum Pyramidenquerschnitt gleichproportionierten Dreiecksflächen der Zahl nach ein Mosaik aus in Dreiecken figurierten Zahlen von stehenden (▲) und hängenden (▼) Dreiecken den Pyramidenquerschnitt lückenlos in zweiter Dimension auf. Es entstehen dabei gleichhohe Stufen im Pyramidenquerschnitt und von Stufe zur Stufe die Dreieckszahlen 1, 3, 6, 10 ... usw. mit der Summe $S_n = n/2 \times (n + 1)$. Außerdem ergeben die Zahlen zweier aufeinander folgender Stufen stets eine Quadratzahl (1 + 3 = 4; 3 + 6 = 9 usw.).

▲

▲▼▲

▲▼▲▼▲

Bei den „Pyramidenzahlen" (1, 4, 10, 20, 35, 56, 84, 210), die Summen jener Dreieckszahlen sind, schlagen die Dreiecksflächen in Raumkörper um. Die Dimension wechselt von der zweidimensionalen Fläche in den dreidimensionalen Raum. Die Dreiecksflächen werden jetzt zu Pyramidien, die durch Längeneinheiten dimensioniert vom Pyramidion mit dem Inhalt 1^3 E^3 um den jeweils 4-, 10-, 20-, 35-, 56-, 84-, 210-fachen Inhalt vergrößert nach unten wachsen und ebenso wie bei den Dreieckszahlen von Reihe zu Reihe größer werdende Pyramiden erzeugen. Der Faktor der Vergrößerung zeigt sich in den einzelnen Abschnitten der Pyramidenhöhen, die sich zur Cheopspyramidenhöhe (280 Ellen) addieren:

$$1 \times \tfrac{4}{3} E = \tfrac{4}{3} E$$
$$4 \times \tfrac{4}{3} E = 5\tfrac{1}{3} E$$
$$10 \times \tfrac{4}{3} E = 13\tfrac{1}{3} E$$
$$20 \times \tfrac{4}{3} E = 26\tfrac{2}{3} E$$
$$35 \times \tfrac{4}{3} E = 46\tfrac{2}{3} E$$
$$56 \times \tfrac{4}{3} E = 74\tfrac{2}{3} E$$
$$84 \times \tfrac{4}{3} E = 112 E$$

Cheopspyramidenhöhe: $210 \times \tfrac{4}{3} E = 280 E$ (146,2608 m), bei der Elle von (0,52236 m)

Bei den „Pyramidenstumpfzahlen" zeigt sich das gleiche. Die Vergrößerung des Inhaltes 1^3 E^3 um das 5-, 15-, 35-, 70-, 126-, 210-fache wächst diesmal von unten herauf, in Form von Pyramidenstümpfen, die sich zuletzt mit dem Pyramidion zur Pyramide zusammensetzen. Deren einzelne Basislängen sind die festen waagerechten Abstände der Basis- und Deckflächen, die, wie die senkrechten in den Höhen, nunmehr die Koordinaten der Entwürfe aller zu bauenden Pyramiden vervollständigen, wenn die vom Architekten festgelegten Maße mit den arithmetischen Kennzahlen aus der arithmetischen Apriorizität des Pascalschen Dreiecks verbunden werden, wie ich das auf meiner Zeichnung der Cheopspyramide eingetragen habe. Wie die Arithmetik in die Geometrie wechselt und diese in die Architektur und damit zur harmonischen Grundlage des architektonischen Aufbaus wird, ist hier gleich anschließend zu behandeln, weil nämlich noch dazu die Reihe der natürlichen Zahlen harmonische Proportionen der Partial- und Obertonreihe enthält, die eine Brücke zum musiktheoretischen Inhalt des Pascalschen Dreiecks schlägt. Vorher wird aber noch ein kurzer Exkurs zur Herkunft und Geschichte des Pascalschen Dreiecks nötig.

Moritz Cantor weist in seiner „Geschichte der Mathematik" (Bd. I, S. 687) den Erfinder des Pascalschen Dreiecks Tschu schi Kih in China ins Jahr 1303 und später durch Wan Ly in der Ming-Dynastie (1793) nach. Er schreibt dazu: „Es sind die den Arabern freilich seit dem Ende des XI. (Jh. n. Chr.) bekannten Binomialkoeffizienten." Sie sind bei Ptolemaios im harmonischen Abschnitt (Harm. I. 16, II 16) des „Almagest" auffindbar. Wo anders als bei den alten Ägyptern sollte Ptolemaios aus Alexandria auf harmonische Zusammenhänge gekommen sein? Die Ableitung der Dreiecks-, Pyramiden- und Pyramidenstumpfzahlen findet man bei dem pythagoräischen Mathematiker und Harmoniker Nikomachos von Gerasa (125 bzw. 151 v. Chr. ff.) in seiner „Einführung in die Mathematik", S. 91. S. meine Studie „Der Klang der Pyramiden" S. 67.

Zusammenfassung des arithmetischen Abschnitts

Die Binomialkoeffizienten im Pascalschen Dreieck entstehen als Beiwerte zu a und b und sind also feste Kennzahlen, die man bautechnisch bei allen Pyramiden zur Einmessung der waagerechten Schnittflächen und ihrer Höhen nutzen kann, um den Neigungswinkel konstant und gerade zu halten, damit sich die vier Kanten einer Pyramide in der Spitze des Pyramidions treffen.

Hier folgt die Liste des Pyramidioninhalts und der sechs Pyramidenstümpfe, die von der Basis aus dem Pyramidion von unten nach oben wachsen und der Summe ihrer jeweiligen Höhen, die bei der Cheopspyramide $210 \times \frac{4}{3} = 280$ Ellen (146,2608 m) beträgt. Denn $\frac{4}{3}$ Ellen (0,69648 m) ist die durchschnittliche Höhe einer Stufe, wie sie auch Goyon (BIFAO 78) annähernd berechnete. 210 Stufen mit dem Durchschnitt von $\frac{4}{3}$ Ellen Höhe ergeben 280 Ellen. Auch die Basis der Cheopspyramide besteht aus $210 \times 2,1 = 441$ Ellen (230,36076 m), weil $\frac{80}{63}$ ihr Rücksprung und $\left(\frac{4}{3}\right)/\left(\frac{21}{20}\right) = \frac{80}{63}$ ist. Der Neigungswinkel ist dann arctg $\frac{80}{63} = 51,78°$.

Die Liste der Basisbreiten der sechs Pyramidenstümpfe ist ebenfalls aus den wachsenden Inhalten und Stückzahlen der Pyramidien zu gewinnen. Es kommt jetzt die linke Reihe der Pyramidenstumpfzahlen (1, 5, 15, 35, 70, 126, 210) zum Zuge. Um die Basislängen des Pyramidions und der sich nach unten anschließenden sechs Pyramidenstümpfe zu gewinnen, sind diese Zahlen mit $\frac{21}{10} = 2,1$ zu multiplizieren. Es müssen überall 2,1 Ellen sein, weil die Cheopspyramide den genauen Rücksprung ($\frac{\text{Höhe}}{\text{Basishälfte}} = \left(\frac{4}{3}\right)/\left(\frac{21}{20}\right)$) von $\frac{80}{63}$ hat. Da die Höhe eines Pyramidions $\frac{4}{3}$ Ellen ist, muß $\left(\frac{4}{3}\right)/\left(\frac{21}{20}\right) = \frac{80}{63}$ sein. Wenn die Basishälfte $\frac{21}{20}$ Ellen ist, dann ist die Basis $\frac{21}{10} = 2,1$ Ellen lang. *Die Logik im Koeffizientenaufbau zeigt, daß die Cheops-Basis nicht 440 Ellen ist!*

Liste der Basis- und Deckflächenlängen der Cheopspyramidenstümpfe:
    1 x 2,1 E =   2,1 E (1,096956 m)
    5 x 2,1 E =   10,5 E (5,48478 m)
   15 x 2,1 E =   31,5 E (16,45434 m)
   35 x 2,1 E =   73,5 E (38,39346 m)
   70 x 2,1 E = 147   E (76,78692 m)
 126 x 2,1 E = 264,6 E (138,6456 m)
 210 x 2,1 E = 441   E (230,36076 m)

Da die Maße vom Architekten festgesetzt werden und der Bau einer Pyramide ein menschliches Artefakt bleibt und nicht, wie das Pascalsche Dreieck, von der Natur hervorgebracht ist, entsteht jetzt eine erstaunliche Schlussfolgerung, wenn man die Maße der restlichen 29 Großpyramiden betrachtet, die ja auf die gleiche Weise wie die Cheopspyramide halb von der Arithmetik, halb vom Menschen entworfen wurden. Denn es ist Menschenwerk, das nicht die Pyramidenform, sondern durch Beiwerte, gewonnen aus harmonisch *gewählten* Rücksprüngen, Größe und Neigung der Pyramiden festlegt. Denn wenn ihr Aufbau nicht ganzzahlig ist, entstehen die Zahlen des Pascalschen Dreiecks von selbst auch in diesen Pyramiden, ohne daß man sie gleich bemerkt. In der Cheopspyramide sind nun auffällig Binomialkoeffizienten ohne Beiwerte verbaut, während die anderen sich häufig so rein nicht erblicken lassen.

Da sind nun 210 als Satz des Produkts 5-erster Primzahlen (1 x 2 x 3 x 5 x 7 = 210). 210 Ellen kommen als Basishälfte Dahshur $\left(\frac{420}{2}\right)$ und auch in der Basis M3 Meidum vor, aber in der Verbindung mit der Höhe $\left(\frac{4}{3} \times 210 = 280\right)$ sind die Dreieckszahlen ($S_7 = 1 + 2 + 3 + 4 + 5 + 6 + 7 = 28$) und in der Basis ($S_6 = 1 + 2 + 3 + 4 + 5 + 6 = 21$) auffällig. Das gleiche gilt für 35, 36, 126, 252 x 20 = 5040 usw. Hier bei der Cheopspyramide liegt der Schluß nahe, daß die Ägypter das Pascalsche Dreieck kannten. Sie brauchten nur ihre zehn Finger und ein wenig Kopfrechnen, um die Maße ihrer Normpyramide festzusetzen.

Von arithmetischer zur geometrischen und zur musiktheoretischen Lösung

1,96 E³	ist der Inhalt eines Pyramidions		à 1³ Stück
243,04	E³ / 1,96 =	1 + 124 = 125 =	5³ Stück
6370	E³ / 1,96 =	3250 + 125 = 3375 =	15³ Stück
77 420	E³ / 1,96 =	39 500 + 3375 = 42 875 =	35³ Stück
588 245	E³ / 1,96 =	300 125 + 42 875 = 343 000 =	70³ Stück
3 248 456,96	E³ / 1,96 =	1 657 376 + 343 000 = 2 000 376 =	126³ Stück
14 230 823,04	E³ / 1,96 =	7 260 624 + 2 000 376 = 9 261 000 =	210³ Stück
18 151 560	E³ / 1,96	=	210³ Stück

Musiktheoretische Lösung

Das Pyramidion mit dem Rauminhalt 1,96 E³ = $\frac{49}{25}$ E³ ist harmonisch das Intervall eines doppelten Tritonus $\frac{7}{5} \times \frac{7}{5}$ = 1,96. Die Tonfolge ist c,fis,his. Die Cheopspyramide besitzt die Proportionen des DIATONON MALAKON, die Ptolemaios mit der Tonfolge $1 \times \frac{8}{7} \times \frac{10}{9} \times \frac{21}{20} \times \frac{9}{8} \times \frac{8}{7} \times \frac{10}{9} \times \frac{21}{20}$ = 2 überliefert (s. S. 44). Die Oktavteilung in Töne, die nach dem Konsonanzprinzip wie nach dem Abstandsprinzip in Hertz, gemessen in Ellenabständen (s. S. 45), klingt gleichzahlig, wenn man die Cheopsbasis 441 E als Kammerton (441 Hz = a¹) nimmt und sie um $\frac{147}{88}$ nach c¹ in C-Dur transponiert:

$\frac{441}{\left(\frac{147}{88}\right)}$ = c¹ = 264 Hz   c   d   e   f   g   a   h   c¹

Grundton sei die Basis/2:   220,5 Hz   252   280   294   330,75   378   420   441

gemessen in Hz: 1 $\times \frac{8}{7}$ $\times \frac{10}{9}$ $\times \frac{21}{20}$ $\times \frac{9}{8} \times$ $\frac{8}{7} \times$ $\frac{10}{9} \times \frac{21}{20}$ = 2

Doppelter Tritonus: | $\frac{8}{7} \times \frac{10}{9} \times \left(\frac{21}{20}\right)^2 \times$ $|\frac{21}{20} \times \frac{8}{7} \times \frac{10}{9} \times \frac{21}{20} \times$ $|\frac{50}{49}|$ = 2

Gekürzt zu $\frac{7}{5}$: | $\frac{7}{5}$ $|\frac{7^2}{5^2} = \frac{49}{25} = 1,96 \times$ $|\frac{50}{49}|$ = 2

   <u>c</u>   d   e   <u>fis</u>   g   a   <u>his</u> $|\frac{50}{49}|$ c¹

220,5 $\times \frac{7}{5}$ = 308,7 (fis)| 308,7 $\times \frac{7}{5}$ =   (his) 432,18 $\times |\frac{50}{49}|$ = 441 Hz

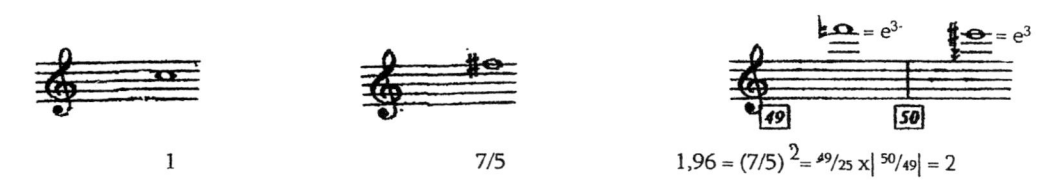

   1   7/5   1,96 = (7/5)² = 49/25 ×| 50/49 | = 2

abwärts oktaviert   <u>C¹</u>   <u>fis</u>   <u>his</u>   c

In Ellen gemessen   (c) 18 151 560 E³/$\left(\frac{7}{5}\right)$ = 12 965 400 (fis)   12 965 400/$\left(\frac{7}{5}\right)$(his)/$|\frac{50}{49}$ = $\frac{18\,151\,560}{2}$ E³

In Ellen gemessen: (c) 18 151 560 E³/$\left(\frac{7}{5}\right)$ = 12 965 400 (fis)   12 965 400/$\left(\frac{7}{5}\right)$(his) = 9 261 000 = 210³ E³

Volumen Cheopspyramide 18 151 560 E³, geteilt durchs Pyramidionvolumen 1,96 ist: 9 261 000 Stück

Die heutige Berechnung einer Pyramide stimmt mit der altägyptischen überein: $V_{\text{Pyramide}} = \frac{\text{Höhe}}{3} \times \text{Basis}^2$. Ist die Höhe der Cheopspyramide 280 Ellen à 0,52236 m = 146,2608 m und die Basislänge 441 E (230,36076 m), so ist das Volumen $\frac{280}{3} \times 441^2$ = 18 151 560 Kubik-Ellen (2 587 162,426 m³). Die antike arithmetische, geometrische und musiktheoretische Berechnung ergibt ebenfalls 210³ × 1,96 = 18 151 560 Kubik-Ellen (2 587 162,426 m³).

Beweis mit dem Satz des Pythagoras: Die Cheopsbasishälfte², also $\left(\frac{B}{2}\right)^2$ + Höhe² = Böschungslänge² (BL²).
Die Böschungslänge ist in Ellen ausgerechnet:
220,5² + 280² = 127 020,25 E²; Böschungslänge = $\sqrt{127\,020,25}$ = 356,3990039 Ellen.
In Metern:
(115,18038)² + (146,2608)² = (34 658,74155 m²); (186,1685837m); 356,3990039 E.

Ergebnis

Der heute gebräuchliche und konventionell ausgerechnete Pyramidenstumpfinhalt findet sich mit der Formel $V_{Pyramidenstumpf} = \frac{H}{3} \times (a^2 + ab + b^2)$ im Papyrus Rhind, wie 0. Gillain 1927 in „La Science Égyptienne / L'arithmétique aus moyen empire" 1927, S. 281 ff. gezeigt hat (s. mein Buch „Der Klang der Pyramiden" S. 194 ff.). Das Ergebnis ist identisch mit meiner Berechnung der sechs Pyramidenstümpfe, des Pyramidions und ihrer Summe aus dem Pascalschen Dreieck, die 18 151 560 Kubik-Ellen und 18 151 560 x 0,52236³ = 2 587 162,426 Kubikmeter beträgt.

Durch diese mehrfach auf verschiedene Weise berechneten Abmessungen, die allesamt das gleiche Ergebnis erbringen, werden sämtliche bislang anderslautende Abmessungen in Lexika und Publikationen hinfällig. Nur mit diesen Werten konnte die Pyramide des Cheops fehlerfrei gebaut werden.

Heutige konventionelle und antike Berechnung aus Papyrus Rhind:

1,96 E³ =   Volumen-Pyramidion = $\frac{4}{9} \times \left(\frac{21}{10}\right)^2$

Heutige u. antike Formel aus Papyrus Rhind: $\frac{H}{3} \times$ (a²   +   a x b + b²)

+ 243,04 E³ =   Volumen Stumpf (a) = 4 x $\frac{4}{9}$ x (10,5²   +   10,5 x 2,1 + 2,1²)

+ 6370 E³ =   Volumen Stumpf (b) = 10 x $\frac{4}{9}$ x (31,5²   +   31,5 x 10,5 + 10,5²)

+ 77 420 E³ =   Volumen Stumpf (c) = 20 x $\frac{4}{9}$ x (73,5²   +   73,5 x 31,5 + 31,5²)

+ 588 245 E³ =   Volumen Stumpf (d) = 35 x $\frac{4}{9}$ x (147²   +   147 x 73,5 + 73,5²)

+ 3 248 456,96 E³ =   Volumen Stumpf (e) = 56 x $\frac{4}{9}$ x (264,6²   +   264,5 x 147 + 147²)

+ 14 230 823,04 E³ =   Volumen Stumpf (f) = 84 x $\frac{4}{9}$ x (441²   +   441 x 264,6 + 264,6²)

= 18 151 560 E³ =   Volumen Cheopspyramide (2 587 162,426 m³)

Fortsetzung des Vorworts

Die folgenden Seiten XV–XXIV sind meinem 2008 im Olms Verlag (Hildesheim) erschienenen ersten Buch „Der Klang der Pyramiden" entnommen, damit nicht in diesem zweiten Buch „Das musikalische Aufbauprinzip der ägyptischen Pyramiden. Ein Nachruf auf die deutsche zeitgenössische Ägyptologie" der Eindruck entsteht, die Berechnung der Cheopspyramide aus den Zahlen des Pascalschen Dreiecks sei zufällig oder gar ein Einzelfall. Das Pascalsche Dreieck liefert den mathematisch gesetzlichen Zusammenhang, der als „Bauhüttenregel" auf sämtliche Pyramiden anwendbar ist, mit dem Zweck, die vier gleichlangen Grate in die Spitze des Pyramidions zusammenzuführen. Im Buch von 2008 habe ich diese Anwendung an zwölf Pyramiden gezeigt. Hier in der Fortsetzung des Vorworts beschränke ich mich auf den Nachweis der Binomialkoeffizienten in den Pyramiden Dashur-Nord und zu Meidum. Hier in der Ruine zu Meidum fällt auf, daß die Abmessungen der Pyramidenstümpfe, also die Koordinaten der Schnittpunkte der Stumpfbasis und Deckflächen mit den jeweiligen Stumpfhöhen noch sichtbar sind, indem sie im Aufriß des Originalentwurfs zugleich die Böschungslinie treffen, ein Beleg dafür, daß die Zahlen des Pascalschen Dreiecks bei dem Entwurf der Pyramide angewandt wurden. Die verschiedenen Formen der Pyramiden werden dadurch erreicht, daß man gleichgroße Beiwerte in die Höhen und Basen einrechnet.

Kapitel VIII

Die fünfköpfige Cheopspyramidenfamilie und ihre Verwandten. Nach antiken Dreiecks- und Pyramidenzahlen berechnet und durch die heutige Formel des Pyramideninhaltes überprüft

- Das Pyramidion von Dashur-Nord besitzt die Größe des Rücksprungs $\left(\frac{80}{63}\right)$ der Cheopspyramide in Kubik-Ellen gemessen

- Fünf weitere Pyramiden mit dem Rücksprung $\frac{80}{63}$ der Cheopspyramide, Meidum, Zawiet el Arjan (Version A), Sahure und Djedkare

- sechs weitere Pyramiden mit dem Rücksprung $\frac{4}{3}$ der Chephrenpyramide, Teti, Pepi I, Pepi II, Merenre, Neferefre und Unbekannt

- Hinweis auf Sesostris I mit dem Rücksprung $\frac{7}{6}$

Dashur-Nord, Höhe 200 Ellen (105 m), Basis 420 Ellen (220,5 m), 210 Stufen à durchschnittlich $\frac{20}{21}$ Ellen (0,5 m), Rücksprung $\frac{20}{21}$, der Rücksprung ist ein unterteiliges Halbtonintervall im Diatonon malakon, Böschungswinkel arctg $\frac{20}{21}$ = 43,6°

Dreifache Volumenberechnung Dashur-Nord

Pyramidenabmessungen: Höhe 200 Ellen (105 m), Basis 420 Ellen (220,5 m), Ellenmaß (1 E = 0,525 m), Rücksprung $\frac{20}{21}$, Seked 7 $\frac{7}{20}$ Handbreit, Böschungswinkel arctg $\frac{20}{21}$ = 43,6°.

Berechnung des Volumens:

1. nach heutiger Formel „$\frac{1}{3}$ **Höhe x Basiskantenlänge**^{2}": $\frac{1}{3}$ x 200 x 420² = **11 760 000 E³**
2. antike Formel aus Dreieckszahlen „Vol. **Pyramidion x Stufenzahl**³": $\frac{80}{63}$ x 210³ = **11 760 000 E³**
3. antike Volumenberechnung aus Pyramidenzahlen (1, 4, 10, 20, 35, 56, 84) und ihren Summen (1, 5, 15, 35, 70, 126, 210). Das Gesamtvolumen enthält nur Produkte aus den ersten fünf Primzahlen (1, 2, 3, 5, 7), also:
1 x 2⁷ x 3 x 5⁴ x 7² = **11 760 000 E³ [1 701 708,75 m³]**

Die Summe aus sechs Stumpf- und einem Pyramidionvolumen ergibt das Gesamtvolumen:

Vol.Stumpf f) 420 E² Grundfläche,	252 E² Deckfläche,	80 E Höhe	$\frac{1}{3}$ x 80 x (420² + 420 x 252 + 252²)	9 219 840 E³
(e) 252	,140	,53 $\frac{1}{3}$	$\frac{1}{3}$ x 53$\frac{1}{3}$ x (252² + 252 x 140 + 140²) =	2 104 604 $\frac{4}{9}$
(d) 140	,70	,33$\frac{1}{3}$	$\frac{1}{3}$ x 33$\frac{1}{3}$ x (140² + 140 x 70 + 70²) =	381 111$\frac{1}{9}$
(c) 70	,30	,19$\frac{1}{21}$	$\frac{1}{3}$ x 19$\frac{1}{21}$ x (70² + 70 x 30 + 30²) =	50 158,73016
(b) 30	,10	,9$\frac{11}{21}$	$\frac{1}{3}$ x 9$\frac{11}{21}$ x (30² + 30 x 10 + 10²) =	4 126,984127
(a) 10	,2	,3$\frac{17}{21}$	$\frac{1}{3}$ x 3$\frac{17}{21}$ x (10² + 10 x 2 + 2²) =	157,4603175
Vol.Pyramidion 1,		$\frac{20}{21}$	$\frac{1}{3}$ x $\frac{20}{21}$ x 2² = $\frac{80}{63}$ =	1,26984127
Höhe Pyramidion + 6 Stumpfhöhen:		**200 E**	**Vol. [1 701 708,75 m³] =**	**11 760 000 E³**

Raummaße eines Pyramidions sind allgemein: $\frac{1}{3}$ x $\left(\frac{\text{Pyramidenhöhe}}{\text{Stufenzahl}}\right)$ x $\left(\frac{\text{Pyramidenbasis}}{\text{Stufenzahl}}\right)^2$.

Das Volumen des Pyramidions von Dashur-Nord ist: $\frac{1}{3}$ x $\left(\frac{200}{210}\right)$ x $\left(\frac{420}{210}\right)^2$ = $\frac{80}{63}$ E³

Der Rücksprung der Cheopspyramide ist: $\frac{(280/210)}{(441/420)}$ = $\frac{80}{63}$

Die Cheopspyramide ist also der Pyramide zu Dashur zahlenverwandt, sowohl in der Stufenzahl, die nur die ersten fünf Primzahlen (1 x 2 x 3 x 5 x 7 = 210) enthält, wie in den Gesamtvolumina beider Pramiden (Vol. der Cheopspyramide 18 151 560 E³ = 1 x 2³ x 3³ x 5 x 7⁵; Vol. Dashur-N 11 760 000 E³ = 1 x 2⁷ x 3 x 5⁴ x 7² E³), die ebenfalls nur die ersten fünf Primzahlen enthalten. **Wie aus den Zahlen aller anderen ägyptischen Pyramiden folgt auch aus den Zahlen Dashurs zwingend, dass die 11 nicht Bestandteil der Cheopspyramidenzahlen sein kann.**

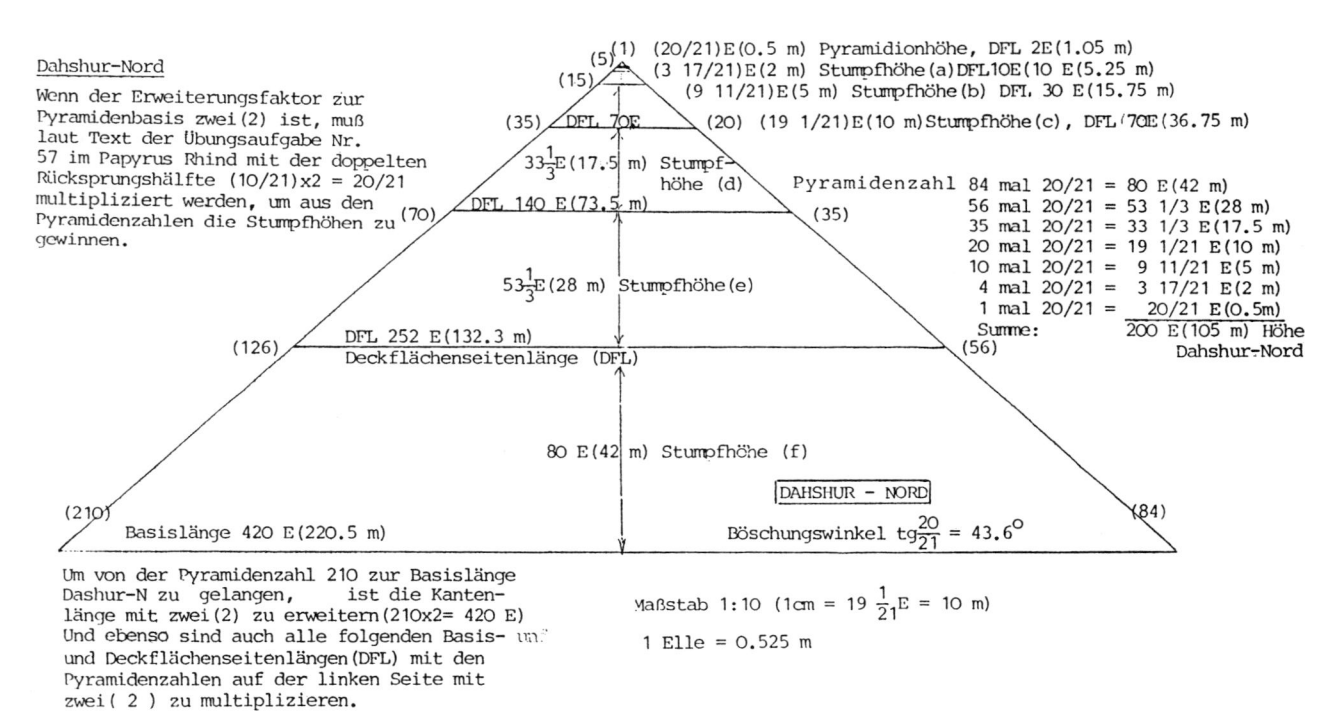

Dahshur-Nord

Wenn der Erweiterungsfaktor zur Pyramidenbasis zwei (2) ist, muß laut Text der Übungsaufgabe Nr. 57 im Papyrus Rhind mit der doppelten Rücksprungshälfte (10/21)x2 = 20/21 multipliziert werden, um aus den Pyramidenzahlen die Stumpfhöhen zu gewinnen.

(5) (1) (20/21)E (0.5 m) Pyramidionhöhe, DFL 2E(1.05 m)
(15) (3 17/21)E (2 m) Stumpfhöhe (a) DFL 10E (10 E (5.25 m))
(35) DFL 70E (9 11/21)E (5 m) Stumpfhöhe (b) DFL 30 E (15.75 m)
(20) (19 1/21)E (10 m) Stumpfhöhe (c), DFL 70E (36.75 m)
33$\frac{1}{3}$E (17.5 m) Stumpfhöhe (d)
DFL 140 E (73.5 m) (35)

Pyramidenzahl 84 mal 20/21 = 80 E (42 m)
56 mal 20/21 = 53 1/3 E (28 m)
35 mal 20/21 = 33 1/3 E (17.5 m)
20 mal 20/21 = 19 1/21 E (10 m)
10 mal 20/21 = 9 11/21 E (5 m)
4 mal 20/21 = 3 17/21 E (2 m)
1 mal 20/21 = 20/21 E (0.5 m)
Summe: 200 E (105 m) Höhe Dahshur-Nord

53$\frac{1}{3}$E (28 m) Stumpfhöhe (e)
(126) DFL 252 E (132.3 m) Deckflächenseitenlänge (DFL) (56)

80 E (42 m) Stumpfhöhe (f)

DAHSHUR - NORD

(210) Basislänge 420 E (220.5 m) Böschungswinkel tg $\frac{20}{21}$ = 43.6° (84)

Um von der Pyramidenzahl 210 zur Basislänge Dashur-N zu gelangen, ist die Kantenlänge mit zwei (2) zu erweitern (210x2= 420 E) Und ebenso sind auch alle folgenden Basis- und Deckflächenseitenlängen (DFL) mit den Pyramidenzahlen auf der linken Seite mit zwei (2) zu multiplizieren.

Maßstab 1:10 (1cm = 19 $\frac{1}{21}$E = 10 m)

1 Elle = 0.525 m

MEIDUM Diese für den Pyramidenkern Meidums charakteristische, in Höhe und Volumen potentiell abnehmende Stufung kommt durch die Pyramidenzahlen Platons, Nikomachos', Theons, des Boëthius u. a. zustande!

Meidum (M3)

Pyramidenabmessungen: Höhe $175\frac{5}{21}$ Ellen (92 m), 276 Ellen (144,9 m), Ellenmaß (1 E = 0,525 m), Rücksprung $\frac{80}{63}$, Seked $5\frac{41}{80}$ Handbreit, Böschungswinkel arctg $\frac{80}{63}$ = 51,78°, vorhandene Primzahlen in Höhe und Basis (1, 2, 3, 5, 7 und 23). Die höhere Primzahl 23 kürzt sich bei der Bildung des Rücksprungs wieder heraus: $\frac{(175\ 5/21)}{138} = \frac{(2^4 \times 5 \times 23)}{(3^2 \times 7 \times 23)} = \frac{80}{63}$, so daß im Rücksprung nur die ersten fünf Primzahlen enthalten sind $\frac{(1 \times 2^4 \times 5)}{(1 \times 3^2 \times 7)} = \frac{80}{63}$).

Am 3. Juni 2006 maß ich in Meidum $\frac{92}{105}$ Ellen (0,46 m) für die Höhe der äußeren Verkleidungssteine und $\frac{20}{21}$ Ellen (0,5 m) für die Schichthöhe des inneren Kernmauerwerks.

200 Stufen à $\frac{92}{105}$ E (0,46 m) ergaben die Pyramidenhöhe = $175\frac{5}{21}$ E (92 m).

Berechnung des Pyramidenvolumens

1.) Nach heutiger Formel „$\frac{\text{Höhe}}{3}$ x Basiskantenlänge²" beträgt das Volumen $\frac{1}{3}$ x $175\frac{5}{21}$ x 276^2 = **4 449 645,714 E³ (643 877,64 m).**

Zur Kontrolle in Primzahlen zerlegt:

4 449 645,714 E³ = $\frac{1 \times 2^9 \times 5 \times 23^3}{7}$ E³; 643 877,64 m³ = $\frac{1 \times 3^3 \times 7^2 \times 23^3}{5^2}$ m³.

2.) Nach antiker Formel aus **Dreieckszahlen** berechnet, beträgt das Volumen „Pyramidionvolumen mal Stufenzahl³". Um das Pyramidionvolumen auszurechnen, teile ich das Gesamtvolumen durch die Stufenzahl³ und erhalte $\left(\frac{4449645,714}{200^3}\right.$ = 0,5562057143 E³ für das Pyramidionvolumen in Ellen³) bzw. $\left(\frac{643877,64}{200^3}\right.$ = 0,80484705 m³) für das Pyramidionvolumen in Meter³).

Zum Beweis, daß diese antike Formel richtig ist, leite ich mit Hilfe der **Dreieckszahlen und den Summen ihrer zwei aufeinanderfolgenden Glieder** $\left(\frac{(n-1)}{2} \times n + \left(\frac{n}{2}\right) \times (n+1) = n^2\right)$, die in den Arithmetiken des Theon von Smyrna, „Introductio" (Kap. 29–33), bei Nikomachos von Gerasa „Arithmetica Introductio" Buch II, Kap XII, Iamblichos, „In Nicomachi Arithmeticam Introductionem", p. 62, 2–5 [Pistelli], in Plutarchs „Moralia/Platonische Fragen" 1003–1004 und noch in Boëthius' „De Institutione mathematica" demonstriert werden, aus der Anzahl der gleichgroßen Dreiecksflächen, die bei einer Unterteilung des Querschnitts gemäß der Stufenzahl entstehen, – leite ich also zunächst die Querschnittsfläche Meidums ab.

Mit Hilfe der heutigen Dreiecksformel errechnet, ist ihre Größe: „Höhe x Basishälfte" $\left(175\frac{5}{21} \times 138 = \right.$ **24182,85714 E²** bzw. **92 x 72,45 = 6665,4 m²**).

Um die Höhe des Pyramidions und die Breite seiner Basishälfte zu bekommen, ist die Gesamthöhe einer Pyramide und ihre Basishälfte jeweils durch die Stufenzahl zu teilen $\left(\frac{175\ 5/21}{200}\right.$ = 0,8761904762 Ellen (0,46 m) Höhe einer Stufe und damit auch Höhe des theoretischen Pyramidions. Also ist $\frac{92}{200}$ = **0,46 m** die von mir am 3. Juni 2006 festgestellte Höhe für die Verkleidungsschicht Meidums). In Folge dessen wäre $\frac{72,45}{200}$ = 0,36225 m (0,69 E) dann die theoretische Basishälfte für die Pyramidionbreite, in Metern gemessen. Die Elementardreiecksflächen, aus denen sich der Querschnitt Meidums zusammensetzt, haben somit eine Flächengröße von 0,8761904762 x 0,69 = **0,6045714286 E²** bzw. von 0,46 x 0,36225 = **0,166635 m²**. Der gesamte Querschnitt Meidums setzt sich aus der Summe n-erster 199 mit der Spitze nach unten hängender und 200 auf der Basis stehender Dreiecke zusammen. Die Summe natürlicher Zahlen ist (s. o.) allgemein eine **Dreieckszahl** $S_n = \frac{n}{2}$ x (n + 1). Die Summe zweier aufeinanderfolgender Dreieckszahlen ist allgemein $S_{n-1} + S_n = n^2$. $S_{199} + S_{200} = 200^2 = 19 900 + 20 100 = 40 000$. Die Querschnittsfläche Meidums beträgt also 40 000 x 0,6045714286 = **24 182,85714 E²** bzw. 0,166635 x 40 000 = **6665,4 m²,** wie am Ende des vorigen Absatzes festgestellt.

Wenn man die Größe des Pyramidenquerschnitts kennt, so kann man leicht ihr Volumen ermitteln, wenn man sie mit $\frac{2}{3}$ einer Basislänge multipliziert, denn $\frac{2}{3}$ B fehlen noch zur Volumenberechnung. Dies ist leicht einsehbar: Wenn man das Volumen (V = $\frac{H}{3}$ x B²) durch $\frac{2}{3}$ B teilt, erhält man wieder die Querschnittsfläche $\frac{(H/3 \times B2)}{(2/3\ B)}$ = H x $\frac{B}{2}$). Das Volumen Meidums beträgt also 24 182,85714 x $\frac{2}{3}$ x 276 = **4 449 645,714 E³** bzw. 6665,4 x $\frac{2}{3}$ x 144,9 = **643 877,64 m³,** wie schon oben (s. **1.**) ausgerechnet.

MEIDUM

Die Pyramide zu Meidum ist 92 Meter hoch $\left(175\tfrac{5}{21}\text{ Ellen à }0{,}525\text{ m} = 92\text{ m}\right)$.
Der Pyramidenkern (M2) ist achtstufig $\left(8 \times 23 \text{ Ellen} \times \tfrac{20}{21} \times 0{,}525 \text{ m} = 92 \text{ m}\right)$.

Hinter dem Rücken des Schakalgotts Anubis sind noch die Konturen der echten Pyramide MEIDUM vor ihrem Einsturz zu erkennen. Ihr Rücksprung $\left(\tfrac{H}{(B/2)} = \left(\tfrac{175\,5/21}{138} = \tfrac{92}{72{,}45} = \tfrac{80}{63}\right)\right)$ ist eine große Terz im Diatonon malakon $\left(\tfrac{8}{7} \times \tfrac{10}{9} = \tfrac{80}{63}\right)$, der Böschungswinkel arctg $\tfrac{80}{63} = 51{,}78°$ ist identisch mit dem der Cheopspyramide.

Meidum

Schöne weiße Verkleidung aus Thurakalkstein. Sehr gut erhaltene gleichhohe Schichten à 46 cm. Als ich die schon erwartete Primzahl 23 zwei Mal (2 x 0,23 m = 0,46 m) und $\left(\frac{92}{105} \text{ E} \times 0{,}525 \text{ m} = 0{,}46 \text{ m}\right)$ fand, führte ich einen Freudentanz auf, worauf mich der freundliche Wachsoldat in den Arm nahm und wir uns fotografieren ließen. Die Pyramide ist, wie es auch in den Listen steht, 200-stufig. Eine Schichthöhe ist daher $\left(\frac{(175\ 5/21)}{200} = \left(\frac{92}{105}\right) \text{E} = 0{,}46 \text{ m}\right)$. Da Meidum der gleiche Rücksprung wie der Cheopspyramide zugeschrieben wird, ist jetzt auch empirisch bestätigt, daß die Cheopspyramide mit $\frac{80}{63}$ als Rücksprung das Intervall einer großen Terz in der antiken Tonart Diatonon malakon ausbildet. Intervalle dieser bei Ptolemaios überlieferten Tonart finden sich in den Rücksprüngen von mindestens 20 altägyptischen Pyramiden. Der Böschungswinkel Meidums und der Cheopspyramide ist arctg $\frac{80}{63} = 51{,}78°$.

MEIDUM Auch die Steine des Kernmauerwerks (M2) sind gleich hoch und durchweg $\frac{20}{21}$ Ellen ($\frac{20}{21}$ E x 0,525 m = 0,5 Meter). 184 Stufen à $\frac{20}{21}$ Ellen beträgt die Gesamthöhe Meidums (184 x $\frac{20}{21}$ = $175\frac{5}{21}$ Ellen (92 Meter). **Das war der zweite Fund an diesem Freudentag (3.6.06)!** Meidums Höhe $175\frac{5}{21}$ Ellen (92 m), Basis 276 Ellen (144,9 Meter).

Rücksprung ist: „$\frac{\text{Höhe}}{\text{Basishälfte}}$" ($\frac{(175\ 5/21)}{138} = \frac{92}{72,45} = \frac{80}{63}$; **80 x 63 = 5040 = 7! E². Das ist Platons Intervallfläche mit der Diagonale, die zu ihrer Basis den Böschungswinkel der Cheopspyramide** (arctg $\frac{80}{63}$ = 51,78°) **ausbildet.**

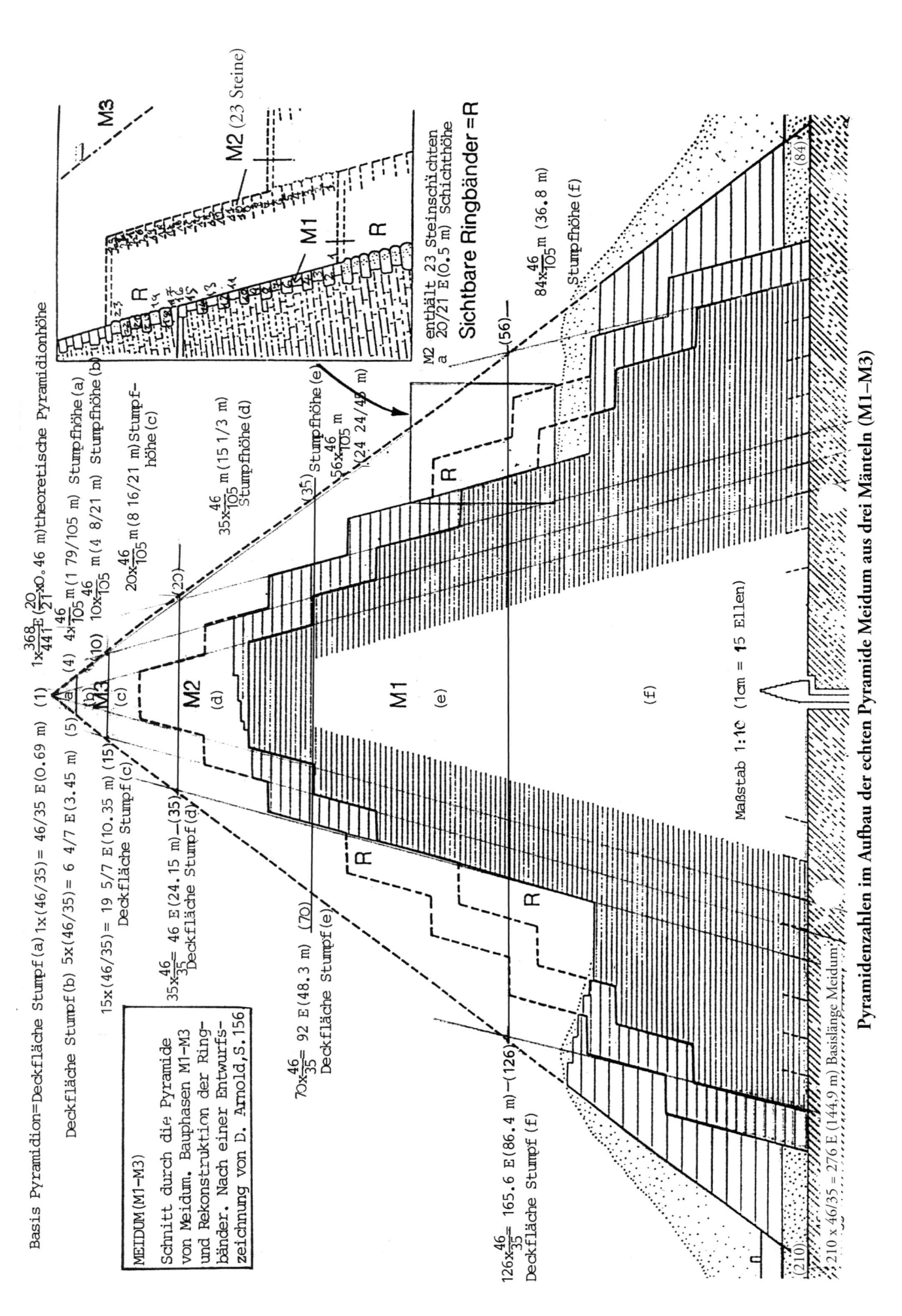

Basis Pyramidion=Deckfläche Stumpf (a) $1\times(46/35) = 46/35$ E(0.69 m) (1) $1\times\frac{368}{441}$ E$(\frac{20}{21}\times 0.46$ m)theoretische Pyramidionhöhe

Deckfläche Stumpf (b) $5\times(46/35) = 6\ 4/7$ E(3.45 m) (5) $4\times\frac{46}{105}$ m$(1\ 79/105$ m) Stumpfhöhe (a)

$15\times(46/35) = 19\ 5/7$ E(10.35 m) (15) $10\times\frac{46}{105}$ m$(4\ 8/21$ m) Stumpfhöhe (b)

Deckfläche Stumpf (c) $20\times\frac{46}{105}$ m$(8\ 16/21$ m)Stumpfhöhe (c)

$35\times\frac{46}{35} = 46$ E(24.15 m) (35) $35\times\frac{46}{105}$ m$(15\ 1/3$ m) Stumpfhöhe (d)

Deckfläche Stumpf (d)

MEIDUM (M1–M3)

Schnitt durch die Pyramide von Meidum. Bauphasen M1–M3 und Rekonstruktion der Ringbänder. Nach einer Entwurfszeichnung von D. Arnold, S. 156

$56\times\frac{46}{105}$ m $(24\ 24/45$ m) Stumpfhöhe (e)

M2 enthält 23 Steinschichten a 20/21 E(0.5 m) Schichthöhe

Sichtbare Ringbänder =R

$84\times\frac{46}{105}$ m (36.8 m) Stumpfhöhe (f)

$70\times\frac{46}{35} = 92$ E(48.3 m) (70)

Deckfläche Stumpf (e)

$126\times\frac{46}{35} = 165.6$ E(86.4 m) (126)

Deckfläche Stumpf (f)

Maßstab 1:10 (1cm = 15 Ellen)

$210\times 46/35 = 276$ E (144.9 m) Basislänge Meidum

Pyramidenzahlen im Aufbau der echten Pyramide Meidum aus drei Mänteln (M1–M3)

XXII

3.) Antike Volumenberechnung aus Pyramidenzahlen (1, 4, 10, 20, 35, 56, 84) und ihren Summen (1, 5, 15, 35, 70, 126, 210). Stumpf- u. Pyramidionberechnung erfolgt nach der Formel aus dem Papyrus Tourajew ($Vol_{Stumpf} = \frac{H}{3} \times (a^2 + ab + b^2)$) und Papyrus Rhind ($Vol_{pyr} = \frac{H}{3} \times B^2$).

Da jetzt die Höhe und Basis Meidums durch die **Pyramidenzahl 210** geteilt wird $\left(\frac{175\,5/21\,E}{210} = \frac{368}{441}\,E\right)$, entsteht aus 210 theoretischen Stufen eine etwas kleinere Stufenhöhe von $\frac{368}{441}$ E $\left(\frac{20}{21} \times 0,46\,m\right)$ und eine Pyramidionbreite von $\frac{46}{35}$ E (0,69 m). Das Ergebnis der Volumenberechnung ist jedoch dasselbe wie bei der im Gelände vorliegenden Teilung der Höhe Meidums (92 m) durch 200 Stufen à 0,46 m.

Die Summe aus sechs Stumpf- und einem Pyramidionvolumen ergibt das Volumen Meidums:

V_{St} (f) = $\frac{36,8}{3}$ x (144,9² + 144,9 x 86,94 + 86,94²) = 504 800,0698 m³; in E³ = 3 488 522,24 E³
Vol_{St} (e) = $\left(24\frac{24}{45}\right)/3$ x (86,94² + 86,94 x 48,3 + 48,3²) = 115 230,2502 m³; in E³ = 796 321,7809 E³
Vol_{St} (d) = $\left(15\frac{1}{3}\right)/3$ x (48,3² + 48,3 x 24,15 + 24,15²) = 20 866,405 m³; in E³ = 144 201,4815 E³
Vol_{St} (c) = $\left(8\frac{16}{21}\right)/3$ x (24,15² + 24,15 x 10,35 + 10,35²) = 2746,265714 m³; in E³ = 18 978,62063 E³
Vol_{St} (b) = $\left(4\frac{8}{21}\right)/3$ x (10,35² + 10,35 x 3,45 + 3,45²) = 225,9585714 m³; in E³ = 1561,532077 E³
Vol_{St} (a) = $\left(1\frac{79}{105}\right)/3$ x (3,45² + 3,45 x 0,69 + 0,69²) = 8,621188571 m³; in E³ = 59,57845466 E³
Pyramidionvolumen: $\frac{1}{3}$ x $\left(\frac{368}{441}\right)$ x $\left(\frac{46}{35}\right)^2$ = 0,0695257143 m³; in E³ = 0,4804714085 E³

Insgesamt: **643 877,64 m³**; in E³ = **4 449 645,714 E³**

Dies Ergebnis stimmt mit den unter **1.** und **2.** berechneten Werten überein. Wollte jemand skeptisch einwenden, man bezweifle die Fähigkeit der Ägypter, mit so hohen Zahlen umgehen zu können, so erinnere man sich, daß alle diese Zahlen Meidums aus den ersten fünf Primzahlen (1, 2, 3, 5, 7) und aus der höheren Primzahl 23 zusammengesetzt sind. Die Primzahl 23 kürzt sich allerdings aus dem Rücksprung wieder heraus, denn die Rücksprünge sämtlicher altägyptischen Pyramiden enthalten nur die ersten fünf Primzahlen (1, 2, 3, 5, 7).

Primzahlzerlegung: **643 877,64 m³** = 1 x 3³ x 7² x 23³ / x 5² m³; **4 449 645,714 E³** = 1 x 2⁹ x 5 x 23³ / 7 E³

Pyramidenzahlen im Aufbau der echten Pyramide Meidum aus drei Mänteln (M1–M3)

Wer auch immer den vermutlichen Aufbau der Pyramide zu Meidum nachkonstruierte und den Entwurf Dieter Arnold zum Abdruck in seinem Lexikon (s. S. 174) gab, dieser Pyramidenforscher hat präzis gearbeitet, denn die hier gezeichneten Böschungslinien der drei Mäntel kreuzen sich mit den Basis und Deckflächenlinien der Pyramidenstümpfe genau auf jenen Höhen, die zur exakten Berechnung des Gesamtvolumens aus sechs Stümpfen und dem theoretischen Pyramidioninhalt führen. Man beachte dazu die Kreuzungspunkte (1, 5 – 4, 15 – 10, 35 – 20, 70 – 35, 126 – 56, 210 – 84). Der Forscher hat gewiß nichts von der Existenz der Pyramidenzahlen gewusst, die in jeder Pyramide gemäß den Binomialkoeffizienten im Pascalschen Dreieck vorhanden sind, und er hat sie doch in seiner Rekonstruktion getroffen. Dieser für den Pyramiden-Kern Meidums charakteristische Umriß und mit seiner im Volumen potenziell nach oben hin abnehmende und kleiner werdende Stufungshöhe gilt uns ebenfalls als Beleg, daß den Ägyptern die **Pyramidenzahlen** *(Raumzahlen)* bekannt gewesen sein müssen und daß sie diese Zahlen beim Entwurf auch schon der älteren Mantelpyramiden zur Kontrolle des Baufortschritts und zur Einhaltung des Rücksprungs und des Böschungswinkels genutzt haben.

Zur Bestimmung des **durchschnittlich verbauten Normsteins,** aus dem die Gesamtzahl aller zu verbauenden Steine errechnet und damit die Bauzeit vorhergesagt werden konnte, wurde die zweite Berechnungsweise des Pyramidenquerschnitts aus **Dreieckszahlen** *(Flächenzahlen)* logistisch wichtig. **Die Möglichkeit, voraussichtliche Bauzeiten zu ermitteln, ist vermutlich der Grund, warum die Papyri Rhind und Tourajew Formeln zur Berechnung von Pyramideninhalten überliefern, denn welchen Nutzen sollte sonst die Bestimmung von Pyramiden- und Pyramidenstumpfinhalten haben?** Die Bauzeit gewann man aus der Anzahl der Dreiecksflächen, aus denen sich der Querschnitt einer echten Pyramide zusammensetzt. Hier besitzt das Pyramidion die Durchschnittshöhe aller Stufen. Aus seiner Höhe kann die Anzahl der Stufen errechnet werden, wenn man die Gesamthöhe der Pyramide durch diese Durchschnittshöhe teilt. Wenn man die Höhe (92 m) der Pyramide zu Meidum durch die Schichthöhe von 0,46 m teilt, die noch über der freigelegten Basis, sämtlich gleich hoch, vorhanden ist $\left(\frac{92}{0,46} = 200\right)$, erhält man 200 Stufen. Und wenn man die Höhe der Pyramide zu Meidum $\left(175\frac{5}{21} \text{ Ellen}\right)$ durch die Schichthöhe des Kernmauerwerks von $\frac{20}{21}$ Ellen (0,5 m) teilt, erhält man $\frac{(175\ 5/21)}{(20/21)} = 184$ Stufen à 0,5 Meter im Inneren der Pyramide. Die Höhe ist wiederum 184 x 0,5 = 92 Meter. Die gleiche Prozedur an der Basis vollzogen, ergibt $\frac{276}{200} = 1,38$ Ellen (0,7245 m). Der Rücksprung einer jeden Pyramide ist „$\frac{\text{Höhe}}{\text{Basishälfte}}$", und ebenso verhält es sich im Normstein der Pyramide zu Meidum, der die Höhe des Pyramidions besitzt. Aus seiner Höhe (0,46 m), geteilt durch die Basishälfte $\left(\frac{0,7245}{2} \text{ m}\right)$, erfolgt der Rücksprung $\left(\frac{0,46}{0,36225} = \frac{80}{63}\right)$. In Ellen ausgedrückt $\frac{(2 \times 20/21 \times 0,46)}{(1,38/2)} = \frac{80}{63}$. Die Diagonale, die rechts und links quer durch die Stirnfläche der Normsteinstirnfläche geht, besitzt dann den Winkel $\left(\text{arctg}\ \frac{80}{63}\right) = 51,78°$. Dies ist auch der Böschungswinkel der Cheopspyramide, des Königgrabs in Zawiet el Arjan (Version a), und der beiden identischen Pyramiden Sahure und Djedkare.

Wie unter **2.**) errechnet beträgt das Pyramidionvolumen 0,5562057143 E³ (0,080484705 m³). Der durchschnittliche verbaute Normstein ist drei Mal so groß 1,668617143 E³ (0,241454115 m³). Man benötigt für den Bau also $\frac{4\,449\,645,714}{1,668617143} = \frac{8\,000\,000}{3}$ bzw. $\frac{643\,877,64}{0,241454115} = \frac{8\,000\,000}{3}$ Steine. Aus der Herstellungszeit eines dieser $2\,666\,666\frac{2}{3}$ Steine läßt sich dann die Zahl der Arbeitskolonnen errechnen, die man für die erwünschte Bauzeit einsetzen muß.

Das Maßsystem der alten Ägypter (nach Iversen)

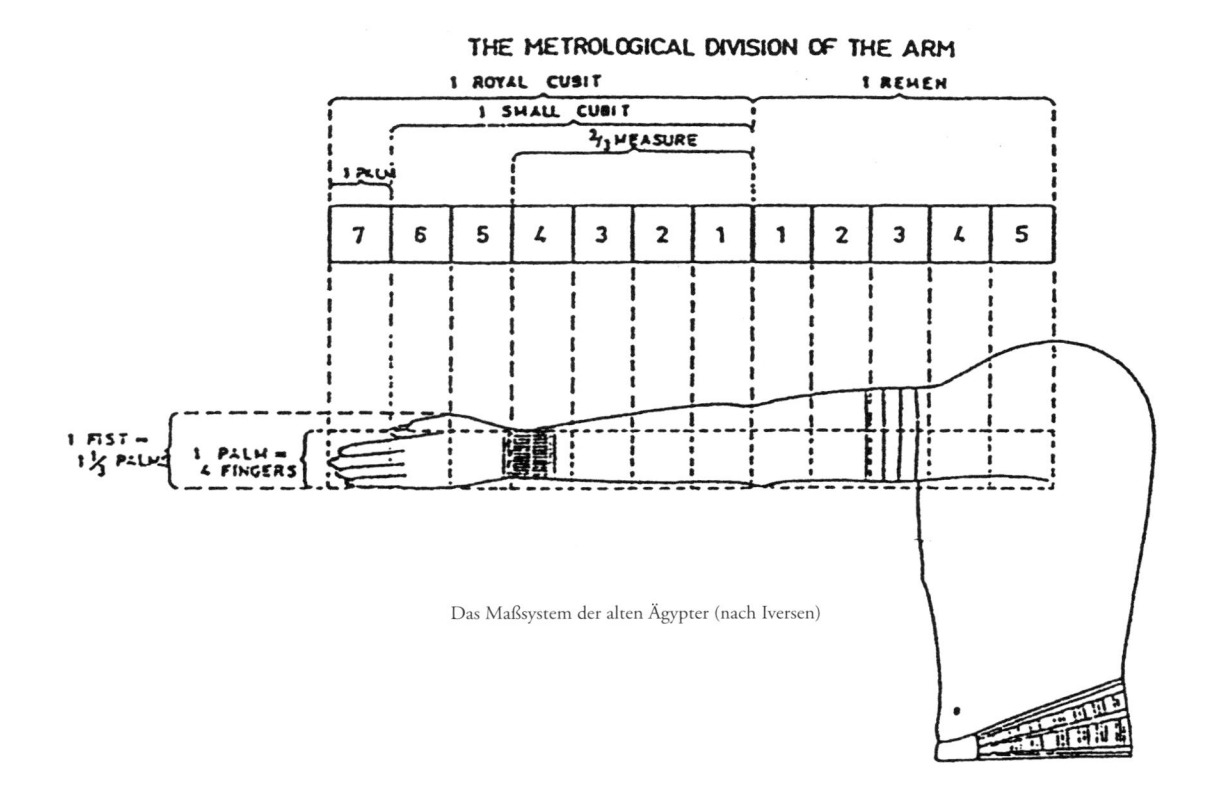

KAPITEL I

Das Geheimnis der Pyramidenneigungen ist entdeckt!

Die architektonischen Proportionen der Pyramidenhöhen zu ihren Basishälften, auch „Rücksprung", ägyptisch „Seked" genannt, sind zugleich Klänge aus der Natur- und Obertonreihe sowie aus Intervallen antiker Tonarten, die Platon, Ptolemaios aus Alexandria (100–160 n. Chr.) und Boëthius in „De Musica" überliefern.

Dieter Arnolds Liste der Pyramidenabmessungen in seinem „Lexikon der ägyptischen Baukunst" (S. 200), hier S. 7, ist von unschätzbarem Wert. Denn sie enthält trotz ihrer unvermeidlichen empirischen Ungenauigkeit alle notwendigen Informationen, um die exakten Abmessungen und Neigungen der Pyramiden zu rekonstruieren. Nur wußten die Ägyptologen bislang nicht diese Liste zu deuten. Aus Mangel einer umfassenden Theorie der Neigungen gab es daher auch keinen Anlaß, dies zu tun. Dabei hätten die Forscher die Liste nur nachzurechnen brauchen, um ihre Fehler zu bemerken, diese auszumerzen und damit ein unwiderlegbares Ergebnis zu gewinnen. Es tritt dann unabhängig von vorhergehenden Vermutungen *von selbst hervor. Bei einer neuerlichen Überprüfung der Liste stellt sich nämlich heraus, daß man mit den bislang ermittelten Maßen die Pyramiden gar nicht hätte bauen können, sondern nur mit jenen Maßen, die die Pyramidenneigungen als architektonische Proportionen in Form musikalischer Klänge entstehen lassen. Wenn also die bisherig aufgelisteten Maße korrekt wären, würden die Pyramiden allesamt heute nicht stehen. Getroffen hätte sie das Schicksal des babylonischen Turms.*

Syllogistischer Beweis für die Richtigkeit meiner Behauptung, die Neigungen der Pyramiden entsprächen Klängen:

1. Allgemeine Prämisse: Die Ägypter besaßen seit Imhotep (2635 v. Chr.) ein Meß- und Maßsystem, das aus der Verwendung nur der ersten fünf Primzahlen (1, 2, 3, 5, 7) besteht. Bis auf wenig Spielraum von Abweichungen, der sich immer auf die Gesamtabmessungen *einer* Pyramide beschränkt, ist die Elle 0,525 Meter lang.

1 Elle = 7 Handbreit $\left(1 \times 3 \times 5 \times \frac{7}{2} = 52{,}5 \text{ cm}\right)$
1 Handbreit $\left(1 \times 3 \times \frac{5}{2} = 7{,}5 \text{ cm}\right)$ = 4 Finger
1 Finger $\left(1 \times 3 \times \frac{5}{2^3} = 1{,}875\right)$ cm
1 Remen (vom Ellenbogen bis Mitte Schultergelenk) = 5 Handbreit (37,5 cm) = 20 Finger
1 Elle = 28 Finger (0,525 m)

2. Besondere Prämisse und bautechnischer Befund: In 19 von 29 nachgerechneten und empirisch vermessenen Pyramiden in der Liste Dieter Arnolds kommen im Rücksprung (d. h. „Höhe geteilt durch die Basishälfte") zahlreiche in Metern und Ellen gemessene Primzahlen vor, die nicht nur erheblich größer sind als die ersten fünf (1, 2, 3, 5, 7) des Meß- und Maßsystems, sondern auch noch falsch, weil die Meterwerte, durch das Ellenmaß 0,525 geteilt, nicht die angegebenen Ellenzahlen, oder die Ellenzahlen mit diesem Maß multipliziert, nicht die in der Liste angegebenen Meterwerte ergaben. Aus diesen Abmessungen entstanden zwei verschiedene Böschungslängen zugleich in einer Pyramide und Winkel, deren Summe gleichzeitig größer oder kleiner als 180° war. Aus diesen Abmessungen konnten 19 Pyramiden, siehe die linke Tabelle beigelegter Liste, nicht gebaut werden, weil aus ihren Zahlen Pyramiden entstanden wären, deren vier Kanten sich nicht in der Spitze getroffen hätten.

3. Schlußsatz (Konklusion): Da diese Pyramiden aber gebaut wurden und auch ihre Ruinen noch genug Daten zur Erfassung des ursprünglichen Bauplans liefern, mußten sich Abmessungen einstellen, mit denen man aus den vorliegenden Daten und unabhängig von jeglicher vorausgehenden Theorie diese neunzehn Pyramiden hätte bauen können. Dies ist auch *unabhängig von einer musiktheoretischen Vermutung* in der rechten Tabelle vorgenommen worden, und zwar lediglich durch Austausch der übergroßen Primzahlen gegen annähernd große Produkte aus den ersten fünf Primzahlen – die den Anfang der eigentlichen Korrektur ausmachen! – sowie durch Überprüfung der Ellen- und Meterlängen nach dem Ellenmaß von 0,525 Meter. Auch die Winkelgrößen brachten, sobald ihre Werte mit der Geometrie des rechtwinkligen Dreiecks übereinstimmten, in ihren Rücksprüngen nur die von mir festgestellten Klänge (siehe beigelegte Tabelle, hier Seite 17) hervor. Quod erat demonstrandum (Q.E.D.)

Mathematisch ist dies nicht weiter verwunderlich, weil aus der extrapolierten Systemmenge der ersten fünf Primzahlen im Rücksprung nur diejenigen Zahlen hervortreten können, die man vorher angesetzt und verwendet hatte. Und dies sind nun musikalisch Klänge, d. h. Brüche, die sich aus zwei aufeinanderfolgender Summen natürlicher Zahlen (Dreieckszahlen) bilden, aus denen sich einige bestimmte höhere Primzahlen aus Zähler und Nenner wieder herauskürzen. Es bleiben dabei nur Proportionen übrig, die sich aus den ersten fünf Primzahlen (1, 2, 3, 5, 7) zusammensetzen, weil nach der gleichen arithmetischen Gesetzmäßigkeit zweier aufeinanderfolgender Summen natürlicher Zahlen $\left(S_{n-1} + S_n = \frac{n-1}{2} \times n + \frac{n}{2} \times (n+1) = n^2\right)$ im Rücksprung $\frac{S_n}{S_{n-1}}$ einer Pyramide (s. mein Buch S. 92) *ebenso wie* in den diatonischen Tonarten der Antike, die Ptolemaios überliefert, nur Produkte und Proportionen der ersten fünf Primzahlen vorkommen können. Daß die Pyramidenneigungen Klängen aus dem Anfang und aus den innerhalb einer Oktave vorkommenden Intervallen der Natur- und Obertonreihe sowie aus zusammengesetzten Intervallen antiker Tonarten entsprechen, kann jetzt nicht mehr geleugnet werden.

Wie man sich hier in der bald folgenden Liste an Beispielen meiner Korrekturen überzeugen und selbst nachrechnen kann, entbehrt ein zu erwartender Vorwurf, ich hätte die Rücksprünge der Pyramiden der antiken Musiktheorie angepaßt, jeglicher Grundlage.

Es ist naheliegend, daß die Ägypter die im Baufortschritt angestrebten Maße nicht immer erreichen konnten, wie es das leicht asymmetrische Pyramidion Chephrens zeigt, aber schon im Entwurf mit Maßen zu beginnen, die nicht zum gewünschten Ergebnis führen würden, hätte eine Katastrophe ergeben. Und diese absehbare Katastrophe erkennt man heute noch an der ahnungslosen Aufnahme und Verwendung von Primzahlen in Arnolds Liste, in Ellen- und Meterzahlen nämlich, die erheblich größer sind als die ersten fünf (1, 2, 3, 5, 7) des ägyptischen Meß- und Maßsystems. Nach den Forschungen Maragioglios, Rinaldos, Petries, Borchardts, um nur einige der ohne Zweifel verdienstvollen Forscher zu nennen, deren Vermessungsdaten in Arnolds Liste eingehen, hätte man auch ohne eine Theorie der Neigungen bemerken können, daß man mit diesen empirisch ermittelten Weiten, wie gesagt, keine der genannten Pyramiden hätte bauen können, ohne daß sich die Baufehler schon während der Bauzeit gezeigt hätten. Im Baufortschritt wäre absehbar geworden, daß sich die vier Kanten der Pyramiden nicht in der Spitze treffen!

Weitere Gewähr für den exakten Pyramidenbau sind neun der bei Arnold erwähnten Pyramiden, nämlich Nr. 2 Knickpyramide, 16. Teti, 17. Pepi I., 18. Pepi II., 19. Merenre, 22. Amenemhet II., 24. Sesostris III., 28. Unbekannt, 29. Mazghuna-Süd. Sie sind theoretisch richtig entworfen, so daß sie auch praktisch hätten gebaut werden können und auch gebaut wurden.

In den Daten der restlichen 20 Pyramiden tritt nun eine ungenaue Vermessung zutage. Ob nun in Ruinen oder ausgeführten Bauwerken, es stimmen weder die Rücksprünge mit den Böschungswinkeln noch die Rücksprünge mit dem Längenverhältnis der Höhe zur Basishälfte überein. Ich sagte es schon: Auch die Umrechnung der Ellenmaße in Metermaße und umgekehrt sowie die daraus resultierenden Längen der Höhen und Basen stimmen selbst bei einem durchweg durchgehaltenen Ellenmaß von 0,525 Meter nicht zusammen.

Ein Bauingenieur in einem Vermessungsbüro, mit der Aufgabe beauftragt, Pyramidenentwürfe aus solchen Zahlen zu überprüfen, hätte die Hände über dem Kopf zusammengeschlagen. Weil bislang eine umfassende Theorie der Neigungen fehlt, hat eine solche Überprüfung auch nicht stattgefunden. Arnold gibt zu den Daten seiner Liste keine Rücksprünge an, weil aus den von ihm angegebenen Höhen und Basen zumeist unmögliche Sekeds entstehen! Die Pyramide des Chephren, um nur ein Beispiel von vielen dieser Liste zu nennen, hat in den Meterwerten anstelle von $\frac{4}{3} = 1{,}3333\ldots$ einen Rücksprung von $\frac{28\,774}{21\,529} = 1{,}33652283$, wofür kein Anlaß besteht, wie man sich aus den Übungsaufgaben aus dem Papyrus Rhind vergewissern kann. Die Ägypter verwenden dort nur Stammbrüche aus den ersten fünf Primzahlen. Entsprechend setzt sich auch die Ungenauigkeit in den Ellenwerten der meisten Pyramiden fort. Viele Werte sind sogar untereinander falsch.

Ich habe die bald folgende Auflistung von 31 Seiten mit Korrekturen der Abmessungen von insgesamt 26 Pyramiden der Arnoldschen Liste zusammengestellt, die ich hier der Öffentlichkeit zum Nachvollzug ihrer Richtigkeit vorlege. Mit dem Leitfaden dieses Prüfverfahrens kann jeder im Umgang mit einem Taschenrechner geschickte Kollege jetzt die endgültigen Abmessungen aller Pyramiden finden! Mit dieser Liste ist nun auch die letzte Lücke in meinem Nachweis geschlossen.

Das Prüfverfahren:

Zunächst überprüfe ich, ob in den von Arnold angegebenen Maßen für die Höhe und Basis einer Pyramide der Satz des Pythagoras erfüllt wird, so daß die Quadrate der Basishälfte und der Höhe, addiert, das Quadrat der Böschungslänge ergeben. Ebenso muß die Winkelsumme von $2\alpha + 1\gamma = 180°$ eingehalten werden. Nur dann gibt es bei der Pythagoras- und Winkelberechnung gemeinsame Böschungslängen! Und wenn es keine gemeinsame Böschungslänge gibt, sondern zwei verschiedene, dann ist auch die Winkelsumme kleiner oder größer, jedenfalls nicht 180°.

Die empirischen Angaben Arnolds sind in diesem Punkt zu 96 % unstimmig, aber das mindert, wie schon gesagt, nicht im geringsten die Bedeutung der Liste! Die richtigen Werte liegen so nahe bei den Annäherungen, daß in den meisten Fällen auf ganze Zahlen bzw. bei den Pyramidenhöhen auf ganze Zahlen + einfache Brüche mit maximal Siebtel im Nenner, nämlich auf das ursprüngliche Vorhandensein einer Kombination verschiedener Vielfachprodukte aus den fünf ersten Primzahlen (1, 2, 3, 5, 7) geschlossen werden kann.

Divergieren die überlieferten Werte, dann errechne ich die Böschungslänge zuerst aus dem Satz des Pythagoras, dann aus der Sinus-$\frac{\gamma}{2}$-Probe. Den Böschungswinkel bekomme ich aus dem notierten Rücksprung, aus seinem Verhältnis der Höhe der Pyramide zur Basishälfte. Eine fehlende Höhe bekomme ich über den Seked, indem ich, vorschriftsgemäß den Übungsaufgaben im Papyrus Rhind folgend, die Basislänge mit der Sekedhälfte multipliziere und die Höhe erhalte. Im übrigen gibt es genug Dubletten unter den Pyramiden, deren Quarten, Terzen und Tritonusintervalle über gleichlange Basen auch die Höhen und sogar den Rücksprung selbst vermuten lassen, weil fehlende Ellenlängen oft durch ungefähre Angaben mit riesengroßen Primzahlenbrüchen in Metern aufgefunden werden können. Der folgende Querschnitt der Pyramide des Pepi II. enthält mit der Höhe von 100 Ellen (52,5 m) und einer Basishälfte von 75 Ellen (39,375 m) einen Quartrücksprung $\left(\frac{4}{3}\right)$:

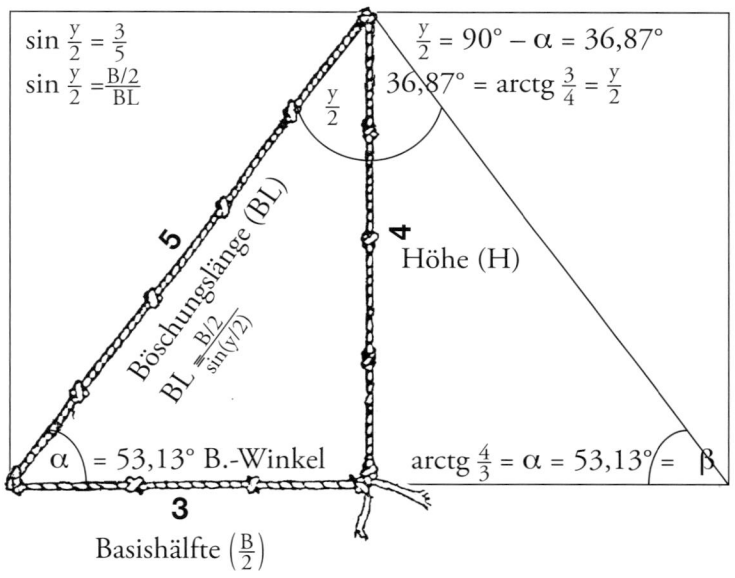

Das ägyptische Landvermessungsdreieck

Ist ein Böschungswinkel α ermittelt oder gar angegeben, multipliziere ich ihn mit zwei und ziehe das Ergebnis von 180° ab, so daß ich $(180° - 2\alpha = \gamma)$ erhalte. Teile ich dann diesen Winkel in der Spitze eines Pyramidenquerschnitts durch 2, so bekomme ich $\frac{\gamma}{2}$. Der Sinus $\frac{\gamma}{2}$ ist dann das Verhältnis der Gegenkathete zur Hypotenuse, also hier der Proportion der Basishälfte zur Böschungslänge. Nunmehr ist die gesuchte „Böschungslänge" gleich der „Basishälfte geteilt durch sin $\frac{\gamma}{2}$", also $\left(BL = \frac{B}{2} / \sin \frac{\gamma}{2}\right)$.

Der Grund, warum der Sinus gewählt wurde und nicht der Cosinus $\frac{\gamma}{2}$, ist einfach der, daß fast alle Basislängen noch im Grundriß einer Pyramide feststellbar sind, während die Höhen, die der Cosinus $\frac{\gamma}{2}$ errechnen würde, bei Ruinen schon oft verschwunden sind oder wie beim Königsgrab in Zarwiet el Arjan gar nicht erst vorhanden waren.

Beispiel Pepi II.

Ein einfaches Beispiel einer theoretisch und praktisch fehlerfrei gebauten Pyramide ist Nr. 18 Pepi II., deren Böschungswinkel, übrigens auch wie jener der Pyramiden Teti, Pepi I. und Chephrens als Quarte $\left(\frac{4}{3}\right)$ erhalten und als arctg $\left(\frac{4}{3}\right)$ = 53°13' mit wunderbarer Genauigkeit von Arnold angegeben ist:

1.) Probe: Errechnen der Böschungslänge (BL) in Ellen und in Metern aus dem Satz des Pythagoras. Die Abmessungen sind:

Pyramide	Neigung	Basis	Höhe	Rücksprung	Ellenmaß
18. Pepi II.	53° 13'	150 E (78,75 m)	100 E (52,5 m)	$\frac{4}{3}$	0,525 m

Aus der Pythagorasprobe in Ellen und Metern $\left(H^2 + \left(\frac{B}{2}\right)^2 = BL^2\right)$ ergibt sich eine Böschungslänge BL von:
$BL^2 = (100\ E)^2 + (75\ E)^2$; $BL^2 = 10\,000\ E^2 + 5625\ E^2 = 15\,625\ E^2$;
BL = *125 Ellen (65,625 m)*

2.) Probe: Gewinnung dieser Böschungslänge (BL) aus der Sinus $\frac{\gamma}{2}$ Probe $\left(BL = \left(\frac{B}{2}\right) / \sin \frac{\gamma}{2}\right)$ aus Ellen und Metern:
$\left(\frac{100}{75}\right)$ Ellen = $\frac{4}{3}$; $\left(\frac{52,5}{39,375}\right)$ m = $\frac{4}{3}$; arctg $\frac{4}{3}$ = 53,13010235°;
$\frac{\gamma}{2} = \frac{1}{2}(180^0 - 2 \times 53,13010253°) = 36,86989765°$; sin 36,86989765° = 0,6 = $\frac{3}{5}$;
BL = $\frac{B}{2}$ / sin $\frac{\gamma}{2}$ = 75 E / 0,6;
BL = *125 Ellen (65,625 m)*

Die Winkelsumme im Dreieck des Pyramidenquerschnitts ist aus Ellen wie Metern gemessen (2 × 53,13° + 2 × 36,87° = 180°).

Jedermann kann sich leicht vorstellen, daß die Neigungen, die aus den Höhen- und Pyramidenbasishälften resultieren, sich immer zu 180° summieren und damit exakte Winkel ausbilden, die sich aus dem Zusammenspiel des Sinus $\frac{\gamma}{2}$ und aus den Quadraten der Höhen und Basishälften ergeben. *Wenn nun beide Proben verschiedene Böschungslängen ergeben, kann mit diesen Werten keine Pyramide gebaut werden*, höchstens eine, deren vier Kanten sich später in der Spitze nicht treffen werden. Eine gemeinsame Böschungslänge, in Ellen und Metern gemessen, dient also dem Nachweis mit Winkelmaßen übereinstimmender Höhen, Basishälften in beiden Proben. Dies ist ein *punctum saliens* der Korrektur und Entschlüsselung zum Wiederauffinden der von den Ägyptern vor Baubeginn angesetzten und im Baufortschritt meßtechnisch angestrebten und mit bewundernswerter Präzision eingehaltenen Werte. (Vgl. die Liste S. 8 ff.)

Harmonie im Landvermessungsdreieck *(s. Abb. S. 4)*

Das Ägyptische Landvermessungsdreieck ($3^2 + 4^2 = 5^2$) ist eine Knotenschnur mit zwölf Knoten, mit der die Ägypter nicht nur den rechten Winkel einrichteten, sondern auch nach jeder Nilüberschwemmung die Felder neu absteckten, um damit den Landwirten den von Jahr zu Jahr unterschiedlich überschwemmten Grund zuzuteilen und zwar *gerecht* nach dem harmonischen Mittel $\frac{2ab}{(a + b)}$ – hier bei den Klanggliedern a = 1 und b = 2 beträgt das Mittel $\left(\frac{2 \times 1 \times 2}{(1 + 2)} = \frac{4}{3}\right)$, – um eine harmonische Verteilung sogar der nachwachsenden Güter im „Staat" zu erreichen. Das ägyptische Landvermessungsdreieck findet sich nicht nur im Querschnitt der neun Pyramiden mit Quartrücksprung $\left(\frac{4}{3}\right)$.

Der Satz des Pythagoras ($a^2 + b^2 = c^2$) ist auf alle Pyramidenquerschnitte anwendbar.

Eine zusätzliche Version des pythagoräischen Hauptsatzes ist das Produkt Quarte $\left(\frac{4}{3}\right)$ mal große Terz $\left(\frac{5}{4}\right)$, denn daraus ergibt sich überteilig die Sexte $\left(\frac{5}{3}\right)$, also $\frac{4}{3} \times \frac{5}{4} = \frac{5}{3}$. Daß sich die Sexte $\left(\frac{5}{3}\right)$ aus einer Quarte $\left(\frac{4}{3}\right)$ und einer großen Terz $\left(\frac{5}{4}\right)$ *harmonisch* verbindet, ist bei JAMBLICHOS („Leben des Pythagoras" XXVII, 130–131) belegt und wird auch von PLATON im „Staat" (546 c) erwähnt. Er spricht ausdrücklich vom unterteilen

„einfachen Verhältnis Quarte $\left(\frac{3}{4}\right)$, das mit der Fünfheit $\left(\frac{4}{5}\right)$ verbunden, zwei Harmonien schaffe" $\left(\frac{3}{4} \times \frac{4}{5} = \frac{3}{5}\right)$. So entsteht also aus der Quarte mal großer Terz die Sexte $\left(\frac{3}{5}\right)$, womit wir naheliegend die obige Sexte im $\sin \frac{\gamma}{2} = \frac{3}{5}$ und im $\arcsin\left(\frac{3}{5}\right) = 36{,}87°$ in der Spitze eines Quartpyramidenquerschnitts, hier bei Pepi II. und acht weiteren Pyramiden ins Auge fassen. Aus Platzgründen ziehe ich an dieser Stelle nicht noch einen Bogen zur identischen Seked-Berechnung im Papyrus Rhind, der jetzt fällig wäre. Ich erwähne nur diese zwei antiken Belege, sollte bezweifelt werden, daß die Rücksprünge von Pyramiden musikalische Intervalle entsprechen.

Der Satz des Pythagoras bekommt also eine neue harmonische Version, die er ohne Winkelfunktionen zweifellos im Seked schon in der Antike besaß. Pepis Seked ist $5\frac{1}{4}$ H:

Pythag. Dreieck:	(Basishälfte)²	+ (Höhe)²	= (Böschungslänge BL)²;	BL = 125 Ellen
Pepis Winkel-	2 x arctg $\left(\frac{4}{3}\right)$	+ 2 x arcsin $\left(\frac{3}{5}\right)$	= 4 x arctg 1	
Summe:	2 x 53,13°	+2 x 36,87°	= 4 x 45° = 180°	
Seked in Handbreit:	$\left(5\frac{1}{4}\right)^2$	+ 7²	= $76\frac{9}{16}$ BL²;	BL 8,75 H (1,25 Ellen)
Pepi II. in Ellen:	75²	+ 100²	= 15 625 BL²;	BL 875 H (125 Ellen)

Ergebnis s. S. 8, 9 und 10 ff.: Die berichtigten Neigungen der altägyptischen Pyramiden entsprechen Klängen!

Wie man der Sonderstellung der Verwendung lediglich der fünf ersten Primzahlen in den Rücksprüngen sämtlicher Pyramiden in den Übungsaufgaben zum Pyramidenbau im PAPYRUS RHIND entnehmen kann, enthalten auch dort die Berechnungen des gleichschenkligen Pyramidenquerschnitts und des Pyramideninhalts, einschließlich der des Pyramidenstumpfs und seiner Trapezfläche *nur* Produkte aus ersten fünf Primzahlen und die harmonischen Rücksprünge ihrer Neigungen *nur* Klänge aus der Natur- und Obertonreihe 2:1 (Oktave), 3:2 (Quinte), 4:3 (Quarte), 5:4 (große Terz), 6:5 (kleine Terz), 7:6 (Kleinstterz) sowie aus Intervallen antiker Tonarten aus dem diatonischen Tongeschlecht, die Ptolemaios in Teilungen der Quarte in ihre einzelnen Töne überliefert. Auch sie sind nur aus den ersten fünf Primzahlen zusammengesetzt. So besitzen die Rücksprünge von etwa zwanzig Pyramiden nur Intervalle aus der Tonart DIATONON MALAKON, die Ptolemaios in der Quarteinteilung $\left(\frac{8}{7} \times \frac{10}{9} \times \frac{21}{20} = \frac{4}{3}\right)$ überliefert.

(s. Arnolds Liste der Pyramidenabmessungen mit meiner Korrektur im Anhang hier S. 7)

		Arnolds Liste (S. 200)				Vom Autor korrigierte Liste (geänderte Werte *kursiv*)				Mögliche Stufenzahl H/Rs (Rücksprung)
	Pyramide	*Neigung*	*Basis*	*Höhe*	Verwendetes Ellenmaß	Korrigierte Basislängen in *kursiver* Schrift	Vom Autor korrigierte Pyramidenhöhen in *kursiver* Schrift	Rücksprungverhältnis: Höhe/Basishälfte	Böschungswinkel: Arcus Tangens H/(b/2)	
1.	Meidum M3	51°51'	275 (144,32)	175 (92)	(0,525 m)	276 E *(144,9 m)*	*175 5/21 E (92 m)*	80/63	51°4646'' (51,78°)	200 à 92/105 E
2.	Knickpyramide (Snofru) oben	54°31' 44°30'	360 (189)	200 (105)	(0,525 m)	360 E *(189 m)*	200 E *(105 m)*	10/9	48,01° im Durchschnitt bei der Knickpyramide	180 à 10/9 E
3.	Dahschur-Nord (Snofru)	45°	420 (220)	200 (105)	(0,525 m)	420 E *(220,5 m)*	200 E *(105 m)*	20/21	43,60°	210 à 20/21 E
4.	Cheops 51,84°	51°50'40'''	440 (230,36)	280 (146,50)	(0,52236 m)	*441 E (230,36 m)*	280 E *(146,26 m)*	80/63	51,78° (5,5125 H auf 1 E)	210 à 4/3 E
5.	Djedefre	60°	200 (105)	175 (92)	(0,525 m)	200 E *(105 m)*	175 E *(91,875 m)*	7/4	60,25°	100
6.	Königsgrab in Zawiet el-Arjan	?	210 (110)	? drei Versionen möglich	(0,525 m)	210 E *(110,25 m)* 210 E *(110,25 m)* 210 E *(110,25 m)*	*133 1/3 E (70 m)* *100 E (52,5 m)* *140 E (73,5 m)*	80/63 20/21 4/3	51,78° 43,60° 53,13°	105 105 105
7.	Chephren	53°10'	410 (215,29)	275 (143,87)	(0,525 m)	410 E *(215,25 m)*	*273 1/3 E (143,5 m)*	4/3	53°7'48'' (53,13°)	205
8.	Mykerinus	51°	200 (105,5)	125 (65,55)	(0,5275 m)	200 E *(105,5 m)*	125 E *(65,9375 m)*	5/4	51,34°	100
9.	Userkaf	53°	140 (73,3)	94 (49)	(0,525 m)	140 E *(73,5 m)*	*93 1/3 E (49 m)*	4/3	53,13°	70
10.	Sahure	50°45'	150 (78,5)	(50)	(0,525 m)	150 E *(78,75 m)*	*95 5/21 E (50 m)*	80/63	51,78°	75
11.	Neferirkare	54°30'	200 (105)	(72,8)	(0,525 m)	200 E *(105 m)*	*140 E (73,5 m)*	7/5	54,46°	100
12.	Niuserre	52°	150 (78,90)	(50)	(0,525 m)	150 2/7 E *(78,9 m)*	*95 23/224 E (49 1189/1280 m)*	81/64	51°41'12'' (51,69°)	75 1/7
13.	Neferefre	?	125 (65)	?	(0,525 m)	125 E *(65,625 m)*	*83 1/3 E (43,75 m)*	4/3	53,13° (5 H 1 F auf 1 E)	125 à 2/3 E
14.	Djedkare	52°	150 (78,75)	(50)	(0,525 m)	150 E *(78,75 m)*	*95 5/21 E (50 m)*	80/63	51,78° (5,5125 H auf 1 E)	75
15.	Unas	56°	110 (57,77)	(43)	(0,525 m)	110 E *(57,75 m)*	*82 1/2 E (43,3125 m)*	3/2	56,30°	55
16.	Teti	?	150 (78,75)	100 (52,5)	(0,525 m)	150 E *(78,75 m)*	100 E *(52,5 m)*	4/3	53,13°	75
17.	Pepi I.	53°	150 (78,6)	100 (52,4)	(0,524 m)	150 E *(78,6 m)*	100 E *(52,4 m)*	4/3	53,13°	75
18.	Pepi II.	53°13'	150 (78,75)	100 (52,5)	(0,525 m)	150 E *(78,75 m)*	100 E *(52,5 m)*	4/3	53,13°	75
19.	Merenre	?	175 (90–95)	?	(0,525 m)	175 E *(91,875 m)*	*116 2/3 E (61,25 m)*	4/3	53,13°	175 à 2/3 E
20.	Amenemhet I.	54°	160 (84)	112 (59)	(0,525 m)	160 E *(84 m)*	112 E *(58,8 m)*	7/5	54,46°	80
21.	Sesostris I.	49°24'	200 (105,23)	116 (61,25)	(0,525 m)	200 E *(105 m)*	*116 2/3 E (61,25 m)*	7/6	49°23'55'' (49,4°)	100
22.	Amenemhet II.	?	160 (84)	?	(0,525 m)	160 E *(84 m)*	112 E *(58,8 m)*	7/5	54,46°	80
23.	Sesostris II.	42°35'	200 (105,88)	(48,65)	(0,525 m)	200 E *(105 m)*	*93 1/3 E (49 m)*	14/15	43,02°	100
24.	Sesostris III.	56°	200 (105)	(61,25)	(0,525 m)	200 E *(105 m)*	*116 2/3 E (61,25 m)*	7/6	49,4°	100
25.	Amenemhet III. (Dashur)	54–56°	200 (105)	143 (75)	(0,525 m)	200 E *(105 m)*	*142 6/7 E (75 m)*	10/7	55°	100
26.	Amenemhet III. (Hawara)	48–52°	200 (101,75)	(58)	(0,5075 m)	200 E *(101,5 m)*	*114 2/7 E (58 m)*	8/7	48,81°	100
27.	Chendjer	55°	100 (52,5)	(37,35)	(0,525 m)	100 E *(52,5 m)*	*71 3/7 E (37,5 m)*	10/7	55°	50
28.	Unbekannt	?	175 (92)	?	(0,525 m)	175 E *(91,875 m)*	*116 2/3 E (61,25 m)*	4/3	53,13°	175 à 2/3 E
29.	Mazghuna-S	?	100 (52,5)	?	(0,525 m)	100 E *(52,5 m)*	*71 3/7 E (37,5 m)*	10/7	55°	50

Liste der Intervalle antiker Tonarten, die als Klänge der Pyramidenrücksprünge zu hören sind.

Die Zuweisung der Neigungswinkel zu den Tonarten erfolgt aus den Primzahlen, die in den Pyramidenrücksprüngen (H/(B/2)) vorhanden sind. Die ersten fünf Primzahlen (1, 2, 3, 5, 7) sind in der am häufigsten verwendeten Tonart DIATONON MALAKON enthalten. Die ersten vier Primzahlen (1, 2, 3, 5) enthält das DIATONON SYNTONON. Die Primzahlen (1, 2, 3, 7) verwendet das DIATONON des Archytas und die ersten drei Primzahlen (1, 2, 3) Platons DIATONON DITONAION. In den Abmessungen von 29 ägyptischer Pyramiden sind nur Tonarten aus dem diatonischen Tongeschlecht feststellbar. Auch aus diesem Grund kommt das CHROMA SYNTONON (7/6) x (12/11) x (22/21) = (4/3) mit der Primzahl 11 für die Cheopspyramide nicht in Betracht.

Neigung	*Pyramide*	*Rücksprung*	*Intervall*	*Zusammensetzung aus Tönen*	*Tonart im diatonischen Tongeschlecht*
51,78°	1. Meidum M3	80/63	große Terz (c–e)	$\frac{8}{7} \times \frac{10}{9} = \frac{80}{63}$	DIATONON MALAKON
48,01°	2. Knickpyramide (Snofru)	10/9	kleiner Ganzton		DIATONON MALAKON
43,60°	3. Dahschur-Nord (Snofru)	20/21	unterteiliger Halbton (h'–c)	$\frac{8}{7} \times \frac{5}{6} = \frac{20}{21}$	DIATONON MALAKON
51,78°	4. Cheops	80/63	große Terz (c–e)	$\frac{8}{7} \times \frac{10}{9} = \frac{80}{63}$	DIATONON MALAKON
60,25°	5. Djedefre	7/4	kleine Septime (c–b⁻)	$\frac{4}{3} \times \frac{21}{16} = \frac{7}{4}$	DIATONON MALAKON
51,78° (a) 43,60° (b) 53,13° (c)	6. Königsgrab in Zawiet el-Arjan, mögl. Versionen a, b, c	80/63 20/21 4/3	große Terz (c–e) utl. Halbton (h'–c) Quarte (c–f)	s. Meidum, Cheops s. Dahshur-Nord	DIATONON MALAKON DIATONON MALAKON DIATONON MALAKON
53,13°	7. Chephren	4/3	Quarte (c–f)	$\frac{10}{9} \times \frac{9}{8} \times \frac{16}{15} = \frac{4}{3}$	DIATONON SYNTONON
51,34°	8. Mykerinus	5/4	reine große Terz (c–e)	$\frac{10}{9} \times \frac{9}{8} = \frac{5}{4}$	DIATONON SYNTONON
53,13°	9. Userkaf	4/3	Quarte (c–f)	(8/7) x (10/9) x (21/20) = $\frac{4}{3}$	DIATONON MALAKON
51,78°	10. Sahure	80/63	große Terz (c–e)	s. Meidum, Cheops, Königsgrab (a)	DIATONON MALAKON
54,46°	11. Neferirkare	7/5	Tritonus (c–fis⁻)	$\frac{8}{7} \times \frac{10}{9} \times \left(\frac{21}{20}\right)^2 = \frac{7}{5}$	DIATONON MALAKON
51,69°	12. Niuserre	81/64	gr. pythag. Terz (c–e⁺)	$\frac{9}{8} \times \frac{9}{8} = \frac{81}{94}$	Platons DIATONON DITONAION
53,13°	13. Neferefre	4/3	Quarte (c–f)	s. Chephren	DIATONON SYNTONON
51,78°	14. Djedkare	80/63	gr. Terz (c–e)	s. Cheops	DIATONON MALAKON
56,30°	15. Unas	3/2	Quinte (c–g)	$\frac{10}{9} \times \frac{9}{8} \times \frac{16}{15} \times \frac{9}{8} = \frac{3}{2}$	DIATONON SYNTONON
53,13°	16. Teti	4/3	Quarte (c–f)	s. Chephren	DIATONON SYNTONON
53,13°	17. Pepi I.	4/3	Quarte (c–f)	s. Teti	DIATONON SYNTONON
53,13°	18. Merenre	4/3	Quarte (c–f)	s. Userkaf	DIATONON MALAKON
53,13°	19. Pepi II.	4/3	Quarte (c–f)	s. Chephren	DIATONON SYNTONON
54,46°	20. Amenemhet I.	7/5	Tritonus (c–fis⁻)	s. Neferirkare	DIATONON MALAKON
49,4°	21. Sesostris I.	7/6	Kleinstterz (c–es⁻)	$\frac{9}{8} \times \frac{28}{27} = \frac{7}{6}$	Archytas' DIATONON
54,46°	22. Amenemhet II.	7/5	Tritonus (c–fis⁻)	s. Amenemhet I.	DIATONON MALAKON
43,02°	23. Sesostris II.	14/15	kleiner Halbton (c–des)	$\frac{16}{15} \times \frac{7}{8} = \frac{14}{15}$	Archytas' DIATONON
49,4°	24. Sesostris III.	7/6	Kleinstterz (c–es⁻)	s. Sesostris I.	Archytas' DIATONON
55°	25. Amenemhet III. (Dashur)	10/7	großer Tritonus (c–ges⁺)	$\frac{3}{2} \times \frac{20}{21} = \frac{10}{7}$	DIATONON MALAKON
48,81°	26. Amenemhet III. (Hawara)	8/7	übergroßer Ganzton		DIATONON MALAKON
55°	27. Chendjer	10/7	großer Tritonus (c–ges⁺)	$\frac{3}{2} \times \frac{20}{21} = \frac{10}{7}$	DIATONON MALAKON
53,13°	28. Unbekannt	4/3	Quarte (c–f)	s. Merenre	DIATONON MALAKON
55°	29. Mazghuna-S	10/7	großer Tritonus (c–ges⁺)	s. Amenemet III.	DIATONON MALAKON

In Dieter Arnolds Liste der Pyramidenabmessungen im „LEXIKON DER ÄGYPTISCHEN BAUKUNST" (S. 200) sind ungenaue Angaben notiert, die hier in der untenstehenden linken Spalte unter den **bisherigen Abmessungen** zitiert und in der rechten Spalte korrigiert werden, indem man sie zweier Überprüfungen durch die **Pythagorasprobe** und durch **die Sinus $\frac{\gamma}{2}$-Probe** unterzieht.

Bisherige Werte aus Arnolds Liste					Vom Autor korrigierte Liste (geänderte Werte *kursiv*)				
Pyramide	*Neigung*	*Basis*	*Höhe*	*Rücksprung*	*Ellenmaß*	Korrigierte Basislängen *in kursiver Schrift*	Korrigierte Pyramidenhöhen in *kursiver Schrift*	Rücksprung	Böschungswinkel Arctg H/(B/2)
1. Meidum	51°51'	275 (144,32)	175 (92)	$\frac{14}{11}\left(\frac{575}{451}\right)$	0,525 m				51°46'46" *(51,78°)*
Korrigierte Werte:	51,78°	*276 (144,9)*	$175\frac{5}{21}$ *(92 m)*	$\frac{80}{63}$		*276 (144,9)*	$175\frac{5}{21}$ *(92)*	$\frac{80}{63}$	

Kommentar: Der aus den Meterwerten entstehende Rücksprung $92/\left(\frac{144,32}{2}\right) = \frac{575}{451}$ enthält höhere Primzahlen im Zähler (25 x 23 = 575) wie im Nenner (11 x 41 = 451). Diese kommen im ägyptischen Meß- und Maßsystem nicht vor. Weder Meidums Höhe in Ellen und Meter noch die Basis m Ellen und Meter lassen sich aus dem verwendeten Ellenmaß von 0,525 m errechnen:

(144,32 / 0,525 m = 274,8952381 Ellen Basis,
175 Ellen x 0,525 m = 91,875 m Höhe)

Die bisherigen Abmessungen Meidums sind ungenau:

1) Aus der **Pythagorasprobe** in Metern
$(H^2 + \left(\frac{B}{2}\right)^2 = BL^2$ ergibt sich eine Böschungslänge (BL) von:
$BL^2 = (92\text{ m})^2 + (72,16\text{ m})^2 = 8464\text{ m}^2 + 5207,0656\text{ m}^2 = 13671,0656\text{ m}^2$;
BL = 116,9233321 m = 222,7111088 Ellen

2) arctg $\frac{14}{11} = 51,84277341°$; $\frac{\gamma}{2} = \frac{1}{2}(180° - 2 \times 51,84277341°) = 38,15722659°$;
sin 38,15722659° = 0,617821552;
BL = B / sin $\frac{\gamma}{2}$ = 137,5 E / 0,617821552 = **222,5561727 Ellen = (116,8419907 m)**

Mit verschiedenen Böschungslängen und Rücksprüngen zugleich konnte die Pyramide zu Meidum nicht gebaut werden!
Die Winkelsumme im Dreieck ist aus Ellen:
2 x 51,84° + 2 x 38,16° = 180° und aus Metern:
(2 x 52,51° + 2 x 38,16° = 181,34°).

Kommentar: Daß die bisherigen Abmessungen der Pyramide unstimmig sind, zeigt sich aus zwei Proben. Sie beweisen, daß die Ägypter ihre Pyramiden theoretisch entwarfen, und daß sie zu den Basen mit der Sekedproportion exakt abgestimmte Höhen im Baufortschritt zu erreichen suchten. Sonst hätten sich die vier Kanten einer Pyramide nicht in der Spitze getroffen, und die Arbeit vieler Jahre wäre umsonst gewesen.

Die Korrektur ungenauer Angaben über die Pyramide zu Meidum bestätigt sich von selbst durch die Pythagoras'- und durch die sin $\frac{\gamma}{2}$-Probe (BL = $\left(\frac{B}{2}\right)$ / sin $\frac{\gamma}{2}$):

1) $BL^2 = \left(175\frac{5}{21} E\right)^2 + (138 E)^2 = 30708,39002 E^2 + 19044 E^2 = 49752,39002 E^2$;
BL = 223,0524378 Ellen (117,1025298 m)

2) arctg $\frac{80}{63} = 51,77956795°$;
$\frac{\gamma}{2} = \frac{1}{2}(180° - 2 \times 51,77956795°) = 38,22043205°$;
sin 38,22043205° = 0,6186885977;
BL = $\frac{B}{2}$ / sin $\frac{\gamma}{2}$ = 138 E / 0,6186885977 = **223,0524379 Ellen (117,1025298 m)**

Mit dem Rücksprung $\frac{80}{63}$ und der Böschungslänge 223,05 Ellen wie Meter kann die Pyramide gebaut werden!
Die Winkelsumme ist im Dreieck aus Ellen wie Meter:
2 x 51,78° + 2 x 38,22° = 180°.

(Fortsetzung folgende Seite)

Verifikation durch Schichtenhöhen: Die Pyramide zu MEIDUM besitzt eine isodome Verkleidungssteinhöhe von $\frac{92}{105}$ Ellen x 0,525 = (0,46 m), eine isodome Kernmauersteinhöhe zu $\frac{20}{21}$ Ellen x 0,525 = (0,5 m). Die Höhe MEIDUMS ist in Ellen ($\frac{92}{0,525} = 175\frac{5}{21}$ Ellen); 200 Stufen Verkleidung zu 0,46 cm = 92 m; 184 Stufen Kernmauerwerk zu $\frac{20}{21}$ Ellen = 0,5 m; 184 Stufen x 0,5 m = 92 m. Diese Nachmessung fand vor Ort am 3. 6. 2006 statt (F. W. Korff).

Ergebnis: Der Rücksprung der Pyramide zu **Meidum** (Seked: 5 $\frac{41}{80}$ Handbreit) ist der **Klang einer übergroßen Terz** ($\frac{8}{7} \times \frac{10}{9} = \frac{80}{63}$) mit dem Ton-Intervall (c – e') in der antiken Tonart **DIATONON MALAKON**, die Ptolemaios aus Alexandria in der Quarteinteilung ($\frac{8}{7} \times \frac{10}{9} \times \frac{21}{20} = \frac{4}{3}$) überliefert. Sie gibt der Pyramide einen Böschungswinkel von arctg $\frac{80}{63}$ = 51,8°. Der Rücksprung $\frac{80}{63}$ findet sich ebenfalls in den Pyramiden des **Cheops, (im Königsgrab zu Zawiet el Arjan, Version a, möglich), in den baugleichen Pyramiden (Dubletten) des Sahure und des Djedkare.** In den diatonischen Tonarten wie in den Neigungen altägyptischer Pyramiden kommen nur Zahlen vor, die Produkte und Brüche aus den ersten fünf Primzahlen (1, 2, 3, 5, 7) des vom Architekten Imhotep eingeführten Meß- und Maßsystems (1 Elle = 7 Handbreit, 1 Handbreit = 4 Finger, 1 Remen = 5 Handbreit, 1 Elle = 28 Finger) sind.

▲▲▲▲▲▲

Bisherige Werte aus Arnolds Liste (Meterwerte in Klammern)					Vom Autor korrigierte Liste (geänderte Werte *kursiv*)
Pyramide	*Neigung*	*Basis*	*Höhe*	*Rücksprung*	*Ellenmaß*
2. Knickpyramide					
im Durchschnitt	48,01°	360(189)	200(105)	$\frac{10}{9}$	0,525 m

Kommentar: Die Abmessungen der Knickpyramide und der durchschnittliche Böschungswinkel von 48,01° sind theoretisch und praktisch in Ellen und *Metern fehlerfrei* überliefert. Mit diesen Abmessungen hätte die Pyramide **störungsfrei gebaut werden können, wäre das Fundament sicher gewesen!**

Die Winkelsumme im Dreieck des Pyramidenquerschnitts, aus Ellen und Metern errechnet, ist: 2 x 48,01° + 2 x 41,99 = 180°.

Ergebnis: Der Rücksprung der **Knickpyramide** (Seked: $6\frac{3}{10}$ Handbreit) ist der **Klang des kleinen Ganztons** ($\frac{10}{9}$) mit dem Ton-Intervall (d–e) in der antiken Tonart D<small>IATONON</small> M<small>ALAKON</small>, die Ptolemaios aus Alexandria in der Quarteinteilung ($\frac{8}{7} \times \frac{10}{9} \times \frac{21}{20} = \frac{4}{3}$) überliefert. Sie gibt der Pyramide einen durchschnittlichen Böschungswinkel von arctg $\frac{10}{9}$ = 48,01°. In den diatonischen Tonarten wie in den Neigungen altägyptischer Pyramiden kommen nur Zahlen, die Produkte und Brüche aus den ersten fünf Primzahlen (1, 2, 3, 5, 7) des vom Architekten Imhotep eingeführten Meß- und Maßsystems (1 Elle = 7 Handbreit, 1 Handbreit = 4 Finger, 1 Remen = 5 Handbreit, 1 Elle = 28 Finger) sind.

▲▲▲▲▲▲

	Bisherige Werte aus Arnolds Liste				Vom Autor korrigierte Liste (geänderte Werte *kursiv*)			
Pyramide	Neigung	Basis	Höhe	Rücksprung	Ellenmaß	Korrigierte Basislängen in *kursiver* Schrift	Korrigierte Pyramidenhöhen in *kursiver* Schrift	Rücksprung	Böschungswinkel Arctg H/(B/2)
3. Dahshur-Nord	45°	420 (220)	200 (105)	$\left(\frac{105}{110}\right)$	0,525 m				
korrigierte Werte:	*43,60°*	420 (220,5)	200 (105)	$\frac{20}{27}$		*420 (220,5)*	*200 (105)*	$\frac{20}{27}$	*43,6°*

Kommentar: Der Rücksprung von $\frac{200}{210} = \frac{20}{21}$ ergibt keinen Winkel von 45°, sondern den Winkel arctg $\left(\frac{200}{210}\right) = 43{,}60°$. Der in Metern angegebene und unkorrigierte Rücksprung von $\left(\frac{105}{110}\right)$ ist arctg $\left(\frac{105}{110}\right) = 43{,}66°$. Dieser Winkel ist wie die Basislänge falsch, weil 420 x 0,525 = 220,5 Ellen ergeben und nicht 220 Ellen. Die Böschungslänge 290 Ellen (152,25 m) der rechten Tabelle ist richtig. Mit zwei verschiedenen Böschungslängen der linken Tabelle (BL = 152,06 m) und (BL = 155,56 Ellen) könnte Dahshur nicht gebaut werden.

Kommentar: Die Richtigkeit der Korrektur der bisherigen Abmessungen der Pyramide Dahshur-Nord ergibt sich von selbst aus **der Pythagoras- und aus der Sin $\frac{\gamma}{2}$-Probe**.

1) Aus der **Pythagorasprobe in Meter** $H^2 + \left(\frac{B}{2}\right)^2 = BL^2$ ergibt sich Böschungslänge (BL) von:
$BL^2 = (105\ m)^2 + (110\ m)^2 = 11025\ m^2 + 12100\ m^2 = 23125\ m^2$;
BL = (152,0690633 m) = 289,6553586 Ellen

$BL = \frac{B}{2} / \sin\frac{\gamma}{2}$

2) **Sin $\frac{\gamma}{2}$ Probe:** tg 45° = 1; $\frac{\gamma}{2} = \frac{1}{2}(180° - 2 \times 45°) = 45°$
sin 45° = 0,7071067812;
$BL = \frac{B}{2} / \sin\frac{\gamma}{2} = 110 / 0{,}7071067812\ m = (155{,}5634919\ m) = 296{,}3114131$ Ellen

Mit unterschiedlichen Rücksprüngen und Böschungslängen zugleich konnte die rote Pyramide Dahshur-Nord nicht gebaut werden!
Der Böschungswinkel von 45° erforderte einen Rücksprung von arctg $\left(\frac{200}{200}\right)$, ist also falsch!

Kommentar: Die Richtigkeit der Korrektur der bisherigen Abmessungen der Pyramide Dahshur-Nord ergibt sich von selbst aus **der Pythagoras- und aus der Sin $\frac{\gamma}{2}$-Probe**

$BL = \frac{B}{2} / \sin\frac{\gamma}{2}$

1) $BL^2 = (200\ E)^2 + (210\ E)^2 = 40000\ E^2 + 44100\ E^2 = 84100\ E^2$;
BL = 290 Ellen (152,25 m)

2) arctg $\left(\frac{20}{21}\right) = 43{,}60281897°$; $\frac{\gamma}{2} = \frac{1}{2}(180° - 2 \times 43{,}60281897) = 46{,}39718103°$
sin 46,39718103 = 0,7241379311;
$BL = \frac{B}{2} / \sin\frac{\gamma}{2} = 210 / 0{,}7241379311 =$ **290 Ellen (152,25 m)**

Mit dem Rücksprung von $\frac{20}{21}$ **(Seked $7\frac{7}{20}$ Handbreit)** und der Böschungslänge von 290 Ellen konnte die rote Pyramide Dahshur-Nord gebaut werden!
Die Winkelsumme ist im Dreieck aus Ellen und Metern:
$2 \times 43{,}60281897° + 2 \times 46{,}397181° = 180°$

Ergebnis: Der Rücksprung der roten Pyramide **Dahshur-Nord** (Seked: $7\frac{7}{20}$ Handbreit) ist der **Klang des unterteiligen Halbtons** $\left(\frac{8}{7} \times \frac{5}{6} = \frac{20}{21}\right)$ mit dem Ton-Intervall (h–c) in der antiken Tonart DIATONON MALAKON, die Ptolemaios aus Alexandria in der Quarteinteilung $\left(\frac{8}{7} \times \frac{10}{9} \times \frac{21}{20} = \frac{4}{3}\right)$ überliefert. Sie gibt der Pyramide einen Böschungswinkel von arctg $\frac{20}{21} = 43{,}60°$. In den diatonischen Tonarten wie in den Neigungen altägyptischer Pyramiden kommen nur Zahlen vor, die Produkte und Brüche aus den ersten fünf Primzahlen (1, 2, 3, 5, 7) des vom Architekten Imhotep eingeführten Meß- und Maßsystems (1 Elle = 7 Handbreit, 1 Handbreit = 4 Finger, 1 Remen = 5 Handbreit, 1 Elle = 28 Finger) sind.

▲▲▲▲▲▲

	Bisherige Werte aus Arnolds Liste					Vom Autor korrigierte Liste (geänderte Werte *kursiv*)				
Pyramide	*Neigung*	*Basis*	*Höhe*	*Rücksprung*	*Ellenmaß*	Korrigierte Basislängen in *kursiver* Schrift	Korrigierte Pyramidenhöhen in *kursiver* Schrift	Rücksprung	Böschungs- winkel Arctg H/(B/2)	Elle
4. Cheops	51°50'40''	440 (230,36)	280 (146,50)	$\frac{14}{11}$ (1,27...)	0,52354... m	*441* (230,36076)	*280* (146,2608)	$\frac{80}{63}$	51°46'46' (51,78°)	*0,52236 m*
korrig. Meter	51,844°	440 (230,36)	280 (146,5927...)	(1,27272727036)	0,52354... m					
korrigierte Werte:	51,78°	441 (230,36)	280 (146,2608)	$\frac{80}{63}$ (1,26984127)	0,52236 m					

Kommentar: Die angegebene Höhe von 146,50 muß auf 280 x 0,52354... = 146,5927... m korrigiert werden. Der BW ist jedoch mit 51,8444...° = 51°50'40' angegeben. Nur die Basis in Ellen und Metern, aber nicht die Höhe in Ellen und Metern lassen sich aus dem von Ludwig Borchardt errechneten Ellenmaß von $\frac{230,36 \; m}{440} = $ **0,5235454... m = 0,5235454 m** feststellen: (280 x 0,5235454 = 146,5927 m). **Das in der Cheopspyramide tatsächlich verbaute Ellenmaß ist jedoch $\frac{230,36}{441} = $ 0,52236 m und damit näher an 0,525 m als Ludwig Borchardts Elle (0,5235454... m)**!

1) Aus der **Pythagorasprobe in Ellen** $H^2 + (\frac{B}{2})^2 = BL^2$ ergibt sich eine Böschungslänge (BL) von:
$BL^2 = (280 \; E)^2 + (\frac{440}{2} \; E)^2 = 78\,400 \; E^2 + 48\,400 \; E^2 = 126\,800 \; E^2$;
BL = 356,0898763 Ellen

2) Böschungswinkel = 51,8444...°; $\frac{\gamma}{2} = \frac{1}{2}(180° - 2 \times 51,84277341) = 38,1555...°$; sin 38,1555...° = 0,6177986187;
$BL = \frac{B}{2} / \sin \frac{\gamma}{2} = 220 \; E / 0,6177986187 = $ 356,1030947 Ellen;
BL = 356,1030947 Ellen
Die Böschungslängen beider Proben weichen von einander ab und sind fehlerhaft.

3) **Der Meterwert für die Höhe ist falsch** und ergibt den Rücksprung von 146,50/(230,36/2) = 1,271922209 und einen falschen Böschungswinkel von **51,82515978°**.

Mit unterschiedlichen Rücksprüngen und Böschungslängen zugleich kann die Pyramide des Cheops **nicht gebaut werden!**
Die Winkelsumme aus Metern ergäbe (2 x 51,83° + 2 x 38,15° = 179,96°.

Kommentar: Daß die Korrektur der bisherigen Abmessungen der Cheopspyramide richtig ist, ergibt sich von selbst aus der **Pythagoras-** und aus der **$\sin \frac{\gamma}{2}$-Probe (BL = ($\frac{B}{2}$) / $\sin \frac{\gamma}{2}$):**

1) $BL^2 = (280 \; E)^2 + (220,5 \; E)^2 = 78\,400 \; E^2 + 48\,620,25 \; E^2 = 127\,020,25 \; E^2$;
BL = 356,3990039 Ellen (186,1685837 m)

2) arctg $\frac{80}{63} = 51,77956795°$; $\frac{\gamma}{2} = \frac{1}{2}(180° - 2 \times 51,77956795°) = 38,22043205°$; sin 38,22043205° = 0,6186885977;
$BL = \frac{B}{2} / \sin \frac{\gamma}{2} = 220,5 \; E / 0,6186885977$;
BL = 356,3990040 Ellen (186,1685837 m)

Mit dem Rücksprung $\frac{80}{63}$ (Seked 5 $\frac{41}{80}$ Handbreit) und der Böschungslänge von 356,4 Ellen konnte die Cheopspyramide gebaut werden!
Die Winkelsumme ist im Dreieck des Pyramidenquerschnitts
2 x 51,77956795° + 2 x 38,22043205° = 180°.

Kommentar: Nur die korrigierten Basislängen 441 Ellen (230,36 m), die Höhenlängen 280 Ellen (146,26 m), der Rücksprung $\frac{80}{63}$ mit dem Böschungswinkel arctg $(\frac{80}{63})$ = 51,78° ergeben bei einem Ellenmaß von 0,52236 m in beiden Proben (s. oben rechte Spalte) übereinstimmende Böschungslängen von 356,399004 Ellen (186,1685837 m).

Ergebnis: Der Rücksprung der **Cheopspyramide** (Seked: $5\frac{41}{80}$ Handbreit) ist der **Klang einer übergroßen Terz** $(\frac{8}{7} \times \frac{10}{9} = \frac{80}{63})$ in der antiken Tonart **DIATONON MALAKON**, die Ptolemaios aus Alexandria in der Quarteinteilung $(\frac{8}{7} \times \frac{10}{9} \times \frac{21}{20} = \frac{4}{3})$ mit dem Ton-Intervall (c–e⁺) überliefert. Sie gibt der Cheopspyramide einen Böschungswinkel von arctg $\frac{80}{63}$ = 51,78°. Der Rücksprung $\frac{80}{63}$ findet sich ebenfalls in den Pyramiden **Meidum, (Königsgrab in Zawiet el Arjan, Version a), in den Dubletten Sahure und Djedkare.** In den diatonischen Tonarten wie in den Neigungen altägyptischer Pyramiden kommen nur Zahlen vor, die Produkte und Brüche aus den ersten fünf Primzahlen (1, 2, 3, 5, 7) des vom Architekten Imhotep eingeführten Meß- und Maßsystems (1 Elle = 7 Handbreit, 1 Handbreit = 4 Finger, 1 Remen = 5 Handbreit, 1 Elle = 28 Finger) sind (s. F. W. Korff, „Der Klang der Pyramiden", S. 116). Sämtliche Abmessungen des Cheopspyramidenquerschnitts aus diesen Zahlen finden sich in einer Tabelle der sechzig Teiler der Zahl 5040 = 80 x 63 = 1 x 2 x 3 x 4 x 5 x 6 x 7 = 7! bei Platon in den „Nomoi" 737 e ff aufgelistet. Die Abmessungen in dieser antiken Blaupause der Cheopspyramidenkonstruktion sind allesamt Binomialkoeffizienten aus den ersten zehn Reihen des Pascalschen Dreiecks (ebda. S. 89 u. ö.).

▲▲▲▲▲▲

	Bisherige Werte aus Arnolds Liste					Vom Autor korrigierte Liste (geänderte Werte *kursiv*)				
Pyramide	*Neigung*	*Basis*	*Höhe*	*Rücksprung*	*Ellenmaß*	Korrigierte Basislängen in *kursiver* Schrift	Korrigierte Pyramiden-höhen in *kursiver* Schrift	Rücksprung	Böschungs-winkel Arctg H/(B/2)	Elle
5. Djedefre	60°	200 (105)	175 (92)	$\frac{7}{4}\left(\frac{184}{105}\right)$	0,525 m					
korrigierte Werte:	*60,25°*		*175 (91,875)*	$\frac{7}{4}\left(\frac{183,75}{105}\right)$		*200 (105)*	*175 (91,875)*	$\frac{7}{4}$	*60,25°*	*0,525 m*

Kommentar: Der Rücksprung von $\frac{175}{100} = \frac{7}{4}$ ergibt einen BW von arctg $\frac{7}{4} = 60,25°$; der BW ist jedoch falsch mit 60° angegeben. Nur die Höhe in Ellen, nicht aber in Metern, läßt sich aus dem Ellenmaß von 0,525 m errechnen (175 x 0,525 = 91,875 m).

1) Aus der **Pythagorasprobe in Ellen** $H^2 + \left(\frac{B}{2}\right)^2 = BL^2$ ergibt sich eine Böschungslänge (BL) von:

$BL^2 = (175\ E)^2 + (100\ E)^2 = 30625\ E^2 + 10000\ E^2 = 40625\ E^2$
BL = 201,5564437 Ellen (105,8171329 m)

2) **sin $\frac{\gamma}{2}$ Probe:** Böschungswinkel = 60°;
$\frac{\gamma}{2} = \frac{1}{2}(180° - 2 \times 60°) = 30°;\ \sin 30 = 0,5;$
BL = $\frac{B}{2}$ / sin $\frac{\gamma}{2}$ = 100 E / 0,5; **BL = 200 Ellen (105 m)**

3) **Der Meterwert (92 m) für die Höhe ist falsch** und erzeugt den Rücksprung $\frac{184}{105}$, also $92\left(\frac{105}{2}\right) = 1,752380952$ und damit einen falschen Böschungswinkel von **60,28866424°**.

Mit verschiedenen Böschungslängen und Rücksprüngen zugleich kann die Pyramide nicht gebaut werden!

Kommentar: Die Richtigkeit der Korrektur der bisherigen Pyramidenabmessungen **Djedefre(s)** ergibt sich von selbst aus der **Pythagoras- und aus der Sin $\frac{\gamma}{2}$-Probe (BL = $\left(\frac{B}{2}\right)$ /sin $\frac{\gamma}{2}$):**

1) $BL^2 = (175\ E)^2 + (100\ E)^2 = 30625\ E^2 + 10000\ E^2 = 40625\ E^2$;
BL = **201,5564437 Ellen (105,8171329 m)**

2) arctg $\frac{7}{4} = 60,2551187°$; $\frac{\gamma}{2} = \frac{1}{2}(180° - 2 \times 60,2551187°) = 29,7448813°$; sin 29,7448813° = 0,4961389384;
BL = $\frac{B}{2}$ / sin $\frac{\gamma}{2}$ = 100 E / 0,4961389384 = **201,5564437 Ellen (105,8171329 m)**

Mit dem RS $\frac{7}{4}$ und der BL 201,55 Ellen kann die Pyramide des Djedefre gebaut werden!
Die Winkelsumme im Dreieck des Pyramidenquerschnitts ist aus Ellen und Metern errechnet: 2 x 60,2551187° + 2 x 29,7448813° = 180°.

Ergebnis: Der Rücksprung der Pyramide des **Djedefre** (Seked: 4 Handbreit) ist der **Klang der kleinen Septime** ($\frac{4}{3} \times \frac{21}{16} = \frac{7}{4}$) mit dem Ton-Intervall (c–b") in der antiken Tonart **DIATONON MALAKON**, die Ptolemaios aus Alexandria in der Quarteinteilung ($\frac{8}{7} \times \frac{10}{9} \times \frac{21}{20} = \frac{4}{3}$) überliefert. Sie gibt der Pyramide einen Böschungswinkel von arctg $\frac{7}{4} = 60,25°$. In den diatonischen Tonarten wie in den Neigungen altägyptischer Pyramiden kommen nur Zahlen und Brüche aus den ersten fünf Primzahlen (1, 2, 3, 5, 7) des vom Architekten Imhotep eingeführten Meß- und Maßsystems (1 Elle = 7 Handbreit, 1 Handbreit = 4 Finger, 1 Remen = 5 Handbreit, 1 Elle = 28 Finger) sind.

▲▲▲▲▲▲▲

	Bisherige Werte aus Arnolds Liste					Vom Autor korrigierte Liste (geänderte Werte *kursiv*)				
Pyramide	Neigung	Basis	Höhe	Rücksprung	Ellenmaß	Korrigierte Basislängen in *kursiver* Schrift	Korrigierte Pyramidenhöhen in *kursiver* Schrift	Rücksprung	Böschungswinkel Arctg H/(B/2)	Elle
6. Königsgrab (a)	?	210 (110)	?	?	0,525 m	210 (*110,25*)	*133 $\frac{1}{3}$ (70)*	$\frac{80}{63}$	*51,78°*	0,525 m
korrigierte Werte:		210 (*110,25*)		$\frac{80}{63}$						

Kommentar: Königsgrabs Rücksprung (Version a) von $\frac{80}{63}$ ergibt einen Böschungswinkel von 51,77956795°, aufgerundet 51,78°. Die Basislänge in Metern muß von 110 m auf 110,25 m korrigiert werden, da 210 E × 0,525 $\frac{m}{E}$ = 110,25 m ist.

1) Aus der **Pythagorasprobe in Metern** ($H^2 + (\frac{B}{2})^2 = BL^2$ ergibt sich eine Böschungslänge (BL) von:
$BL^2 = (70\ m)^2 + (55\ m)^2 = 4900\ m^2 + 3025\ m^2 = 7925\ m^2$;
BL = (89,02246907 m); 169,56660784 Ellen

2) **Sin $\frac{\gamma}{2}$ Probe:** Böschungswinkel = 51,77956795°;
$\frac{\gamma}{2} = \frac{1}{2}(180° - 2 \times 51,77956795°) = 38,22043205°$;
sin 38,22043205° = **0,6186885977; BL = B/2 / sin $\frac{\gamma}{2}$ = 55/0,6186886977;**
BL = (88,89771074 m); 169,3289728 Ellen)

Kommentar: Die Abweichung der beiden Proben in der linken Spalte ↑ bewirkt der falsche Meterwert (110 m).
Der falsche Rücksprung in Metern ($\frac{70}{55}$) bewirkt den falschen Winkel arctg $\frac{70}{55}$ = 51,84277341°.

Mit unterschiedlichen Böschungslängen zugleich kann die Pyramide Königsgrab (a) nicht gebaut werden!

Kommentar: Die Richtigkeit der Korrektur der bisherigen Pyramidenabmessungen **Königsgrab (a)** ergibt sich von selbst aus der **Pythagoras-** und aus der **Sin $\frac{\gamma}{2}$-Probe (BL = ($\frac{B}{2}$) / sin $\frac{\gamma}{2}$):**

1) $BL^2 = (133\frac{1}{3} E)^2 + (105\ E)^2 = 17777\frac{7}{9} E^2 + 11025\ E^2 = 28802\frac{7}{9} E^2$;
BL = 169,7138114 Ellen = (89,09975099 m)

2) arctg $\frac{80}{63}$ = 51,77956795°; $\frac{\gamma}{2} = \frac{1}{2}(180° - 2 \times 51,77956795°)$ = 38,22043205°;
sin 38,22043205° = 0,6186885977;
BL = B/2 / sin $\frac{\gamma}{2}$ = 105 E / 0,6186885977;
BL = 169,7138114 Ellen = (89,09975099 m)

Die Winkelsumme im Dreieck ist aus Ellen und Metern errechnet:
2 × 51,77995679° + 2 × 38,22043205° = 180°.

Mit dem Rücksprung $\frac{80}{63}$ und der Böschungslänge von 169,71 Ellen kann die Pyramide Königsgrab (a) gebaut werden!

Ergebnis: Der Rücksprung der Pyramide des **Königsgrabs (a)** (Seked: 5 $\frac{41}{80}$ Handbreit) ist der **Klang der übergroßen Terz** ($\frac{8}{7} \times \frac{10}{9} = \frac{80}{63}$) in der antiken Tonart **DIATONON MALAKON**, die Ptolemaios aus Alexandria in der Quarteinteilung ($\frac{8}{7} \times \frac{10}{9} \times \frac{21}{20} = \frac{4}{3}$) mit dem Ton-Intervall (c–e⁺) überliefert. Sie hätte der Pyramide einen Böschungswinkel von arctg $\frac{80}{63}$ = 51,78° gegeben, wenn sie gebaut worden wäre. Die Pyramide hätte den gleichen Böschungswinkel (51,78°) wie die Cheopspyramide besessen. In den diatonischen Tonarten wie in den Neigungen altägyptischer Pyramiden kommen nur Zahlen vor, die Produkte und Brüche aus den ersten fünf Primzahlen (1, 2, 3, 5, 7) des vom Architekten Imhotep eingeführten Meß- und Maßsystems (1 Elle = 7 Handbreit, 1 Handbreit = 4 Finger, 1 Remen = 5 Handbreit, 1 Elle = 28 Finger) sind.

▲▲▲▲▲▲

Bisherige Werte aus Arnolds Liste					Vom Autor korrigierte Liste (geänderte Werte *kursiv*)				
Pyramide	Neigung	Basis	Höhe	Rücksprung	Ellenmaß	Korrigierte Basislängen in *kursiver* Schrift	Korrigierte Pyramiden-höhen in *kursiver* Schrift	Rücksprung	Böschungs-winkel Arctg H/(B/2)	Elle
6. Königsgrab (b)	?	210 *(110)*	?	$(\frac{21}{22})$	0,525 m	210 *(110,25)*	100 *(52,5)*	$\frac{20}{21}$	*43,60°*	0,525 m
korrigierte Werte:		210 *(110,25)*		$\frac{20}{21}$	0,525 m					

Kommentar: Königsgrabs Rücksprung (Version b) von $\frac{20}{21}$ ergibt einen Böschungswinkel von 43,60281897°, abgerundet **43,60°**. Die Basislänge in Metern muß von 110 m auf 110,25 m korrigiert werden, da 210 E x 0,525 $\frac{m}{E}$ = 110,25 m ist.

1) Aus der **Pythagorasprobe in Metern** $(H^2 + (\frac{B}{2})^2 = BL^2)$ ergibt sich eine Böschungslänge (BL) von:
BL² = (52,5 m)² + (55 m)² = 2756,25 m² + 3025 m² = 5781,25 m²;
BL = (76,03453163 m); 144,8276793 Ellen

2) arctg $\frac{21}{22}$ = 43,66778015°; $\frac{\gamma}{2} = \frac{1}{2}$(180° − 2 x 43,66778015°) = 46,33221985°;
sin 46,33221985° = 0,7233555441;
BL = $\frac{B}{2}$ / sin $\frac{\gamma}{2}$ = 55 m / 0,7233555441 = 76,03453163 m; 144,8276793 Ellen

Kommentar: Die unkorrigierte Basislänge (110 m) führt zu einem falschen Rücksprung $\frac{21}{22}$. Die Primzahl 11 in seinem Nenner (22) kommt im altägyptischen Meß- und Maßsystem nicht vor.

Mit unterschiedlichen Rücksprüngen und Basislangen zugleich kann keine Pyramide gebaut werden!

Kommentar: Die Richtigkeit der Korrektur der bisherigen Pyramidenabmessungen **Königsgrab(b)** ergibt sich von selbst aus der **Pythagoras- und aus der Sin $\frac{\gamma}{2}$-Probe (BL = $(\frac{B}{2}$) /sin $\frac{\gamma}{2}$):**

1) BL² = (100 E)² + (105 E)² = 10000 E² + 11025 E² = 21025 E²;
BL = 145 Ellen (76,125 m)

2) arctg $\frac{20}{21}$ = 43,60281897°; $\frac{\gamma}{2} = \frac{1}{2}$(180° − 2 x 43,60281897°) = 46,39718103°;
sin 46,39718103° = 0,7241379311;
BL = $\frac{B}{2}$ / sin $\frac{\gamma}{2}$ = 105 E / 0,7241379311 = 145 Ellen (76,125 m)

Die Winkelsumme ist im Dreieck aus Ellen wie Meter:
2 x 43,6° + 2 x 46,4° = 180°.

Mit dem Rücksprung $\frac{20}{21}$ und der BL von 145 Ellen kann die Pyramide Königsgrab (b) gebaut werden.

Ergebnis: Der Rücksprung der Pyramide **Königsgrab (b)** (Seked: 7 $\frac{7}{20}$ Handbreit) ist der **Klang des unterteiligen Halbtons** ($\frac{8}{7}$ x $\frac{10}{9}$ x $\frac{21}{20}$ = $\frac{4}{3}$) in der Quarteinteilung ($\frac{8}{7}$ x $\frac{5}{6}$ = $\frac{20}{21}$) in der antiken Tonart DIATONON MALAKON, die Ptolemaios aus Alexandria in der Quarteinteilung ($\frac{8}{7}$ x $\frac{10}{9}$ x $\frac{21}{20}$ = $\frac{4}{3}$) mit dem Ton-Intervall (h´− c) überliefert. Sie gibt der Pyramide einen Böschungswinkel von arctg $\frac{20}{21}$ = 43,60°. In den diatonischen Tonarten wie in den Neigungen altägyptischer Pyramiden kommen nur Zahlen vor, die Produkte und Brüche aus den ersten fünf Primzahlen (1, 2, 3, 5, 7) des vom Architekten Imhotep eingeführten Meß- und Maßsystems (1 Elle = 7 Handbreit, 1 Handbreit = 4 Finger, 1 Remen = 5 Handbreit, 1 Elle = 28 Finger) sind.

▲▲▲▲▲▲

	Bisherige Werte aus Arnolds Liste					Vom Autor korrigierte Liste (geänderte Werte *kursiv*)				
Pyramide	*Neigung*	*Basis*	*Höhe*	*Rücksprung*	*Ellenmaß*	Korrigierte Basislängen in *kursiver* Schrift	Korrigierte Pyramiden-höhen in *kursiver* Schrift	Rücksprung	Böschungs-winkel Arctg H/(B/2)	Elle
6. Königsgrab (c)	?	210 (110)	?		0,525 m	210 *(110,25)*	*140 (73,5)*	$\frac{4}{3}$	53,13°	0,525 m
korrigierte Werte:		210 *(110,25)*	140 (73,5)	$\frac{4}{3}$	0,525 m					

Kommentar: Der Rücksprung des Königsgrabs (Version c) von $\frac{4}{3}$ ergibt einen Böschungswinkel von 53,13010235°, abgerundet **53,13°**. Die Basislänge in Metern muß von 110 m auf 110,25 m korrigiert werden, da 210 E x 0,525 $\frac{m}{E}$ = 110,25 m ist.

1) Aus **der Pythagorasprobe in Metern** $(H^2 + (\frac{B}{2})^2) = BL$ ergibt sich eine Böschungslänge (BL) von: $BL^2 = (73,5 \text{ m})^2 + (55 \text{ m})^2 = 5402,25 \text{ m}^2 + 3025 \text{ m}^2 = 8427,25 \text{ m}^2$; **BL = (91,80005447 m) = 174,8572466 Ellen**

2) **sin $\frac{\gamma}{2}$-Probe:** Böschungswinkel = 53,13010235°;
$\frac{\gamma}{2} = \frac{1}{2}(180° - 2 \times 53,13010235°) = 36,86989765°$; $\sin \frac{\gamma}{2} = $ **0,6**;
BL = $\frac{B}{2}$ / sin $\frac{\gamma}{2}$ = 55 m / 0,6; BL = (91,666666... m) = 174,6031746 Ellen

Kommentar: Mit unterschiedlichen Böschungslängen kann keine Pyramide gebaut werden!

Kommentar: Die Richtigkeit der Korrektur der bisherigen Pyramidenabmessungen **Königsgrab (c)** ergibt sich von selbst aus **der Pythagoras- und aus der Sin $\frac{\gamma}{2}$-Probe (BL = ($\frac{B}{2}$)/sin $\frac{\gamma}{2}$):**

1) $BL^2 = (140 \text{ E})^2 + (105 \text{ E})^2 = 19600 \text{ E}^2 + 11025 \text{ E}^2 = 30625 \text{ E}^2$;
BL = 175 Ellen (91,875 m)

2) arctg $\frac{4}{3}$ = 53,13010235°; $\frac{\gamma}{2} = \frac{1}{2}(180° - 2 \times 43,60281897°) = 36,86989765°$; sin 36,86989765° = 0,6;
BL = $\frac{B}{2}$ / sin $\frac{\gamma}{2}$ = 105 E /0,6; BL = 175 Ellen (91,875 m)
Die Winkelsumme ist im Dreieck aus Ellen wie Meter:
2 x 53,13° + 2 x 36,87° = 180°.

Ergebnis: Der Rücksprung der roten Pyramide **Königsgrab (c)** (Seked: 5,25 Handbreit) ist der **Klang einer Quarte** in der antiken Tonart DIATONON MALAKON, die Ptolemaios aus Alexandria in der Quarteinteilung ($\frac{8}{7}$ x $\frac{10}{9}$ x $\frac{21}{20}$ = $\frac{4}{3}$) mit dem Ton-Intervall (c–f) überliefert. Sie gibt der Pyramide einen Böschungswinkel von arctg $\frac{4}{3}$ = 53,13°. Das Rücksprungsintervall einer Quarte haben allein zehn von 26 Pyramiden. In den diatonischen Tonarten wie in den Neigungen altägyptischer Pyramiden kommen nur Zahlen vor, die Produkte und Brüche aus den ersten fünf Primzahlen (1, 2, 3, 5, 7) des vom Architekten Imhotep eingeführten Meß- und Maßsystems (1 Elle = 7 Handbreit, 1 Handbreit = 4 Finger, 1 Remen = 5 Handbreit, 1 Elle = 28 Finger) sind.

▲▲▲▲▲▲

Bisherige Werte aus Arnolds Liste						Vom Autor korrigierte Liste (geänderte Werte *kursiv*)			
Pyramide	*Neigung*	*Basis*	*Höhe*	*Rücksprung*	*Ellenmaß*	Korrigierte Basislängen in *kursiver* Schrift	Korrigierte Pyramidenhöhen in *kursiver* Schrift	Rücksprung	Elle
7. Chephren	53°10'	410 (215,29)	275 (143,87 m)	$\frac{28774}{21529}$	0,525 m				
korrigierte Werte:	*53,13°*	*410 (215,25)*	*273$\frac{1}{3}$ (143,5 m)*	$\frac{4}{3}$	0,525 m	410 *(215,25)*	*273$\frac{1}{3}$ (143,5)*	$\frac{4}{3}$	*53,13°*

Kommentar: Chephrens Rücksprung ergibt in Ellen ($\frac{275}{205} = 1,341463415$) und in Metern ($\frac{143,87}{107,645} = 1,33652283$) nur an $\frac{4}{3} = 1,333333$ angenäherte Werte. Der Böschungswinkel aus Ellen errechnet, wäre 52,63333059°, der aus Metern errechnete wäre arctg $\frac{143,87}{107,645}$ = 53,19578984. Mit diesen empirischen Werten ist keine gemeinsame Böschungslänge aus der Pythagorasprobe und der Sinus $\frac{\gamma}{2}$-Probe möglich. Aus der Nähe der Werte zu Vierdrittel ($\frac{107,645}{4/3}$) ist sich die Forschung darüber einig, daß die Ägypter diesen Rücksprung ($\frac{4}{3}$) mit dem Seked 5$\frac{1}{4}$ Handbreit angestrebt haben. Wenn man die Ellen- und Meterwerte der Höhe und Basishälfte nach dem Ellenmaß (0,525 m) einrichtet und die Quarte $\frac{4}{3}$ als Rücksprung annimmt, stimmt sowohl die Pythagoras- wie die Sinus $\frac{\gamma}{2}$-Probe in Ellen und Metern:

1) Aus der **Pythagorasprobe in Ellen** ($H^2 + (\frac{B}{2})^2$) = BL^2 ergibt sich eine Böschungslänge (BL) von:
BL^2 = (273$\frac{1}{3}$ E)^2 + (205 E)^2 = 74711$\frac{1}{9}$E^2 + 42025 E^2 = 116736$\frac{1}{9}$E^2;
BL =341$\frac{2}{3}$ Ellen (179,375 m)

2) **sin $\frac{\gamma}{2}$ Probe:** Böschungswinkel = 53,13010235°;
$\frac{\gamma}{2}$ = $\frac{1}{2}$(180° – 2 x 53,13010235°) = 36,86989765°; sin $\frac{\gamma}{2}$ = **0,6**;

Die Böschungslänge BL in Metern entspricht der Pythagorasprobe in Ellen und Metern:
$\frac{B}{2}$ / sin $\frac{\gamma}{2}$ = 205 E / 0,6 = **341$\frac{2}{3}$ Ellen (179,375 m).**

Kommentar: Die Richtigkeit der Korrektur der bisherigen Pyramidenabmessungen **Chephrens** ergibt sich von selbst aus **der Pythagoras- und aus der Sin$\frac{\gamma}{2}$-Probe (BL = ($\frac{B}{2}$)/sin $\frac{\gamma}{2}$) hier in Metern und Ellen:**

1) BL^2 = (143,5 m)^2 + (107,625 m)^2 = 20 592,25 m^2 + 11 583,14063 m^2 = 32 175,39063 m^2
BL = (179,375 m) = 34$\frac{2}{3}$ Ellen

2) arctg $\frac{4}{3}$ = 53,13010235°; $\frac{\gamma}{2}$ = $\frac{1}{2}$(180° – 2 x 36,86989765°) = 36,86989765°; sin 36,86989765° = **0,6;**
BL = $\frac{B}{2}$ / sin $\frac{\gamma}{2}$ = 205 E / 0,6 = 341$\frac{2}{3}$ Ellen = (179,375 m);

**Die Winkelsumme ist im Dreieck aus Ellen wie Meter
2 x 53,13° + 2 x 36,87° = 180°.**

Ergebnis: Der Rücksprung der Pyramide des **Chephren** (Seked: 5$\frac{1}{4}$ Handbreit) ist der **Klang einer Quarte** in der Quarteinteilung ($\frac{10}{9}$ x $\frac{9}{8}$ x $\frac{16}{15}$ = $\frac{4}{3}$) mit dem Ton-Intervall (c–f) überliefert. Sie gibt der Pyramide einen Böschungswinkel von arctg$\frac{4}{3}$ = 53,13°. Das Rücksprungsintervall einer Quarte haben allein neun von 26 altägyptischen Pyramiden. In den Neigungen altägyptischer Pyramiden kommen nur Zahlen vor, die Produkte und Brüche aus den ersten fünf Primzahlen (1, 2, 3, 5, 7) des vom Architekten Imhotep eingeführten Meß- und Maßsystems (1 Elle = 7 Handbreit, 1 Handbreit = 4 Finger, 1 Remen = 5 Handbreit, 1 Elle = 28 Finger) sind.

▲▲▲▲▲▲

	Bisherige Werte aus Arnolds Liste					Vom Autor korrigierte Liste (geänderte Werte *kursiv*)				
Pyramide	*Neigung*	*Basis*	*Höhe*	*Rücksprung*	*Ellenmaß*	Korrigierte Basislängen in *kursiver* Schrift	Korrigierte Pyramiden- höhen in *kur- siver* Schrift	Rücksprung	Böschungs- winkel Arctg H/(B/2)	Elle
8. Mykerinus	51°	200 (105,5)	125 (65,55 m)	$\frac{5}{4}\left(\frac{1311}{1055}\right)$	(0,5275 m)	200 (105,5)	125 (65,9375)	$\frac{5}{4}$		
korrigierte Werte:	51,34°		125 (65,9375)						51,34°	0,5275 m

Kommentar: Der Rücksprung von $\frac{125}{100} = \frac{5}{4}$ ergibt einen BW von arctg $\frac{5}{4}$ = 51,34019175°. Der BW ist jedoch falsch mit 51° angegeben. Die Höhe in Metern läßt sich aus dem verwendeten Ellen- maß von 0,5275 m errechnen (125 E x 0,5275 m = 65,9375 m). Der unkorrigierte Böschungswinkel von 51° ergibt verschiedene Böschungslängen. Der Rücksprung in Metern $\left(\frac{1311}{1055}\right)$ enthält Zahlen außerhalb des Meß- u. Maßsystems.

Kommentar: Die Richtigkeit der Korrektur der bisherigen Pyramidenabmes- sungen **Mykerinus'** ergibt sich von selbst aus der **Pythagoras- und aus der Sin $\frac{\gamma}{2}$-Probe (BL = $\left(\frac{B}{2}\right)$/sin $\frac{\gamma}{2}$)**:

1) Aus der **Pythagorasprobe in Ellen** ($H^2 + \left(\frac{B}{2}\right)^2 = BL^2$) ergibt sich eine Böschungslänge (BL) von:
$BL^2 = (125 \text{ E})^2 + (100 \text{ E})^2 = 15625 \text{ E}^2 + 10000 \text{ E}^2 = 25625 \text{ E}^2$;
BL = 160,0781059 Ellen (84,44120088m)

2) **sin $\frac{\gamma}{2}$ Probe:** Böschungswinkel = 51°; $\frac{\gamma}{2} = \frac{1}{2}(180° - 2 \times 51°) = 39°$;
sin 39° = 0,629320391
BL = $\frac{B}{2}$ / sin $\frac{\gamma}{2}$ = 100 E / 0,629320391
BL = 158,9015729 Ellen (83,82057971 m)

Mit unterschiedlichen Rücksprüngen und Böschungslängen kann keine Pyramide gebaut werden!

1) $BL^2 = (65,9375 \text{ m})^2 + (52,75 \text{ m})^2 = 7130,316406 \text{ m}^2$;
BL = (84,44120088 m) = 160,0781059 Ellen

2) arctg $\frac{5}{4}$ = 51,34019175°; $\frac{\gamma}{2} = \frac{1}{2}(180° - 2 \times 51,34019175°) = 38,65980825°$;
sin 38,65980825° = 0,6246950475;
BL = $\frac{B}{2}$ / sin $\frac{\gamma}{2}$ = 52,75 m / 0,6246950475
BL = (84,44120089 m) = 160,078106 Ellen

Mit dem Rücksprung $\frac{5}{4}$ und der Böschungslänge von 160,08 Ellen kann die Pyramide des Mykerinus gebaut werden!
Die Winkelsumme ist im Dreieck aus Ellen wie Metern:
2 x 51,34° + 2 x 38,66° = 180°

Ergebnis: Der Rücksprung der Pyramide des **Mykerinus** (Seked: $5\frac{3}{5}$ Handbreit) ist der **Klang einer reinen Terz** in der antiken Tonart **DIATONON SYNTONON** ($\frac{10}{9} \times \frac{9}{8} = \frac{5}{4}$), die Ptolemaios aus Alex- andria in der Quarteinteilung ($\frac{10}{9} \times \frac{9}{8} \times \frac{16}{15} = \frac{4}{3}$) mit dem Ton-Intervall (c–e) überliefert. Sie gibt der Pyramide einen Böschungswinkel von arctg $\frac{5}{4}$ = 51,34°. In den diatonischen Tonarten wie in den Neigungen altägyptischer Pyramiden kommen nur Zahlen, die Produkte und Brüche aus den ersten fünf Primzahlen (1, 2, 3, 5, 7) des vom Architekten Imhotep eingeführten Meß- und Maßsystems (1 Elle = 7 Handbreit, 1 Handbreit = 4 Finger, 1 Remen = 5 Handbreit, 1 Elle = 28 Finger) sind.

	Bisherige Werte aus Arnolds Liste					Vom Autor korrigierte Liste (geänderte Werte *kursiv*)				
Pyramide	*Neigung*	*Basis*	*Höhe*	*Rücksprung*	*Ellenmaß*	Korrigierte Basislängen in *kursiver* Schrift	Korrigierte Pyramiden-höhen in *kursiver* Schrift	Rücksprung	Böschungs-winkel Arctg H/(B/2)	Elle
9. Userkaf	53°	140 (73,3)	94 (49)	$\frac{47}{35}$	(0,525 m)					
korrigierte Werte:	*53,13°*	*140 (73,5)*	*93$\frac{1}{3}$ (49)*	*$\frac{4}{3}$*	*0,525 m*	*140 (73,5)*	*93$\frac{1}{3}$ (49)*	*$\frac{4}{3}$*	*53,13°*	*0,525 m*

Kommentar: Der Rücksprung von $\frac{(93 1/3)}{70} = \frac{4}{3}$ ergibt einen BW von arctg $\frac{4}{3}$ = 53,13010235°. Der BW ist annähernd mit 53° angegeben. Die korrekte Höhe in Ellen und Metern läßt sich aus dem Ellenmaß von 0,525 m errechnen ($\frac{49}{0,525}$ = 93$\frac{1}{3}$ Ellen; 140 x 0,525 = 73,5 m). Die Ellenwerte für die Höhe (94 Ellen) und Meterwerte für die Basis (73,3 m) sind beide annähernd und verfälschen den Rücksprung.

1) Aus der **Pythagorasprobe in Ellen** ($H^2 + (\frac{B}{2})^2$) = BL^2 ergibt sich eine Böschungslänge (BL) von:

$BL^2 = (94\,E)^2 + (70\,E)^2 = 8836\,E^2 + 4900\,E^2 = 13736\,E^2$;
BL = 117,2006826 Ellen (61,53035836 m)

2) **Sin $\frac{γ}{2}$ Probe:** Böschungswinkel = 53°; $\frac{γ}{2} = \frac{1}{2}(180° - 2 \times 53°) = 37°$;
sin 37° = 0,6018150232;
BL = $\frac{B}{2}$ / sin $\frac{γ}{2}$ = 70 E / 0,6018150232;
BL= 116,3148099 Ellen (61,06527518 m)

Kommentar: Mit unterschiedlichen Rücksprüngen und Böschungslängen kann keine Pyramide gebaut werden!

Kommentar: Die Richtigkeit der Korrektur der bisherigen Pyramidenab-messungen **Userkafs** ergibt sich von selbst aus **der Pythagoras- und aus der sin $\frac{γ}{2}$-Probe (BL = ($\frac{B}{2}$)/sin $\frac{γ}{2}$):**

1) $BL^2 = (93\frac{1}{3}\,E)^2 + (70\,E)^2 = 8711\frac{1}{9}E^2 + 4900\,E^2 = 13611\frac{1}{9}E^2$;
BL = 116$\frac{2}{3}$ Ellen (61,25 m)

2) arctg $\frac{4}{3}$ = 53,13010235°; $\frac{γ}{2} = \frac{1}{2}(180° - 2 \times 53,130235°)$ = 36,86989765°;
sin 36,86989765° = 0,6;
BL = $\frac{B}{2}$ / sin $\frac{γ}{2}$ = 70 E / 0,6; **BL = 116$\frac{2}{3}$ Ellen (61,25 m)**

Die Winkelsumme ist im Dreieck aus Ellen wie Metern:
2 x 53,13° + 2 x 36,87° = 180°.

Mit dem Rücksprung $\frac{4}{3}$ und der Böschungslänge von 116$\frac{2}{3}$ Ellen kann die Pyramide des Userkafs gebaut werden!

Ergebnis: Der Rücksprung der Pyramide des **Userkaf** (Sekred: 5$\frac{1}{4}$ Handbreit) ist der **Klang einer Quarte** in der antiken Tonart **DIATONON MALAKON** $\frac{8}{7} \times \frac{10}{9} \times \frac{21}{20} = \frac{4}{3}$ mit dem Ton-Intervall (c–f), die Ptolemaios aus Alexandria überliefert. Sie gibt der Pyramide einen Böschungswinkel von arctg $\frac{4}{3}$ = 53,13°. In den diatonischen Tonarten wie in den Neigungen altägyptischer Pyramiden kommen nur Zahlen und Brüche aus den ersten fünf Primzahlen (1, 2, 3, 5, 7) des vom Architekten Imhotep eingeführten Meß- und Maßsystems (1 Elle = 7 Handbreit, 1 Handbreit = 4 Finger, 1 Remen = 5 Handbreit, 1 Elle = 28 Finger) sind.

▲▲▲▲▲▲

	Bisherige Werte aus Arnolds Liste					Vom Autor korrigierte Liste (geänderte Werte *kursiv*)				
Pyramide	*Neigung*	*Basis*	*Höhe*	*Rücksprung*	*Ellenmaß*	Korrigierte Basislängen in *kursiver* Schrift	Korrigierte Pyramidenhöhen in *kursiver* Schrift	Rücksprung	Böschungswinkel Arctg H/(B/2)	Elle
10. Sahure	50°45'	150 (78,5)	? (50)	$\frac{200}{157}$	(0,525 m)	150 (78,75)	$95\frac{5}{21}$ (50)	$\frac{80}{63}$	51,78°	0,525 m
korrigierte Werte:	51,78°	150 (78,75)	? (50)	$\frac{80}{63}$	(0,525 m)					

Kommentar: Der Rücksprung von $\frac{50}{(78,5/2)} = \frac{200}{157}$ ergibt einen BW von arctg $\left(\frac{200}{157}\right) = 51{,}86808632°$, der BW ist dagegen mit 50,75° angegeben. Die richtige Basis in Metern läßt sich aus dem Ellenmaß von 0,525 m errechnen (150 E x 0,525 m = 78,75 m).

1) Aus der **Pythagorasprobe in Ellen** (H² + (B/2)² = BL²) ergibt sich eine Böschungslänge (BL) von:
BL² = (50 E)² + (39,25 E)² = 2500 E² + 1540,5625 E² = 4040,5625 E²;
BL = (63,56541906 m) = 121,0769887 Ellen

2) **sin $\frac{\gamma}{2}$ Probe**: Böschungswinkel = 51,86808632°;
$\frac{\gamma}{2} = \frac{1}{2}(180° - 2 \times 51{,}86808632°) = 38{,}13191368°$; sin $\frac{\gamma}{2}$ = 0,6174741013;
BL = B/2 / sin $\frac{\gamma}{2}$ = 39,25 / 0,6174741013;
BL = (63,56541905 m) = 121,0769887 Ellen

Mit unterschiedlichen Böschungswinkeln und ungenauer Basislänge zugleich kann keine Pyramide gebaut werden!

Kommentar: Die Richtigkeit der Korrektur der bisherigen Pyramidenabmessungen **Sahures** ergibt sich von selbst aus der **Pythagoras- und aus der sin $\frac{\gamma}{2}$-Probe** (**BL = (B/2)/sin $\frac{\gamma}{2}$**):

1) BL² = (50 m)² + (39,375 m)² = 2500 m² + 1550,390625 m² = 4050,390625 m²;
BL = (63,64267927 m) = 121,224151 Ellen

2) arctg $\frac{80}{63} = 51{,}77956795°$; $\frac{\gamma}{2} = \frac{1}{2}(180° - 2 \times 51{,}77956795°) = 38{,}22043205°$;
sin 38,22043205° = 0,6186885977;
BL = 39,375 m / 0,6186885977 =
BL = (63,64267928 m) = 121,224151 Ellen

Die Winkelsumme im Dreieck ist in Ellen wie in Metern:
2 x 51,78° + 2 x 38,22° = 180°.
Mit dem Rückschritt von 80/63 und der Böschungslänge von 121,22 Ellen kann die Pyramide des Sahure gebaut werden!

Ergebnis: Der Rücksprung der Pyramide des **Sahure** (Seked: 5 $\frac{41}{80}$ Handbreit) ist der **Klang einer übergroßen Terz** ($\frac{8}{7} \times \frac{10}{9} = \frac{80}{63}$) in der antiken Tonart **DIATONON MALAKON** ($\frac{8}{7} \times \frac{10}{9} \times \frac{21}{20} = \frac{4}{3}$) mit dem Ton-Intervall (c-e*), die Ptolemaios aus Alexandria überliefert. Sie gibt der Pyramide einen Böschungswinkel von arctg $\frac{80}{63}$ = 51,78°. Dieser Rücksprung der Cheopspyramide kommt in 4–5 Pyramiden vor. In den diatonischen Tonarten kommen in den Neigungen altägyptischer Pyramiden nur Zahlen und Brüche aus den ersten fünf Primzahlen (1, 2, 3, 5, 7) des vom Architekten Imhotep eingeführten Meß- und Maßsystems (1Elle = 7 Handbreit, 1 Handbreit, 1 Remen = 5 Handbreit, 1 Finger, 1 Elle = 28 Finger) sind.

▲▲▲▲▲▲

	Bisherige Werte aus Arnolds Liste					Vom Autor korrigierte Liste (geänderte Werte *kursiv*)				
Pyramide	*Neigung*	*Basis*	*Höhe*	*Rücksprung*	*Ellenmaß*	Korrigierte Basislängen in *kursiver* Schrift	Korrigierte Pyramidenhöhen in *kursiver* Schrift	Rücksprung	Böschungswinkel Arctg H/(B/2)	Elle
11. Neferirkare	54°30'	200 (105)	? (72,8)	$\frac{104}{75}$	(0,525 m)					
korrigierte Werte:	*54,46°*	*200 (105)*	*140 (73,5)*	$\frac{7}{5}$	*(0,525 m)*	*200 (105)*	*140 (73,5)*	$\frac{7}{5}$	*54,46°*	*0,525 m*

Kommentar: Der sicherlich ungenaue Rücksprung von $\frac{72,8}{(52,5)} = \frac{104}{75}$ enthält die Primzahl *13*, (8 x 13 = 104), die im ägyptischen Meß- und Maßsystem nicht vorkommt. Er ergibt einen Böschungswinkel BW von arctg $(\frac{104}{75}) = 54,2025969\overline{7}°$. Der BW ist annähernd mit 54,5° angegeben. Der Tangens dieses Winkels (54,46°) ist 1,399, annähernd: 1,4 = $\frac{7}{5}$. Es handelt sich um ein Tritonus-Intervall in der Tonart Diatonon Malakon. Dann ist die Höhe = Rücksprung x Basishälfte, also $\frac{7}{5}$ x 100 E = 140 Ellen (73,5 m). Denn: 140 E x 0,525 $\frac{m}{E}$ = (73,5 m).

1) Aus der **Pythagorasprobe in Meter:** $H^2 + (\frac{B}{2})^2 = BL^2$ ergibt sich eine Böschungslänge (BL) von:
BL² = (72,8 m)² + (52,5m)² = 5299,84 m² + 2756,25 m² = 8056,09 m²;
BL = (**89,7557240**5 m) = 170,9632839 Ellen

2) **Sin $\frac{\gamma}{2}$ Probe:** Böschungswinkel = 54,5°; $\frac{\gamma}{2} = \frac{1}{2}(180° - 2 x 54,5°) = 35,5°$;
sin 35,5° = 0,5807029557;
BL = $\frac{B}{2}$ / sin $\frac{\gamma}{2}$ = 52,5 m / 0,5807029557;
BL = (**90,40766795 m**) = 172,2050818 Ellen

Mit unterschiedlichen Böschungslängen und Rücksprüngen zugleich kann die Pyramide nicht gebaut werden!

Kommentar: Die Richtigkeit der Korrektur der bisherigen Pyramidenabmessungen **Neferirkare (s)** ergibt sich von selbst aus **der Pythagoras- und aus der sin $\frac{\gamma}{2}$-Probe (BL = ($\frac{B}{2}$)/sin $\frac{\gamma}{2}$):**

1) BL² = (73,5 m)² + (52,5 m)² = 5402,25 m² + 2756,25m² = 8158,5 m²;
BL = (90,3244153 m) = 172,0465053 Ellen

2) arctg $\frac{7}{5} = 54,4623222$1°; $\frac{\gamma}{2} = \frac{1}{2}(180° - 2 x 54,4623222$1) = 35,53767779°;
sin $\frac{\gamma}{2}$ = 0,5812381937;
BL = $\frac{B}{2}$ / sin $\frac{\gamma}{2}$ = 52,5m / 0,5812381937 = (**90,32441531 m**) = **172,0465053 Ellen**

Die Winkelsumme ist im Dreieck aus Metern wie Ellen:
2 x 54,46° + 2 x 35,54° = 180°;
Mit dem Rücksprung $\frac{7}{5}$ und der Böschungslänge von 172,05 Ellen kann die Pyramide gebaut werden!

Ergebnis: Der Rücksprung der Pyramide des **Neferirkare** (Seked: 5 Handbreit) ist der **Klang eines Tritonus** ($\frac{8}{7}$ x $\frac{10}{9}$ x $(\frac{21}{20})^2 = \frac{7}{5}$) mit dem Ton-Intervall (c–fis⁻) in der antiken Tonart **Diatonon Malakon** ($\frac{8}{7}$ x $\frac{10}{9}$ x $\frac{21}{20}$ = $\frac{4}{3}$), die Ptolemaios aus Alexandria überliefert. Sie gibt der Pyramide einen Böschungswinkel von arctg $\frac{7}{5}$ = 54,46°. Dieser Rücksprung der Pyramide des Neferirkare findet sich auch in den Pyramiden Amenemhet I. und II. In den diatonischen Tonarten wie in den Neigungen altägyptischer Pyramiden kommen nur Zahlen, die Produkte und Brüche aus den ersten fünf Primzahlen (1, 2, 3, 5, 7) des vom Architekten Imhotep eingeführten Meß- und Maßsystems (1 Elle = 7 Handbreit, 1 Handbreit = 4 Finger, 1 Remen = 5 Handbreit, 1 Elle = 28 Finger) sind.

▲▲▲▲▲▲

	Bisherige Werte aus Arnolds Liste					Vom Autor korrigierte Liste (geänderte Werte *kursiv*)				
Pyramide	*Neigung*	*Basis*	*Höhe*	*Rücksprung*	*Ellenmaß*	Korrigierte Basislängen in *kursiver* Schrift	Korrigierte Pyramidenhöhen in *kursiver* Schrift	Rücksprung	Böschungswinkel Arctg H/(B/2)	Elle
12. Niuserre	52°	150 (78,90)	? (50)	$\frac{1000}{789}$	0,525 m					
korrigierte Werte:										
	51,69°	*150 $\frac{2}{7}$ (78,90)*	*($49\frac{1189}{1280}$)*	*$\frac{81}{64}$*	*0,525 m*	*150 $\frac{2}{7}$ (78,9)*	*$95\frac{23}{224}$ ($49\frac{1189}{1280}$)*	*$\frac{81}{64}$*	*51,69°*	*0,525 m*

Kommentar: Der Rücksprung von $\frac{50}{(78,9/2)} = \frac{1000}{789}$ ergibt einen Böschungswinkel von arctg $(\frac{1000}{789}) = 51{,}7265608°$. L. Borchardt („Gegen die Zahlenmystik…", S. 9) berichtet, daß man die Basis der Pyramide des **Niuserre** „scharf mit 78,9 m" messen konnte. In dieser Länge steckt die Primzahl 263, nämlich 78,9/263 = 0, 3. Folglich muß diese Zahl (263) auch in der Höhe vorhanden sein und sich bei der Bildung des Rücksprungs herausgekürzt haben. Nimmt man die Höhe mit 49 $\frac{1189}{1280}$ m = **49,92890625 m** an, so ist der bei Arnold angegebene Rücksprung (**tg 52°**) $\frac{(49\,1189/1280)}{(78,9/2)} = \frac{81}{64} = 1{,}265625$. **Der korrekte Rücksprung** $(\frac{81}{64} = \frac{9}{8} \times \frac{9}{8})$ **ist das Intervall einer großen Terz im** DIATONON DITONAION**, der pythagoräischen Tonart, die Platon aus einem ägyptischen Zahlenschema im „**Timaios**" (35 a ff.) ableitet. S. dazu mein Buch „Der Klang der Pyramiden",** S. 22. **Daß Platon dieses Schema seinem Aufenthalt in Ägypten verdankt, wird durch fünf Aufgaben (Nr. 41–43, 48, 50) des Papyrus Rhind (S. 46 f, 49) belegt. Auch hier findet sich eine Kreisfläche mit der Größe F** = $\frac{64}{81}$D² **und eine Annäherung an die ägyptische Zahl** π = $\frac{256}{81}$. Dazu Literatur: Armin Wirsching: „3E 1H / Warum es in alten Ägypten unmöglich war, einen Kreisumfang ungenau zu messen." In: „Studien zur altägyptischen Kultur (SAK)", hrsg. von Hartwig Altenmüller unter Mitwirkung von Nicole Kloth (S. 304 bis 307).

1) Aus der **Pythagorasprobe in Meter** $(H^2 + (\frac{B}{2})^2) = BL^2$ ergibt sich eine Böschungslänge (BL) von:
$BL^2 = (49\frac{1189}{1280}$ m$)^2 + (39{,}45$ m$)^2 = 2492{,}895679$m² + 1556,3025m² = 4049,198179 m²;
BL= (63,63331029m) 121,2063053 Ellen

2) **sin $\frac{\gamma}{2}$ Probe:** Böschungswinkel = 52°; $\frac{\gamma}{2} = \frac{1}{2}(180° - 2 \times 52°) = 38°$;
sin $\frac{\gamma}{2}$ =0,6156614753;
$BL = \frac{B}{2} / \sin\frac{\gamma}{2} = 39{,}45$ m $/ 0{,}6156614753$;
BL = (64,07742173 m) = 122,0522319 Ellen;

Mit unterschiedlichen Rücksprüngen und Böschungslängen zugleich kann die Pyramide des Niuserre nicht gebaut werden!

Kommentar: Die Richtigkeit der Korrektur der bisherigen Pyramidenabmessungen Niuserre(s) ergibt sich von selbst aus der **Pythagoras- und aus der sin $\frac{\gamma}{2}$- Probe (BL = (B/2)/sin $\frac{\gamma}{2}$):**

1) $BL^2 = (49\frac{1189}{1280}$ m$)^2 + (39{,}45$ m$)^2 = 4049{,}198179$ m²
BL= (63,63331029 m) = 121,2063053 Ellen

2) arctg $\frac{81}{64} = 51{,}68690933°$; $\frac{\gamma}{2} = \frac{1}{2}(180° - 2 \times 54{,}46232221°) = 38{,}31309067°$;
sin $38{,}31309067° = 0{,}6199583176$;
$BL = \frac{B}{2} / \sin\frac{\gamma}{2} = 39{,}45$ m $/ 0{,}6199583176$;
BL = 63,63331029 m = 121,2063053 Ellen

Die Winkelsumme ist im Dreieck aus Metern wie Ellen:
2 x 51,68690933° + 2 x 38,31309067° = 180°

Mit dem Rücksprung $\frac{81}{64}$ und der Böschungslänge von 121,20 Ellen kann die Pyramide des Niuserre gebaut werden!

(Fortsetzung folgende Seite)

Kommentar: Der angegebene Böschungswinkel von 52° muß auf 51,69° korrigiert werden. Die Korrektur ergibt sich aus einer Verringerung der Höhe von 50 m auf 49,923 m. Der Rücksprung ist nicht $\frac{1000}{789}$, sondern $\frac{81}{64}$. Der sich aus den unkorrigierten Abmessungen ergebende Rücksprung von $\frac{1000}{789}$ enthält die Primzahlen (789 = 3 x 263)), und 263 ist nicht unter den ersten fünf Primzahlen des ägyptischen Meß- und Maßsystems enthalten. Da 263 aber im korrigierten Rücksprung auch im Nenner der Rücksprungproportion auftritt, kürzt sie sich bei der Bildung des Rücksprungs $\left(\frac{81}{64}\right)$ aus Zähler und Nenner wieder heraus.

Ergebnis: Der Rücksprung der Pyramide des **Niuserre** (Seked: $5\frac{43}{81}$ Handbreit) ist der **Klang einer großen Terz** $\left(\frac{9}{8} \times \frac{9}{8} = \frac{81}{64}\right)$ mit dem Ton-Intervall (c–e) in der pythagoräischen Tonart **DIATONON DITONAION** $\left(\frac{9}{8} \times \frac{9}{8} \times \frac{256}{243} = \frac{4}{3}\right)$, die Platon („Timaios" 35 a ff.) und Ptolemaios aus Alexandria überliefert. Sie gibt der Pyramide einen Böschungswinkel von arctg $\frac{81}{64} = 51{,}69°$. In den diatonischen Tonarten wie in den Neigungen altägyptischer Pyramiden kommen nur Zahlen, die Produkte und Brüche aus den ersten fünf Primzahlen (1, 2, 3, 5, 7) des vom Architekten Imhotep eingeführten Meß- und Maßsystems (1 Elle = 7 Handbreit, 1 Handbreit = 4 Finger, 1 Remen = 5 Handbreit, 1 Elle = 28 Finger) sind.

▲▲▲▲▲▲

	Bisherige Werte aus Arnolds Liste					Vom Autor korrigierte Liste (geänderte Werte *kursiv*)				
Pyramide	*Neigung*	*Basis*	*Höhe*	*Rücksprung*	*Ellenmaß*	Korrigierte Basislängen in *kursiver* Schrift	Korrigierte Pyramidenhöhen in *kursiver* Schrift	Rücksprung	Böschungswinkel Arctg H/(B/2)	Elle
13. Neferefre	?	125 (65)	?	$\frac{35}{26}$	(0,525 m)	125 (65,625)	$83\frac{1}{3}$ (43,75)	$\frac{4}{3}$	53,13°	0,525 m
korrigierte Werte:	*53,13°*	125 (65,625)	$83\frac{1}{3}$ (43,75)	$\frac{4}{3}$	(0,525 m)					

Kommentar: Die Basis in Metern läßt sich aus dem Ellenmaß von 0,25 korrigieren (125 x 0,525 = 65,625 m. Der Rücksprung ändert sich durch die Korrektur von $\frac{35}{26}$ auf $\left(\frac{43,75}{32,8125}\right) = \frac{4}{3}$. Die Quarte ($\frac{4}{3}$) ergibt einen Böschungswinkel von arctg ($\frac{4}{3}$) = 53,13°. Die fehlende Höhe läßt sich aus der Formel „Basishälfte x Rücksprung" errechnen: $\left(\frac{65,625}{2}\right)$ x $\frac{4}{3}$ = 43,75 m bzw. $83\frac{1}{3}$ Ellen. Die unkorrigierte Basis ergibt jedoch eine Höhe von $\left(\frac{65}{2}\right)$ x $\frac{4}{3}$ = $43\frac{1}{3}$ m).

1) Aus der **Pythagorasprobe in Metern** ($H^2 + \left(\frac{B}{2}\right)^2 = BL^2$) ergibt sich eine Böschungslänge (BL) von:
$BL^2 = (43,75 \text{ m})^2 + (32,5)^2 = 1914,0625 \text{m}^2 + 1056,25\text{m}^2 = 2970,3125 \text{ m}^2$;
BL = (54,50057339 m) = *103,810616 Ellen*

2) **sin $\frac{\gamma}{2}$ Probe:** Böschungswinkel = arctg $\left(\frac{35}{26}\right)$ = 53,39292519°;
$\frac{\gamma}{2} = \frac{1}{2}(180° - 2 \times 53,392925°)$ = 36,60707481°;
BL = B / sin $\frac{\gamma}{2}$ = 32,5 m / 0,5963240013;
BL = (54,50057339 m) = *103,810616 Ellen*

Die falsche Basislänge (65 m) und ein falscher Rücksprung $\left(\frac{35}{26}\right)$ ergeben eine gemeinsame Böschungslänge (103,81 Ellen), die von der korrigierten Abmessungen 104,1666... Ellen abweicht. Der sich aus den unkorrigierten Abmessungen ergebende Rücksprung von $\frac{35}{26}$ enthält die Primzahl $2 \times 13 = 26$, die nicht unter den ersten fünf Primzahlen des ägyptischen Meß- und Maßsystems vorkommt.

Mit unterschiedlichen Rücksprüngen und Böschungslängen konnte die Pyramide des Neferefre nicht gebaut werden!

Kommentar: Die Richtigkeit der Korrektur der bisherigen Pyramidenabmessungen **Neferefre(s)** ergibt sich von selbst aus **der Pythagoras- und aus der sin $\frac{\gamma}{2}$-Probe (BL = $\left(\frac{B}{2}\right)$/sin $\frac{\gamma}{2}$):**

1) $BL^2 = (43,75m)^2 + (32,8125m)^2 = 2990,722656 \text{ m}^2$;
BL = (54,6875 m) = 104,166 Ellen

2) arctg $\frac{4}{3}$ = 53,13010235°; $\frac{\gamma}{2} = \frac{1}{2}(180° - 2 \times 51,77956795°)$ = 36,86989765°;
sin 36,86989765° = 0,6;
BL = B / sin $\frac{\gamma}{2}$ = 32,8125 / 0,6;
BL = (54,6875 m) = 104,166 Ellen

Die Winkelsumme ist im Dreieck aus Ellen wie Meter errechnet:
$2 \times 53,13° + 2 \times 36,87°$ = 180°

Mit dem Rücksprung $\frac{4}{3}$ und der Böschungslänge von 104,17 Ellen kann die Pyramide des Neferefre gebaut werden!

▲▲▲▲▲▲

Ergebnis: Der Rücksprung der Pyramide des **Neferefre** (Seked: $5\frac{1}{4}$ Handbreit) ist der **Klang einer Quarte** ($\frac{4}{3}$) mit dem Ton-Interval (c-f) in der antiken Tonart DIATONON SYNTONON $\left(\frac{10}{9} \times \frac{9}{8} \times \frac{16}{15}\right)$, die Ptolemaios aus Alexandria überliefert. Sie gibt der Pyramide einen Böschungswinkel von arctg $\frac{4}{3}$ = 53,13°. Ca. zehn altägyptische Pyramiden enthalten diesen Quarrücksprung. In den diatonischen Tonarten wie in den Neigungen altägyptischer Pyramiden kommen nur Zahlen vor, die Produkte und Brüche aus den ersten fünf Primzahlen (1, 2, 3, 5, 7) sind. Imhotep eingeführten Meß- und Maßsystems (1 Elle = 7 Handbreit, 1 Handbreit = 4 Finger, 1 Remen = 5 Handbreit, 1 Elle = 28 Finger) sind.

	Bisherige Werte aus Arnolds Liste					Vom Autor korrigierte Liste (geänderte Werte *kursiv*)			
Pyramide	*Neigung*	*Basis*	*Höhe*	*Rücksprung*	*Ellenmaß*	Korrigierte Basislängen in *kursiver* Schrift	Korrigierte Pyramiden-höhen in *kursiver* Schrift	Rücksprung	Böschungs-winkel Arctg H/(B/2)	Elle
14. Djedkare	52°	150 (78,9)	?	$\frac{1000}{789}$	0,525 m					
korrigierte Werte:	51,78°	150 (78,75)	$95\frac{5}{21}$ (50)	$\frac{80}{63}$	0,525 m	*150 (78,75)*	*$95\frac{5}{21}$ (50)*	*$\frac{80}{63}$*	*51,78°*	0,525 m

Kommentar: Die in den Abmessungen identischen Pyramiden Sahure und Djedkare sind Dubletten, wobei Djedkare (52°) mit einem genaueren Böschungswinkel als Sahure (50°45') angegeben ist. Djedkare besitzt daher auch die Höhe Sahures von 50 Metern. Die Basishöhe in Metern muß von 78,9 m auf 150 x 0,525 = 78,75 m verringert werden, dann korrigiert sich auch der Rücksprung $\frac{1000}{789}$ mit dem von Arnold nicht angegebenen Böschungswinkel von 51,73° auf $\frac{1000}{(787,5)} = \frac{80}{63}$, und der Böschungswinkel sinkt von 52° auf 51,78°. Die falsche Basislänge (78,9 m) und ein entsprechend falscher Rücksprung ($\frac{1000}{789}$) ergeben falsche Böschungslängen. Der sich aus den unkorrigierten Abmessungen ergebende Rücksprung von $\frac{1000}{789}$ enthält die Primzahlen (789 = 3 x 263), die nicht unter den ersten fünf Primzahlen des ägyptischen Meß- und Maßsystems vorkommen.

1) Aus der **Pythagorasprobe in Metern** $(H^2 + (\frac{B}{2})^2 = BL^2$ ergibt sich eine Böschungslänge (BL) von:
$BL^2 = (50\ m)^2 + (39{,}45\ m)^2 = 2500\ m^2 + 1556{,}3025\ m^2 = 4056{,}3025\ m^2;$
$BL = \mathbf{(63{,}68910817\ m) = 121{,}312587\ Ellen}$

2) **Sin $\frac{\gamma}{2}$ Probe:** Böschungswinkel 52°; $\frac{\gamma}{2} = \frac{1}{2}(180° - 2 \times 52°) = 38°;$
$\sin 38° = 0{,}6156614753$
$\mathbf{BL = \frac{B}{2} / \sin\frac{\gamma}{2}} = 39{,}45\ m / 0{,}6156614753$
$\mathbf{BL = (64{,}07742173\ m) = 122{,}0522319\ Ellen}$

Mit unterschiedlichen Rücksprüngen und Böschungslängen zugleich kann die Pyramide nicht gebaut werden!

Kommentar: Die Richtigkeit der Korrektur der bisherigen Pyramidenabmessungen **Djedkare(s)** ergibt sich von selbst aus **der Pythagoras- und aus der Sin $\frac{\gamma}{2}$-Probe (BL = $(\frac{B}{2})$ / sin $\frac{\gamma}{2}$):**

1) $BL^2 = (50\ m)^2 + (39{,}375\ m)^2 = 2500\ m^2 + 1550{,}390625\ m^2 = 4050{,}390625\ m^2;$
$\mathbf{BL = (63{,}64267927\ m) = 121{,}224151\ Ellen}$

2) $\arctan\frac{80}{63} = 51{,}77956795°; \frac{\gamma}{2} = \frac{1}{2}(180° - 2 \times 51{,}77956795°) = 38{,}22043205°;$
$\sin 38{,}22043205 = 0{,}6186885977;$
$\mathbf{BL = \frac{B}{2} / \sin\frac{\gamma}{2}} = 39{,}375\ m / 0{,}6186885977;$
$\mathbf{BL = (63{,}64267928\ m) = 121{,}224151\ Ellen}$

Mit dem Rücksprung $\frac{80}{63}$ und der Böschungslänge BL von 121,22 Ellen kann die Pyramide des Djedkare gebaut werden!

Die Winkelsumme ist im Dreieck aus Ellen wie Metern errechnet:
$2 \times 51{,}78° + 2 \times 38{,}22° = 180°$

Ergebnis: Der Rücksprung der Pyramide **Djedkare** (Seked: $5\frac{41}{80}$ Handbreit) ist der **Klang einer übergroßen Terz** ($\frac{8}{7} \times \frac{10}{9} \times \frac{21}{20} = \frac{80}{63}$), die Ptolemaios aus Alexandria überliefert. Sie gibt der Pyramide einen Böschungswinkel von $\arctan\frac{80}{63} = 51{,}78°$. Dieser Rücksprung der Cheopspyramide findet sich in 4–5 Pyramiden verbaut. In den diatonischen Tonarten wie in den Rücksprüngen altägyptischer Pyramiden kommen nur Zahlen vor, die Produkte und Brüche aus den ersten fünf Primzahlen (1, 2, 3, 5, 7) des vom Architekten Imhotep eingeführten Meß- und Maßsystems (1 Elle = 7 Handbreit, 1 Remen = 5 Handbreit, 1 Elle = 28 Finger) sind.

Malakon ($\frac{8}{7} \times \frac{10}{9} \times \frac{21}{20} = \frac{4}{3}$), 1 Handbreit = 4 Finger) sind.

▲▲▲▲▲▲

Bisherige Werte aus Arnolds Liste					Vom Autor korrigierte Liste (geänderte Werte *kursiv*)				
Pyramide	*Neigung*	*Basis*	*Höhe*	*Rücksprung*	*Ellenmaß*	Korrigierte Basislängen in *kursiver* Schrift	Korrigierte Pyramidenhöhen in *kursiver* Schrift	Rücksprung	Böschungswinkel Arctg H/(B/2)	Elle
15. Unas	56°	110 (57,70)	? (43)	$\frac{344}{231}$	0,525 m	110 (57,75)	82,5 (*43,3125*)	$\frac{3}{2}$	*56,30°*	0,525 m
korrigierte Werte:	*56,30°*	110 (57,75)		$\frac{3}{2}$	0,525 m					

Kommentar: Der Rücksprung $\frac{344}{231}$ ergäbe einen Böschungswinkel von 56,11818025°. Der korrigierte Rücksprung ($\frac{3}{2}$) ergibt einen Böschungswinkel von 56,30993247°. Die korrigierte Basis ist 110 x 0,525 = 57,75 Meter lang.

Die korrigierte Höhe in Metern ist „Basishälfte x Rücksprung" = $(\frac{57,75}{2})$ x $\frac{3}{2}$ = (43,3125 m) = 82,5 Ellen. Die falsche Basislänge (57,70 m), eine falsche Höhe (43 m) und ein entsprechend falscher Rücksprung ($\frac{344}{231}$) und noch dazu ein ungefähr angegebener Böschungswinkel mit der Ungenauigkeit der Winkel von 0,1° bis 0,5° ergeben falsche Böschungslängen. Der sich aus den unkorrigierten Abmessungen ergebende Rücksprung von $\frac{344}{231}$ enthält zudem die Primzahlen (43 x 8 = 344) und (11 x 21 = 231), die nicht unter den ersten fünf Primzahlen des ägyptischen Meß- und Maßsystems vorkommen.

1) Aus **der Pythagorasprobe in Metern** ($H^2 + (\frac{B}{2})^2 = BL^2$ ergibt sich eine Böschungslänge (BL) von:
$BL^2 = (43 \text{ m})^2 + (28,85 \text{ m})^2 = 1849 \text{ m}^2 + 832,3225 \text{ m}^2 = 2681,3225 \text{ m}^2$;
BL = (51,781488 m) = 98,63140572 Ellen

2) **Sin $\frac{\gamma}{2}$ Probe:** Böschungswinkel = arctg $(\frac{344}{231})$ = 33,88181975°;
$\frac{\gamma}{2} = \frac{1}{2}(180° - 2 \text{ x arctg } (344/231)) = 33,88181975°$; sin 33,88181975° = 0,5574817137;
BL = $\frac{B}{2}$ / sin $\frac{\gamma}{2}$ = 28,85 / 0,5574817137;
BL = (51,75057637 m) = 98,57252642 Ellen

Mit unterschiedlichen Rücksprungen und Böschungslängen zugleich kann die Pyramide des Unas nicht gebaut werden!

Kommentar: Die Richtigkeit der Korrektur der bisherigen Abmessungen der Pyramide des Unas ergibt sich von selbst aus **der Pythagoras- und aus der Sin $\frac{\gamma}{2}$-Probe (BL = $(\frac{B}{2})$ / sin $\frac{\gamma}{2}$):**

1) $BL^2 = (82,5 \text{ E})^2 + (55 \text{ E})^2 = 6806,25 \text{ E}^2 + 3025^2 = 9831,25 \text{ E}^2$;
BL = 99,15266008 Ellen = (52,05514654 m)

2) arctg $\frac{3}{2}$ = 56,30993247°; $\frac{\gamma}{2} = \frac{1}{2}(180 - 2 \text{ x arctg } \frac{3}{2})$ = 33,69006753°;
sin 33,69006753° = 0,5547001963;
BL = $\frac{B}{2}$ / sin $\frac{\gamma}{2}$ = 28,875 / 0,5547001963
BL = 99,15266006 Ellen = (52,05514653 m)

Die Winkelsumme ist im Dreieck aus Ellen und Metern errechnet:
2 x 56,30° + 2 x 33,7° = 180°

Mit dem Rücksprung $\frac{3}{2}$ und der Böschungslänge von 99,15 Ellen kann die Pyramide des Unas gebaut werden!

Ergebnis: Der Rücksprung der Pyramide des **Unas** (Seked: $4\frac{2}{3}$ Handbreit) ist der **Klang einer Quinte** ($\frac{3}{2}$) mit dem Intervall (c-g) in der antiken Tonart **DIATONON SYNTONON** ($\frac{10}{9}$ x $\frac{9}{8}$ x $\frac{16}{15}$ x $\frac{9}{8}$ = $\frac{3}{2}$), die Ptolemaios aus Alexandria überliefert. Sie gibt der Pyramide einen Böschungswinkel von arctg $\frac{3}{2}$ = 56,30°. In den diatonischen Tonarten wie in den Neigungen altägyptischer Pyramiden kommen nur Zahlen vor, die Produkte und Brüche aus den ersten fünf Primzahlen (1, 2, 3, 5, 7) des vom Architekten Imhotep eingeführten Meß- und Maßsystems (1 Elle = 7 Handbreit, 1 Handbreit = 4 Finger, 1 Reinen = 5 Handbreit, 1 Elle = 28 Finger) sind.

	Bisherige Werte aus Arnolds Liste					Vom Autor korrigierte Liste (geänderte Werte *kursiv*)				
Pyramide	*Neigung*	*Basis*	*Höhe*	*Rücksprung*	*Ellenmaß*	Korrigierte Basislängen in *kursiver* Schrift	Korrigierte Pyramidenhöhen in *kursiver* Schrift	Rücksprung	Böschungswinkel Arctg H/(B/2)	Elle
16. Teti	?	150 (78,75)	100 (52,5)	$\frac{4}{3}$	0,525 m			$\frac{4}{3}$	*53,13°*	0,525 m
korrigierte Werte:	*53,13°*				0,525 m					

Kommentar: Die Abmessungen der Pyramide des Teti sind theoretisch und praktisch fehlerfrei. Es konnte mit ihnen gebaut werden.

Ergebnis: Der Rücksprung der Pyramide des **Teti** (Seked: $5\frac{1}{4}$ Handbreit) ist der **Klang einer Quarte** ($\frac{4}{3}$) mit dem Ton-Intervall (c-f) in der antiken Tonart **Diatonon Syntonon** ($\frac{10}{9}$ x $\frac{9}{8}$ x $\frac{16}{15}$ = $\frac{4}{3}$), die Ptolemaios aus Alexandria überliefert. Sie gibt der Pyramide einen Böschungswinkel von arctg $\frac{4}{3}$ = 53,13°. Ca. zehn altägyptische Pyramiden besitzen diesen Quartrücksprung. In den diatonischen Tonarten wie in den Neigungen altägyptischer Pyramiden kommen nur Zahlen vor, die Produkte und Brüche aus den ersten fünf Primzahlen (1, 2, 3, 5, 7) des vom Architekten Imhotep eingeführten Meß- und Maßsystems (1 Elle = 7 Handbreit, 1 Handbreit = 4 Finger, 1 Remen = 5 Handbreit 1 Elle = 28 Finger) sind.

▲▲▲▲▲▲

	Bisherige Werte aus Arnolds Liste					Vom Autor korrigierte Liste (geänderte Werte *kursiv*)				
Pyramide	*Neigung*	*Basis*	*Höhe*	*Rücksprung*	*Ellenmaß*	Korrigierte Basislängen in *kursiver* Schrift	Korrigierte Pyramidenhöhen in *kursiver* Schrift	Rücksprung	Böschungswinkel Arctg H/(B/2)	Elle
17. Pepi I.	53°	150 (78,6)	100 (52,4)	$\frac{4}{3}$	0,524 m	150 (78,6)	100 (52,4)	$\frac{4}{3}$	*53,13°*	*0,524 m*
korrigierte Werte:	*53,13°*									

Kommentar: In der Pyramide des Pepi I. ist die Elle mit 0,524 m angewandt und der Böschungswinkel ist mit 53° statt 53,13° angegeben.

Die Abmessungen der Pyramide des Pepi I. sind sonst theoretisch und praktisch fehlerfrei. Es konnte mit ihnen gebaut werden!

Ergebnis: Der Rücksprung der Pyramide des **Pepi I.** (Seked: $5\frac{1}{4}$ Handbreit) ist der **Klang einer Quarte** ($\frac{4}{3}$) mit dem Ton-Intervall (c-f) in der antiken Tonart **Diatonon Syntonon** ($\frac{10}{9}$ x $\frac{9}{8}$ x $\frac{16}{15}$ = $\frac{4}{3}$), die Prolemaios aus Alexandria überliefert. Sie gibt der Pyramide einen Böschungswinkel von arctg $\frac{4}{3}$ = 53,13°. Ca. zehn altägyptische Pyramiden enthalten diesen Quartrücksprung. In den diatonischen Tonarten wie in den Neigungen altägyptischer Pyramiden kommen nur Zahlen vor, die Produkte und Brüche aus den ersten fünf Primzahlen (1, 2, 3, 5, 7) des vom Architekten Imhotep eingeführten Meß- und Maßsystems (1 Elle = 7 Handbreit, 1 Handbreit = 4 Finger, 1 Remen = 5 Handbreit, 1 Elle = 28 Finger) sind.

▲▲▲▲▲▲

	Bisherige Werte aus Arnolds Liste				Vom Autor korrigierte Liste (geänderte Werte *kursiv*)				
Pyramide	*Neigung*	*Basis*	*Höhe*	*Rücksprung*	*Ellenmaß*	Korrigierte Basislängen in *kursiver* Schrift	Korrigierte Pyramiden-höhen in *kursiver* Schrift	Rücksprung	Böschungs-winkel Arctg H/(B/2)	Elle
18. Pepi II.	53°13'	150 (78,75)	100 (52,5)	$\frac{4}{3}$	0,525 m					
korrigierte Werte:	*53,13°*							*$\frac{4}{3}$*	*53,13°*	*0,525 m*

Kommentar: In der Pyramide des Pepi II. ist die Elle 0,525 m angewandt und der Böschungswinkel ist mit 53°13' statt 53,13° angegeben.

Die Abmessungen der Pyramide des Pepi II. sind sonst theoretisch und praktisch fehlerfrei. Es konnte mit ihnen gebaut werden!

Ergebnis: Der Rücksprung der Pyramide des **Pepi II.** (Seked: $5\frac{1}{4}$ Handbreit) ist der **Klang einer Quarte** ($\frac{4}{3}$) mit dem Ton-Intervall (c-f) in der antiken Tonart **DIATONON SYNTONON** ($\frac{10}{9}$ x $\frac{9}{8}$ x $\frac{16}{15}$ = $\frac{4}{3}$), die Ptolemaios aus Alexandria überliefert. Sie gibt der Pyramide einen Böschungswinkel von arctg $\frac{4}{3}$ = 53,13°. Ca. zehn altägyptische Pyramiden enthalten diesen Quartrücksprung. In den diatonischen Tonarten wie in den Neigungen altägyptischer Pyramiden kommen nur Zahlen vor, die Produkte und Brüche aus den ersten fünf Primzahlen (1, 2, 3, 5, 7) des vom Architekten Imhotep eingeführten Meß- und Maßsystems (1 Elle = 7 Handbreit, 1 Handbreit = 4 Finger, 1 Remen = 5 Handbreit, 1 Elle = 28 Finger) sind.

▲▲▲▲▲▲

	Bisherige Werte aus Arnolds Liste					Vom Autor korrigierte Liste (geänderte Werte *kursiv*)				
Pyramide	*Neigung*	*Basis*	*Höhe*	*Rücksprung*	*Ellenmaß*	Korrigierte Basislängen in *kursiver* Schrift	Korrigierte Pyramiden- höhen in *kur- siver* Schrift	Rücksprung	Böschungs- winkel Arctg H/(B/2)	Elle
19. Merenre	?	175 (90–95)	?	?	0,525 m					
korrigierte Werte:	*53,13°*	175 (91,875)	116⅔ (61,25)	4/3	0,525 m	*175 (91,875)*	*116⅔ (61,25)*	*4/3*	*53,13°*	0,525 m

Kommentar: Der Meterwert der Pyramide Nr. 28, „Unbekannt" 175 Ellen (91,875 m) legt nahe, daß „Unbekannt" und die Pyramide des Merenre Dubletten sind. Der Rücksprung ist eine Quarte (4/3) und zwar aus einem weiteren Grund: Da Sesostris III. als Höhe 116⅔ Ellen (61,25 m) und 7/6 als Rücksprung hat, läßt sich auf Sesostris III. auf die Höhe Merenres schließen. Da also „Höhe/ Rücksprung = Basishälfte" ist, wie bei Sesostris III. (116⅔ / 7/6 = 100) der Fall, so muß ebenfalls 4/3 der Rücksprung der Pyramide des Merenre sein. Denn 116⅔ / 4/3 = 87,5 Ellen. Das ist die Basishälfte (175/2 Ellen) der Pyramide des Merenre.

1) Aus der **Pythagorasprobe in Ellen** ($H^2 + (B/2)^2 = BL^2$ ergibt sich eine Böschungslänge (BL) von:
$BL^2 = (116⅔ E)^2 + (87,5 E)^2 = 122500 / 9 E^2 + 7656,25 E^2 = 21267,36111 E^2$;
BL = 145,833... Ellen (76,5625 m)

2) **Sin γ/2 Probe:** Böschungswinkel = arctg (4/3) = 53,13010235°;
γ/2 = ½(180° − 2 × 53,13010235°) = 36,86989765°; sin 36,86989765° = 0,6;
BL = B/2 / sin γ/2 = 87,5 E / 0,6;
BL = 145,833... Ellen (76,5625 m)

Kommentar: Die Richtigkeit der Korrektur der bisherigen Pyramidenabmessun- gen Merenre(s) ergibt sich von selbst aus **der Pythagoras- und aus der sin γ/2- Probe:**

1) $BL^2 = (61,25 m)^2 + (45,9375 m)^2 = 3751,5625 m^2 + 2110,253906 m^2 = 5861,816406 m^2$
BL = (76,5625 m) = 145,833... Ellen

2) arctg 4/3 = 53,13010235°; γ/2 = ½(180° − 2 × 53,13010235°) = 45,9375 / 0,6;
sin 36,86989765° = 0,6; **BL = B/2 / sin γ/2 = 145,833... Ellen**
BL = (76,5625 m) = 145,833... Ellen

Die Winkelsumme ist im Dreieck aus Metern und Ellen errechnet:
2 × 53,13° + 2 × 36,87° = 180°

Die Übereinstimmung der Ergebnisse in vier Proben ergibt sich aus dem Neigungswinkel (53,13°) Merenres. Da der Rücksprung mit 4/3 erschlossen wurde und arctg 4/3 = 53,13° ist, sind die Abmessungen der Pyramide in Ellen und in Metern nach der obigen Korrektur *fehlerfrei*. Mit dem Rücksprung 4/3 und der Böschungslänge 145,83... Ellen kann die Pyramide des Merenre gebaut werden!

Ergebnis: Der Rücksprung der Pyramide des **Merenre** (Seked: 5¼ Handbreit) ist der **Klang einer Quarte** (4/3) mit dem Intervall (c–f)in der antiken Tonart **DIATONON SYNTONON** (10/9 × 9/8 × 16/15 = 4/3) die Ptolemaios aus Alexandria überliefert. Sie gibt der Pyramide einen Böschungswinkel von arctg 4/3 = 53,13°. Ca. zehn altägyptische Pyramiden enthalten diesen Quartrücksprung. In den diato- nischen Tonarten wie in den Neigungen altägyptischer Pyramiden kommen nur Zahlen vor, die Produkte und Brüche aus den ersten fünf Primzahlen (1, 2, 3, 5, 7) des vom Architekten Imhotep eingeführten Meß- und Maßsystems (1 Elle = 7 Handbreit, 1 Handbreit = 4 Finger, 1 Remen = 5 Handbreit, 1 Elle = 28 Finger) sind.

▶▶▶▶▶▶

Bisherige Werte aus Arnolds Liste					Vom Autor korrigierte Liste (geänderte Werte *kursiv*)			
Pyramide	*Neigung*	*Basis*	*Höhe*	*Rücksprung*	*Ellenmaß*	Korrigierte Basislängen in *kursiver* Schrift	Korrigierte Pyramiden-höhen in *kursiver* Schrift	Rücksprung	Böschungs-winkel Arctg H/(B/2)	Elle
20. Amenem-het I.	54°	160 (84)	112 (59)	$\frac{59}{42}$	0,525 m	160 (84)	112 (58,8)	$\frac{7}{5}$	54,46°	0,525 m
korrigierte Werte:	*54,46°*		*112 (58,8)*	$\frac{7}{5}$	0,525 m					

Kommentar: Der richtige Meterwert für die Höhe ist 112 E × 0,525 = 58,8 m. Damit ändert sich der Rücksprung von $\frac{59}{42}$ auf $\frac{58,8}{42} = \frac{7}{5}$, und der Böschungswinkel ist arctg $\frac{7}{5} = 54,4632221°$

1) Aus der **Pythagorasprobe in Metern** $(H^2 + (\frac{B}{2})^2 = BL^2$ ergibt sich eine Böschungslänge (BL) von:
$BL^2 = (59\ m)^2 + (42\ m)^2 = 3481\ m^2 + 1764\ m^2 = 5245\ m^2$;
BL = (72,42237223 m) = 137,9473757 Ellen

2) **sin $\frac{\gamma}{2}$ Probe:** arctg $(\frac{59}{42}) = 54,5428967°$ ist ungleich dem BW = 54°;
$\frac{\gamma}{2} = \frac{1}{2}(180° - 2 × 54°) = 36°$; sin 36° = 0,587785252$;
$BL = \frac{B}{2} / \sin \frac{\gamma}{2} = 42\ m / 0,577852523$;
BL = (71,4546679 m) = 136,1041293 Ellen

Kommentar: Da der Böschungswinkel, die Höhe in Metern (59 m) und damit auch die Böschungslängen der nicht korrigierten Abmessungen (s. hier linke Tabelle) unterschiedlich. Der sich aus den unkorrigierten Abmessungen ergebende Rücksprung von $\frac{59}{42}$ enthält die Primzahl 59, die nicht unter den ersten fünf Primzahlen des ägyptischen Meß- und Maßsystems vorkommt.

Kommentar: Die Richtigkeit der Korrektur der bisherigen Abmessungen der Pyramide des **Amenemhet I.** ergibt sich von selbst aus **der Pythagoras- und aus der sin $\frac{\gamma}{2}$-Probe:**

1) $BL^2 = (58,8\ m)^2 + (42\ m)^2 = 3457,44\ m^2 + 1764\ m^2 = 5221,44\ m^2$;
BL = (72,25953224 m) = 137,6372043 Ellen

2) arctg $\frac{7}{5} = 54,46232215°$; $\frac{\gamma}{2} = \frac{1}{2}(180° - 2 × 54,46232215°) = 35,53767779°$;
sin $\frac{\gamma}{2} = 0,581238197$;
$BL = \frac{B}{2} / \sin \frac{\gamma}{2} = 42\ m / 0,581238197$;
BL = (72,25953225 m) = 137,6372043 Ellen

Mit unterschiedlichen **Rücksprüngen, Böschungslängen und Winkeln zugleich kann die Pyramide des Amenemhet I. nicht gebaut werden!**

Die Winkelsumme ist im Dreieck aus Ellen wie Metern:
2 × 54,46° + 2 × 35,54° = 180°

Mit dem Rücksprung 7/5 und der Böschungslänge von 137,64 Ellen kann die Pyramide des Amenemhet I. gebaut werden.

Ergebnis: Der Rücksprung der Pyramide des **Amenemhet I.** (Seked: 5 Handbreit) ist der **Klang eines Tritonus** ($\frac{8}{7} × \frac{10}{9} × (\frac{21}{20})^2 = \frac{7}{5}$) in der antiken Tonart mit dem Ton-Intervall (c-fis⁻) des **Diatonon Malakon** ($\frac{8}{7} × \frac{10}{9} × \frac{21}{20} = \frac{4}{3}$), die Ptolemaios aus Alexandria überliefert. Sie gibt der Pyramide einen Böschungswinkel von arctg $\frac{7}{5} = 54,46°$. Dieser Rücksprung der Pyramide des Amenemhet findet sich auch in den Pyramiden des Neferirkare und Amenemhet II. In den diatonischen Tonarten wie in den Neigungen altägyptischer Pyramiden kommen nur Zahlen vor, die Produkte und Brüche aus den ersten fünf Primzahlen (1, 2, 3, 5, 7) des vom Architekten Imhotep eingeführten Meß- und Maßsystems (1 Elle = 7 Handbreit, 1 Handbreit = 4 Finger, 1 Remen = 5 Handbreit, 1 Elle = 28 Finger) sind.

▲▲▲▲▲▲

	Bisherige Werte aus Arnolds Liste					Vom Autor korrigierte Liste (geänderte Werte *kursiv*)				
Pyramide	*Neigung*	*Basis*	*Höhe*	*Rücksprung*	*Ellenmaß*	Korrigierte Basislängen in *kursiver* Schrift	Korrigierte Pyramiden-höhen in *kursiver* Schrift	Rücksprung	Böschungs-winkel Arctg H/(B/2)	Elle
21. Sesostris I	49°24'	200 (105,23)	116 (61,25)	$\frac{29}{25}$	0,525 m	200 *(105)*	*$116\frac{2}{3}$* (61,25)	$\frac{7}{6}$	49,4°	0,525 m
korrigierte Werte:	49,4°	200 *(105)*	*$116\frac{2}{3}$* (61,25)	$\frac{7}{6}$	0,525 m					

Kommentar: 61,25 m / 0,525m = $116\frac{2}{3}$ Ellen Höhe und nicht 116 Ellen, wie angegeben. Der Böschungswinkel von 49,4° stimmt, obwohl er aus den angegebenen Rücksprüngen in Meter ($\frac{61,25}{52,615} = 1,164116697$) und in Ellen ($\frac{116}{100} = \frac{29}{25} = 1,16$) nicht hervorgeht. Nach der Korrektur ist der richtige Rücksprung in Meter ($\frac{61,25}{52,5} = \frac{7}{6} = 1,166…$) und in Ellen ($116\frac{2}{3}/100 = \frac{7}{6} = 1,166…$). Der sich aus den unkorrigierten Abmessungen ergebende Rücksprung von $\frac{29}{25}$ enthält die Primzahl 29, die nicht unter den ersten fünf Primzahlen des ägyptischen Meß- und Maßsystems vorkommt.

1) Aus der **Pythagorasprobe in Ellen** $H^2 + (\frac{B}{2})^2 = BL^2$ ergibt sich eine Böschungslänge (BL) von:
$BL^2 = (116 E)^2 + (100 E)^2 = 13456 E^2 + 10000 W = 23456 E^2$;
BL = (80,40559682 m) = 153,1535178 Ellen

2) **sin $\frac{\gamma}{2}$ Probe in Ellen:** Böschungswinkel = 49,4°; $\frac{\gamma}{2} = \frac{1}{2}(180° - 2 \times 49,4°) = 40,6°$;
sin 40,6° = 0,6507742173
$BL = \frac{B}{2} / \sin \frac{\gamma}{2} = 100$ Ellen / 0,6507742173
BL = (80,67314071 m) = 153,6631252 Ellen

Mit unterschiedlichen Rücksprüngen, Höhen und Böschungslängen zugleich kann die Pyramide des Sesostris I. nicht gebaut werden!

Kommentar: Die Richtigkeit der Korrektur der bisherigen Abmessungen der Pyramide des **Sesostris I.** ergibt sich von selbst aus **der Pythagoras- und aus der sin $\frac{\gamma}{2}$-Probe:**

1) $BL^2 = (116\frac{2}{3} E)^2 + (100 E)^2 = 13611\frac{1}{9} E^2 + 10000 E^2 = \frac{212500}{9} E^2$;
BL = 153,6590743 Ellen (80,67101401 m)

2) arctg $\frac{7}{6} = 49,39870536°$; $\frac{\gamma}{2} = \frac{1}{2}(180° - 2 \times 49,39870536°) = 40,60129464°$
sin 40,60129464° = 0,6507913734;
$BL = \frac{B}{2} / \sin \frac{\gamma}{2} = 100 E / 0,6507913734$;
BL = 153,6590743 Ellen (80,67101401 m)

Die Winkelsumme ist im Dreieck aus Ellen wie Meter errechnet:
$2 \times 49,4° + 2 \times 40,6° = 180°$

Mit dem Rücksprung von $\frac{7}{6}$ und der Böschungslänge von 153,66 Ellen kann die Pyramide des Sesostris I. gebaut werden!

Ergebnis: Der Rücksprung der Pyramide des **Sesostris I.** (Seked: 6 Handbreit) ist der **Klang einer Kleinsterz** ($\frac{9}{8} \times \frac{28}{27} = \frac{7}{6}$) in der antiken Tonart mit dem Intervall (c-es) des *Archytas* DIATONON ($\frac{8}{7} \times \frac{9}{8} \times \frac{28}{27} = \frac{4}{3}$), die Ptolemaios aus Alexandria und Boethius mit Hinweis auf Platons Freund Archytas von Tarent überliefert. Sie gibt der Pyramide einen Böschungswinkel von arctg $\frac{7}{6} = 49,4°$. Dieser Rücksprung der Pyramide des Sesostris I. findet sich auch in der Pyramide des Sesostris III. In den diatonischen Tonarten wie in den Neigungen altägyptischer Pyramiden kommen nur Zahlen, die Produkte und Brüche aus den ersten fünf Primzahlen (1, 2, 3, 5, 7) des vom Architekten Imhotep eingeführten Meß- und Maßsystems (1 Elle = 7 Handbreit, 1 Handbreit = 4 Finger, 1 Remen = 5 Handbreit, 1 Elle = 28 Finger) sind.

Bisherige Werte aus Arnolds Liste					Vom Autor korrigierte Liste (geänderte Werte *kursiv*)				
Pyramide	*Neigung*	*Basis*	*Höhe*	*Rücksprung*	*Ellenmaß*	Korrigierte Basislängen in *kursiver* Schrift	Korrigierte Pyramiden- höhen in *kur- siver* Schrift	Rücksprung	Böschungs- winkel Arctg H/(B/2)	Elle
22. Amenemhet II.	?	160 (84)	?	$\frac{7}{5}$	0,525 m		*112 (58,8)*	$\frac{7}{5}$	*54,46°*	0,525 m
korrigierte Werte:	*54,46°*				0,525 m					

Kommentar: Die Neigung und die Angabe der Höhe fehlen, aber da die Pyramide Amenemhet II. den gleichen Rücksprung ($\frac{140}{100} = \frac{7}{5}$) wie die Pyramide des Neferirkare (Nr. 11) hat, kann die fehlende Höhe durch die Formel „Basishälfte x Rücksprung" bestimmt werden:

80 Ellen x $\frac{7}{5}$ =112 Ellen (58,8 m).

1) Aus der **Pythagorasprobe in Ellen:** $H^2 + (\frac{B}{2})^2 = BL^2$ ergibt sich eine Böschungslänge (BL) von:
$BL^2 = (112 \text{ E})^2 + (80 \text{ E})^2 = 12544 \text{ E}^2 + 6400 \text{ E}^2 = 18944 \text{ E}^2$;
BL = 137,6372043 Ellen (72,25953224 m)

2) **sin $\frac{\gamma}{2}$ Probe: arctg $\frac{7}{5}$ = 54,46232221°**; $\frac{\gamma}{2} = \frac{1}{2}(180° - 2 \times \text{arctg}\frac{7}{5}) = 35,53767779°$
sin 35,53767779° = 0,5812381937;
BL = $\frac{B}{2}$ / sin $\frac{\gamma}{2}$; BL = 80 E / 0,5812381937;
BL = 137,6372043 Ellen (72,25953225 m)

Kommentar: Die Richtigkeit der Korrektur der bisherigen Abmessungen der Pyramide **Amenemhet II.** ergibt sich von selbst aus **der Pythagoras- und aus der sin $\frac{\gamma}{2}$-Probe:**

1) $BL^2 = (112 \text{ E})^2 + (80 \text{ E})^2 = 12544 \text{ E}^2 + 6400 \text{ E}^2 = 18944 \text{ E}^2$;
BL = 137,6372043 Ellen (72,25953224 m)

2) arctg $\frac{7}{5}$ = 54,46232221°; $\frac{\gamma}{2} = \frac{1}{2}(180° - 2 \times \text{arctg} \gamma 2) = 35,53767779°$ sin 35,53767779° = 0,5812381937;
BL = $\frac{B}{2}$ / sin $\frac{\gamma}{2}$ = 80 E / 0,5811123811937
BL = 137,6372043 Ellen (72,25953225 m)

Die Winkelsumme ist im Dreieck aus Ellen wie Metern errechnet:
2 x 54,46° + 2 x 35,54° = 180°

Kommentar: Da der fehlende Böschungswinkel aus dem Rücksprung ($\frac{7}{5}$) errechnet und auch die fehlende Höhe von 112 Ellen (58,8 m) bestimmt werden konnte, stimmen die Ellen- und Meter- werte aller Proben überein.

Die Abmessungen der Pyramide des Amenemhet II. sind theoretisch und praktisch fehlerfrei! Mit dem Rücksprung $\frac{7}{5}$ und der Basislänge BL = 137,64 Ellen kann die Pyramide gebaut werden.

Ergebnis: Der Rücksprung der Pyramide Amenemhets II. (Seked: 5 Handbreit) ist der **Klang eines Tritonus** ($\frac{8}{7}$ x $\frac{10}{9}$ x $\frac{21}{20}$ x $(\frac{21}{20})^2 = \frac{7}{5}$) mit dem Ton-Intervall (c-fis²) in der antiken Tonart des **DIATONON MALAKON** ($\frac{8}{7}$ x $\frac{10}{9}$ x $\frac{21}{20} = \frac{4}{3}$), die Ptolemaios aus Alexandria überliefert. Sie gibt der Pyramide einen Böschungswinkel von arctg $\frac{7}{5}$ = 54,46°. Er findet sich auch in der Pyramide des Neferirkare und Amenemhet I. In den diatonischen Tonarten wie in den Neigungen altägyptischer Pyramiden kommen nur Zahlen vor, die Produkte und Brüche aus den ersten fünf Primzahlen (1, 2, 3, 5, 7) des vom Architekten Imhotep eingeführten Meß- und Maßsystems (1 Elle = 7 Handbreit, 1 Handbreit = 4 Finger, 1 Remen = 5 Handbreit, 1 Elle = 28 Finger) sind.

▲▲▲▲▲▲

	Bisherige Werte aus Arnolds Liste					Vom Autor korrigierte Liste (geänderte Werte *kursiv*)				
Pyramide	*Neigung*	*Basis*	*Höhe*	*Rücksprung*	*Ellenmaß*	Korrigierte Basislängen in *kursiver* Schrift	Korrigierte Pyramidenhöhen in *kursiver* Schrift	Rücksprung	Böschungswinkel Arctg H/(B/2)	Elle
23. Sesostris II.	42°35'	200 (105,88)	? (48,65)	$\frac{4865}{5294}$	0,525 m	200 (105)	93$\frac{1}{3}$ (49)	$\frac{14}{15}$	43,02°	0,525 m
korrigierte Werte:	*43,02°*	*200 (105)*	*(49)*	*$\frac{14}{15}$*	*0,525 m*					

Kommentar: Die richtige Basislänge ist 200 x 0,525 = 105 m. Die richtige Höhe ist „Basishälfte x Rücksprung" = 100 x $\frac{14}{15}$ = 93$\frac{1}{3}$ Ellen (49 m). Der $\frac{4865}{5294}$ ist falsch, da er nach den korrigierten Basis- und Höhenwerten (93$\frac{1}{3}$)/100 = $\frac{49}{52,5}$ = $\frac{14}{15}$ sein muß. Die korrigierten Meter- und Ellenwerte der unten stehenden rechten Spalte ergeben den richtigen Rücksprung ($\frac{14}{15}$) mit dem Böschungswinkel 43,02° der Pyramide des **Sesostris II**. Die nicht korrigierten Meter- und Ellenlangen ergäben eine Pyramide mit einem Rücksprung von ($\frac{4865}{5294}$) und einem Böschungswinkel von arctg $\frac{4865}{5294}$ = 42,58°, der bei Arnold (s.o. 42°35') nicht angegeben ist. Der Rücksprung ist schon deshalb zweifelhaft, weil in seinem Zähler die Primzahl 139 vorkommt und im Nenner die Primzahl 2647, die beide nicht im ägyptischen Meß- und Maßsystem, gebildet aus den ersten fünf Primzahlen, vorkommen.

Kommentar: Die Richtigkeit der Korrektur der bisherigen Abmessungen der Pyramide des **Sesostris II**. ergibt sich von selbst aus **der Pythagoras- und aus der sin $\frac{\gamma}{2}$-Probe:**

1) Aus der **Pythagorasprobe in Metern** H² + ($\frac{B}{2}$)² = BL² ergibt sich eine Böschungslänge (BL) von:
BL² = (48,65 m)² + (52,94 m)² = 2366,8225 m² + 2802,6436 m² = 5169,4661 m²;
BL = (71,8989993 m) = 136,950749 Ellen

2) **sin $\frac{\gamma}{2}$ Probe**: arctg 4865/5294 = **42,58191807°;**
$\frac{\gamma}{2}$ = $\frac{1}{2}$(180° – 2 x 42,58191807°) = 47,41808193°; sin 47,41808193° = 0,7363106652;
BL = $\frac{B}{2}$ / sin $\frac{\gamma}{2}$ = 52,94 m / 0,7363106652;
BL = (71,8989993 m) = 136,950748 Ellen

Mit unterschiedlichem **Rücksprung** (tg 42° 35' = 0,917) u. (arctg $\frac{4685}{5294}$ = 0,885) = 41,50°) und verschiedenen Basis- und Höhenlängen zugleich kann keine Pyramide gebaut werden!

1) BL² = (93$\frac{1}{3}$ E)² + (100 E)² = $\frac{78400}{9}$ E² + 10000 E² = $\frac{168400}{9}$ E²;
BL = 136,7885635 Ellen (71,81399585 m)

2) arctg $\frac{14}{15}$ = 43,02506599°; $\frac{\gamma}{2}$ = $\frac{1}{2}$(180° – 2 x 43,0506599°) = 46,97493401°;
sin 46,97493401° = 0,7310552682;
BL = $\frac{B}{2}$ /sin $\frac{\gamma}{2}$ = 100 E / 0,7310552682;
BL = 136,7885635 Ellen (71,81399585 m)

Die Winkelsumme ist im Dreieck aus Ellen wie Metern erreichbar:
2 x 43,02° + 2 x 46,98° = 180°

Mit dem Rücksprung von $\frac{14}{15}$ und der Böschungslänge von 136,79 Ellen kann die Pyramide des Sesostris II. gebaut werden!

Ergebnis: Der Rücksprung der Pyramide des **Sesostris II**. (Seked: 7$\frac{1}{2}$ Handbreit) ist der **Klang eines unterteiligen kleinen Halbtons** ($\frac{16}{15}$ x $\frac{7}{8}$ = $\frac{14}{15}$) mit dem Ton-Intervall (c-des) in der antiken Tonart des **Diatonon des Archytas** ($\frac{8}{7}$ x $\frac{9}{8}$ x $\frac{28}{27}$ = $\frac{4}{3}$), die Ptolemaios aus Alexandria und Boethius mit Hinweis auf Platons Freund Archytas von Tarent überliefert. Sie gibt für die Pyramide einen Böschungswinkel von arctg $\frac{14}{15}$ = 43,02°. In den diatonischen Tonarten wie in den Neigungen altägyptischer Pyramiden kommen nur Zahlen vor, die Produkte und Brüche aus den ersten fünf Primzahlen (1, 2, 3, 5, 7) des vom Architekten Imhotep eingeführten Meß- und Maßsystems (1 Elle = 7 Handbreit, 1 Handbreit = 4 Finger, 1 Remen = 5 Handbreit, 1 Elle = 28 Finger) sind.

▲▲▲

▲▲▲

Pyramide	Bisherige Werte aus Arnolds Liste					Vom Autor korrigierte Liste (geänderte Werte *kursiv*)				
	Neigung	*Basis*	*Höhe*	*Rücksprung*	*Ellenmaß*	Korrigierte Basislängen in *kursiver* Schrift	Korrigierte Pyramidenhöhen in *kursiver* Schrift	Rücksprung	Böschungswinkel Arctg H/(B/2)	Elle
24. Sesostris III.	56°	200 (105)	? (61,25)	$\frac{7}{6}$	0,525 m	200 *(105)*	*116⅔ (61,25)*	$\frac{7}{6}$	*49,04°*	0,525 m
korrigierte Werte:	49,04°		116⅔ (61,25)		0,525 m					

Kommentar: Sesostris III. hat den gleichen Rücksprung ($\frac{7}{6}$) wie Sesostris I. Deshalb ist der angegebene Neigungswinkel von 56° falsch. Er muß arctg ($\frac{7}{6}$) = 49,4° wie in der Pyramide des Sesostris I. sein. Die Basislänge ist 200 E x 0,525 = 105 m, und die richtige Höhe ist „Basishälfte x Rücksprung" = 100 E x $\frac{7}{6}$ = 116⅔ Ellen (61,25 m). Der Rücksprung ist richtig, da er nach den korrigierten Basis- und Höhenwerten (116⅔)/100 = 61,25 / 52,5 = $\frac{7}{6}$ sein muß.

Nach Korrektur des Böschungswinkels von 56° auf 49,4° stimmen die Böschungslängen (BL) in den vier Proben in Ellen und Metern überein.

Kommentar: Die Richtigkeit der Korrektur der bisherigen Abmessungen der Pyramide des **Sesostris III.** ergibt sich von selbst aus der **Pythagoras- und aus der sin $\frac{\gamma}{2}$-Probe (BL = ($\frac{B}{2}$) / sin $\frac{\gamma}{2}$):**

1) Aus der **Pythagorasprobe in Metern** $H^2 + (\frac{B}{2})^2 = BL^2$ ergibt sich eine Böschungslänge (BL) von:
$BL^2 = (61,25 \text{ m})^2 + (52,5 \text{ m})^2 = 3751,5625 \text{ m}^2 + 2756,25 \text{ m}^2 = 6507,8125 \text{ m}^2$;
BL = 80,67101401 m (153,6590743 Ellen);

1) $BL^2 = (116\frac{2}{3} E)^2 + (100 E)^2 = \frac{122500}{9} E^2 + 10000 E^2 = 23611\frac{1}{9} E^2$;
BL = 153,6590743 Ellen (80,67101401 m)

2) **Sin $\frac{\gamma}{2}$ Probe :** = arctg ($\frac{7}{6}$) = **49,39870536**; $\frac{\gamma}{2}$ = $\frac{1}{2}$(180° – 2 x sin $\frac{\gamma}{2}$) = 40,60129464°;
sin 40,60129464° = 0,650791374;
BL = $\frac{B}{2}$ / sin $\frac{\gamma}{2}$ = 52,5 m / 0,650791374
BL = 153,6590743 Ellen (80,67101401 m)

2) arctg $\frac{7}{6}$ = 49,39870536°; $\frac{\gamma}{2}$ = $\frac{1}{2}$(180° – 2 x arct 49,39870536°) = 40,60129464°;
sin 40,60129464° = 0,6507913734;
BL = $\frac{B}{2}$ / sin $\frac{\gamma}{2}$ = 52,5 m / 0,6507913734
BL = 153,6590743 Ellen (80,67101401 m)

Die Winkelsumme ist im Dreieck aus Ellen wie Metern errechnet:
2 x 49,4° + 2 x 40,6° = 180°

Die Abmessungen der Pyramide des Sesostris III. sind sonst theoretisch und praktisch fehlerfrei! Die Pyramide kann mit dem Rücksprung $\frac{7}{6}$ und mit der Böschungslänge 153,66 Ellen gebaut werden.

Ergebnis: Der Rücksprung der Pyramide des Sesostris III. (Sekeed: 6 Handbreit) ist der **Klang einer Kleinsterz** ($\frac{9}{8}$ x $\frac{28}{27}$ = $\frac{7}{6}$) mit dem Ton-Intervall (c-es⁻) in der antiken Tonart **ARCHYTAS' DIATONON** ($\frac{8}{7}$ x $\frac{9}{8}$ x $\frac{28}{27}$ = $\frac{4}{3}$), die Ptolemaios aus Alexandria und Boethius mit Hinweis auf Platons Freund Archytas von Tarent überliefert. Sie gibt der Pyramide einen Böschungswinkel von arctg $\frac{7}{6}$ = 49,4°. Dieser Rücksprung der Pyramide des Sesostris III. findet sich auch in der Pyramide des Sesostris I. In den diatonischen Tonarten wie in den Neigungen altägyptischer Pyramiden kommen nur Zahlen, die Produkte und Brüche aus den ersten fünf Primzahlen (1, 2, 3, 5, 7) des vom Architekten Imhotep eingeführten Meß- und Maßsystems (1 Elle = 7 Handbreit, 1 Handbreit = 4 Finger, 1 Remen = 5 Handbreit, 1 Elle = 28 Finger) sind.

▲▲▲▲▲▲

	Bisherige Werte aus Arnolds Liste					Vom Autor korrigierte Liste (geänderte Werte *kursiv*)				
Pyramide	*Neigung*	*Basis*	*Höhe*	*Rücksprung*	*Ellenmaß*	Korrigierte Basislängen in *kursiver* Schrift	Korrigierte Pyramidenhöhen in *kursiver* Schrift	Rücksprung	Böschungswinkel Arctg H/(B/2)	Elle
25. Amenemhet III. (Dahshur)	54–56°	200 (105)	143 (75)	$\frac{143}{100}$	0,525 m	200 *(105)*	*142$\frac{6}{7}$ (75)*	$\frac{10}{7}$	55°	0,525 m
korrigierte Werte:	55°	200 *(105)*	*142$\frac{6}{7}$ (75)*	$\frac{10}{7}$	0,525 m					

Kommentar: Amenemhet III. (**Dahshur**) hat den gleichen Rücksprung ($\frac{10}{7}$) wie Mazghuna-Süd. Deshalb liegt der Neigungswinkel arctg ($\frac{10}{7}$) = 55° innerhalb der Toleranz von 54°–56° der angegebenen Winkel. Die richtige Höhe läßt sich aus dem Meterwert (75 m) errechnen $\frac{75{,}10}{0{,}525}$ =142$\frac{6}{7}$ Ellen. Nach Korrektur der Böschungswinkeltoleranz von 54°–56° auf 55° und der Höhe von 143 Ellen auf 142$\frac{6}{7}$ stimmen die Böschungslängen (BL) in Ellen und Metern überein. Die Höhe von 143 Ellen kann schon deshalb nicht stimmen, weil die Primzahlen 11 und 13 nicht im ägyptischen Meß- und Maßsystem aus den fünf ersten Primzahlen vorkommen. Mit einem Rücksprung ($\frac{143}{100}$), der ein Höhe von 143 Ellen enthält, kann die Pyramide des Amenemhet (Dahshur) nicht gebaut werden, ohne daß mit zwei Rücksprüngen ($\frac{143}{100}$) und ($\frac{10}{7}$) auch zwei verschiedene Böschungswinkel (arctg $\frac{143}{100}$ = 55,03° und arctg $\frac{10}{7}$ = 55°) entstehen.

1) Aus der **Pythagorasprobe in Ellen** H² + ($\frac{B}{2}$)² = BL² ergibt sich eine Böschungslänge (BL) von:
BL² = (143 E)² + (100 E)² = 20449 E² + 10000 E² = 30 449 E²;
BL = 174,4964183 Ellen (91,61061961 m);

2) **Sin $\frac{\gamma}{2}$ Probe:** = arctg ($\frac{143}{100}$) = 55,03487923°;
$\frac{\gamma}{2}$ = $\frac{1}{2}$(180° – 2 x 55,03487923°) = 34,96512077°; sin 34,96512077° = 0,5730776652;
BL = $\frac{B}{2}$ / sin $\frac{\gamma}{2}$ = 100 E / 0,5730776652;
BL = 174,4964183 Ellen (91,61061961 m);

Mit unterschiedlichen Rücksprüngen und Böschungslängen zugleich kann die Pyramide des Amenemhet III. (Dahshur) nicht gebaut werden!

Kommentar: Die Richtigkeit der Korrektur der bisherigen Abmessungen der Pyramide des Amenemhet III. (Dahshur) ergibt sich aus **der Pythagoras- und aus der sin $\frac{\gamma}{2}$-Probe BL = ($\frac{B}{2}$) / sin $\frac{\gamma}{2}$:**

1) BL² = (142$\frac{6}{7}$ E)² + (100 E)² = 20408,16327 E² + 10 000 E² = 30 408,16327 E²;
BL = 174,3793659 Ellen (91,54916712 m)

2) arctg ($\frac{10}{7}$) = 55,0079798°; $\frac{\gamma}{2}$ = $\frac{1}{2}$(180° – 2 x 55,0079798°) = 34,9920202°;
sin 34,9920202° = 0,5734623444;
BL = $\frac{B}{2}$ / sin $\frac{\gamma}{2}$ = 100 E / 0,5734623444;
BL = 174,3793659 Ellen (91,54916711 m)

Die Winkelsumme ist im Dreieck aus Ellen und Metern errechnet:
2 x 55° + 2 x 35° = 180°

Mit dem Rücksprung ($\frac{10}{7}$) und der Böschungslänge von 174,38 Ellen kann die Pyramide des Amenemhet III. (Dahshur) gebaut werden!

Ergebnis: Der Rücksprung der Pyramide des **Amenemhet III. (Dahshur)** (Seked: 4 $\frac{9}{10}$ Handbreit) ist der **Klang eines großen Tritonus** ($\frac{3}{2}$ x $\frac{20}{21}$ = $\frac{10}{7}$) mit dem Intervall (c-ges+) in der antiken Tonart **DIATONON MALAKON** ($\frac{8}{7}$ x $\frac{10}{9}$ x $\frac{21}{20}$ = $\frac{4}{3}$), die Ptolemaios aus Alexandria überliefert. Sie gibt der Pyramide einen Böschungswinkel von arctg $\frac{10}{7}$ = 55°. Dieser Rücksprung der Pyramide des Amenemhet III. (Dahshur) findet sich auch in der Pyramide Mazghuna-Süd. In den diatonischen Tonarten wie in den Neigungen altägyptischer Pyramiden kommen nur Zahlen vor, die Produkte und Brüche aus den ersten fünf Primzahlen (1, 2, 3, 5, 7) des vom Architekten Imhotep eingeführten Meß- und Maßsystems (1 Elle = 1 Handbreit, 1 Handbreit = 4 Finger, 1 Remen = 5 Handbreit, 1 Elle = 28 Finger) sind.

	Bisherige Werte aus Arnolds Liste					Vom Autor korrigierte Liste (geänderte Werte *kursiv*)				
Pyramide	*Neigung*	*Basis*	*Höhe*	*Rücksprung*	*Ellenmaß*	Korrigierte Basislängen in *kursiver* Schrift	Korrigierte Pyramiden-höhen in *kursiver* Schrift	Rücksprung	Böschungs-winkel Arctg H/(B/2)	Elle
26. Amenemhet III. (Hawara)	48°–52°	200 (101,75)	(58)	$\frac{464}{407}$	0,525 m					
korrigierte Werte:	*48,81°*	*200 (101,5)*	*114 $\frac{2}{7}$ (58)*	$\frac{8}{7}$	*0,525 m*	200 *(101,5)*	*114 $\frac{2}{7}$ (58)*	$\frac{8}{7}$	*48,81°*	*0,5075 m*

Kommentar: Amenemhet III. (Hawara) besitzt mit dem Rücksprung $\frac{8}{7}$ einen Böschungswinkel der Größe arctg $(\frac{8}{7})$ = 48,81° innerhalb der Toleranz von 48°–52° der angegebenen Winkel. Die richtige Höhe läßt sich aus dem Meterwert (58 m) errechnen $(\frac{58}{0,5075})$ = 114 $\frac{2}{7}$ Ellen. Der richtige Rücksprung ist dann: 114 $\frac{2}{7}$/100 = $\frac{8}{7}$, der Böschungswinkel ist arctg $\frac{8}{7}$ = 48,81°. Der aus den Meterwerten errechnete Rücksprung 58/($\frac{101,75}{2}$) = $\frac{464}{407}$ = 1,14004914 scheidet aus, weil im Zähler (16 x 29 = 464) und im Nenner (11 x 37 = 407) höhere Primzahlen als die in Meß- und Maßsystem Imhotep vorhandenen ersten fünf (1, 2, 3, 5, 7) entstehen. Gleichwohl liegt der Wert nahe dem Rücksprung $\frac{8}{7}$ = 1,142857143. Der Böschungswinkel arctg $\frac{8}{7}$ mit 48,81° steht noch näher als arctg $\frac{464}{407}$ = 48,74° in der angegebenen Winkeltoleranz von 48°–52°. Die Höhe (58 m) durch den Rücksprung ($\frac{8}{7}$) geteilte ergibt die Basishälfte (58/$\frac{8}{7}$) = 50,75 m. Die gesamte Basis muß dann von 101,75 m auf 101,5 m korrigiert werden. Damit ist in der Pyramide des Amenemhet III. (Hawara) eine von 0,525 m auf 0,5075 m gekürzte Elle verwendet worden ($\frac{101,5 m}{0,5075}$ = 200 Ellen). Aus dieser Elle von 0,5075 m entstünde dann auch die Basis in Ellen und in Meter ($\frac{101,5}{0,5075}$ = 200 Ellen) und ebenfalls die Höhe $\frac{58}{0,5075}$ = 114 $\frac{2}{7}$ Ellen.

1) Aus der **Pythagorasprobe in Metern** $H^2 + (\frac{B}{2})^2 = BL^2$ ergibt sich eine Böschungslänge (BL) von:

$BL^2 = (58 m)^2 + (50,875 m)^2 = 3364 m^2 + 2588,265625 m^2 = 5952,265625 m^2$;

BL = (77,15092757 m) = 152,0215322 Ellen

2) **sin $\frac{\gamma}{2}$ Probe:** arctg $(\frac{464}{407})$ = 48,74421262°;

$\frac{\gamma}{2} = \frac{1}{2}$ (180° – 2 x 48,74421262°) = 41,25578738°

sin 41,25578738° = 0,6594217542; BL = $\frac{B}{2}$ / sin $\frac{\gamma}{2}$ = 50,875 / 0,6594217542 ;

BL = (77,15092758 m) = 152,0215322 Ellen

Mit zwei unterschiedlichen Basislängen (101,75 m und 101,5 m) ergeben, die eine gleiche Höhe (58 m), kann die Pyramide des Amenemhet III. (Hawara) nicht gebaut werden! Es sei denn, man wechselte im Bau-fortschritt die Ellenlange. Dies ist allerdings sehr unwahrscheinlich.

Kommentar: Die Richtigkeit der Korrektur der bisherigen Abmessungen der Pyramide des **Amenemhet III. (Hawara)** ergibt sich auch aus **der Pythagoras- und aus der sin $\frac{\gamma}{2}$-Probe: BL = $(\frac{B}{2})$ / sin $\frac{\gamma}{2}$:**

1) $BL^2 = (114 \frac{2}{7} E)^2 + (100 E)^2 = 13 061,22449 E^2 + 10 000 E^2 = 23 061,22449 E^2$;

BL = 151,8592259 Ellen (77,06855714 m)

2) arctg $(\frac{8}{7})$ = 48,81407483°; $\frac{\gamma}{2} = \frac{1}{2}$ (180° – 2 x 48,81407483°) = 41,18592517°

sin 41,18592517° = 0,6585046079;

BL = $\frac{B}{2}$ / sin $\frac{\gamma}{2}$ = 100 / 0,6585046079;

BL = 151,8592259 Ellen (77,06855714 m)

Mit einem Ellenmaß von 0,5075 m, dem Rücksprung $\frac{8}{7}$, einer korrigierten Basislänge von 101,5 Meter und einer Böschungslänge von 151,86 Ellen kann die Pyramide des Amenemhet III. (Hawara) gebaut werden!

Die Winkelsumme ist im Dreieck aus Ellen und Metern errechnet:

2 x 48,81° + 2 x 41,19° = 180°

Ergebnis: Der Rücksprung der Pyramide des **Amenemhet III. (Hawara)** (Seked: 6 $\frac{1}{8}$ Handbreit) ist der **Klang eines übergroßen Ganztons ($\frac{8}{7}$)** mit dem Ton-Intervall (c-d+) in der antiken Tonart **DIATONON MALAKON** ($\frac{8}{9}$ x $\frac{10}{9}$ x $\frac{21}{20}$ = $\frac{4}{3}$), die Ptolemaios aus Alexandria überliefert. Sie gibt der Pyramide einen Böschungswinkel von arctg $(\frac{8}{7})$ = 48,81°. In den diatonischen Tonarten wie in den Nei-gungen altägyptischer Pyramiden kommen nur Zahlen vor, die Produkte und Brüche aus den ersten fünf Primzahlen (1, 2, 3, 5, 7) des vom Architekten Imhotep eingeführten Meß- und Maßsys-tems (1 Elle = 7 Handbreit, 1 Handbreit = 4 Finger, 1 Reinen = 5 Handbreit, 1 Elle = 28 Finger) sind.

▲▲▲▲▲

	Bisherige Werte aus Arnolds Liste					Vom Autor korrigierte Liste (geänderte Werte *kursiv*)				
Pyramide	Neigung	Basis	Höhe	Rücksprung	Ellenmaß	Korrigierte Basislängen in *kursiver* Schrift	Korrigierte Pyramiden- höhen in *kur- siver* Schrift	Rücksprung	Böschungs- winkel Arctg H/(B/2)	Elle
27. Chendjer	55°	100 (52,5)	(37,25)	$\frac{249}{175}$	0,525 m	100 (52,5)	$71\frac{3}{7}$ (37,5)	$\frac{10}{7}$	55°	0,525 m
korrigierte Werte:			$71\frac{3}{7}$ (37,5)	$\frac{10}{7}$	0,525 m					

Kommentar: Der aus den Meterwerten errechnete Rücksprung ($\frac{37,35}{26,25} = \frac{249}{175} = 1,42857143$) scheidet aus, weil im Zähler (3 × 83 = 249) mit der Zahl 83 eine höhere Primzahl als die im Meß- und Maßsystem Imhoteps vorhandenen ersten fünf (1, 2, 3, 5, 7) entstehen. Auch ergibt der Rücksprung einen kleineren Böschungswinkel (arctg $\frac{249}{175}$ = 54,90002018°) als angegeben. Die Änderung der Höhe von $71\frac{1}{7}$ Ellen (37,35 m) auf $71\frac{3}{7}$ Ellen (37,5 m) bringt den richtigen Böschungswinkel $\frac{10}{7}$ und auch die richtige Böschungslänge von 87,18968297 Ellen (45,77458356 m) hervor. (Das nahezu gleiche leistet der falsche Rücksprung ($\frac{249}{175}$) mit einem Böschungswinkel von 54,9° (s. die Sinus $\frac{\gamma}{2}$-Probe in der rechten und linken Spalte), weil sich $71\frac{1}{7}$ Ellen zu $71\frac{3}{7}$ Ellen wie 37,35 Meter zu 37,5 Metern verhalten, nämlich wie $\frac{996}{1000}$.

1) Aus der **Pythagorasprobe** in Metern $H^2 + (\frac{B}{2})^2 = BL^2$ ergibt sich eine Böschungslänge (BL) von:
$BL^2 = (37,35 \text{ m})^2 + (26,25 \text{ m})^2 = 1395,0225 \text{ m}^2 + 698,0625 \text{ m}^2 = 2084,085 \text{ m}^2$;
BL = 45,65177981 m = 86,95577107 Ellen

2) **Sin $\frac{\gamma}{2}$ Probe:** = arctg ($\frac{249}{175}$) = 54,90002018°;
$\frac{\gamma}{2} = \frac{1}{2}$(180° − 2 × 57,90241253°) = 35,09997982°
sin 35,09997982° = 0,5750049639;
BL = $\frac{B}{2}$ / sin $\frac{\gamma}{2}$ = 26,25m / 0,5750049639;
BL = (45,65177981 m) = 86,95577106 Ellen

Mit unterschiedlichen Höhen (37,35 m und 37,5 m) und Böschungswinkeln (55° und 54,9°) zugleich kann die Pyramide des Chendjer nicht gebaut werden.

Kommentar: Die Richtigkeit der Korrektur der bisherigen Abmessungen der Pyramide des **Chendjer** ergibt sich aus **der Pythagoras- und der sin $\frac{\gamma}{2}$-Probe** (BL = ($\frac{B}{2}$) / sin $\frac{\gamma}{2}$):

1) $B^2 = (71\frac{3}{7} E)^2 + (50 E)^2 = 5102,040816 E^2 + 2500 E^2 = 7602,040816 E^2$;
BL = 87,18968297 Ellen = (45,77458356 m)

2) arctg ($\frac{10}{7}$) = 55,00797798°; $\frac{\gamma}{2} = \frac{1}{2}$(180° − 2 × 55,00797798°) = 34,992020°;
sin 34,992020° = 0,5734623444;
BL = $\frac{B}{2}$ / sin $\frac{\gamma}{2}$ = 50 E / 0,5734623444
BL = 87,18968297 Ellen = (45,77458356 m)

Mit dem **Rücksprung $\frac{10}{7}$, einer Höhe von $71\frac{3}{7}$ Ellen (37,5 m) und einer Böschungslänge von 87,19 Ellen (45,77 m) kann die Pyramide des Chendjer gebaut werden!**

Die Winkelsumme ist im Dreieck aus Ellen wie Metern: 2 × 55° + 2 × 35° = 180°.

Ergebnis: Der Rücksprung der Pyramide des **Chendjer** (Seked: $4\frac{9}{10}$-Handbreit) ist der **Klang eines großen Tritonus Malakon** ($\frac{8}{7}$ × $\frac{10}{9}$ × $\frac{21}{20}$ × $\frac{4}{3}$), die Ptolemaios aus Alexandria überliefert. Sie gibt der Pyramide einen Böschungswinkel von arctg $\frac{10}{7}$ = 55°. Dieser Rücksprung der Pyramide des Chendjer findet sich auch in der Pyramide des Amenemhet III. (Dahshur) und in der Pyramide Mazghuna-Süd. In den diatonischen Tonarten wie in den Neigungen altägyptischer Pyramiden kommen nur Zahlen vor, die Produkte und Brüche aus den ersten fünf Primzahlen (1, 2, 3, 5, 7) des vom Architekten Imhotep eingeführten Meß- und Maßsystems (1 Elle = 7 Handbreit, 1 Handbreit = 4 Finger, 1 Remen = 5 Handbreit, 1 Elle = 28 Finger) sind.

▲▲▲▲▲▲

	Bisherige Werte aus Arnolds Liste					Vom Autor korrigierte Liste (geänderte Werte *kursiv*)			
Pyramide	*Neigung*	*Basis*	*Höhe*	*Rücksprung*	*Ellenmaß*	Korrigierte Basislängen in *kursiver* Schrift	Korrigierte Pyramidenhöhen in *kursiver* Schrift	Rücksprung	Böschungswinkel Arctg H/(B/2)	Elle
28. Unbekannt	?	175 (92)	?	?	0,525 m	*175 (91,875)*	*116⅔ (61,25)*	*4/3*	*53,13°*	*0,525 m*
korrigierte Werte:	*53,13°*	*(91,875)*	*116⅔ (61,25)*	*4/3*	0,525 m					

Kommentar: Der Basis-Meterwert (92 m) der Pyramide Nr. 28 „Unbekannt", der auf den Wert 175 E x 0,525 m = 91,875 m korrigiert werden muß, legt nahe, daß „Unbekannt" und die Pyramide des Merenre Dubletten sind. Denn Merenres Meterwert, der auch der Basiswert von „Unbekannt" ist, liegt mit 91,875 innerhalb Merenre(s) Spanne von 90–95 Metern. Der Rücksprung ist eine Quarte (4/3). Damit können die fehlende Neigung und die Höhe der Pyramide „Unbekannt" durch die Abmessungen Merenere(s) ergänzt werden, **und beide Pyramiden sind theoretisch und praktisch fehlerfrei.**

Mit dem Rücksprung 4/3, der Basislänge 175 Ellen (91,875 m) und der Höhe von 116⅔ Ellen (61,25 m) kann die Pyramide des „Unbekannt" gebaut werden!

Ergebnis: Der Rücksprung der Pyramide des **Unbekannt** (Seked: 5¼ Handbreit) ist der **Klang einer Quarte (4/3)** mit dem Ton-Intervall (c-f) in der antiken Tonart **DIATONON MALAKON** (9/8 x 10/9 x 21/20 = 4/3), die Ptolemaios aus Alexandria überliefert. Sie gibt der Pyramide einen Böschungswinkel von arctg 4/3 = 53,13°. Ca. zehn altägyptische Pyramiden enthalten diesen Quarrücksprung. In den diatonischen Tonarten wie in den Neigungen altägyptischer Pyramiden kommen nur Zahlen vor, die Produkte und Brüche aus den ersten fünf Primzahlen (1, 2, 3, 5, 7) des vom Architekten Imhotep eingeführten Meß- und Maßsystems sind.

▲▲▲▲▲▲

	Bisherige Werte aus Arnolds Liste					Vom Autor korrigierte Liste (geänderte Werte *kursiv*)				
Pyramide	*Neigung*	*Basis*	*Höhe*	*Rücksprung*	*Ellenmaß*	Korrigierte Basislängen in *kursiver* Schrift	Korrigierte Pyramidenhöhen in *kursiver* Schrift	Rücksprung	Böschungswinkel Arctg H/(B/2)	Elle
29. Mazghuna-S	?	100 (52,5)	?	$\frac{10}{7}$	0,525 m	100 (52,5)	$71\frac{3}{7}$ (37,5)	$\frac{10}{7}$	55°	0,525 m
korrigierte Werte:			$71\frac{3}{7}$ (37,5)		0,525 m					

Kommentar: Der Meterwert (37,35 m) der Pyramidenhöhe Nr. 27 „Chendjer" (37,5 m), der auf den Wert $\frac{37,5}{0,525} = 71\frac{3}{7}$ Ellen korrigiert werden muß, legt nahe, daß Mazghuna und die Pyramide des Chendjer Dubletten sind. Beider Pyramiden Rücksprung ist ein großer Tritonus ($\frac{10}{7}$). Damit können die fehlende Neigung und die Höhe der Pyramide „Mazghuna-S" durch die Abmessungen Chendjer(s) ergänzt werden, **und beide Pyramiden sind theoretisch und praktisch fehlerfrei!**
Die Winkelsumme ist im Dreieck aus Ellen wie Metern errechnet: 2 x 55° + 2 x 35° = 180°.

Ergebnis: Der Rücksprung der Pyramide **Mazghuna-Süd** (Seked: $4\frac{9}{10}$ Handbreit) ist der **Klang eines großen Tritonus** ($\frac{3}{2}$ x $\frac{20}{21} = \frac{10}{7}$) mit dem Intervall (c-ges+) in der antiken Tonart **Diatonon Malakon** ($\frac{8}{7}$ x $\frac{10}{9}$ x $\frac{21}{20} = \frac{4}{3}$), die Ptolemaios aus Alexandria überliefert. Sie gibt der Pyramide einen Böschungswinkel von arctg $\frac{10}{7}$ = 55°. Dieser Rücksprung der Pyramide Mazghuna-Süd findet sich auch in der Pyramide des Amenemhet III. (Dahshur) und in der Pyramide des Chendjer. In den diatonischen Tonarten wie in den Neigungen altägyptischer Pyramiden kommen nur Zahlen vor, die Produkte und Brüche aus den ersten fünf Primzahlen (1, 2, 3, 5, 7) des vom Architekten Imhotep eingeführten Meß- und Maßsystems (1 Elle = 7 Handbreit, 1 Handbreit = 4 Finger, 1 Remen = 5 Handbreit, 1 Elle = 28 Finger) sind.

▲▲▲▲▲▲

↑ **x - Achse**　　　　　　↓ Spiegelachse　　　　　　→ **Y - Achse**

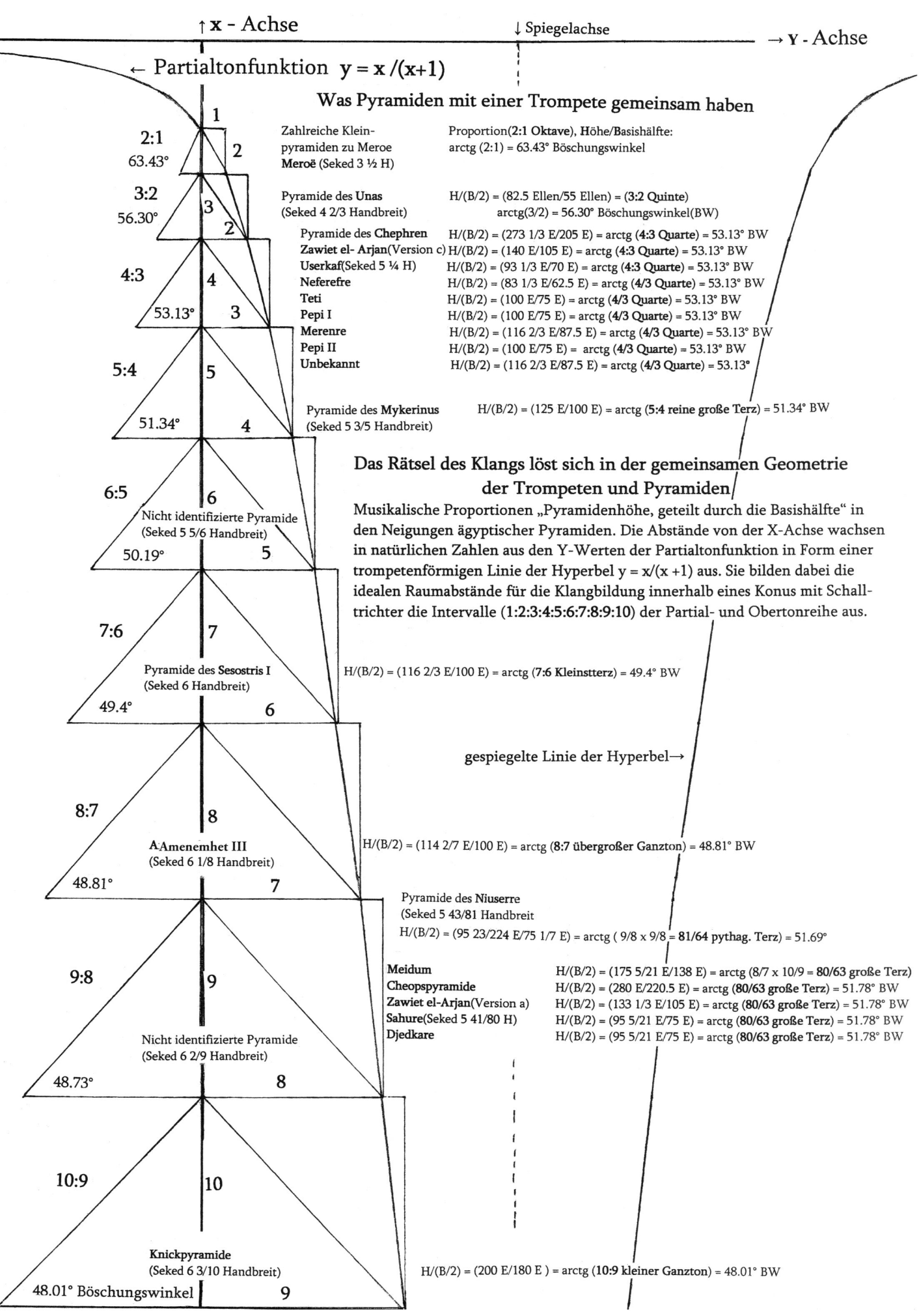

← **Partialtonfunktion y = x /(x+1)**

Was Pyramiden mit einer Trompete gemeinsam haben

2:1 63.43°　　Zahlreiche Kleinpyramiden zu Meroe　　Proportion(**2:1 Oktave**), Höhe/Basishälfte:
　　　　　　　　Meroë (Seked 3 ½ H)　　arctg (2:1) = 63.43° Böschungswinkel

3:2 56.30°　　Pyramide des **Unas**　　H/(B/2) = (82.5 Ellen/55 Ellen) = (**3:2 Quinte**)
　　　　　　　　(Seked 4 2/3 Handbreit)　　arctg(3/2) = 56.30° Böschungswinkel(BW)

　　　　Pyramide des **Chephren**　　H/(B/2) = (273 1/3 E/205 E) = arctg (**4:3 Quarte**) = 53.13° BW
　　　　Zawiet el-Arjan(Version c)　H/(B/2) = (140 E/105 E) = arctg (**4:3 Quarte**) = 53.13° BW
4:3 53.13°　　**Userkaf**(Seked 5 ¼ H)　H/(B/2) = (93 1/3 E/70 E) = arctg (**4:3 Quarte**) = 53.13° BW
　　　　Neferefre　　H/(B/2) = (83 1/3 E/62.5 E) = arctg (**4/3 Quarte**) = 53.13° BW
　　　　Teti　　H/(B/2) = (100 E/75 E) = arctg (**4/3 Quarte**) = 53.13° BW
　　　　Pepi I　　H/(B/2) = (100 E/75 E) = arctg (**4/3 Quarte**) = 53.13° BW
　　　　Merenre　　H/(B/2) = (116 2/3 E/87.5 E) = arctg (**4/3 Quarte**) = 53.13° BW
　　　　Pepi II　　H/(B/2) = (100 E/75 E) = arctg (**4/3 Quarte**) = 53.13° BW
　　　　Unbekannt　　H/(B/2) = (116 2/3 E/87.5 E) = arctg (**4/3 Quarte**) = 53.13°

5:4 51.34°　　Pyramide des **Mykerinus**　　H/(B/2) = (125 E/100 E) = arctg (**5:4 reine große Terz**) = 51.34° BW
　　　　　　　　(Seked 5 3/5 Handbreit)

Das Rätsel des Klangs löst sich in der gemeinsamen Geometrie der Trompeten und Pyramiden

Musikalische Proportionen „Pyramidenhöhe, geteilt durch die Basishälfte" in den Neigungen ägyptischer Pyramiden. Die Abstände von der X-Achse wachsen in natürlichen Zahlen aus den Y-Werten der Partialtonfunktion in Form einer trompetenförmigen Linie der Hyperbel y = x/(x +1) aus. Sie bilden dabei die idealen Raumabstände für die Klangbildung innerhalb eines Konus mit Schalltrichter die Intervalle (1:2:3:4:5:6:7:8:9:10) der Partial- und Obertonreihe aus.

6:5 50.19°　　Nicht identifizierte Pyramide (Seked 5 5/6 Handbreit)

7:6 49.4°　　Pyramide des **Sesostris I** (Seked 6 Handbreit)　　H/(B/2) = (116 2/3 E/100 E) = arctg (**7:6 Kleinstterz**) = 49.4° BW

gespiegelte Linie der Hyperbel→

8:7 48.81°　　**Amenemhet III** (Seked 6 1/8 Handbreit)　　H/(B/2) = (114 2/7 E/100 E) = arctg (**8:7 übergroßer Ganzton**) = 48.81° BW

Pyramide des **Niuserre** (Seked 5 43/81 Handbreit
H/(B/2) = (95 23/224 E/75 1/7 E) = arctg (9/8 x 9/8 = **81/64 pythag. Terz**) = 51.69°

Meidum　　H/(B/2) = (175 5/21 E/138 E) = arctg (8/7 x 10/9 = **80/63 große Terz**)
Cheopspyramide　H/(B/2) = (280 E/220.5 E) = arctg (**80/63 große Terz**) = 51.78° BW
Zawiet el-Arjan(Version a)　H/(B/2) = (133 1/3 E/105 E) = arctg (**80/63 große Terz**) = 51.78° BW
Sahure(Seked 5 41/80 H)　H/(B/2) = (95 5/21 E/75 E) = arctg (**80/63 große Terz**) = 51.78° BW
Djedkare　　H/(B/2) = (95 5/21 E/75 E) = arctg (**80/63 große Terz**) = 51.78° BW

9:8 48.73°　　Nicht identifizierte Pyramide (Seked 6 2/9 Handbreit)

10:9 48.01° Böschungswinkel　　Knickpyramide (Seked 6 3/10 Handbreit)　　H/(B/2) = (200 E/180 E) = arctg (**10:9 kleiner Ganzton**) = 48.01° BW

Ptolemaios' Liste antiker Tonarten / Die diatonischen Tonarten enthalten nur die ersten fünf Primzahlen (1, 2, 3, 5, 7)

DIDYMOS (1. Jahrhundert n. Chr.)

Diatonon $\frac{9}{8} \times \frac{10}{9} \times \frac{16}{15} = \frac{4}{3}$

Chroma $\frac{6}{5} \times \frac{25}{24} \times \frac{16}{15} = \frac{4}{3}$

Enharmonion $\frac{5}{4} \times \frac{31}{30} \times \frac{32}{31} = \frac{4}{3}$

> In dieser Fotokopie der Seite 35 habe ich aus den Auflistungen Martin Vogels Cent-Berechnungen und sechs Tonarten des späteren Aristotelesschülers Aristoxenos von Tarent fortgelassen, dafür aber die jeder Tonart zugehörigen Pyramiden in kleiner Schrift gekennzeichnet (FWK).

PLATON ("Timaios" 35a ff.), 1.Hälfte 4. Jahrhundert v. Chr., und später

ERATOSTHENES (3./2. Jahrhundert v. Chr.)

Diatonon $\frac{9}{8} \times \frac{9}{8} \times \frac{256}{243} = \frac{4}{3}$ Eine Pyramide enthält den Rücksprung aus PLATONs u. ERATOSTHENEs DIATONON: 12.Niuserre

Chroma $\frac{6}{5} \times \frac{19}{18} \times \frac{20}{19} = \frac{4}{3}$

Enharmonion $\frac{19}{15} \times \frac{39}{38} \times \frac{40}{39} = \frac{4}{3}$

PTOLEMAIOS (2. Jahrhundert n. Chr.)

Diatonon Homalon $\frac{10}{9} \times \frac{11}{10} \times \frac{12}{11} = \frac{4}{3}$

Diatonon Syntonon $\frac{10}{9} \times \frac{9}{8} \times \frac{16}{15} = \frac{4}{3}$ 8 Pyramiden enthalten Rücksprünge aus Intervallen des DIATONON SYNTONON: 7.Chephren, 2.Mykerinus, 13.Neferefre, 15.Unas, 16.Teti, 17.Pepi I., 19.Pepi II. 28.Unbekannt

Diatonon Malakon $\frac{8}{7} \times \frac{10}{9} \times \frac{21}{20} = \frac{4}{3}$ 17 Pyramiden enthalten Rücksprünge aus Intervallen des DIATONON MALAKON: 1. Meidum, 2.Knickpyramide, 3.Dahshur-N, 4.Cheops, 5.Djedefre, 6.Königsgrab in Zawiet (Versionen a,b,c), 10.Sahure, 11.Neferirkare, 14.Djedkare, 18.Merenre, 20. Amenemhet I., 22. Amenemhet II., 25.Amenemhet III.(Dahshur), 26.Amenemhet III. (Hawara), 27.Chendjer, 28.Unbekannt, 29.Mazghuna-Süd.

Chroma Syntonon $\frac{7}{6} \times \frac{12}{11} \times \frac{22}{21} = \frac{4}{3}$ Bei der Cheopspyramide wäre eine große Terz $(\frac{7}{6} \cdot \frac{12}{11} = \frac{14}{11})$ im CHROMA SYNTONON möglich. Sie ist jedoch praktisch unwahrscheinlich, weil die bislang angenommene Basiskante von

Chroma Malakon $\frac{6}{5} \times \frac{15}{14} \times \frac{28}{27} = \frac{4}{3}$ 440 Ellen Länge eines unbekannten Ellenmaßes durch 441 Ellen eines bekannten Ellenmaßes von 0.5229 Meter ersetzt werden muß, das Flinders Petrie und Ludwig Borchardt

Enharmonion $\frac{5}{4} \times \frac{24}{23} \times \frac{46}{45} = \frac{4}{3}$ in der verlassenen, sogenannten "Königin-Kammer" entdeckten. Das Rücksprungverhältnis ändert sich also von der großen Terz im CHROMA SYNTONON ($\frac{14}{11}$) auf eine nunmehr anzunehmende große Terz ($\frac{8}{7} \cdot \frac{10}{9} = \frac{80}{63}$) im DIATONON MALAKON, einer Tonart, aus deren Intervallen allein Rücksprünge von 17 Pyramiden in Ägypten gebildet wurden. Und davon haben vier Pyramiden, 1.Meidum, 6.Königsgrab in Zawiet el Arjan(Version a), 10.Sahure und 14.Djedkare, den gleichen Böschungswinkel der Cheopspyramide! Der bisherige Böschungswinkel sinkt daher von tg($\frac{14}{11}$)= 51.84° auf tg($\frac{80}{63}$)= 51.78°.

ARCHYTAS (1. Hälfte des 4. Jahrhunderts v. Chr.)

Diatonon $\frac{9}{8} \times \frac{8}{7} \times \frac{28}{27} = \frac{4}{3}$ 3 Pyramiden enthalten Rücksprünge aus den Intervallen des DIATONON des ARCHYTAS: 21.Sesostris I., 23.Sesostris II., 24.Sesostris III.

Chroma $\frac{32}{27} \times \frac{243}{224} \times \frac{28}{27} = \frac{4}{3}$

Enharmonion $\frac{5}{4} \times \frac{36}{35} \times \frac{28}{27} = \frac{4}{3}$

aus: Martin Vogel, *Die Enharmonik der Griechen*, 1. Teil: Tonsystem und Notation. Im Verlag der Gesellschaft zur Förderung der systematischen Musikwissenschaft e.V., Düsseldorf 1963, S.35

„Zahlenspielereien"

Die Vielzahl der Stimmungen wurde in der modernen Forschung als ein „fürchterliches Chaos" empfunden[1]. So konnte es denn nicht ausbleiben, daß sich die ablehnende Haltung, die man der Enharmonik gegenüber einnahm, samt allen Vorurteilen auf die antiken Chroai übertrug. Riemann hielt sie für „Rechenkunststücke", bei denen es wenig Wert habe, sich mit ihnen ausführlich zu befassen[2]. Für v. Hornbostel handelte es sich hierbei ebenfalls um eine „rein mathematische Spekulation", die nur beweise, daß die griechische Theorie „schon frühzeitig jeden Zusammenhang mit der Praxis verloren hatte"[3].

Fortlage nannte die Chroai „bloße Schulexperimente mit dem von Pythagoras erfundenen Kanon oder Monochord". Er hielt es für ausgemacht, „daß solche Versuche der Natur der Sache gemäß keine andere Bedeutung haben konnten, als bloße theoretische Speculationen zu erzeugen, welche innerhalb der Schulen der Philosophen unaufhörliche Dispüte erregten, während die praktischen Musiker fortfuhren, ihre Instrumente nach dem Wohlklange des natürlichen Gehörs zu stimmen"[4]. Fortlages Meinung steht im Widerspruch zur antiken Überlieferung. Ptolemaios bezieht sich bei Besprechung der Tetrachordteilungen ausdrücklich auf die Einstimmungen, die in der musikalischen Praxis seiner Zeit angewandt wurden.

„Freie Wahl der Stimmung"

In neuerer Zeit bildete sich die Meinung heraus, daß es dem Künstler freigestanden habe, nach Gutdünken und Belieben eine passende Stimmung auszuwählen[5]. Auch diese Ansicht wird durch die Hinweise, die Ptolemaios zu den Kithara- und Lyrastimmungen seiner Zeit gibt, widerlegt.

---

[1] So Düring bei Besprechung der chromatischen Tetrachordteilungen, in: *Ptolemaios und Porphyrios*, 255. Bei Bouasse (*Cordes et membranes*, 369) heißt es: „On en vint à une indétermination théorique qui constitue le plus beau gâchis du monde. Un humoriste a pu écrire très raisonnablement: 'On dirait, à suivre les nombres que nous donnent les musiciens grecs, que leur musique a été particulièrement constituée pour des sourds'".
[2] H. Riemann, *Die Musik des Altertums*, 237.
[3] E. M. v. Hornbostel, *Musikalische Tonsysteme*, in: Handbuch der Physik, hrsg. H. Geiger und Karl Scheel, Band 8, Berlin 1927, 440 f.; Hornbostels Meinung wurde von A. Kreichgauer (*Ueber Maßbestimmungen freier Intonationen*, phil. Diss. Berlin 1932, 141) fast wörtlich übernommen. Vgl. ferner I. Henderson, in: The New Oxford History of Music I, 1957, 342: „When ancient theorists measured intervals — whether by ratios or by units — they did so for no practical purpose, but because numerical formulation was expected of an exact science".
[4] C. Fortlage, *Griechische Musik*, 192.
[5] J. Handschin, *Der Toncharakter*, 65: „Ich glaube kaum, daß wir der Annahme ausweichen können, es sei damals dem ausführenden Künstler überlassen gewesen, welche „Chroa" er im Rahmen des gegebenen Tongeschlechts für den Vortrag einer Melodie wählen wollte".

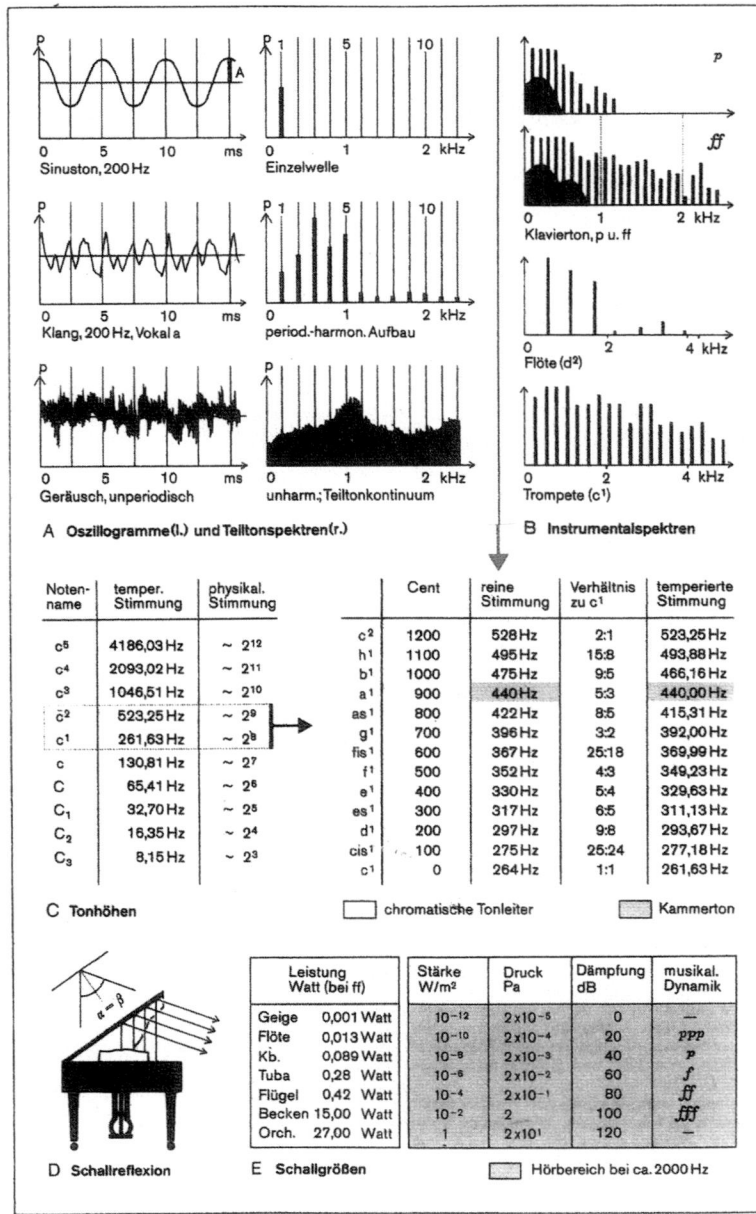

„Ton, Klang, Geräusch, Knall

Eine einzelne Sinusschwingung ergibt einen »reinen« **Ton** (nur elektronisch herstellbar). Der »natürliche« Ton ist physikalisch gesehen bereits ein **Klang;** er besteht aus einer Summe von *Sinustönen,* die als Teil- oder Partialtöne zu einem Ganzen verschmelzen. Dementsprechend zeigt das Oszillogramm des »reinen« Tones eine einfache Sinuskurve, das des »natürlichen« Tones aber eine komplizierte Überlagerungskurve.

Auftreten und Aufbau der Teiltonreihe ist naturbedingt (Reihe s. S. 88).

Man kann die Teiltöne aus der Überlagerungskurve errechnen oder experimentell erfassen und im *Klangspektrum* sichtbar machen. Dieses Spektrum gibt jeweils ihren Teiltonort auf der Frequenz-Ordinate (Tonhöhe) und die Größe ihrer Amplitude auf der Schalldruck-Abszisse (Lautstärke) an. Die Klangspektren in Abb. A zeigen für den *Sinuston* nur einen Teilton, für den *Klang* hingegen die ersten 12 Teiltöne.

Der tiefste Teilton (Grundton) bestimmt die Frequenz des (natürlichen) Tones (in Abb. A 200 Hz). Die Obertöne hingegen bilden je nach Zusammensetzung und durch erzeugerbedingte Resonanzverstärkung gewisser Obertonbereiche, sog. *Formanten,* die Klangfarbe. So unterscheidet sich die Klangfarbe des gesungenen Vokales a in Abb. A stark von den Tönen in Abb. B. Weiche Klänge (Flöte) zeigen ein obertonarmes Spektrum, grelle dagegen ein obertonreiches. Auch die Dynamik verändert das Teiltonspektrum (Klavierton in Abb. B).

Die Schwingungen selbst verlaufen bei Tönen und Klängen stets periodisch. Aber nicht nur Anzahl und Stärke der Teiltöne, sondern auch das Verhältnis ihrer Schwingungszahlen zueinander bestimmen die Art der Klangerscheinung. Das Verhältnis ist

– *harmonisch,* d. h. ausdrückbar in ganzzahligen Proportionen wie 1:2:3 usw., bei natürlichen *Tönen* bzw. *Klängen* und deren Kombination in *Zusammenklängen* (Akkorden); harmonisch schwingen Saiten, Pfeifen usw.;
– *unharmonisch,* d. h. ausdrückbar in Bruchportionen wie 1:1, 1:2, 2 usw., bei *Ton*- und *Klanggemischen,* wie sie Glocken, Platten, Stäbe und andere dreidimensional schwingende Körper abstrahlen.

Beim **Geräusch** sind die Schwingungen *unperiodisch* und seine Teiltonfolge *unharmonisch,* zudem sehr dicht bis zum Teiltonkontinuum. Geräusche liegen höhenmäßig durch stark hervortretende Formantbereiche nur ungefähr fest. Das sog. »weiße Rauschen« erstreckt sich gleichmäßig über den ganzen Hörbereich (Abb. A).

Beim **Knall** handelt es sich um unperiodische, kurze Schwingungsimpulse. Die Klangfarbe dieser Impulse hängt von ihrer Dauer ab."

Aus: „Ulrich Michels, dtv-Atlas zur Musik", Bd. I, S. 16

KAPITEL II

Brief an Jan Assmann über Mozarts Oper „Die Zauberflöte", über die dort mitteltönig eingesetzte, aber heute vergessene antike Tonart „Diatonon syntonon". Bis auf den Fortfall der Zahl 11 deckungsgleich mit einer „reinen Stimmung"(← s. S. 44), wurde sie nach 4400 Jahren noch einmal festgelegt. Man einigte sich auf den Kammerton a^1 mit 440 Hz auf der 2. internationalen Stimmtonkonferenz zu London 1939. Sie erhielt dann, gestützt auf Vorgaben der Antike (vermutlich ohne sie zu kennen?), die musikalischen Proportionen der ägyptischen Pyramidenneigungen. Die Genauigkeit meiner Pyramidenberechnungen in Kapitel I brachte dieses Ergebnis zutage.

Lieber Jan,

vor Augen steht, in den Ohren klingt Dir, lieber Jan, das Glockenspiel Papagenos im 1. Aufzug, am Ende der 2. Arie in G-Dur, der Tonart mit einem Kreuz „fis". Kannst Du Dir vorstellen, daß der Rücksprung der Pyramide des UNAS die gleiche Quinte besitzt – 82,5 Ellen (43,3125 m) Höhe/Basishälfte 55 Ellen (28,875 m) = 3:2 – entsprechend dem Intervall doppelt gestrichener Töne g^2-c^2, $\frac{792\,\text{Hz}}{528\,\text{Hz}} = 3:2$ des Glockenspiels, das nur noch um eine weitere Quinte höher transponiert klingt, $\frac{1188\,\text{Hz}}{792\,\text{Hz}} = 3:2$. Folge ist, daß damit auch sämtliche Intervalle in Mozarts Oper in Pyramidenrücksprünge überführbar sind. Den Transpositionsfaktor $\left(\frac{55}{2}\right)$ der musikalischen Intervalle zu den architektonischen Proportionen der Pyramide des Unas habe ich kursiv ausgezeichnet:

Pyramide des UNAS, Rücksprung $\frac{3}{2}$ (Quinte) = $\frac{792\,\text{Hz}}{528\,\text{Hz}}$ in reiner Stimmung; $3 \times \frac{55}{2}$ = 82,5 Ellen Höhe Unas; $2 \times \frac{55}{2}$ = 55 Ellen Basishälfte der Pyramide des Unas.

Ich weiß, daß Du musikalisch bist. Aber Du kannst nicht wissen, was vermutlich die ganze Welt noch nicht weiß. Es ist ein schönes altes Wissen, das ich ihr von Herzen schenke, daß die Ursache in der **Partial- und Obertonreihe** liegt, die als Ur-Hörbild, wie der Farbenkreis als Ur-Sehbild, eine physikalische Reihengesetzlichkeit in sich trägt, die unterteilig Intervalle der Gestalt $\frac{n}{(n+1)}$ oder ebenso harmonisch überteilig $\frac{(n+1)}{n}$ hervorbringt. Im Handbuch steht (S. 89):

„Tonverhältnisse können nach dem Distanzprinzip und nach dem Konsonanzprinzip gewertet werden. Im **Distanzprinzip** geht es um den exakten Abstand zweier Töne ... (Es) ist besonders für die Beschreibung fremdländischer Tonsysteme geeignet, sagt aber noch nichts aus über die Tonverwandtschaften... **Das Konsonanzprinzip** ..., bestimmt die Intervallwertung und damit den <u>Sprachwert eines Tonsystems.</u> Herleitungstheorien befassen sich daher mit der Begründung von Konsonanz- und Dissonanzcharakter der Intervalle." Während das Konsonanzprinzip melodische Intervalle sucht, untersucht das Distanzprinzip architektonisch Intervalle, ist ästhetisch, z.B.:

Nimm' ein im Format 3:2 hochstehendes Rechteck und ziehe darin die Diagonale, so hast Du mit dem Arctg $\frac{3}{2}$ = 56,30° die Neigung der Pyramide des UNAS, die von Null Grad an die Tonfolge in Pyramidenneigungen in Papagenos Quinte im hohen G-Dur einschließt. Die gleiche Prozedur ist mit allen anderen Pyramiden auszuführen:

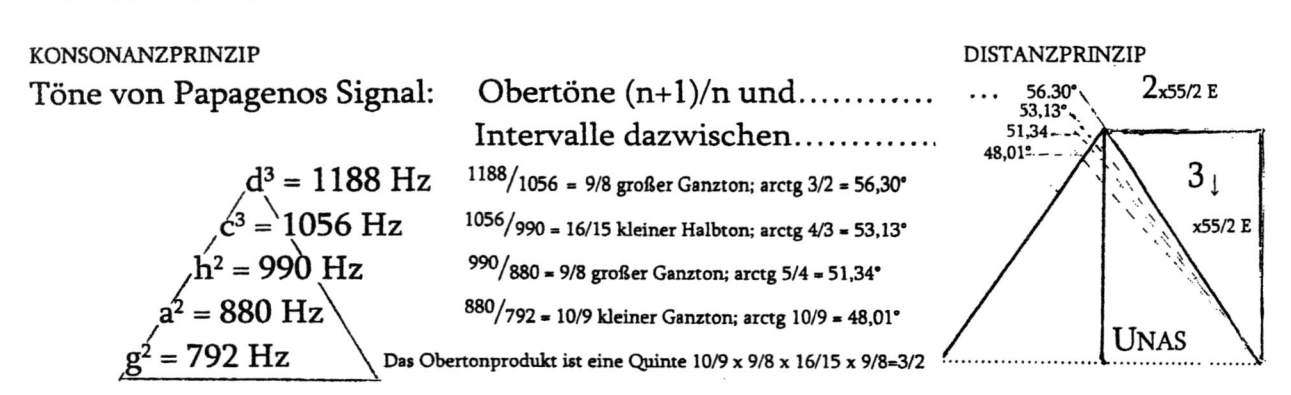

KONSONANZPRINZIP
Töne von Papagenos Signal:

d^3 = 1188 Hz
c^3 = 1056 Hz
h^2 = 990 Hz
a^2 = 880 Hz
g^2 = 792 Hz

Obertöne $(n+1)/n$ und Intervalle dazwischen............

$1188/1056$ = 9/8 großer Ganzton; arctg 3/2 = 56,30°
$1056/990$ = 16/15 kleiner Halbton; arctg 4/3 = 53,13°
$990/880$ = 9/8 großer Ganzton; arctg 5/4 = 51,34°
$880/792$ = 10/9 kleiner Ganzton; arctg 10/9 = 48,01°

Das Obertonprodukt ist eine Quinte $10/9 \times 9/8 \times 16/15 \times 9/8 = 3/2$

DISTANZPRINZIP

56,30°
53,13°
51,34°
48,01°

$2 \times 55/2$ E

$3 \downarrow$

$\times 55/2$ E

UNAS

3. bis 5. Oktave der heutigen reinen Stimmung 1188 Hz – 264 Hz:
3. bis 5. Oktave des antiken Diatonon Syntonon ab 108–12:

d^3 1188 Hz = 108 x 11
c^3 1056 Hz = 96 x 11
h^2 990 Hz = 90 x 11
b^2 950,4 Hz = 86,4 x 11
a^2 880 Hz = 80 x 11
as^2 844,8 Hz = 76,8 x 11
g^2 792 Hz = 72 x 11
fis^2 733$\frac{1}{3}$ Hz = 66$\frac{2}{3}$ x 11
f^2 704 Hz = 64 x 11
e^2 660 Hz = 60 x 11
es^2 633,6 Hz¹ = 57,6 x 11
d^2 594 Hz = 54 x 11
cis^2 550 Hz = 50 x 11
c^2 528 Hz = 48 x 11

4. Oktave der heutigen reinen Stimmung und des antiken Diat. Synt. x 11

c^2 528 Hz = 48 x 11
h^1 495 Hz = 45 x 11
b^1 475,2 Hz = 43,2 x 11
a^1 440 Hz = 40 x 11
as^1 422,4 Hz = 38,4 x 11
g^1 396 Hz = 36 x 11
fis^1 366$\frac{2}{3}$ Hz = 33$\frac{1}{3}$ x 11
f^1 352 Hz = 32 x 11
e^1 330 Hz = 30 x 11
es^1 316,8 Hz = 28,8 x 11
d^1 297 Hz = 27 x 11
cis^1 275 Hz = 25 x 11 Hz
c^1 264 Hz = 24 x 11 Hz

5. Oktave

c^1 264 Hz = 24 x 11
h 247,5 Hz = 22,5 x 11
b 237,6 Hz = 21,6 x 11
a 220 Hz = 20 x 11
as 211,2 Hz = 19,2 x 11
g 198 Hz = 18 x 11
fis 183$\frac{1}{3}$ Hz = 16$\frac{2}{3}$ x 11
f 176 Hz = 16 x 11
e 165 Hz = 15 x 11
es 158,4 Hz = 14,4 x 11
d 148,5 Hz = 13,5 x 11
cis 137,5 Hz = 12,5 x 11 Hz
c 132 Hz = 12 x 11 Hz

Nicht wahr, lieber Jan, jetzt bist Du erstaunt, daß die architektonische Proportion im Verhältnis Höhe der Unaspyramide zu ihrer Basishälfte 82,5 Ellen/55 Ellen = 3:2 (43,3125/28,875 m) aus dem (Fortsetzung des Textes s. unten „Quint-Arpeggio", so von Mozart genannt),

Harmonische Staffelung dreier Pyramiden mit Rücksprüngen $\frac{4}{3}, \frac{5}{4}, \frac{3}{2}$ Originalabmessungen der Pyramiden des Chephren, Mykerinus und des Unas

Neigung arctg $\frac{4}{3}$ = 53,13° Neigung arctg $\frac{5}{4}$ = 51,34° Neigung arctg $\frac{3}{2}$ = 56,30°
Intervall f^2-c^2 (Quarte 4:3) Intervall e^2-c^2 (gr. Terz 5:4) Intervall g^2-c^2 (Quinte 3:2)
Basis/2 = 205 E (107,625 m) Basis/2 = 100 E (52,75 m) Basis/2 = 55 E (28,875 m)
Höhe 273$\frac{1}{3}$ E (143,5 m) Höhe 125 E (65,9375 m) Höhe 82,5 E (43,3125 m)

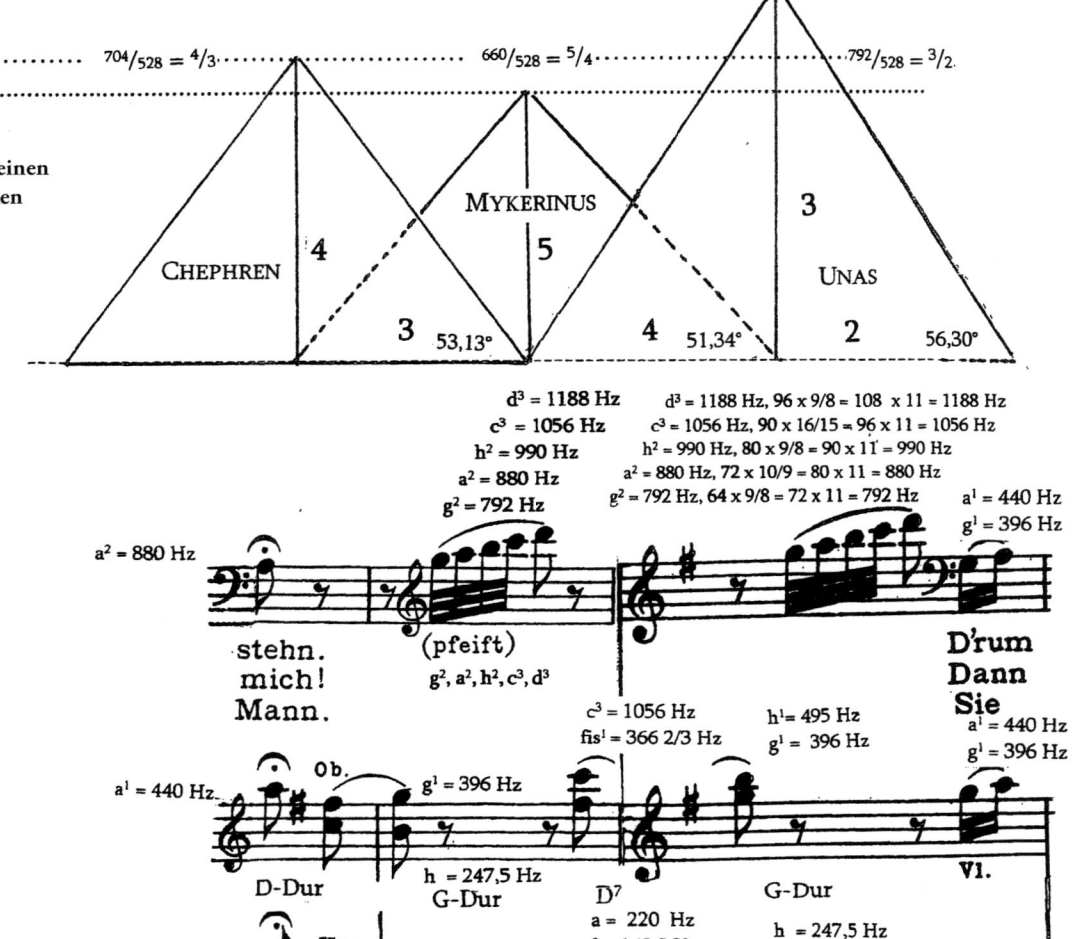

Quint-Arpeggio der heutigen reinen Stimmung (d^3–g^2) $\left(\frac{1188\,Hz}{792\,Hz}\right)$ = 3:2 (s. Lexikon z. Musik, S.16) erklingt. Sie ist aus perlenden Tönen aus dem Glockenspiel in den letzten Takten der Arie zu hören: „Sie mein Weib und ich ihr Mann" und „D'rum kann ich froh und lustig sein." Proportionen in ägyptischen Pyramiden haben gleiche Abstände wie die in der Musik. Als Teil der Physik ist die Musiktheorie eine genaue Zahlenwissenschaft wie die Arithmetik und Geometrie. Die Drei waren früher eine Einheit, die heute verloren scheint! Wir beide holen sie zurück! Die harmonische und melodische Folge der Akkorde und Töne in Mozarts Komposition ist hier Dominante D-Dur, dann Tonika G-Dur (1. Arpeggio). Der hohe Oboenton c^3 im Dominantseptakkord D^7 leitet, gestützt von den Hörnern, wieder nach G-Dur zurück. Mit h^1 (495 Hz) wird das 2. Arpeggio eingeleitet.
Die Oboen antizipieren und sind schon mit der Tonfolge c^3–h^2 mitten im 2. Arpeggio hörbar, bevor es überhaupt erklingt. Mozart!

Du erinnerst Dich, Jan, an einen Brief Mozarts aus der Zeit der Erfolge der „Zauberflöte" in Wien am 8. u. 9. Oktober 1791. Die Szene ist lustig und gehört hierher, weil Mozart wieder eines seiner unbändigen Vergnügen empfinden durfte. „Nun ging ich auf das Theater bei der Arie des *Papageno* mit dem Glockenspiel, weil ich heute so einen Trieb fühlte, es selbst zu spielen. – Da machte ich nun den Spaß, wo Schikaneder einmal eine Haltung macht, so machte ich ein Arpeggio – der erschrak – schaute in die Szene und sah mich – nun hielt er und wollte gar nicht mehr weiter. Ich riet seine Gedanken und machte wieder einen Akkord. Dann schlug er auf das Glockenspiel und sagte: Halts Maul! – Alles lachte dann – ich glaube, daß viele durch diesen Spaß das erste Mal erfuhren, daß er das Instrument nicht selbst schlägt …"

Hier nun, Jan, fühle ich mit Mozart den gleichen Trieb, meine Widersacher zu verulken. Wenn die Pyramidenböschungswinkel nicht absichtsvoll gewesen wären, sondern willkürlich, wie es nicht wenige Koryphäen der Ägpytologenzunft heute noch vermuten, so hätten die Neigungen geklungen, wie wenn ich den Wirbel der D-Saite an meinem Kontrabaß – er ist auch in Quinten gestimmt – kräftig verdreht hätte und alsdann sehr verstimmt (und die Zuhörer noch mehr verstimmend) im Kammerkonzert den Basso ostinato in „Kanon und Gigue" von Pachelbel gespielt hätte. Mit den Händen an den Ohren wären die Zuhörer aufgestanden und aus dem Saal geflüchtet. Nicht so ganz so auffällig verhält es sich beim Anblick der Pyramiden mit willkürlichem Böschungswinkel. Ein fester und zugleich unharmonischer Winkel verstimmt auf der Stelle, weil Verluste an solcher Grazie sich nicht in Graden einstellen, sondern sofort. So verhält es sich beim Blick eines geschulten Auges auf willkürlich gebaute Pyramiden. Wenn die Böschungswinkel tot sind und zu keinerlei Zielton hinvibrierende Fingertast- bzw. Sehspiele oder, wenn ich so sagen darf, „Hörspiele" wie das korrekte Stimmen eines Instrumentes anregen, geschieht das, was Kant in der „Kritik der Urteilskraft" sagt: „Ein Gegenstand des Wohlgefallens kann ganz uninteressant sein, aber die Beschäftigung mit ihm bringt ein Interesse hervor, dergleichen sind alle moralischen" – ich füge hinzu, auch die ästhetisch-praktischen – „Urteile" und Handlungen. Nicht anders deute ich meine Vorfreude auf ein Konzert, wenn die erste Violine den Kammerton vorgibt und das gesamte Esemble mit eifrigem Stimmen antwortet! Ergebnisse von Architekten, die wahllos Winkel wählen, sieht man nicht nur auf Friedhöfen, sondern auch bei der prominenten Cestius-Pyramide zu Rom und ist, aus anders Proportioniertem kommend, unwirksam, vielleicht auch in der Glaspyramide im Hof des Louvre zu sehen. Wählt man, anstelle der Quinte (3:2), ein zufälliges Verhältnis wie 3:2,3567103 usw., so hörte man, statt des Klangs ein Geräusch (Rumor), vernähme also kein bestimmtes Vorbild, sondern bestätigt ein solches, falls es doch noch eintreffen sollte, erst im genauen Bildvergleich mit der Erinnerung an die ägyptischen Pyramiden selbst. Durch jahrhundertelange Gewöhnung an Beliebigkeit ist auch unser Auge beliebig geworden. Musikanten, die ihr Instrument kennen, Florettfechter, die ihre Klingen nach alter Schule kreuzen und Buchbinder, die noch einmal in Duodez, Quarto und Quinto restaurieren müssen, wissen zwar noch um Quinten und Quarten, Handy-Besitzer aber kennen nicht die Namen ihrer Klingeltöne. Moderne Architekten meiden sogar die Terminologie, längst bevor sie noch schiefe Häuser entwerfen. Notorischer Mangel an Positivität scheut uns, nach Harmonie im alten Sinne zu suchen. Ohne sich nach rechts und links abzusichern, hieße ja anmutig „10 kleine Negerlein" zu rufen, was heute verboten ist. Eine bedeutende Chance, Harmonie wieder zu entdecken, besteht also ab sofort, denn die Schulen lehren sie nicht mehr. Trost fühle ich darin, daß man an den Stimmungen der Antike mit ihrer Einrichtung klarer und distinkter Töne in ihren Instrumenten noch nicht gerüttelt hat.

Gottseidank, lieber Jan, gibt es im Kairoer ägyptischen Museum ausreichend antike Musikinstrumente. Man braucht sie sich nur anzusehen, um die ägyptische Leidenschaft für die Pyramidenform zu verstehen, und zwar nicht nur aus dreieckigen Resonanzkörpern ähnlich der Balaleika, sondern eben aus dem Lochsystem in Flöten und an Bünden bei den Saiteninstrumenten und klangspendenden Querschnitten der Trompeten mit Konus und Stürze. Schon der Schriftsteller Hans Henning Jahnn (gest. 1957), beinflußt von der Wiener Harmonie-Schule Hans Kaysers, hat im vergangenen Jahrhundert intentional richtig vom Instrumentenbau her – er baute Orgeln – das harmonische Rätsel der Pyramiden lösen wollen. Leider verblieb es bei Vermutungen, die nicht in Untersuchungen zur exakten Akustik mündeten, sondern durch Kaysers Einfluß spekulativ auftraten, weil Natur- und Geisteswissenschaftler wieder einmal von einander nichts wissen wollten oder – gelinder gesagt – auch nicht konnten. Im alten Ägypten haben wir jedoch bereits die Einrichtung der

Musikinstrumente gemäß den Vorgaben der Partial- und Obertonreihe mit Proportionen aus ganzen Zahlen (n)/(n + 1). S. das Handbuch S. 164:

[Vorzeit ab ca. 5000, Oberes Reich, Niltal und Unteres Reich, Nildelta]
Flöten
Harfen
Memphis

Altes Reich
2850–2160
1.–2. Dyn.
2850–2650

3.–6. Dyn.
2650–2160

Pyramiden-
zeit

1. Zwischenzeit
2160–2040
Mittl. Reich
2040–1650
Harfen
Leiern

Hyksoseinfall
2. Zwischenzeit
1650–1550
Neues Reich
1550–1070
Lauten
Amenophis IV.
1365–1348
Sonnenkult-
hymne
Ramses II.
1197–1165

3. Zwischenzeit
1070–711

Spätzeit
711–332
Äthiopier
Assyrer 665
26. Dyn.
663–525
Perser ab 525

Alexander 332
Ptolemäer
ab 304

Römer
30 v. Chr.–
395 n. Chr.

164 Antike Hochkulturen/Ägypten

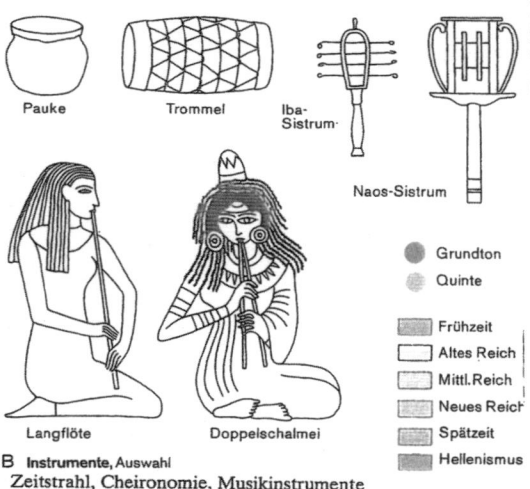

Das Land am Nil gehört zum ältesten Siedlungsgebiet der Erde. Der instrumentale Urbesitz ist reichlich nachgewiesen: gefüllte Hohlkörper als *Rasseln, Schwirrhölzer, Gefäßpfeifen* aus Muscheln und Ton u. a. m. In der Zeit der ersten Blüte der Stadt Memphis um 3000 v. Chr. und der Gründung des *Alten Reiches*, hat die Musik sich bereits aus ihren magisch-kultischen Anfängen heraus zu einer Kunst entwickelt, die im Tempel, am Hofe und im Volke unterschiedlich ausgeübt wurde. Instrumente noch aus dem 4. Jts. v. Chr. sind **Langflöte** und **Harfe**, letztere im Altertum eine Art *Nationalinstr.* der Ägypter. Die Grabkammern mit ihrem Bilderschmuck, den Hieroglyphen und den erhaltenen Instr. als Grabbeigaben lassen Rückschlüsse auf das Musikleben zu.

Altes Reich (2850–2160 v. Chr.)
Als **Saiteninstrument** diente die große und auf dem Boden stehende **Bogenharfe** (Abb. B). Der einteilige Saitenhalter erinnert noch an den älteren *Musikbogen* (vgl. S. 34). Er läuft in einen breiten, schaufelförmigen Resonator aus, der oft mit unheilabwehrenden Götteraugen bemalt ist (vgl. griech. Leiern, S. 172). Die 6–8 Saiten wurden unten an einem Stimmstock befestigt (gemeinsames Umstimmen aller Saiten? Ist noch heute für die Harfe typisch). In den Bildern sieht man die Harfe als Begleitinstr. mit Sängern, Flötenspielern usw. zusammen, einmal auch als Orchester mit 7 Harfen.

Als **Blasinstrumente** finden sich die alte **Langflöte**, die **Doppelschalmei** und die **Trompete**. Die Langflöte ist ein 100–120 cm langes Bambusrohr mit 4–6 Grifflöchern und ohne Mundstück (Abb. B). Sie existiert noch heute als *Nay* und *Uffata* in der Kunst- bzw. Volksmusik Ägyptens. Die Doppelschalmei, mit gekreuzter Handhaltung gespielt, lebt in der heutigen *Zummarah* Ägyptens fort. Die Röhren waren z. T. überliefert (der älteste Abb. B). Vielleicht blies man die gleiche Melodie doppelt mit geringen Schwebungen (heutige Praxis), oder es handelte sich um Heterophonie bzw. Bordunpraxis. – Trompeten dienten im Totenkult.

Als **Schlaginstrumente** kamen hinzu: **Handpauken, Trommeln** (Abb. B), **Klappern, Klapperstöcke** und im Isiskult die **Sistren** (*Isisklapper*). Es gab **Berufsmusiker**, deren Namen z. T. überliefert sind (der älteste: KHUFU-ANCH, Sänger und Flötist am Hofe, 3. Jts. v. Chr.).

Das **Tonsystem** scheint pentatonisch oder heptatonisch gewesen zu sein, wie man aus der Saitenzahl der Harfen und aus Vermessung der Grifflochabstände der Flöten und Schalmeien entnimmt. Eine Notenschrift gab es nicht, jedoch entwickelten die Ägypter die älteste heute bekannte **Cheironomie**: bestimmte Handzeichen und Armstellungen bezeichneten bestimmte Töne (Abb. A, nach HICKMANN). Auf zahlreichen Darstellungen finden sich »Dirigenten«, die solche Handzeichen Sängern, Flötisten, Harfenisten usw. geben.

Mittleres Reich (2040–1650 v. Chr.)
Es kommen neue Instr. hinzu, vor allem die **Leier** aus dem kleinasiat. Raum und neue **Trommelarten** (mit Lederriemen bespannt wie afrikan. Röhrentrommeln, Abb. B). Neben das ältere **Iba-Sistrum** in Hufeisenform tritt nun das **Naos-Sistrum** in stilisierter Tempelsilhouette (Abb. B).

Neues Reich (1550–1070 v. Chr.)
Die Harfe entwickelt schon im Mittleren Reich neue Formen, die nun auf Abbildungen des Neuen Reiches erscheinen. Hierzu gehört die saitenreiche (8–16, meist 10–12) **Standharfe** mit gebogenem Schallkasten mit Blattornamenten und die kleinere bootsförmige 3–5saitige **Schulterharfe**, beide meist in Frauenhand (Abb. B b). Noch kleiner waren die späteren, sichelförmigen **Handharfen**, die auch auf Tisch oder Ständer gestellt wurden (*Sängerharfen*). Zum anderen gab es mannshohe, gewölbte **Riesenharfen**, bes. zur Zeit RAMSES' III., die meist von Priestern gespielt wurden. Dazu kommt aus Vorderasien die kleinere **Winkelharfe** (assyr., vgl. S. 160) und neue **Leierformen**. Importiert wird nun auch **Laute**. Sie erscheint in Ägypten in drei Formen: als Langhalslaute (vgl. S. 160), als Rebabtyp und gitarrenartig.

Als Blasinstrumente sind die **Doppeloboen** neu, an Schlaginstrumenten **Handtrommeln** in neuer Form und Becken.
Vermessung der Bundabstände auf den Lauten sowie der Grifflöcher der neuen Oboen zeigen, daß die *Tonabstände enger* werden. Hier entwickelt sich also das halbtonstufige System der Spätantike.
Erhalten ist *Liebeslyrik* und der Text einer *Sonnenhymne* aus der Zeit des AMENOPHIS IV. (ECHNATON).

Die Spätzeit (711–332 v. Chr.)
und die **Zeit der Ptolemäer** bringt die im Mittelmeerraum und Kleinasien bekannten Instr. auch nach Ägypten. Neu sind große **Trommeln, Gefäßtrommeln** nach Art der heutigen arab. *Darabukken* (ähnl. Abb. B) und **Gabelbecken**, ferner einige Blasinstr.
Je stärker ausländ. Instrumente, Musiker und fremdes Musikdenken das Land überschwemmen, desto stärker machen sich restaurative Tendenzen bemerkbar. Die alte Musik steht für hohes Ethos und ist wichtiger Erziehungsfaktor. Auf diesen ägypt. Konservativismus berufen sich die klass. griech. Schriftsteller wie HERODOT und PLATO in ihrem Musikdenken. Aus hellenist. Zeit stammt die erste Orgel, die Hydraulis des KTESIBIOS aus Alexandria (3. Jh. v. Chr., vgl. S. 178) und eines der frühesten (christl.) Notendenkmäler, der Hymnus aus Oxyrhynchos (3. Jh. n. Chr., vgl. S. 180).

A Handzeichen, Grundton und Quinte

Bogenharfe des Alten Reiches (a) und des Neuen Reiches (b)

Schulterharfe

Pauke — Trommel — Iba-Sistrum — Naos-Sistrum

Langflöte — Doppelschalmei

B Instrumente, Auswahl

Grundton
Quinte
Frühzeit
Altes Reich
Mittl. Reich
Neues Reich
Spätzeit
Hellenismus

Zeitstrahl, Cheironomie, Musikinstrumente

Du siehst, Jan, daß ich jetzt auf das Handbuch von Ulrich Michels (dtv 3022) angewiesen bin. Obwohl ich in meinem Buch „Der Klang der Pyramiden" 2008 alle Umrechnungen überprüfbar vorgerechnet habe, hat man meine Belege aus Platons Werken ignoriert, so muß ich jetzt auf das Handbuch zurückgreifen, damit ich im wahren Sinne des Wortes „Gehör" finde. Auf S. 164, mittlere Spalte geht hervor, daß die Langflöte, 1,20 m (16 Handbreit) lang, sechs Tonlöcher besaß, die um die Quinte (3:2) als Grundton nach oben und unten gruppiert waren. Aus den chaironomischen Handzeichen (A) siehst Du, daß die Quinte (a) innerhalb der Oktave (e^1-e) mit 90 Hz tatsächlich eine Quinte (90:60 = 3:2) innerhalb der Pentatonik 6:8:9:12 war (s. Platon, Epinomis 990 E, hier Handbuch S. 88) bzw. 60:80:90:120 cm ist. Wenn die Rohrdicke und Durchmesser, die Grifflochgröße und die Holzhärte einkalibriert sind, vermaß man damals wie heute die Abstände der Grifflöcher vom Mundstück an in Handbreit. Wollte man die Langflöte bauen, wählte man die Abstände der Grifflöcher vom Mundstück an in Handbreit, so fand man die Proportionen in der Lochreihe: 8 H : $10\frac{2}{3}$ H : 12 H : 16 H. Entsprechend wurden die Bünde der Laute eingerichtet. Sie haben noch dazu den Vorteil, die schwingende Saite ohne Modifikation durch Kalibrierungen zu teilen, also vierfach in Finger: 32 F : $42\frac{2}{3}$ F :

48 F : 64 F. Die festen Töne innerhalb einer Oktave sind $\left(\text{hier } \frac{64}{32} = 2:1, \text{ oder } f^2 : f^1\right)$, Quarte $\left(64:48 = \frac{4}{3}, \text{ oder } f^2\text{-}c^2\right)$, Quinte (72:48 = 3:2, oder $g^2\text{-}c^2$). Diese vier Töne machen die Pentatonik aus, zu der noch die reine Terz (5:4), hier 120:96 oder ($e^3\text{-}c^3$) bzw. 80:64 oder ($a^2\text{-}f^2$) kommt. S. dazu die nächste Seite. Als Ursprung und älteste Form der Musik kommt Pentatonik in allen Kulturkreisen der Welt vor. Die Oktavauffüllung im Instrumentenbau aus Imhoteps System fünf erster Primzahlen (1, 2, 3, 5, 7) war dazu notwendig!

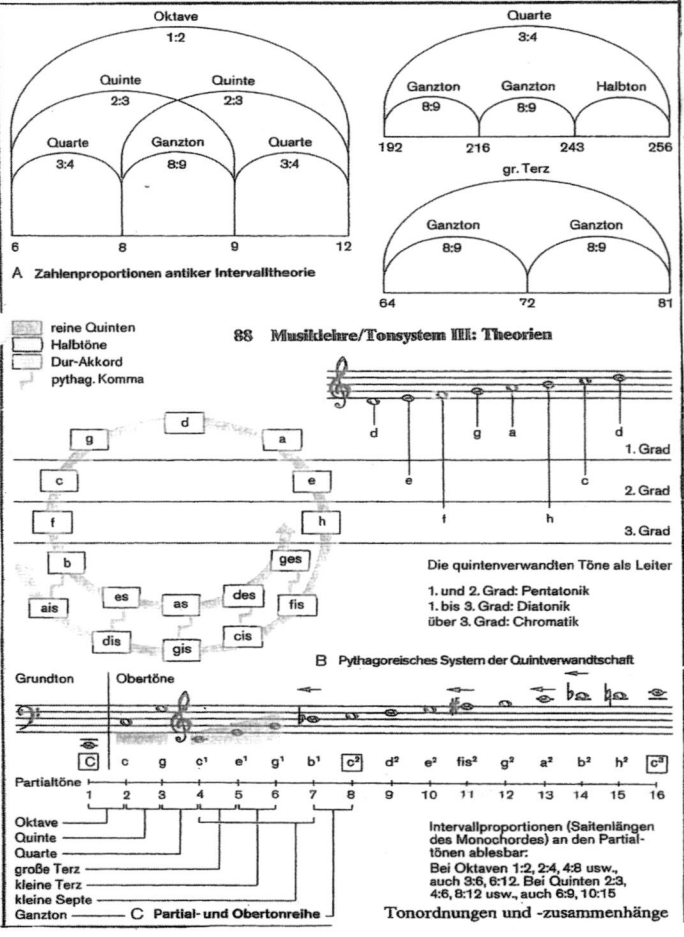

Die Festlegung und Erklärung von Tonverwandtschaften erfordert die Herleitung und Einordnung von Tonabständen nach dem **Konsonanzprinzip**. Es bestimmt die Intervallwertung und damit den Sprachwert eines Tonsystems. Herleitungstheorien von Tonsystemen befassen sich daher mit der Begründung von Kon- und Dissonanzcharakter der Intervalle.

Musiklehre/Tonsystem III: Theorien

1. **Zahlenproportionen antiker Intervalltheorie.** Der Verwandtschaftsgrad von Intervallen bestimmt sich entsprechend den Proportionen ihrer Schwingungszahlen (*Saitenlänge*, s.u.). Dabei gilt die Einfachheit der Proportion als Kriterium für den Konsonanzgrad. Konsonant sind die **Oktave** mit 1:2, die **Quinte** mit 2:3 und die **Quarte** mit 3:4. Darstellbar sind diese Proportionen mit den Zahlen 6, 8, 9, 12, wobei innerhalb einer Oktave zwei Quinten, zwei Quarten und ein Ganzton mit 8:9 erscheinen (Abb. A).

Die übrigen Intervalle werden aus den ersten dreien abgeleitet. Sie sind aufgrund ihrer komplizierteren Zahlenproportionen dissonant. So ist die große Terz Summe zweier Ganztöne, der Halbton Differenz zwischen zwei Ganztönen und einer Quarte (Abb. A).

2. **Quintenschichtung des pythagoreischen Systems.** Töne im Abstand einer Quinte sind *im 1. Grade* verwandt, z.B. d-a, im Abstand zweier Quinten *im 2. Grade*, z.B. d-(a)-e usw. (Abb. B). – Die **pythagoreische Quinte** steht im Verhältnis 3:2, läßt sich durch *Saitenteilung am Monochord* nachweisen und ist *rein*, d.h. sie ist etwas größer als die heutige *temperierte* Quinte (702 statt 700 Cent). Ebenfalls rein ist die Quarte (etwas kleiner als temperiert), die die Quinte zur Oktave ergänzt (Komplementärintervall).

Die Schichtung von reinen Quinten ergibt
- **halbtonlose Pentatonik** bei 5 Quinten: c-g-d-a-e, als Leiter in eine Oktave verlegt: d-e-g-a-c;
- **diatonische Heptatonik** bei 7 Quinten (mit d als Mitte der Stammtöne): f-c-g-d-a-e-h bzw. in eine Oktave verlegt: d-e-f-g-a-h-c (d). Diese Leiter ist mit 3 Quintverwandtschaftsgraden und 2 Halbtönen komplizierter als die Pentatonik;
- **halbtönige Chromatik** bei 12 Quinten: über h hinaus zusätzlich fis-cis-gis-dis-ais, oder unter f hinab b-es-as-des-ges. Die Halbtöne zeigen je nach Ableitung verschiedene Höhe; so differenzieren z.B. ais und b. Das System schließt sich nicht, denn 12 reine Quinten sind größer als 7 Oktaven. Die Differenz beträgt $(3:2)^{12} : (2:1)^7 = 531\,441:524\,288$, ca. 74:73 bzw. 23,5 Cent, also etwa das Viertel eines Halbtons (**pythagoreisches Komma**, vgl. S. 90, Abb. B).

3. **Die harmonische Oktavteilung.** Die in einer Oktave aufgestellte Tonordnung läßt sich aufgrund der Oktavidentität der Töne durch Oktavtransposition der einzelnen Töne nach oben und unten auf den ganzen Hörbereich entfalten. Daher kann auch die Einteilung der Oktave das Tonsystem konstituieren. Auch die harmonische Oktavteilung arbeitet nach dem Konsonanzprinzip. Aus der Oktave (1:2) entstehen durch harmonische Teilung Quinte und Quarte (2:3:4), aus der Quinte (2:3) die große und kleine Terz (4:5:6), aus der großen Terz (4:5) ein kleiner und ein großer Ganzton (8:9:10). Damit ist aber die Schwierigkeit dieses Systems aufgewiesen: es schließt sich ebensowenig wie das pythagoreische, denn 6 Ganztöne ergeben keine Oktave. Die Differenz zwischen *großem* und *kleinem* Ganzton beträgt 81:80 bzw. 21,5 Cent, also etwa ein Fünftel Halbton (**syntonisches oder didymisches Komma**). In der sog. *mitteltönigen* Stimmung ist dieses Komma ausgeglichen; die großen Terzen sind rein.

5. **Die Partial- oder Obertonreihe** wird als physikal. Phänomen der im musikal. Ton (bzw. physikal. Klang) gleichzeitig schwingenden Frequenzen herangezogen, um das Tonsystem als naturgegeben zu erklären. Die Reihe enthält alle Intervalle, von den einfachen in der Tiefe bis zu den komplizierteren in der Höhe (Abb. C als Bsp. von C aus bis zum 16. Partialton). Der 7., 11., 13. und 14. Ton klingen etwas tiefer als im temperierten System (s. Pfeile). Charakteristisch ist das Auftauchen der kleinen Septe mit 7:4, die etwas kleiner ist als die temperierte. Die Partialtöne 4, 5 und 6 bilden einen natürlichen Dur-Dreiklang mit großer und kleiner Terz (4:5:6). Ein entsprechender Moll-Dreiklang fehlt allerdings.

4. Oktave
c³ 2112 Hz = 192 x 11
h³ 1980 Hz = 180 x 11
b³ 1900,8 Hz = 172,8 x 11
a³ 1760 Hz = 160 x 11
as³ 1689,6 Hz =153,6 x 11
g³ 1584 Hz = 144 x 11
fis³ 1466$\frac{2}{3}$ Hz, 133$\frac{1}{3}$ x 11
f³ 1408 Hz = 128 x 11
e³ 1320 Hz = 120 x 11
es³ 1267,2 Hz = 115,2 x 11
d³ 1188 Hz = 108 x 11
cis³ 1100 Hz = 100 x 11
c³ 1056Hz = 96 x 11

5. Oktave
c³ 1056 Hz = 96 x 11
h² 990 Hz = 90 x 11
b² 950,4 Hz; 86,4 x 11
a² 880Hz = 80 x 11
as² 844,8 Hz; 76,8 x 11
g² 792 Hz = 72 x 11
fis² 733$\frac{1}{3}$ Hz; 66$\frac{2}{3}$ x 11
f² 704 Hz = 64 x 11
e² 660Hz = 60 x 11
es² 633,6 Hz¹, 57,6 x 11
d² 594 Hz = 54 x 11
cis² 550 Hz = 50 x 11
c² 528 Hz = 48 x 11

Der Transpositionsfaktor $\left(\frac{1}{16}\right)$ bewirkt Konvergenz des Konsonanz- und Resonanzprinzips im 4. Griffloch der Uffata-Langflöte mit der Quinte (3:2) im Verhältnis Höhe (82,5 E) zur Basishälfte (55 E) in der Pyramide des Unas

$\frac{1320}{16} \rightarrow \quad \frac{1056}{16} = \quad \frac{990}{16} = \quad \frac{880}{16} = \quad \frac{704}{16} = \quad \frac{660}{16} = \quad \frac{528}{16} = \quad \frac{495}{16}$

$\frac{82,5}{(5/4)} \rightarrow \quad = \frac{66}{(16/15)} = \frac{61,875}{(9/8)} = \frac{55}{(5/4)} = \frac{44}{(16/15)} = \frac{41,25}{(5/4)} = \frac{33}{(16/15)} = \frac{3015}{16}$

82,5 E   66   61,875   **55 E**

↑ Höhe der Pyramide des Unas ↑ Basishälfte der Unaspyramide $\left(\frac{82,5}{55} = \frac{3}{2} \text{Quinte}\right)$

Platons Pentatonik (6:8:9:12) aus „Epinomis 990 E" in der Uffataflöte $\left(\frac{1320 \text{ Hz}}{880 \text{ Hz}} = \frac{3}{2} \text{Quinte}\right)$

1320 Hz	1056 Hz	990 Hz	880 Hz	704 Hz	660 Hz	528 Hz	495 Hz
120 cm	96 cm	90 cm	80 cm	64 cm	60 cm	48 cm	45 cm
16 Handbreit	12,8 H	12 H	10$\frac{2}{3}$ H	8$\frac{8}{15}$ H	8 H	6$\frac{2}{5}$ H	6 H
64 Finger	51,2 F	48 F	42$\frac{3}{5}$ F	32$\frac{4}{5}$ F	32 F	25$\frac{3}{5}$ H	24 F

↑ GRIFFLOCHABSTÄNDE (120: 80 ↑ = 3:2 QUINTE) in der pentatonischen Uffataflöte
„Vermessung der Bundabstände auf den Lauten sowie die Grifflöcher der neuen Oboen (im Neuen Reich (1550–1070 v. Chr.) zeigen, daß die *Tonabstände enger* werden. Hier entwickelt sich also das halbtonstufige System der Spätantike. Erhalten ist *Liebeslyrik* und der Text einer *Sonnenhymne* aus der Zeit des Amenophis IV. (Echnaton)."

164 Antike Hochkulturen/Ägypten

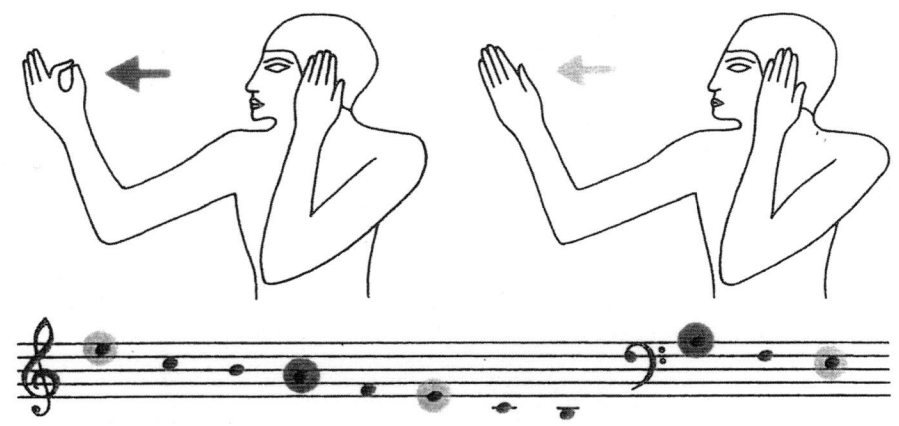

A Handzeichen, Grundton und Quinte

Imhoteps Einrichtung der Königselle (0,525 m) nach seinem Gehör. Die Folge ist: die Pyramidenneigungen entstehen aus ausschließlich harmonischen Verhältnissen, gebildet aus ganzen Zahlen, die Produkte oder Brüche aus den fünf ersten Primzahlen sind.

Das Wichtigste im Handbuch, S. 164, ist die Bemerkung über altägyptische Lauten und Blasinstrumente, weil über deren Abmessungen später genaue Frequenzen festgestellt werden können: Ich wiederhole: „Vermessung der Bundabstände auf den Lauten sowie die Grifflöcher der neuen Oboen zeigen, daß die *Tonabstände enger* werden. Hier entwickelt sich also das halbtonstufige System der Spätantike."

Instrumente, auf denen pentatonisch nicht nur ganze Töne, sondern auch durchgehend zwölf halbe Töne in der Oktave gespielt werden können, bedürfen zur Mensurierung eines genauen Meß- und Maßsystems, also eines Ellenstocks mit normierten Handbreit- und Fingereinteilungen, da exakte Töne und Intervalle eines Instruments auf andere Weise nicht erreicht werden können. Das System mit festgelegten Raum-, Flächen- und Liniengrößen existierte aber seit Imhotep unter Djoser am Ende des Mittleren Reichs (2040–1650), so daß jetzt sogar angenommen werden kann, daß der Architekt Imhotep dieses Meßsystem aus der Kombination fünf erster Primzahlen (1, 2, 3, 5, 7) *nach dem Gehör* eingerichtet hat. Die Königselle von 52,5 cm, nur aus diesen Zahlen zusammengesetzt (1 x 3 x 5² x 7)/(1 x 2³ x 5³) und noch dimensionsfrei, wurde als 7 Handbreit á 7,5 cm und 28 Finger á 1,875 cm von rein gestimmten Musikinstrumenten abgenommen und dimensioniert. Imhotep maß Bund- bzw. Grifflochabstände, die er der Uffataflöte, Oboen oder Lauten entnahm. Das erklärt die doch körperfremde Königselle von 52,5 cm (7 H) im Abstand von den Fingerspitzen bis zum Ellenbogen, die heute bei 45 cm (6 H) liegt!

Nun wird es Zeit, lieber Jan, daß ich nach diesen Vorbereitungen, wie gezeigt, von der architektonischen Proportion Höhe zur Basishälfte (als Folge des Distanzprinzips) in der Neigung der Pyramide des UNAS schreite, sodann zu den Tonabständen der fünf musikalischen Intervalle von Papagenos Glockenspiel (als Folge des Resonanzprinzips) weitergehe, damit ich Dir den gleichen Zusammenhang auch durch die sechs Töne um die Quinte der antiken 16 Handbreit (1,20 m) langen Flöte „Uffata in der Kunst- bzw. Volksmusik Ägyptens" (als Folge des Resonanzprinzips) zeigen könnte. Nun verrate ich Dir, wie ich dazu gekommen bin. Wie in einem Kriminalroman wird es zum Abschluß dieses Kapitels richtig spannend, denn es entsteht immer noch die bange Frage (aber ruhig Blut, uns beiden steht nichts mehr bevor), *ob* es der Mathematik einfallen könne, uns einen Streich zu spielen, wenn wir ihre Zahlen zur Hilfe nehmen, um zu beweisen, daß die Architekten im alten Reich (2850–2160 v. Chr.), die zugleich Einsicht in die Musiktheorie haben mußten, bewusst festgelegte harmonische Intervalle zum Pyramidenbau nutzten und dazu Intervalle aus der Naturtonreihe verwendet haben? Ich frage noch einmal, ob im damaligen Menschenwerk eine Einsicht in die Natur lag? Ich antworte mit „ja", denn die Zahlen der Baupraxis bringen es an den Tag.

Daß im Altertum Partial- und Obertöne gleiche Intervalle wie die heutige reine Stimmung enthalten, ist an sich selbstverständlich, denn die Physik ändert sich nicht, auch nicht die in Musikinstrumenten. Aber wie kommen Menschen dazu, ihre Artefakte wie Pyramiden und Tonarten nach Naturvorgaben einzurichten? Ist das nicht unmenschlich? Nein, wer so hört und sieht, erlebt noch das Naturschöne. Es hat mit Kunstschönheit nichts zu tun, denn diese währt nicht einmal ein Jahrhundert. Sieh doch: Unsere heutigen Moden überleben kaum eine Saison. Nein, das Rätsel der Pyramidenneigungen löst sich durch *harmonia perennis,* die ich jetzt im ägyptischen Instrumentenbau bestätigt finde.

Wenn die Wahrheit an den Tag soll, kann man bei einer letztlich und wahrlich unberechenbaren Mathematik, einer losen Person (hier sehe ich Dich lächeln) so ähnlich übrigens wie bei der „Wahl" seiner Eltern, nicht vorsichtig genug sein. Hier gibt es keinen Schritt daneben, der nicht zugleich alles wieder in Frage stellt. Also bitte, paß' jetzt auf Deine Füße auf, bleib' im Takt, beim Hören, Gehen und Lesen. Sollten Deine Kollegen den Kopf schütteln, so beginn' zu pfeifen, das ist die ehrliche, weil musikalische Antwort.

Die antike Tonart DIATONON SYNTONON entspricht aufs Haar heutiger reiner Stimmung

Ptolemaios (100–160 n. Chr.) aus Alexandria überliefert die altägyptische Tonart, und Didymos (um 90 n. Chr.) gibt ihr den Namen „syntonon", was soviel heißt wie „bei dem Ganzton $\frac{9}{8}$ stehend bzw. mit ihm zusammengefügt." Das Diatonon syntonon war eine musikalische Reaktion auf Platons noch ältere Tonart das „Diatonon ditonaion", der er den Namen „Weltseele" gab und in Tim. 35 b ff. korrekt aus der wechselseitigen Anwendung des arithmetischen und harmonischen Mittels ableitete. Die Intervallfolge innerhalb einer Quarte war $\frac{9}{8} \times \frac{9}{8} \times \frac{256}{243} = \frac{4}{3}$. Und innerhalb einer Oktave dann $\left(1 \times \frac{9}{8} \times \frac{9}{8} \times \frac{256}{243} \times \frac{9}{8} \times \frac{9}{8} \times \frac{9}{8} \times \frac{256}{243} = 2\right)$. Diese uralte pythagoräische Tonart – gefügt nur aus den ersten drei Primzahlen (1, 2, 3) und heute noch gespeichert in Synthesizern – hatte einen melodischen Nachteil. Die altertümlich rauhe Terz $\frac{9}{8} \times \frac{9}{8} = \frac{81}{64}$ wollte sich als höherstufiger Partialton den musikalischen Ansprüchen neuerer Zeit nicht recht fügen, und so wurde der zweite Ganzton im Diatonon syntonon um das „Didymische Komma" (s. Handbuch, S. 89, hier S. 44) um $\frac{81}{80}$ verringert $\left(\frac{9}{8} \times \frac{80}{81} = \frac{10}{9}\right)$, so daß mit dem so gewonnenen kleinen Ganzton $\left(\frac{10}{9}\right)$ die wunderbar melisch reine Terz $\left(\frac{5}{4} = \frac{9}{8} \times \frac{10}{9}\right)$ entstand, ein niederstufiger Partialton $\frac{5}{4}$ mit dem höchsten Verschmelzungsgrad. Die Verringerung von $\frac{9}{8}$ durch $\frac{81}{80}$ mußte aber durch Vergrößerung des Halbtons im Diatonon ditonaion Platons um $\frac{81}{80}$ kompensiert werden, wenn anders die Quarte wieder erreicht werden sollte. Es entstand also das Diatonon syntonon $\left(\frac{9}{8} \times \frac{10}{9} \times \frac{256}{243}\right)\left(\frac{81}{80}\right) = \frac{4}{3}$, wobei $\left(\frac{256}{243}\right)\left(\frac{81}{80} = \frac{16}{15}\right)$ den syntonischen Halbton $\frac{16}{15}$ ergab. Dieser hatte mnemotechnisch für Sänger, weil größeren Umfangs, eine deutlichere Leittonkraft zur Quarte. Wie das Distanzprinzip zeigt, ist $\frac{16}{15} = 1{,}06 \ldots$ um das syntonische Komma größer als der pythagoräische Halbton $\frac{256}{243} = 1{,}053497942$, denn $\frac{(16/15)}{(256/243)} = \frac{81}{80}$. Es ist nicht zu leugnen, daß das Diatonon syntonon heutigen Hörgewohnheiten nach angenehmer klingt als die die pythagoräische Tonart Platons, die auch Eratosthenes (3.–2. Jh. v. Chr.) überliefert. Nur wenn im Bariton quintenreiche mittelalterliche Musik a capella gesungen wird, fallen die Chöre von selbst ins Diatonon ditonaion, während die Sänger in der mitteltönigen Zeit des 17. Jh. bis heute noch in den reinen Terzen des Diatonon syntonon verbleiben, so auch in Mozarts „Zauberflöte".

Mit der Fünf in $\frac{10}{9}$ war also dem Diatonon syntonon zu den bereits vorhandenen 1, 2, 3 eine weitere Primzahl eingefügt worden. Diese gestattete nun relativ niederstufige Partialtöne als Halbtöne wie $\frac{25}{24}$, kleinere als die des Leittons $\frac{16}{15}$, die allerdings in Quarten wie h^1-fis^1 $\left(\frac{495\ Hz}{367\ Hz} = 1{,}348 \text{ statt } 1{,}33\ldots\right)$ und auch die Quinten wie as^1-cis^1 $\left(\frac{422\ Hz}{275\ Hz} = 1{,}53 \text{ statt } 1{,}5\right)$ nicht rein klingen. Allerdings ergaben die Halbtonprodukte $\frac{25}{24} \times \frac{27}{25} = \frac{9}{8}$ den größeren Ganzton und $\frac{25}{24} \times \frac{16}{15} = \frac{10}{9}$ den kleineren Ganzton, und darauf konnte man nicht verzichten. Das war ein Problem, das die 2. internationale Stimmkonferenz löste, indem sie dort Proportionen aus ganzen Zahlen einsetzte, wo die antike Berechnung Brüche vorgab, teils aber auch diese Frequenzen zu hohen Primzahlen abrundete. Die Eingriffe führten dazu, daß die im Jahre 1939 festgesetzte reine Stimmung mit dem Kammerton a^1 = 440 Hz, bei Licht besehen, ein Artefakt wurde, das als Kompromiß wie die temperierte Stimmung eigentlich keine ganz reine Stimmung gebar, jedenfalls nicht mehr so ursprünglich wie in der Antike klang. Musikalisch war das keine Verfehlung, sondern nur eine Winzigkeit daneben. Das Ohr verzeiht einiges im Aufgeben des strengen Distanzprinzips zugunsten des Resonanzprinzips, das quasi magnetisch resonant auch in großer Nähe wirkt, wie es, von uns unbemerkt, die etwas kleineren Quarten und die etwas größeren Quinten in der *temperierten* Stimmung lehren. *Aber Pyramiden entwerfen und gar bauen, konnte man mit diesen Abrundungen nicht!* Da es in der Antike keinen Anlaß gab, vom exakten Pythagoräismus abzugehen, blieb es also bei den antiken Zahlen des DIATONON SYNTONON und dank des sich mit der Sieben gleich anschließenden DIATONON MALAKON wurde so der exakte Pyramidenbau möglich.

Im folgenden wird Dir einleuchten, was Du im letzten Absatz vielleicht nicht sofort verstanden hast – und bitte, Jan, werde mir nicht abtrünnig, denn sonst beschämt Dich die nun folgende Evidenz im nachhinein. Was sich die zweite Stimmkonferenz hat einfallen lassen, um der Antike gewachsen zu sein und doch der Moderne zu genügen, wird Dich interessieren, obwohl Du, wie ich, über die Siebzig bist und jetzt vielleicht doch lieber spazierengehen möchtest. Es gibt keinen Anlaß, dieser Ankündigung zu trotzen und zu gähnen, im Gegenteil, ich nehme Dich freudig sogar noch mit einer Aufdeckung eines bislang Verschwiegenen an die Hand – sollte ich besser sagen, an die Kandare? –, denn es ist an der Zeit, daß wir beide das lahm gewordene Steuerruder der Ägyptologen herumwerfen. „Die Verdienste einer Sache kommen nicht von ihr: sie gehen zu ihr", las ich irgendwo. Nicht jenen fühlen wir uns zugehörig, sondern den Pyramiden und den Visionen ihrer Ewigkeit. Dabei ist es gleichgültig, wer von uns beiden das Neue entdeckte!

Die 2. Stimmtonkonferenz setzte 1939 den Kammerton 440 Hz in der Oktave $\frac{528\ Hz}{264\ Hz}$ fest:

	Cent	reine Stimmung	Verhältnis zu c^1	temperierte Stimmung	
c^2	1200	528 Hz	2:1	523,25 Hz	
h^1	1100	495 Hz	15:8	493,88 Hz	
b^1	1000	475 Hz	9:5	466,16 Hz	
a^1	900	440 Hz	5:3	440,00 Hz	
as^1	800	422 Hz	8:5	415,31 Hz	
g^1	700	396 Hz	3:2	392,00 Hz	
fis^1	600	367 Hz	25:18	369,99 Hz	
f^1	500	352 Hz	4:3	349,23 Hz	
e^1	400	330 Hz	5:4	329,63 Hz	
es^1	300	317 Hz	6:5	311,13 Hz	
d^1	200	297 Hz	9:8	293,67 Hz	Frequenzlisten aus:
cis^1	100	275 Hz	25:24	277,18 Hz	U. Michels,
c^1	0	264 Hz	1:1	261,63 Hz	„dtv-Atlas zur Musik", S. 16

chromatische Tonleiter   Kammerton

Unkorrigierte Oktave die Töne in der 4. Okt. sind falsch angegeben heutige reine Stimmung	Die mathematisch fehlerhaften Werte tragen den Resonanz erfordernden Umständen Rechnung, daß in der heutigen reinen Stimmung – wie auch in der temperierten – die Quarten größer $\left(\frac{475}{352} = 1{,}35\right)$ und die Quinten etwas kleiner $\left(\frac{475}{317} = 1{,}498\right)$ ausfallen. (Quarte 4:3 = 1,33…; Quinte 3:2 = 1,5)	**Korrigierte 4. Oktave der heutigen reinen Stimmung**

heutige reine Stimmung ↓	antikes Diatonon ↓ Syntonon x 11
c^2 528 Hz =	48 x 11/$\frac{16}{15}$ = 495 Hz
h^1 495 Hz =	45 x 11/$\frac{25}{24}$ = 475,2
b^1 475,2 Hz =	43,2 x 11/$\frac{27}{25}$ = 440
a^1 440 Hz. =	40 x 11/$\frac{25}{24}$ = 422,4
as^1 422,4 Hz =	38,4 x 11/$\frac{16}{15}$ = 396
g^1 396 Hz =	36 x 11/$\frac{27}{25}$ = 366$\frac{2}{3}$
fis^1 366$\frac{2}{3}$ Hz =	33$\frac{1}{3}$ x 11/$\frac{25}{24}$ = 352
f^1 352 Hz =	32 x 11/$\frac{16}{15}$ = 330
e^1 330 Hz. =	30 x 11/$\frac{25}{24}$ = 316,8
es^1 316,8 Hz =	28,8 x 11/$\frac{16}{15}$ = 297
d^1 297 Hz =	27 x 11/$\frac{27}{25}$ = 275
cis^1 275 Hz =	25 x 11 Hz/$\frac{25}{24}$ = 264
c^1 264 Hz =	24 x 11 Hz

Linke Spalte (Unkorrigierte Oktave, Fortsetzung):

c^2 528 Hz =
h^1 495 Hz =
b^1 475Hz/(9:5) = 263$\frac{8}{9}$ Hz. Der richtige Wert ist: 475,2 Hz/(9:5) = 264 Hz
a^1 440 Hz =
as^1 422 Hz/(8:5) = 263$\frac{3}{4}$ Hz. Der richtige Wert ist: 422,4 Hz/(8:5) = 264Hz
g^1 396 Hz =
fis^1 367 Hz/(25:18) = 264$\frac{6}{25}$ Hz. Der richtige Wert ist: 366$\frac{2}{3}$/(25:18) = 264 Hz
f^1 352 Hz =
e^1 330 Hz =
es^1 317 Hz =/(6:5) = 264$\frac{1}{6}$ Hz. Der richtige Wert ist 316,8/(6:5) = 264 Hz
d^1 297 Hz =
cis^1 275 Hz =
c^1 264 Hz =

Es ist also kein dicker Hund, daß man in einer offiziellen Liste mathematische Fehler verschwieg bzw. durchgehen ließ. Die 2. Stimmtonkonferenz hat ordentliche Vorarbeit für die Mensurierung der Instrumente geleistet. Sie konnte ja nicht wissen, Jan, daß man mit ihrer Liste über Transpositionsfaktoren zu Tonarten in den Pyramidenneigungen würde aufstellen können und an verschieden hohen Pyramiden mit gleichen Böschungswinkeln über äußerst nahe Zahlen ihrer Abmessungen die Frequenzen der Tonart angeben können, in der sie stehen. Wenn nämlich die Basis der Cheopspyramide 441 Ellen lang ist und wenn nahezu identisch 440 Hertz der Kammerton a^1 ist – Karajan zog ihn oft, um zu brillieren, zum Leidwesen angestrengter Bläser bis zu 442 Hz hoch –, muß die Basishälfte (220,5 Ellen bzw. Hz) zur Höhe (280 Ellen bzw. Hz) im Verhältnis $\frac{80}{63} = \frac{280}{220,5}$ stehen, was in harmonischer Distanz der Töne eine übergroße Terz $\frac{8}{7} \times \frac{10}{9}$ in der antiken Tonart Diatonon malakon ist. Daraus folgt wiederum, daß die Cheopspyramide solmisierbar ist und daß ihre Abmessungen als Hertz in A-Dur gehört werden können. Wenn das einem sogenannten „gesunden" Menschenverstand nicht einleuchten will und er sich fragt, warum solche Demonstrationen eigentlich nötig sind, verweise ich auf den Gewinn in der ästhetischen Wahrnehmung der Pyramide. Sie ist der akustischen harmonisch gleichzusetzen, wenn jemand Augen hat zu sehen und nicht nur Ohren hat zu hören.

Anmerkung zum Körperschall

Wem das immer noch zu vag erscheint, den erinnere ich daran, daß ich in Kapitel I. mit Hilfe des Pythagoras gezeigt habe, daß nur mit den obigen Werten die Pyramide gebaut werden konnte und daß, nach der arithmetischen Umrechnungsweise vorher, die hier einsetzende musiktheoretische Untersuchung nachher zum gleichen Ergebnis führt. Zum Phänomen Körperschall aber gesellen sich in der gleichen Tabelle, Jan, noch weitere Informationen, die die jederzeit hilfreiche Mathematik, ihrer Natur gemäß, absichtslos bereitstellt, um uns dennoch ein Ungeschick der Forschung freundlich und ironisch zu archivieren, damit man eines Tages darauf stieße und alsdann die Oberflächlichkeit bisheriger Forschung endlich ans Tageslicht käme. Sieh', wie man es schon nicht für nötig fand, die empirisch gewonnenen Pyramidenabmessungen zu überprüfen und die Frage erst gar nicht stellte, ob man damit die Pyramiden überhaupt hätte bauen können, hatte ich ein sehr leichtes Spiel, die richtigen Abmessungen mit Hilfe der Pythagoras' – und Sinus – $\frac{\gamma}{2}$-Probe hier im ersten Kapitel zu finden. Ebenso ermahne ich *nicht* Dich, aber meine präsumptiven ägyptologischen Leser, auf „Systeme" aufmerksam zu werden, „die mit gleicher Eigenfrequenz wie (die) auf sie treffenden Schallwellen zum Mitschwingen angeregt werden (Resonanz)" (s. Handbuch, S. 19)". Wahrnehmen sollten sie, was außerhalb ihres Berufsfeldes liegt, über den Tellerrand schauen und, wenn möglich, verinnerlichen, daß ein harmonisches Abstandsprinzip nur in Übereinstimmung mit dem Resonanzprinzip beobachtet werden kann. Wenn nämlich Körperschall auftritt: z. B. wenn ein allerdings nur theoretisch vorstellbarer riesengroßer Hubschrauber, der mit der Rotorfrequenz von 441 Hz weiträumig die Cheopspyramide umfliegt, dann beginnt sie aufgrund ihrer Basislänge von 441 Ellen von selbst in der Ferne zu stauben – ebenso wie zwei Stimmgabeln sich anregen – und alsdann bekommt man die mitschwingende Anregung auch zu sehen. Der Staub wird nicht durch die Turbulenzen des Helikopters aufgewirbelt, sondern durch energiereiche Frequenzen seiner flappenden Rotorblätter.

Resonanzstörung

Diese physikalische Tatsache veranlasst uns dort, wo die Resonanz bei nicht vorhandener Koinzidenz der Ausgangsbedingungen ausbleibt, auch den Grund dazu in Störfaktoren zu entdecken und damit der Forschung Gelegenheit zu geben, in den Pyramidenneigungen jene Intervalle des schwingenden antiken Diatonon syntonon wiederaufzufinden, die durch Abrundungen seiner Frequenzzahlen verschwanden. Denn bei vier fehlerhaften Frequenzen (475 Hz; 422 Hz; 367 Hz; 317 Hz) in heutiger reiner Stimmung (die ich in den Tabellen auf den vorigen Seiten dem Leser zuliebe schon ausgemerzt habe), treten bei den sieben Quartpyramiden, die im antiken Diatonon syntonon stehen und exakt (475,2 Hz; 422,4 Hz; $366\frac{2}{3}$ Hz, 316,8 Hz) Längeneinheiten zur Einrichtung ihrer Porportion hatten, in Halbtonabständen 7 manifeste und bis zu 35 mögliche Fehler in den Böschungswinkeln auf und stören so die Ausgangsbedingungen der Resonanz durch ungeeignete Abstände der Töne.

Schon leichte Verstimmungen beenden auf der Stelle Resonanz!

Dies ist nicht nur in der Akustik, sondern auch in der Kommunikation der Forschung der Fall, wie es die Behandlung der Pyramide des Chephren durch messende Ägyptologen zeigt. Offiziell eingemessen hat sie die richtige Neigung einer Quarte (4:3) mit dem Böschungswinkel von 53°10' bekommen, obwohl ihre empirische Messungen Basis 410 Ellen (215,29 m), Höhe 275 Ellen (143,87 m) zur Proportion 4:3 ziemlich daneben lagen (s. Kap. I, S. 19), denn $\text{arctg}\frac{275}{205} = 53{,}29°$ und $\text{arctg}\frac{143{,}87}{107{,}645} = 53{,}195°$. Der richtig angegebene Böschungswinkel von 53°10' wurde also in Ellen- und Meterwerten verfehlt. Ich konnte nun mit Hilfe meiner beiden Proben und mit der Königselle von 0,525 m die korrekte Höhe $273\frac{1}{3}$ Ellen (143,5 m) und die Basishälfte 205 Ellen (107,625 m) $\text{arctg}\left(273\frac{1}{3}\right)/205 = 53{,}13°$ rekonstruieren, und nur mit diesen Werten ließ sich die Pyramide bauen, und nur mit diesen Werten ist sie ästhetischer und akustischer Resonanz fähig.

Die Quarte aus den abgerundeten Frequenzen in heutiger reiner Stimmung hätte $\frac{475\,\text{Hz}}{352\,\text{Hz}} = 1{,}35$ statt 1,3... ergeben und für den Böschungswinkel der Chephrenpyramide $\text{arctg}\left(\frac{475}{352}\right) = 53{,}46°$. Ähnlich falsche Werte wären bei sechs weiteren Pyramiden aufgetreten. Diesen Augiasstall zusätzlich falscher Neigungen habe ich nun ausgemistet und, nach dem ersten Kapitel, hiermit im zweiten noch einmal in Ordnung gebracht. Dazu brauchte ich an den Listen des ersten Kapitels kein Jota zu ändern.

Dazu muß man, lieber Jan, noch hinzufügen, daß gleich zwei Fehlerquellen zu einem Fehlerstrom größeren Ausmaßes zusammenwirken und eine vorhandene Ordnung so „nachhaltig" durcheinanderbringen, daß man zunächst keine Chance und alsbald auch keine Lust mehr hat, noch weiter dieser Richtung zu suchen. Man kann auch keinen Computer finden, der zuständig wäre, da ihm das resonante und visuelle Wechselspiel, das wir mit Harmonie beschreiben und das wir – was er könnte – mathematisch schon aus dem Wechselspiel der Anwendung des arithmetischen Mittels und dem harmonischen auf die Oktave (s. hier S. 255) herleiten, ja der Antike verdanken, nicht eintrichtern können, weil er nicht weiß, was eine befriedigte Emotion ist. Und diese ist auch den Ägyptologen entgangen. Ludwig Borchardt hat 1922 in seinem Vortrag „Gegen die Zahlenmystik in der großen Pyramide", S. 13, verzagt. Er hat lakonisch Text und Zeichnung hinterlassen, die weder warum noch darum sagen. Hier Ludwig Borchardts Text:

„Um die große Verschiedenheit zu zeigen, mit der die alten Baumeister der Pyramidenzeit die Böschung ihrer Bauwerke anlegte, sind in der ... Skizze (Abb. 3), zu der man auch die später (S. 15 und 16) folgende Zusammenstellung vergleichen möge, eine Anzahl, bei weitem nicht alle, Böschungen und Schrägen so gezeichnet, daß man ihren Winkel sowohl nach alter wie nach unserer Art ablesen kann. Dabei sind nicht nur Pyramidenböschungen, sondern auch Mauerschrägen, Mastababöschung und Gangschrägen berücksichtigt. ... Weiter rechts folgt das Strahlenbüschel der Pyramidenböschungen, es sind solche von 4 H 3 F, bis 7 H 2

F³³), wofür man, da ja 1 H = 4 F ist, natürlich auch $4\frac{3}{4}$ H bis $7\frac{1}{2}$ H setzen könnte. Es wird für den weiteren Verlauf unserer Besprechung gut sein, wenn man sich hier schon merkt, wie mannigfaltig die Alten die Pyramidenwinkel angelegt haben."

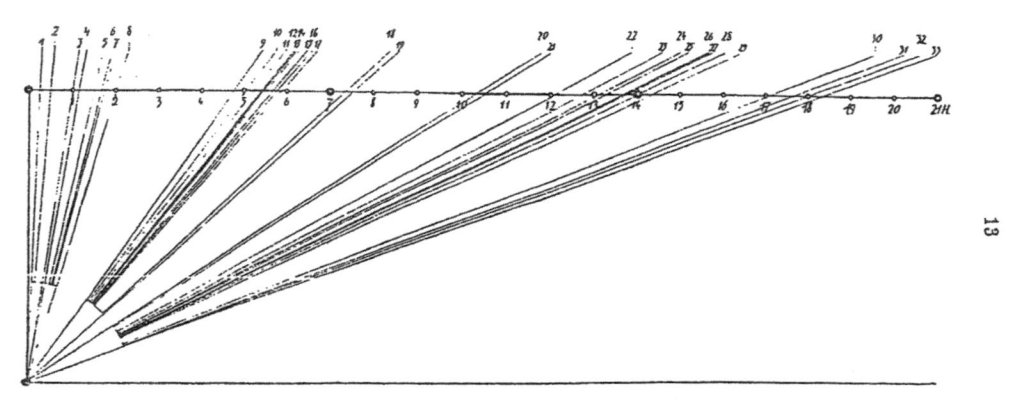

Abb. 3. Einige Wand-, Mastaba-, Pyramidenböschungen und Gangschrägen nach altägyptischer Art gemessen.
Die Zahlen an der Wagerechten (1 bis 21 H) geben das Böschungs- bzw. Schrägenmaß, z. B. bei Böschung 14: 5½ H Rücksprung (auf 1 E Steigung).
Die Zahlen über den einzelnen Böschungen bzw. Schrägen verweisen auf die auf S. 15 und 16 folgende Zusammenstellung.

Schwere Verstimmungen führen zum Abbruch der Kommunikation

Und so nahm dieses Mißverständnis der Ägyptologie in der Frage der Pyramidenneigungen seinen Fortgang, und so ist es bis heute geblieben. Ein an sich friedlicher Ordinarius aus Münster, als umgänglich bekannt, dem ich 2008 mein Buch schenkte und der die ägyptischen Übungsaufgaben zum Pyramidenbau aus dem Papyrus Rindt abschrieb und ähnlich Borchardt diese Dokumentierung aus der Forschung für ausreichend hielt, durchstach mich mit einer Stecknadel, heftete mich an die Pinwand, rieb sich die Hände und nannte meine Forschung „esoterisch". Ich antwortete ihm (was mir gewiß leid tat, nachdem ich die Nadel herausgezogen): „Er dagegen hätte in seinen Schriften sein Leben lang versucht, Kraftsuppe aus einem Wurstzipfel zu kochen." Er war sehr ärgerlich und stachelte von 2008 bis dato 2012 vier SÄK-Jahres-Kongresse auf, die mich auch von jeglicher Anhörung und Teilnahme ausschlossen. Für jemanden, der in so Harnisch geriet, war das konsequent, und ein gewisses Recht dazu mußte ich auch der Einfalt zubilligen. Eine Auseinandersetzung mit meiner Entdeckung fand also nicht statt, sie erübrigte sich bei dieser Methode durch Rausschmiss. Weil ich den Fehler beging, zu protestieren und zu lärmen, finden mich seitdem die deutschen Ägyptologen lästig. Sie schlagen einen Riesenbogen um mein Buch und halten mich für eine lärmende Tüte. Wenn ich eine Tüte bin, so muß doch etwas in mir sein! Nicht wahr, Jan?

Mozarts „Zauberflöte" versöhnt mich mit der Ägyptologie

„Mein Urgroßvater pflegte seiner Frauen, meiner Urgroßmutter, dieser ihrer Tochter, meiner Großmutter, diese wieder ihrer Tochter, meiner Mutter, dieser abermal ihrer Tochter, meiner leiblichen Schwester, zu sagen, daß es eine sehr große Kunst sei, wohl und schön zu reden, aber vielleicht eine nicht minder große, zur rechten Zeit aufzuhören …" (Aus einem Brief Mozarts an G. v. Jaquin, 4.11.1787)

Nach dem Vorbild Mozarts, dessen Konzerte vorzeitig und überraschend enden, man hört es schon aus Modulationen nach der Mitte des letzten Satzes und wird fast gegen den Willen aus einem schönen Traum und – übrigens auf Dauer – der schwer erträglichen Illusion geworfen, es könne unendlich so weitergehen, so schließe ich jetzt das zweite Kapitel mit *diesem Brief an Dich,* und zwar mit der überprüfbaren Synopsis von 9 Pyramiden im DIATONON SYNTONON, der antiken Tonart, die nach meiner Entdeckung identisch mit unserer heutigen reinen Stimmung ist, und von 20 Pyramiden, die im DIATONON MALAKON, Archytas' DIATONON (SESOSTRIS I.–III.) stehen, zwei Tongeschlechtern, die heute verschwunden sind. Meine Umrechnungen ergaben dieselben Maße wie die der 29 in Kap. I.! Unabgehandelt überließe ich sie gern als Potlatch den deutschen Ägyptologen, falls sie das ausrechnen könnten. Ob sie es überhaupt wollten? Indem sie mich so forderten, förderten sie mich. Ihr Erfolg – finde zumindest ich – kann sich sehen lassen!

Querflöte, Nachbau 20. Jh., nahezu rein gestimmt im DIATONON SYNTONON, festgesetzt auf der 2. Internat. Stimmkonferenz 1939 $\left(\text{Quartteilung: } \frac{9}{8} \times \frac{10}{9} \times \frac{16}{15} = \frac{4}{3}\right)$

Nimmt man den Grundton c^1 = 264 Hz, so ist die Quartteilung: 264 Hz $\times \frac{9}{8}$ = 297; $\times \frac{10}{9}$ = 330; $\times \frac{16}{15}$ = 352 Hz; $\frac{352}{264} = \frac{4}{3}$

550	495	475	440	422	396	367	352	330	317 Hz
cis^2	h^1	b^1	a^1	gis^1	g^1	fis^1	f^1	e^1	dis^1

dis^2	d^2	c^2						d^1	cis^1	c^1
634	594	528						297	275	264 Hz

Frequenzfolge aus: U. Michels „dtv-Atlas zur Musik, Bd. 1 S. 16, 88, 164. Von mir (FWK) kursiv ausgezeichnet sind die Abrundungen der Stimmkonferenz.

Querflöte, 17./18. Jh. zur Zeit Mozarts, nicht mitteltönig, sondern rein pythagoraisch im DIATONON SYNTONON gestimmt

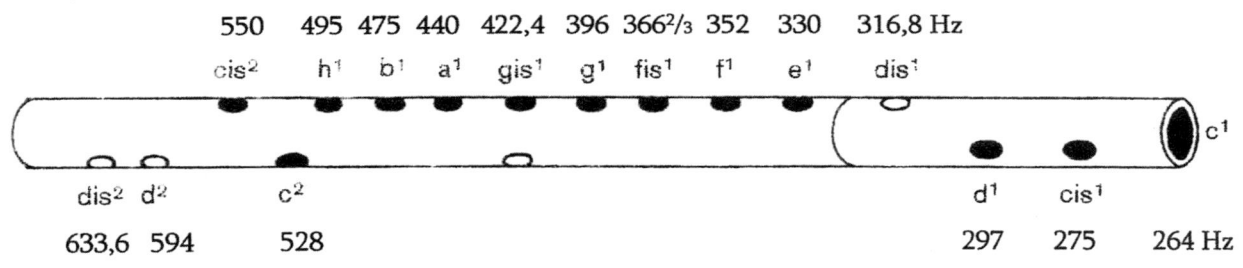

550	495	475	440	422,4	396	$366^{2/3}$	352	330	316,8 Hz
cis^2	h^1	b^1	a^1	gis^1	g^1	fis^1	f^1	e^1	dis^1

dis^2	d^2	c^2						d^1	cis^1	c^1
633,6	594	528						297	275	264 Hz

Platons Textquelle »Epinomis 990 E" zum Beginn der Naturtonreihe und Pythagoras' Abschrift von der Schiefertafel, ΕΠΟΓΔΟΩΝ „Das Ganze und ein Achtel" $\left(1 + \frac{1}{8} = \frac{9}{8}\right)$, dem Ganzton $\frac{9}{8}$ in der Oktav Mitte 6 zu 12 in Raffaels Fresko „Die Schule von Athen."

Nay, Uffata-Langflöte, Altes Reich (2850–2160 v. Chr.), pythagoräisch pentatonisch (6:8:9:12) in der Oktave e^1- e mit sechs Tönen um den Grundton a = 220 Hz gestimmt

Nimmt man den Grundton a = 220 Hz, so ist die Quinte darüber: 220 Hz $\times \frac{9}{8}$ = 247,5 Hz (h); $\times \frac{16}{5}$ = 264 Hz (c^1); $\times \frac{5}{4}$ = 330 Hz; $\frac{330}{220} = \frac{3}{2}$; die Quarte darunter: 220 Hz / $\frac{5}{4}$ = 176 (f); / $\frac{16}{15}$ = 165 (e); $\frac{220}{165} = \frac{4}{3}$.

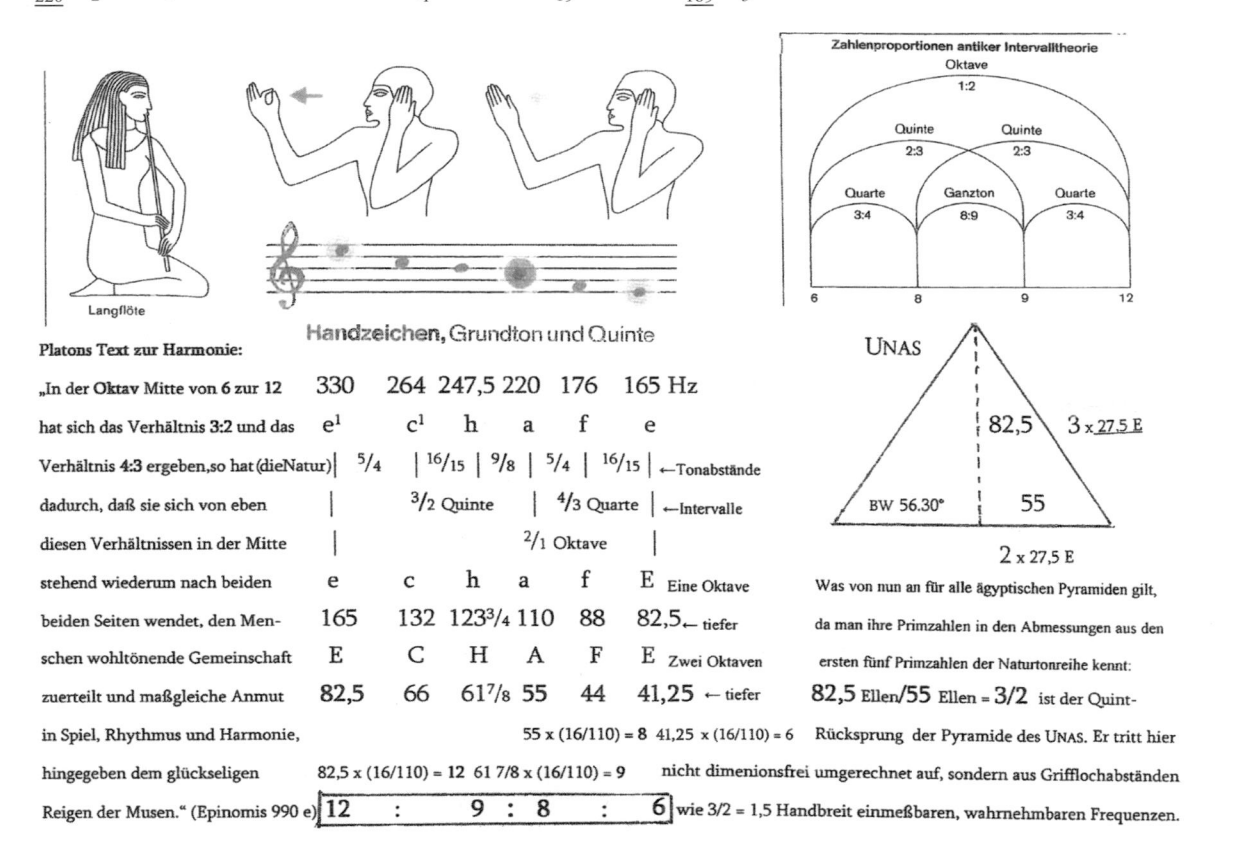

Platons Text zur Harmonie:

„In der Oktav Mitte von 6 zur 12 hat sich das Verhältnis 3:2 und das Verhältnis 4:3 ergeben, so hat (die Natur) dadurch, daß sie sich von eben diesen Verhältnissen in der Mitte stehend wiederum nach beiden beiden Seiten wendet, den Menschen wohltönende Gemeinschaft zuerteilt und maßgleiche Anmut in Spiel, Rhythmus und Harmonie, hingegeben dem glückseligen Reigen der Musen." (Epinomis 990 e)

	330	264	247,5	220	176	165 Hz	
	e^1	c^1	h	a	f	e	
Tonabstände	5/4	16/15	9/8	5/4	16/15		←Tonabstände
Intervalle		3/2 Quinte		4/3 Quarte		←Intervalle
			2/1 Oktave			
	e	c	h	a	f	E	Eine Oktave
	165	132	$123^{3/4}$	110	88	82,5	tiefer
	E	C	H	A	F	E	Zwei Oktaven
	82,5	66	$61^{7/8}$	55	44	41,25	← tiefer

55 x (16/110) = 8   41,25 x (16/110) = 6
82,5 x (16/110) = 12   61 7/8 x (16/110) = 9

12 : 9 : 8 : 6

Zahlenproportionen antiker Intervalltheorie
Oktave 1:2
Quinte 2:3   Quinte 2:3
Quarte 3:4   Ganzton 8:9   Quarte 3:4
6   8   9   12

UNAS

82,5   3 x 27,5 E
BW 56.30°   55
2 x 27,5 E

Was von nun an für alle ägyptischen Pyramiden gilt, da man ihre Primzahlen in den Abmessungen aus den ersten fünf Primzahlen der Naturtonreihe kennt: 82,5 Ellen/55 Ellen = 3/2 ist der Quint- Rücksprung der Pyramide des UNAS. Er tritt hier nicht dimensionsfrei umgerechnet auf, sondern aus Grifflochabständen wie 3/2 = 1,5 Handbreit einmeßbaren, wahrnehmbaren Frequenzen.

9 Pyramiden mit Intervallen des Diatonon syntonon, identisch mit reiner Stimmung

Raffael läßt in der „Schule von Athen"(1509–1510) in der *Stanza della Segnatura* des Vatikans Pythagoras die Proportionen der Pentatonik in „6:8:9:12" den antiken Ausgangston 6 der antiken Tonarten von der Schiefertafel abschreiben. Die 3. Oktave also über 3; 3 x 2^3 = 1x2x3x4 = 24 ist Grundton(4!) des antiken DIATONON SYNTONON *und* der heutigen REINEN STIMMUNG, der nur 1939 von 2. Internat. Stimmtonkonferenz die 11 angehängt ist, um c^1 = 24 x 11 a 264 Hz zu erreichen. Musikalischer Grund dafür ist keine Festlegung, sondern musikalische Wirkung des Anfangs der Partial- und Obertonreihe mit den vier Proportionen Oktave (2:1), Quinte (3:2), Quarte (4:3), als Tonika, Subdominante und Dominante, die von Aristoteles *Tetraktys*, „Quell der Musik", genannt, die festen Töne La in der Intervallkette 1x2x3x4= 24 Hz bilden. Was ich hier entdecke, ist uralt. (s. Platon „Epinomis 990 E").

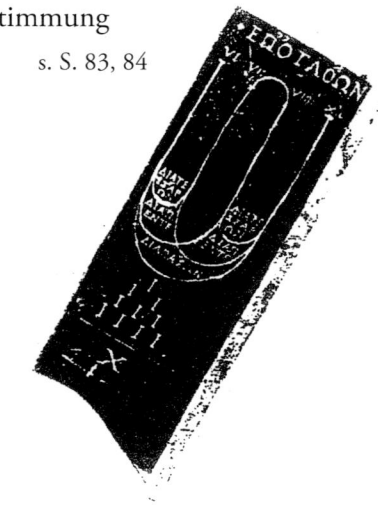

s. S. 83, 84

Antike Rücksprünge im Diatonon syntonon   **Heutige Intervalle in reiner Stimmung**

Pyramide	Rücksprung	Diat.synt.	reine Stimmung	Tonabstand	Transpositionsfaktor	Höhe Pyramide	Transp.-Faktor	Basishälfte Pyramide
Chephren	RS 4/3 =	64/48	704 Hz/528 Hz =	f^2-c^2 ;	64 x *205/48* =	273 1/3 E Höhe;	48 x *205/48* =	205 E Basishälfte
Mykerinos	RS 5/4 =	60/48 ;	660 Hz/528 Hz =	e^2-c^2 ;	60 x *25/12* =	125 E Höhe;	48 x *25/12* =	100 E Basishälfte
Neferefre	RS 4/3 =	64/48 ,	704 Hz/528 Hz =	f^2-c^2 ;	64 x *125/96* =	83 1/3 E Höhe ;	48 x *125/96* =	62,5 E Basishälfte
Unas	RS 3/2 =	72/48 ,	792 Hz/528 Hz =	g^2-c^2 ;	72 x *55/48* =	82,5 E = Höhe;	48 x *55/48* =	55 E Basishälfte
Teti, Pepi I.Pepi II	RS 4/3 =	64/48 ,	704 Hz/528 Hz =	f^2-c^2;	64 x *25/16* =	100 E = Höhe;	48 x *25/16* =	75 E Basishälfte
Merenre	RS 4/3 =	64/48,	704 Hz/528 Hz =	f^2-c^2;	64 x *175/96* =	116 2/3 E Höhe;	48 x *175/96* =	87,5 E Basishälfte
Unbekannt	RS 4/3 =	64/48	704 Hz/528 Hz =	f^2-c^2;	64 x *175/96* =	116 2/3 E = Höhe;	48 x *175/96* =	87,5 E Basishälfte

3. Oktave heutiger reiner Stimmung. Antikes Diat. Syntonon unrein in Halbton-, rein in Ganztonabständen d. Quarten u.Quinten

c^1 264 Hz =24 x11 Hz	|24 x 25/24	= 25 Hz	c^1 = 264 x 1 Hz = 264 Hz
cis^1 275 Hz = 25 x11 Hz	| 25 x 27/25	= 27 Hz	
d^1 297 Hz = 27 x11 Hz ↓korrigiert	| 27 x 16/15	= 28,8 Hz	d^1 = 264 x 9/8 = 297 Hz
es^1 317 Hz , 28,8 x 11 Hz = 316,8 Hz	| 28,8 x 25/24	= 30 Hz	
e^1 330 Hz = 30 x11 Hz	| 30 x 16/15	= 32 Hz	e^1 = 297 x 10/9 = 330 Hz ↑$^{352}/_{264}$ = 1,333
f^1 352 Hz = 32 x 11 Hz	| 32 x 25/24 ↑$^{495}/_{367}$ =1,348	= 33 1/3 Hz	f^1 = 330 x 16/15 = 352 Hz reine Quarte(c^1-f^1)
fis^1 367 Hz; 33 1/3 x 11 Hz = 366 2/3 Hz	| 33 1/3 x 27/25 unreine Quarte (h^1- fis^1)	= 36 Hz	
g^1 396 Hz = 36 x11 Hz	|36 x 16/15	= 38,4 Hz	g^1 = 352 x 9/8 = 396 Hz ↑396/264/ = 1,5
as^1 422 Hz; 38,4 x 11 Hz = 422,4 Hz	|38,4 x 25/24 ↑$^{422}/_{275}$ = 1,534	= 40 Hz	reine Quinte (c^1-g^1)
a^1 440 Hz = 40 x 11 Hz	| 40 x 27/25 unreine Quinte (as^1-fis^1)	= 43,2 Hz	a^1 = 396 x 10/9 = 440 Hz
b^1 475 Hz; 43,2 x 11 Hz = 475,2 Hz	| 43,2 x 25/24	= 45 Hz	
h^1 495 Hz = 45 x 11 Hz	| 45 x 16/15	= 48 Hz	h^1 = 440 x 9/8 = 495 Hz
c^2 528 Hz = 48x11 Hz	| 48 Hz		c^2 = 495 x 16/15 = 528 Hz

4. Oktave

c^2 528 Hz = 48 x 11 Hz	|48 x 25/24 = 50 Hz	25/24	Töne des antiken Diatonon syntonon
cis^2 550 Hz = 50 x 11 Hz	| 50 x 27/25 = 54 Hz	27/24 = 9/8	und der reinen Stimmung in neun Pyramiden-
d^2 594 Hz = 54 x 11 Hz	|54 x 16/15 = 57,6 Hz	30/27 = 10/9	neigungen sowie in Papagenos Glockenspiel
es^2 634 Hz[1] , 57,6 x 11 Hz = 633,6 Hz	|57,6 x 25/24 = 60 Hz		(Flötensignal g^2 - d^3) und sämtlichen Noten in
e^2 660 Hz = 60 x 11 Hz	| 60 x 16/15 = 64 Hz		↓ Mozarts Oper „Die Zauberflöte":
f^2 704 Hz = 64 x 11 Hz	| 64 x 25/24 = 66 2/3 Hz	32/30 = 16/15	
fis^2 734 Hz; 66 2/3 x 11 Hz = 733 1/3 Hz	| 66 2/3 x 27/25 = 72 Hz		
g^2 792 Hz = 72 x11 Hz	|72 x 16/15 = 76,8 Hz	36/32 = 9/8	g^2 = 792 Hz
as^2 844 Hz; 76,8 x 11 Hz = 844,8 Hz	|76,8 x 25/24 = 80 Hz		
a^2 880 Hz = 80 x 11 Hz	|80 x 27/25 = 86,4 Hz	40/36 = 10/9	a^2 = 880 Hz
b^2 950 Hz; 86,4 x 11 Hz = 950,4	|86,4 x 25/24 = 90 Hz		
h^2 990 Hz; = 90 x 11 Hz	| 90 x 16/15 = 96 Hz	48/45 = 16/15	h^2 = 990 Hz
c^3 1056 Hz = 96 x 11 Hz	| 96 Hz x 9/8 = 108 Hz	54/48 = 9/8	c^3 = 1056 Hz
d^3 1188 Hz = 108 x 11	|108 Hz		d^3 = 1188 Hz

19 Pyramiden mit Intervallen des Diatonon malakon, identisch mit heutiger Stimmung

Anders als das DIATONON SYNTONON, das über 25/24, 27/25 u. 16/15 als Halbtöne verfügt, besitzt das DIATONON MALAKON 15/14, 16/15, 21/20 als Halbtöne.

Antike Rücksprünge im Diatonon malakon Heutige Intervalle in reiner Stimmung; kursiv geschriebene wie *Sesostris I.-III.* sind Rücksprünge in **Archytas' Diatonon**.

Pyramide	Rücksprung	Diaton malakon	reine Stimmung	Tonabstand	Transpositionsfaktor	Höhe Pyramide	Transp.-Faktor	Basishälfte Pyramide
Meidum	RS 80/63 =	40/31,5	502 6/7 Hz/396 Hz =	h^1-g^1;	40 x *92/21* =	175 5/21 E Höhe;	31,5 x *92/21* =	138 E Basishälfte
Knickpyarmide	RS 10/9 =	40/36 ;	502 6/7 Hz/452 4/7 Hz =	h^1-a^1;	40 x *5* =	200 E Höhe;	36 x *5* =	180 E Basishälfte
Dahshur-N	RS 20/21 =	40/42 ,	502 6/7 Hz/528 Hz =	h^1-c^2;	40 x *5* =	200 E Höhe;	42 x *5* =	210 E Basishälfte
Cheops	RS 80/63 =	42/24	502 6/7 Hz/396 Hz =	h^1-g^1	40 x *7* =	280 E = Höhe;	31,5 x *7* =	220,5 E Basishälfte
Djedefre	RS 7/4 =	42/24	528 Hz/301 5/7 Hz =	c^2-d^1;	42 x *25/6* =	175 E = Höhe;	24 x *25/6* =	100 E Basishälfte
Königsgrab (a)	RS 80/63 =	40/31,5	502 6/7 Hz/396 Hz =	h^1-g^1 ;	40 x *10/3* =	133 1/3 E = Höhe ;	31,5 x *10/3* =	105 E Basishälfte
Königsgrab (b)	RS 20/21 =	40/42 ,	502 6/7 Hz/528 Hz =	h^1-c^2;	40 x *5/2* =	100 E = Höhe;	42 x *5/2* =	105 E Basishälfte
Königsgrab (c)	RS 4/3 =	64/48 ,	704 Hz/528 Hz =	f^2-c^2;	64 x *35/16* =	140 E = Höhe ;	48 x *7/2* =	105 E Basishälfte
Userkaf	RS 4/3 =	64/48 ,	704 Hz/528 Hz =	f^2-c	64 x *35/24* =	93 1/3 E = Höhe ;	48 x *35/24* =	70 E Basishälfte
Sahure	RS 80/63 =	40/31,5	502 6/7 Hz/396 Hz =	h^1-g^1	40 x *50/21* =	95 5/21 E = Höhe;	31,5 x *50/21* =	75 E Basishälfte
Neferirkare	RS 7/5 =	42/30	528 Hz/377 1/7 Hz =	c^2-fis^1;	42 x *10/3* =	140 E = Höhe;	24 x *25/6* =	100 E Basishälfte
Djedkare	RS 80/63 =	40/31,5	502 6/7 Hz/396 Hz =	h^1-g^1	40 x *50/21* =	95 5/21 E = Höhe;	31,5 x *50/21* =	75 E Basishälfte
Amenemhet I.u. II.	RS 7/5 =	42/30	528 Hz/377 1/7 Hz =	c^2-fis^1;	42 x *8/3* =	112 E = Höhe	30 x *8/3* =	80 E Basishälfte
Sesostris I.	RS 7/6 =	42/36	528 Hz/452 4/7 Hz =	c^2-a^1;	42 x *25/9* =	116 2/3 E = Höhe	36 x *25/9* =	100 E Basishälfte
Sesostris II.	RS 14/15 =	28/30	352 Hz/377 1/7 Hz =	f^1-fis^1;	28 x *10/3* =	93 1/3 E = Höhe	30 x *10/3* =	100 E Basishälfte
Sesostris III.	RS 7/6 =	42/36	528 Hz/452 4/7 Hz =	c^2-a^1;	42 x *25/9* =	116 2/3 E = Höhe	36 x *25/9* =	100 E Basishälfte
Amenemhet.3. (Dahshur)	RS 10/7 =	40/28	502 6/7 Hz/352 Hz =	h^1-f^1;	40 x *125/35* =	142 6/7 E = Höhe;	28 x 125/35 =	100 E Basishälfte
Amenem.3. (Hawara)	RS 8/7 =	36/31,5	452 4/7 Hz/396 Hz =	a^1-g^1;	36 x *200/63* =	114 2/7 E = Höhe;	31,5 x *200/63* =	100 E Basishälfte
Chendjer	RS 10/7 =	40/28	502 6/7 Hz/352 Hz =	h^1-f^1;	40 x *25/14* =	71 3/7 E = Höhe;	28 x 125/35 =	50 E Basishälfte
Mazghuna -S.	RS 10/7 =	40/28	502 6/7 Hz/352 Hz =	h^1-f^1;	40 x *25/14* =	71 3/7 E = Höhe;	28 x 125/35 =	50 E Basishälfte

Von Ptolemaios überlieferte Quartteilung des DIATONON MALAKON in zwei Ganztönen und einem Halbton (8/7 x 10/9 x 21/20 = 4/3)
3. Oktave reiner Stimmung |Antikes Diat. malakon unrein in Halbton-, **rein** in Ganztonabständen d. Quarten u.Quinten

c^1 264 Hz =21 x 440/35 Hz	|21 x 15/14 = 22,5 Hz	c^1 = 264 x 1 Hz	= 264 Hz
cis^1 282 6/7 Hz = 22,5 x 440/35 Hz	|22,5 x 16/15 = 24 Hz	cis^1	= 282 6/7 Hz
d^1 301 5/7 Hz = 24 x 440/35 Hz	|24 x 15/14 = 25 5/7 Hz	d^1 = 264 x 8/7	= 301 5/7 Hz
es^1 323 13/49 Hz = 25 5/7 x 440/35 Hz	|25 5/7 x 16/15 = 27 3/7 Hz	es^1	= 323 13/49 Hz
e^1 335 5/21 Hz = 26 2/3 x 440/35 Hz	|26 2/3 x 21/20 = 28 Hz	e^1= 301 5/7 x 10/9	= 335 5/21 Hz $\uparrow$ 440/352 = 1,333
f^1 352 Hz = 28 x 440/35 Hz	| 28 x15/14 $\uparrow$ 495/367 =1,348 = 30 Hz	f^1 = 335 5/21 x 21/20	= 352 Hz reine Quarte(c^1-f^1)
fis^1 377 1/7 Hz; 30 x 440/35 Hz	|30 x 21/20 unreine Quarte (h^1- fis^1)= 31,5 Hz		=377 1/7 Hz
g^1 396Hz = 31,5 x 440/35 Hz	| 31,5 x 16/15 = 33,6 Hz	g^1 = 352 x 9/8	= 396 Hz $\uparrow$ 396/264 = 1,5
as^1 422,4 Hz; 33,6 x 440/35 Hz	| 33,6 x 15/14 $\uparrow$ 422,4/282 6/7 = 1,493 = 36 Hz	as^1 = 422,4 Hz	reine Quinte (c^1-g^1)
a^1 452 4/7 Hz = 36 x 440/35 Hz	| 36 x 25/24 unreine Quinte (as^1-fis^1) = 37,5 Hz	a^1 = 396 x /8/7	= 452 4/7 Hz
b^1 471 3/7 Hz; x 37,5 x 440/35	| 37,5 x 16/15 = 40 Hz		= 471 3/7
h^1 502 6/7 Hz = 40 x 440/35 Hz	| 40 x 21/20 = 40 Hz	h^1 = 452 4/7 Hz x 10/9	= 502 6/7 Hz
c^2 528 Hz = 42x440/35 Hz	42 Hz	c^2 = 502 6/7 x 21/20	= 528 Hz

4. Oktave

c^2 528 Hz = 48 x 11 Hz	|48 x 25/24 = 50 Hz	25/24	Töne des antiken Diatonon syntonon
cis^2 550 Hz = 50 x 11 Hz	| 50 x 27/25 = 54 Hz	27/24 = 9/8	und der reinen Stimmung in neun Pyramiden-
d^2 594 Hz = 54 x 11 Hz	|54 x 16/15 = 57,6 Hz	30/27 = 10/9	neigungen sowie in Papagenos Glockenspiel
es^2 634 Hz[1] , 57,6 x 11 Hz = 633,6 Hz	| 57,6 x 25/24 = 60 Hz		(Flötensignal g^2 - d^3) und sämtlichen Noten in
e^2 660 Hz = 60 x 11 Hz	| 60 x 16/15 = 64 Hz		$\downarrow$ Mozarts Oper „Die Zauberflöte":
f^2 704 Hz = 64 x 11 Hz	|64 x 25/24 = 66 2/3 Hz	32/30 = 16/15	
fis^2 734 Hz; 66 2/3 x 11 Hz = 733 1/3 Hz	|66 2/3 x 27/25 = 72 Hz		
g^2 792 Hz = 72 x11 Hz	|72 x 16/15 = 76,8 Hz	36/32 = 9/8	g^2 = 792 Hz
as^2 844 Hz; 76,8 x 11 Hz = 844,8 Hz	|76,8 x 25/24 = 80 Hz		
a^2 880 Hz = 80 x 11 Hz	|80 x 27/25 = 86,4 Hz	40/36 = 10/9	a^2 = 880 Hz
b^2 950 Hz; 86,4 x 11 Hz = 950,4 Hz	|86,4 x 25/24 = 90 Hz		
h^2 990 Hz; 90 x 11 Hz	|90 x 16/15 = 96 Hz	48/45 = 16/15	h^2 = 990 Hz
c^3 1056 Hz = 96 x 11 Hz	| 96 Hz x 9/8 = 108 Hz	54/48 = 9/8	c^3 = 1056 Hz
d^3 1188 Hz = 108 x 11	|108 Hz		d^3 = 1188 Hz

Übereinstimmung musikalischer und architektonischer Proportionen Ergebnis des zweiten Kapitels mit dem Beispiel der Pyramide des Unas:

Legt man das Resonanzprinzip zugrunde und nimmt in der dritten Oktave reiner Stimmung vom Ton e^2 = 660 Hz drei Oktaven fort $\left(\frac{660}{2^3} \text{ Hz} = 82,5 \text{ Hz}\right)$, dazu vom Kammerton 440 Hz ebenso drei Oktaven $\left(\frac{440}{2^3} = 55 \text{ Hz}\right)$ und zieht dann das Distanzprinzip zum Vergleich heran, so erhält man mit ihm ästhetisch sichtbar die architektonische Rücksprungsproportion der Pyramide des Unas (82,5 Ellen Höhe/55 Ellen Basishälfte). Beide Zahlen sind dimensionsfrei, weil sich Hertz und Ellen jeweils aus der Proportion herauskürzen. Das Ergebnis ist musikalisch eine Quinte (3:2), hörbar im Intervall e-A in der ersten Oktave heutiger reiner Stimmung.

1. Oktave reiner Stimmung Antikes Diat. Syntonon unrein in Halbton-, rein in Ganztonabständen d. Quarten u. Quinten (s. S. 59)

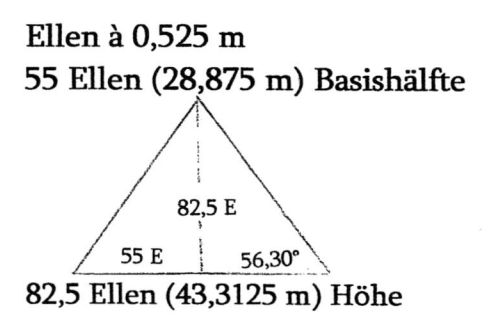

Töne

A 55 Hz	= 5×11 Hz		× 27/25 = 59,4 Hz
B 59,4	= 5,4 × 11 Hz		×25/24 = 61,875 Hz
H 61,875	= 5,625 × 11 Hz		× 16/15 = 66 Hz
c 66 Hz	= 6 × 11 Hz		× 25/24 = 68,75 Hz
cis 68,75 Hz	= 6,25 ×11 Hz		× 27/25 = 74,25 Hz
d 74,25 Hz	= 6,75 × 11 Hz		× 16/15 = 79,2 Hz
es 79,2 Hz	= 7,2 × 11 Hz		× 25/24 = 82,5 Hz
e 82,5 Hz	= 7,5 × 11 Hz		

Ellen à 0,525 m
55 Ellen (28,875 m) Basishälfte

  82,5 E
  55 E   56,30°

82,5 Ellen (43,3125 m) Höhe

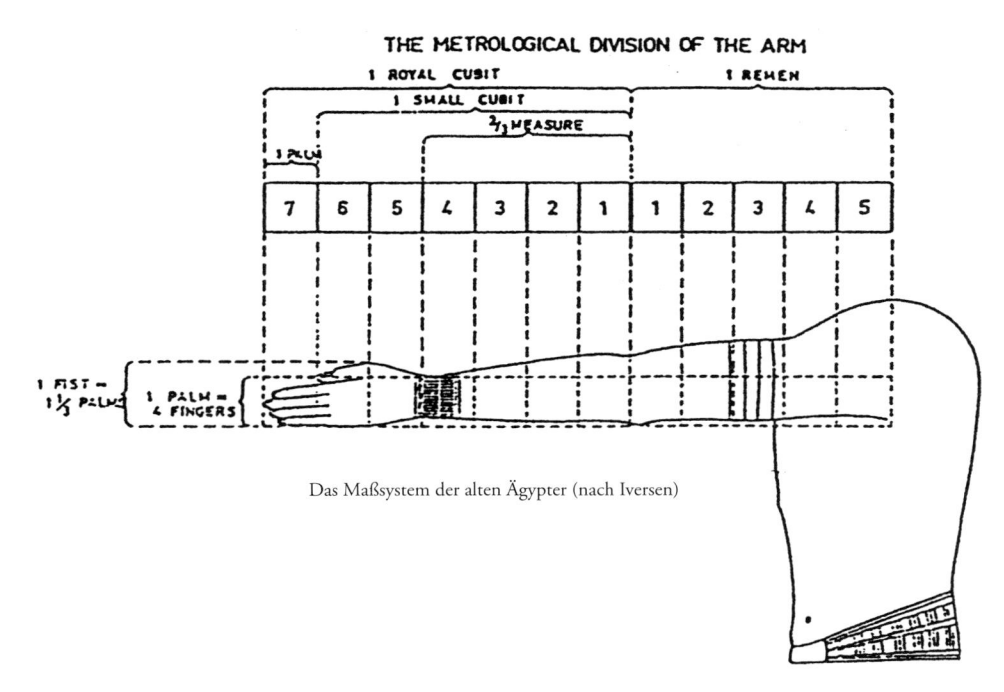

```
                          THE METROLOGICAL DIVISION OF THE ARM
                    1 ROYAL CUBIT                    1 REMEN
                       1 SMALL CUBIT
                          2/3 MEASURE
              1 PALM
           ┌───┬───┬───┬───┬───┬───┬───┬───┬───┬───┬───┐
           │ 7 │ 6 │ 5 │ 4 │ 3 │ 2 │ 1 │ 1 │ 2 │ 3 │ 4 │ 5 │
           └───┴───┴───┴───┴───┴───┴───┴───┴───┴───┴───┘

 1 FIST =   1 PALM =
 1⅓ PALM   4 FINGERS
```

Das Maßsystem der alten Ägypter (nach Iversen)

Altägyptische Berechnung des Cheopspyramidenquerschnitts: 49 Dreiecke à 5040/4 E² = 61740 E²
Heutige Berechnung (Höhe x Basishälfte = 280 E x 220,5 E = 61740 E² (16846,37452 m²) ▲ (1 E=0,52236 m)
Siebenfakultät 7!   = 5040 =   7 x 6 x 5 x 4 x 3 x 2 x 1
Summe 6 erster natürl.Z. = 21▼ =   6▼+5▼+4▼+3▼+2▼+1▼
Summe 7 erster natürl.Z. = 28▲ = 7▲+6▲+5▲+4▲+3▲+2▲+1▲
$S_6 + S_7$ = 21▼ + 28▲ = 49(▼+▲) = 7²

Partial- u. Obertonreihe: 7 : 6 : 5 : 4 : 3 : 2 : 1
Harmonie: Terz ⁷/₆);(kl. Terz ⁶/₅);(gr.Terz ⁵/₄);(Quart ⁴/₃);(Quint ³/₂);(Oktav ²/₁)
arctg $^7/_6$ =   arctg $^6/_5$ arct $^5/_4$ arctg $^4/_3$ arctg $^3/_2$ arctg $^2/_1$
harm.Neigung 49,4°   = 50,19°   = 51,34°   = 53,13°   = 56,30°   = 63,43°
der Pyramiden: Sesostris I&II   Mykerinus Chephren+8 Pyr. Unas   verschiedene Kleinpyramiden in Begrawiya (Meroë)

KAPITEL III

Platons Zahl 5040, seine Dreieckszahlen, Pyramiden- und Pyramidenstumpfzahlen im Entwurf und Bau der Pyramiden

Wie die Zahl π den Kreis gestaltet, so formt Platons Fakultätszahl (7! = 1 x 2 x 3 x 4 x 5 x 6 x 7 = 5040) solitär den Umriß der Cheopspyramide und – lediglich mit Beiwerten versehen – auch alle anderen Pyramiden dieser Welt.

Vorgeschichte: Als 399 v. Chr. Sokrates hingerichtet wurde, fürchteten seine Anhänger in Folgeprozesse verwickelt zu werden und flohen nach Megara zum Philosophen Eukleides. Dieser Gruppe schloß sich auch Platon und der Mathematiker Eudoxos an. Diogenes Laërtius berichtet darüber („Leben und Meinungen berühmter Philosophen", Buch III, 6):

„Von da ab – (Platon) war zwanzig Jahre alt – war er ununterbrochen des Sokrates Hörer; nach dessen Hinscheiden hielt er sich an den Herakliteer Kratylos und an den Hermogenes, der in seiner Philosophie ein Anhänger des Parmenides war. Dann im Alter von achtundzwanzig Jahren, wie Hermodor sagt, entwich er mit noch manchen anderen Sokratikern nach Megara zum Eukleides. Darauf reiste er nach Kyrene zum Mathematiker Theodoros und von da nach Italien zu den Pythagoreern Philolaos (des Archytas' Schüler) und Eurytos; von da nach Ägypten zu den Propheten."

In der „Metaphysik" (1092 b) erwähnt Aristoteles diesen Pythagoräer „Eurytos, der um die Wende des 5. zum 4. Jh. lebte" (vgl. Diels/Kranz „Vorsokratiker", B 45, Bd. 1, 419 f. Vgl. Ross, *Met.*, 494), „als Mathematiker, der die Zahlen „auf dreieckige (▲) und viereckige (■) Figuren zurückführte". Nach ihm sind „Zahlen deshalb Ursachen, weil die Harmonie eine Proportion von Zahlen ist" (vgl. Reclam-Ausgabe v. F. F. Schwarz, S. 379, 407). Die Abmessungen der Dreiecke und Rechtecke sind durch Ellenlängen exakt proportioniert und füllen, zusammengesetzt, den Gesamtquerschnitt der Pyramide.

Von diesem Eurytos hat Platon das Rechnen mit in Dreiecken figurierten Zahlen erlernt. Auf deren Potential, Pyramiden zu berechnen, stieß er dann in Ägypten und **entlehnte die Zahl 5040 aus den Abmessungen der Cheopspyramide für die „Nomoi"**. Das Wort νόμοι („Gesetze") hat in altgriechischer Sprache mehrfache Bedeutung. Die dritte ist 3a: „Setzweise, Tonart" und 3b: „Gesang, Lied", so daß die Einheit von Mathematik und Musik in Platons zahlenreichem Spätwerk schon im Titel auftaucht. Bei Philolaos[1], einem begabten Musiktheoretiker dieser Zeit wird er das Schema des in Dreiecke unterteilten Pyramidenquerschnitts gefunden haben, in das er die Töne in Form von Tonzahlen der pythagoräischen Tonart einsetzte. Dies Schema (s. hier S. 89, 213) ist bis heute unbekannt geblieben. Ich konnte es jedoch aus den Passagen „Timaios 35 b ff." rekonstruieren und musiktheoretisch als fehlerlos erkennen (vgl. mein Buch „Der Klang der Pyramiden" S. *99, 103, 121, 124, 140, 145, 149, 169*). Das im Cheopspyramidenquerschnitt verwendete Dreieckszahleninventar entnehme ich dem Meß- u. Maßsystem der Ägypter:

Dreieckszahlen der Arithmetik und Flächen der Geometrie im Pyramidenquerschnitt

1 Elle = 7 Handbreit (1 x 3 x 5 x 7/2 = 52,5 cm)
1 Handbreit (1 x 3 x 5/2 = 7,5 cm) = 4 Finger
1 Finger (1 x 3 x 5/2³ = 1,875 cm)
1 Remen = 5 Handbreit (37,5 cm) = 20 Finger
1 Elle = 28 Finger (0,525 m)

Summe der ersten 6 nat. Z. ist die Dreieckszahl S_7 = 21 ▼
Summe der ersten 4 nat. Z. ist die Dreieckszahl S_4 = 10
Summe der ersten nat. Zahl ist die Dreieckszahl S_1 = 1
Summe der ersten 5 nat. Z. ist die Dreieckszahl S_5 = 15
Summe der ersten 7 nat. Z. ist die Dreieckszahl S_7 = 28 ▲

Zum einen ist es einleuchtend, daß man, um die Schichten- bzw. Stufenzahlen einer echten Pyramide zu gewinnen, sich den gesamten Querschnitt einer Pyramide als ein Mosaik aus lauter kleinen und gleichgroßen Dreiecken zusammengesetzt vorstellt. Sie können insgesamt den Umriß des Querschnitts ausfüllen, weil sie dem Gesamtumriß kongruent in der Proportion sind. Die in der Antike bekannte Formel für die Dreieckszahl (S_n) ist die Summe n-erster natürlicher Zahlen ($S_n = n/2 \times (n+1)$). Daraus folgt zum anderen, daß die Anzahl der hängenden und auf der Spitze stehenden Dreiecke sich zu der Anzahl der auf der Basis stehenden und ihrer Spitze nach oben gerichteten, gleichgroßen Dreiecke sich wie zwei Dreieckszahlen der Stufe (n – 1) und (n) verhalten. Da die Summe (n – 1) erster natürlicher Zahlen und die Summe n-erster Zahlen eine Quadratzahl über n ist, nämlich n^2, gilt die Gleichung:

$$S_{(n-1)} + S_n = (n-1)/2 \times n + n/2 \times (n+1) = n^2$$

Ist n = 7, so folgt $\quad S_6 \quad + S_7 = (7-1)/2 \times 7 + \quad 7/2 \times 8 = 7^2 = 49$,

Ergo ist $\quad\quad\quad\quad\quad S_6 \quad + S_7 = \quad\quad\quad 21 + \quad\quad\quad 28 = 7^2 = 49$.

▲ 28 ▲↓↓
▲▼▲ 21 ▼↓
▲▼▲▼▲
▲▼▲▼▲▼▲
▲▼▲▼▲▼▲▼▲
▲▼▲▼▲▼▲▼▲▼▲
▲▼▲▼▲▼▲▼▲▼▲▼▲

<u>Unschwer</u> erkennt man 7 Reihen und 21 ▼ + 28 ▲ zum Pyramidenquerschnitt verschränkt.

[1] Diog. Laert. berichtet (111,7), Platon habe Dion beauftragt, „drei pythagoreische Bücher vom Philolaos für 100 Minen" zu kaufen.

Die Dreiecks-, Pyramiden- und Pyramidenstumpfzahlen im Pascalschen Dreieck

Moritz Cantor weist in der „Geschichte der Mathematik" Bd. I., 687 den Erfinder des Pascalschen Dreiecks und der Binomialkoeffizienten *Tschu schi kih* in China im Jahr 1303 und später durch *Wan Ly* in der Ming-Dynastie (1793) nach. Er schreibt dazu: „Es sind die den Arabern freilich seit dem Ende des 11. Jh. n. Chr bekannten Binomialkoeffizienten." Es entging ihm noch, daß auch die Zahlen des ägyptischen Meß- und

Maßsystems seit Imhotep (spätestens seit 2655 v. Chr.) aus lauter Binomialkoeffizienten bestehen. Nur Produkte aus den ersten fünf Primzahlen (1, 2, 3, 5, 7) treten in den ersten 10 Reihen des Pascalschen Dreiecks auf! Woher anders als aus Ägypten sollten die Araber diese Kenntnisse haben? Es sind nur einfach dreifache Summen sieben erster Zahlen:

1. Reihe	1 Dreieck mit der Flächengröße 4/4 F ▲ E^2	▲ 1 Dreieck mit der Flächengröße ▲ 1/4 E^2
2. Reihe =	3 Dreiecke	▲▼▲ 4 Dreiecke
3. Reihe 3+3 =	6 Dreiecke	▲▼▲▼▲ 10 Dreiecke
4. Reihe 6 +4=	10 Dreiecke	▲▼▲▼▲▼▲ 20 Dreiecke
5. Reihe 10 +5 =	15 Dreiecke	▲▼▲▼▲▼▲▼▲ 35 Dreiecke
6. Reihe 15 +6 =	21 Dreiecke	▲▼▲▼▲▼▲▼▲▼▲ 56 Dreiecke
7. Reihe 21+ 7 =	28 Dreiecke	▲▼▲▼▲▼▲▼▲▼▲▼▲ 84 Dreiecke insgesamt (84 x $F_▲$/4 = 21 F▲E^2)

Summe 7 erster Zahlen: 1 + 2 + 3 + 4 + 5 + 6 + 7   (Vgl. Helmut Sieber: „Mathematische
Dreieckszahlen   1+2=3 +3=6 +4=10 +5=15 +6=21 +7=28   Tafeln, Vierstellige Funktionstafeln,
Dreieckszahlen   1 + 3 + 6 + 10 + 15 + 21 + 28
Pyramidenzahlen   1+3=4 +6=10 +10=20 +15=35 +21=56 +28=84   Astronomische, chemische und physi-
Pyramidenzahlen   1 + 4 + 10 + 20 + 35 + 56 + 84
Pyramidenstumpfzahlzahlen   1 + 4=5 +10 =15+20=35 +35=70 +56 =126 +84=210   kalische Daten, Sammlung mathema-
Pyramidenstumpfzahlen 1   5   15   35   70   126   210
                                                                        tischer Formeln", S.32)

Helle Aufregung entstand, als ich bemerkte, daß alle diese Zahlen als Binomialkoeffizienten im Pascalschen Dreieck vorkommen. Wenn nämlich die Reihe der Einsen (1) in Dreiecken (▲ = 1) figuriert ist, ergibt sich in der zweiten Reihe die Folge der natürlichen Zahlen (1, 2, 3, 4, 5, 6, 7 …). Deren Summe jeweils zweier aufeinanderfolgender Zahlen ist die Folge der Dreieckszahlen (1, 3, 6, 10, 15, 21, 28 …). Deren Summe wiederum formt die Folge der Pyramidenzahlen (1, 4, 10, 20, 35, 56, 84 …). Schließlich ergibt die Folge der Pyramidenzahlensummen dann die Pyramidenstumpfzahlen (1, 5, 15, 35, 70, 126, 210 …). Indem die natürlichen Zahlen durch Ausdehnung eine Flächendimension in Form einer Dreiecksfigur erhalten, ergibt sich ein Übergang von der Arithmetik des Binoms in die Dreiecksgeometrie des Pyramidenquerschnitts.

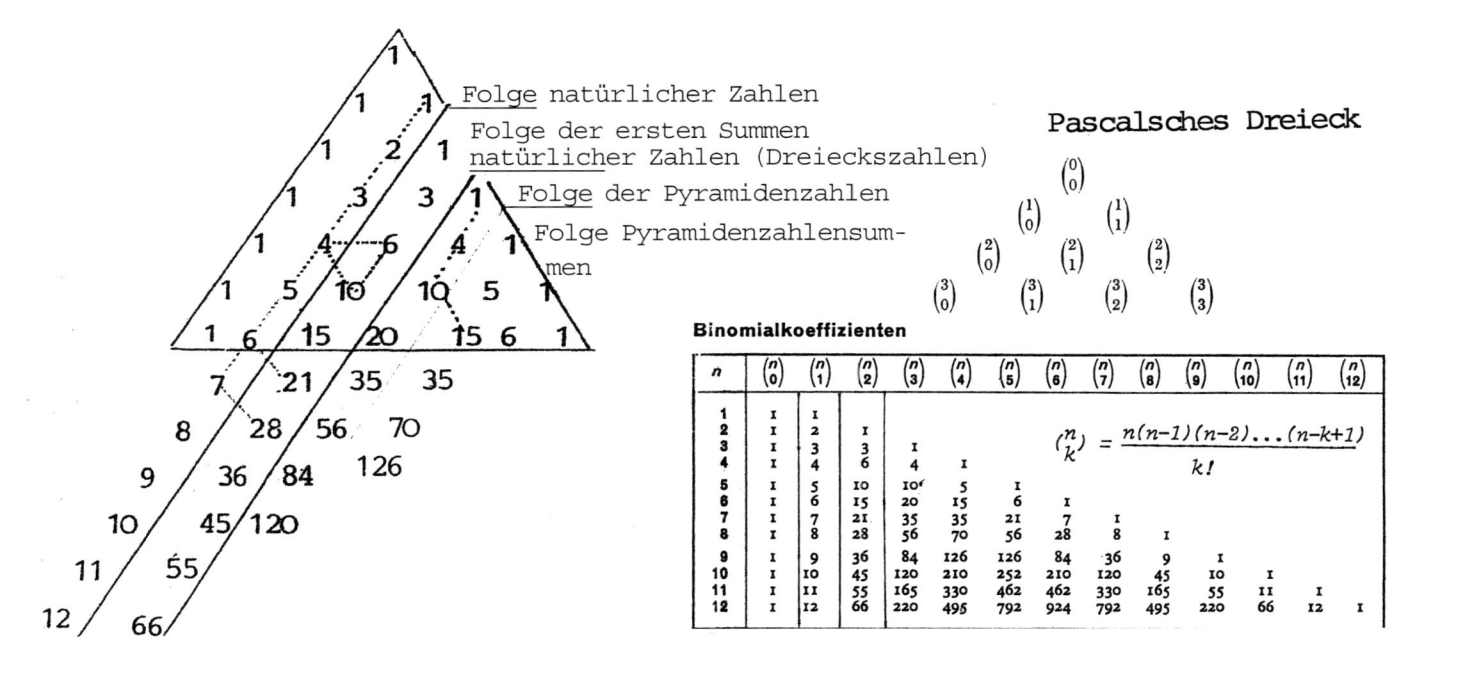

Pascalsches Dreieck

$\binom{0}{0}$

$\binom{1}{0}$ $\binom{1}{1}$

$\binom{2}{0}$ $\binom{2}{1}$ $\binom{2}{2}$

$\binom{3}{0}$ $\binom{3}{1}$ $\binom{3}{2}$ $\binom{3}{3}$

Folge natürlicher Zahlen
Folge der ersten Summen natürlicher Zahlen (Dreieckszahlen)
Folge der Pyramidenzahlen
Folge Pyramidenzahlensummen

Binomialkoeffizienten

n	$\binom{n}{0}$	$\binom{n}{1}$	$\binom{n}{2}$	$\binom{n}{3}$	$\binom{n}{4}$	$\binom{n}{5}$	$\binom{n}{6}$	$\binom{n}{7}$	$\binom{n}{8}$	$\binom{n}{9}$	$\binom{n}{10}$	$\binom{n}{11}$	$\binom{n}{12}$
1	1	1											
2	1	2	1										
3	1	3	3	1									
4	1	4	6	4	1								
5	1	5	10	10	5	1							
6	1	6	15	20	15	6	1						
7	1	7	21	35	35	21	7	1					
8	1	8	28	56	70	56	28	8	1				
9	1	9	36	84	126	126	84	36	9	1			
10	1	10	45	120	210	252	210	120	45	10	1		
11	1	11	55	165	330	462	462	330	165	55	11	1	
12	1	12	66	220	495	792	924	792	495	220	66	12	1

$$\binom{n}{k} = \frac{n(n-1)(n-2)\ldots(n-k+1)}{k!}$$

Beweis der Richtigkeit

Die einfachste Lösung ist immer die beste, so auch beim Pyramidenaufbau. Um die Kanten gerade zu halten, brauchten die Ägypter bloß die natürlichen Zahlen von 1 bis 7 zu addieren, so bekamen sie die Dreieckszahlen 1, 3, 6, 10, 15, 21, 28. Addierten sie diese Zahlen wiederum, so bekamen sie die Pyramidenzahlen 1, 4, 10, 20, 35, 56, 84. Und auch diese ergaben addiert die Pyramidenstumpfzahlen 1, 5, 15, 35, 70, 126, 210.

Gleichungen des Binoms $(a + b)^n$, ausgerechnet bis $n = 10$, ergeben als Beiwerte zu a^n u. b^n die Binomialkoeffizienten, altägyptische Dreiecks-, Pyramiden-, Pyramidenstumpfzahlen:

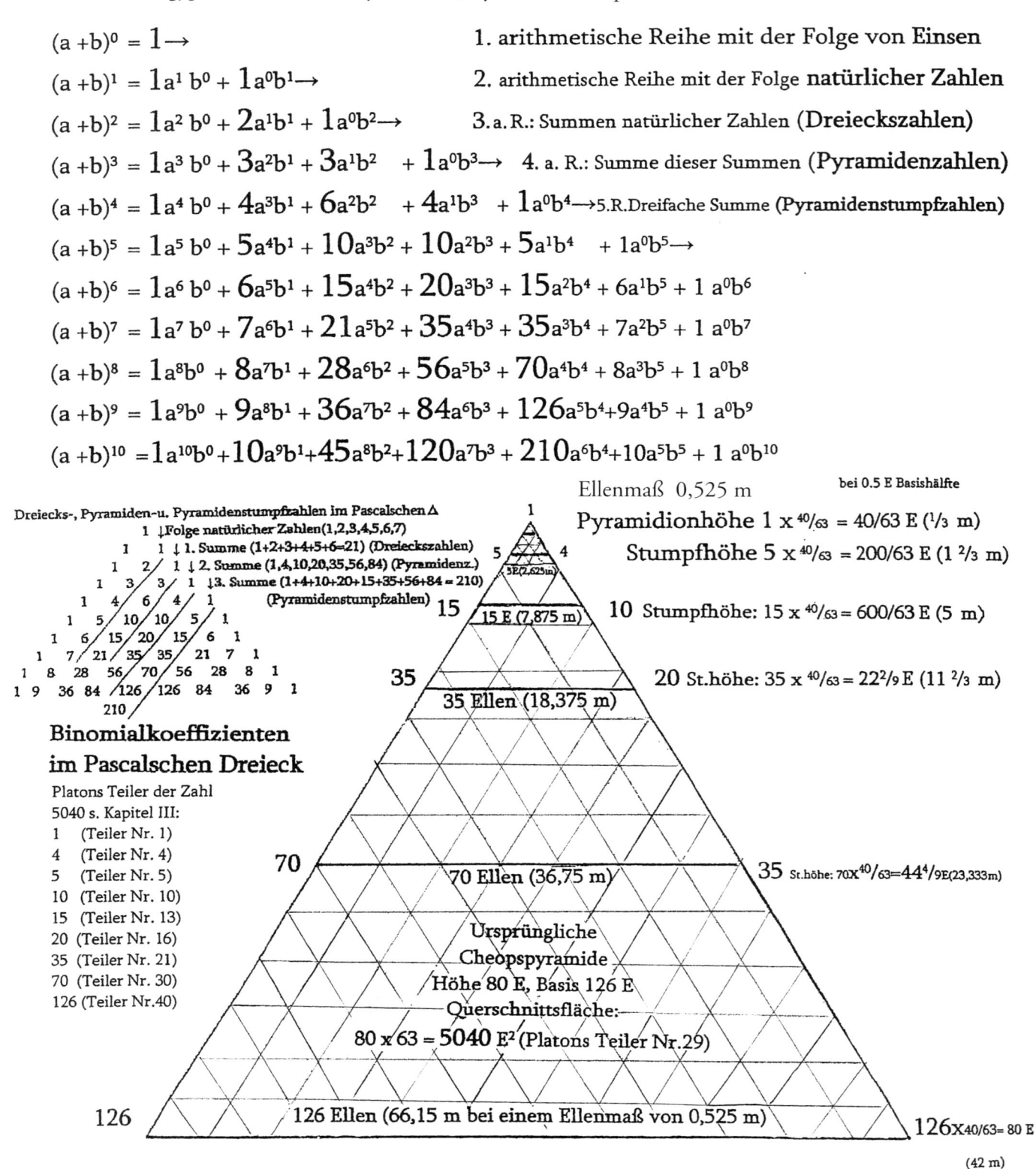

$(a+b)^0 = 1 \rightarrow$ 1. arithmetische Reihe mit der Folge von **Einsen**

$(a+b)^1 = 1a^1b^0 + 1a^0b^1 \rightarrow$ 2. arithmetische Reihe mit der Folge **natürlicher Zahlen**

$(a+b)^2 = 1a^2b^0 + 2a^1b^1 + 1a^0b^2 \rightarrow$ 3. a. R.: Summen natürlicher Zahlen (**Dreieckszahlen**)

$(a+b)^3 = 1a^3b^0 + 3a^2b^1 + 3a^1b^2 + 1a^0b^3 \rightarrow$ 4. a. R.: Summe dieser Summen (**Pyramidenzahlen**)

$(a+b)^4 = 1a^4b^0 + 4a^3b^1 + 6a^2b^2 + 4a^1b^3 + 1a^0b^4 \rightarrow$ 5.R.Dreifache Summe (**Pyramidenstumpfzahlen**)

$(a+b)^5 = 1a^5b^0 + 5a^4b^1 + 10a^3b^2 + 10a^2b^3 + 5a^1b^4 + 1a^0b^5 \rightarrow$

$(a+b)^6 = 1a^6b^0 + 6a^5b^1 + 15a^4b^2 + 20a^3b^3 + 15a^2b^4 + 6a^1b^5 + 1a^0b^6$

$(a+b)^7 = 1a^7b^0 + 7a^6b^1 + 21a^5b^2 + 35a^4b^3 + 35a^3b^4 + 7a^2b^5 + 1a^0b^7$

$(a+b)^8 = 1a^8b^0 + 8a^7b^1 + 28a^6b^2 + 56a^5b^3 + 70a^4b^4 + 8a^3b^5 + 1a^0b^8$

$(a+b)^9 = 1a^9b^0 + 9a^8b^1 + 36a^7b^2 + 84a^6b^3 + 126a^5b^4 + 9a^4b^5 + 1a^0b^9$

$(a+b)^{10} = 1a^{10}b^0 + 10a^9b^1 + 45a^8b^2 + 120a^7b^3 + 210a^6b^4 + 10a^5b^5 + 1a^0b^{10}$

Dreiecks-, Pyramiden- u. Pyramidenstumpfzahlen im Pascalschen △

```
                1                    ↓Folge natürlicher Zahlen (1,2,3,4,5,6,7)
              1   1                  ↓1. Summe (1+2+3+4+5+6=21) (Dreieckszahlen)
            1   2   1                ↓2. Summe (1,4,10,20,35,56,84) (Pyramidenz.)
          1   3   3   1              ↓3. Summe (1+4+10+20+15+35+56+84 = 210)
        1   4   6   4   1                    (Pyramidenstumpfzahlen)
      1   5  10  10   5   1
    1   6  15  20  15   6   1
   1  7  21  35  35  21  7  1
  1  8  28  56  70  56  28  8  1
 1  9  36  84 126 126  84  36  9  1
              210
```

Binomialkoeffizienten im Pascalschen Dreieck

Platons Teiler der Zahl 5040 s. Kapitel III:
1 (Teiler Nr. 1)
4 (Teiler Nr. 4)
5 (Teiler Nr. 5)
10 (Teiler Nr. 10)
15 (Teiler Nr. 13)
20 (Teiler Nr. 16)
35 (Teiler Nr. 21)
70 (Teiler Nr. 30)
126 (Teiler Nr. 40)

Ellenmaß 0,525 m   bei 0.5 E Basishälfte

Pyramidionhöhe 1 x 40/63 = 40/63 E (1/3 m)

Stumpfhöhe 5 x 40/63 = 200/63 E (1 2/3 m)

15 E (7,875 m)   10 Stumpfhöhe: 15 x 40/63 = 600/63 E (5 m)

35 Ellen (18,375 m)   20 St.höhe: 35 x 40/63 = 22 2/9 E (11 2/3 m)

70 Ellen (36,75 m)   35 St.höhe: 70 x 40/63 = 44 4/9 E (23,333 m)

Ursprüngliche Cheopspyramide
Höhe 80 E, Basis 126 E
Querschnittsfläche:
80 x 63 = 5040 E² (Platons Teiler Nr.29)

126 Ellen (66,15 m bei einem Ellenmaß von 0,525 m)   126 x 40/63 = 80 E

(42 m)

Platon betont, daß die Zahl im Staat für „alles zu verwenden" sei, weil sie mit den Zahlen von 1 bis 10 ganzzahlig in 59 – und zählt man die 1 noch dazu – in 60 Teiler zu zerlegen sei und damit Gerechtigkeit und Harmonie bei der Zuteilung von Gütern verspräche.

Die Binomialkoeffizienten des Pascalschen Dreiecks entstehen sukzessiv in den 60 Teilern der Zahl **5040**, deren Teilungen, wie es aus dem Kontext der „Nomoi" hervorgeht, Platon bei seinem Aufenthalt in Ägypten kennenlernte.

Platons, Nikomachos', *Dreiecks-*   *Pyramiden-*   *Pyramiden-*
Theons und Boëthios' *Zahlen:*   *zahlen:*   *stumpfzahlen:*
↓Platons Obertonreihe (1 bis 12, ohne die Elf)   Platon „Nomoi" 771 a6 –c3.

1.) *1* x 5040 = 7!   *1*   *1*   1 Die Organisation   „Der Anfang
2.) *2* x 2520 = 7!   der Götterfeste   unserer an-
3.) *3* x 1680 = 7!   1, *3*   schließenden Gesetzge-
4.) *4* x 1260 = 7!   1, *4*   bung sei nun folgender,
5.) *5* x 1008 = 7!   1, *5*   und zwar soll er vom
6.) *6* x   840 = 7!   1, 3, *6*   Heiligen (sprich Sphärenharmonischen) ausgehen Zu-
7.) *7* x   720 = 7! erst müssen wir jene Zahl 5040 von neuem aufgreifen *und betrachten*, wie viele ge-
8.) *8* x   630 = 7! eignete Teilungen sie zuließ und noch zulässt, und zwar sowohl die Gesamtzahl als
9.) *9* x   560 = 7! auch die auf die einzelnen Phylen entfallende Zahl, die wir ja auf ein Zwölftel der
10.) *10* x   540 = 7!   1, 3, 6, *10*   1, 4, *10*   Gesamtzahl festgesetzt haben, welches
11.) *12* x   420 = 7! das natürliche Produkt aus genau *20 x 21 = 420 = 5040/12* bildet. Zwölf Teilungen
12.) *14* x   360 = 7! lässt unsere Gesamtzahl zu, zwölf aber auch die Zahl der Phyle. Jeden Teil haben wir
13.) *15* x   336 = 7!   1, 3, 6, 10, *15*   1, 5, *15* wir uns nun als heilig zu
14.) *16* x   315 = 7! denken, als eines Gottes Geschenk, da er den Monaten entspricht und dem Kreislauf
15.) *18* x   280 = 7! des Alls . Darum führt auch jeden Staat das ihm eingeborene Gefühl dazu, diese
16.) *20* x   252 = 7!   1, 4, 10, *20*   Teilungen heilig zu halten…Wir…haben
17.) *21* x   240 = 7!   1, 3, 6, 10, 15, *21*   …jetzt völlig zu Recht die Zahl 5040
18.) *24* x *210* = 7!   *Pyramidenstumpfzahlen (1,5,15,35,70,126,210)*
19.) *28* x   180 = 7!   1, 3, 6, 10, 15, 21, *28 Dreieckszahlen (1,3,6,10,15,21,28)*
20.) *30* x   168 = 7!   gewählt, die alle Teilungen zulässt, von
21.) *35* x   144 = 7!   1, 4, 6, 10, 20, *35*   1, 5, 15, *35*
22.) *36* x   140 = 7!   1, 3, 6, 10, 15, 21, 28, *36*   der Eins angefangen bis zur Zwölf,
23.) *40* x *126* = 7! ausgenommen die Elf…"   1, 5, 15, 35, 70, *126*
24.) *42* x   120 = 7!   1, 4, 6, 10, 20, 35, 56, 84, *120*
25.) *45* x   112 = 7!   1, 3, 6, 10, 15, 21, 28, 36, *45*
26.) *48* x   105 = 7!
27.) *56* x   90 = 7!   1, 4, 6, 10, 20, 35, *56*
28.) *60* x   84 = 7! 84/60 = 7/5 Tritonus u.RS Neferirkare u. 2. Pyr. *(1,4,10,20,35,56,84 Pyramidenzahlen)*
29.) *63* x   80 = 7! 80/63 ist übergroße Terz (c-e⁺) und Rücksprung der Cheopspyramide und vier weiterer Pyramiden.
30.) *70* x   72 = 7!   1, 5, 15, 35, *70*
31.) *72* x   *70* = 7! 72/70 = 36/35 ist Viertelton in Archytas' „Enharmonion" mit der Quartteilung (5/4 x 36/35 x 28/27 = 4/3)

Ab Teiler Nr. 30 tauschen die Teiler ihre Plätze, und es gibt bis Nr. 60 keine neuen Teiler mehr. Die Teiler enthalten nur Produkte aus den ersten 5 Primzahlen (1, 2, 3, 5, 7) des ägyptischen Meß- und Maßsystems. Die Sphärenharmonie oder Kreislauf des Alls (4x3x21x20 = 5040) ist ein kleiner Tritonus in dem Intervall (4/3) x (21/20) = 7/5 und zugleich die Querschnittfläche des theoretischen Cheopspyramidions (4/3 E) x (21/20 E) = 7/5) E². Ebenso ist der Tritonus in Ptolemaios' Tonart DIATONON MALAKON 4/3 x 21/20 = 7/5. Arctg 7/5 = 54,46° ist auch der Böschungswinkel der Pyramiden des Neferirkare, Amenemhet I. u.II. Faßt man die beiden Intervalle als Produkt zweier Flächen auf, so erhält man, wie oben ausgeführt, (4x3) x (21 x 20) = 12 E x 420 E = 5040 E², d.h. die Querschnittsfläche der ursprünglichen Cheopspyramide (s. hier S. 73 und den Teiler Nr. 11 im obigen Text Platons).

7-erste Pyramidenzahlen summieren sich zur Stufenzahl der Cheopspyramide. Sie enthalten die ersten fünf Primzahlen (1x2x3x5x7 = 210). Sechs Pyramidenstümpfe + Pyramidion ergeben den Cheopspyramideninhalt: 18151560 E³ (2587162,426 m³)
Pyramidenzahlensumme: 1 + 4 + 10 + 20 + 35 + 56 + 84 = 210

Inhalte des Pyramidions u. der Stümpfe   Summe der 7 Höhen
Pyramidionvolumen 1,96 E³ (0,2793610221 m³)   1x 4/3 = 4/3 E
Stumpf (a)   +243,04 E³ (34,64076674 m³)   4x 4/3 = 5 1/3 E
Stumpf (b)   +6370 E³ (907,9233218 m³)   10x 4/3 =13 1/3 E
Stumpf (c)   +77420 E³ (11034,76037 m³)   20x 4/3 =26 2/3 E
Stumpf (d)   +588245 E³ (83843,22676 m³)   35x 4/3 =46 2/3 E
Stumpf (e)   +3248456,96 E³ (463006,2534 m³)   56x 4/3 = 4 2/3 E
Stumpf (f) +14230823,04 E³ (2028335,342 m³)   84x 4/3 = 112 E
Vol. Cheops = 18151560 E³ (2587162,426 m³)   210 St.x4/3=280 E
Höhe der Cheopspyramide: 280 Ellen (146,2608 m)
Basislänge der Cheopspyramide 441 Ellen (230,36076 m)

Folge natürlicher Zahlen 1,2,3,4,5,6,7,8,9,10

↓1	Erste Summe dieser Zahlen (Dreieckszahlen)		
3	↓1 Zweite Summe der Zahlen (Pyramidenzahlen)		
6	4	+↓1 3. S. (P.Stumpfhöhen)	1 x4/3 E=H₁ Pyramidion 0,69648 m
10	10	+ 5	4 x 4/3 E = H₂ = 5 1/3 E Stumpf (a) = 2,78592 m
15	20	+15	10 x 4/3 E = H₃ = 13 1/3 E Stumpf (b) = 6,9648 m
21	35	+35	20 x 4/3 E = H₄ = 26 2/3 E Stumpf (c) = 13,9296 m
28	56	+70	35 x 4/3 E = H₅ = 46 2/3 E Stumpf (d) = 24,3768 m
36	84	+126	56 x 4/3 E = H₆ = 74 2/3 E Stumpf (e) = 39,00288 m
45	120	+210	84 x 4/3 E = H₇ = 112 E Stumpf (f) = 58,50432 m

S. der 7 Stumpfhöhen: (1+4+10+20+35+56+84 = 210); 210 x 4/3 = 280 E; H₁..H₇ = (146,2608 m)

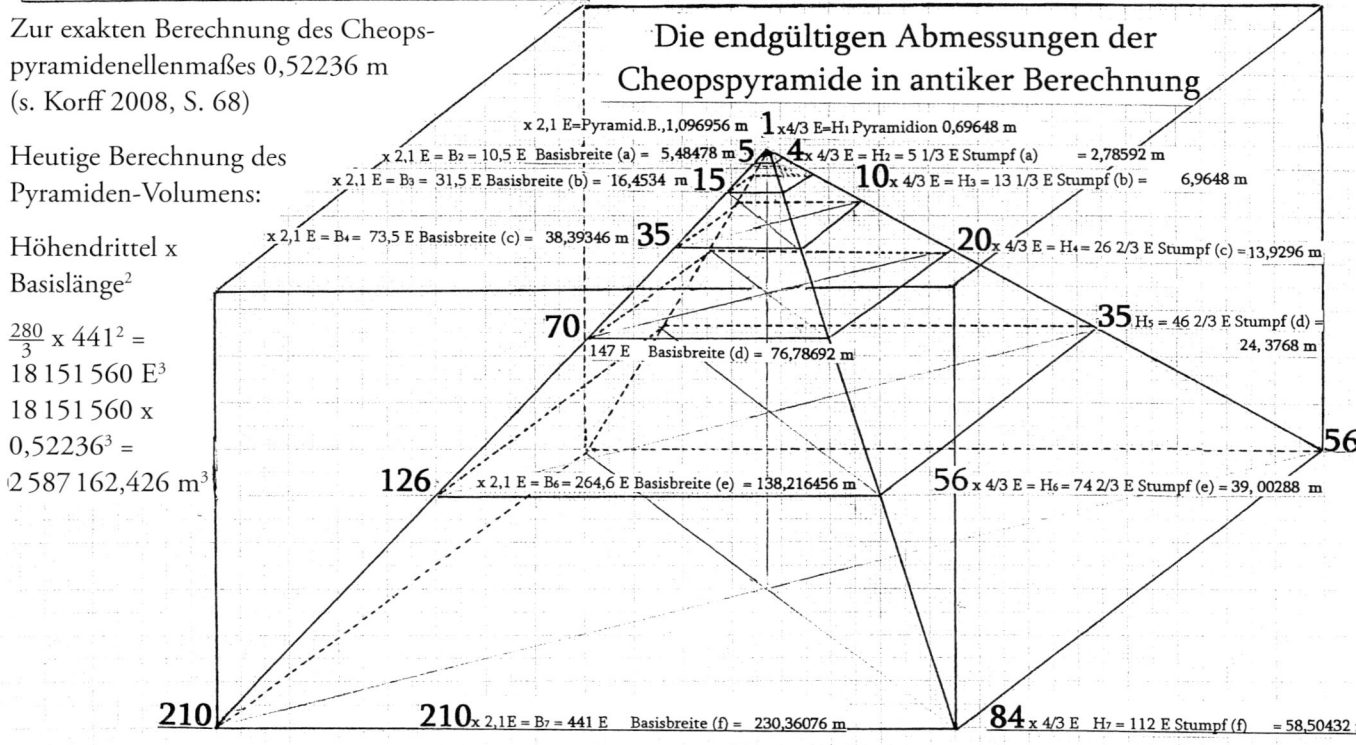

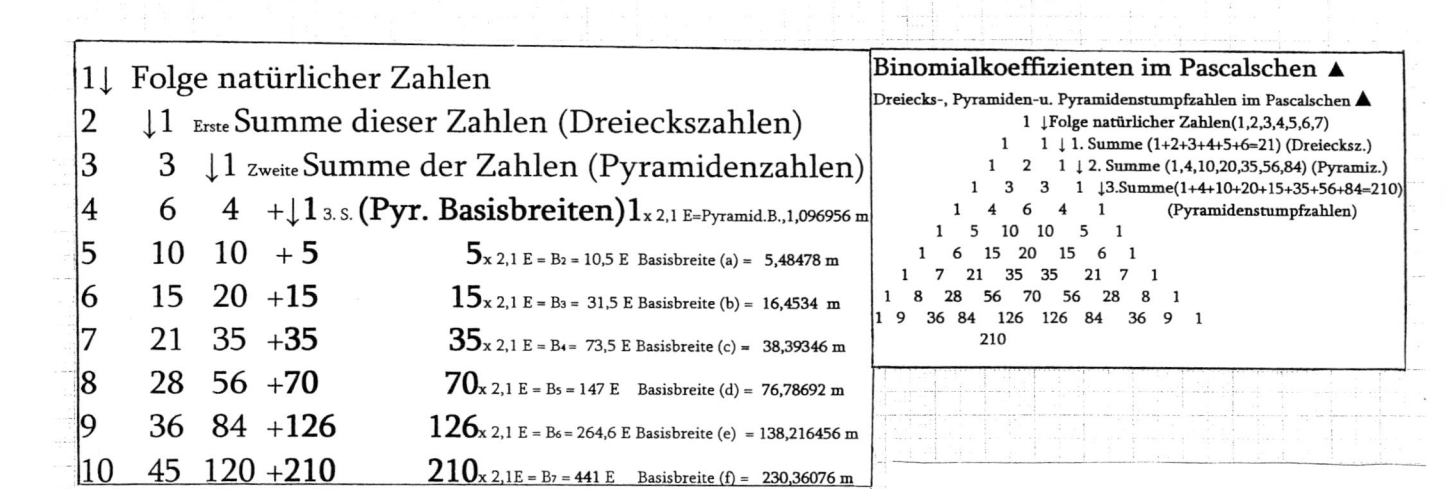

Zur exakten Berechnung des Cheopspyramidenellenmaßes 0,52236 m
(s. Korff 2008, S. 68)

Heutige Berechnung des Pyramiden-Volumens:

Höhendrittel x Basislänge²

$\frac{280}{3} \times 441^2 = 18\,151\,560\, E^3$

$18\,151\,560 \times 0,52236^3 = 2\,587\,162,426\, m^3$

Die endgültigen Abmessungen der Cheopspyramide in antiker Berechnung

x 2,1 E = Pyramid.B., 1,096956 m   1 x4/3 = H₁ Pyramidion 0,69648 m
x 2,1 E = B₂ = 10,5 E Basisbreite (a) = 5,48478 m   5   4 x 4/3 E = H₂ = 5 1/3 E Stumpf (a) = 2,78592 m
x 2,1 E = B₃ = 31,5 E Basisbreite (b) = 16,4534 m   15   10 x 4/3 E = H₃ = 13 1/3 E Stumpf (b) = 6,9648 m
x 2,1 E = B₄ = 73,5 E Basisbreite (c) = 38,39346 m 35   20 x 4/3 E = H₄ = 26 2/3 E Stumpf (c) = 13,9296 m
70   147 E Basisbreite (d) = 76,78692 m   35 H₅ = 46 2/3 E Stumpf (d) = 24,3768 m
126   x 2,1 E = B₆ = 264,6 E Basisbreite (e) = 138,216456 m   56 x 4/3 E = H₆ = 74 2/3 E Stumpf (e) = 39,00288 m   56
210   210 x 2,1E = B₇ = 441 E Basisbreite (f) = 230,36076 m   84 x 4/3 E H₇ = 112 E Stumpf (f) = 58,50432 m

1↓	Folge natürlicher Zahlen			
2	↓1 Erste Summe dieser Zahlen (Dreieckszahlen)			
3	3	↓1 Zweite Summe der Zahlen (Pyramidenzahlen)		
4	6	4	+↓1 3. S. (Pyr. Basisbreiten)	1 x 2,1 E=Pyramid.B., 1,096956 m
5	10	10	+ 5	5 x 2,1 E = B₂ = 10,5 E Basisbreite (a) = 5,48478 m
6	15	20	+15	15 x 2,1 E = B₃ = 31,5 E Basisbreite (b) = 16,4534 m
7	21	35	+35	35 x 2,1 E = B₄ = 73,5 E Basisbreite (c) = 38,39346 m
8	28	56	+70	70 x 2,1 E = B₅ = 147 E Basisbreite (d) = 76,78692 m
9	36	84	+126	126 x 2,1 E = B₆ = 264,6 E Basisbreite (e) = 138,216456 m
10	45	120	+210	210 x 2,1E = B₇ = 441 E Basisbreite (f) = 230,36076 m

Binomialkoeffizienten im Pascalschen ▲

Dreiecks-, Pyramiden- u. Pyramidenstumpfzahlen im Pascalschen ▲

```
              1     ↓Folge natürlicher Zahlen(1,2,3,4,5,6,7)
            1   1   ↓ 1. Summe (1+2+3+4+5+6=21) (Dreiecksz.)
          1   2   1   ↓ 2. Summe (1,4,10,20,35,56,84) (Pyramiz.)
        1   3   3   1   ↓3.Summe(1+4+10+20+15+35+56+84=210)
      1   4   6   4   1        (Pyramidenstumpfzahlen)
    1   5  10  10   5   1
  1   6  15  20  15   6   1
1   7  21  35  35  21   7   1
1  8  28  56  70  56  28   8   1
1 9  36  84 126 126  84  36   9   1
              210
```

Zweck der nebenstehenden Musterpyramide →

Vor dem Bau der Pyramiden war es für die Planung in der Bauhütte unumgänglich, logistisch für alle Pyramiden ein einheitliches Berechungschema zu schaffen, das den jeweiligen Inhalt und die Anzahl des durchschnittlich verbauten Normsteins lieferte und somit aus dem Bau <u>eines</u> Steins durch 5 Steinmetze, die mit Dolerit-Hämmern ein nach vorn offenes „U" in die Kalksedimentschicht teuften – jeweils zwei an den zwei Längsseiten und einer an der Rückseite, denn die Stirnseite lag in der Wand des Steinbruchs frei –, auch die Zahl <u>aller</u> Steine vorherzusagen, um aus dem Zeitaufwand für einen Stein die Zeitspanne für die Herstellung aller Steine vorherzusagen zu können. Um diesen Zeitaufwand flexibel zu gestalten, musste die vorhandene Zahl der Arbeiter erhöht bzw. erniedrigt, jedenfalls so ausreichend kalkuliert werden, daß der Aufbau der Pyramide nach menschlichem Ermessen noch in den Lebensjahren des Pharao geschehen und damit abgeschlossen sein sollte.

Berechnung der Zahl des durchschnittlich großen Füllsteins:

Sind die drei Seiten des Pyramidionquerschitts im gleichseitigen Dreieck jeweils 1 Elle (0,525 m) lang (es könnten auch 2 Ellen, also 1,05 m sein), so ist die für die Ägypter nicht errechenbare, aber als Lot auf die Basis mit dem Stechzirkel abgreifbare Höhe $\sqrt{3}/2$ Ellen, denn es gilt die Gleichung $(B/2)^2 + (\sqrt{3}/2)^2 = 1^2$, also $= \frac{1}{4} + \frac{3}{4} = 1$.

Pyramidionquerschnitt

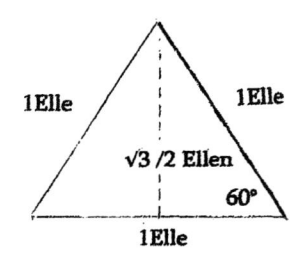

Pyramidionvolumen

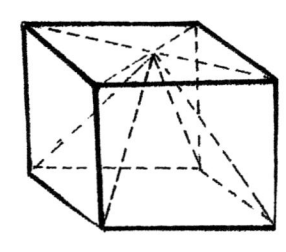

1 Elle   1 Elle
$\sqrt{3}/2$ Ellen
60°
1 Elle

Das Volumen des Pyramidions ist also $\frac{H}{3} \times B^2 = \frac{1}{6} \times \sqrt{3} \times 1^2\, E^3$

Pyramidenvolumen ist; Pyramidion x Stufenzahl³ = $1\,543\,500 \times \sqrt{3}\, E^3$

Pyramidenvolumen/Pyramidionvolumen: $(1\,543\,500 \times \sqrt{3})/(\frac{1}{6} \times \sqrt{3}) = 3\,087\,000 \times 3 = 210^3 = 9\,261\,000$

$(1\,543\,500 \times \sqrt{3})/(\frac{1}{2} \times \sqrt{3}) = 3\,087\,000$

In jedem der 3 087 000 Normsteine steckt ein Pyramidion. Da das Pyramidion ein Normsteindrittel groß ist, wird der Normstein $\frac{3}{6} \times \sqrt{3}$ bzw. $\frac{1}{2} \times \sqrt{3}\, E^3$ groß. Teilt man jetzt das Gesamtvolumen durch die Normsteingröße: $(1\,543\,500 \times \sqrt{3})/(\frac{1}{2} \times \sqrt{3}) = 3\,087\,000$, so erhält man mit 3 087 000 Stück die gleiche Zahl wie die der Normsteine in der Cheopspyramide[1]. Dies ist ein Zeichen dafür, daß das Cheopspyramidion, 1,96 E^3 mit 210^3 multipliziert, das Gesamtvolumen von 18 151 560 E^3 erreicht, und daß die Musterpyramide, ebenso multipliziert mit $210^3 \times \frac{1}{6} \times \sqrt{3}\, E^3 = 1\,543\,500\, \sqrt{3}\, E^3$, groß ist. Mit Beiwerten versehen gilt dies für alle Pyramiden, hauptsächlich für die, welche über 210 oder über ganzzahlige Teiler und Produkte von 210 wie 210 x 2 verfügen. 420 Ellen ist die Basislänge von Dahshur-Nord, und die drei Versionen des Königsgrabs (A, B, C) besitzen gedrittelte Stufenzahlen (à $\frac{210}{3} = 70$). Ebenso Meidums Basislänge von 276 Ellen $\left(M3,\ 210 \times \frac{46}{35}\, E\right)$. Hier bewährt sich der Zweck einer Musterpyramide, wenn logistisch nach der Zahl der Bausteine gefragt wird.

---

[1] Den Stein trennte eine dünne Tonschicht im Sediment vom nächst tieferen. Der frei gemeißelte Stein im „U" wurde damit beweglich, konnte nach vorn herausgezogen werden und war auf der Ober- und Unterseite plan. Da je nach Schichthöhe des Kalksteinsediments die Steinblöcke zu schwer werden konnten, halbierte man sie in der Regel schon vor dem Abbau, so daß die längere Seite des halbierten Quadrats zum Pyramideninneren zeigte und damit von der nächst oberen Schicht zur Hälfte geklemmt wurde (backing stone)

Altägyptische Berechnung der Pyramiden aus Δ - Zahlen

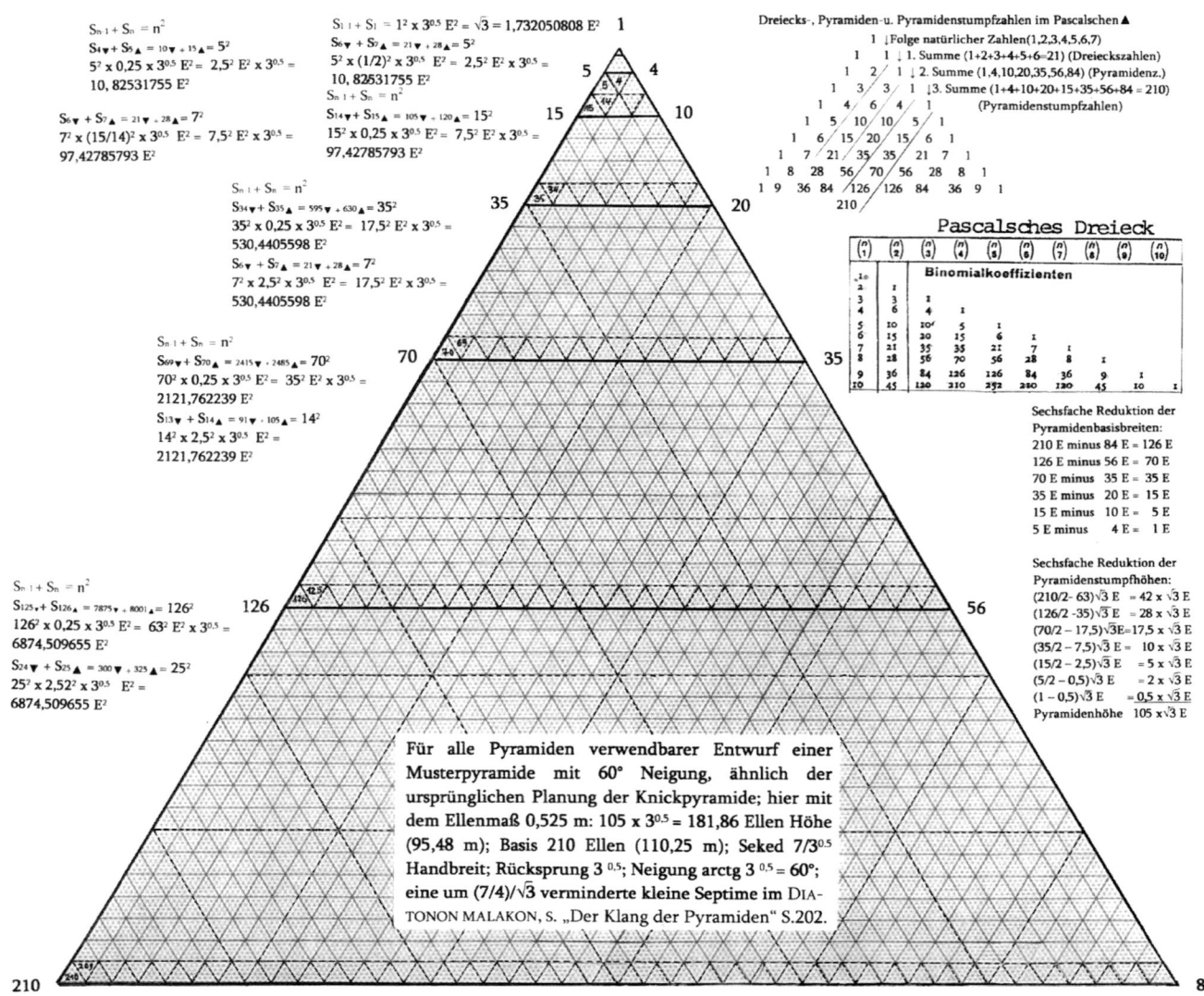

$S_{n-1} + S_n = n^2$
$S_4▼ + S_5▲ = 10▼ + 15▲ = 5^2$
$5^2 \times 0{,}25 \times 3^{0,5} E^2 = 2{,}5^2 E^2 \times 3^{0,5} =$
$10{,}82531755 E^2$

$S_6▼ + S_7▲ = 21▼ + 28▲ = 7^2$
$7^2 \times (15/14)^2 \times 3^{0,5} E^2 = 7{,}5^2 E^2 \times 3^{0,5} =$
$97{,}42785793 E^2$

$S_{n-1} + S_n = n^2$
$S_{34}▼ + S_{35}▲ = 595▼ + 630▲ = 35^2$
$35^2 \times 0{,}25 \times 3^{0,5} E^2 = 17{,}5^2 E^2 \times 3^{0,5} =$
$530{,}4405598 E^2$

$S_6▼ + S_7▲ = 21▼ + 28▲ = 7^2$
$7^2 \times 2{,}5^2 \times 3^{0,5} E^2 = 17{,}5^2 E^2 \times 3^{0,5} =$
$530{,}4405598 E^2$

$S_{n-1} + S_n = n^2$
$S_{69}▼ + S_{70}▲ = 2415▼ + 2485▲ = 70^2$
$70^2 \times 0{,}25 \times 3^{0,5} E^2 = 35^2 E^2 \times 3^{0,5} =$
$2121{,}762239 E^2$

$S_{13}▼ + S_{14}▲ = 91▼ + 105▲ = 14^2$
$14^2 \times 2{,}5^2 \times 3^{0,5} E^2 =$
$2121{,}762239 E^2$

$S_{n-1} + S_n = n^2$
$S_{125}▼ + S_{126}▲ = 7875▼ + 8001▲ = 126^2$
$126^2 \times 0{,}25 \times 3^{0,5} E^2 = 63^2 E^2 \times 3^{0,5} =$
$6874{,}509655 E^2$

$S_{24}▼ + S_{25}▲ = 300▼ + 325▲ = 25^2$
$25^2 \times 2{,}5^2 \times 3^{0,5} E^2 =$
$6874{,}509655 E^2$

$S_1 + S_1 = 1^2 \times 3^{0,5} E^2 = \sqrt{3} = 1{,}732050808 E^2$

$S_6▼ + S_7▲ = 21▼ + 28▲ = 5^2$
$5^2 \times (1/2)^2 \times 3^{0,5} E^2 = 2{,}5^2 E^2 \times 3^{0,5} =$
$10{,}82531755 E^2$

$S_{n-1} + S_n = n^2$
$S_{14}▼ + S_{15}▲ = 105▼ + 120▲ = 15^2$
$15^2 \times 0{,}25 \times 3^{0,5} E^2 = 7{,}5^2 E^2 \times 3^{0,5} =$
$97{,}42785793 E^2$

Dreiecks-, Pyramiden-u. Pyramidenstumpfzahlen im Pascalschen ▲

```
         1   ↓Folge natürlicher Zahlen(1,2,3,4,5,6,7)
       1   1   ↓1. Summe (1+2+3+4+5+6=21) (Dreieckszahlen)
     1   2   1   ↓2. Summe (1,4,10,20,35,56,84) (Pyramidenz.)
   1   3   3   1   ↓3. Summe (1+4+10+20+15+35+56+84 = 210)
 1   4   6   4   1      (Pyramidenstumpfzahlen)
1  5  10  10   5   1
1  6  15  20  15   6   1
1  7  21  35  35  21   7   1
1  8  28  56  70  56  28   8   1
1  9  36  84 126 126  84  36   9   1
 210
```

Pascalsches Dreieck

$\binom{n}{1}$	$\binom{n}{2}$	$\binom{n}{3}$	$\binom{n}{4}$	$\binom{n}{5}$	$\binom{n}{6}$	$\binom{n}{7}$	$\binom{n}{8}$	$\binom{n}{9}$	$\binom{n}{10}$
			Binomialkoeffizienten						
1									
2	1								
3	3	1							
4	6	4	1						
5	10	10	5	1					
6	15	20	15	6	1				
7	21	35	35	21	7	1			
8	28	56	70	56	28	8	1		
9	36	84	126	126	84	36	9	1	
10	45	120	210	252	210	120	45	10	1

Sechsfache Reduktion der Pyramidenbasisbreiten:
210 E minus 84 E = 126 E
126 E minus 56 E = 70 E
70 E minus 35 E = 35 E
35 E minus 20 E = 15 E
15 E minus 10 E = 5 E
5 E minus 4 E = 1 E

Sechsfache Reduktion der Pyramidenstumpfhöhen:
$(210/2 - 63)\sqrt{3} E = 42 \times \sqrt{3} E$
$(126/2 - 35)\sqrt{3} E = 28 \times \sqrt{3} E$
$(70/2 - 17{,}5)\sqrt{3} E = 17{,}5 \times \sqrt{3} E$
$(35/2 - 7{,}5)\sqrt{3} E = 10 \times \sqrt{3} E$
$(15/2 - 2{,}5)\sqrt{3} E = 5 \times \sqrt{3} E$
$(5/2 - 0{,}5)\sqrt{3} E = 2 \times \sqrt{3} E$
$(1 - 0{,}5)\sqrt{3} E = 0{,}5 \times \sqrt{3} E$
Pyramidenhöhe $105 \times \sqrt{3} E$

Für alle Pyramiden verwendbarer Entwurf einer Musterpyramide mit 60° Neigung, ähnlich der ursprünglichen Planung der Knickpyramide; hier mit dem Ellenmaß 0,525 m: $105 \times 3^{0,5} = 181{,}86$ Ellen Höhe (95,48 m); Basis 210 Ellen (110,25 m); Seked $7/3^{0,5}$ Handbreit; Rücksprung $3^{0,5}$; Neigung arctg $3^{0,5} = 60°$; eine um $(7/4)/\sqrt{3}$ verminderte kleine Septime im DIATONON MALAKON, S. „Der Klang der Pyramiden" S.202.

1↓ Folge natürlicher Zahlen
2   ↓1 Erste Summe dieser Zahlen (Dreieckszahlen)
3   3   ↓1 Zweite Summe der Zahlen (Pyramidenzahlen)
4   6   4 +↓1 3. S.(Pyramidenstz.) $0{,}5 \times \sqrt{3} E = H$: Pyramidion = 0,45466333
5   10 10 + 5 $_{\times 0,5\times\sqrt{3} E (2,5-0,5)\times\sqrt{3}; H_2: H_1 = +2\times\sqrt{3} E St(a)} = 1{,}818653348$ m
6   15 20 +15 $_{\times 0,5\times\sqrt{3} E=(7,5-2,5)\times\sqrt{3}; H_3: H_2 = +5\times\sqrt{3} E Stumpf(b)} = 4{,}54665337$ m
7   21 35 +35 $_{\times 0,5\times\sqrt{3} E=(17,5-7,5)\times\sqrt{3}; H_4: H_3 = +10\times\sqrt{3} E Stpfc(c)} = 9{,}09326674$ m
8   28 56 +70 $_{\times 0,5\times\sqrt{3} E=(35-17,5)\times\sqrt{3}; H_5: H_4 = +17,5\times\sqrt{3} E St(d)} = 15{,}91321679$ m
9   36 84 +126 $_{\times 0,5\times\sqrt{3} E=(63-35)\times\sqrt{3}; H_7: H_5 = +28\times\sqrt{3} E St(e)} = 25{,}46114687$ m
10 45 120 +210 $_{\times 0,5\sqrt{3} E=(105-63)\times\sqrt{3}; H_7: H_6 = +42\times\sqrt{3} E Stp(f)} = 38{,}19172031$ m

Sr Höhen$(0{,}5+2+5-10+17{,}5+28+42=105$ E)$H_{1+7} = \sqrt{3} \times 105 E = 181{,}8653348 E (95{,}47930077 m)$

Maße Musterpyramide: Höhe 181,87 E (95,48 m); Basis 210 E (110,25 m); BWarctg $\sqrt{3}=60°$

Querschnittsfläche:B/2 x H = $105 \times 105 \times \sqrt{3} E^2 = 19095{,}86015 E^2 (5263{,}296455 m^2)$
Ägypt. Berechnung: PyramidionQFxStz.$^2 = 0{,}25 \times 210^2 \times \sqrt{3} E^2 = 19095{,}86015 E^2 (5263{,}296455 m^2)$

Rauminhalt: $1/3 H \times B^2 = 1/3 \times 105 \times \sqrt{3} \times 210^2 \sqrt{3} E^3 = 1543500 E \times \sqrt{3} E = 2673420{,}421 E^3$ (386852,2894 m^3)
Ägyptische Berechnung:Vol. Pyramidion $\times$ Stufenzahl$^3 = 1/6 \times \sqrt{3} E^3 \times 210^3 = 2673420{,}421 E^3$ (386852,2894 m^3)

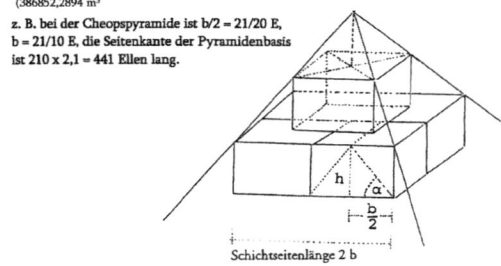

z. B. bei der Cheopspyramide ist b/2 = 21/20 E, b = 21/10 E, die Seitenkante der Pyramidenbasis ist $210 \times 2{,}1 = 441$ Ellen lang.

$S_{n-1} + S_n = n^2$
$S_{209}▼ + S_{210}▲ = 21945▼ + 22155▲ = 210^2$
$210^2 \times 0{,}25 \times 3^{0,5} E^2 = 105^2 \times 3^{0,5} =$
$19095{,}860156 E^2$

$S_{41}▼ + S_{42}▲ = 861▼ + 903▲ = 42^2$
$42^2 \times 2{,}5^2 \times 3^{0,5} E^2 =$
$19095{,}860156 E^2$

Formel zur Berechnung der Dreiecksfläche: B/2 x Höhe, Elementardreieck: $0{,}5 \times 3^{0,5} E^2$

Antike Formel zur Berechnung der Zahl der Dreiecke im Pyramidenquerschnitt:
$S_{n-1} - S_n = n^2$
$(n-1)/2 \times n + n/2 \times (n+1) = n^2$
Bei 210 Stufen:
$209/2 \times 210 + 210/2 \times 211 =$
$210^2 \times 0{,}5 \times 3^{0,5} = 105^2 \times 3^{0,5} =$
$19095{,}860156 E^2 (5263{,}296455 m^2)$

Antike Quellen:
Nikomachos of Gerasa, "Introduction to Arithmetic", Ausg. v. M.L.D. D'ooge, London 1926, S. 56 u. 130.
Theon de Smyrna, „Exposition des Connaissances Mathematiques Utiles pour la Lecture de Platon", Par J. Dupuis, Paris 1892, S. 69 u. ö.

1↓ Folge natürlicher Zahlen
2   ↓1 Erste Summe dieser Zahlen (Dreieckszahlen)
3   3   ↓1 Zweite Summe der Zahlen (Pyramidenzahlen)
4   6   4 +↓1 3. S.(Pyramidst.z. $0{,}5 \times 3^{0,5} E = H$: Pyramidion = 0,45466333 m
5   10 10 + 5 $_{\times 0,5\times 3^{0,5} E=(2,5-0,5)\times 3^{0,5}; H_2:H_1=+2\times 3^{0,5} E St.(a)} = 1{,}818653348$ m
6   15 20 +15 $_{\times 0,5\times 3^{0,5} E=(7,5-2,5)\times 3^{0,5}; H_3:H_2 = +5\times 3^{0,5} E St. (b)} = 4{,}54665337$ m
7   21 35 +35 $_{\times 0,5\times 3^{0,5} E=(17,5-7,5)\times 3^{0,5}; H_4:H_3 = +10\times 3^{0,5} E St. (c)} = 9{,}09326674$ m
8   28 56 +70 $_{\times 0,5\times 3^{0,5} E=(35-17,5)\times 3^{0,5}; H_5:H_4 = +17,5\times 3^{0,5} E St. (d)} = 15{,}91321679$ m
9   36 84 +126 $_{\times 0,5\times 3^{0,5} E=(63-35)\times 3^{0,5}; H_6:H_5 = +28\times 3^{0,5} E St. (e)} = 25{,}46114687$ m
10 45 120 +210 $_{\times 0,5\times 3^{0,5} E=(105-63)\times 3^{0,5}; H_7:H_6 = +42\times 3^{0,5} E St. (f)} = 38{,}19172031$ m

Summe 7 Stumpfhöhen $1/2+2+5+10+17{,}5+28+42=105 E; H_{1+7} = \sqrt{3} \times 105 E = 181{,}8653348 E (95{,}47930077 m)$

Halbe Stumpfbreiten (= Stumpfhöhen in Meter/$\sqrt{3}$)

4   6   4 +↓1 3. S.(Pyrst.zahl) $0{,}5 \times 3^{0,5} E = B_{1/2} = 0{,}45466333$ m/$\sqrt{3}=0{,}2625$ m
5   10 10 + 5 $_{\times 0,5\times 3^{0,5} E=(2,5-0,5)\times 3^{0,5}=+2\times E St.(a)} = 1{,}818653348$ m/$\sqrt{3} = 1{,}05$ m
6   15 20 +15 $_{\times 0,5\times 3^{0,5} E=(7,5-2,5)\times 3^{0,5}=+5\times E St.(a)} = 4{,}54665337$ m/$\sqrt{3}=2{,}625$ m
7   21 35 +35 $_{\times 0,5\times 3^{0,5} E=(17,5-7,5)\times 3^{0,5}=+10\times E St.(c)} = 9{,}09326674$ m/$\sqrt{3}=5{,}25$ m
8   28 56 +70 $_{\times 0,5\times 3^{0,5} E=(35-17,5)\times 3^{0,5}=+17,5\times E St.(d)} = 15{,}91321679$/$\sqrt{3}= 9{,}1875$ m
9   36 84 +126 $_{\times 0,5\times 3^{0,5} E=(63-35)\times 3^{0,5}=+28E St.(e)} = 25{,}46114687$ m/$\sqrt{3}=14{,}7$ m
10 45 120 +210 $_{\times 0,5\times 3^{0,5} E=(105-63)\times 3^{0,5}=+42\times E St.(f)} = 38{,}19172031$ m/$\sqrt{3}=22{,}05$ m

Summe der 7 halben Pyramidenstumpfbreiten $(0{,}5+2+5+10+17{,}5+28+42=105 E)=55{,}125$ m, denn $105 E \times 0{,}525 m = 55{,}125$ m, die gesamte Basis ist daher $210 E (110{,}25 m)$.

Kapitel IV

COMMEDIA EGIZIANA

Friedrich Wilhelm Korff

Platonisches Gespräch mit einem zeitgenössischen deutschen Ordinarius für Ägyptologie

„Der Tellerrand der Ägyptologen ist so reich bestückt, daß es den meisten von ihnen äußerst schwer fällt, über ihn hinaus zu blicken." (Hans Magnus Enzensberger, in einem Brief an mich, am 25. Juli 2011)

Als wir eingangs auf Dieter Arnolds „Lexikon der ägyptischen Baukunst" zu sprechen kamen, äußerte sich der Ägyptologe mir gegenüber und sagte:

„Die Liste der Pyramidenabmessungen steht schon so lange, daß Sie keine Chance haben, daran zu rütteln, denn Generationen von Kollegen haben im In- und Ausland ihre Vorlesungen damit verbracht und ihre Bücher geschrieben, um diese Werte nach und nach zu präzisieren. Die Cheopspyramide ist die best vermessenste Pyramide in der ganzen Welt. Daß Sie in den Rücksprüngen, also in den Verhältnissen der Höhen zu den Basishälften, jetzt auf einmal architektonische Proportionen sehen und die bestehenden Werte in rationale Brüche aus ganzen Zahlen überführen wollen, ist wenig originell. Arnolds „Lexikon der ägyptischen Baukunst" enthält nur empirisch gemessene, nicht ideelle Pyramidenhöhen, Basislängen und Böschungswinkel. Ihr Buch wirkt auf Christen wie die Flugblätter der Zeugen Jehovas.

Das müssen merkwürdige Christen sein, die die Zeugen Jehovas verachten, dachte ich. Aber diesmal sagte ich ihm:

„Vielleicht widerfuhr Dieter Arnold das gleiche, was mein Schwiegervater aushalten musste. Er war Redakteur einer großen Tageszeitung in Wien und für die Werbung zuständig. Er hatte beim Korrekturenlesen noch in der Nacht „1 A frisch Gehacktes" anzupreisen und diese Zeile sehr oft überprüft und doch das „h" mit einem „k" verwechselt. Das Ergebnis war zusätzlich pikant, weil es der „Völkische Beobachter" war, der dieses anpries. Ganz Wien lachte. Reißend war der Absatz des Gehackten, das am nächsten Tag mehrfach nachgeliefert werden musste. Mein Schwiegervater bekam dafür einen Früchtekorb mit Champagner und vielen anderen Köstlichkeiten."

Der Ägyptologe lachte. Er hatte, wie man zu sagten pflegt, Oberwasser. Der Bann, miteinander zu sprechen, schien gebrochen. Er sagte:

„Nun zeigen sie mir doch einmal einen solch amüsanten Druckfehler."

„Einen?" rief ich, „nur einmal? Es wimmelt nur so von falschen Berechnungen, allein 21 von 29 Pyramiden hätten mit Arnolds Werten nicht gebaut werden können. Die falschen Werte liegen oft nahe bei den richtigen, aber nur diese bilden eben harmonische Intervalle."

„Wie kann man nachprüfen, was richtig und was falsch ist?" fragte er.

„Anhand der in den Abmessungen und somit auch in den Rücksprüngen verwendeten Primzahlen. Es sind logischerweise nur die ersten fünf (1, 2, 3, 5, 7) aus dem ägyptischen Meß- und Maßsystem, das nur sie enthält. Alles, was über die Maßeinteilung der Ellenstöcke hinausgeht, die 13, die 17 usw. kann nicht sein."

„Warum? Es bilden sich doch Summen daraus z. B. 1 + 2 + 3 + 7 = 13".

„In den 29 Pyramidenabmessungen finden wir keine Summen, sondern nur Produkte der ersten 5 Primzahlen (1, 2, 3, 5, 7), mit Ausnahme der Böschungslängen der Pyramiden Meidum (23), Unas (11), Chephren (41) und Niuserre (263). Diese haben die hier in Klammern angehängten Primzahlen zwar in ihren Höhen und Basen, aber da der Rücksprung ein Bruch ist, kürzen sich größere Primzahlen als Sieben aus Zähler und Nenner wieder heraus, so daß sich in den Rücksprüngen nur Produkte, gewählt aus den ersten fünf Primzahlen, einander gegenüberstehen. Das lässt sich musiktheoretisch mit dem Anfang der Partial- und Obertonreihe begründen, denn nur dadurch kommt die Harmonie ins Spiel."

„Von Musiktheorie verstehe ich wenig und brauche sie auch nicht zu verstehen."

„Merkwürdig", sagte ich, „daß ich erlebe, daß jemand stolz darauf ist, daß ihm etwas fehlt."

„Werden Sie nicht frech", konterte er und wechselte den Ton: „Wo bleibt das Beispiel?"

Ich antwortete:

„In der Liste der Pyramidenabmessungen auf S. 200 des Lexikons gibt Dieter Arnold richtig die Basislänge der Pyramide in Dahshur-Nord mit 420 Ellen an. Das Ellenmaß ist die Königselle von 0,525 m. 420 Ellen x 0,525 ergeben aber 220,5 Meter und nicht 220 Meter, wie es dort in der Klammer für Meterwerte angegeben ist."

„Wahrscheinlich ist das kein Messfehler, sondern ein Druckfehler", meinte er.

„Wäre es ein Druckfehler, bliebe er im Kontext einmalig, und es gäbe auch im laufenden Kontext keine weiteren Fehler, die immer noch er verursachte. Und das ist hier nicht der Fall, wir haben die deutliche Folge, daß mit dem fehlerhaften Basiswert auch ein falscher Rücksprung und damit ein falscher Böschungswinkel gewonnen wird, denn die Höhe (105 m), geteilt durch die fehlerhafte Basishälfte (110 m) – statt, wie es richtig heißen müsste $\left(\frac{420}{2} = 210, \text{ und } 210 \times 0{,}525 = 110{,}25 \text{ m und eben nicht } 110\right)$ –, ergibt $\frac{105}{110} = \frac{21}{22} = 0{,}9545454\ldots$ und arctg $0{,}9545454\ldots$ läßt $43{,}7°$ entstehen, ein kleinerer, aber immerhin noch falscher Neigungswinkel für Dahshur-Nord."

„Aber es sind doch $\frac{220}{2} = 110$ Meter ein richtiger Messwert", rief er, „die Neigung ist mit 45° angegeben, ich bitte Sie, wegen der läppischen 1,3° Grad nur ein wenig kleiner."

„Nein" sagte ich, „der richtige Wert ist noch kleiner. Denn sonst müsste der, der Dahshur-Nord betrachtet, einen Knick im Auge haben, denn 45° – die Diagonale im Quadrat – fühlt sogar ein Blinder mit der Krücke, wenn er mit dem Stock die Neigung auf der langen Seite eines Schrägsteins der Pyramidenverkleidung nachzieht, von den Sehenden ganz zu schweigen. Betrachten sie doch die Pyramide, der Böschungswinkel ist nicht 45°, sondern wesentlich kleiner."

„Das kann man mit der Erosion erklären", sagte er wohlwollend, „die Steinschichten werden nach oben hin immer flacher, sie sind erodiert, und die Pyramide hat nach oben hin einen Winkel bekommen, der früher steiler war."

„Backingstones, die jeweils zur Hälfte aufeinanderliegen, können ihre Höhe nicht durch Erosion verringern, höchstens an der Seite bröckeln sie, wenn Luft daran kommt und Wind und Sonne daran zehren. Wenn das aber geschieht, wird der Winkel steiler, nicht flacher. Es ist das Umgekehrte der Fall. Der Schuttwinkel ist flach, die Erosionskante eher steiler."

Er seufzte: „Ich sagte das doch! Machen wir doch bei Dahshur-Nord die Rechnung in Ellen", schlug er vor, „antike Ellen sind mir sympathischer, und sie sind vor Ort auch oft ganzzahlig, also genauer festzustellen als unsre Metermaße."

„Das geht mir auch so", sagte ich, „aber im Fall Dahshur – aber nicht so wie bei vielen anderen Pyramiden – sind die Ellenangaben für die Höhe (200 E) und für die Basislänge (420 E) korrekt. Damit konnte die Pyramide fehlerfrei gebaut werden."

„Das erleichtert alles", sagte er, „ich bin stolz auf meine Pyramide."

„Bitte langsam", sagte ich, „noch einmal: der Rücksprung von Dahshur-Nord ist Höhe geteilt durch die Basishälfte (200 Ellen/210 Ellen), also $\frac{20}{21}$. Die Neigung der Pyramide ist arctg $\left(\frac{20}{21}\right)$ = 43,6° und nicht anders."

Das gefiel ihm nun wieder nicht. „Das ist zu flach", schimpfte der Archäologe, „und im übrigen kann man Pyramiden mit allen Zahlen, die man will, bauen, auch mit $\frac{200}{200}$ Ellen, was einen Böschungswinkel von arctg $\left(\frac{1}{1}\right)$ = 45° ergibt. Das sind nicht nur ganze und runde Zahlen, sondern es sieht auch gut aus."

„Der Rücksprung $\left(\frac{1}{1}\right)$ wäre kein harmonisches Intervall," warf ich ein, „er erfüllt nicht die Überteiligkeit $\frac{n+1}{n}$ oder die Unterteiligkeit $\frac{n}{(n+1)}$, mit der die harmonischen Proportionen in der Partial- und Obertonreihe definiert sind."

„Aha, er erfüllt nicht die Forderung Ihrer Doktrin, so so. Kommen Sie mir nicht mit der Musiktheorie, die scheint hier überhaupt nicht angebracht, und ich weiß auch nicht, ob ich Ihr Neumodisches mit Proportionen und dergleichen, sogar mit Musik akzeptieren soll. Sie stülpen neuzeitliche Theorien über Bauwerke, die über 4000 Jahre alt sind."

„Die Obertonreihe ist älter als 4000 Jahre", sagte ich, „älter sogar als unser Kosmos. Als Teil der Akustik gehört sie zur Physik und ist damit zeitlos. Sie unterschätzen die Kenntnisse der Ägypter. Ptolemaios überliefert sie. Ich kann auch ohne Musiktheorie feststellen, daß der Böschungswinkel 43,6° ist. Darf ich fortfahren, um unser Problem doch zu lösen?"

„Bitte", er wurde laut, „ich bin gespannt."

„In Mesopotamien hat man auf Scherben pythagoräische Tripel gefunden …"

„Sehen Sie", unterbrach er ernst, „dachte ich mir's doch. Könnten Sie mich nicht endlich mit pythagoräischer Esoterik in Ruhe lassen? Diese Dummheit, mit der uns die Amateure in der Ägyptologie belästigen", rief er, „noch so eine Dummheit, dann gehe ich."

„Die Zahlenfolge 20, 21, 29 ist eines solcher Tripel," sprach ich jetzt leise. „Die einzelnen Zahlen mit 10 multipliziert und die ersten zwei quadriert ergeben die dritte ($200^2 + 210^2 = 290^2$). 200 Ellen ist die Höhe, 210 Ellen die Basishälfte und 290 Ellen ist die Böschungslänge von Dahshur-Nord. Sie konnte nunmehr einfach eingemessen werden, damit sich die vier Grate in der Spitze der Pyramide trafen. Ohne das Tripel wären Wurzelwerte in der Böschungslänge entstanden, die Ägypter nicht berechnen konnten."

Es folgte eine lange Pause. „Gut", sagte er trocken, nachdem er den Rechner wieder zugeklappt hatte, „das wusste ich noch nicht, das ist tatsächlich neu. Ich gebe zu, das Tripel stimmt, auch ohne daß man es im Zusammenhang mit Pythagoras erwähnt hätte. Darauf sind wir Ägyptologen bis jetzt nicht gekommen. Natürlich ist das Tripel eine große Hilfe beim Pyramidenbau."

„Es gibt noch weitere solche Hilfen", sagte ich und freute mich.

„Zeigen Sie sie mir."

„Ich wiederhole", beharrte ich, „mit Arnolds Meterwert (220 m) konnte die Pyramide nicht gebaut werden, der Rücksprung wäre $\frac{105}{110} = \frac{21}{22}$ gewesen und der Böschungswinkel arctg $\frac{105}{110}$ = 43,7°. Die vier Grate hätten sich nicht in der Spitze getroffen. Sie haben sich aber in der Spitze getroffen, sogar in der Spitze des Pyramidions, und das ist eine Neuigkeit, die gerade Rainer Stadelmann ausgegraben und vor die Ostseite der Pyramide in Dahshur auf einen Sockel aufgestellt hat. Das aus Bruchstücken gekittete und exakt rekonstruierte Pyramidion hat eine Höhe von $1\frac{3}{7}$ Ellen, 10 Handbreit (0,75 m) und eine Basislänge von 3 Ellen, 21 Handbreit, (1,575 m). Dahshurs Grate mußten sich in der Spitze treffen, weil auch das Pyramidion, proportionengleich der gesamten Pyramide, den genauen Rücksprung $\left(\frac{\text{Höhe}}{\text{Basishälfte}} = \frac{200}{210} = \frac{20}{21}\right)$ mit dem Böschungswinkel arctg $\frac{20}{21}$ = 43,6° besitzt."

„Ich sagte doch, das ist ein lächerlicher Druckfehler wie bei Ihrem Schwiegervater", schimpfte er.

Diese Wendung im Gespräch verstand ich nicht und sah ihn an.

„Seien Sie doch nicht so störrisch", warf er ein, „Pyramiden können mit allen Zahlen gebaut werden."

„Ich wiederhole nochmals: Zunächst einmal nur mit den Zahlen des ägyptischen Meß- und Maßsystems (1, 2, 3, 5, 7), und darin kommt die 11 nicht vor wie in $\frac{21}{22}$ Ihres Rücksprungs."

„Das könnte stimmen."

„Natürlich stimmt es," sagte ich, „aber zunächst nur bei harmonisch proportionierten Pyramiden wie den ägyptischen. Die in Südamerika habe ich noch nicht überprüfen können. Aber bei den ägyptischen Pyramiden sind nicht nur die Basishälfte, Höhe und Böschungslänge miteinander abgestimmt, und da muß auch der Winkel dazu passen. Das ist in Arnolds Liste nicht der Fall. Sie zeigt die Harmonie in der architektonischen Proportion H/(B/2) im Rücksprung nur annähernd, und das ist hier der Fall. Daher können von 29 Pyramiden 21 ihren Druckfehlern nach nicht gebaut werden", sagte ich, „so viele Fehler sind dann kein Zufall mehr, vor allem, wenn man, wie ich es im ersten Kapitel getan habe, die Fehler durch die Pythagoras- und Sinus-$\frac{\gamma}{2}$-Probe aufdecken konnte und danach die Pyramidenneigungen der Reihenfolge der natürlichen Zahlen 1:2:3:4…n/(n + l), also den Harmonien der Partial- und Obertonreihe, folgten."

„Dann muß noch einmal nachgemessen werden", sagte er, „ich halte die Basishälfte Dashurs für korrekt. Auch mit 220 Metern Basislänge statt mit 220,5 m kann Dashur-Nord gebaut worden sein. Wenn man in Metern misst, „ergäbe es einen Winkel von arctg$\left(\frac{110,25}{110}\right)$ = 45,06°. Der steht auch in der Liste."

„Sie irren sich", sagte ich, „der Winkel ist eine unterteilige Proportion und bekanntlich kleiner und kann auch nicht durch Erosion im oberen Bereich der Pyramide erklärt werden. Wir befinden uns im Altertum. Die in ganzen Zahlen aufgehenden pythagoräischen Zahlentripel sind schon im Zweistromland auf Tonscherben erhalten, haben. Sie haben die Ägypter im Pyramidenbau genutzt, um für die Böschungslänge womöglich ganze Zahlen zu erhalten, so bei Dahshur-Nord, so bei den Pyramiden mit Quartrücksprung."

„Jetzt kommen Sie schon wieder mit dieser Mystik, nein, bloß nicht Pythagoras, da bin ich kalt wie eine Hundeschnauze", sagte er und brachte mich zum Lachen. Jetzt lachten wir beide, hörten aber sofort damit auf, als wir in unsere ernsten Augen sahen.

„Wir drehen uns im Kreis," sagte ich „und ich muß Sie daran erinnern, „Sie haben das vorhin erwähnte pythagoräische Zahlentripel $20^2 + 21^2 = 29^2$ schon wieder vergessen. Nur mit diesen Zahlen konnte die Pyramide gebaut werden."

Es folgte eine noch längere Pause als vorhin.

Dahshur-Nord zitiert hier aus Kapitel IX

Berechnung des Pyramidions (verwendetes Ellenmaß 0,525 m)

Das Volumen der roten Pyramide Dahshur-N (Nr. 3) ist $\frac{200}{3} \times 420^2 = 11\,760\,000$ E³ (1 701 708,75 m³).

Wenn die Basislänge (420 E) durch 3 geteilt wird, setzt sie sich aus $\frac{420}{3} = 140$ Pyramidionbasislängen à 3 Ellen zusammen. Um die zugehörige Stufenhöhe zu erhalten, ist die Gesamthöhe der Pyramide durch 140 zu teilen $\left(\frac{200\,E}{140} = 1\frac{3}{7}\,E\right)$.

Das gesuchte Pyramidion hat nun eine Basislänge von 3 Ellen oder 21 Handbreit (1,575 m).

Seine Höhe ist $1\frac{3}{7}$ Ellen oder 10 Handbreit (0,75 m).

Sein Rücksprung ist „Höhe, geteilt durch die Basishälfte" $\left(1\frac{3}{7}\,E\right)/\left(\frac{3}{2}\,E\right) = \frac{20}{21}$.

Der Böschungswinkel ist: arctg $\left(\frac{20}{21}\right) = 43,60°$.

Das Volumen des Pyramidions ist allgemein „$\frac{1}{3}$ Höhe x Basislänge²".

Das Volumen des Pyramidions von Dahshur-Nord ist: $V_{pyrd} = \frac{1}{3} \times \left(1\frac{3}{7}\right) \times 3^2 = 4\frac{2}{7}$ E³.

Das Volumen einer Pyramide, altägyptisch berechnet, ist: „Pyramidioninhalt x Stufenzahl³".

Das Volumen der roten Pyramide ist: $4\frac{2}{7}$ E³ x (140)³ = 11 760 000 E³ (1 701 708,75 m³).

Das Pyramidion von Dahshur-N wurde mit diesen Maßen von Rainer Stadelmann ausgegraben.

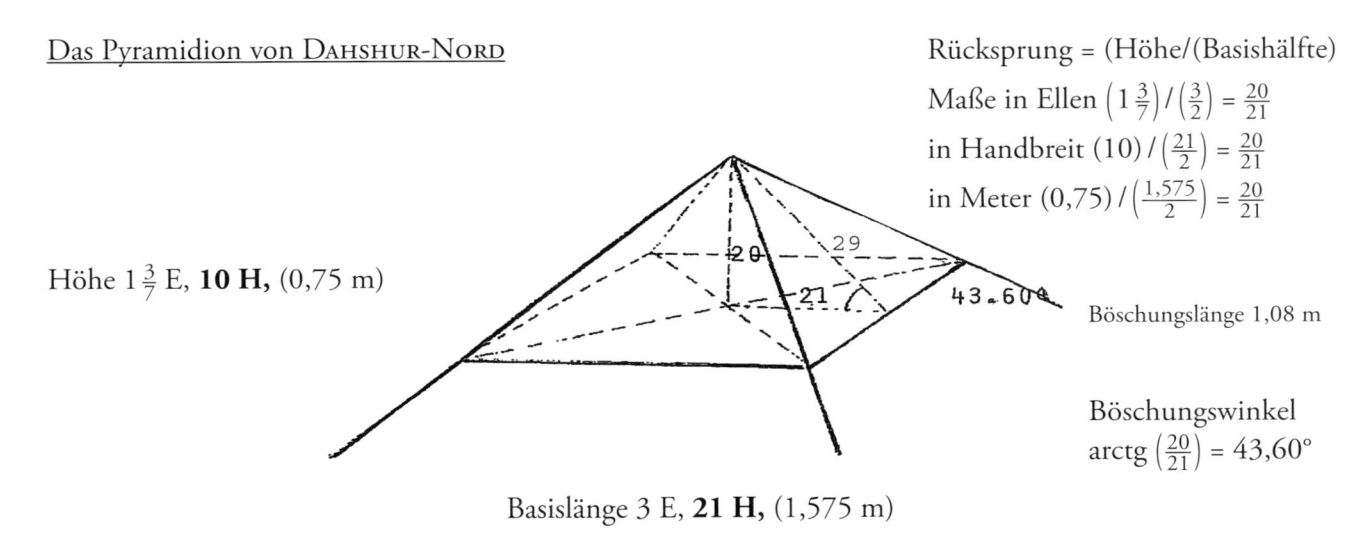

Das Pyramidion von DAHSHUR-NORD

Rücksprung = (Höhe/(Basishälfte))

Maße in Ellen $\left(1\frac{3}{7}\right)/\left(\frac{3}{2}\right) = \frac{20}{21}$

in Handbreit $(10)/\left(\frac{21}{2}\right) = \frac{20}{21}$

in Meter $(0,75)/\left(\frac{1,575}{2}\right) = \frac{20}{21}$

Höhe $1\frac{3}{7}$ E, **10 H**, (0,75 m)

Böschungslänge 1,08 m

Böschungswinkel arctg $\left(\frac{20}{21}\right) = 43,60°$

Basislänge 3 E, **21 H**, (1,575 m)

Ergebnis: Rücksprung der Pyramide Dahshur-N ist der Klang eines unterteiligen Halbtons $\left(\frac{20}{21}\right)$ mit dem Intervall (H-C) in der antiken Tonart DIATONON MALAKON $\left(\frac{7}{8} \times \frac{9}{10} \times \frac{20}{21} = \frac{3}{4}\right)$, die Ptolemaios aus Alexandria überliefert. Ein Rechteck mit 20 Einheiten Höhe und 21 Einheiten Breite lässt ein Halbtonformat *(Semitonos)* mit dem Diagonalenwinkel 43,60° entstehen. Wenn in Ägypten die Höhe einer Pyramidenstufe eine Elle (= 7 Handbreit) war, bildete diese Diagonale in diesem Rechteck zusammen mit der Basis des Seked $\left(7\frac{7}{20}\,H\right)$ die Proportion eines unterteiligen Halbtons 7 H/$\left(7\frac{7}{20}\right)$ H = 20:21. Nimmt man nach Ptolemaios' Einteilung der Quarte von dem Grundton 210 Hz erst die Quarte fort $\left(210/\left(\frac{4}{3}\right) = 157,5\,Hz\right)$, so erhält man 157,5 Hz. Nimmt man dann den Halbton $\frac{20}{21}$ fort $\left(157,5\,Hz \times \frac{20}{21} = 150\,Hz\right)$, so hört man die Tonfolge (f-e) und das Intervall des Halbtons $\left(\frac{150\,Hz}{157,5\,Hz} = 20:21\right)$ und sieht seine Harmonie in der flachen Neigung der roten Pyramide von 43,60°.

„Damit haben Sie vermutlich recht," sagte er, „aber …"

Ich fiel ihm ins Wort: „Ihr Professionale vergesst nie Euern Stand, aber oft das Beste in ihm!"

„Und das wäre?"

„Daß das eine aus dem anderen folgen muß. Wenn Stadelmann das Pyramidion nicht ausgegraben hätte, stände ich jetzt nicht so sicher da."

„Kann sein, kann sein", sagte er „die Zahlentripel addieren sich, auch ohne daß man Pythagoras' Namen in Anspruch nähme, aber jetzt frage ich mich warum?"

„Die Ägypter brauchten ein ganzzahliges genaues Maß für die Böschungslänge, 290 Ellen, mit dem Sie die Meßschnur auf allen vier Seiten von der Spitze bis zur Basishälfte herunter spannen konnten. Und das nicht nur zuletzt, sondern gerade im anfänglichen Baufortschritt von Stufe zu Stufe."

„Wie soll ich mir das vorstellen?" fragte er.

„Die Messung mit den Leinen konnte man mit senkrechten Abstandshaltern über die vier Grate einrichten."

Er brummte etwas von „Mathematik" und bezweifelte dergleichen Messgenauigkeit in der Antike.

„Erinnern Sie sich an den Mathematikunterricht in Ihrer Schule?" fragte ich.

„Gern", sagte er, „Ich brauchte nicht zu rechnen, ich konnte das alles schon. Es war doch ganz einfach. Nachmittags habe ich nie Aufgaben gelöst, schrieb die paar Zeilen morgens im Zug bei meiner Klassenkameradin ab."

Was sollte ich darauf antworten?

„Jawoll", signalisierte er ironisch und schlug die Hacken zusammen, „wie die eingangs zitierte Anekdote mit ihrem Schwiegervater zeigt, sind auch Sie kein Kind von Traurigkeiten."

„Noch wissen Sie, was ein Koordinatensystem ist?"

„Eine waagerechte X-Achse und kreuzt eine senkrechte Y-Achse im Nullpunkt."

„Und wenn Sie jetzt eine Gerade y = 3 ziehen, was erhalten Sie dann?" „Eine Parallele zur X-Achse mit dem Abstand von 3 Einheiten."

1. $Y = 3$

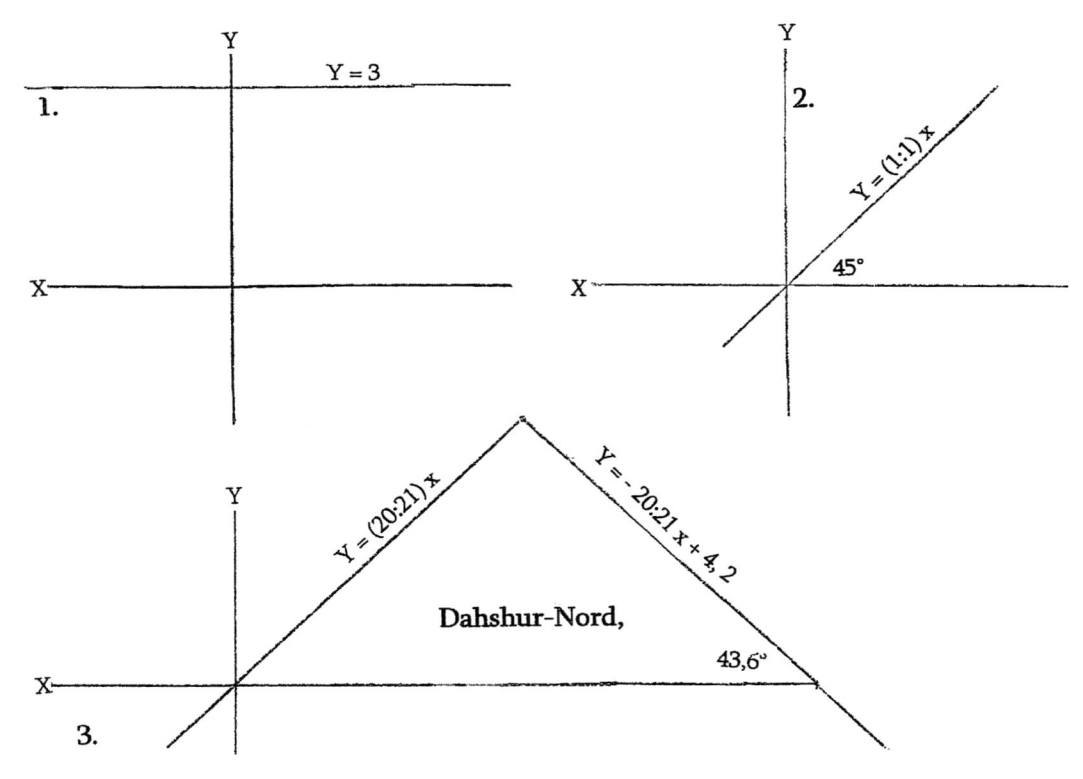

2. $Y = (1:1)x$, 45°

3. $Y = (20:21)x$; $Y = -20:21\,x + 4{,}2$ — Dahshur-Nord, 43,6°

Funktionsgleichungen mit wachsenden Steigungen des Böschungswinkels in der harmonischen Tonfolge einer Quarte (a, h, cis^{+1}, d^1) der antiken Tonart DIATONON MALAKON (1:1) x (8:7) x (10:9) x (21:20) = (4:3) rufen auch größer werdende Böschungswinkel mit wachsenden Frequenzen hervor. So ist das Intervall cis^{+1} –a die übergroße Terz im Neigungswinkel der Cheopspyramide, was auch durch die Proportion des Rücksprungs Höhe/Basishälfte 280/220,5 = 80:63 vorgegeben ist. Daß die Pyramide des Chephren mit dem Rücksprung einer Quarte einen um 1,35 Grad größeren Winkel besitzt (53,13° – 51,78° = 1,35°), lässt sich sehr gut vom nördlich gelegenen Mena-Hotel in Gizeh aus erkennen, wenn man die Cheopspyramiden-Silhouette mit der Chephrens in Übereinstimmung bringt. (Hier etwas übertrieben gezeichnet):

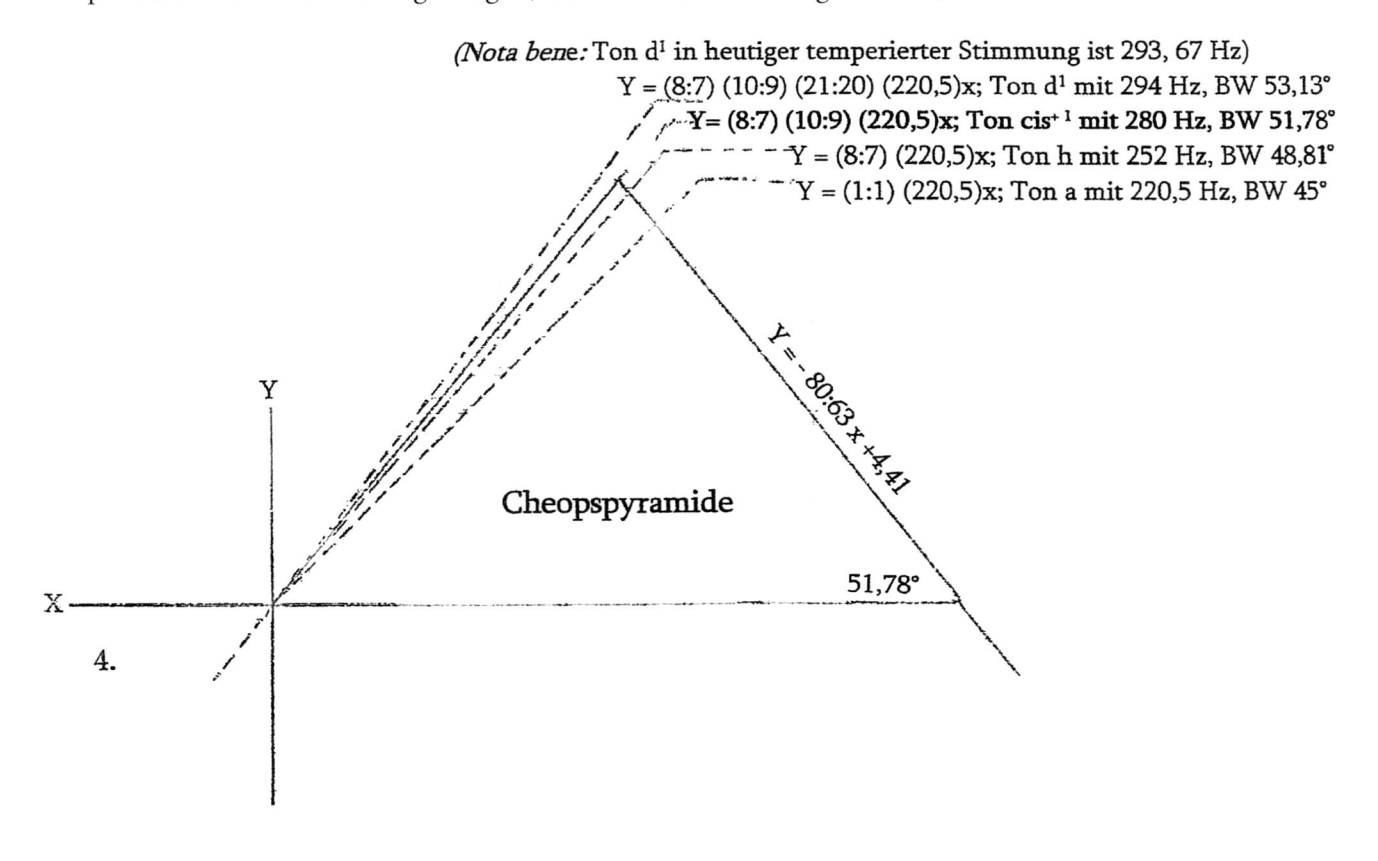

(Nota bene: Ton d^1 in heutiger temperierter Stimmung ist 293, 67 Hz)

$Y = (8:7)(10:9)(21:20)(220,5)x$; Ton d^1 mit 294 Hz, BW 53,13°
$Y = (8:7)(10:9)(220,5)x$; Ton cis^{+1} mit 280 Hz, BW 51,78°
$Y = (8:7)(220,5)x$; Ton h mit 252 Hz, BW 48,81°
$Y = (1:1)(220,5)x$; Ton a mit 220,5 Hz, BW 45°

$Y = -80:63\,x + 4{,}41$

4. Cheopspyramide, 51,78°

„Und wenn sie jetzt eine Funktionsgleichung y = x in den Rechner eingeben, was erhalten Sie dann?"

„Dann erhalte ich eine Gerade mit der Steigung (1:1) x, die durch den Nullpunkt geht und mit 45° zur X-Achse ansteigt."

„45°, das wäre also Ihr falscher Winkel der Pyramide von Dahshur-Nord."

„Ja," sagte er verblüfft, „das muß aber sein, weil jeder Punkt auf dieser Grade gleich weit (1:1) entfernt von beiden Achsen, sowohl der X- als auch der Y-Achse, ist. Das ist auch bei der Diagonale im Quadrat der Fall."

„Wir hatten mit Hilfe des Tripels 20, 21, 29 festgestellt, daß der Rücksprung Dahshur-Nord nicht $\frac{210}{220}$ sein kann, wie ihn Arnold angibt. Der Böschungswinkel ist auch nicht arctg $\frac{21}{22}$ = 43, 67° oder gar 45°, sondern allein $\frac{20}{21}$, also arctg $\frac{20}{21}$ = 43,6°."

„Das bedeutet, die Funktionsgleichung für die Böschungsneigung von Dahshur-Nord ist y = $\left(\frac{20}{21}\right)$x."

„Ja."

„Was bedeutet dieses Ergebnis für alle anderen Pyramiden?" fragte er.

„Daß es mit denen genauso ist, denn die Rücksprungsbrüche sind zugleich die Steigungen der Böschung. Die Cheopspyramide z. B. hat den Rücksprung von $\frac{80}{63}$. Die Gleichung wäre y = $\left(\frac{80}{63}\right)$x. Der Neigungswinkel arctg $\left(\frac{80}{63}\right)$ = 51,78°. Sobald man die Rücksprünge hat, die ich hier im ersten Kapitel gewann, gilt die Prozedur für alle Böschungswinkel von Pyramiden und von Diagonalen harmonisch proportionierter Rechtecke. $\frac{20}{21}$ ist das Intervall eines unterteiligen Halbtons in der altägyptischen Tonart DIATONON MALAKON, die Ptolemaios (100–160 n. Chr.) unterteilig mit der Intervallfolge $\left(\frac{7}{8} \times \frac{9}{10} \times \frac{20}{21}\right) = \frac{3}{4}$ überliefert. In der Regel rechnen wir mit ebenso gültigen oberteiligen Teilungen der Tonarten in der Überlieferung $\left(\frac{8}{7} \times \frac{10}{9} \times \frac{21}{20} = \frac{4}{3}\right)$. Gleichviel: Es sind vier Steigungen der Funktionsgleichungen …"

„Ich verstehe wenig von antiker Musiktheorie", sagte er. „Dann schreiben Sie sie von Ihrer Nachbarin im Zug am nächsten Morgen ab", sagte ich. „Intelligent ist, wer sich zu helfen weiß."

Sein Mund stand offen.

„Kenntnisse der Musiktheorie sind in meiner Darstellung nicht nötig", versuchte ich ihn zu beschwichtigen. „Aber warten Sie. Gleich helfe ich."

„Die Funktionsgleichungen, die die Böschungswinkel hervorbringen, habe ich hier", sagte ich:

„Der Grundton für die Cheopspyramide sei 220,5 Hz, also ziemlich genau eine Oktave unter 441 Hz, wenn der Kammerton a¹ mit 440 Hz klingt. X sei also 220,5 Hz, dann ist y = (8:7) (220,5) x = 252 Hz mit dem Steigungswinkel arctg $\left(\frac{8}{7}\right)$ = 48,81° und zugleich nach a¹ der erste höhere Ganzton h¹. Es kommt dann mit (10:9), der zweite kleinere Ganzton cis⁺¹. Y = (8:7) $\left(\frac{10}{9}\right)$ x (220,5) = 280 Hz mit dem Steigungswinkel arctg $\left(\frac{8}{7}\right)\left(\frac{10}{9}\right)$ =51,78°."

„280 Ellen ist die Höhe der Cheopspyramide, 220,5 Ellen die Basishälfte, $\frac{280}{220,5} = \left(\frac{8}{7} \times \frac{10}{9}\right) = \frac{80}{63}$ ist der Rücksprung einer übergroßen Terz, arctg $\left(\frac{80}{63}\right)$ = 51,78° und mit d² zugleich schließlich der Halbton $\left(\frac{21}{20}\right)$ (cis¹-d²) in der Funktionsgleichung:

y = $\left(\frac{8}{7}\right)\left(\frac{10}{9}\right)\left(\frac{21}{20}\right)$ (220,5)x = 294 Hz mit dem Steigungswinkel arctg $\left(\frac{294}{220,5} = \frac{4}{3}\right)$ = 53,13°, dem Winkel einer Quarte (4:3)."

„Nach dieser Liste hätte Dahshur definitiv den Böschungswinkel eines unterteiligen Halbtons von arctg $\left(\frac{21}{20}\right)$ = 43,6°? Und nicht mehr 45°?", fragte er.

„Wir drehen uns im Kreis", sagte ich, „auch das hatten wir schon erledigt. So kommen wir nicht weiter."

„Gibt es die pythagoräischen Zahlentripel noch anderswo?", fragte er jetzt etwas Neues.

„Ja, und zwar bei den Pyramiden, die eine Quarte (4:3) als Rücksprung haben. Es sind insgesamt neun Stück. Der Grund dafür war nicht nur harmonisch, sondern auch Vermeidung und Umgehung des Wurzelwertes. Hier haben Sie die Liste:"

Liste der Pyramiden mit ägyptischem Landvermessungsdreieck ($3^2 + 4^2 = 5^2$)

Zawiet el Arjan: $(B/2)^2 + (H)^2 = BL^2$; $(105)^2 + (140)^2 = (175)^2$ Wurzelwert ausrechenbar: 175 Ellen
$(3 \times 35)^2 + (4 \times 35)^2 = (5 \times 35)^2$ Wurzelwert absteckbar

Chephren: $(B/2)^2 + (H)^2 = BL^2$; $(205)^2 + (273\tfrac{1}{3})^2 = (341\tfrac{2}{3})^2$ Wwert schwer ausrechenbar: $\sqrt{116\,736{,}11\ldots}$
$(3 \times 68\tfrac{1}{3})^2 + (4 \times 68\tfrac{1}{3})^2 = (5 \times 68\tfrac{1}{3})^2$ Wurzelwert absteckbar

Userkaf: $(B/2)^2 + (H)^2 = BL^2$; $(70)^2 + (93\tfrac{1}{3})^2 = (116\tfrac{2}{3})^2$ Wurzelwert schwer ausrechenbar: $\sqrt{13\,611{,}11}$
$(3 \times 23\tfrac{1}{3})^2 + (4 \times 23\tfrac{1}{3})^2 = (5 \times 23\tfrac{1}{3})^2$ Wurzelwert absteckbar

Neferefre: $(B/2)^2 + (H)^2 = BL^2$; $(62{,}5)^2 + (83\tfrac{1}{3})^2 = (104\tfrac{1}{6})^2$ Wwert schwer ausrechenbar: $\sqrt{10\,850{,}6944}$
$(3 \times 20\tfrac{5}{6})^2 + (4 \times 20\tfrac{5}{6})^2 = (5 \times 20\tfrac{5}{6})^2$ Wurzelwert absteckbar

Teti, Pepi II.: $(B/2)^2 + (H)^2 = BL^2$; $(75\,E)^2 + (100)^2 = (125)^2$ Wurzelwert ausrechenbar: 125 Ellen
$(3 \times 25)^2 + (4 \times 25)^2 = (5 \times 25)^2$ Wurzelwert absteckbar

Merenre: $(B/2)^2 + (H)^2 = BL^2$; $(87{,}5\,E)^2 + (116\tfrac{2}{3})^2 = (145\tfrac{5}{6})^2$ Wwert schwer ausrechenbar: $\sqrt{212\,673\,611}$
Unbekannt: $(3 \times 29\tfrac{1}{6})^2 + (4 \times 29\tfrac{1}{6})^2 = (5 \times 29\tfrac{1}{6})^2$ Wurzelwert absteckbar

„Hier haben Sie die Wurzelwerte für die Böschungslängen, genauer gesagt, für jene Längen der senkrechten Linien, die von der Mitte der Basis auf einer der vier Seitenflächen bis zur Spitze gezogen wurden."

„Können Sie auch die genaue Böschungslänge der Cheopspyramide ausrechnen, ohne dazu ein Tripel einzusetzen? Gibt es dafür ein Tripel?"

„Nein", sagte ich, „ein Tripel gibt es für die Cheopspyramide nicht. Die Böschungslänge ausrechnen kann ich mit einer Zeichnung, kann sie auch empirisch feststellen mit Schnurlängen in einem Quadrat. Die Rechnung geht allerdings nur annähernd auf, aber ich fand eine antike Methode, um Wurzelwerte auszurechnen. Denn Quadratwurzeln konnten die Ägypter präzis nur aus Quadraten ziehen. Die Schnur-Methode haben sie wahrscheinlich für die restlichen 19 Pyramiden in Arnolds Liste und sonstwo verwandt, denn die Böschungslänge brauchten sie, um mit dem Satz des Pythagoras auch die Längen der vier Grate auszurechnen, denn diese mussten, gleichgültig nach welcher Annäherung, allesamt gleich lang sein, um sich in der Spitze zu treffen."

„Wußten Sie, daß ich außer der Gitarre noch etwas Orgel spiele?" fragte er unvermittelt und gab mir Hoffnung, daß er mir entgegenkäme.

„Nein," antwortete ich, „aber Kenntnisse von Musikinstrumenten kämen uns hier zupaß."

„Diese Rechnung erwarte ich", sagte er, „und sie gibt mir ein neues Gefühl, als wenn ich, Orgel spielend, ein anderes Register gezogen hätte."

„Das haben Sie schön gesagt, und das ist musikalisch auch sicherlich wahr!" sagte ich.

„Nur zu," rief er, „wir entwerfen jetzt Pyramiden."

„Wie die Steinritzung eines Pyramidenentwurfs auf der Wand in Begrawiya (Sudan) zeigt", sagte ich – „sehen Sie dazu die Seite 9 in meinem Buch, – wurden im alten Ägypten alle Bauzeichnungen mit einem Raster unterlegt, und wenn es statt der Steinritzung auf Papyrus geschah, dann mit Rötel. Das Raster war in der Regel quadratisch, bei Pyramidenentwürfen gab es natürlich, wie es die Kleinpyramide in Begrawiya mit $\tfrac{7}{2}$

auch zeigt, Rechteckverhältnisse nach Maßgabe des Rücksprungs – wir können das im einzelnen nicht mehr überprüfen – auch bei den anderen Pyramiden, manchmal sicherlich mit Proportionen des Rücksprungs. Der Effekt war jedenfalls in Begrawiya, daß die Pyramide oder ein Pyramidenstumpf in voller Größe maßstäblich in das Raster eingezeichnet werden konnte. Das Raster der Cheopspyramide ist nicht überliefert, aber wenn man die Höhe und ebenfalls die Basishälfte durch $\frac{7}{2}$ teilt, 280/$\left(\frac{7}{2}\right.$ Ellen = 80 Ellen$\left.\right)$ und 220,5/$\left(\frac{7}{2}\right)$ = 63 Ellen, so erhält man, um den Faktor $\frac{49}{4}$ verringert, einen verkleinerten Cheopspyramidenquerschnitt mit der Höhe von 80 Ellen und der Basishälfte von 63 Ellen und einer Querschnittfläche von 80 x 63 = 5040 Quadrat-Ellen, was sofort einsehbar ist, wenn man den gesamten Querschnitt (280 x 220,5 = 61 740 Quadrat-Ellen) durch $\frac{49}{4}$ teilt, 61 740/$\left(\frac{49}{4}\right)$ = 5040 Quadrat-Ellen."

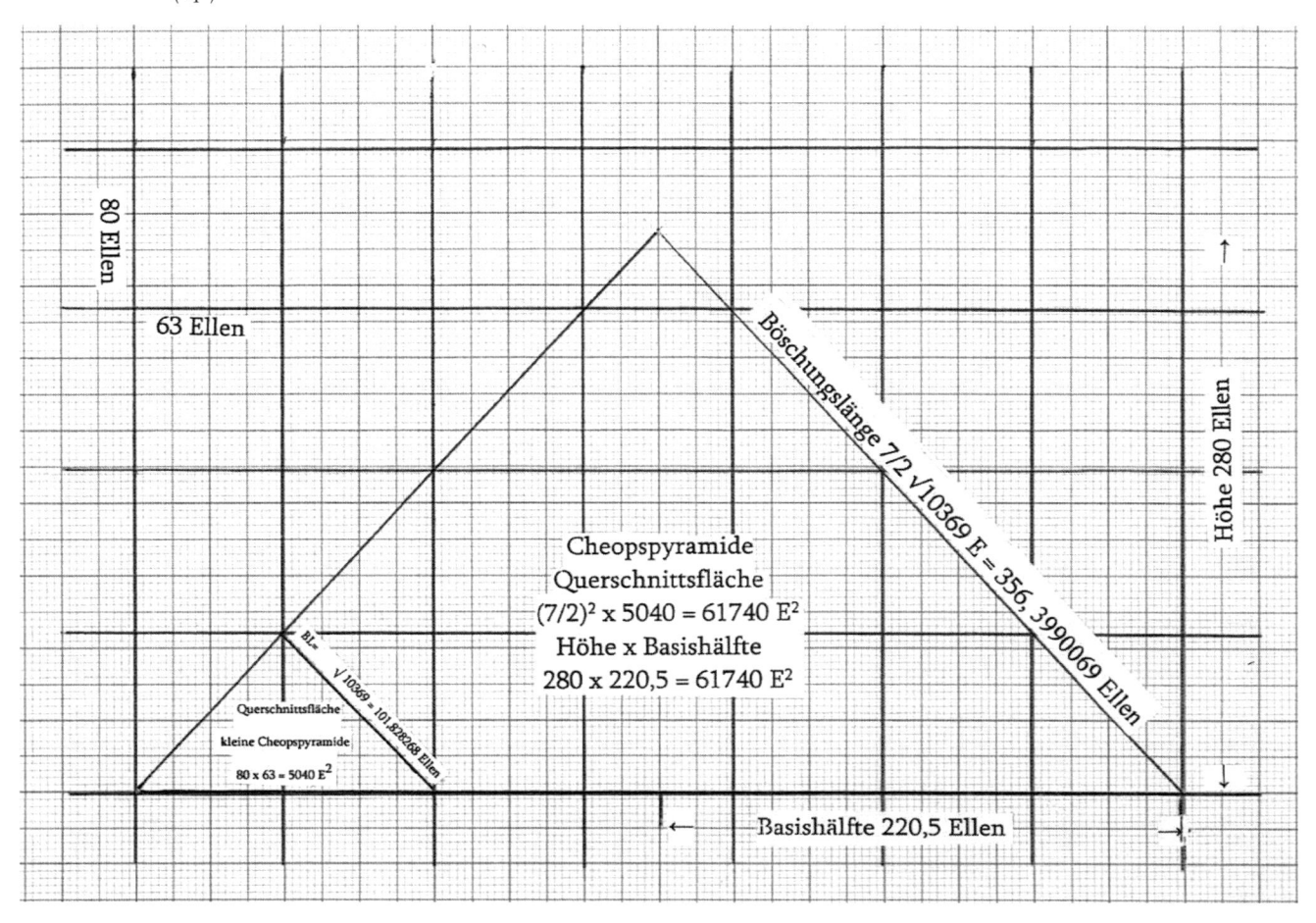

„Da ist wieder die Platonische Zahl 5040", sagte er.

„Die Sie aus Kapitel III bereits kennen und mit der Sie im nächsten Kapitel noch einmal konfrontiert werden."

„Ich kann's mir nicht verkneifen", sagte er leise, „daß es sich dabei um eine Ihrer Marotten handelt."

„Eine Marotte in Platons Mathematik?"

„Ja," sagte er, „äußerst blauäugig."

„Versuchen Sie doch einmal", antwortete ich, „einer unabhängigen Dame wie der Mathematik Gewalt anzutun. *Ihre* blauen Augen sähen Sie anschließend im Spiegel, wenn Sie danach noch gucken könnten."

„Aber hören Sie", sagte er unbeeindruckt, er flüsterte schon fast: „Darf auch ich Ihnen mit einer Bemerkung Lichtenbergs nahetreten?"

„Nur zu", ermunterte ich ihn, „tun Sie sich keinen Zwang an."

„‚Die Enthusiasten, die ich gekannt habe, haben alle den entsetzlichen Fehler gehabt, daß sie bei dem geringsten Funken, der auf sie fällt, allemal wie ein lange vorbereitetes Feuerwerk abbrennen. Immer in derselben Form und immer mit demselben Getöse; da bei dem vernünftigen Mann die Empfindung immer dem Eindruck proportioniert ist. Der Leichtsinnige räsonniert nach dem ersten Eindruck kaltsinnig fort, da der vernünftige Mann einmal umkehrt und sieht, was der Instinkt dazu sagt.'" (Lichtenberg)

„Als Enthusiast und begeistert durch Schönheit der Mathematik, ja wie Platon leugne ich nicht, daß ich mich bei euch edlen, aber etwas mageren Professionellen unbeliebt mache. Das Zitat trifft mich zwar", sagte ich, „aber Ihre Empfindungen sind mir nicht so plausibel wie eine Sache, die keine Gefühle kennt, sondern sie nur auslöst. Sich in der Mathematik, vor allem in der einfachen, auf seine Instinkte zu verlassen, hieße mit einem Zebra eine Reitschule zu eröffnen."

„Reiten Sie nur, ich schaue zu", sagte er.

Ich zeichnete den Querschnitt einer verkleinerten Cheopspyramide mit 5040 Quadrat-Ellen auf ein Stück Papier und reichte es ihm.

„Was fällt Ihnen auf? Keine Schönheit?" fragte ich.

„Nichts", sagte er, „was mir auffiele. Schönheit, die erst erschlossen werden muß und nicht gleich ins Auge springt, ist für mich nicht vorhanden, selbst wenn ein Zugang unerwartet offenstünde. Solche Versprechungen sind aber bislang nie eingelöst worden. Ich habe in langen Jahren gelernt, Spekulationen über die Cheopspyramide aus dem Wege zu gehen. Mindestens einmal im Monat kommt eine neue Theorie."

Bestimmung der exakten u. annähernden Cheops-Böschungslänge durch antik schematische Parkettierung

Mathematische Grundlage: der Binomialausdruck $(a^2 + 1)^2 = a^4 + 2a^2 + 1$ / bei $a^2 = 72^2 = 5184 = 6 \times 8 \times 9 \times 12$

$$(5184 + 1)^2 = 26\,873\,856 + 2 \times 5184 + 1$$
$$5185^2 = 26\,873\,856 + 10\,368 + 1$$
$$\sqrt{5185^2} = \sqrt{26\,884\,225}$$
$$5185 = 5185$$

Exakte Böschungslänge kleine Cheopspyramide:
$\sqrt{10369} = 101{,}8282868$ Ellen
(53,19102391 m)

Exakte Böschungslänge große Cheopspyramide:
$\frac{7}{2}\sqrt{10369} = 356{,}3990039$ Ellen
(186,1685837 m)

Der Abstand der zwei Böschungslängen, hier im Schema mit 1 Elle bezeichnet, ist hier sehr klein, ca. 2,4 cm.

Angenäherte B.-Länge kleine Cheopspyramide:
$\sqrt{10368} = 101{,}8233765$ Ellen
(53,18845894 m)

Angenäherte B.-Länge große Cheopspyramide:
$\frac{7}{2}\sqrt{10368} = 356{,}3818177$ Ellen
(186,1596063 m)

Da der ägyptische Näherungswert an $\sqrt{2} = 1{,}414$ ungefähr $\frac{250}{177} = 1{,}4124$ ist, beträgt die angenäherte BL der kleinen Cheopspyramide $\sqrt{2} \times 72$, also $\frac{250}{177} \times 72 = 101{,}69$ Ellen (53,12 m); die angenäherte BL der großen Cheopspyramide $\frac{7}{2} \times \sqrt{2} \times 72$, also $\frac{250}{177} \times \frac{7}{2} \times 72 = 355{,}93$ Ellen (185,92 m). *Es ist wenig wahrscheinlich, daß die Ägypter diese Annäherungen ausgerechnet haben, aber die präzis gewonnenen Abmessungen der Cheopsyramide machen diese Berechnungen möglich.*

„Mein Zugang steht jetzt allen Pyramiden offen", sagte ich: „Bei dem Binom in der Cheopspyramide, das ich schon im dritten Kapitel dieses Buchs fand, handelt es sich mathematisch um eine *Parkettierung*. Sie sind Archäologe, Sie kennen sich doch aus in Mosaiken auf den Fußböden der ägyptischen, griechischen, römischen Tempel und frühchristlichen Kirchen!"

„Das sind Fragen der Ornamente, die mythologische Szenen und Tiere einrahmen, nichts weiter als geschickte Grafik, die in Ägypten Kartuschen und Schriftsätze umgaben, sie hervorheben, und damit ist ihr Sinn beendet."

„Ein Ende des Sinns ist noch nicht in Sicht", rief ich, „‚Sinn macht man nur, wenn er existiert'"(Ernst Jünger). „Alles andere ist nach mir *anything goes.*" – Er riß die Augen auf.

„Diese Mosaike haben eine harmonische Gliederung, um die Sie sich bislang wohl nie gekümmert haben, so daß diese Linien den Aufmerksamen wie betroffen bis heute von den Fußböden anstarren. Soviel weiß ich und empfinde es auch!"

„Ja", sagte er, „ich fühle mich als Ägyptologe für das Finden und Einordnen der Altertümer verantwortlich, nicht aber für das Deuten der Form. Inhalte wie z. B. Schriftsätze kann ich deuten."

„Aber Ihre Arbeit erschöpft sich doch nicht mit Ausgraben und Einsortieren?"

„Sicherlich nicht", sagte er ungläubig und schaute nach der Tür, „dazu haben wir ja Sie, der Sie angefangen haben, den Sinn in diesen Spuren zu finden."

„Das ist aufmerksam gesagt", antwortete ich, „aber die Ägyptologen wollen von mir nichts wissen."

Er sah mich an und sagte: „Zu denen gehöre auch ich. Eingangs unseren Gesprächs haben Sie gesagt: ‚Wer nur etwas von Ägyptologie versteht, versteht auch die nicht recht.' Das ist mir in die Knochen gefahren, ob es stimmt, lasse ich unentschieden, aber Einspruch, Euer Hochwürden, nicht Ihrer Freiheit, sondern Ihrer Unbekümmertheit steht der Stall offen. Die antike Mathematik haben wir uns lange genug angesehen und werden sie uns gewiß noch näher aneignen müssen. Aber erläutert Algebra nicht nur? Verhält sie sich nicht zusätzlich so peripher zu den Baukörpern wie Attribute zu den Dingen, die *nur wir* so bezeichnen? Wir könnten auch andere Attribute aus den Sachen wählen, hätten eine andere Arithmetik, und wir kämen vielleicht zu anderen Ergebnissen oder, noch besser, *ohne sie aus*. Das ist in den letzten Jahrzehnten geschehen."

„Sie sprechen über Theorien wie im Märchen über des Kaisers neue Kleider, weil sie immer wieder vergessen, daß die Musiktheorie eine Zahlenwissenschaft ist wie die Akustik, Physik, Geometrie, Mechanik und Mathematik auch. Die Zahlen gehen überall erkennbar und darstellbar und nachrechenbar durch, so daß Ihre Gleichnisrede mit Attributen usw. und verschiedenen Ergebnissen sich in die Sachen wie ein improvisierter Weg ins Dickicht bahnt oder besser noch bohrt, eben weil Sie die Eigenschaften nicht den Sachen entnehmen, sondern sie ihnen erteilen. Sie suchen ihre Erkenntnis der Sachen nicht mehr, sondern wollen eher Ihr Verhältnis zu ihnen bestimmen. Und das geht mit Zahlen, die ein Eigenleben in den Sachen haben, nicht. Musikalisch sind Noten durch Frequenzzahlen gesichert. Anstelle der Noten singt Ihr Neumen. Mit diesen kann man zwar singen, aber nicht bauen."

Er lächelte: „Sicherlich gehört die Mathematik in der Bautechnik und Architektur dazu. Die Statik des Tempel in Karnak kann ich mir ohne Berechnung nicht denken. Aber bei der Musiktheorie habe ich Bedenken. Was Sie da herausgefunden haben, erscheint mir aufgesetzt, und da streike ich. Das sehe ich noch nicht, und zwar nicht, weil ich von Musiktheorie nichts weiß, sondern auch, weil ich, mit der Nase darauf gestoßen, in ihren Zahlen nichts davon sehen, riechen oder, genauer gesagt, hören kann."

„Sie hätten vorhin 5184 als Produkt 6 x 8 x 9 x 12 sehen und schön klingend pentatonisch als Intervallfolge 6:8:9:12 hören können", bat ich, „ich komme doch noch auf Ihre Seite. Als ausgebildeter Archäologe ermangeln Ihnen Kenntnisse der antiken Philosophie, kurz, es fehlt überhaupt in Ihrer Zunft an universaler

Antike Parkettierung (links unten im Bild)
Bodenmosaike aus der Basilika der Mutter Christi und des Jüngers Johannes bei Ephesus, erstellt etwa zur Zeit des Kaisers Justinian (ca. 548 n. Chr.)

Bildung. Ich weiß, das ist nicht einfach zu ändern. Denn wenn solche Kenntnisse fehlen, improvisiert man über Sachen, die einem als rätselhaft auffallen, und weiß nicht mehr, daß diese Rätsel für die Alten schon gelöst und praktisch Gemeingut waren, mit denen sie technisch erfolgreich handeln konnten. Die Texte dazu sind sogar überliefert, aber man hat sie nur nicht als Ägyptologica verstanden. Ein Beispiel ist die Diodorsche Bauhüttenregel „$21 + \frac{1}{4}$", deren Praktikabilität für den Pyramidenbau ich schon in meinem ersten Buch, Kap. IX, S. 183 ff., gezeigt habe. Überhaupt hat die postmoderne Ägyptologie dekonstruktiv viel Unsinn gestiftet, weil es keine Ingenieure, sondern Philologen und Geisteswissenschaftler waren, die zu immer absurderen und baulich unrealisierbaren Theorien griffen. Denken Sie nur an undichte Rampen aus rieselndem Sand oder an unnötige Transportkorridore im Pyramideninnern, die, wie die Rampen, nur die Bauzeit vervielfacht hätten. Würden Sie die antiken Texte kennen und die Sachen, auf die sie sich beziehen, dann würden Sie bemerken, daß die dimensionsfreie Zahl in Naturgesetzen allem an- und zugängig ist und sozusagen hauseigene Erkenntnis gleich in mehreren Disziplinen liefert. Diese ändert sich niemals, wie die stets dazugehörige Zahl, Eigenschaft und Gesetzmäßigkeit stets gleichbleibt, wenn auch verschiedene Wege, wie die in der Mathematik, zur Erkenntnis führen. Ein solches Ergebnis ist also in verschiedenen Disziplinen dasselbe, so daß es besser wäre, die verschiedenen Disziplinen wie Mathematik, Geometrie und Musiktheorie würden ihr sinnverwirrendes Abgrenzen voneinander aufgeben und zu ihrer ursprünglichen Einheit zurückkehren, mit der in Ägypten der Pyramidenbau begann. Ich werde Ihnen das noch am Beispiel einer Platoninterpretation (Tim. 35 a und Nom. 990 E) oder durch die Plutarchschen harmonischen Rechtecke der Proportion 6:8:9:12 vorführen. (S. auch dazu mein erstes Buch, Kap. II, S. 75, 76). Mein Hauptbeispiel dafür im ersten Kapitel haben Sie auch schon vergessen, als ich mit Hilfe des pythagoräischen Lehrsatzes allein die Zahlen gefunden habe, mit denen man hätte bauen können. Alle anderen fallen damit aus."

„Ach was", antwortete er, „man kann Pyramiden mit allen möglichen Zahlen bauen."

„Das bestreite ich nicht, aber in Ägypten wurden die Rücksprünge der Pyramiden nur aus den ersten fünf Primzahlen (1, 2, 3, 5, 7) gebaut. „Sehen wir uns die Konsequenz des ägyptischen Meß- und Maßsystems", sagte ich, „noch einmal im Binom der Cheopspyramide an. Was fällt Ihnen bei den Zahlen 5040, 5184, 5185 sonst noch auf?" „Nichts", sagte er ehrlich.

„Eine Böschungslänge von $\sqrt{5185}$ Ellen – z. B. 5185 = 5 x 17 x 61 – scheidet aus zwei Gründen aus. Erstens, weil sie eine Summe zweier Quadratzahlen ist, nämlich aus dem Quadrat der Basishälfte und dem Quadrat der Höhe. Solche Summen enthalten ihrer Natur gemäß höhere Primzahlen als die ersten fünf, also wie hier 17 und 61. Zweitens: 5040 = 1 x 2^4 x 3^2 x 5 x 7 und 5184 = 1 x 2^6 x 3^4 bleiben im harmonischen Suchen nach Harmonie und Schönheit im Spiel, weil sie nur Produkte enthalten, die aus den ersten fünf Primzahlen (1, 2, 3, 5, 7) des ägyptischen Meß- und Maßsystems gebildet sind."

„Von diesem angeblichen harmonischen Suchen höre ich immer noch nichts", sagte er.

„72^2 oder 5184 sind 6 x 8 x 9 x 12. Das ist die sogenannte „esoterische" Tetraktys, die Raffael, *ohne von Ihrer Herkunft aus einem Binom in den Abmessungen der Cheopspyramide zu wissen,* dem Musiktheoretiker Pythagoras in der Stanza della Segnatura des Vatikans auf die Schiefertafel schreiben lässt. Es handelt sich um die Abfolge der Quarte 8:6 (Tonfolge c-f, antik ΔΙΑΤΕΣΣΑΡΩΝ), des Ganztons 9:8 (Tonfolge f-g, antik ΕΠ"ΟΓΔΟΩΝ) „Das Ganze und ein Achtel" $\left(1 + \frac{1}{8} = \frac{9}{8}\right)$, sowie der Quinten, antik ΔΙΑΠΕΝΤΕ (Tonfolgen 9:6 und 12:8, g-c und f-c, und weiterer Quarten mit der Tonfolge 12:9, antik ΔΙΑΤΕΣΣΑΡΩΝ, also um die Töne, die insgesamt die Oktave (Tonfolge 12:6, antik ΔΙΑΠΑΣΩΝ „durch das Ganze") füllen."

Jetzt folgte eine sehr lange Pause im Gespräch. Er mahlte mit den Kiefern, veränderte sein Gesicht, und es war, als ob er eine Kröte schlucken musste. Er schwieg und blickte wiederum nach der Tür. Ich warf ein: „Das ist aus dem Fresko ‚Die Schule der Philosophen', Platon hält den Dialog „Timaios" unter dem Arm. Der Dialog ist sein harmonisches Kompendium, die mathematische Ableitung der ‚Töne der Weltseele', wie wir sie in Tim. 35 a ff. verfolgen können." (s. hier S. 213)

ΕΠΟΓΛΟΩΝ
VI
VIII
VIIII
XII
ΔΙΑΤΕ ΣΣΑΡ ΩΝ
ΔΙΑΠ ΕΝΤΕ
ΔΙΑΤΕ ΣΣΑΡ ΩΝ
ΔΙΑΠ ΕΝΤΕ
ΔΙΑΠΑΣΩΝ
I
I I
I I I
I I I I
X

Schließlich überwand er sich und sagte: „Ich sehe jetzt und höre tatsächlich, und soviel weiß ich auch. Es sind die Grundharmonien des Volkslieds, Subdominante (f), Dominante (g), Tonika (c¹), die ich früher in mehreren Tonarten auf der Gitarre spielen lernte, um Lieder in mehreren Tonarten zu begleiten, weil Jungen und Mädchen verschieden hoch singen. Und jetzt kommt mir die Oktavteilung (6:8:9:12) tief aus den Pyramidenneigungen im ägyptischem Raum und Zeit entgegen. $\frac{9}{8}$ steht sogar an dem Register meiner Orgel, „$\frac{9}{8}$ gedackt."

„Sehen Sie auch das Handbuch, S. 88", sagte ich und folgte seinen Blicken zur Tür: „Den Ganzton $\left(\frac{9}{8}\right)$ nennt Platon Ep'ogdoon $1 + \frac{1}{8} = \frac{9}{8}$. Von den Quarten gibt es allein neun, die Sie schon kennen, von der Quinte eine (Unas), von den Oktaven viele in Begrawiya, dem antiken Meroë im Sudan." – „Und wo bleiben die anderen?" fragte er.

„Ihre Neigungungen sind als Proportionen (1:2:3:4:5:6:7) sämtlich in den Rücksprüngen in der Zahl 5040 = 1 x 2 x 3 x 4 x 5 x 6 x 7 enthalten, wobei die Heilige Tetraktys 1:2:3:4, auf Pythagoras' Tafel in römischen Ziffern I:II:III:IIII geschrieben, als Summe X ergibt (1 + 2 + 3 + 4 = 10) und 10 ist eine Dreieckszahl der Stufe 4 und die bereits erwähnten Neigungen der Oktavpramiden zu Begrawiya und die ebenfalls mit 4:3 erwähnten neun Quartpyramiden enthält. Die Tonzahlen 6, 8, 9, 12 addiert, ergeben 6 + 8 + 9 + 12 = 35, eine Zahl, die Plutarch „Harmonie" nennt, weil 5 x 7 = 35, 35 ist das Produkt 1 x 2 x 3 Platon aus dem „Timaios" und in den „Nomoi" (990 E) zu 1 x 2 x 3 x 5 x 7 = 210 zu den besagten ersten fünf Primzahlen ergänzt und weil 210 x 4! = 5040 ist. Die Rücksprünge der restlichen Pyramiden, allesamt aus der Zahl 5040 entnommen, listete ich hier S. 147 auf. (Literatur s. S. 150)"

„Man sieht", sagte er, „den Pyramidenquerschnitt (▲) sogar in der Anordnung der Zahlen I, II, III, IIII, aber wie kommt es denn", sagte er – „jetzt muß ich doch noch einmal fragen – daß man Pyramiden mit allen Zahlen bauen kann und auf die harmonischen nicht achtet? Und wenn man die harmonisch klingenden bauen will, auf die entprechenden Rücksprünge achten muß?"

„Wie auch ein Kind auf der Geige erst allmählich die richtigen Töne findet, so sieht es auch nach einiger Übung das Auge, das die Saite nur auf eine bestimmte Stelle drückt. Das Ohr hilft, diese Stelle sofort zu finden, und diese Stellen schwingen sich ein beim Stimmen einer Geige, deren vier Saiten sich nur dann bespielen lassen, wenn sie in Quinten (g, d, a, e) gestimmt sind. Würde man eine Sirene beim Passieren der richtigen Töne unterbrechen, würde man sofort den harmonischen Durchlauf mit Hilfe des innerlich gehörten Musters der Oktave erkennen. Klare Abstände ergeben klare Klänge, dazwischen liegen schiefe Übergänge unreiner Töne, eigentlich Geräusche. Ich zitiere aus dem Handbuch für Musik und setze zur bessren Übersicht Worte des Zitats *kursiv* ab":

„*Tonverhältnisse können nach dem <u>Distanzprinzip</u>*" – ich füge ein: eine Quarte (4:3 = 1,33333…) hat den Abstand 4 zu 3, und eine Quinte (3:2 = 1,5) hat den Abstand 3 zu 2 – „*und nach dem Konsonanzprinzip*" – ich füge ein: eine Quarte (440 Hz : 330 Hz = 4:3) und eine Quinte (3:2 = 495 Hz : 330 Hz = 3:2) – „*gewertet werden*". Ich füge wiederum ein: das Distanzprinzip sieht man in einer architektonischen Proportion, und das Konsonanzprinz hört man, wenn beide Frequenzen zugleich erklingen. „*Im Distanzprinzip geht es um den exakten Abstand zweier Töne … (Es) ist besonders für die Beschreibung fremdländischer Tonsysteme geeignet, sagt aber noch nichts über die Tonverwandtschaften. Das <u>Konsonanzprinzip</u> … bestimmt die Intervallwertung und damit den Sprachwert eines Tonsystems.*" Ich füge ein: Während das Konsonanzprinzip melodische Intervalle sucht und musikalisch hörbar macht, untersucht das Distanzprinzip architektonisch Intervalle, findet sie als ästhetisch sichtbar. Als harmonisch wurden sie schon vorher so empfunden.

Er nahm jetzt seinen Mantel vom Haken, zog ihn an und sagte, indem er ihn hastig zuknöpfte:

„Glauben Sie tatsächlich, daß alle Pyramiden in der Reihe von Kairo den Nil bis hinauf vor den Staudamm feste Harmonien in ihren Abmessungen tragen, die genauso abwechseln wie die Tonabstände und Mensuren auf Musikinstrumenten?" fragte er. „Das ist doch wie in einem Hollywoodfilm! Ich bitte Sie. Das kann doch nicht wahr sein!"

Pythagoras schreibt die Tafel der pythagoräischen Tetraktys (6:8:9:12) ab.

Raffaels Fresko: „Die Schule von Athen", 1509–1510

Ich antwortete: „Ihr Ägyptologen seid alle, zugegeben individuell auf eure Art, aber doch einander so ähnlich dem Georges Goyon, der sämtliche Stufen der Cheopspyramide (s. BIFAO 1978, mein Buch S. 109) vermaß und am Ende doch sagte: Ich habe nichts Mathematisches gefunden (*„Je n'ai pas noté un quelconque ordre mathématique dans la décroissance des chiffres"*, S. 408). Obwohl er die Zahlen des Pascalschen Dreiecks in den Händen hielt (s. mein Kap. III.), gelangten sie nicht bis zu seinem Kopf. Mit dieser vielzitierten Bemerkung hatte er, den Ingenieuren Tschernobyls gleich, die den Reaktor auch nur testen wollten, die gesamte bautechnisch-mathematische Forschung über die ägyptischen Pyramiden über dreißig Jahre hinaus lahmgelegt. **Dadurch aber, daß er nichts fand, wurde er berühmt**, – ein wunderbarer Stoff für eine Komödie. Erst von dem Augenblick, an, da er nichts fand, nahmen ihn die Kollegen ernst. Sie hatten ja auch nichts Neues gefunden, man sieht also immer wieder, daß unter Leuten, denen Fortüne fehlt, Loyalität groß ist. Er nahm ihnen nichts fort und bestärkte sie zugleich in der Illusion, die Großbauten der Pyramiden hätten sich von selbst ohne mathematisch gestützten Entwurf bauen lassen. Mit einem ziemlichen Meßaufwand bestätigte er also den Pyramidologen, was sie ohnehin glaubten und in diesem amateurhaften Glauben sich auch nicht irre machen ließen. Deren große Faulheit hatte Goyon auch noch bequem gemacht."

„Und Sie, mein Lieber," sagte ich noch: „Ich wundere mich. Mir scheint, im Grund sind Ihnen als Pyramidenforscher die Pyramiden so gleichgültig wie der Arbeiter des 19. Jhs. für Marx war, weil dessen Rolle seiner Theorie der Geschichte nicht entsprach. Zumindest ihre Abmessungen stehen für sie seit hundert Jahren fest. Sie stoßen sich nur daran, daß ich rechthaben könnte. Mit Luis Borges zu sprechen, kommt es mir so vor, als wären wir ‚zwei Glatzköpfe und hätten nach langem, sogar erfolgreichem Suchen einen Kamm gefunden.'"

„Immer wieder haben Sie Eines und Vieles, sogar dasselbe, über Töne und dergleichen gesagt", warf er ein, „monoton geht das aus Ihrer Rede hervor, daß Sie recht haben wollen, und das, bei Zeus, das stört mich."

„Um bei der Wahrheit zu bleiben: ist es nicht besser, immer wieder Eines und Dasselbe über Vieles zu sagen statt aus der Luft gegriffenes Vieles über Eines?"

„Pythagoras", sagte der Ägyptologe, den Hut aufsetzend und mein Schlusswort überhörend, „verbot doch seinen Jüngern, Bohnen zu essen. Und sagt man nicht heute noch, jedes Böhnchen gibt ein Tönchen? Gilt das auch für Obertönchen?"

„Warum ziehen Sie die Wahrheit ins Lächerliche?" fragte ich.

„Weil es die Wahrheit wahrhaftig nicht schmückt, das letzte Wort zu behalten."

„Wunderbar und auch schön gesagt, Lieber," summte ich, „Goyon hätte seine Freude daran gehabt."

„Sie sind gemient, Sie haben doch die Wahrheit gepachtet", rief er erbost.

„Was als wahr bloß angemaßt ist", antwortete ich, „kann man lächerlich machen, Richtiges aber nicht."

„Wohl wahr", antwortete er und senkte den Kopf.

„Sehen Sie," sagte ich so vorsichtig als mir möglich: „Nehmen wir einmal an, ich sei Fachidiot und zugleich Außenseiter in der Ägyptologie – beides gebe ich ja zu! –, dann sind Sie als Insider und Ordinarius idiotisch frei vom Fach. Einer Vitrine im Museum kann man es nicht ansehen, ob sie lügt, und einem Besucher, der sie betrachtet, ist es völlig gleichgültig, ob der Skarabäus, der darin ausgestellt ist, alt ist oder aus der Römerzeit stammt. Die Zahl wird angenommen, und es gehört zu den Ritualen der Etikettierung, bei denen die Kustoden nicht selten schlafen oder sonst irgend etwas Unerlaubtes tun, dass ein Fehler überhaupt nicht verhindert werden kann, weil die genaue, aber falsche Datierung durch Zahlen völlig folgenlos bleibt. Und deshalb glauben auch die empirischen Messungen in Arnolds Liste, *bona fide* mogeln zu dürfen, weil auch sie für eine Bautätigkeit nicht mehr in Frage kommt und somit niemand Verantwortung dafür trägt. Derlei Mißbrauch wie bei euch in euren Museen wäre in Ägypten mit dem Scheiterhaufen bestraft worden."

Er knurrte: „Ich sehe schon, Ihr Buch hat leider nicht brennen wollen. Sie leben noch."

Amenemhet III. (Dahshur) zitiert hier aus Kapitel IX

Berechnung des Pyramidions (verwendetes Ellenmaß 0,525 m):

Volumen Amenemhet III. Dahshur (Nr. 25) ist $\frac{1}{3} \times 142\frac{6}{7} \times 200^2 = 4 \times 10^7 / 21$ E³ (1 904 761,905 E³).

Wenn die Basislänge (200 E) durch $3\frac{4}{7}$ geteilt wird, setzt sie sich aus $200/3\frac{4}{7} = 56$ Pyramidionbasislängen à $3\frac{4}{7}$ Ellen zusammen. Um die zugehörige Stufenhöhe zu erhalten, ist die Gesamthöhe der Pyramide durch 56 zu teilen $\left(142\frac{6}{7} \text{ E} / 56 = \frac{125}{49} \text{ E}\right)$.

Das gesuchte Pyramidion hat nun eine Basislänge von $3\frac{4}{7}$ Ellen oder 25 Handbreit (1,875 m).

Seine Höhe ist $\frac{125}{49}$ Ellen oder $17\frac{6}{7}$ Handbreit (1,339285714 m = $1\frac{19}{56}$ m).

Sein Rücksprung ist „Höhe, geteilt durch die Basishälfte" $\left(\frac{125}{49} \text{ E}\right)/\left(1\frac{11}{14} \text{ E}\right) = \frac{10}{7}$.

Der Böschungswinkel ist: $\text{arctg}\left(\frac{10}{7}\right) = 55°$.

Das Volumen des Pyramidions ist allgemein „$\frac{1}{3}$ Höhe x Basislänge²".

Das Volumen des Pyramidions Amenemhet III. (Dahshur) ist: $= \frac{1}{3} \times \left(\frac{125}{49}\right) \times \left(3\frac{4}{7}\right)^2 = \frac{78125}{7203}$ E³.

Das Volumen einer Pyramide, altägyptisch berechnet, ist: „Pyramidioninhalt x Stufenzahl³". Volumen Amenemhet III. (Dahshur) ist: $\frac{78125}{7203}$ E³ $\times 56^3 = 40\,000\,000/21$ E³ (1 904 761,905 E³) (275 625 m³).

Das Pyramidion Amenemhets III. (Dahshur) steht mit diesen Maßen im Kairoer Museum.

Pyramidion von AMENEMHET III (Dahshur)

Rücksprung = (Höhe/(Basishälfte)

Maße in Ellen $\left(\frac{125}{49}\right)/\left(\frac{25}{14}\right) = \frac{10}{7}$

in Handbreit $\left(17\frac{6}{7}\right)/\left(12\frac{1}{2}\right) = \frac{10}{7}$

in Meter $\left(1\frac{19}{56}\right)/(0,9375) = \frac{10}{7}$

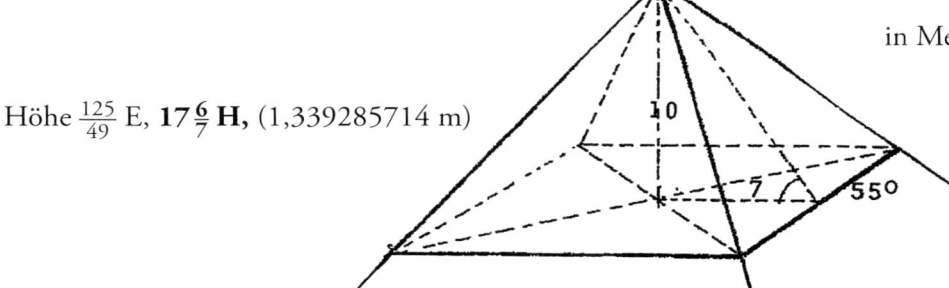

Höhe $\frac{125}{49}$ E, **$17\frac{6}{7}$ H**, (1,339285714 m)

Böschungslänge 1,63 m

Böschungswinkel $\text{arctg}\left(\frac{10}{7}\right) = 55°$

Basislänge $3\frac{4}{7}$ E, **25 H**, (1,875 m)

Ergebnis: Der Rücksprung der Pyramide des Amenemhet III. (Dahshur) ist der Klang eines großen Tritonus (10:7) mit dem Intervall (C-ges⁺) in der antiken Tonart DIATONON MALAKON $\left(\frac{8}{7} \times \frac{10}{9} \times \frac{21}{20} = \frac{4}{3}\right)$, die Ptolemaios aus Alexandria überliefert. Aus dem Rechteck mit 10 Einheiten Höhe und 7 Einheiten Breite entsteht ein Format aus drei Ganztönen *(Tritonos)*. Wenn die Höhe einer Pyramidenstufe eine Elle (= 7 Handbreit) war, bildet die Diagonale im Rechteck zusammen mit der Basis des Sekeds $\left(4\frac{9}{10} \text{ H}\right)$ die Proportion eines Tritonus 7 H/$\left(4\frac{9}{10}\right)$ H = $\frac{10}{7}$. Solmisiert man die drei Töne nach Ptolemaios' Einteilung und nimmt als Grundton die Basishälfte Amenemhet III. (Dahshur) in Hertz (100 Hz) an, so hört man – do, mi, fa# – die Tritonusfolge (C, e⁺, ges⁺) und den Klang des großen Tritonus C/ges⁺. C = (100 Hz) $\times \frac{80}{63} = e^+ \left(126\frac{62}{63} \text{ Hz}\right) \times \frac{9}{8} = ges^+ \left(142\frac{6}{7} \text{ Hz}\right)$.

Den Tritonus $142\frac{6}{7}$ Hz/100 Hz = $\frac{10}{7}$ sieht man in der Neigung $\text{arctg}\left(\frac{10}{7}\right) = 55°$ und hört sie.

„Darf ich fortfahren?", sagte ich.

„Ja, ja", sagte er freundlich, „einen Schuh ziehe ich mir noch an, obwohl der erste schon gewaltig drückt."

„Bei den tatsächlichen Pyramidenabmessungen kommt es nicht auf eine ästhetische oder „idiotisch" freie Wahrheit an, sondern auf bautechnische Richtigkeit. Schließlich mussten die Ägypter mit diesen Zahlen bauen. Sie nun, Lieber, schwören auf die Arnoldschen empirischen Zahlen. Hätte man mit ihnen die Pyramiden gebaut, stünde heute keine in Gizeh dort am Nil. Selbst wenn ich euch – Apollon sei musikalisch mein Zeuge – mehr als ich euch schon bin –, gefällig wäre und lügen müsste, wie mein Rezensent Müller-Ehrenfeldt es tat, als er auf eines Grafen Wunsch auf einem Kongreß zu Münster – die Augen rollten ihm verdächtig nach links und rechts – behauptete, die Platonische Zahl 5040 käme im Papyrus Rhind nicht vor, obwohl sie ausgerechnet in den Übungsaufgaben Nr. 56, 57 im Papyrus Rhind stand, dort, wo der Rücksprung von $7/\left(\frac{25}{18}\right)$ Handbreit abgedruckt steht. Blind und entschlossen führte er gerade diese Stelle gegen mich an, die doch der schönste Beleg für die Richtigkeit meiner These war. Warum musste es ausgerechnet ihm passieren, daß der von ihm zitierte und im Papyrus Rhind genannte Rücksprung $5\frac{1}{25}$, eben $\frac{5040}{1000}$ H = 5,04 Handbreit ist? Nicht nur, wenn er Autoren piesackt, sondern auch, wenn er Bauherren zufrieden stellt, müßte ein Ingenieur eigentlich vorher nachrechnen können. Schon deshalb, damit, wenn's schief geht, er nachher in die Gewähr genommen werden kann."

Ein weiteres Stücksgen hat sich dieser Held gestattet, als er wiederum aus der Literatur – seine Literaturverzeichnisse sind nämlich sehr gut, eigentlich das Beste an Müller-Ehrenfeldt. Wäre es nicht wünschenswert, es bliebe dabei? – gegen mich sagte, die Basis des Pyramidions AMENEMHET III. (Dahshur), – das Pyramidion steht nachmessbar bereit im Kairoer Museum – sei nicht 187,5 cm lang, wie ich es behauptete, sondern 11 x 17 = 187 cm, so wie es in den Büchern geschrieben steht, aber eigentlich so nicht stehen dürfte.

„Denn die Pyramidionbasis $3\frac{4}{7}$ Ellen ist nach dem Müller-Ehrenfeldt vorliegenden Ellenmaß von 52,5 cm $\frac{(1 \times 3 \times 5^4)}{(2 \times 5)}$ = 187,5 cm lang. Die Mathematik kann ich euch zuliebe nicht ändern."

Er hatte schon den Türgriff in der Hand.

„Aber ich kann Ihnen immer noch eine Seite über Platons pythagoräische Tonart im „Timaios" und aus Plutarchs Schrift über Parkettierung von Platons Musiktheorie mit harmonischen Pyramidenneigungen zeigen."

„Nein", rief er, „nicht schon wieder!" und schlug die Türe zu.

Nach einer Weile kam er wieder herein und sagte:

„Nun zeigen Sie mal her:"

Beschluß des Dialogs und des Kapitels IV durch antike Belege, „Timaios 35 b ff." und durch Plutarchs gleichlautende Platon-Interpretation in „De animae procreatione in Timaeo" (1018 ff.)

„Im Handbuch (dtv-Atlas zur Musik, 1985, S. 88) von Ulrich Michels finden wir", sagte ich froh über seine Einsicht, „die harmonischen Klammer-Bögen Raffaels mit dem Tonbeispiel 6, 8, 9, 12 wieder und in dem Schema hier auf der nächsten Seite auch die Tonfolge 192, 216, 243, 256, die, ohne Brüche zu bilden, ohne weiteres als Hertz erklingen können, in ganzen Zahlen aber die erste Quarte bilden, die im Tonsystem möglich ist. Eine Oktave höher folgt dann mit den Tonzahlen 384–768 die erste vollständig ganzzahlig eingerichtete Oktave. Ich habe die uns schon bekannten Zahlen 6, 8, 9, 12 und 5184, 10 368 als 6. und 7. Oktave über 81, also 81 x 2^6, u. x 2^7, exakt markiert und auch mit 64, 72, 81 so ausdrucken lassen, damit Sie nun, was Sie vorher im Binom der Cheopspyramide kennenlernten, jetzt in einer musikalischen Zahlenordnung finden, die zuerst noch in Ellen steckte, nun aber in Hertz dimensioniert, wiedererkennen und ihre Schönheit eigentlich jetzt erst bemerken."

Platons „Weltseele"
Die altpythagoräische Diatonie
in ungestörter Tonfolge von
384 bis 62208
Tonzahlen: 1, 2, 3,
Tonabstände:

c 384 ⎫ $\frac{9}{8}$
d 432 ⎬ $\frac{9}{8}$
e 486 ⎬ $\frac{256}{243}$
f 512 ⎬ $\frac{9}{8}$
g 576 ⎬ $\frac{9}{8}$
a 648 ⎬ $\frac{9}{8}$
h 729 ⎬ $\frac{256}{243}$
c¹ 768 ⎭

PLATON
Timaios 35 a ff.

DIATONON DITONAION $\left(\frac{9}{8} \times \frac{9}{8} \times \frac{256}{243} = \frac{4}{3}\right)$

Große Terz (c–e) $\frac{9}{8} \times \frac{9}{8} = \frac{81}{64} = \frac{486}{384}$

12. Pyramide des Niuserre
Höhe $95\frac{23}{224}$ E (49,92890625 m)
Basis $150\frac{2}{7}$ E (78,9 m)
Seked $5\frac{43}{81}$ Handbreit
Böschungswinkel arctg $\frac{81}{64}$ = 51,69°

NIUSERRE 81 E
64 E
51,69°

Abb. 2

$\frac{9}{8}$
$\frac{256}{243}$

531441 = 3¹²

Pythagoräisches Komma

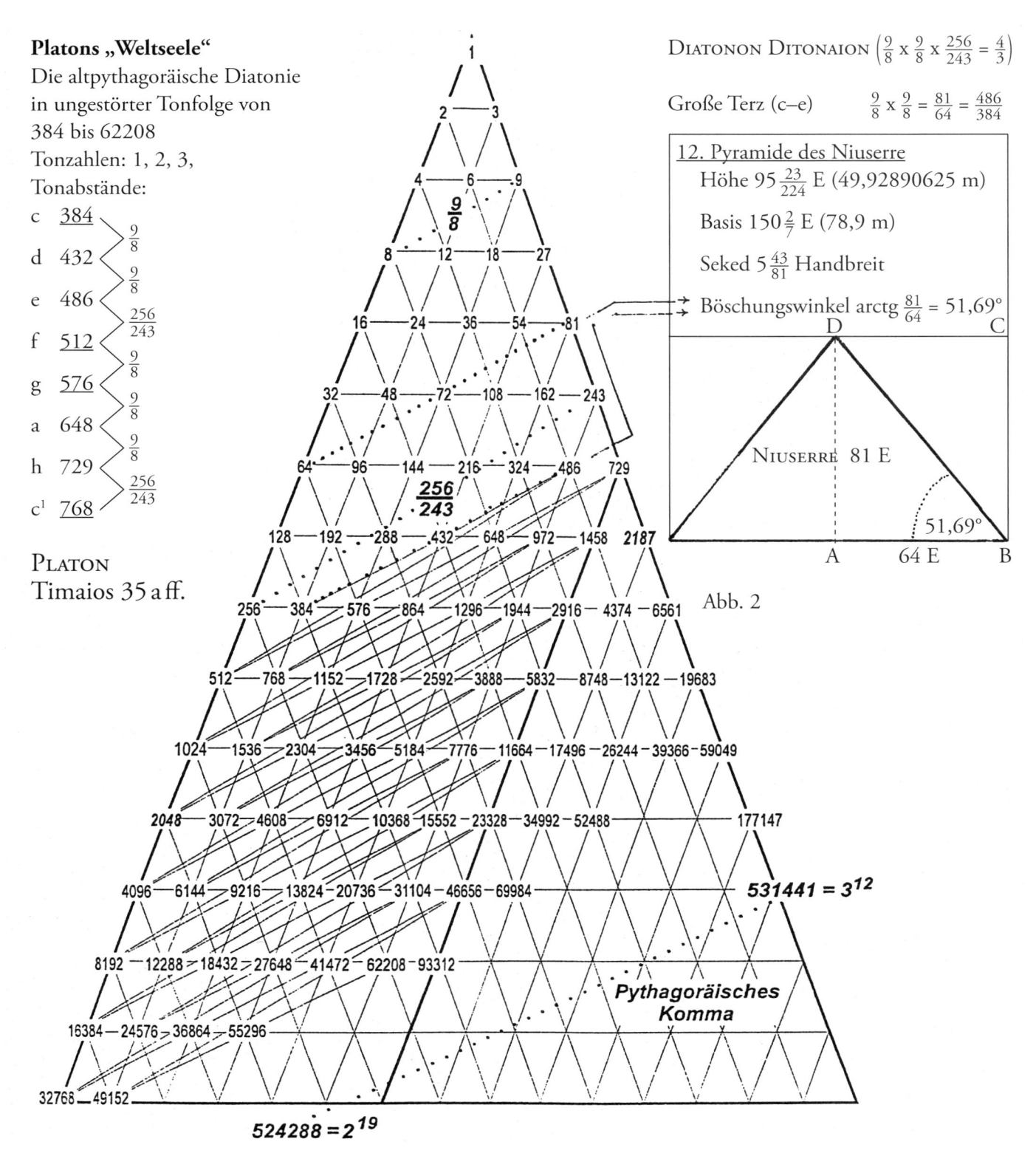

524288 = 2¹⁹

Dieses in der Antike zweifelsfrei benutzte Schema (σύστασις, Tim. 36 b2) der Entwicklung der Einheit in die Vielheit in Form überteiliger harmonischer Ideenzahlen Platons (ἐπιμόριοι oder $\frac{(n+1)}{n}$), die die Grundlage der Partial- und Obertonreihe und in ihr die Pentatonik (c¹, f, g, c, Tonfolge und in Zahlen 6, 8, 9, 12) als Füllraum möglicher Tonarten bildet, von Eudoxos als die im Schema harmonisch „sich selbst bewegende Zahl" (τὴν ψυχὴν ἀριθμὸν κινοῦνθ' ἑαυτόν, Aristoteles „Über die Seele", Buch 1, Kap. 2, 404b 29) genannt, habe ich in meiner noch nicht veröffentlichten Studie über Platons Mathematik und Musiktheorie (S. 20) entwikkelt. Ebenso zweifelsfrei entstammt diese Einteilung ägyptischer Mathematik und muß Platon durch seinen Freund Archytas von Tarent oder in Ägypten selbst bekannt gemacht worden sein. (S. Anhang II, S. 199–217)

„Teufel noch einmal", rief er verblüfft, „was Zahlen, sinnvoll zusammengestellt, hervorbringen können, Musik!" „Wußten Sie das nicht?" „Natürlich, aber nicht, wie es zusammenhängt!" „Ohne das letzte Wort zu behalten: bei Platon ist's nachzulesen", sagte ich.

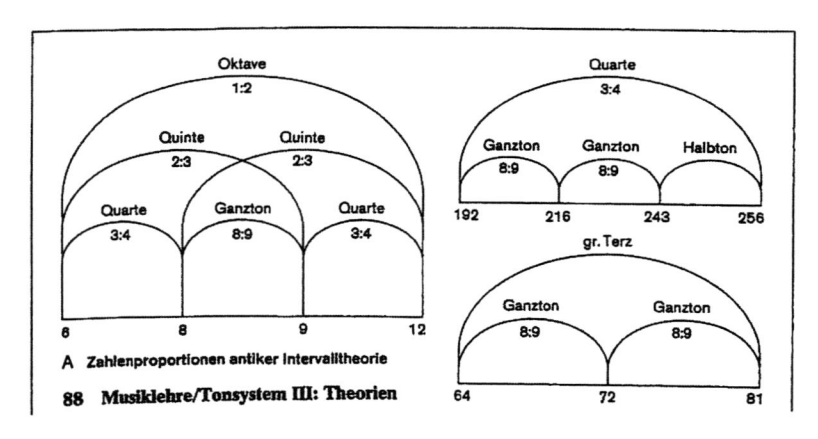

Raffaels Pentatonik findet sich im Handbuch der Musik:

„1. **Zahlenproportionen antiker Intervalltheorie.** Der Verwandtschaftsgrad von Intervallen bestimmt sich entsprechend den Proportionen ihrer Schwingungszahlen (*Seitenlänge*, s. u.). Dabei gilt die Einfachheit der Proportion als Kriterium für den Konsonanzgrad. Konsonant sind die **Oktave** mit 1:2, die **Quinte** mit 2:3 und die **Quarte** mit 3:4. Darstellbar sind diese Proportionen mit den Zahlen 6, 8, 9, 12, wobei innerhalb einer Oktave zwei Quinten, zwei Quarten und ein Ganzton mit 8:9 erscheinen (Abb. A)." (S. 88)

Interludium

Zwischen zwei Akten einer Oper gibt es manchmal ein Zwischenspiel, das schon in der antiken Tragödie einfühlsamer Kommentar der Geschehnisse auf der Bühne war und vom Chor gesungen wurde. Er berührte Hintergründe wie Hintergründigkeiten und hellte den Eingriff der Götter ins Geschehen (oder sein Ausbleiben) kathartisch auf. So wird auch hier zwischen zwei Kapiteln berichtet, wie der Verlauf meiner Entdeckungen nicht nur durch mein Wissen und ausdauerndes Sammeln antiker Lesefrüchte von hinten geschoben, sondern durch ein großartiges Werk von W. Hoepfner & E.-L. Schwandner noch von vorn gezogen wurde, „Haus und Stadt im klassischen Griechenland, 2. Auflage. 1994." Die Ergebnisse sind musikalische Proportionen, gebildet aus nicht mehr als aus den ersten fünf Primzahlen in allen Grundstücken der Stadtkolonien, – also Oktaven (2 x 1) bei heiligen Tempelgrundrissen, Quinten (3 x 2) bei öffentlichen Foren und Quarten (4 x 3) bei Kaufmärkten und Wohninsulae, und dies, wie der Name schon sagt, bei allen privaten Quartieren und Wohnungsgrundrissen. Hoepfners und Schwandners Forschungsergebnisse werden im Kapitel V nicht in Frage gestellt – das wäre auch mathematisch gar nicht möglich, aber vervollständigt, indem sämtliche Intervalle der Wohneinheiten mit ihrem antiken Namen benannt werden – z.B. $\frac{6}{5}$ kleine Terz in Milet, Kleinstterz $\left(\frac{7}{6}\right)$ und große Sexte $\left(\frac{12}{7}\right)$ in Piräus, Septime $\left(\frac{9}{5}\right)$ Milet-Nord usw., – d.h. ich kann den schon gefundenen Zahlenproportionen Hoepfners & Schwandners die Herkunft aus der *Partial- und Obertonreihe* und den altgriechischen und ägyptischen Tonarten zuordnen. Was die Archäologen nicht wissen konnten: *Die Diagonalenwinkel in den Grundstücken wiederholen die harmonischen Neigungswinkel aller Pyramiden in Ägypten.*

Als ich im Wissenschaftskolleg zu Berlin 1985 ein Buch über Platons Musiktheorie zu schreiben begann, besuchte ich die Autoren. Im Gespräch wollte ich zunächst die Musicalia in Platons Dialogen „Timaios", „Nomoi" „Epinomis" usw. in ihrem musiktheoretischen Kontext erklären, stieß aber dabei auf wenig Interesse der Autoren, deren Vorarbeiten zur 2. Auflage des Buchs 1994 noch bevorstand, mental aber schon abgeschlossen schien. Weitergehende Beschäftigung mit vollendetem Thema erschien unnötig, zumal der musikalische Pythagoräismus der Antike ein so weites Feld esoterischer Tiefen und Höhen eröffnete, daß man abermals in antike Intervallzusammenhänge sich einzulassen nicht bereit war, – auch weil dazu die nötige Ausbildung fehlte. Für die Bestimmung der Wohnungsproportionen genügte doch die Kombination aus den ersten zehn natürlichen Zahlen, zu finden im Werk S. 310, wenn auch die Zusammenfassung über die Intentionen des Stadtarchitekten Hippodamos von Milet und, vor allem, die über das städtische Gesamtkunstwerk des Architekten Pytheus in Priene erkennen ließen, daß hier noch Substanzielles zu erwarten war. Seitdem liegt nicht nur in Priene ein bereits ausgegrabenes Feld, das danach ruft, nicht von Ägyptologen, sondern von Musikwissenschaftlern interpretiert zu werden, die Mikrotöne und ihre Kombination mit größeren Intervallen sofort erkennen. Ein unbekannter Kollege aus der antiken Philosophie, wie ich es war, der sich an das Beste heranwagt, was ein Archäologe zu bieten hat, hätte übrigens auch ein Trittbrettfahrer sein können, zumal damals noch nichts Schriftliches von mir vorlag. Das hat sich inzwischen geändert. – Wenn ich auch eine schwankende Wünschelrute bin, dann eine fündige, die jedoch über ägyptische Pyramiden, jetzt auch über griechische Gefilde sagen kann: „Da müsst Ihr messen und monochordieren."

Aus dem Handbuch von U. Michels, S. 88, wird nun deutlich, daß Platons Anweisung in „EPINOMIS 990 E", das Tonspektrum über Quint und Quarte hinaus in die Sequenz der Natur- und Obertonreihe zu teilen, ihr Heimatrecht in der Akustik, also in der Physik hat.

Dies gilt ebenso für sein Partialtonschema „Timaios 35 a ff.", wenn auch dort pythagoräisch die Tonzahlen auf Multipla der Primzahlen 1, 2, 3 beschränkt sind.

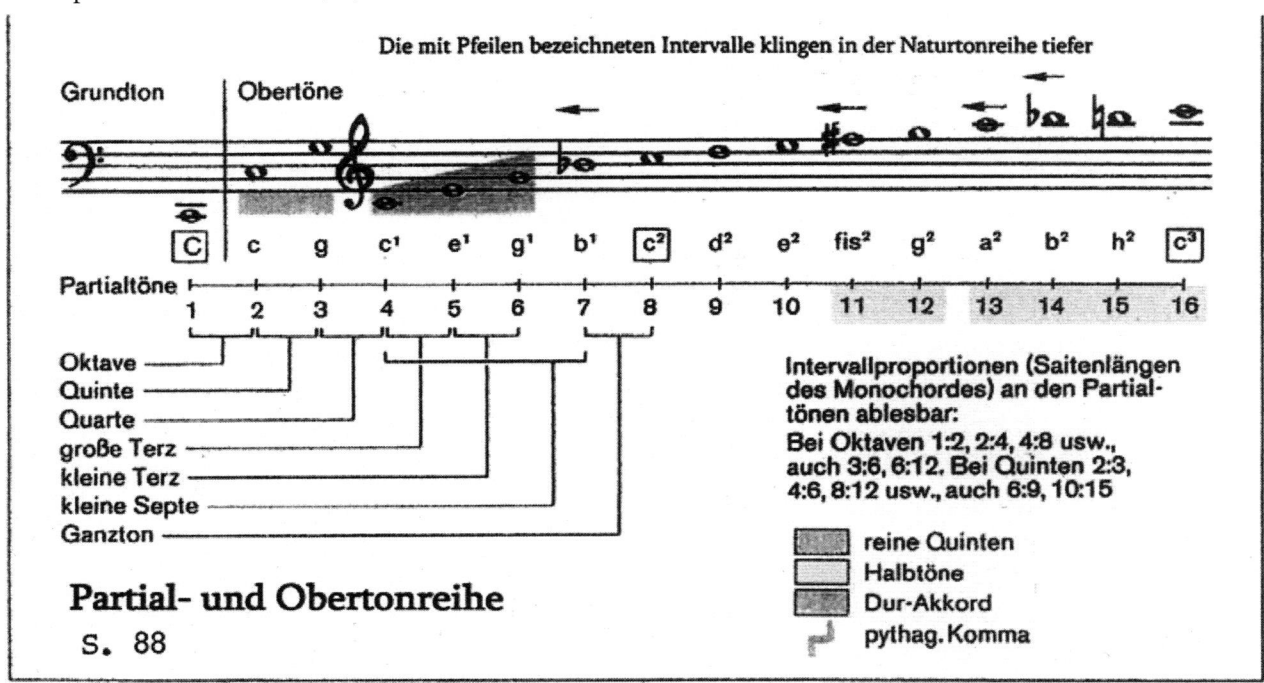

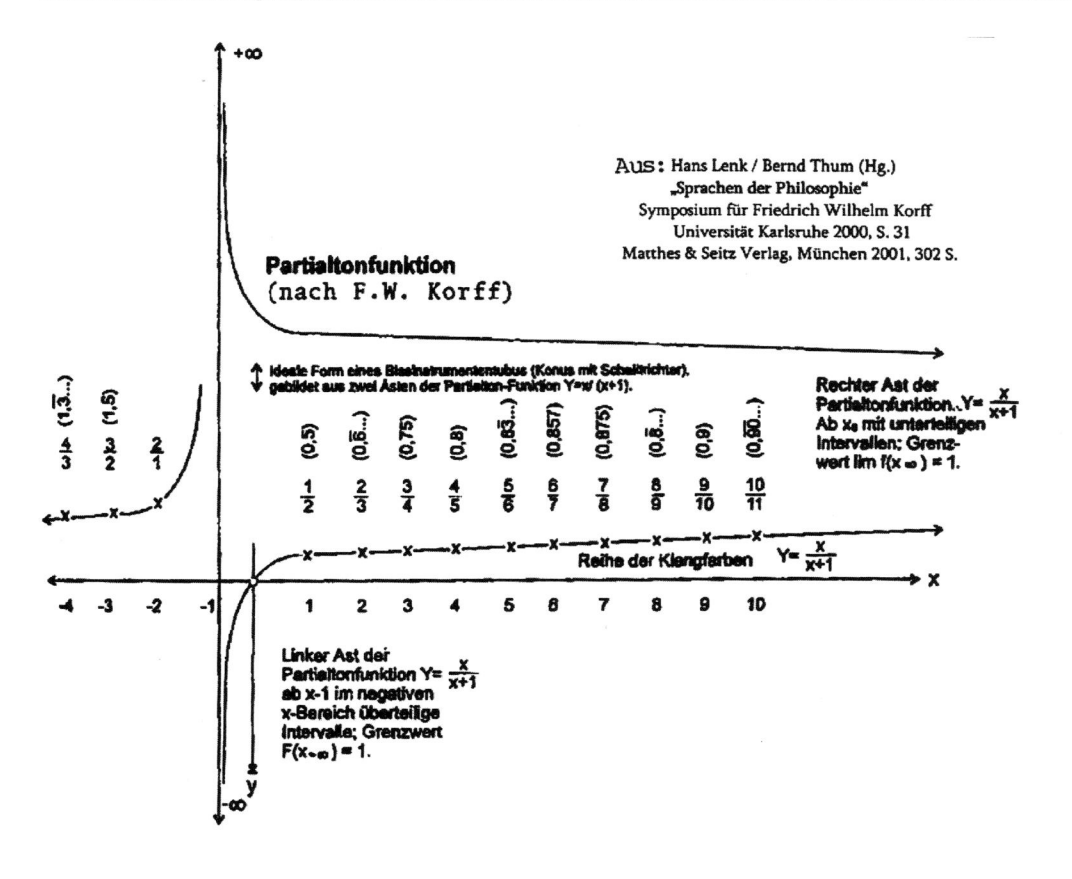

THE HARMONIC SERIES 1 - 64 above "A0" *(overtone row)*
notated using the Extended Helmholtz-Ellis JI Pitch Notation
microtonal accidentals designed by Marc Sabat and Wolfgang von Schweinitz, 2004

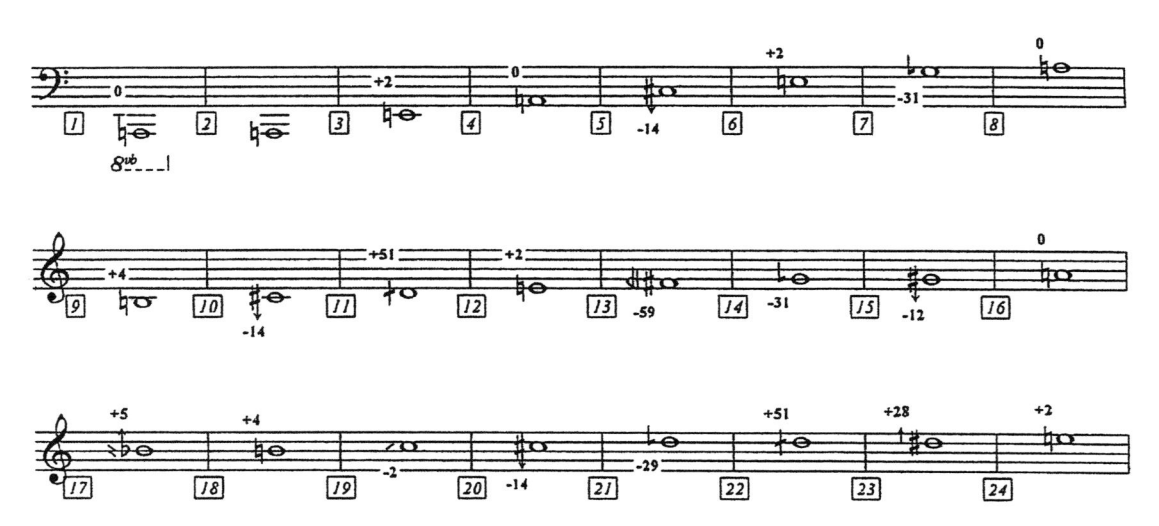

Zu der nach Gehör stimmbaren Partial- und Obertonreihe nach Hermann Helmholtz' **„Die Lehre von den Tonempfindungen als physiologische Grundlage für die Theorie der Musik, 1863":**

Da die Ägyptologen mit Ausnahme von Jan Assmann und Rainer Stadelmann meine Forschungen ignorierten, siehe hier Anhang S. 269 ff., suchte ich Rückhalt bei der Musiktheorie und kenntnisreich Musizierenden. Prof. Walter Nussbaum (Hannover), bis heute Cantor der Schola Heidelberg und Chorleiter moderner Musik, hatte meinen Essay über den Mikroton-Komponisten Don Carlo Gesualdo (1566–1613) im Handbuch von Glenn Watkins gelesen (in deutscher Übersetzung 2000), wo er zwischen den Texten Wolfgang Rihms und Glenn Goulds zu stehen kam – einen Essay, den ich hier noch einmal wegen Gesualdos Oberton-Aktualität rein rationaler Tonverhältnisse im Anhang abdrucken lasse, S. 194 ff. Walter Nussbaum lud mich zu einem Vortrag über Gesualdo in die Musikhochschule Hannover. Ihm verdanke ich die Bekanntschaft mit Caspar Johannes Walter, dem Professor für Komposition der Musikhochschule Stuttgart, der dort am 15.–18. Juni 2011 einen internationalen Kongreß über Mikrotonalität veranstaltete und ebenfalls erfreut war, daß es aus der Antike dieselben Mikrotöne und die Verschwisterung dieser Kommata mit großen Intervallen, also reine pythagoräische Intervalle, überliefert gab. Die Komponisten im 17. Jh., Vicentino und Gesualdo, füllten damit die in zwölf Halbtöne geteilte Oktave gleich mehrfach auf, so daß kleine Töne den großen neue Farben gaben und sie, wie niemals gehört, klingen ließen. Es waren die gleichen Intervalle der Pyramidenneigungen und der Wohnungsgrundrisse in griechischen Kolonien. Z. B. $\frac{9}{8}$ (großer Ganzton) x $\frac{64}{63}$ (Septimenkomma) = $\frac{8}{7}$. Arctg $\frac{8}{7}$ = 48,81° ist die Neigung der Pyramide Amenemhet III. (Hawarra). Oder $\frac{9}{8}$ (großer Ganzton) x $\frac{80}{81}$ (Didymisches bzw. syntonisches Komma) = $\frac{10}{9}$ (kleiner Ganzton). Arctg $\frac{10}{9}$ = 48,01° ist die Neigung der ursprünglichen Knickpyramide bei Dahshur.

Prof. Wolfgang von Schweinitz (Lancaster, USA), der die Helmholtzische Tonhöhen-Notierung von einer Cellistin, die diese Töne $\frac{9}{8}$, $\frac{64}{63}$ und $\frac{8}{7}$ hintereinander und verschwistert zugleich hören, ja ausgesuchte Intervalle der Obertonreihe vom Blatt spielen konnte, verdanke ich diese Liste kostbarer Laute aus der Antike.

Aus: „Plutarchs Moralia", Bd. 13, Teil 1,
English Translation by Harold Cherniss,
Cambridge, Massachusetts, MCLXXVI

Plutarchs Parkettierung harmonisch proportionierter Rechtecke ans dem Anfang der Platonischen Obertonreihe gemäß Tim. 35a ff.

12. By addition as follows: two plus three are five, four plus nine are thirteen, and eight plus twenty-seven are thirty-five. These numbers are remarkable, for of them the Pythagoreans called five "tremor", which is to say "sound", thinking that the fifth of the scale's intervals is first to be sounded,[b] called thirteen "leimma", denying as did Plato that the tone is divisible into equal parts,[c] and called thirty-five „ concord"[d] because it consists of the first two

For the areas six and eight have the sesquitertian ratio, in which the fourth consists; the areas six and nine the sesquialteran, in which the fifth consists; the areas six and twelve the duple, in which the octave consists; and the ratio of the tone, being sesquioctavan, is present too in the areas nine and eight. This is precisely the reason why they colled "concord" the number that comprises these ratios. When multiplied by six, moreover, it produces the number 210.

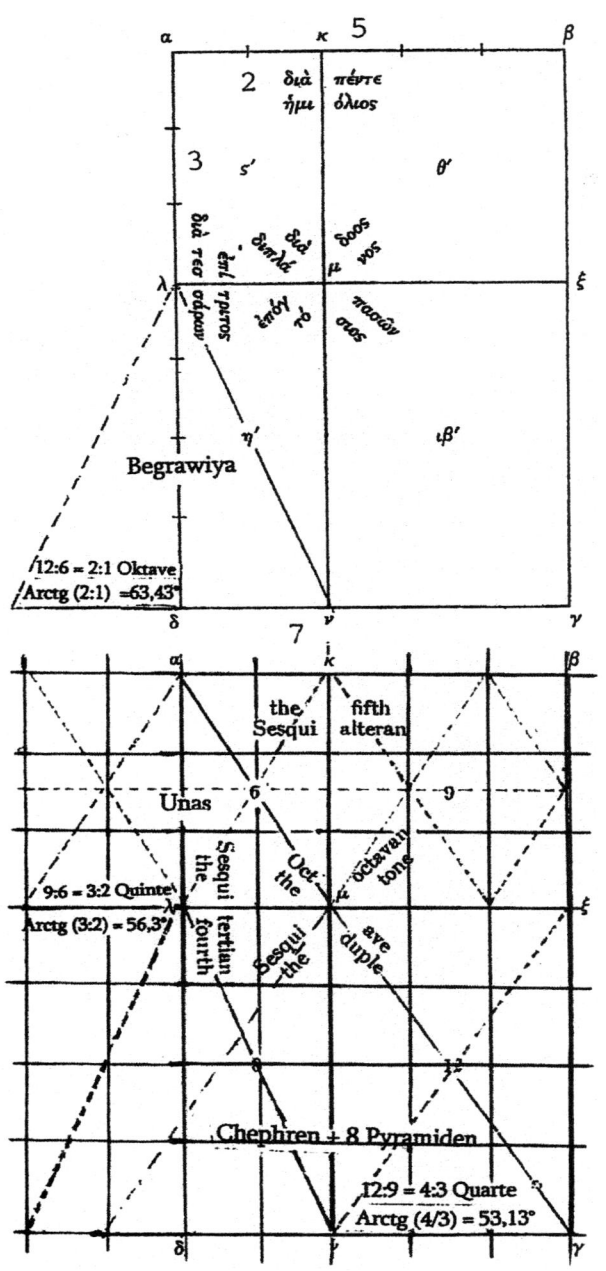

GENERATION OF THE SOUL, 1017–1018[73]

cubes produced from even and odd[b] and of four numbers, six and eight and nine and twelve, which comprise the arithmetical and the harmonic pro-portion.[6] The force of this will be more evident in a diagram.
p. 63, 7–23 (De Falco), i. e. Nicomachus (of. ibid., p. 56, 8–9 and Gnomon, V [1929], p. 554).
[b] $2^3 + 3^3 = 35$; cf. Iamblichus, Theolog. Arith., p. 63, 7–9 (De Falco).
[c] i. e. 35 = 6 + 8 + 9 + 12, in which 8 is the harmonic mean and 9 ist the arithmetical mean of the extremes, 6 and 12; sce 1019 C-D infra and cf. Nicomachus, Arithmetica Introductio II, XXIX, 3–4 (p. 146, 2–34 [Hoche]) and Iamblichus, In Nicomachi Arithmeticam Introductionem, pp. 122, 12–125, 13 (Pistelli).
[d] See 1019 d infra (τὰ πρωτα σύφωνα); of Theon Smyrnaeus, p. 51, 18–20 (Hiller), [Alexander], Metaph., p. 834, 1–2, and [Plutarch], De Musica 1139 C–D (… τὰ κυιώτατα διασήματα). Since the octave consists of a fourth and a fifth, only the latter two were usually considered to be strictly "primary" in the sense of "simple" consonances (cf. Ptolemy, Harmonica, p. 11. 24–25 [Düring]; Porphyry, In Ptolemasi Harmonica, p. 96, 12–20 [Düring]).   275

Unterteilig harmonische Abstände:
6:8 Weg diagonal südwestlich durch 2 Dreiecksfelder: Quarte (3:4), überteilig *harmonisches Mittel 2ab/(a+b)*, Subdominante

6:9 Weg waagerecht östlich, Abstand 1 Dreiecksbasis Quinte (2:3), überteilig *arithmetisches Mittel (a+b)/2*, Dominante

8:9 Weg diagonal nordöstlich durch 4 Dreiecksfelder Ganzton (8:9)

9:12 Weg diagonal südwestlich durch 2 Dreiecksfelder Quarte (3:4)

6:12 Weg diagonal südlich längs einer hängenden Dreiecksseite, Oktave (1:2), überteilig *Tonika*

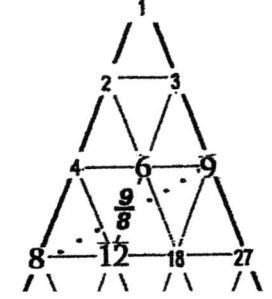

Tim. 35a ff … Beginn von Platons Schema der Partial- u. Obertonreihe (von mir, F. W. Korff, gefunden während eines Aufenthalts im Wissenschaftskolleg zu Berlin, im Winter 1985)

210 = (1 x 2 x 3 x 5 x 7) ist das Produkt der ersten fünf Primzahlen des ägyptischen Meß- und Maßsystems

Kapitel V

Die Partial- und Obertonreihe in der ägyptischen und klassisch-griechischen Architektur

Zwischen den Disziplinen Arithmetik, Geometrie und Musiktheorie stiftet die physikalische Partial – und Obertonreihe eine harmonische Einheit, die aus dem Beispiel der Artefakte von 29 ägyptischen Pyramiden seit dem Alten Reich 2600 v. Chr., deren Neigungen aus rationalen Proportionen und den harmonisch gleich geformten Grundstücken aus zahlreichen Stadtgründungen hippodamischer Städte im gesamten östlichen Mittelmeerraum im Zeitraum von 480 v. Chr bis vereinzelt weit über 300 vor Chr. hervorgeht.

Wer sich die Plutarchsche Parkettierung (S. 93) ansieht, wird bemerken, daß ich das Rechteck mit fünf Einheiten Breite und sieben Einheiten Höhe nach der ägyptischen Gewohnheit der Entwürfe durch ein quadratisches Raster mit ebenfalls sieben Einheiten quadratischer Seitenlänge unterlegt habe. Darin sind die Querschnittsflächen mit der Proportion (1:2) der Oktavpyramiden in Begrawiya, die der Quintpyramide Unas (2:3) und die der neun Quartpyramiden (3:4) eingezeichnet. Hier nun zerfallen die Dreiecksflächen der Pyramide des Unas im oberen Teil der Plutarchschen Parkettierung wie in einem genau passendem Mosaik in jeweils vier proportionsgleiche Unterdreiecke, ebenso wie es im unteren Teil des Mosaiks mit der Oktavpyramide (1:2) aus Begrawiya der Fall ist und mit den neun Quartpyramiden, darunter auch Chephren, wie es nach Erweiterung des Rasters von selbst geschehen würde. Man wird sogleich bemerken, daß zur Parkettierung, also zur genauen Pflasterung des Baugrundes, nur exakte Dreiecke mit Winkeln dienen können, die aus dem Arcus tangens der Proportionen aus den ersten fünf Primzahlen (1, 2, 3, 5, 7), also aus dem Beginn der Partial- und Obertonreihe stammen. Ein mit dem Legen des Mosaiks beauftragter Handwerker würde verzweifeln, wenn er dazu Bausteine mit Proportionen aus höheren Primzahlen legen müsste. Auch würden schon Legesteine mit 0,5 bis 2 Grad Abweichung vom exakten Winkel nach und nach das Mosaik zerstören bzw. seinen Aufbau unansehnlich machen (s. S. 93).

Diejenigen Ägyptologen, die jetzt noch auf die empirischen Abmessungen der Pyramiden in der Liste (S. 200) Dieter Arnolds oder andere Listen beharren und sie gegen meine Korrekturen geltend machen wollen, möchte ich jetzt, bevor ich zur historisch überlieferten, ebenfalls harmonisch exakten Parkettierung von Grundstücken öffentlicher Plätze und Insulae klassisch-griechischer Kolonienstädte wie Rhodos, Milet, Priene und vielen anderen mehr übergehe, noch einmal zeigen, daß die von Arnold angegebenen Rücksprünge und Pyramidenneigungen überwiegend fehlerhaft sind. Im technischen Vollzug und Baufortschritt hätte es sich herausgestellt, daß die Pyramiden damit nicht gebaut werden konnten, weil – ebenso wie die obigen dreieckigen Mosaiksteine in der Fuge schief sitzen oder geklemmt – sich hier die vier Grate einer Pyramide nicht in der Spitze getroffen hätten. Aus den vier Graten einer Pyramide wäre oben ein Lambda (λ) oder umgedrehtes „y" entstanden. Mit unterschiedlichen Böschungslängen oder Winkeln, die nicht zur Steinlege des Rücksprungs passen und umgekehrt, kann man keine Pyramide bauen (s. hier Kapitel I).

Korrektur der Pyramidenneigungen in Metern, wobei als Ellenlängen bis auf Cheops (0,52236 m), Mykerinus (0,5275 m) und Pepi I. (52,4 m) durchgehend die Königselle 0,525 m vorliegt. Die Winkel korrigierter Rücksprünge sind hier wieder *kursiv* markiert.

Pyramidenabmessungen aus D. Arnolds Liste
Ungeeignete, weil zum Bau der Pyramiden nur annähernde Böschungswinkel aus Rücksprüngen entstehen, deren Zahlen im ägyptischen Meß- und Maßsystem nicht vorkommen, weil sie größer als Sieben sind. Die Rücksprünge lassen exakte Böschungswinkel nicht zu.

Durch den Satz des Pythagoras korrigierte Abmessungen
//Allein zum Bau geeignete Böschungswinkel aus Rück-
//sprüngen, die nur harmonische Intervalle sind, deren
//Produkte und Brüche fünf erste Primzahlen (1,2,3,5,7)
// enthalten und die zudem meist ganzzahlig als Partial-
// u. Obertöne (auch kombiniert wie 8/7 x 10/9 = 80/63)
// in der Gestalt (n+1)/n auftreten.

Im Gelände vorgefundene Maße // Korrektur

Pyramide	Höhe/Basishälfte	Rücksprung	Neigungswinkel	// Rücksprung	exakter Neigungwinkel
1. Meidum	92/72,16	575/451	arctg 1,2749 = 51,89°	// 92/72,45	arctg 80/63 = *51,78°*
2. Knickp.,	105/94,5	10/9	arctg 10/9 = 48,01°	// 10/9	arctg 10/9 = *48,01°*
3. Dahshur N.	105/110,	21/22	arctg 21/22 = 43,67°	// 105/110,25 kl. Halbt.	arctg 20/21 = *43,60°*
4. Cheops	146,5/115,18	7325/5759	arctg 7325/5759 = 51,83°	// 80/63 = 8/7 x 10/9 gr.Terz	arctg 80/63 = *51,78°*
5. Djedefre	92/52,5,	184/105	arctg 184/105 = 60°-60,29°	//7/4 kl. Septime D.malakon	arctg 7/4 = *60,25°*
6. Königsgrab (a)	unvollendet, es gibt für Zarwiet			// 80/63 gr. Terz, D. malakon	arctg 80/63 = *51,78°*
6. Königsgrab (b)	unvollendet	drei Varianten:		// 20/21 kl. Halbt., Diat.malak.	arctg 20/21 = *43,60°*
6. Königsgrab (c)	unvollendet			// 4/3 Quarte	arctg 4/3 = *53,13°*
7. Chephren	143,87/107,645	28774/21529	arctg 1,3365 = 51,13°-53,19°	// 4/3	arctg 4/3 = *53,13°*
8. Mykerinus	65,55/52,75		arctg 1311/1055 = 51°-51,17°	// 5/4 große Terz, D. syntonon	arctg 5/4 = *51,34°*
9. Userkaf	49/36,65 =		arctg 4900/3665 = 53,20°-53°	// 4/3 Quarte	arctg 4/3 = *53,13°*
10. Sahure	50/39,25 = 200/157		arctg = 50°45' - 51,87°	// 80/63, gr. Terz, D. malakon	arct 80/63 = *51,78°*
11. Neferirkare	72,8/52,5 = 104/75		arctg = 54,20° - 54°30'	// 7/5 kl. Tritonus,D. malakon	arctg 7/5 = *54,46°*
12. Niuserre	50/39,45 = 1000/789 = arctg ($2^3x5^3/3x263$)		= 51,73°-52°	//81/64 = 9/8x9/8 gr. pyth. Terz Platons	arctg 81/64 = *51,68°*
13. Neferefre	43,75/32,5 = 35/26 = arctg (7x5/2x13)		= 53,39°	// 4/3 Quarte	arctg 4/3 = *53,13°*
14. Djedkare	1000/789 = arctg $2^3 x5^3/3x 263$		= 51,73-52°	// 80/63 gr. Terz, Diatonon. Malakon	arctg 80/63 = *51,78°*
15. Unas	43/28,85 = 860/577 = arctg $2^2 x5x 43/577$		= 56°-56,14°	// 3/2 Quinte	arctg 3/2 = *56,30°*
16. Teti	52,5/39,375 =	arctg 4/3	= 53,13°	// 4/3 Quarte	arctg 4/3 = *53,13°*
17. Pepi I.	52,4/39,3=	arctg 4/3	= 53,13°	// 4/3 Quarte	arctg 4/3 = *53,13°*
18. Pepi II.	52,5/39,375	= arctg 4/3	= 53,13°	// 4/3 Quarte	arctg 4/3 = *53,13°*
19. Merenre	61,25/45,9375	= arctg 4/3	= 53,13°	// 4/3 Quarte	arctg 4/3 = *53,13°*
20. Amenemhet I.	59/42	= arctg 59/2x3x7	= 54,55°	// 7/5 kl. Tritonus, Diatonon malakon	arctg 7/5 = *54,46°*
21. Sesostris I	61,25/52,615=	arctg 61250/52615	= 49,34°	// 7/6 Kleinstterz, Archytas Diatonon	arctg 7/6 = *49,4°*
22. Amenemhet II.	58,8/42 = arctg 58,8/42		= 54,46°	// 7/5 kl. Tritonus, Diatonon malakon	arctg 7/5 = *54,46°*
23. Sesostris II.	48,65/52,94 = arctg 4865/5294		= 42,58°	//14/15 kl. Halbt., Diatonon des Archytas	arctg 14/15 = *43,02°*
24. Sesostris III.	61,25/52,5 = arctg 61,25/52,5		= 49,4°	// 7/6 Kleinstterz, Archytas Diatonon	arctg 7/6 = *49,4°*
25. AmenemhetIII.(Dahshur)	75/52,5 arctg 143/100		= 55°	// 10/7 großer Tritonus, Diat. malakon	arct 10/7 = *55°*
26. AmenemhetIII.(Hawara)	58/50,875 = arctg 464/407		= 48° - 48,74°	// 8/7 übergroßer Ganzton, Diat. Malakon	arctg 8/7= *48,81°*
27. Chendjer	37,35/ 26,25 = arctg 3735/2625 =		54,9°	// 10/7 großer Tritonus, Diat. malakon	arctg 10/7 = *55°*
28. Unbekannt	61,25/46 = arctg 245/184 =		53,09°	// 4/3 Quarte	arctg 4/3 = *53,13°*
29. Mazghuna-S.	37,5/26,25 = arctg 294/175 =		55°	// 10/7 großer Tritonus, Diat. malakon	arctg 10/7 = *55°*

Was ist in Arnolds Liste der Pyramidenabmessungen als archäologisch äußerst fahrlässig zu beobachten?
Bis auf wenige Neigungen, die keine Differenz zwischen dem gemessenen und dem von den Ägyptern ursprünglich intendierten Winkel aufweisen, sind alle Winkel ungenau.

Daß sie damit den antiken Architekten bautechnische Fehler schon im Entwurf unterstellen, wurde den Ägyptologen nicht klar, als sie die Winkel und Rücksprünge, die aus dem Verhältnis der Höhen zu den Basishälften bestehen, bei nahezu allen Pyramiden, obwohl untereinander unstimmig, durchgehen ließen. Aus ihren Rücksprüngen gehen nämlich nicht genaue Winkel, sondern nur Annäherungen an exakte Proportionen und ihre Winkel hervor. Dies zeigt z. B. die Pyramide des Chephren in Dieter Arnolds Liste:

Chephrens Neigung: 53°10', Basis 410 Ellen (215,29 m), Höhe 275 Ellen (143,87 m), Rücksprung $\frac{28774}{21529}$, Elle 0,525 m. Der Rücksprung $\frac{275 \text{ Ellen}}{205 \text{ Ellen}}$ ist 1,3415 statt tg 53,13° = 1,3333!

Sieht man davon ab, daß mit der Elle von 0,525 m weder die angegebene Höhe noch die Basishälfte in Metern genau erreicht wird, so ist der Rücksprung $\left(\frac{28774}{21529} = 1,33652283\right.$ statt $\left.\frac{4}{3}\right)$ wie viele Rücksprünge in Arnolds Liste zunächst eine Zumutung für die Baukunst der Ägypter. Das Rätsel löst sich aber nach einigem Nachdenken. Mit Sicherheit haben die Ägypter nicht Rücksprünge aus solch immens hohen Primzahlen ausgewählt. Sie wären sofort in die Verlegenheit gekommen, sich fragen zu lassen, warum nur genau diese und keine andere? Da die Ägyptologen seit Napoleons Zeiten kein Augenmerk darauf haben, daß die Rücksprünge aller Pyramiden musikalische Proportionen aus einfachen rationalen Verhältnissen sind, kam man nicht auf den einfachen Gedanken, die 53,13° Neigung, die man an der Chephrenpyramide maß, einmal durch ihren Tangens zu prüfen. Tangens 53,13° hätte den genauen Rücksprung ergeben $\left(\text{tg } 53,13° = \frac{4}{3}\right)$. Und dieser Rücksprung, eine Quarte (4:3), ergab sich aus einer neuen Höhe Chephrens $\left(273\frac{1}{3} \text{ Ellen}\right)$ zur Basishälfte (205 Ellen), denn $\left(273\frac{1}{3}\right)/205 = \frac{4}{3}$. Man weiß nicht, was man zu dieser Unterlassung einer notwendigen Korrektur sagen soll, denn noch weitere acht Pyramiden besitzen diesen Rücksprung, und er ist durch einfache ganze Zahlen belegt, z. B. Pepi II, von Arnold mit der Neigung 53° 13', Höhe 100 Ellen (52,5 m), Basishälfte 75 Ellen (39,375 m) korrekt angegeben. Warum treten nun die hohen Primzahlen auf? Daß die Spitze Chephrens bröckelt und auch das Pyramidion fehlt und daß man die Höhe gleichsam in der Luft messend vermuten muß, ist nicht der Grund. Die hohen Primzahlen $\left(\frac{28774}{21529}\right)$ treten deshalb auf, weil, je höher die Zahlen sind, desto kleiner wird der Abstand zwischen Zähler und Nenner in einer harmonischen Proportion $\frac{(n + 1)}{n}$, und er ist damit eher in der Lage, sich einer einfachen Proportionen wie Chephrens Rücksprung $\left(\frac{4}{3} = 1,33333...\right)$ zu nähern, denn $\frac{28774}{21529} = 1,33652285$. Die Archäologen haben nicht in der Luft gemessen, aber wohl bemerkt, daß Chephrens Rücksprung sich $\frac{4}{3} = 1,333...$ näherte, aber wie gesagt, die Proportion 4:3, eine Quarte, sagte ihnen nichts, weil sie offenbar in der Proportionenlehre der antiken Architektur und Musiktheorie nicht ausgebildet waren.

Lediglich aus einem Grund, der unverstanden aus den Pyramidenabmessungen hervortrat und sich beim Messen bemerkbar machte, dominieren die abwegig großen Primzahlen, weil Maragioglio oder wer auch immer die Pyramiden vermaß, sie mit unseren Metermaßen vermaß und diese nur in Ellen umrechnete und dabei sträflich Ellenabstände durchließ, die größere Primzahlen als die ersten fünf enthielt. Denn für die Rücksprünge lagen nur Brüche oder Produkte von 1, 2, 3, 5, 7 in den Messwerkzeugen (Messleinen, Meßlatten, Ellenstöcke) geeicht. Hätte er die Basis (410 Ellen) der Chephrenpyramide in Primzahlen zerlegt (410 = 2 x 5 x 41) und ebenfalls die Höhe $\left(273\frac{1}{3} = 4 \times 5 \times \frac{41}{3}\right)$, so hätte er den richtigen Rücksprung gefunden. Hätte er $\left(4 \times 5 \times \frac{41}{3}\right)/\left(2 \times 5 \times \frac{41}{2}\right)$ gewählt, so wäre das richtige Ergebnis nach dem Herauskürzen der 41 aus Zähler und Nenner $\left(4 \times 5 \times \frac{1}{3}\right)/\left(2 \times 5 \times \frac{1}{2}\right) = \frac{4}{3}$ gewesen.

Auch die Umrechnung der nahezu überall verbauten Königselle in Metern enthält nur die ersten fünf Primzahlen $\left(1 \text{ Elle} = 0,525 \text{ m} = \frac{1 \times 3 \times 5^2 \times 7}{2^3 \times 5^3} \text{ m}\right)$. Die Quarte 4:3 Chephrens stimmt daher mit dem optisch ermittelten Peilwert überein, der die Neigung nahezu genau angibt, arctg $\left(\frac{4}{3}\right) = 53°10'$. Die in Metern abgegriffene Bauhöhe $\left(143,87 \text{ m} = \text{eine Primzahl } \frac{14387}{100} \text{ m}\right)$ und eine Basishälfte von $\frac{1}{2} \times 215,29 \text{ m} = $ ebenfalls eine Primzahl $\frac{1}{2} \times \frac{21529}{100}$ kommen <u>nicht</u> in Zähler und Nenner zu dem Rücksprung $\frac{4}{3}$ zusammen $143,87/\left(\frac{215,29}{2}\right)$ = 1,33652283 eine Annäherung an $\frac{4}{3}$. Der von den Ägyptern ursprünglich gewählte, aber von Maragioglio verfehlte Rücksprung Chephrens war daher bei einem Ellenmaß von 0,525 m, auch in Metern gemessen, eine Quarte (4:3). Die Pyramide hat jetzt folgende Maße:

Neigung: 53,13°, Basis 410 Ellen (215,25 m), Höhe $273\frac{1}{3}$ Ellen (143,5), Rücksprung $\frac{4}{3}$, Ellenmaß 0,525 m.

Diese Maße habe ich im ersten Kapitel (S. 19) mit dem Satz des Pythagoras und der Sinus-$\frac{\gamma}{2}$-Probe geprüft und für korrekt befunden:

Das Quadrat der Basishälfte Chephrens in Ellen und Metern ergibt das Quadrat der Böschungslänge (BL): In Ellen ausgerechnet: $205^2 + (273\frac{1}{3})^2 = 42\,025 + \frac{747\,111}{9} = 116\,736\frac{1}{9}$; $\sqrt{116\,736\frac{1}{9}} = 341\frac{2}{3}$ Ellen BL. In Metern errechnet: $107,625^2 + (143,5)^2 = 11\,583,14063 + 20\,592,25 = 32\,175,39063$; $\sqrt{32\,175,39063} = 179,375$ m. $341\frac{2}{3}$ Ellen Böschungslänge x 0,525 = 179,375 m Böschungslänge (q.e.d.)

Nur mit diesen Maßen und keinen anderen konnte die Pyramide des Chephren fehlerfrei gebaut werden! Wenn man jetzt die fälschlich übergroßen Zähler und Nenner $\left(\frac{28\,774}{21\,529}\right)$ in den Proportionen der Listen auf die Rücksprünge reduziert, die die erhaltenen Böschungswinkel als Intervalle der Partial- und Obertonreihe und Intervalle altägyptischer Tonart durch die Zusammensetzung aus den ersten fünf Primzahlen identifiziert und zuletzt der Prüfung durch den Satz des Pythagoras unterzieht, dann wird man eine mathematisch überprüfbare Liste der Pyramidenneigungen erhalten und damit eine fundierte Theorie der Neigungen als Klänge, die in Zukunft nicht nicht mehr geändert werden kann. Ich betone, daß der Fund mir zu verdanken ist, ein jahrelanges Studium antiker Musiktheorie und Erwägungen Platons dazu haben mich dorthin geführt.

Bestätigung der Existenz des ägyptischen Landvermessungsdreiecks ($3^2 + 4^2 = 5^2$) durch Vitruv (Liber nonus 214, 6):

„6. Ferner hat Pythagoras gezeigt, wie man ohne Kunstgriffe, wie sie der Facharbeiter anwendet, zu einem Winkelmaß (53,13°, FWK) kommen kann, und wenn man nach der Vorschrift des Pythagoras verfährt, wird mit wissenschaftlicher Methode eine fehlerfreie Genauigkeit erreicht, mit der die Facharbeiter, wenn sie mit großer Mühe ein Winkelmaß herstellen, dies kaum ausführen können. Nimmt man nämlich drei Meßstäbe, von denen der eine 3, der zweite 4, der dritte 5 Fuß lang ist und setzt man diese Stäbe in der Form eines Dreiecks so zusammen, daß der eine den anderen mit den äußersten Spitzen berührt, dann werden sie ein genaues Winkelmaß (53,13° wie Chephrens Neigung und die weiterer acht Pyramiden, FWK) bilden. Zeichnet man aber über der Länge jedes Stabes ein Quadrat mit gleichen Seiten, so wird das Quadrat, wenn die Seite 3 Fuß lang ist, 9 Quadratfuß Flächeninhalt haben, das Quadrat über der 4 Fuß langen Seite 16, das Quadrat über der 5 Fuß langen Seite 25. So wird das eine Quadrat, das über der Seitenlänge von 5 Fuß gezeichnet ist, eine gleich große Anzahl von Quadratfuß als Flächeninhalt zeigen, wie die beiden Quadrate, die über der Fläche von 3 und 4 Fuß gezeichnet sind, zusammen ergeben. Als Pythagoras das gefunden hatte, soll er nicht gezweifelt haben, daß er bei seinem Fund von den Musen inspiriert worden sei, und er soll ihnen innig gedankt und Opfertiere geopfert haben."

Korrektur der Pyramidenneigungen in Ellen, bis auf Cheops (0,52236 m), Mykerinus (0,5275 m) und Pepi I. (52,4 m) durchgehend 0,525 m. Die Winkel korrigierter Rücksprünge sind hier wieder *kursiv* markiert.

Pyramidenabmessungen aus D. Arnolds Liste
Ungeeignete, weil zum Bau der Pyramiden nur annähernde Böschungswinkel aus Rücksprüngen entstehen, deren Zahlen im ägyptischen Meß- und Maßsystem nicht vorkommen und die zudem größer als Sieben sind. Die Rücksprünge lassen exakte Böschungswinkel nicht zu.

Durch den Satz des Pythagoras korrigierte Abmessungen
//Allein zum Bau geeignete Böschungswinkel aus Rück-
//sprüngen, die nur harmonische Intervalle sind, deren
//Produkte und Brüche fünf erste Primzahlen (1,2,3,5,7)
// enthalten und die zudem meist ganzzahlig als Partial-
// u. Obertöne (auch kombiniert) in der Gestalt (n+1)/n
//auftreten.

Pyramide	Rücksprung	Neigungswinkel	// Rücksprung	exakter Neigungwinkel
1. Meidum	175 /137,5	arctg 1,27... = 51,84°	// 175 $^5/_{21}$/138	arctg 80/63 = *51,78°*
2. Knickp.,	200/180	arctg 10/9 = 48,01°	// 10/9	arctg 10/9 = *48,01°*
3. Dahshur N.	200/210,	arctg 20/21 = 43,60°		arctg 20/21 = *43,60°*
4. Cheops	280/220	arctg 14/11 = 51,84°	// 80/63 = 8/7 x 10/9	arctg 80/63 = *51,78°*
5. Djedefre	175/100	arctg 1,75 = 60,255°	// 7/4	arctg 7/4 = *60,25°*
6. Königsgrab (a)	unvollendet, es gibt für Zarwiet drei Varianten:		80/63	arctg 80/63 = *51,78°*
6. Königsgrab (b)	unvollendet		20/21	arctg 20/21 = *43,60°*
6. Königsgrab (c)	unvollendet		4/3	arctg 4/3 = *53,13°*
7. Chephren (s.o.)				
8. Mykerinus	125/100	arctg 5/4 = 51,34°	// 5/4 große Terz, D. syntonon	arctg 5/4 = *51,34°*
9. Userkaf	94/70	arctg 94/70 = 53°-53,32°	// 4/3 Quarte	arctg 4/3 = *53,13°*
10. Sahure	95$^5/_{21}$/75	arctg $2^3 \times 5^2/157$ 50° 45°- 51,87°	// 80/63, gr. Terz, D. malakon	arct 80/63 = *51,78°*
11. Neferirkare	140/100	arct 7/5 = 54°30'- 54, 46°	// 7/5 kl. Tritonus, D. malakon	arctg 7/5 = *54,46°*
12. Niuserre	=95$^{23}/_{224}$/75	arctg $2^3 \times 5^3/3x\ 263$ = 51,73°	// 81/64 = 9/8x9/8 gr. pyth. Terz Platons	arctg 81/64 = *51,68°*
13. Neferefre	83 $^1/_3$/62,5	arctg 4/3 = 53,13°	// 4/3 Quarte	arctg 4/3 = *53,13°*
14. Djedkare	1000/789	arctg $2^3 \times 5^3/3x\ 263$ 52°- 51,73°	// 80/63 gr. Terz, D. malakon	arctg 80/63 = *51,78°*
15. Unas	82,5/55 =	arctg 3/2 = 56,30°	// 3/2 Quinte	arctg 3/2 = *56,30°*
16. Teti	100/75	arctg 4/3 = 53,13°	// 4/3 Quarte	arctg 4/3 = *53,13°*
17. Pepi I.	100/75	arctg 4/3 = 53,13°	// 4/3 Quarte	arctg 4/3 = *53,13°*
18. Pepi II.	100/75	arctg 4/3 = 53,13°	// 4/3 Quarte	arctg 4/3 = *53,13°*
19. Merenre	(116 $^2/_3$)/87,5	arctg 4/3 = 53,13°	// 4/3 Quarte	arctg 4/3 = *53,13°*
20. Amenemhet I.	112/80	arctg 7/5 54°-54,46°	// 7/5 kl. Tritonus, D. malakon	arctg 7/5 = *54,46°*
21. Sesostris I	116/100	arctg 29/25 = 49,24°	// 7/6 Kleinstterz, Archytas Diatonon	arctg 7/6 = *49,4°*
22. Amenemhet II.	112/80	arctg 7/5 = 54,46°	7/5 kl. Tritonus, D. malakon	arctg 7/5 = *54,46°*
23. Sesostris II.	93 $^1/_3$/100	arctg 43,03°	// 14/15 Halbton.Archytas Diatonon	arctg 14/15= *43,02°*
24. Sesostris III.	(116 $^2/_3$)/100	arctg 7/6 56°(?)- 49,4°	// 7/6 Kleinstterz, Archytas Diatonon	arctg 7/6 = *49,4°*
25. Amenemher III.(Dahshur)	143/100 =	arctg $11 \times 13/2^2 \times 5^2$ = 55,03°	// 10/7 gr. Tritonus, D. malakon	arctg 10/7 = *55°*
26. Amenemher III.(Hawara)	114 $^2/_7$/100	arctg 8/7 48°-52° 48,81°	// 8/7 gr. Ganzton, D. malakon	arctg 8/7 = *48,81°*
27. Chendjer	71$^3/_7$/50	arctg 10/7 = 55°	// 10/7 gr. Tritonus, D. malakon	arctg 10/7 = *55°*
28. Unbekannt	(116 $^2/_3$)/87,5	arctg 4/3 = 53,13°	// 4:3 Quarte	arctg 4/3 = *53,13°*
29. Mazhguna-S.	(71$^3/_7$)/50	arctg 10/7 = 55°	// 10/7 gr. Tritonus, D. malakon	arctg 10/9 = *55°*

Auch bei den Ellenmaßen bleibt offen, ob sich die Ägyptologen der Folgen der Unstimmigkeit, Lahmlegung fast des gesamten Pyramidenbaus, bewusst waren. Denn, wie gesagt, sie wussten nichts von musikalischen Intervallen. Das entlastet sie keinesfalls. Sie wären gezwungen gewesen, die Rücksprünge aus gemessenen Pyramidenhöhen und Basisbreiten mit den ermittelten Neigungswinkeln zu vergleichen und, wenn irgend möglich, die Diskrepanz der Werte mit einer plausiblen Theorie aus der Welt zu schaffen. Es gibt dazu keine Anmerkung in Arnolds Lexikon. Da nun die Diskrepanz unerwähnt bleibt und seitdem zwei verschiedene Messungen, nämlich die der Proportionen der Höhen zu den Basishälften und der zugehörigen Winkel, unvereint, ja man muß sagen unversöhnlich, einander gegenüberstehen, wird nunmehr verständlich, warum seit Napoleons Zeiten die Abmessungen ständig schwanken und immer wieder neu präsentiert, angeblich präzisiert werden, weil bislang eine wissenschaftlich zufrieden stellende Theorie der Neigungen fehlt. Jetzt werden die Schwankungen durch meine Theorie beendet sein, weil alle Rücksprünge die ersten fünf Primzahlen in Ellen und Metern (1, 2, 3, 5, 7) enthalten.

Lösung des Rätsels

Im Handbuch von Ulrich Michels (dtv-Atlas zur Musik, 1985, S. 89) existiert ein zweifacher Zugang zur Harmonie, den ich schon mehrfach, auch am Ende des letzten Kapitels andeutete: „Tonverhältnisse können nach dem Distanzprinzip *gemessen* und nach dem Konsonanzprinzip *gewertet* werden (Hervorhebung von mir, F.W.K.)."

Daraus folgt: freistehende Pyramiden können, ohne an Eindruck zu verlieren, sich um eine Winzigkeit in ihren Proportion verbreitern oder schmälern. Steine im Mosaik, die die gleiche Proportion besitzen, können das nicht, weil das Distanzprinzip starr auf exaktes Einhalten der Maße ausgerichtet ist und die vorausgehende *Messung* bewirkt, daß die Parkettierung scharffugig zusammenpasst. Nun wäre beim Bau der Pyramiden ein Mißklang optisch leicht möglich gewesen, freilich wären sie dann nicht mehr ästhetisch. Es gehört zum Ästhetischen, daß man es zwar als Gefühl wahrnimmt, daß es aber im Gegensatz zum Gehör, das Töne exakt hören und stimmen kann, keine dem Hören entsprechende Allgemeinheit einfordern kann. Die Ägypter hätten in der Mitte von zu flach und zu hoch unförmige Pyramiden präsentieren können, was sie aber nicht taten. Dies beweisen ihre Annäherungen an genaue Proportionen der Musik, auch und gerade und *immer noch* in Dieter Arnolds Liste, die ich deshalb anregend finde, weil die Näherungen an die richtigen Werte mehr verraten, als ihre messenden Urheber ahnten.

Unförmige Proportionen zu präsentieren, die wie Geräusche zu hören und jegliche Proportion verloren haben, wie die dicken Säulen der Neoromanik am Ende des 19. Jh. oder wie so manche willkürlich gemachte Pyramide auf Friedhöfen, war nicht Sache der Ägypter. Nicht nur ihre Frauen und Götter an den Wänden der Gräber sind schlank, sie suchten in den Pyramiden genaue Proportionen zu verwirklichen und hielten sich stimmig an das (von heutigen Ägyptologen unbemerkte) Distanzprinzip, das dann, auch harmonisch konsonant, im Resonanzprinzip seinen Klang entfaltete. Man hat es nicht gehört, und, weil man es nicht gedacht hat, sah man es auch nicht. Die Existenz dieses harmonischen Prinzips wurde durch den Satz des Pythagoras (s. hier Kap. I), überprüfbar: Es ließ nur solche Pyramidenquerschnitte zu, bei denen das Quadrat der Basishälfte addiert zum Quadrat der Pyramidenhöhe das Quadrat der Böschungslänge ergab, und dazu passte das ägyptische Landvermessungstripel ($3^2 + 4^2 = 5^2$) mit dem Basiswinkel arctg $\frac{4}{3}$ = 53,13° und dem Teilen der Oktave 6:12 im Alten Reich in die halbtonlose Pentatonik 6:8:9:12, später zu Beginn des Mittleren Reichs ausschließlich durch die in den Abmessungen verwendeten ersten fünf Primzahlen (1, 2, 3, 5, 7). Keine der Annäherungen durch größere Primzahlen kamen für den Rücksprung in Frage. Nur die Brüche und Produkte der ersten fünf Primzahlen ließen Neigungswinkel und Basislängen und Pyramidenhöhen nunmehr exakt übereinstimmen und schlossen Näherungen aus. Man empfand den Anblick der Pyramiden gegenüber der ästhetischen Ungestalt ihrer bisherigen Zahlen als schön und überlegen, weil in der Oktave 6:12 in 6:8 das *harmonische* Mittel und in 6:9 das *arithmetische* Mittel, also Quarte und Quinte verbaut lagen. Die Ausgewogenheit zeigt, wie in der Parkettierung Plutarchs die Harmonie, die nach dem Mittleren strebt. (Epinomis 990 E) Die oben dargestellte Annäherung der Neigungen an genaue Proportionen aus dem Anfang der Partial- und Obertonreihe (1:2:3:4:5:6:7), als vielfache Proportionenkette dargestellt (1 x 2 x 3 x 4 x 5 x 6 x 7 = 5040 = 7!), so daß die Maße der Cheopspyramide, von mir korrigiert, damit auf einmal möglich – was vorher nicht möglich war! – und zum Treffen der vier Grate in der Spitze tauglich wurden und meine neuen Zahlen es zuließen, daß sie sich im zweiten Kapitel zum Rauminhalt der Cheopspyramide zusammensetzten, und zwar aus sieben Stümpfen, geometrisch aus Längeneinheiten, arithmetisch aus Binomialkoeffizienten, all das spricht mathematisch verbindlich für die Richtigkeit von Platons musiktheoretischen Informationen aus Ägypten.

Er überliefert sie im pyramidenförmigen Querschnitt im Lambdoma (Tim. 35 a ff., Nom. 738 a, Epinomis. 990 E) und in vielen anderen Textstellen mehr.

Die Querschnitte ägyptischer Pyramiden in den Grundstücken griechischer Koloniegründungen ABDERA, MILET, PIRÄUS, RHODOS und PRIENE u. a.

Die Proportionen in den Querschnitten ägyptischer Pyramiden finden sich aus dorischem Fuß (32,4 cm) aus dem Diatonon Syntonon und aus attischem Fuß (29,4 cm) aus dem Diatonon malakon, im Entwurf nachweisbar und verbaut oft erstaunlich auf Zentimeter genau ebenfalls in pythagoräisch hippodamischen Stadtgründungen wie ABDERA, MILET, PIRÄUS, RHODOS und PRIENE in ihren zur Oktav (2:1) proportionierten heiligen Plätzen wie Tempelgrundrissen, in den zur Quinte (3:2) proportionierten politischen Foren, in zur Quart (4:3) proportionierten Wohninsulae der, wie es der Name schon sagt, „Stadtquartiere" und dort auch in proportionierten Hausgrundstücken statt, wobei die gemäß der Obertonreihe eingerichteten Intervalle lediglich Abmessungen in Zahlen von 1–10 enhalten, so daß also die Produkte in den proportionierten Rechtecken wie bei den Pyramidenabmessungen nur aus den ersten fünf Primzahlen (1, 2, 3, 5, 7) bestehen, da auch die Fußmaße, multipliziert mit 2 x 5, nur aus den ersten fünf bestehen ($324 = 1 \times 2^2 \times 3^4$; $294 = 1 \times 2 \times 3 \times 7^2$).

Um die Parallelen zum Pyramidenbau durch das harmonische Distanzprinz zu belegen, das auch hier in Form einer mathematischen Parkettierung auftaucht, wurde ausführlich das Werk (in zweiter Auflage 1994) von Wolfram Hoepfner und Ernst-Ludwig Schwandner „Wohnen in der klassischen Polis I / „Haus und Stadt im klassischen Griechenland" herangezogen, wurden aus ihm die Grundrisse der alten Städte kopiert, die Unterteilungen kommentiert, wobei ich die harmonischen Unterteilungen der Grundrisse der Insulae und Häuser mit den Intervallbezeichnungen aus antiken Tonarten versah, auch jeweils die mathematische Ableitung aus der Partialtonreihe erstellte und die Diagonale in jedem der proportionierten Rechtecke zum Querschnitt einer in Ägypten vorkommenden Pyramide verdoppelte. Den Autoren Hoepfner und Schwandner blieb diese harmonische Parallelität zu den Pyramiden verborgen. Den Hauseinteilungen gaben sie auch nicht die Termini der Proportionen, waren aber insofern hilfreich und richtungweisend, indem sie harmonisch auf den Pythagoräismus der Stadtbauarchitekten Hippodamos von Milet, Pytheus u. a. und am Schluß Ihres ebenso wichtigen wie umfangreichen Werks in einer Zusammenfassung hinwiesen, die sich auch hier am Schluß dieses Kapitels abgedruckt findet. Es empfiehlt sich, diesen Text zunächst zu lesen (s. S. 123–126).

THE HARMONIC SERIES 1 - 64 above "A0" (overtone row)

notated using the Extended Helmholtz-Ellis JI Pitch Notation
microtonal accidentals designed by Marc Sabat and Wolfgang von Schweinitz, 2004

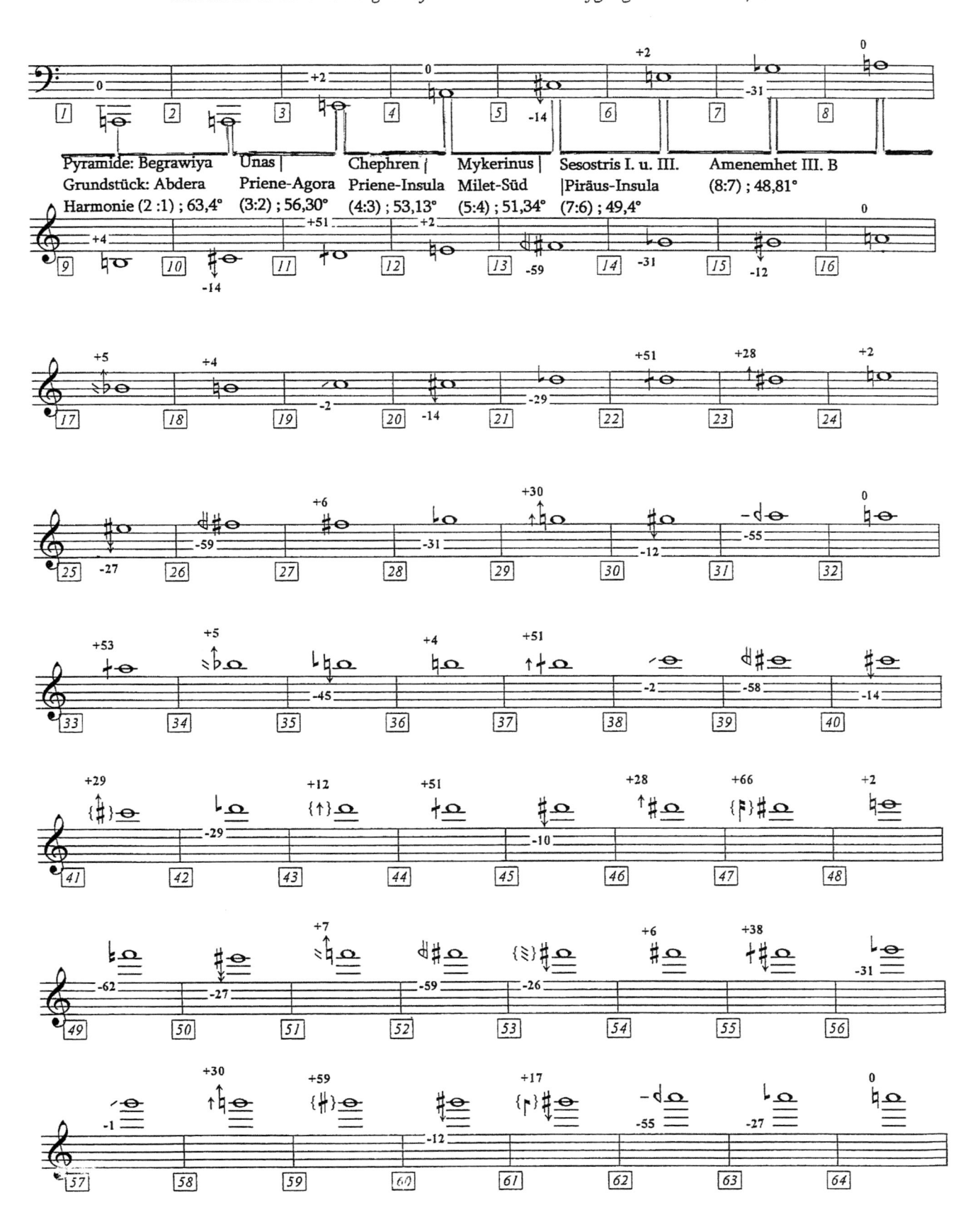

Pyramide: Begrawiya
Grundstück: Abdera
Harmonie (2:1) ; 63,4°

Unas |
Priene-Agora
(3:2) ; 56,30°

Chephren |
Priene-Insula
(4:3) ; 53,13°

Mykerinus |
Milet-Süd
(5:4) ; 51,34°

Sesostris I. u. III.
| Piräus-Insula
(7:6) ; 49,4°

Amenemhet III. B
(8:7) ; 48,81°

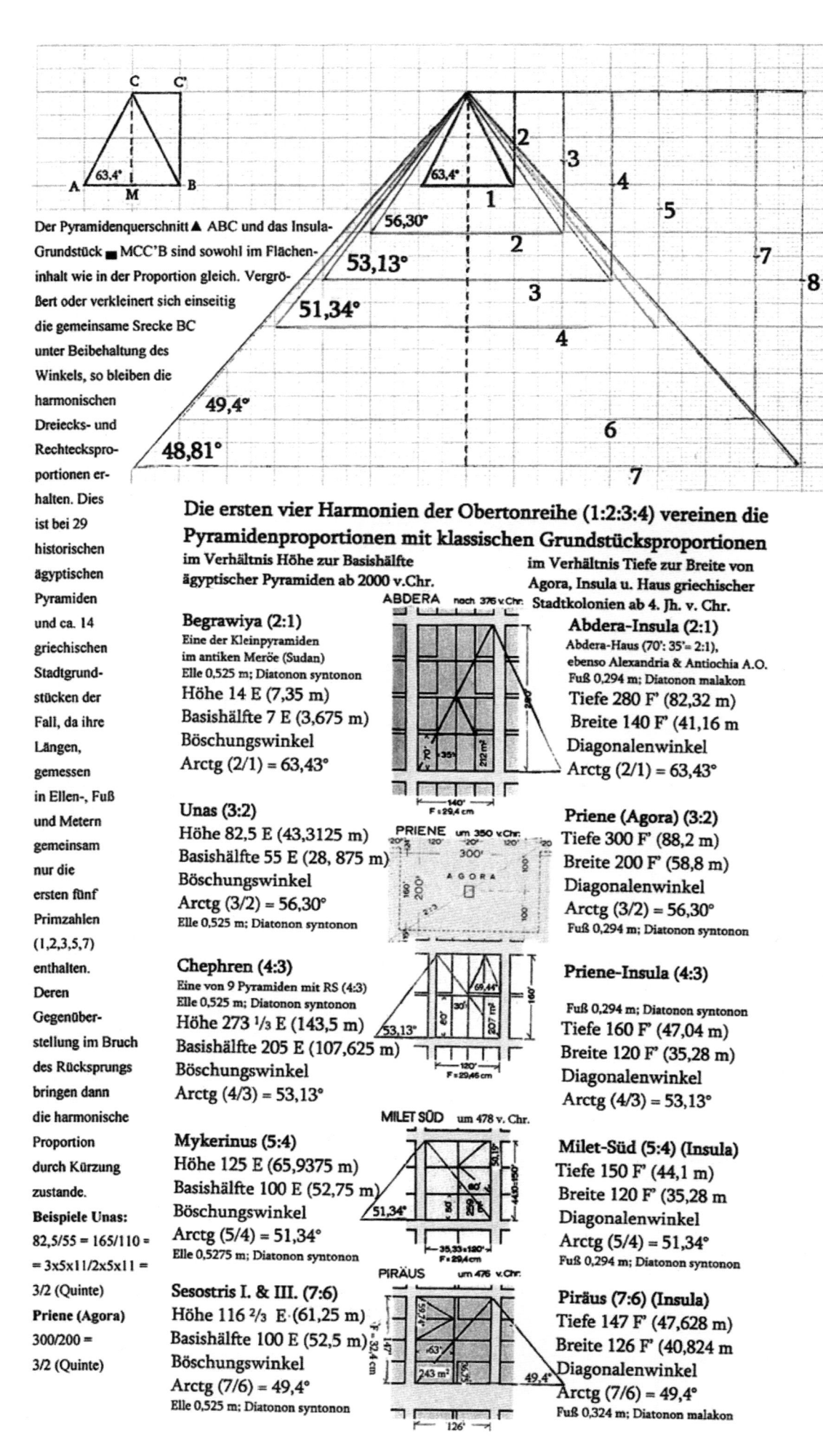

Der Pyramidenquerschnitt ▲ ABC und das Insula-Grundstück ■ MCC'B sind sowohl im Flächeninhalt wie in der Proportion gleich. Vergrößert oder verkleinert sich einseitig die gemeinsame Strecke BC unter Beibehaltung des Winkels, so bleiben die harmonischen Dreiecks- und Rechtecksproportionen erhalten. Dies ist bei 29 historischen ägyptischen Pyramiden und ca. 14 griechischen Stadtgrundstücken der Fall, da ihre Längen, gemessen in Ellen-, Fuß und Metern gemeinsam nur die ersten fünf Primzahlen (1,2,3,5,7) enthalten. Deren Gegenüberstellung im Bruch des Rücksprungs bringen dann die harmonische Proportion durch Kürzung zustande.

Beispiele Unas:
82,5/55 = 165/110 =
= 3×5×11/2×5×11 =
3/2 (Quinte)

Priene (Agora)
300/200 =
3/2 (Quinte)

Die ersten vier Harmonien der Obertonreihe (1:2:3:4) vereinen die Pyramidenproportionen mit klassischen Grundstücksproportionen

im Verhältnis Höhe zur Basishälfte ägyptischer Pyramiden ab 2000 v.Chr.

im Verhältnis Tiefe zur Breite von Agora, Insula u. Haus griechischer Stadtkolonien ab 4. Jh. v. Chr.

Begrawiya (2:1)
Eine der Kleinpyramiden im antiken Meröe (Sudan)
Elle 0,525 m; Diatonon syntonon
Höhe 14 E (7,35 m)
Basishälfte 7 E (3,675 m)
Böschungswinkel
Arctg (2/1) = 63,43°

Abdera-Insula (2:1)
Abdera-Haus (70': 35'= 2:1),
ebenso Alexandria & Antiochia A.O.
Fuß 0,294 m; Diatonon malakon
Tiefe 280 F' (82,32 m)
Breite 140 F' (41,16 m)
Diagonalenwinkel
Arctg (2/1) = 63,43°

Unas (3:2)
Höhe 82,5 E (43,3125 m)
Basishälfte 55 E (28, 875 m)
Böschungswinkel
Arctg (3/2) = 56,30°
Elle 0,525 m; Diatonon syntonon

Priene (Agora) (3:2)
Tiefe 300 F' (88,2 m)
Breite 200 F' (58,8 m)
Diagonalenwinkel
Arctg (3/2) = 56,30°
Fuß 0,294 m; Diatonon syntonon

Chephren (4:3)
Eine von 9 Pyramiden mit RS (4:3)
Elle 0,525 m; Diatonon syntonon
Höhe 273 1/3 E (143,5 m)
Basishälfte 205 E (107,625 m)
Böschungswinkel
Arctg (4/3) = 53,13°

Priene-Insula (4:3)
Fuß 0,294 m; Diatonon syntonon
Tiefe 160 F' (47,04 m)
Breite 120 F' (35,28 m)
Diagonalenwinkel
Arctg (4/3) = 53,13°

Mykerinus (5:4)
Höhe 125 E (65,9375 m)
Basishälfte 100 E (52,75 m)
Böschungswinkel
Arctg (5/4) = 51,34°
Elle 0,5275 m; Diatonon syntonon

Milet-Süd (5:4) (Insula)
Tiefe 150 F' (44,1 m)
Breite 120 F' (35,28 m)
Diagonalenwinkel
Arctg (5/4) = 51,34°
Fuß 0,294 m; Diatonon syntonon

Sesostris I. & III. (7:6)
Höhe 116 2/3 E (61,25 m)
Basishälfte 100 E (52,5 m)
Böschungswinkel
Arctg (7/6) = 49,4°
Elle 0,525 m; Diatonon syntonon

Piräus (7:6) (Insula)
Tiefe 147 F' (47,628 m)
Breite 126 F' (40,824 m)
Diagonalenwinkel
Arctg (7/6) = 49,4°
Fuß 0,324 m; Diatonon malakon

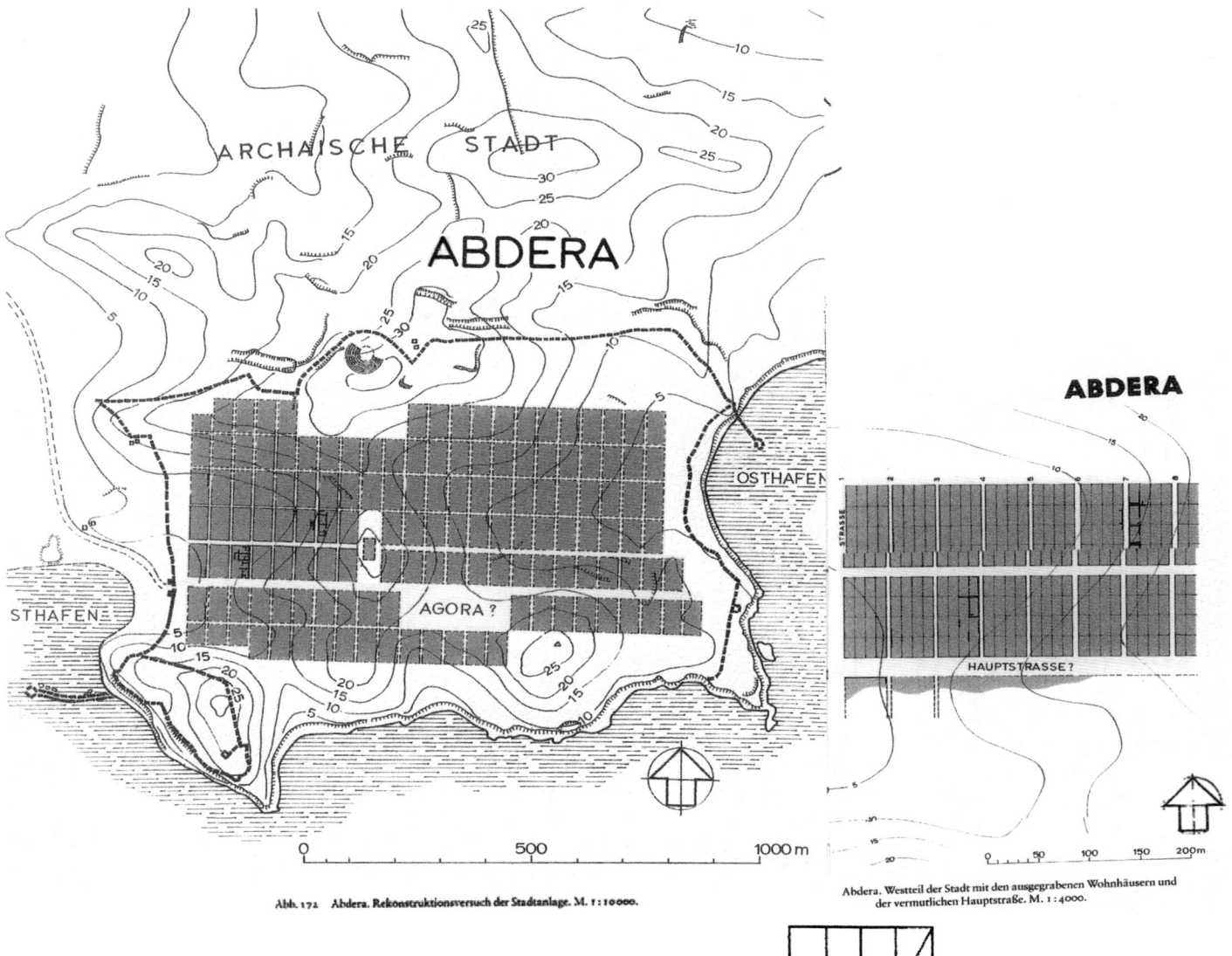

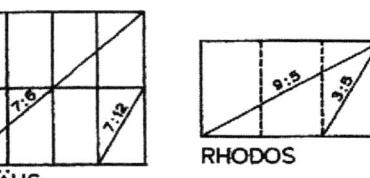

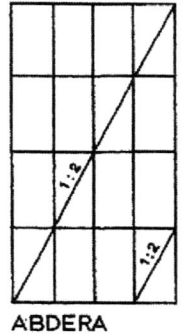

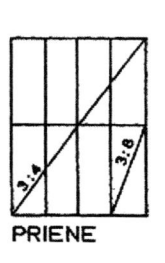

Abb. 172 Abdera. Rekonstruktionsversuch der Stadtanlage. M. 1 : 10000.

Abdera. Westteil der Stadt mit den ausgegrabenen Wohnhäusern und der vermutlichen Hauptstraße. M. 1 : 4000.

Piräus Insula: 7:6 Kleinstterz im Diatonon malakon
Piräus Haus: 12:7 übergroße Sexte[1] im Diatonon malakon

Milet-Süd Insula: 5:4 große Terz im Diatonon syntonon
Milet-Süd Haus: 6:5 kleine Terz im Diatonon syntonon

Milet-Nord Insula: 9:5 Septime im Diatonon syntonon
Milet-Nord Haus: 6:5 kleine Terz im Diatonon syntonon

Abdera Insula: 2:1 Oktave im Diatonon malakon
Abdera Haus: 2:1 Oktave im Diatonon malakon

Priene Insula: 4:3 Quarte um Diatonon syntonon
Priene Haus: 8:3 Quartdezime im Diatonon syntonon
Priene Agora: 3:2 Quinte im Diatonon syntonon

Rhodos Insula: 9:5 kleine Septime in A-Dur im Diat. synt.
Rhodos Haus: 5:3 Sexte[1] in C-Dur im Diatonon syntonon

[1] *Nota bene:* Die Sexte (5:3) in Rhodos-Haus ist um den Viertelton $36/35$ aus Archyta's Tonart „Enharmonion" kleiner als die übergroße Sexte in Piräus Haus (12:7), nämlich $(12/7)/(5/3) = 36/35$. In Boethios „de mus. v 17 ff." ist Archyta's Tonart mit der Tonfolge: $5/4 \times 36/35 \times 28/27 = 4/3$ überliefert. S. auch Diels-Kranz 47 (35)

Harmonische Intervalle im Grundriß ABDERA (nach 376 v. Chr.)

Die natürliche Intervallkette der physikalischen Obertonreihe ist vom Grundton an bis zum Erreichen der jeweiligen Tonhöhe im Ergebnis identisch proportioniert mit der Abfolge der Töne der historischen Tonart DIATONON MALAKON des Ptolemaios und dem städtebaulichen Entwurf der Insulae- und Wohnhausproportionen in Abdera.

Helmholtz-Ellis Tonhöhennotierung der Obertonreihe (nach Marc Sabat und Wolfgang v. Schweinitz 2004):

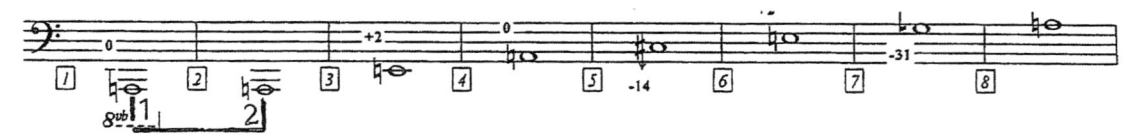

Die Oberton-Intervallkette von 1 zu 2 zur Bildung einer *Oktave (2/1)*, eines Intervalls, das die Rechteckproportion einer **Insula** mit der Diagonale von arctg 2/1 = 63,43° in Abdera bildet:

Obertonkette   1/2 x 2/1 x 2/1   →| = 2/1
gekürzte Reihe: |← Quinte (3/2)→||←   Quarte (4/3)→| = 2/1
nochmals gekürzt: |←   Oktave (2/1)   →| = 2/1

Der Abstand der (2/1) in der Obertonreihe stimmt mit dem Intervall der Oktave im DIATONON MALAKON und dem der Grundstücksproportion der Insulae Abdera überein:

Diatonon malakon mit || 8/7 | x 10/9 |x 21/20 || x 9/8 x 8/7 x 10/9 x 21/20 |
Insula Abdera ||←   Quarte (4/3)   →||←   Quinte (3/2) →|
                            |←   Oktave (2/1)   →|
                            |140 | 160 |177 $7/9$|186 $2/3$|| 210| 240| 266$2/3$ | 280 |
                               c   d   e   f || g   a   h   c^1
                                             Oktave(c-c^1)

Die Oberton-Intervallkette von 1 zu 2 zur Bildung einer *Oktave (2/1)*, eines Intervalls, das die Rechteckproportion eines **Hauses** mit der Diagonale von arctg 2/1 = 63,43° in Abdera bildet:

Obertonkette   1/2 x 2/1 x 2/1   →| = 2/1
gekürzte Reihe: |← Quinte (3/2)→||←   Quarte (4/3)→| = 2/1
nochmals gekürzt: |←   Oktave (2/1)   →| =2/1

Der Abstand der Oktave (2/1) in der Obertonreihe stimmt mit dem Intervall der Oktave im DIATONON MALAKON und dem der Grundstücksproportion der 16 Hausgrundstücke innerhalb einer Insula in Abdera überein:

Diatonon malakon mit || 8/7 | x 10/9 |x 21/20 || x 9/8 x 8/7 x 10/9 x 21/20 |
Haus in Abdera ||←   Quarte (4/3)   →||←   Quinte (3/2)   →|
                            |←   Oktave (2/1) |
                            35| 40 | 44 $4/9$ | 46 $2/3$ || 52,5| 60 | 66$2/3$ | 70 |
                            c   d   e   f || g   a   h   c^1
                                        Oktave (c-c^1)

Harmonische Intervalle in Insulae und Pyramidenböschungen

Die Proportionengleichheit bewirkt, daß auch die Diagonalen der Insulae und die Neigungen der Pyramiden gleichwinklig werden.

Tonart: Diatonon malakon des Ptolemaios (8/7) x (10/9) x (21/20) = 4/3
Solmisation   1 x 8/7 | x 10/9 | x 21/20 | x 9/8 | x 8/7 | x 10/9 | x 21/20   = 2
Abdera   1 x 140 | 160 | 177 $^7/_9$ | 186 $^2/_3$ | 210 | 240 | 266 $^2/_3$ | = 280
Tonfolge: c   d   e   f   g   a   h   c^1
Insula-Intervall (c - c^1) |←   Oktave (2:1)   im Diatonon malakon   →|

Maße der Insula: 280 Fuß (82,32 m) Tiefe, 140 Fuß (41,16 m) Breite, Fußmaß 29,4 cm
Proportion der Insula in Fuß: 280:140 = 2:1; in Metern: 82,32 : 41,16 = 2:1
Diagonalenwinkel der Insula: arctg (2/1) = 63,43°

Tonart: Diatonon malakon des Ptolemaios (8/7) x (10/9) x (21/20) = 4/3
Solmisation   1 x 8/7 | x 10/9 | x 21/20 | x 9/8 | x 8/7 | x 10/9 | x 21/20   = 2
Abdera   1 x 35 | 40 | 44 $^4/_9$ | 46 $^2/_3$ | 52,5 | 60 | 66 $^2/_3$ | = 70
Tonfolge: c   d   e   f   g   a   h   c^1
Haus-Intervall (c - c^1) |←   Oktave (2:1)   im Diatonon malakon   →|

Maße des Hauses: 70 Fuß (20,58 m) Tiefe, 35 Fuß (10,29 m) Breite, Fußmaß 29,4 cm
Proportion des Hauses in Fuß: 70:35 = 2:1; in Metern: 20,58 : 10,29 = 2:1
Diagonalenwinkel des Hauses: arctg (2/1) = 63,43°

Natürliche Folge der im Grundriß verwendeten Primzahlen (1,2,3,5,7): Über den Transpositionsfaktor 1 wird aus der Tiefe (280 Fuß m) der Insula in Piräus-Süd die Höhe der Cheopspyramide erreicht: 1 x 280 = 280 Ellen (146,2608 m. Auch ist 280 x 63/40 = 441 Ellen; Basis Cheopspyramide (280 x 63/40 x 0.52236 = 230,36076 m).

ABDERA   nach 376 v.Chr.

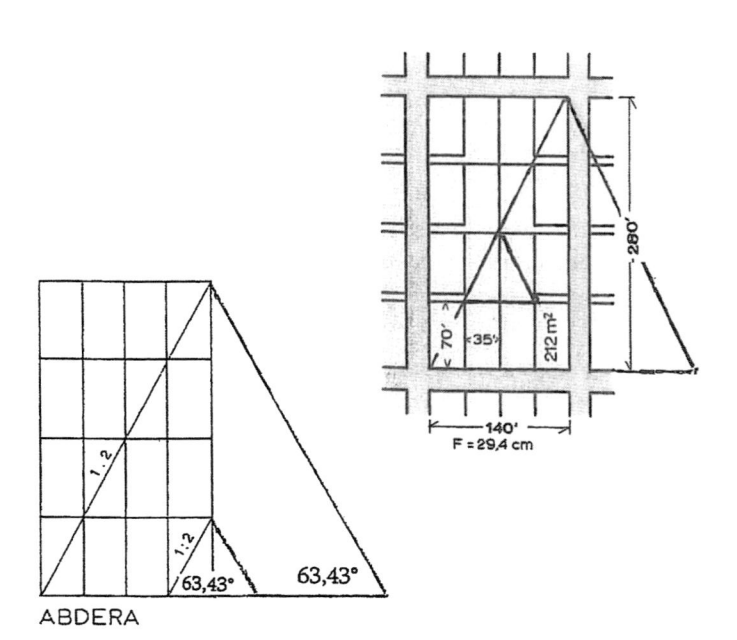

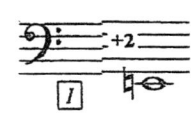

Mit einem so steilen Böschungswinkel von 63,43° lassen sich nur Kleinstpyramiden bauen. Oktav-Rücksprünge (Seked 7/2) finden sich zahlreich in Pyramiden in Begrawiya, dem antiken Meroë, im Sudan.

ABDERA

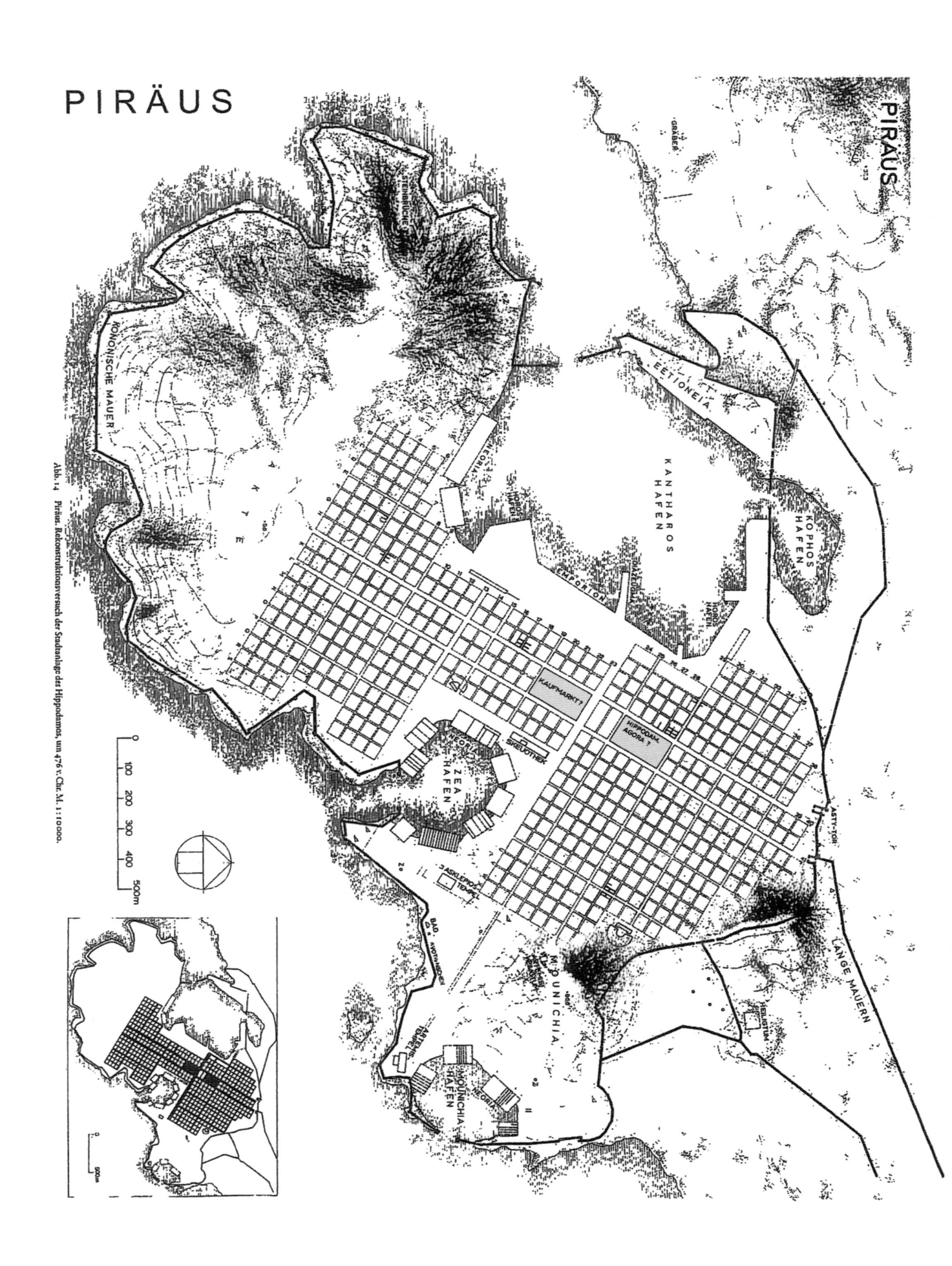

PIRÄUS

Abb. 14 Piräus. Rekonstruktionsversuch der Stadtanlage des Hippodamos, um 476 v. Chr. M. 1 : 10000.

Harmonische Intervalle im Grundriß der Hafenstadt Piräus, entworfen vom Architekten Hippodamos von Milet (ab 476 v. Chr.)

Die natürliche Intervallkette der physikalischen Obertonreihe ist vom Grundton an bis zum Erreichen der jeweiligen Tonhöhe im Ergebnis identisch proportioniert mit der Abfolge der Töne der historischen Tonart Diatonon Malakon des Ptolemaios und dem städtebaulichen Entwurf der Insulae- und Wohnhausproportionen in Piräus.

Helmholtz-Ellis Tonhöhennotierung der Obertonreihe (nach Marc Sabat und Wolfgang v. Schweinitz 2004):

Obertonkette = 6; 6x7/6 = 7 mit der (7/6) - Proportionierung der Insula in Piräus.
Intervallabstand der Kette: 7/6 = 147 Fuß/126 Fuß, eine Kleinstterz im Diatonon malakon des Ptolemaios.

Helmholtz-Ellis Tonhöhennotierung der Obertonreihe (nach Marc Sabat und Wolfgang v. Schweinitz 2004):

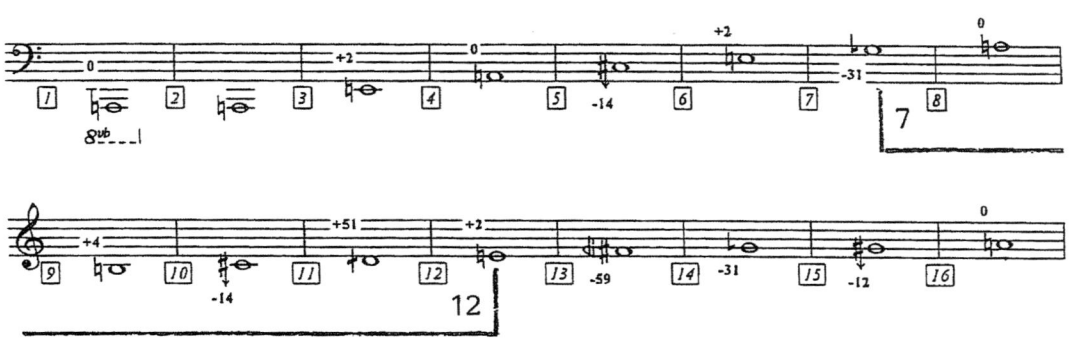

Die Oberton-Intervallkette von 7 zu 12 zur Bildung einer *Sexte (12/7)*, eines Intervalls, das die Rechteckproportion eines Hauses mit der Diagonale von arctg 12:7 = 59,74° innerhalb der acht Häuser in einer Insula in Piräus bildet.

Obertonkette	7/6 x 8/7 x 9/8 x 10/9 x 11/10 x 12/11 x 6/7	= 12/7
gekürzte Reihe:	|← Quinte (3/2)→||← Quarte (4/3)→| x 6/7	= 12/7
nochmals gekürzt:	|← Oktave (2/1) →| x 6/7	= 12/7

Der Abstand der Sexte (12/7) in der Obertonreihe stimmt mit dem Intervall der Sexte im Diatonon malakon und dem der Grundstücksproportionen der acht Häuser in den Insulae der Hafenstadt Piräus überein:

Diatonon malakon mit	||8/7|x 10/9|x21/20||x 9/8 x 8/7 | x 10/9 | x 21/20 | x 6/7 = 12/7
Piräus Haus	|← Quarte (4/3) →||← Quinte (3/2) →| x 6/7= 12/7
	|← Oktave (2/1) →| x 6/7 = 12/7
	36,75| 42 | 46²/₃|49|| 55 ⅛| 63| 70| 73,5 | x 6/7 = 63
	c d e f|| g a h c¹

Abstand in der Reihe vom Grundton 36,75 aus gemessen: 63:36,75 = 12:7 Sexte (a-c)
Abstand in der Reihe von der Oktave 73,5 aus gemessen: 73,5 x 6/7 = 63 Sexte (c¹-a)

Harmonische Intervalle in Insulae und Pyramidenböschungen

Die Proportionengleichheit bewirkt, daß auch die Diagonalen der Insulae und die Neigungen der Pyramiden proportionen- und winkelgleich werden.

Tonart: Diatonon malakon des Ptolemaios $(8/7) \times (10/9) \times (21/20) = 4/3$

Solmisation $1 \times 8/7$ | $\times 49/48$ | $8/7$ | $\times 9/8$ | $\times 9/8$ | $\times 8/7$ | $\times 10/9$ | $\times 21/20 = 2$

Piräus 1×126 | 144 | 147 | 168 | 189 | 216 | 240 | 252

Tonfolge: c   d   e-   f   g   a   h c^1

Insula-Intervall (c-e-) |←Kleinstterz→|(7:6) im Diatonon malakon

Maße der Insula: 147 Fuß (47,628 m) Tiefe, 126 Fuß (40,824 m) Breite, Fußmaß 32,4 cm
Proportion der Insula in Fuß: 147:126 = 7:6; in Metern: 47,628 : 40,824 = **7:6**
Diagonalenwinkel der Insula: arctg (7/6) = 49,4°

Natürliche Folge der im Grundriß verwendeten Primzahlen (1,2,3,5,7): Über den Transpositionsfaktor 40/21 wird aus der Tiefe (147 Fuß m) der Insula in Piräus-Süd die Höhe der Cheopspyramide erreicht: $147 \times 40/21 = 280$ Ellen (146,2608 m). Auch ist $147 \times 3 = 441$ Ellen die Basis der Cheopspyramide ($147 \times 3 \times 0.52236 = 230{,}36076$ m).

Diatonon malakon Ptolemaios $(8/7) \times (10/9) \times (21/20) = 4/3$

Solmisation $1 \times 8/7$ | $\times 10/9$ | $\times 21/20$ | $\times 9/8$ | $\times 8/7$ | $\times 10/9$ | $\times 21/20$ | 2

Piräus $1 \times 36{,}75$ | 42 | $46\,^2/_3$ | 49 | $55\,^1/_8$ | 63 | 70 | $73{,}5$

Tonfolge: |c   d   e| f   g   a| h c^1

Haus-Intervall (c-a) |←Sexte(12:7) im Diatonon malakon→|

Maße des Hauses: 63 Fuß (20,412) m) Tiefe, 36,75 Fuß (11,907 m) Breite, Fußmaß 32,4 cm
Proportion des Hauses in Fuß: 63:36,75 = 12:7; in Metern: 20,412 : 11,907 = **12:7**
Diagonalenwinkel der Insula: arctg (12/7) = 59,74°

Natürliche Folge der im Grundriß verwendeten Primzahlen (1,2,3,5,7) ist : Über den Transpositionsfaktor 160/21 wird aus der Breite (36,75 Fuß) des Hauses in Milet-Nord die Höhe der Cheopspyramide erreicht $36{,}75 \times 160/21 = 280$ Ellen (146,2608 m). Auch ist $36{,}75 \times 12 = 441$ Ellen die Basis der Cheopspyramide ($36{,}75 \times 12 \times 0{,}52236$ m).

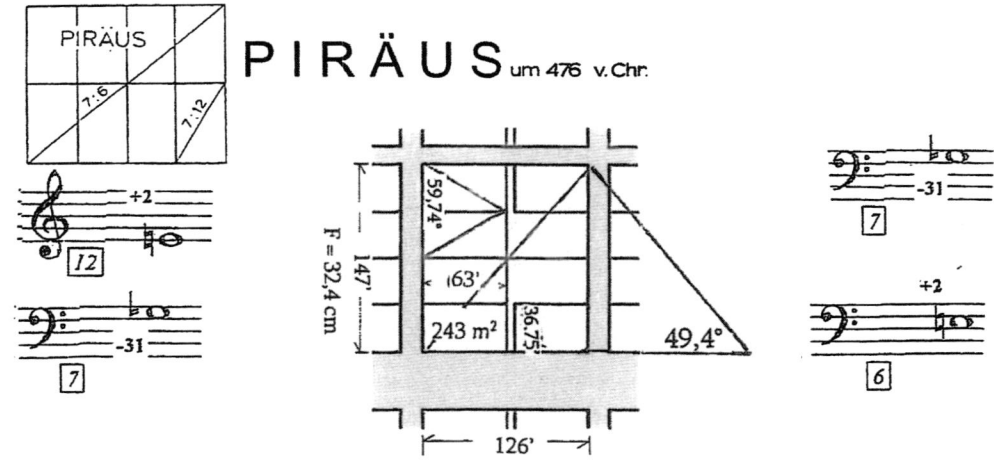

PIRÄUS um 476 v.Chr.

Harmonische Intervalle im Grundriß MILET-SÜD,
entworfen vom Architekten Hippodamos von Milet (ab 479 v. Chr.)

Die natürliche Intervallkette der physikalischen Obertonreihe ist vom Grundton an bis zum Erreichen der jeweiligen Tonhöhe im Ergebnis identisch proportioniert mit der Abfolge der Töne der historischen Tonart DIATONON SYNTONON des Ptolemaios und dem städtebaulichen Entwurf der Insulae- und Wohnhausproportionen in Milet.

Helmholtz-Ellis Tonhöhennotierung der Obertonreihe (nach Marc Sabat und Wolfgang v. Schweinitz 2004):

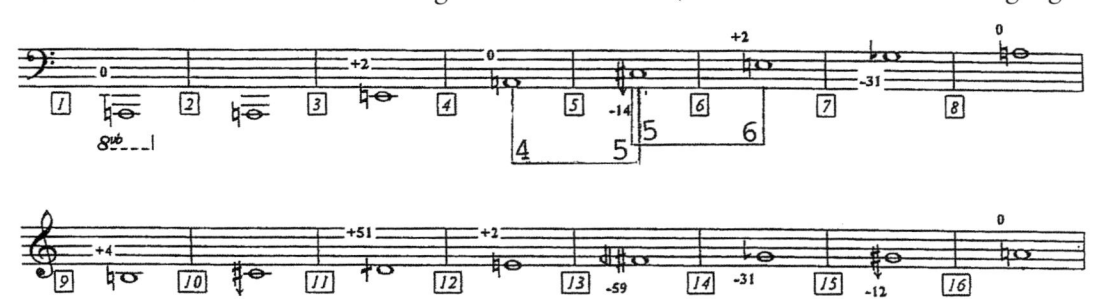

Die Oberton-Intervallkette von 5 zu 4 zur Bildung einer *großen Terz (5/4)*, eines Intervalls, das die Rechteckproportion einer **Insula** mit der Diagonale von arctg 5/4 = 51,34° in Milet-Süd bildet:

Obertonkette	5/4 x 6/5	→‖← x 7/6 x 8/7	| x 5/8 = 5/4
gekürzte Reihe:	‖← Quinte (3/2→‖←	Quarte (4/3→|	x 5/8 = 5/4
nochmals gekürzt:	‖←	Oktave (2/1)	→| x 5/8 = 5/4

Der Abstand der großen Terz (5/4) in der Obertonreihe stimmt mit dem Intervall der großen Terz im DIATONON SYNTONON und dem der Grundstücksproportion der Insulae von Milet-Süd überein:

Diatonon syntonon mit ‖ 9/8 \| x 10/9 \|x 16/15 ‖ x 9/8 x 9/8 x 10/9 x 16/15 \| x 5/8 = 5/4
Insula Milet S.   ‖← Quarte (4/3) →‖←   Quinte (3/2)   →\| x 5/8 = 5/4
                    \←   Oktave (2/1)   →\| x 5/8 = 5/4
                    \| 120 \| 135 \|125\| 150 ‖ 160\| 180 \| 202,5\| 225\| 240 \|
                       c   d   e   f   g   a   b   h   c¹
                       große Terz (c-e)

Helmholtz-Ellis Tonhöhennotierung der Obertonreihe (nach Marc Sabat und Wolfgang v. Schweinitz 2004):

Obertonkette	7/6 x 8/7 x 9/8 x 10/9 x 11/10 x 12/11 x 3/5 = 6/5
gekürzte Reihe:	‖← Quinte (3/2→‖← Quarte (4/3→| x 3/5 = 6/5
nochmals gekürzt:	‖← Oktave (2/1) →| x 3/5 = 6/5

Der Abstand der kleinen Terz (6/5) in der Obertonreihe (c-es) stimmt mit dem Intervall der kleinen Terz im DIATONON SYNTONON und dem der Grundstücksproportionen der sechs Häuser in den Insulae der Stadt Milet-Nord (seitenverkehrt) und Milet-Süd überein:

Diatonon syntonon mit ‖9/8\| x 16/15 x 10/9 ‖ x 9/8 \| x 9/8 \| x 10/9 \| x 16/15 \| x 10/9 = 6/5
Milet-N Haus   \← Quarte (4/3) →‖←   Quinte (3/2)   →\| x 3/5 = 6/5
                    \←   Oktave (2/1)   →\| x 3/5 = 6/5
                       50\| 56,25 \| 60 \|66 ⅔ ‖ 75 \| 84,375\| 93,75   100 \|
                       c   d   es   f   g   a   h   c¹
                       kleine Terz (c-es)

Harmonische Intervalle in Insulae und Pyramidenböschungen

Die Proportionengleichheit bewirkt, daß auch die Diagonalen der Insulae und die Neigungen der Pyramiden gleichwinklig werden.

Tonart: Diatonon syntonon des Ptolemaios $(9/8) \times (10/9) \times (16/15) = 4/3$

Solmisation $1 \times 9/8 \mid \times 10/9 \mid \times 16/15 \mid \times 9/8 \mid \times 9/8 \mid \times 10/9 \mid \times 16/15 \mid = 2$

Milet- S. $1 \times 120 \mid 135 \mid 150 \mid 160 \mid 180 \mid 202,5 \mid 225 \mid 240$

Tonfolge: c   d   e   f   g   a   h c^1

Insula-Intervall (c-e) $\mid \leftarrow$ c   d   e $\rightarrow \mid$

Tonfolge $\mid \leftarrow$ große Terz $\rightarrow \mid$ (5:4) im Diatonon syntonon.

Maße der Insula: 150 F (44,10 m) Tiefe, 120 Fuß Breite (35,28 m), Fußmaß 29,4 cm
Proportion der Insula in Fuß: 150:120 = 5:4; in Metern 44,10:35,28 = 5:4
Diagonalenwinkel der Insula: arctg 5/4 = 51,34°

Natürliche Folge der im Grundriß verwendeten Primzahlen (1,2,3,5): Über den Transpositionsfaktor (63/400 = 0,1575) wird aus der Tiefe (44,1 m) der Insula in Milet-Süd die Höhe der Cheopspyramide erreicht: 44,1/0,1575 = 280 Ellen (146,2608 m). Auch ist 44,1 x 10 = 441 Ellen die Basis der Cheopspyramide. Auch ist 44,1 x 10 x 0,52236 = (230,36076 m) die Basislänge der Cheopspyramide in Metern.

Tonart: Diatonon syntonon des Ptolemaios $(9/8) \times (10/9) \times (16/15) = 4/3$

Solmisation $1 \times 9/8 \mid \times 10/9 \mid \times 16/15 \mid \times 10/9 \mid \times 9/8 \mid \times 10/9 \mid \times 16/15 \mid = 2$

Milet- S. Haus $1 \times 50 \mid 56,25 \mid 60 \mid 66\,^2/_3 \mid 75 \mid 84\,^3/_8 \mid 93\,^3/_4 \mid 100$

    $\mid \leftarrow$ c   d   es $\rightarrow \mid$ f   g   a   h c^1

Haus-Intervall $\mid \leftarrow$ kleine Terz $\rightarrow \mid$ (6:5) im Diatonon syntonon

Proportion des Hauses in Fuß: 60:50 = 6:5; in Metern 17,64:14,7 = 6:5
Maße des Hauses: 50 F (14,7 m) Tiefe, 60 Fuß Breite (17,64 m), Fußmaß 29,4 cm

MILET SÜD

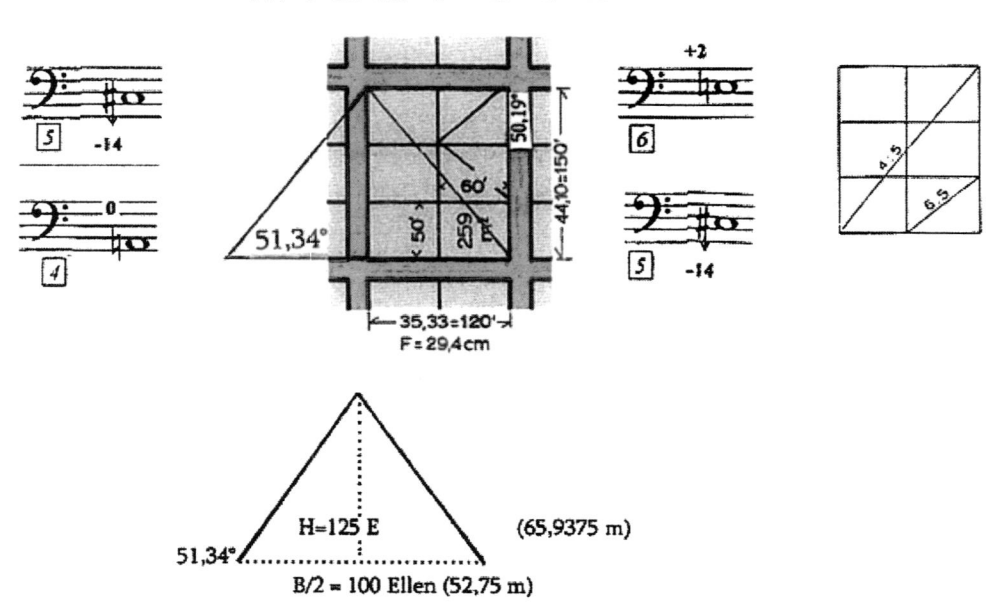

Die Insula Milet-Süd ist proportionen- und winkelgleich dem Querschnitt der Pyramide des Mykerinus: Ellenmaß:1 E = 0,5275 m, Höhe 125 Ellen (65,9375 m), Basishälfte 100 Ellen, (52,75 m) Rücksprung (5:4), Böschungswinkel arct (5/4) = 51,34°.

MILET

Nord

Süd

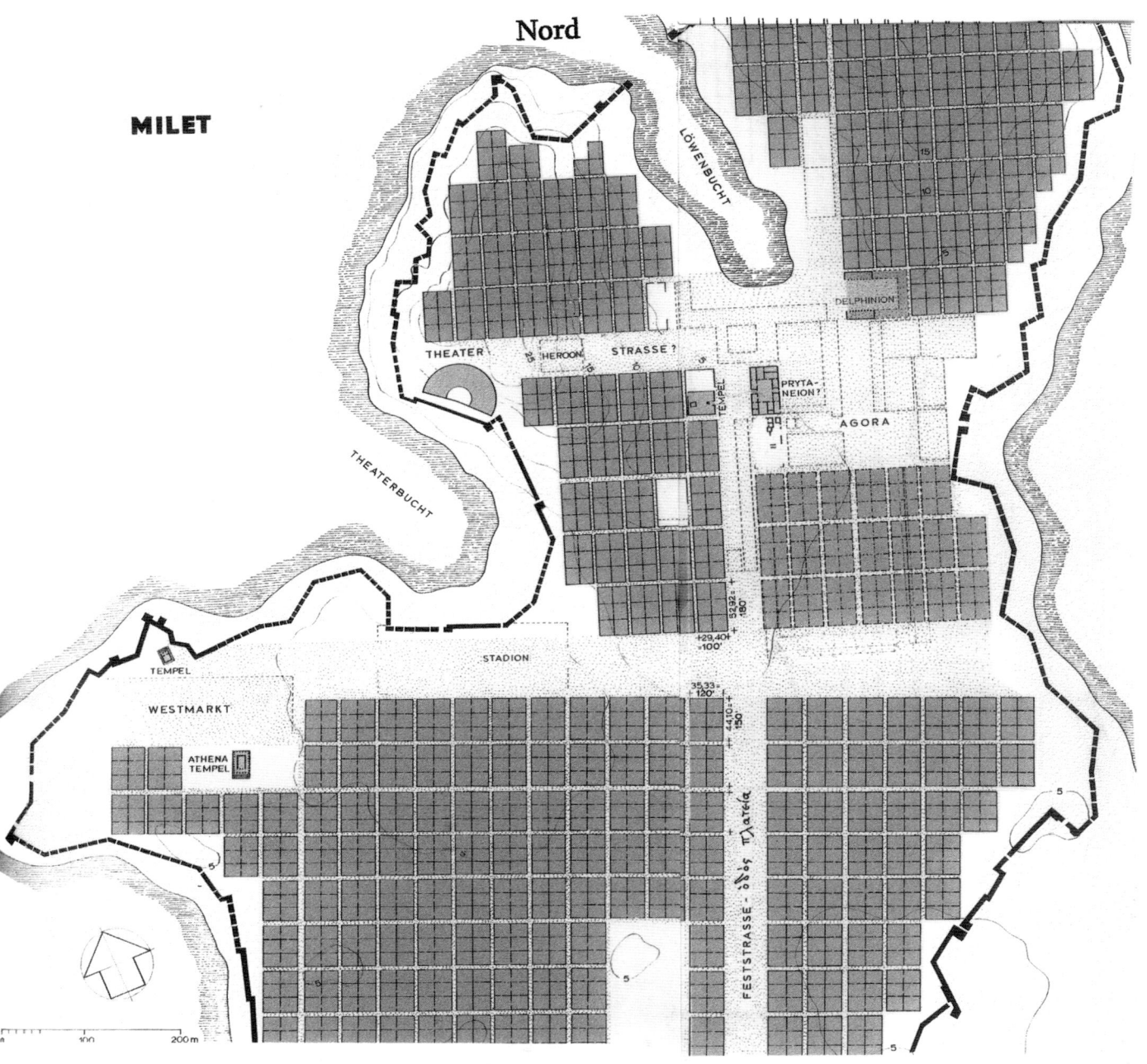

LÖWENBUCHT

DELPHINION

THEATER HEROON STRASSE?

TEMPEL PRYTA- NEION? AGORA

THEATERBUCHT

STADION

+52,32 = 180'
+29,40 = 100'
35,33 = 120'
44,10 = 150'

FESTSTRASSE – ὁδὸς πλατεῖα

TEMPEL

WESTMARKT

ATHENA TEMPEL

Abb. 13   Milet. Rekonstruktionsversuch des Stadtzentrums der Neustadt von 478 v. Chr. M. 1 : 4000.

Harmonische Intervalle im Grundriß MILET-NORD,
entworfen vom Architekten Hippodamos von Milet (ab 479 v. Chr.)

Die natürliche Intervallkette der physikalischen Obertonreihe ist vom Grundton an bis zum Erreichen der jeweiligen Tonhöhe im Ergebnis identisch proportioniert mit der Abfolge der Töne der historischen Tonart DIATONON SYNTONON des Ptolemaios und dem städtebaulichen Entwurf der Insulae- und Wohnhausproportionen in Milet.

Helmholtz-Ellis Tonhöhennotierung der Obertonreihe (nach Marc Sabat und Wolfgang v. Schweinitz 2004):

Insula Milet-Nord (9:5)

Die Oberton-Intervallkette von 5 zu 9 zur Bildung einer *Septime (9/5)*, eines Intervalls, das die Rechteckproportion einer **Insula** mit der Diagonale von arctg 9/5 = 60,94° in Milet-Nord bildet:

Obertonkette	5/4 x 6/5	→‖← x 7/6 x 8/7	| x 9/10 = 9/5
gekürzte Reihe:	|← Quinte (3/2)→‖←	Quarte (4/3)→|	x 9/10 = 9/5
nochmals gekürzt:	|←	Oktave (2/1) →|	x 9/10 = 9/5

Der Abstand der kleinen Septime (9/5) in der Obertonreihe stimmt mit dem Intervall der kleinen Septime im DIATONON SYNTONON und dem der Grundstücksproportion der Insulae der Milet-Nord überein:

Diatonon syntonon mit	‖ 9/8 | x 10/9 | x 16/15 ‖	x 9/8 x 9/8 x 10/9 x 16/15	| x 9/10 = 9/5
Insula Milet-N.	‖← Quarte (4/3) →‖←	Quinte (3/2) →|	x 9/10 = 9/5
	|←	Oktave (2/1) →|	9/10 = 9/5
	| 100 | 112,5 | 125 | 133⅓ ‖	150 | 168 ¾ | 180 | 200	
	c d e f ‖	g a b c¹	
		Septime (c-b)	

Helmholtz-Ellis Tonhöhennotierung der Obertonreihe (nach Marc Sabat und Wolfgang v. Schweinitz 2004):

Obertonkette	7/6 x 8/7 x 9/8 x 10/9 x 11/10 x 12/11 x 3/5 = 6/5		
gekürzte Reihe:	|← Quinte (3/2)→‖←	Quarte (4/3)→|	x 3/5 = 6/5
nochmals gekürzt:	|←	Oktave (2/1) →|	x 3/5 = 6/5

Der Abstand der kleinen Terz (6/5) in der Obertonreihe stimmt mit dem Intervall der kleinen Terz im DIATONON SYNTONON und dem der Grundstücksproportionen der sechs Häuser in den Insulae der Stadt Milet-Nord überein:

Diatonon syntonon mit	‖9/8| x 16/15 x 10/9‖	x 9/8 | x 9/8 | x 10/9	| x 16/15 | x 10/9 = 6/5
Piräus Haus	|← Quarte (4/3) →‖←	Quinte (3/2)	→| x 3/5 = 6/5
	|←	Oktave (2/1)	→| x 3/5 = 6/5
	50| 56,25 | 60 | 66 ⅔ ‖	75 | 84,375 | 93,75	100 |
	c d es f ‖	g a h	c¹
	kleine Terz (c-es)		

Harmonische Intervalle in Insulae und Pyramidenböschungen

Die Proportionengleichheit bewirkt, daß auch die Diagonalen der Insulae und die Neigungen der Pyramiden gleichwinklig werden.

Tonart: Diatonon syntonon des Ptolemaios (9/8) x (10/9) x (16/15) = 4/3

Solmisation	1 x 9/8	x 10/9	x 16/15	x 9/8	x 9/8	x 10/9	x 16/15	x 10/9 = 2
Milet-N.	1 x 100	112,5	125	133 ⅓	150	168,75	180	200
Tonfolge:	c	d	e	f	g	a	b	c¹

Insula-Intervall (c-b) |←   Septime (9:5) im Diatonon syntonon   →|

Maße der Insula: 180 Fuß (52,29 m) Tiefe, 100 Fuß (29,50 m) Breite, Fußmaß 29,4 cm
Proportion der Insula: 180:100 = 9:5
Diagonalenwinkel der Insula: arctg (9/5) = 60,94°

Diatonon syntonon des Ptolemaios (9/8) x (10/9) x (16/15) = 4/3

Solmisation	1 x 9/8	x 10/9	x 16/15	x 9/8	x 9/8	x 16/15	x 10/9	2
Milet-Nord	1 x 50	56, 2 5	60					
Tonfolge:	c	d	es	f	g	a	h	c¹

Haus-Intervall (c-es) |← Kleine Terz →| (6:5) im Diatonon syntonon |

Maße des Hauses: 60 Fuß (17,64 m) Tiefe, 50 Fuß (14,7 m) Breite, Fußmaß 29,4 cm
Proportion des Hauses: 60:50 = 6:5
Diagonalenwinkel der Insula: arctg (6:5) = 50,19°

MILET NORD um 479 v. Chr.

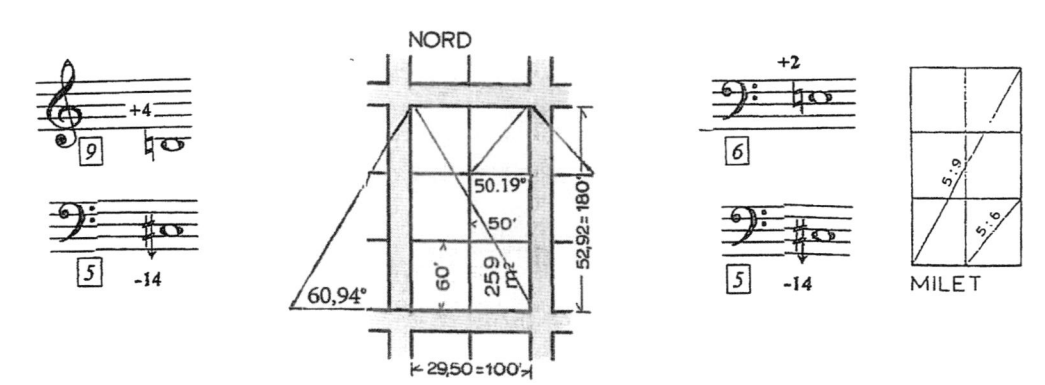

Natürliche Folge der im Grundriß verwendeten Primzahlen (1, 2, 3, 5) ist: Über den Transpositionsfaktor 0,0525 wird aus der Breite (14,7 m) des Hauses in Milet-Nord die Höhe der Cheopspyramide erreicht 14,7/0,0525 = 280 Ellen (146,2608 m). Auch ist 14,7 x 30 = 441 Ellen die Basis der Cheopspyramide (14,7 x 30 x 0,52236 = 230,36076 m).

RHODOS

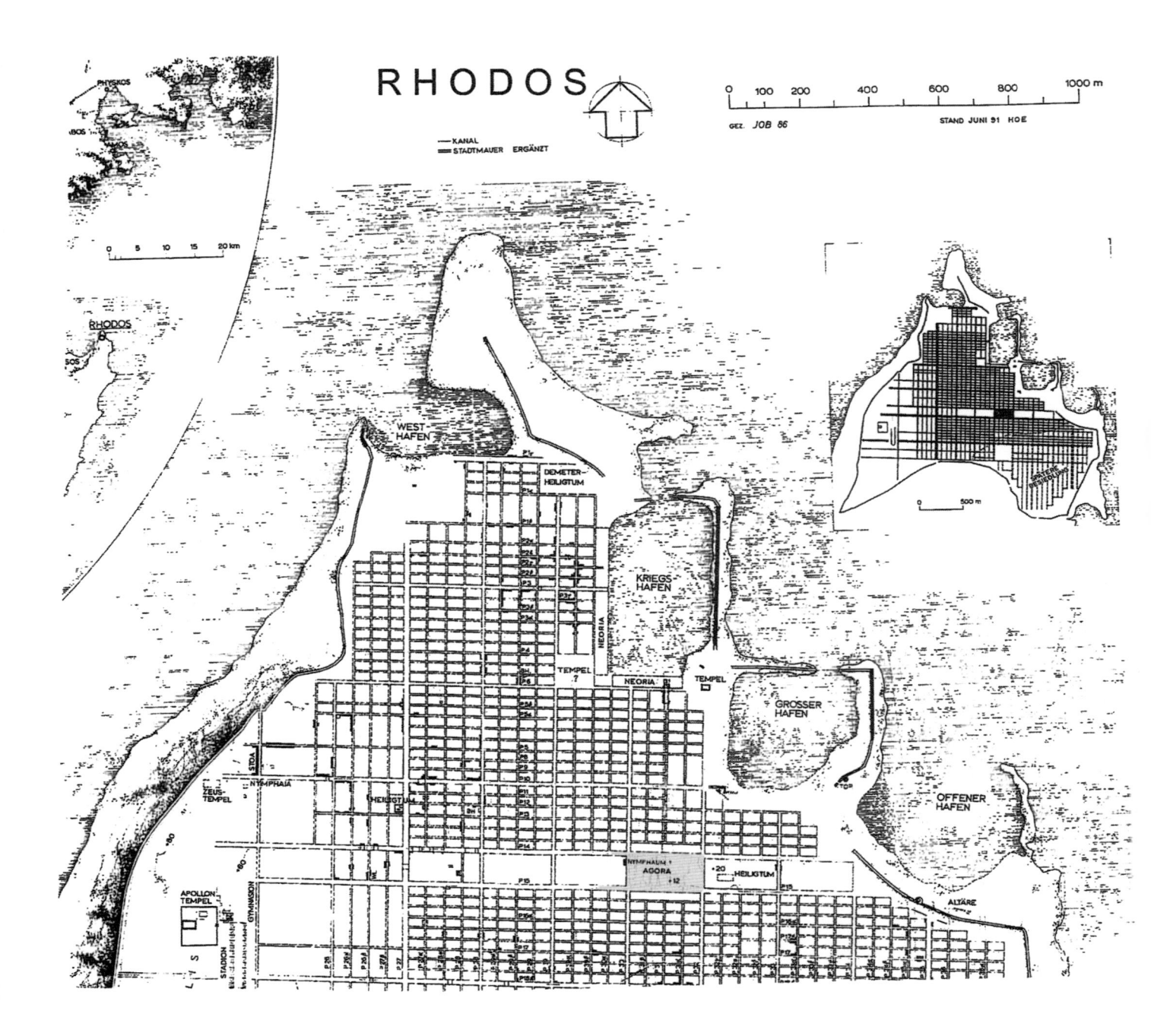

— KANAL
═ STADTMAUER ERGÄNZT

GEZ. JOB 86   STAND JUNI 91 HOE

Labels on main map:
- PHYSKOS
- RHODOS
- WEST HAFEN
- DEMETER-HEILIGTUM
- KRIEGSHAFEN
- NEORIA
- TEMPEL
- NEORIA
- TEMPEL
- GROSSER HAFEN
- OFFENER HAFEN
- NYMPHAIA
- ZEUS-TEMPEL
- HEILIGTUM
- APOLLON-TEMPEL
- STADION
- GYMNASION
- NYMPHAIUM
- AGORA
- HEILIGTUM
- ALTÄRE

Harmonische Intervalle im Grundriß Rhodos (408/07 v. Chr.)

Die natürliche Intervallkette der physikalischen Obertonreihe ist vom Grundton an bis zum Erreichen der jeweiligen Tonhöhe im Ergebnis identisch proportioniert mit der Abfolge der Töne der historischen Tonart DIATONON SYNTONON des Ptolemaios und dem städtebaulichen Entwurf der Insulae- und Wohnhausproportionen in Rhodos.

Helmholtz-Ellis Tonhöhennotierung der Obertonreihe (nach Marc Sabat und Wolfgang v. Schweinitz 2004):

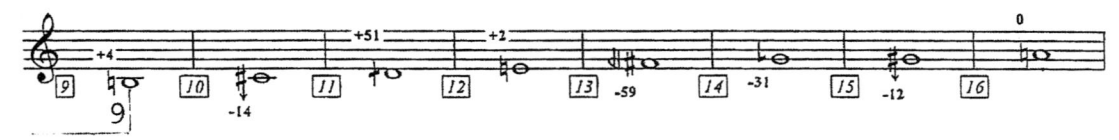

Die Oberton-Intervallkette von 5 zu 9 zur Bildung einer *Septime (9/5)*, eines Intervalls, das die Rechteckproportion einer Insula mit der Diagonale von arctg 9/5 = 60,94° in Milet-Nord bildet:

Obertonkette	5/4 x 6/5 →‖← x 7/6 x 8/7	| x 9/10 = 9/5
gekürzte Reihe:	|← Quinte (3/2)→‖← Quarte (4/3→|	x 9/10 = 9/5
nochmals gekürzt:	|← Oktave (2/1) →|	x 9/10 = 9/5

Der Abstand der kleinen Septime (9/5) in der Obertonreihe stimmt mit dem Intervall der kleinen Septime im DIATONON SYNTONON und dem der Grundstücksproportion der Insulae Rhodos überein:

Diatonon syntonon mit ‖ 9/8 \| x 10/9 \| x 16/15 ‖ x 9/8 x 9/8 x 16/15 x 10/9 \| x 9/10 = 9/5
Insula Rhodos   ‖← Quarte (4/3) →‖←   Quinte (3/2) →\| x 9/10 = 9/5
                 \|←   Oktave (2/1)   →\| 9/10 = 9/5

```
| 80 |  90 |100|106 ⅔‖ 120| 135| 144| 160 |
  c    d    e    f  ‖  g    a    b    c¹
                  Septime (c-b)
```

Die Oberton-Intervallkette von 5 zu 3 zur Bildung einer *kleinen Sexte (5/3)*, eines Intervalls, das die Rechteckproportion einer Insula mit der Diagonale von arctg 5/3 = 59,03° in Rhodos bildet (nota bene: Der Unterschied zwischen der kleinen u. großen Sexte ist 36/35 = (12/7)/(5/3)):

Obertonkette	5/4 x 6/5 →‖← x 7/6 x 8/7	| x 5/6 = 5/3
gekürzte Reihe:	|← Quinte (3/2)→‖← Quarte (4/3→|	x 5/6 = 5/3
nochmals gekürzt:	|← Oktave (2/1) →|	x 5/6 = 5/3

Der Abstand der kleinen Sexte (5/3) in der Obertonreihe stimmt mit dem Intervall der kleinen Sexte im DIATONON SYNTONON und dem der Grundstücksproportion der drei Hausgrundstücke in Rhodos überein:

Diatonon syntonon mit ‖ 9/8 \| x 10/9 \| x 16/15 ‖ x 9/8 x 10/9 x 9/8 x 16/15 \| x 5/6 = 5/3
Haus in Rhodos   ‖← Quarte (4/3) →‖←   Quinte (3/2) →\| x 5/6 = 5/3
                  \|←   Oktave (2/1)   →\| x 5/6 = 5/3

```
 48| 54 | 60 | 64 ‖ 72| 80 | 90| 96 |
  c    d    e    f  ‖  g    a    h    c¹
              kleine Sexte (c-a)
```

Harmonische Intervalle in Insulae und Pyramidenböschungen

Die Proportionengleichheit bewirkt, daß auch die Diagonalen der Insulae und die Neigungen der Pyramiden gleichwinklig werden.

Proportionen in Hz, F', m:

d^3 2376 = 216 x 11 Hz↓
c^3 2112 = 192 x 11
h^3 1980 = 180 x 11
a^3 1760 = 160 x 11
as^3 1689,6 = 153,6 x 11
g^3 1584 = 144 x 11
fis^3 1485 = 135 x 11
f^3 1408 = 128 x 11
e^3 1320 = 120 x 11
es^3 1267,2 = 115,2 x 11
d^3 1173 2/3 = 106 2/3 x 11
cis^3 1100 = 100 x 11
c^3 1056 = 96 x 11

3'- Oktave der heutigen reinen Stimmung u. des antiken Diat.Synt. x 11

c^3 1056 = 96 x 11
h^2 990 = 90 x 11
a^2 880 = 80 x 11
as^2 844,8 = 76,8 x 11
g^2 792 = 72 x 11
fis^2 733 1/3 = 66 2/3 x 11
f^2 704 = 64 x 11
e^2 660 = 60 x 11
es^2 633,6 = 57,6 x 11
d^2 594 = 54 x 11
cis^2 550 = 50 x 11
c^2 528 = 48 x 11

2'- Oktave der heutigen reinen Stimmung u. des antiken Diat. Synt. x 11

c^2 528 = 48 x 11
h^1 495 = 45 x 11
b^1 475,2 = 43,2 x 11
a^1 440 = 40 x 11
as^1 422,4 = 38,4 x 11
g^1 396 = 36 x 11
fis^1 366 2/3 = 33 1/3 x 11
f^1 352 = 32 x 11
e^1 330 = 30 x 11
es^1 316,8 = 28,8 x 11
d^1 297 = 27 x 11
cis^1 275 = 25 x 11
c^1 264 = 24 x 11

Tonart: Diatonon syntonon des Ptolemaios (9/8) x (10/9) x (16/15) = 4/3

Solmisation	1 x 9/8	x 10/9	x 16/15	x 9/8	x 9/8	x 16/15	x 10/9	= 2
Rhodos	1 x 80	90	100	106 2/3	120	135	144	160
Tonfolge:	a^2	h^2	cis^3	d^3	e^3	fis^3	g^3	a^3

Insula-Intervall |← (a^2-g^3) Septime (9/5) im Diatonon syntonon in A-Dur →|

Maße der Insula: 144 Fuß (46,656 m) Tiefe, 80 Fuß (25,92 m) Breite, Fußmaß 32,4 cm
Proportion der Insula in Fuß: 144:80 = 9:5; in Metern: 46,656:25,92 = 9:5
Diagonalenwinkel der Insula: arctg (9/5) = 60,94°

Nota bene zu den Insulaintervallen: d^3 1188 = 108 x 11 muß 1188/(81/80) = 106 2/3 sein, ist um ein sintonisches Komma kleiner. Ebenso muß f^3 1485 = 135 x 11 sein, um ein sint.Komma größer als 1466 2/3, (x 81/80 = 135 x 11).

Tonart: Diatonon syntonon des Ptolemaios (9/8) x (10/9) x (16/15) = 4/3

Solmisation	1 x 9/8	x 10/9	x 16/15	x 9/8	x 10/9	9/8	x 16/15	= 2
Rhodos Haus	1 x 48	54	60	64	72	80	90	96
Tonfolge:	c^2	d^2	e^2	f^2	g^2	a^2	h^2	c^3

Haus-Intervall (c^2-a^2) |← Sexte (5/3) im Diatonon syntonon →| in C-Dur

Maße des Hauses: 80 F (25,92 m) Tiefe, 48 Fuß Breite (15,552 m), Fußmaß 32,4 cm
Proportion des Hauses in Fuß: 80:48 = 5:3; in Metern: 25,92:15,552 = 5:3
Diagonalenwinkel des Hauses: arctg 5/3 = 59,03°.

Natürliche Folge der im Grundriß verwendeten Primzahlen (1,2,3,5): Über den Transpositionsfaktor 35/18 wird aus der Tiefe (144 Fuß) der Insula in Rhodos die Höhe der Cheopspyramide erreicht: 144 x 35/18 = 280 Ellen (146,2608 m); 280 x 0,52236 m = 146,2608 m. Auch ist 144 x 49/16 = 441 Ellen; Basis Cheopspyramide (144 x 49/16 x 0,52236 m = 230,36076 m).

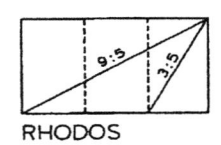

RHODOS 407 v.Chr.

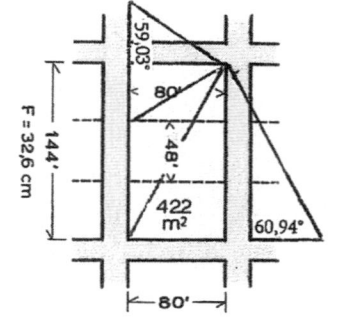

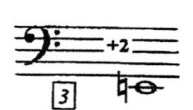

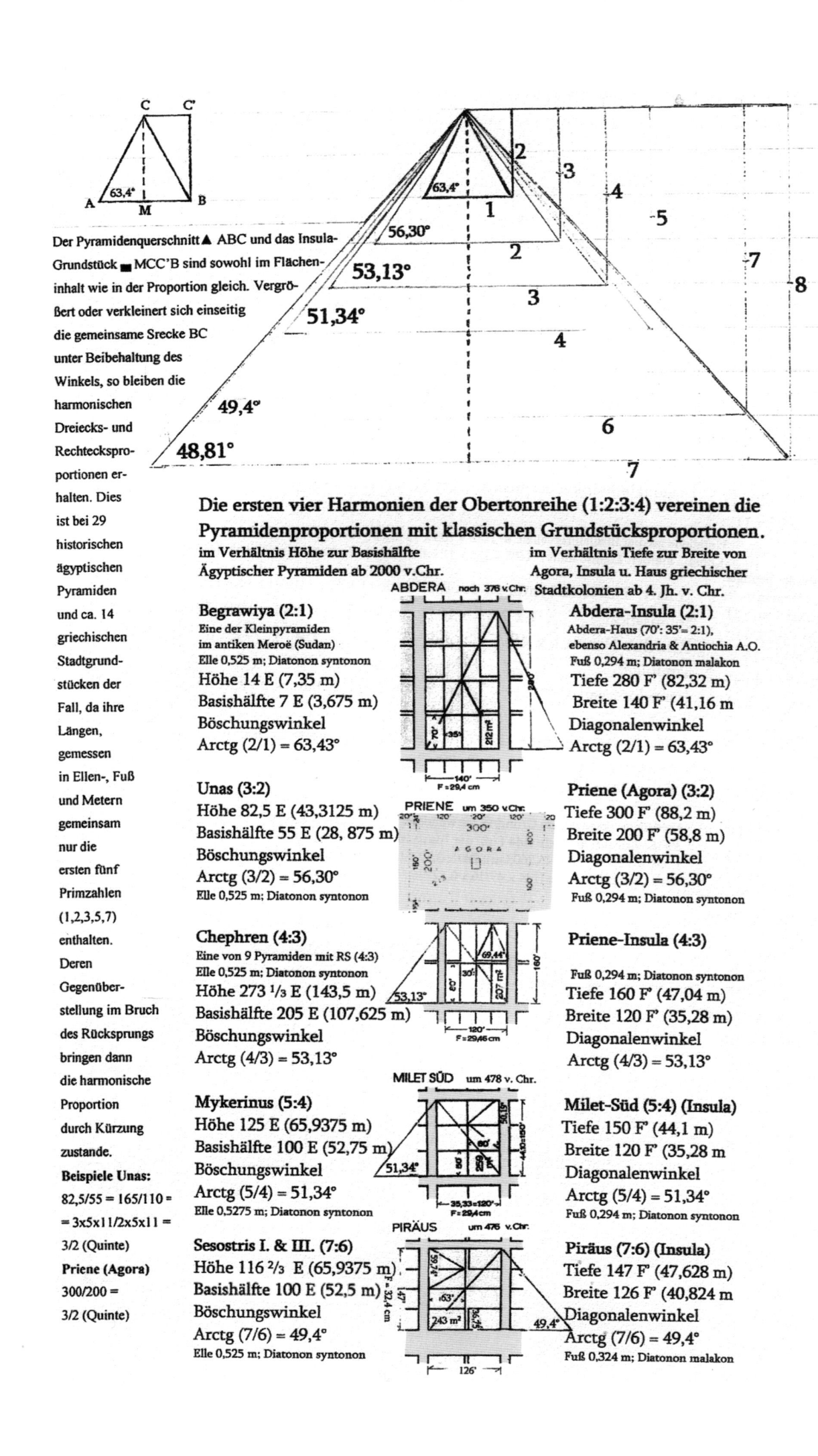

Der Pyramidenquerschnitt ▲ ABC und das Insula-Grundstück ■ MCC'B sind sowohl im Flächeninhalt wie in der Proportion gleich. Vergrößert oder verkleinert sich einseitig die gemeinsame Strecke BC unter Beibehaltung des Winkels, so bleiben die harmonischen Dreiecks- und Rechtecksproportionen erhalten. Dies ist bei 29 historischen ägyptischen Pyramiden und ca. 14 griechischen Stadtgrundstücken der Fall, da ihre Längen, gemessen in Ellen-, Fuß und Metern gemeinsam nur die ersten fünf Primzahlen (1,2,3,5,7) enthalten. Deren Gegenüberstellung im Bruch des Rücksprungs bringen dann die harmonische Proportion durch Kürzung zustande.

Beispiele Unas:
82,5/55 = 165/110 =
= 3x5x11/2x5x11 =
3/2 (Quinte)

Priene (Agora)
300/200 =
3/2 (Quinte)

Die ersten vier Harmonien der Obertonreihe (1:2:3:4) vereinen die Pyramidenproportionen mit klassischen Grundstücksproportionen.

im Verhältnis Höhe zur Basishälfte Ägyptischer Pyramiden ab 2000 v.Chr.

im Verhältnis Tiefe zur Breite von Agora, Insula u. Haus griechischer Stadtkolonien ab 4. Jh. v. Chr.

Begrawiya (2:1)
Eine der Kleinpyramiden im antiken Meroë (Sudan)
Elle 0,525 m; Diatonon syntonon
Höhe 14 E (7,35 m)
Basishälfte 7 E (3,675 m)
Böschungswinkel
Arctg (2/1) = 63,43°

Abdera-Insula (2:1)
Abdera-Haus (70': 35' = 2:1),
ebenso Alexandria & Antiochia A.O.
Fuß 0,294 m; Diatonon malakon
Tiefe 280 F' (82,32 m)
Breite 140 F' (41,16 m
Diagonalenwinkel
Arctg (2/1) = 63,43°

Unas (3:2)
Höhe 82,5 E (43,3125 m)
Basishälfte 55 E (28, 875 m)
Böschungswinkel
Arctg (3/2) = 56,30°
Elle 0,525 m; Diatonon syntonon

Priene (Agora) (3:2)
Tiefe 300 F' (88,2 m)
Breite 200 F' (58,8 m)
Diagonalenwinkel
Arctg (3/2) = 56,30°
Fuß 0,294 m; Diatonon syntonon

Chephren (4:3)
Eine von 9 Pyramiden mit RS (4:3)
Elle 0,525 m; Diatonon syntonon
Höhe 273 1/3 E (143,5 m)
Basishälfte 205 E (107,625 m)
Böschungswinkel
Arctg (4/3) = 53,13°

Priene-Insula (4:3)
Fuß 0,294 m; Diatonon syntonon
Tiefe 160 F' (47,04 m)
Breite 120 F' (35,28 m)
Diagonalenwinkel
Arctg (4/3) = 53,13°

Mykerinus (5:4)
Höhe 125 E (65,9375 m)
Basishälfte 100 E (52,75 m)
Böschungswinkel
Arctg (5/4) = 51,34°
Elle 0,5275 m; Diatonon syntonon

Milet-Süd (5:4) (Insula)
Tiefe 150 F' (44,1 m)
Breite 120 F' (35,28 m
Diagonalenwinkel
Arctg (5/4) = 51,34°
Fuß 0,294 m; Diatonon syntonon

Sesostris I. & III. (7:6)
Höhe 116 2/3 E (65,9375 m)
Basishälfte 100 E (52,5 m)
Böschungswinkel
Arctg (7/6) = 49,4°
Elle 0,525 m; Diatonon syntonon

Piräus (7:6) (Insula)
Tiefe 147 F' (47,628 m)
Breite 126 F' (40,824 m
Diagonalenwinkel
Arctg (7/6) = 49,4°
Fuß 0,324 m; Diatonon malakon

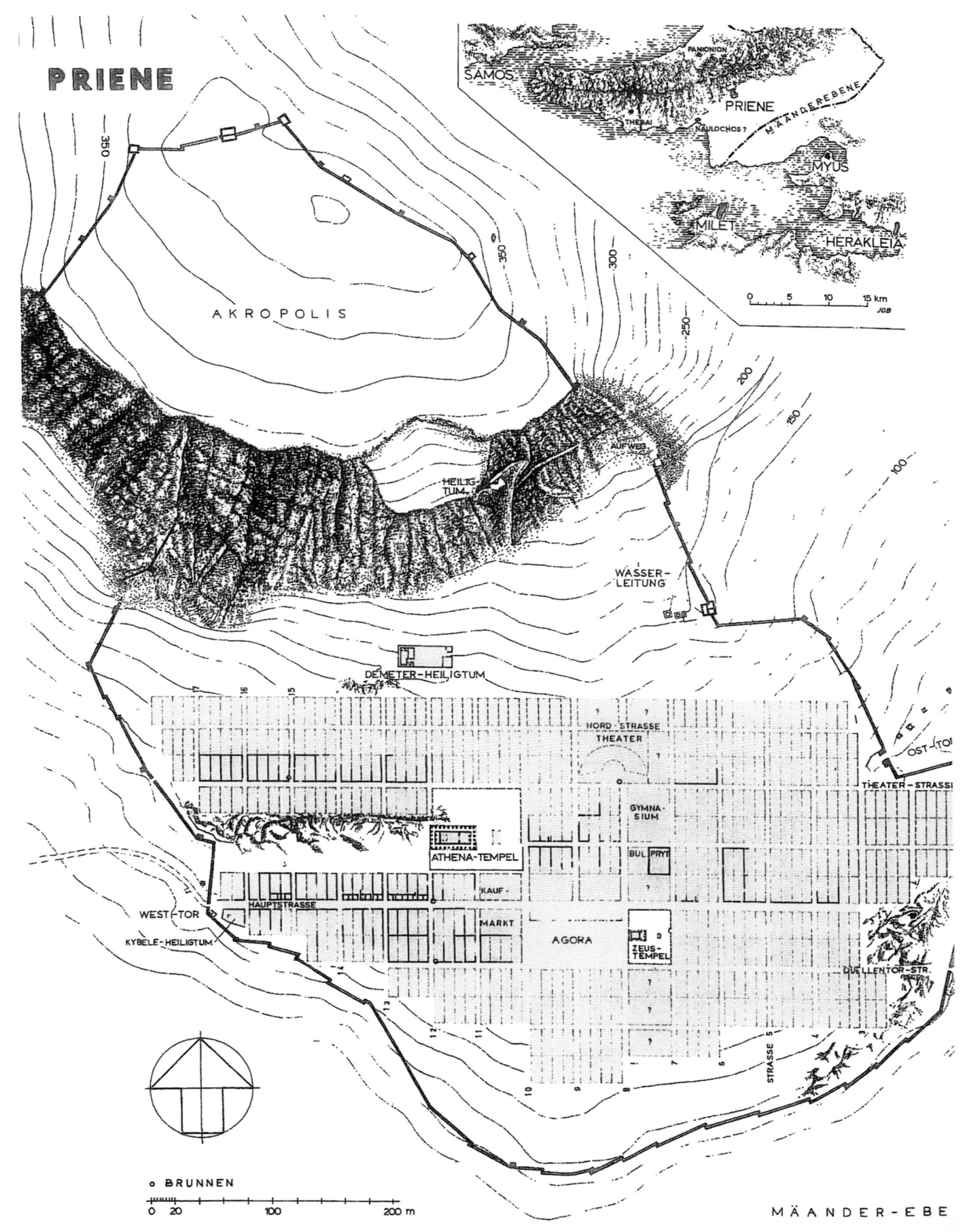

Abb. 179 Priene. Rekonstruktion der Stadtanlage des Pytheos von 352 v. Chr. M. 1:4000; Staatsgebiet. M. 1:600 000.

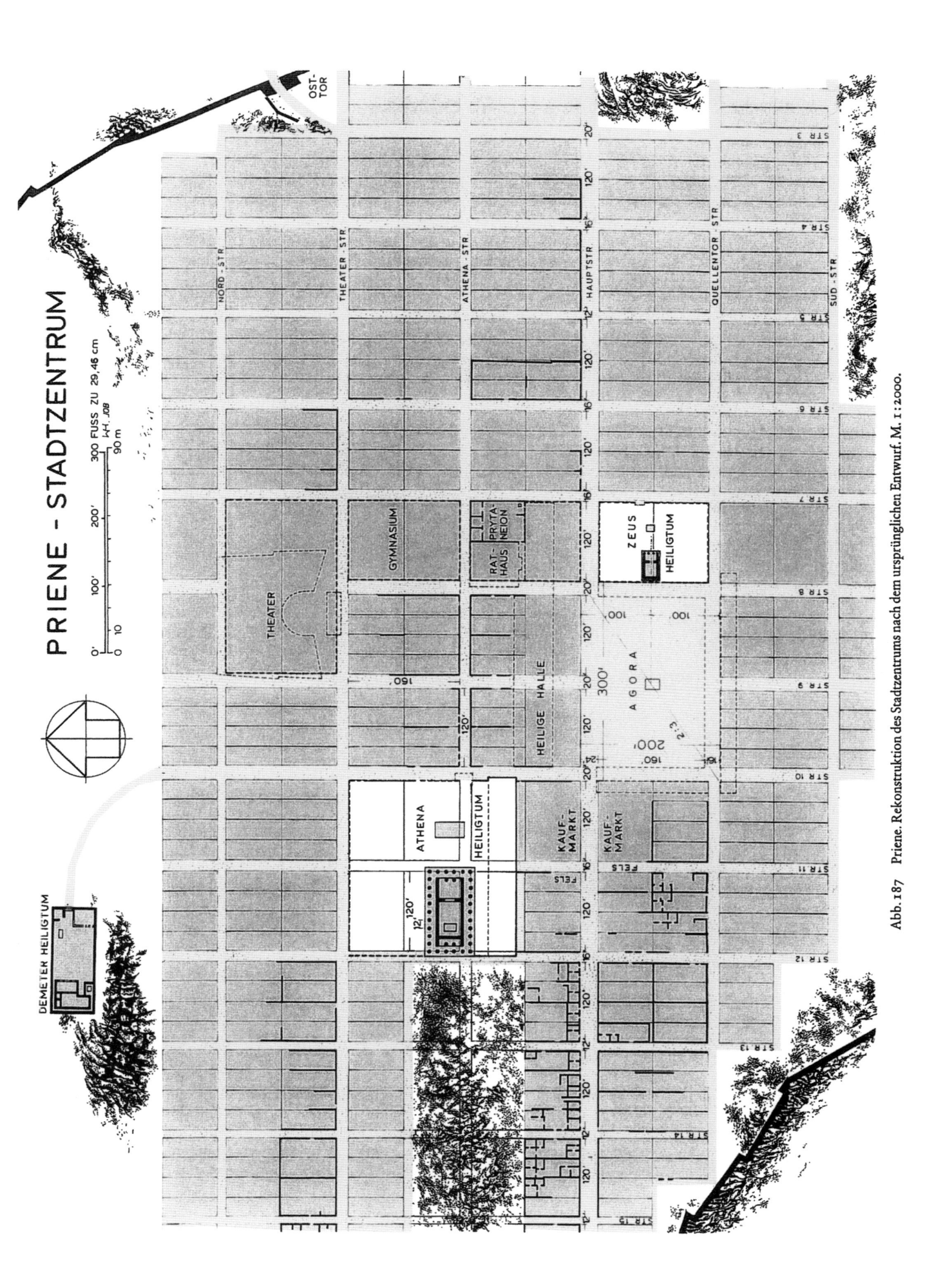

Abb. 187   Priene. Rekonstruktion des Stadtzentrums nach dem ursprünglichen Entwurf. M. 1 : 2000.

Labels on diagram

HAUS
- 160'
- 80' (23,568 m)
- 30' (8,838 m)
- 8:3

INSULA
- 160' (47,136 m)
- 120' (35,352 m)
- 4:3
- arctg (4/3) = 53,13°

ZEUS HEILIGTUM
- 100' (29,46 m)
- 100' (29,46 m)

AGORA
- 300'
- (88,38 m)
- 200'
- (58,92 m)
- 3:2
- arctg (3/2) = 56,30°

ATHENA HEILIGTUM
- 120'
- 120' (35,352 m)
- 60' (17,676 m)
- 2:1
- arctg (2/1) = 64,43°

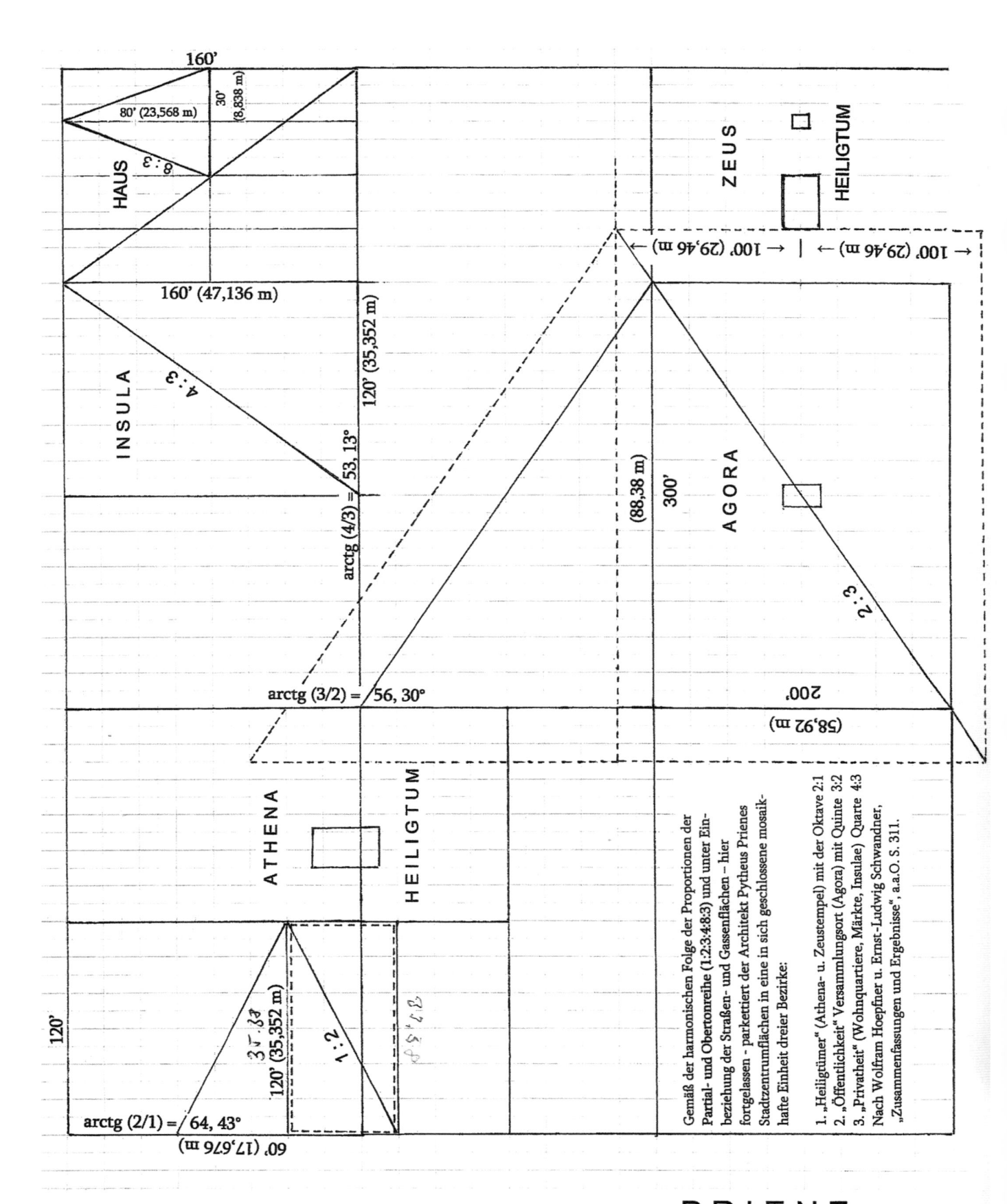

Gemäß der harmonischen Folge der Proportionen der Partial- und Obertonreihe (1:2:3:4:8:3) und unter Einbeziehung der Straßen- und Gassenflächen – hier fortgelassen - parkettiert der Architekt Pytheus Prienes Stadtzentrumsflächen in eine in sich geschlossene mosaikhafte Einheit dreier Bezirke:

1. „Heiligtümer" (Athena- u. Zeustempel) mit der Oktave 2:1
2. „Öffentlichkeit" Versammlungsort (Agora) mit Quinte 3:2
3. „Privatheit" (Wohnquartiere, Märkte, Insulae) Quarte 4:3

Nach Wolfram Hoepfner u. Ernst-Ludwig Schwandner, „Zusammenfassungen und Ergebnisse", a.a.O. S. 311.

Harmonische Gliederung (Parkettierung) des Stadtzentrums von **PRIENE**

Harmonische Intervalle im Grundriß der neuen Stadt Priene, entworfen vom Städteplaner und Architekten Pytheos (352 v. Chr.)

Die natürliche Intervallkette der physikalischen Obertonreihe ist vom Grundton an bis zum Erreichen der jeweiligen Tonhöhe im Ergebnis identisch proportioniert mit der Abfolge der Töne der historischen Tonart Diatonon Syntonon des Ptolemaios und dem städtebaulichen Entwurf der Insulae- und Wohnhausproportionen in Priene.

Helmholtz-Ellis Tonhöhennotierung der Obertonreihe (nach Marc Sabat und Wolfgang v. Schweinitz 2004):

THE HARMONIC SERIES 1 - 64 above "A0" (overtone row)

notated using the Extended Helmholtz-Ellis JI Pitch Notation
microtonal accidentals designed by Marc Sabat and Wolfgang von Schweinitz, 2004

Die Oberton-Intervallkette von 2 zu 3 zur Bildung einer *Quinte (3/2)*, eines Intervalls, das die Rechteckproportion der **Agora** mit der Diagonale von arctg 3/2 = 56,30° in Priene bildet:

Obertonkette	|← 3/2 →||← x 4/3 →	| x 3/4 = 3/2
gekürzte Reihe:	|← Quinte (3/2) →||← Quarte (4/3) →	| x 3/4 = 3/2
nochmals gekürzt:	|← Oktave (2/1) →	| x 3/4 = 3/2

Der Abstand der Quarte (4/3) in der Obertonreihe stimmt mit dem Intervall Quarte im Diatonon Syntonon und dem der Grundstücksproportion der Agora in Priene überein:

Diatonon syntonon mit ‖ 9/8 | x 10/9 | x 16/15 ‖ x 9/8 x 9/8 x 10/9 x 16/5 | x 2/3 = 4/3

Agora Priene ‖← Quarte (4/3) →‖← (Quinte 3/2) →| x 2/3 = 4/3

|← Oktave (2/1) →| x 2/3 = 4/3

| 120 | 135 | 150 | 160 | 180 ‖ 220,5 | 225 | 240 |
| c | d | e | f ‖ g | a | h | c¹ |

Quarte (c-f)

Die Oberton-Intervallkette von 3 zu 8 zur Bildung einer *Quartdezime (8/3)*, eines Intervalls, das die Rechteckproportion eines **Hauses** mit der Diagonale von arctg 8/3 = 69,44° in Priene bildet:

Obertonkette	5/4 x 6/5 →‖← x 7/6 x 8/7	| x 4/3 = 8/3
gekürzte Reihe:	|← Quinte (3/2)→‖← Quarte (4/3)→|	x 4/3 = 8/3
nochmals gekürzt:	|← Oktave (2/1) →|	x 4/3 = 8/3

Der Abstand des Intervalls (8/3/) in der Obertonreihe stimmt mit dem Intervall der Quartdezime (Oktave + Quarte, 2 x 4/3 = 8/3) im Diatonon Syntonon und dem der Grundstücksproportion der acht Hausgrundstücke in Priene überein:

Diatonon syntonon mit ‖ 9/8 | x 10/9 | x 16/15 ‖ x 9/8 x 9/8 x 10/9 x 16/15 | x 4/3 = 8/3

Haus in Priene ‖← Quarte (4/3) →‖← Quinte (3/2) →| x 4/3 = 8/3

|← Oktave (2/1) →| x 4/3 = 8/3

| 30 | 33 ¾ | 37,5 | 40 ‖ 45 | 50 ⅝ | 56 ¼ | 60 | 80 |
| c | d | e | f ‖ g | a | h | c¹ | f¹ |

Quartdezime (c-f¹)

Harmonische Intervalle in Insulae und Pyramidenböschungen

Die Proportionengleichheit bewirkt, daß auch die Diagonalen der Insulae und die Neigungen der Pyramiden gleichwinklig werden.

Tonart: Diatonon syntonon des Ptolemaios (9/8) x (10/9) x (16/15) = 4/3
Solmisation 1 x 9/8 | x 10/9 | x 16/15 | x 9/8 | x 9/8 | x 10/9 | x 16/15   = 2
Priene   1 x 120 | 135 | 150 | 160 | 180 | 202,5 | 225 | 240
Tonfolge: c   d   e   f   g   a   h c^1
Insula-Intervall (c-f) |←   Quarte (4:3)   →| im Diatonon syntonon

Maße der Insula: 160 Fuß (47,136 m) Tiefe, 120 Fuß (35,352 m) Breite, Fußmaß 29,46 cm
Proportion der Insula in Fuß: 160:120 = 4:3; in Metern: 47,136:35,352 = 4/3
Diagonalenwinkel der Insula: arctg (4/3) = 53,13°

Tonart: Diatonon syntonon des Ptolemaios (9/8) x (10/9) x (16/15) = 4/3
Solmisation 1 x 9/8 | x 10/9 | x 16/15 | x 9/8 | x 9/8 | x 10/9 | x 1615 | = 2; 2 x (4/3) = 8/3
Priene   1 x 30 | 33 ¾ | 37,5 | 40 | 45 | 50 ⅝ | 56 ¼ | 60 | 80
Tonfolge: c   d   e   f   g   a   h c^1 f^1
Haus-Intervall (c-f^1)|←   Quartdezime (8:3) im Diatonon syntonon   →|

Maße des Hauses: 80 Fuß (23,568 m) Tiefe, 30 Fuß Breite (8,838 m), Fußmaß 29,46 cm
Proportion des Hauses in Fuß: 80:30 = 8:3; in Metern: 23,568:8,838 = 8:3
Diagonalenwinkel des Hauses: arctg 8/3 = 69,44°.

Prienes Insula ist winkelgleich mit neun Pyramiden, die Quart-Rücksprung (4:3) besitzen:

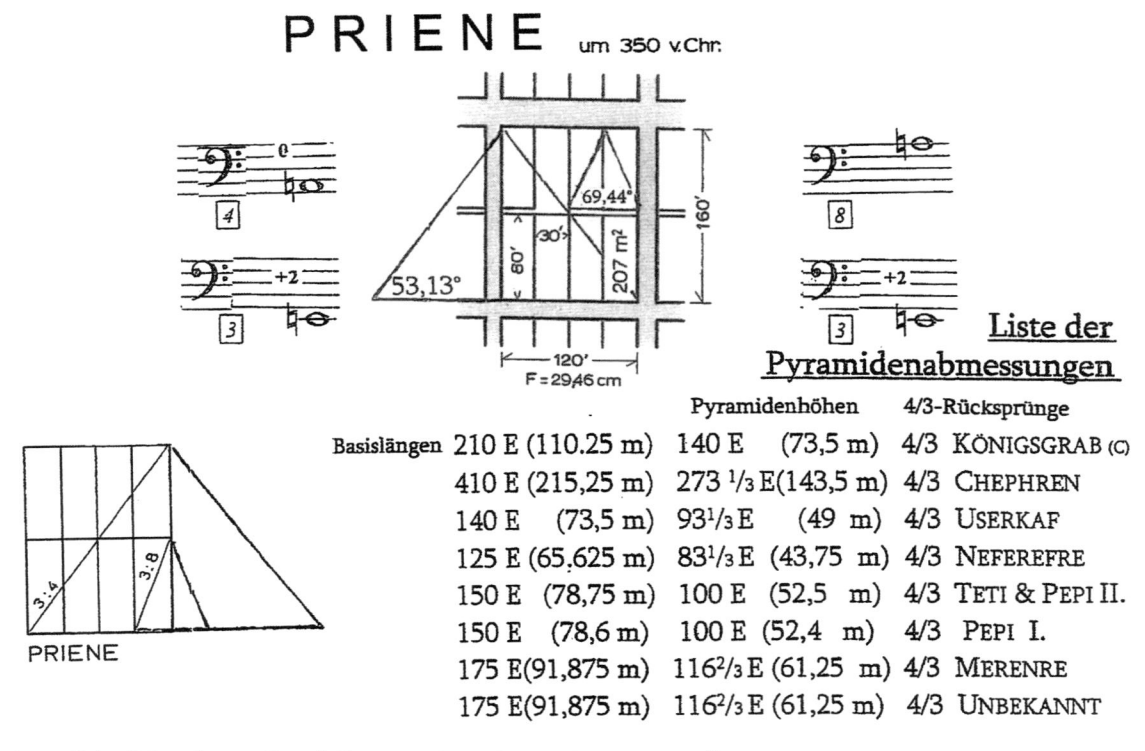

PRIENE um 350 v.Chr.

Liste der Pyramidenabmessungen

Basislängen	Pyramidenhöhen	4/3-Rücksprünge	
210 E (110,25 m)	140 E (73,5 m)	4/3	KÖNIGSGRAB (C)
410 E (215,25 m)	273 ⅓ E (143,5 m)	4/3	CHEPHREN
140 E (73,5 m)	93 ⅓ E (49 m)	4/3	USERKAF
125 E (65,625 m)	83 ⅓ E (43,75 m)	4/3	NEFEREFRE
150 E (78,75 m)	100 E (52,5 m)	4/3	TETI & PEPI II.
150 E (78,6 m)	100 E (52,4 m)	4/3	PEPI I.
175 E (91,875 m)	116 ⅔ E (61,25 m)	4/3	MERENRE
175 E (91,875 m)	116 ⅔ E (61,25 m)	4/3	UNBEKANNT

Natürliche Folge der im Grundriß verwendeten Primzahlen (1,2,3,5): Über den Transpositionsfaktor 7/4 wird aus der Tiefe (160 Fuß) der Insula in Priene die Höhe der Cheopspyramide erreicht: 160 x 7/4 = 280 Ellen (146,2608 m). Auch ist 120 x 147/40 = 441 Ellen die Basis der Cheopspyramide (120 x 147/40 x 0,52236 = 230,36076 m).

Wolfram Hoepfner, Ernst-Ludwig Schwandner

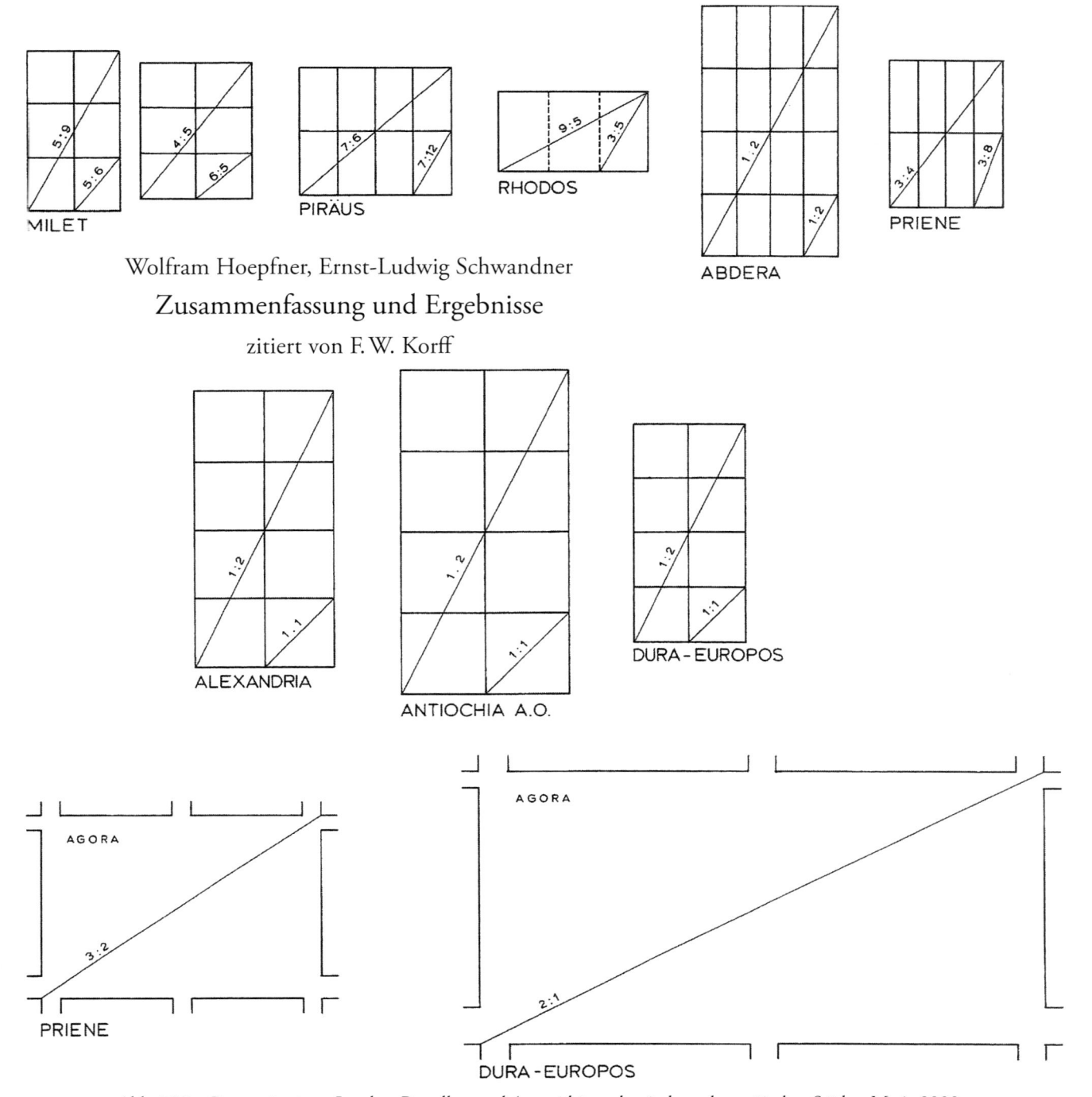

Zusammenfassung und Ergebnisse

zitiert von F. W. Korff

Abb. 295 Proportionierte Insulae, Parzellen und Agorai hippodamisch-pythagoräischer Städte. M. 1:2000.

h. Typenhäuser

Die einschneidendste Neuerung im Städtebau der klassischen Zeit war die Einführung des Typenhauses. Diese Erfindung, die höchstwahrscheinlich im Piräus das erste Mal verwirklicht wurde, ist wohl dem Staatstheoretiker Hippodamos zuzuschreiben. In einer Generation hatte sich dann die neue Form des Wohnens und Zusammenlebens so weit durchgesetzt, daß auch in den nicht hippodamischen Streifenstädten wie in Kassope, ja auch in solchen mit einer oligarchischen Regierung wie Olynth das Typenhaus vorkam. Das Einfamilien-Reihenhaus war als Typenhaus immer das wichtigste Element der städtebaulichen Planung.

i. Pythagoräische Zahlenlehre

Aus dem bisher Gesagten wird deutlich, daß es Hippodamos sowohl um ein besseres Funktionieren der Städte als auch um eine bessere Qualität des Zusammenlebens der Menschen ging. Darüber hinaus ist aber eindeutig ablesbar, daß Hippodamos als Pythagoräer die Zahlenlehre in den Städtebau einführte. Philosophie und Geometrie erweisen sich schon im Stadtplan von Milet als wichtig, erlangen dann aber ein immer größeres Gewicht. Anfangs sind die Rechtecke der Parzellen und Insulae nach bestimmten Seitenverhältnissen angelegt (Abb. 13). Privathäuser wurden zuerst dem Schutz der großen Harmonien anvertraut. Beim Entwurf des

Piräus, der kurze Zeit nach dem von Milet entstand, erfolgte der entscheidende Schritt, nun auch Straßen und Freiräume in ein Netz von Zahlenbeziehungen zu verknüpfen. Die berühmte ›hippodamische Agora‹ scheint die erste gewesen zu sein, die auch als Rechteck nach Proportionen bestimmt war. Entsprechend einfache Zahlenbeziehungen wiesen später die Agorai von Priene und Dura Europos auf (Abb. 295) und waren sicher weithin üblich.

Die Stadtanlage des Piräus hat auf die Zeitgenossen großen Eindruck gemacht[633] und wurde als erste und wirklich moderne Kunst-Stadt und als Kunstwerk angesehen. Der große Erfolg des Städtebaus, der von nun an mit einer hippodamischen Richtung neue Wege ging, ist nur durch eine Faszination weitester Kreise der Bevölkerung möglich gewesen.

Am Piräus sind Häuser und Insulae nach den Rechtecken 7:6 und 7:12 bestimmt. In Milet kommen 5:9 und 5:6 sowie auch 4:5 vor. In Rhodos wiederholt sich das Verhältnis 5:9, für die Parzelle steht aber nun 3:5 (?) (Abb. 295). In späteren Anlagen herrschen 1:1, 1:2, 3:4 und 3:8 vor. Damit sind alle Zahlen vertreten, die im Rahmen der Tetraktys den Pythagoräern heilig waren. Daß bestimmte Proportionen bevorzugt wurden, läßt sich nicht erkennen. Vielmehr ist aus den wenigen uns mehr oder weniger zufällig erhaltenen Grundrechtecken der klassischen Städte eher eine absichtliche Variation deutlich. Unter Benutzung der Zahlen 1 bis 10 sind alle möglichen Kombinationen ausgeschöpft, und es ist Wert daraufgelegt, daß sich Proportionen möglichst nicht wiederholen. Ganz offensichtlich kam es darauf an, jedem Ort seine Einmaligkeit zu belassen. Die strukturelle Ähnlichkeit der Häuser von Piräus, Priene sowie Abdera und ihre Unterschiede in den Proportionen machen deutlich, daß es für die Architekten – wie in der Musik! – eine Kunst der Variation gab. Dabei ging es natürlich nicht nur um eine mögliche Verwechselbarkeit von Orten, sondern um die Einhaltung des Grundprinzips von der Einmaligkeit des Kunstwerks, das keine Kopien gestattete.

Besteht nach pythagoräischer Philosophie die Welt aus einer gleichsam additiven Fügung von Zahlen und Zahlenbeziehungen, und fügte sich die Stadt mit ihren Rechtecken in diese Harmonie ein, so mußte auf die Stimmigkeit, auf die Ausführung großer Wert gelegt werden.[634] Nur bei genauer Absteckung der Mauerfluchten aller Parzellen und Insulae ergab sich ein Gleichklang, und wie in der Musik bedeutete eine Abweichung von der exakten Quarte (4:3), von der Quinte (3:2) oder von der Oktave (2:1) einen Fehlklang. Heute ist die Genauigkeit dieser ersten Absteckungen nur noch selten feststellbar. Im Piräus sind diese Arbeiten mit einer geradezu erstaunlichen Präzision durchgeführt worden. Über mehr als 1000 m Länge weisen Straßen praktisch keine Abweichung von der geraden Linie auf, und entsprechend exakt sind die rechten Winkel ausgeführt. Eine ähnliche Ausführungsgenauigkeit scheint es in Priene trotz des dort sehr bewegten Geländes gegeben zu haben. Ungenauigkeiten bemerkten wir in Olynth und Kassope. Wohl nicht zufällig handelt es sich dabei um nicht-pythagoräische Streifenstädte.

3. Pytheos und die Stadt als Gesamtkunstwerk

Hippodamos war als Architekt und Städtebauer ein selten großer Einfluß beschieden; er gehörte zu den Gestaltern einer Epoche. 100 Jahre später, zur Lebenszeit des Architekten Pytheos, war die Begeisterung für die Demokratie keineswegs mehr einhellig. Ob Pytheos zu denen zählte, die eine ›Königssehnsucht‹ verspürten, sei dahingestellt. Tatsache ist, daß nicht mehr Athen große Bauaufgaben und Aussicht auf Ruhm bot, sondern daß König Maussollos im fernen Karien die besten Künstler mit monumentalen Bauaufträgen anzog, welche die Griechen noch kurze Zeit vorher als despotisch und orientalisch abgelehnt hätten.

Pytheos, der am Maussolleion zusammen mit anderen griechischen Künstlern arbeitete, war der Schöpfer einer neuen Architekturtheorie. Sein übergeordnetes System beruhte auf der weiteren Kanonisierung der herkömmlichen Säulenordnungen. Hatte Hippodamos das Typenhaus im Städtebau erfunden, so schuf Pytheos in gewisser Hinsicht typisierte Architektur, eine Rasterarchitektur für öffentliche Bauten, die durch ein System abhängiger Zahlen endgültig in den Städtebau eingefügt und ihm untergeordnet wurde. Pytheos erfand eine konsequente Rasterarchitektur und entwarf für den Zeus-Tempel in Labranda ein ionisches Kapitell mit den Grundproportionen der Volute Höhe zu Tiefe zu Breite 1:2:3 (Abb. 223). Hier war ein Baudetail entstanden, das zum erfolgreichsten der Baugeschichte überhaupt werden sollte: Noch bis in die Spätantike hinein wurde es tausendfach nachgeahmt und nur jeweils im Dekor abgewandelt. Pytheos schuf mit festen Regeln eine Schularchitektur, die den Bedürfnissen des Hellenismus entsprach.

In seinen »Zehn Büchern über Architektur« merkt Vitruv über die Ausbildung der Baumeister (1, 1, 12) an, daß Pytheos vom Architekten verlangt habe, er müsse »in allen Zweigen der Kunst und Wissenschaft mehr leisten können, als die, die einzelne Gebiete durch ihren Fleiß und ihre Tätigkeit zu höchstem Glanz geführt haben«. Vitruv hielt diese Forderung für übertrieben und unerfüllbar, und in der Tat ist wohl niemals so extrem verlangt worden, daß der Beruf des Architekten die Summe aller anderen Berufe ausmachen solle.

Die Analyse der Stadt Priene zeigte uns, was Pytheos wohl gemeint hat: Er selbst hat die Aufgabe vieler

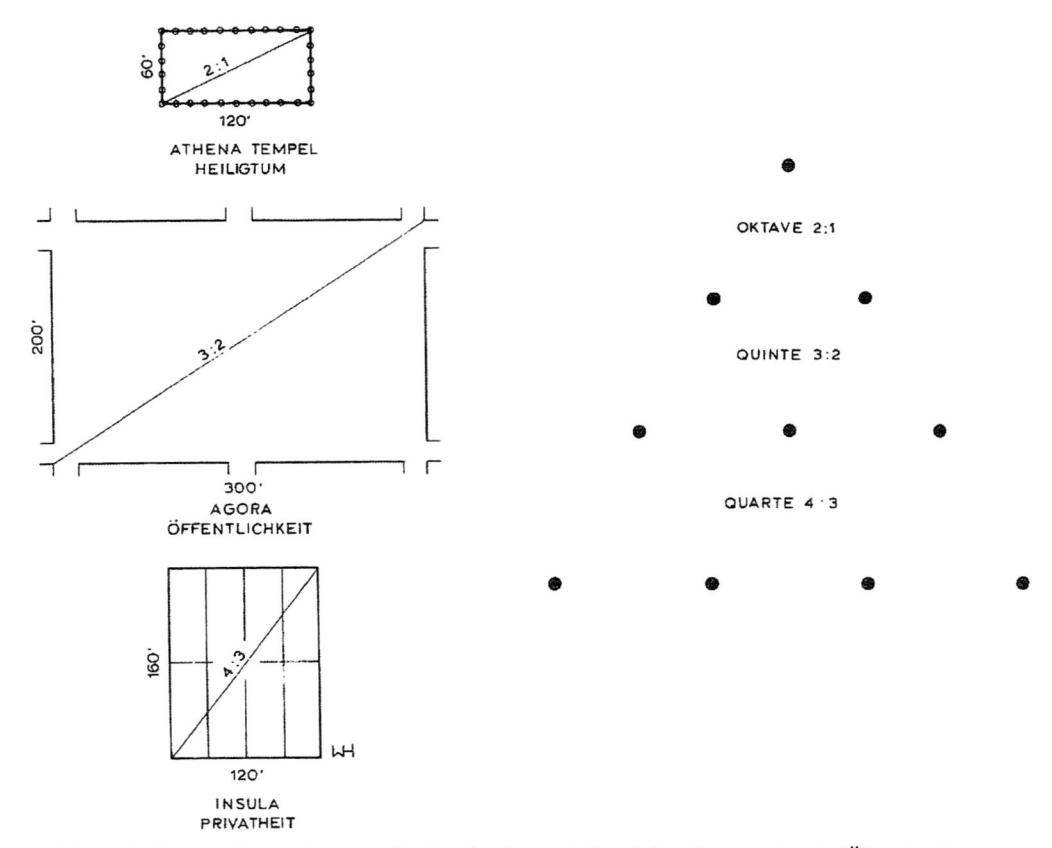

Abb. 296   Priene. Die wichtigsten Rechtecke des städtebaulichen Rasters sind in Übereinstimmung
mit der pythagoräischen Harmonielehre proportioniert. M. 1:2000.

Künstler und Wissenschaftler in einer Person übernommen, indem er selbst eine ganze Stadt mit ihren wichtigsten Bauten in allen Einzelheiten planerisch konzipierte (Abb. 183). Es ist nicht mehr und nicht weniger als der große Anspruch, eine Stadt als Gesamtkunstwerk zu begreifen. Hatte Hippodamos mit dem Piräus eine vorbildliche Stadtanlage geschaffen, bei der ein detailliertes Raster und eine Einteilung gegeben war, von der noch viele Grenzsteine Zeugnis ablegen, so war es doch viel weitergehend das Ziel des Pytheos, nicht nur Typenhäuser zu schaffen und Flächen für öffentliche Bauten vorzusehen, sondern jeden Bau mit jedem Detail von Anfang an festzulegen. Zahlen und Beziehungen von Strecken verknüpfen diese Details untereinander, entwickeln aus den Details eine Gesamtordnung, die die ganze Stadt umfaßt und diese als ein Teil des Kosmos begreift. Die Harmonie ist eine solche der Proportionen und Zahlen und erweist sich damit als ein Produkt der pythagoräischen Lehre.

Mit dem Gesamtkunstwerk Stadt hat das »Könnenbewußtsein« der klassischen Zeit[635] einen Höhepunkt erreicht. Man glaubte an die Möglichkeit, alles planen zu können, alle Tätigkeiten im Stadtgefüge im voraus zu ermitteln und festzulegen, und hielt die eigene Gesellschaftsform für ideal und dauerhaft durch alle Zeiten. Das menschliche Leben war aller Zufälligkeiten und Veränderungen entkleidet und gleich dem Lauf der Gestirne in kosmische Sphären erhoben.

Bei Hippodamos basierte die Stadt auf dem Haus als kleinster Einheit; Pytheos verästelte das Netzwerk weiter und schuf eine Rasterarchitektur, die ihm die Möglichkeit des Zusammenbindens aller Teile zu einem Gesamtkunstwerk gab. Tiefe, Breite und Höhe einzelner Bauglieder wie Basen und Kapitelle führten zu Zahlenketten, die als Beitrag zur Harmonie der Weltschöpfung empfunden wurden (Plat. Tim. 35 B–36 D).[636]

Bei Pytheos waren öffentliche Bauten nicht nur einfach in das System der Insulae zu zwängen, sondern mußten ihrer Bedeutung entsprechend auf geometrische Weise in das Netz der Stadt eingebunden sein: Als erstes Gebäude der Stadt thronte der Athena-Tempel nicht nur auf einer hohen Terrasse, sondern war in den Mittelpunkten der Ecksäulen mit den Ecken einer Insula in Übereinstimmung gebracht (Abb. 187), und in ähnlicher Weise ist der Zeus-Tempel auf die Achse der Agora bezogen, ohne daß einem Betrachter am Ort dieser Zusammenhang deutlich werden könnte.

Nicht auf äußere Wirkung kam es an, sondern auf die Stimmigkeit einer unsichtbaren Gesetzmäßigkeit, von der man glaubte, daß sie in ähnlicher Weise dem Wirken der Natur zugrunde liege. Aber noch weitergehend kam Pytheos dem Denken der Pythagoräer nahe, indem er die wichtigsten Rechtecke der Stadt der Grundform der Tetraktys entsprechen ließ (Abb. 296): Im Symbol der Pythagoräer verbirgt sich die heilige Zahl 10 als Summe der Zahlen 1 bis 4 und zugleich sind in der Tetraktys die wichtigsten Harmonien der Musik enthalten, wobei die Zahlen den Strecken und Verhältnissen der Saiten entsprechen (Abb. 296). In bezug auf die Rechtecke des Pytheos mag die Annahme gerechtfertigt sein, daß eine Rangfolge beabsichtigt war, bei der mit dem Athena-Tempel die Götter an erster Stelle standen, mit der Agora die Polis (Gemeinschaft) folgt und mit den Insulae die privaten Bedürfnisse den Schluß bilden.

Für Pytheos mußte die strukturelle und formale Ähnlichkeit von Bauten eine weitere Möglichkeit sein, die Stadt als Gesamtkunstwerk zu schaffen. Athena-Tempel und Zeus-Tempel in Priene sind sich ähnlich, keineswegs aber formal gleich (Abb. 197). Sie sind nach einer Proportionsregel entworfen, die ähnlich wie die Kurvatur von einer höchst sensiblen Wirkung der Bauten ausgeht: Wie in der Natur bei Felsen, Bergen und der Erdkugel als Ganzes haben in der Architektur große Formen eine größere Dichte. Umgekehrt haben Kleinarchitekturen verhältnismäßig große Einzelteile. Solche Regeln vom Zusammenhang von Größe und Würde gehören zu den Wurzeln humaner abendländischer Architektur.

Pytheos konnte sein Gesamtkunstwerk nur im Vertrauen darauf schaffen, daß nachfolgende Generationen seine Planungen ausführen würden. Der Zeus-Tempel zeigt immerhin an, daß man sich etwa zwei Generationen nach der Stadtgründung noch streng an die alten Vorlagen hielt. Im Hellenismus begannen die alten Ideen zu verblassen und wurden schließlich ganz unverständlich: Für Vitruv war Pytheos ein berühmter Architekt der lange zurückliegenden klassischen Zeit, dessen Wirken und Arbeitsweise ihm nur noch in unzusammenhängenden Details deutlich war.

4. Typenhaus, Demokratie und Gleichheit

A. Isomoiria, Isonomia und Isotes

Die Athener Demokratie hatte in der ersten Generation seit den Reformen des Kleisthenes[637] dem neuen politischen System keinen eindeutigen Namen gegeben, es nur zögernd ab und zu mit Isonomia umschrieben und bezeichnet, ein Begriff, den Viktor Ehrenberg nicht wörtlich, aber treffend mit »Gleichverteiltheit« übersetzte.[638] Von der Größe und Bedeutung ..."

Seit der frühesten Zeit der Koloniegründungen war das Prinzip der Isomoiria (gleicher Anteil) entscheidend und bedeutete durch Zuweisung gleich großer Kleroi (Landlose) eine Garantie gleicher Startbedingungen für alle (Hom. Od. 6, 7–11; Thuk. 6, 27, 1). Die Begriffe Isotes (Gleichheit) und Isonomia bezogen sich in der klassischen Zeit viel weitergehend ...

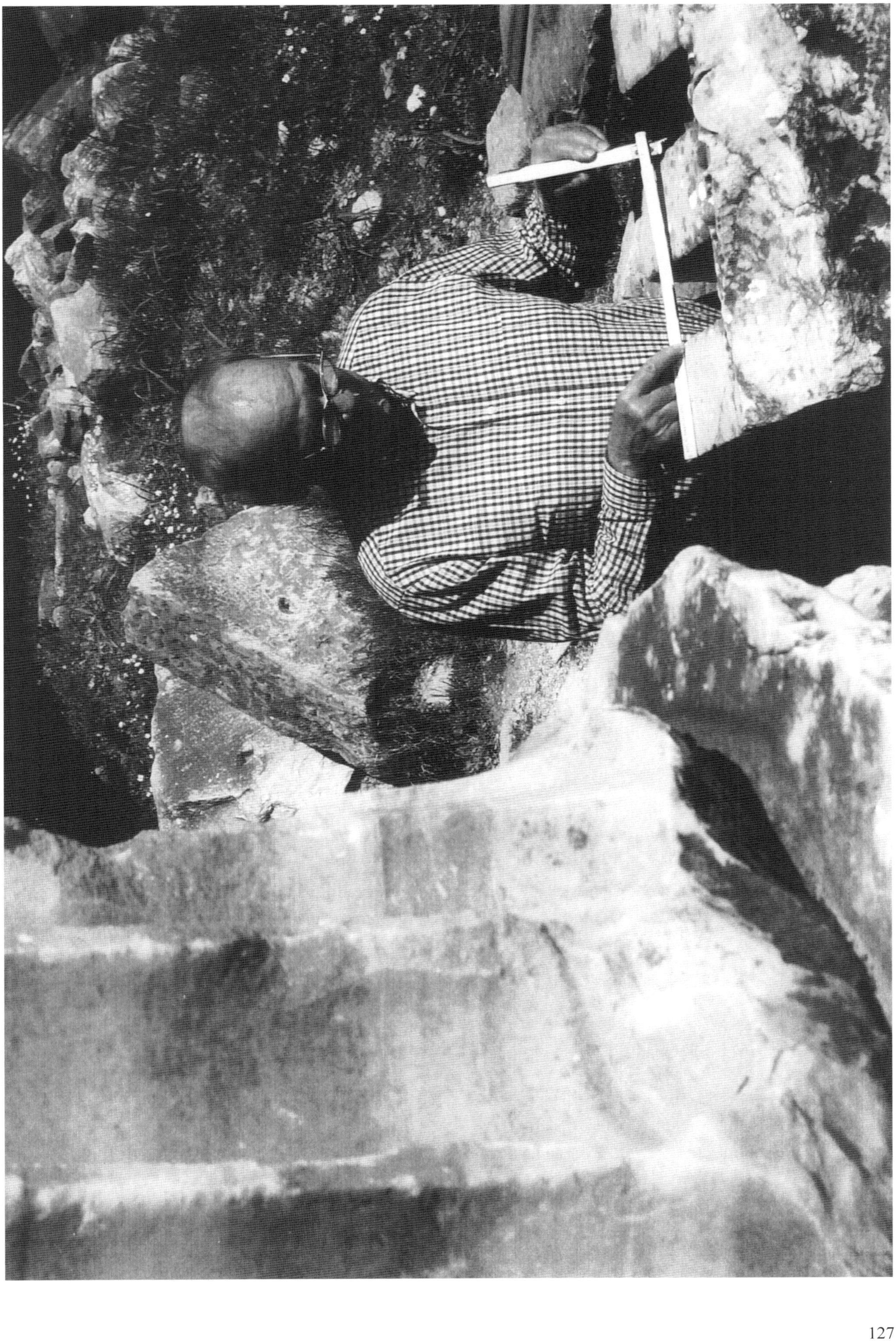

Kapitel VI

Pilgerfahrt nach Priene

Am 23. März 2014, einem Frühlingstag mit heißen Sonnenflecken und kaltem Zug in den Schatten, begann ich im Ruinengelände Prienes den Grundriss des Athena-Tempels zu vermessen. Das lange Meßband, erst mäßig entlastet und dann gespannt, ergab für die Stirnseite 60 Fuß (17,65 m – 17,68 m), für die Längsseite 120 Fuß (35,3 m – 35,4 m). Die Oktave 2:1 = $\frac{120}{60}$, die Hoepfner und Schwandner maßen, stimmte!

Der Genauigkeit nachsinnend, wie sie zwischen den Säulenjochen zustandekam, sah ich am nordöstlichen Rand des Tempels einen Stein aus dem herabgestürzten Gebälk liegen. Es war ein Friesteil mit Zahnschnitt, sechs Zähne in einer Zackenreihe unter dem überhängenden Architrav eingemeißelt zeigend. Hier gab es viele dieser sauber ausgemeißelten Steine, die, durch das Erdbeben abgestürzt, in einer Reihe längs der Nordseite des Tempels zwischen Blumen im Gras lagen. Zufällig gegen die blendende Mittagssonne nach unten blickend, maß ich die Steinbreite eines der Zacken. Die Breite war 15 cm, wie auch die der Zacken der umherliegenden Steinblöcke. Ein Fünfzehntel des jonischen Fuß ist $\frac{29,4}{15} = \frac{49}{25}$ cm oder 1,96 cm. $\frac{16}{15}$ Daktylos ergaben 1,8375 x $\frac{16}{15}$ = 1,96 cm, denn ein Daktylos im jonischen Meß- und Maßsystem ist $\frac{1}{16}$ Fuß ($\frac{29,4}{16}$ = 1,8375 cm). – Mir stockte der Atem. 1,96 Kubik-Ellen war das Cheopspyramidionvolumen. Hatte ich die berühmte Nadel im Heuhaufen gefunden? Nein! Ich überlegte und kam zu folgendem Schluß:

Die Unterteilungen <u>mußten</u> diese Maße haben, weil das Jonische Fußmaß, in fünf erste Primzahlen zerlegt, 29,4 cm = $\frac{1 \times 2 \times 3 \times 7^2}{2 \times 5}$ cm ergibt, und die ägyptische Königselle mit 52,5 cm = $\frac{1 \times 3 \times 5^2 \times 7}{2 \times 5}$ cm ebenso. Da sich die harmonischen Neigungen ägyptischer Pyramiden in den Grundstücksdiagonalen hippodamischer Städte in Priene wiederholten, so mussten auch räumlich in der Höhe des Gebälks jene Zahlen dazu passen, die auf dem Boden eben Oktaven, Quinten und Quarten hervorbrachten. Ich hatte die Spur einer meßtechnischen Übereinstimmung der griechischen Fußmaße mit der ägyptischen Elle gefunden. Aber nicht nur sie. Auch das Schema dazu lieferte Platon („Tim 35 a ff."), wie man es gleich im Fortgang dieses Kapitels bestätigt finden wird. Die $\frac{29,4}{15}$ = 1,96 Daktyloi und das Cheopspyramidion mit 1,96 hatten mich darauf gebracht. Wurde die Transposition möglich, so ist sie einfach zu erklären. Denn zu den Grundstücksmaßen und zu allen Teilen im Gesimse eines Tempels aus Stücklisten mußte auch die Kombination aus den Zahlen 1, 2, 3, 5, 7 stimmen, die diese Teile hervorbringen. Für den Rest des Tages erlebte ich die herumliegenden Steine neu, summte doch das gesamte Areal harmonisch, nicht mehr nur die aus Proportionen geformten Grundrisse. Ich maß allenthalben und stieß stets auf Vielfache und ganzzahlige Teiler von 29,4 cm. So lag zum Beipiel eine obere Säulentrommel des Athenatempels im Gras, dort wo noch der Andruck des Kapitells sichtbar war, maß ich vier Fuß (117,6 cm) im Durchmesser ($1 \times 2^3 \times 3 \times 7^2 \times \frac{1}{2 \times 5}$ cm).

Die Zerlegung der Abmessungen antiker Baukörper in Primzahlen, die sich aus zwingenden Vorgaben eines Meß- und Maßsystems von Elle oder Fuß *und* aus der kombinierten Intervallvielfalt lediglich der Zahlen von 1–10 konstituieren und daher die Archäologie die sehr einfachen und damit präzis ausfallenden Einmessprozeduren der Antike zu erkennen gibt, zugleich aber das musikalische Auge die Harmonie trinken läßt, die aus dem Anfang der Obertonreihe klingt – die Intervalle Oktave (2:1), Quinte (3:2) und Quarte (4:3) nimmt in Rechtecken jedermann sofort wahr, nicht aber ein fast mißtöniges melodisches Tritonusformat (729:512) – all' das erfüllt heute noch unsere unausgesprochene Lust nach „Abbau der Umweltkomplexität und Aufbau der Eigenkomplexität", wie sie der Systemtheoretiker Niklas Luhmann formuliert. Sie charakterisiert recht eigentlich unser Harmoniebedürfnis im Streben nach erleichterter Übersicht. Schmerz über unverständliche Steuerformulare und Gebrauchsanweisungen wird auch in willkürlichen Fensterproportionen in Fassaden der Moderne verewigt. Wer nicht dagegen protestiert und Hässliches schön findet, versucht die Natur mit der Gabel zu vertreiben – „naturam expelles furca" (Horaz) – sie kehrt doch immer wieder zurück: 117,6 cm = $\frac{(1 \times 2^3 \times 7^2 \times 3)}{(2 \times 5)}$ cm.

THE HARMONIC SERIES 1 - 64 above "A0" *(overtone row)*

notated using the Extended Helmholtz-Ellis JI Pitch Notation
microtonal accidentals designed by Marc Sabat and Wolfgang von Schweinitz, 2004

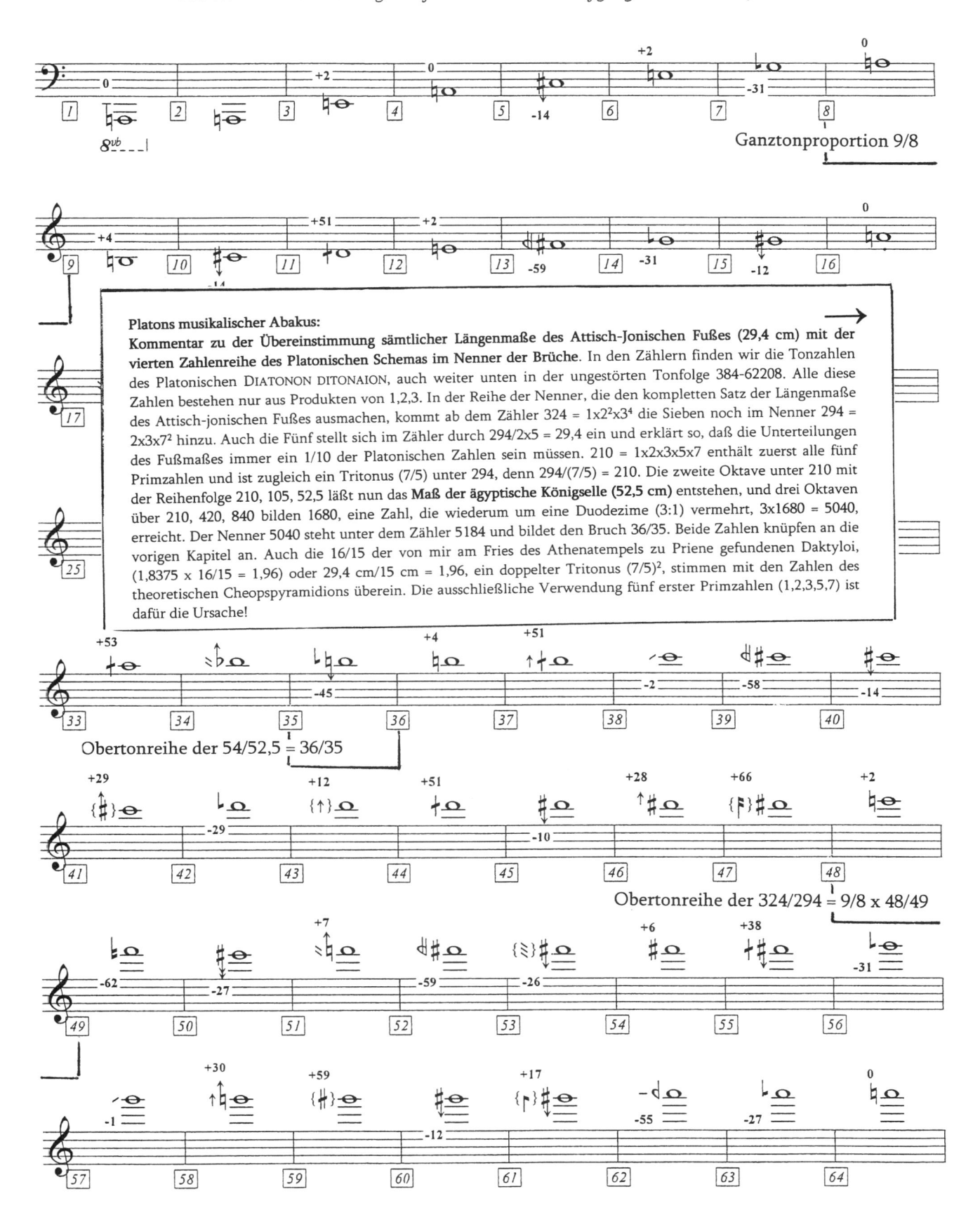

Ganztonproportion 9/8

Platons musikalischer Abakus:
Kommentar zu der Übereinstimmung sämtlicher Längenmaße des Attisch-Jonischen Fußes (29,4 cm) mit der vierten Zahlenreihe des Platonischen Schemas im Nenner der Brüche. In den Zählern finden wir die Tonzahlen des Platonischen DIATONON DITONAION, auch weiter unten in der ungestörten Tonfolge 384-62208. Alle diese Zahlen bestehen nur aus Produkten von 1,2,3. In der Reihe der Nenner, die den kompletten Satz der Längenmaße des Attisch-jonischen Fußes ausmachen, kommt ab dem Zähler 324 = $1 \times 2^2 \times 3^4$ die Sieben noch im Nenner 294 = $2 \times 3 \times 7^2$ hinzu. Auch die Fünf stellt sich im Zähler durch 294/2x5 = 29,4 ein und erklärt so, daß die Unterteilungen des Fußmaßes immer ein 1/10 der Platonischen Zahlen sein müssen. 210 = 1x2x3x5x7 enthält zuerst alle fünf Primzahlen und ist zugleich ein Tritonus (7/5) unter 294, denn 294/(7/5) = 210. Die zweite Oktave unter 210 mit der Reihenfolge 210, 105, 52,5 läßt nun das **Maß der ägyptische Königselle (52,5 cm)** entstehen, und drei Oktaven über 210, 420, 840 bilden 1680, eine Zahl, die wiederum um eine Duodezime (3:1) vermehrt, 3x1680 = 5040, erreicht. Der Nenner 5040 steht unter dem Zähler 5184 und bildet den Bruch 36/35. Beide Zahlen knüpfen an die vorigen Kapitel an. Auch die 16/15 der von mir am Fries des Athenatempels zu Priene gefundenen Daktyloi, (1,8375 x 16/15 = 1,96) oder 29,4 cm/15 cm = 1,96, ein doppelter Tritonus $(7/5)^2$, stimmen mit den Zahlen des theoretischen Cheopspyramidions überein. Die ausschließliche Verwendung fünf erster Primzahlen (1,2,3,5,7) ist dafür die Ursache!

Obertonreihe der 54/52,5 = 36/35

Obertonreihe der 324/294 = 9/8 x 48/49

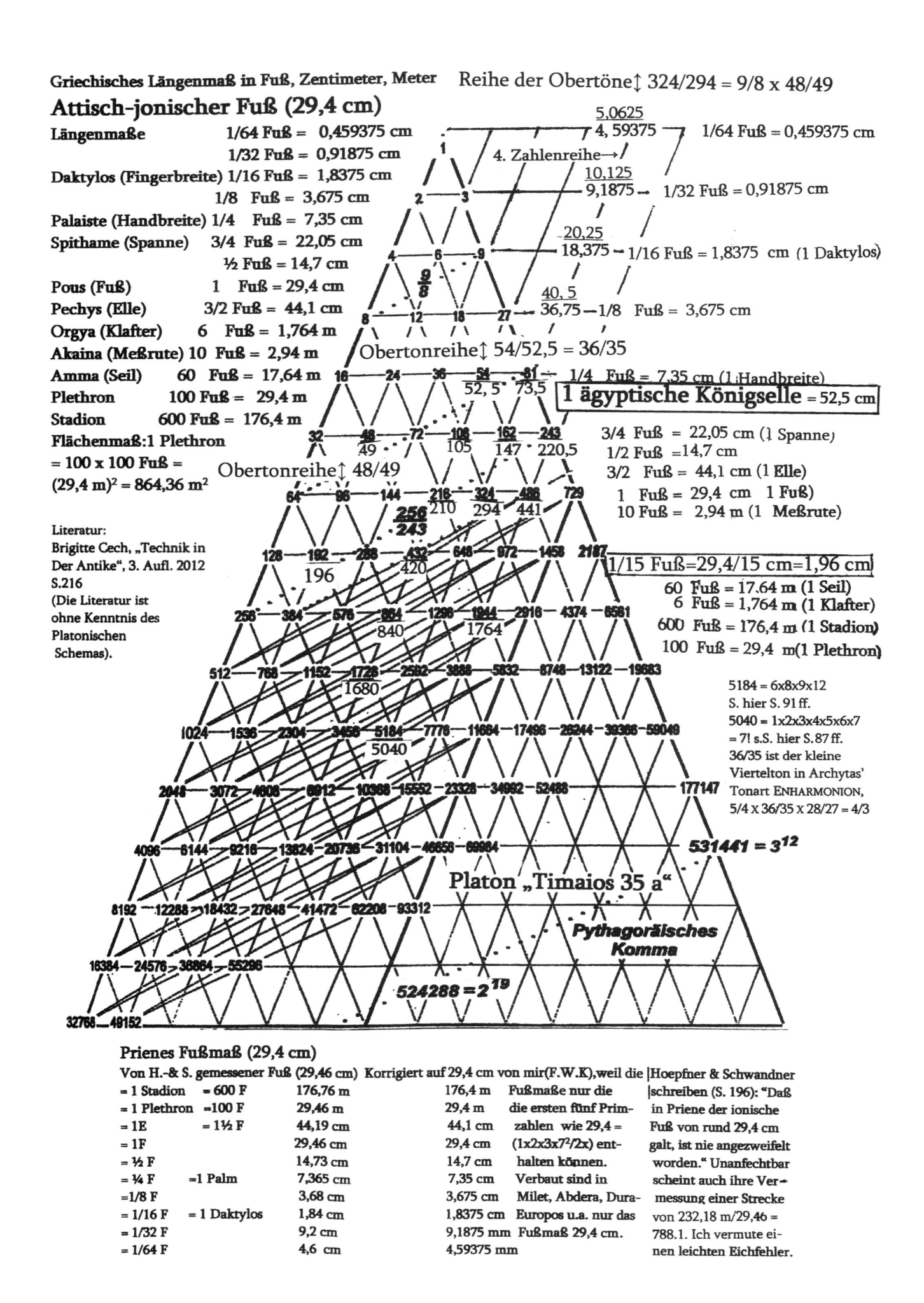

Griechisches Längenmaß in Fuß, Zentimeter, Meter   Reihe der Obertöne↕ 324/294 = 9/8 x 48/49

Attisch-jonischer Fuß (29,4 cm)

Längenmaße		
	1/64 Fuß =	0,459375 cm
	1/32 Fuß =	0,91875 cm
Daktylos (Fingerbreite)	1/16 Fuß =	1,8375 cm
	1/8 Fuß =	3,675 cm
Palaiste (Handbreite)	1/4 Fuß =	7,35 cm
Spithame (Spanne)	3/4 Fuß =	22,05 cm
	½ Fuß =	14,7 cm
Pous (Fuß)	1 Fuß =	29,4 cm
Pechys (Elle)	3/2 Fuß =	44,1 cm
Orgya (Klafter)	6 Fuß =	1,764 m
Akaina (Meßrute)	10 Fuß =	2,94 m
Amma (Seil)	60 Fuß =	17,64 m
Plethron	100 Fuß =	29,4 m
Stadion	600 Fuß =	176,4 m

Flächenmaß: 1 Plethron
= 100 x 100 Fuß =
$(29,4 m)^2 = 864,36 m^2$

Literatur:
Brigitte Cech, „Technik in
Der Antike", 3. Aufl. 2012
S.216
(Die Literatur ist
ohne Kenntnis des
Platonischen
Schemas).

5,0625
4,59375   1/64 Fuß = 0,459375 cm
4. Zahlenreihe→
10,125
9,1875   1/32 Fuß = 0,91875 cm
20,25
18,375   1/16 Fuß = 1,8375 cm (1 Daktylos)
40,5
36,75   1/8 Fuß = 3,675 cm

Obertonreihe↕ 54/52,5 = 36/35

1/4 Fuß = 7,35 cm (1 Handbreite)

1 ägyptische Königselle = 52,5 cm

3/4 Fuß = 22,05 cm (1 Spanne)
1/2 Fuß = 14,7 cm
3/2 Fuß = 44,1 cm (1 Elle)
1 Fuß = 29,4 cm 1 Fuß)
10 Fuß = 2,94 m (1 Meßrute)

Obertonreihe↕ 48/49

1/15 Fuß = 29,4/15 cm = 1,96 cm

60 Fuß = 17,64 m (1 Seil)
6 Fuß = 1,764 m (1 Klafter)
600 Fuß = 176,4 m (1 Stadion)
100 Fuß = 29,4 m (1 Plethron)

5184 = 6x8x9x12
S. hier S. 91 ff.
5040 = 1x2x3x4x5x6x7
= 7! s.S. hier S.87 ff.
36/35 ist der kleine
Viertelton in Archytas'
Tonart ENHARMONION,
5/4 x 36/35 x 28/27 = 4/3

$531441 = 3^{12}$

Platon „Timaios 35 a"

Pythagoräisches Komma

$524288 = 2^{19}$

Prienes Fußmaß (29,4 cm)

Von H.-& S. gemessener Fuß (29,46 cm)			Korrigiert auf 29,4 cm von mir(F.W.K), weil die	Hoepfner & Schwandner
= 1 Stadion	= 600 F	176,76 m	176,4 m Fußmaße nur die	schreiben (S. 196): "Daß
= 1 Plethron	= 100 F	29,46 m	29,4 m die ersten fünf Prim-	in Priene der ionische
= 1 E	= 1½ F	44,19 cm	44,1 cm zahlen wie 29,4 =	Fuß von rund 29,4 cm
= 1 F		29,46 cm	29,4 cm ($1x2x3x7^2/2x$) ent-	galt, ist nie angezweifelt
= ½ F		14,73 cm	14,7 cm halten können.	worden." Unanfechtbar
= ¼ F	= 1 Palm	7,365 cm	7,35 cm Verbaut sind in	scheint auch ihre Ver-
= 1/8 F		3,68 cm	3,675 cm Milet, Abdera, Dura-	messung einer Strecke
= 1/16 F	= 1 Daktylos	1,84 cm	1,8375 cm Europos u.a. nur das	von 232,18 m/29,46 =
= 1/32 F		9,2 cm	9,1875 mm Fußmaß 29,4 cm.	788.1. Ich vermute ei-
= 1/64 F		4,6 cm	4,59375 mm	nen leichten Eichfehler.

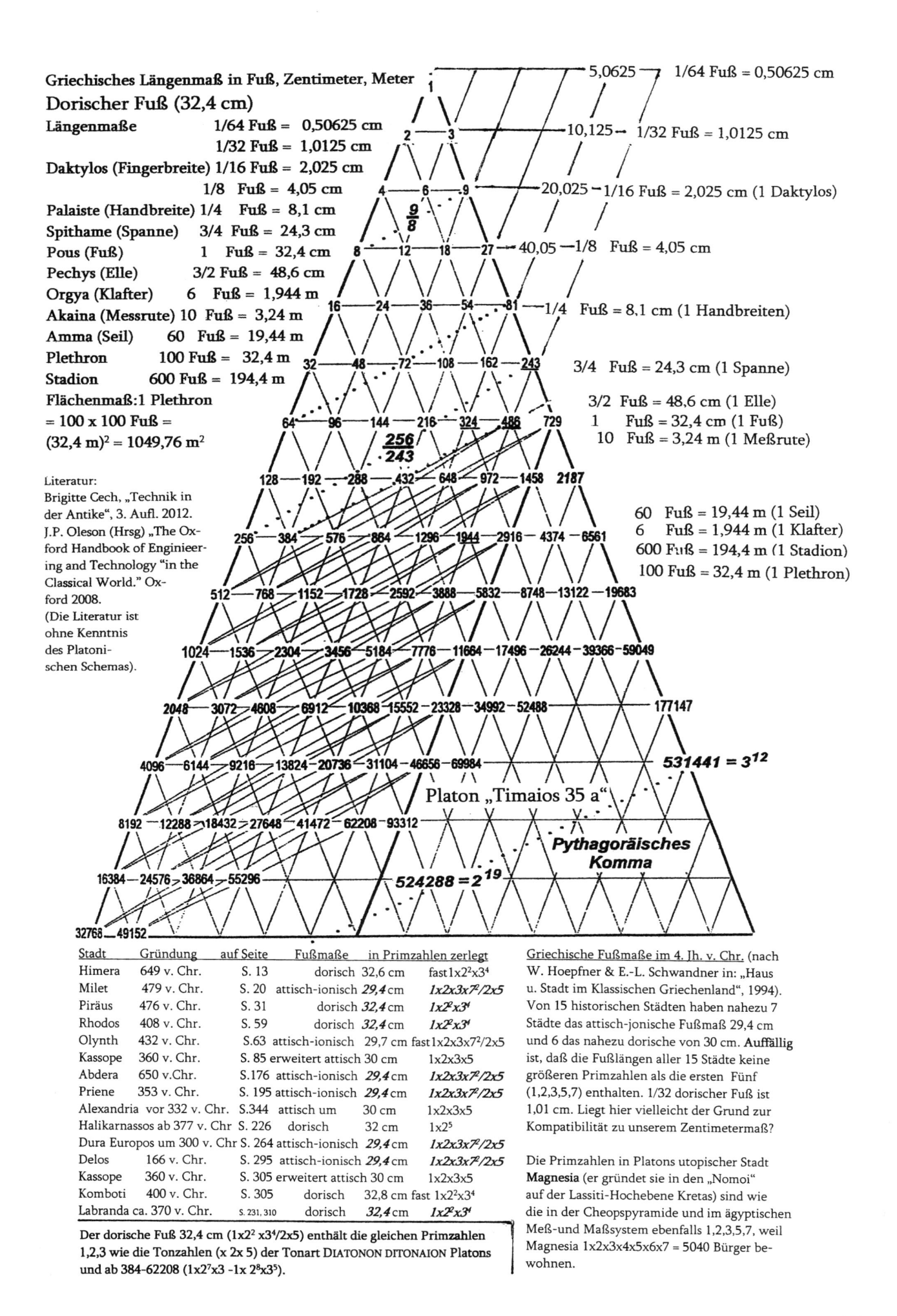

Griechisches Längenmaß in Fuß, Zentimeter, Meter

Dorischer Fuß (32,4 cm)

Längenmaße		
	1/64 Fuß =	0,50625 cm
	1/32 Fuß =	1,0125 cm
Daktylos (Fingerbreite)	1/16 Fuß =	2,025 cm
	1/8 Fuß =	4,05 cm
Palaiste (Handbreite)	1/4 Fuß =	8,1 cm
Spithame (Spanne)	3/4 Fuß =	24,3 cm
Pous (Fuß)	1 Fuß =	32,4 cm
Pechys (Elle)	3/2 Fuß =	48,6 cm
Orgya (Klafter)	6 Fuß =	1,944 m
Akaina (Meßrute)	10 Fuß =	3,24 m
Amma (Seil)	60 Fuß =	19,44 m
Plethron	100 Fuß =	32,4 m
Stadion	600 Fuß =	194,4 m

Flächenmaß:1 Plethron
= 100 x 100 Fuß =
$(32,4 \text{ m})^2 = 1049,76 \text{ m}^2$

Literatur:
Brigitte Cech, „Technik in der Antike", 3. Aufl. 2012.
J.P. Oleson (Hrsg) „The Oxford Handbook of Engineering and Technology "in the Classical World." Oxford 2008.
(Die Literatur ist ohne Kenntnis des Platonischen Schemas).

1/64 Fuß = 0,50625 cm
1/32 Fuß = 1,0125 cm
1/16 Fuß = 2,025 cm (1 Daktylos)
1/8 Fuß = 4,05 cm
1/4 Fuß = 8,1 cm (1 Handbreiten)
3/4 Fuß = 24,3 cm (1 Spanne)
3/2 Fuß = 48,6 cm (1 Elle)
1 Fuß = 32,4 cm (1 Fuß)
10 Fuß = 3,24 m (1 Meßrute)

60 Fuß = 19,44 m (1 Seil)
6 Fuß = 1,944 m (1 Klafter)
600 Fuß = 194,4 m (1 Stadion)
100 Fuß = 32,4 m (1 Plethron)

Platon „Timaios 35 a"

Pythagoräisches Komma

$531441 = 3^{12}$

$524288 = 2^{19}$

$\frac{9}{8}$

$\frac{256}{243}$

Stadt	Gründung	auf Seite	Fußmaße	in Primzahlen zerlegt
Himera	649 v. Chr.	S. 13	dorisch 32,6 cm	fast $1 \times 2^2 \times 3^4$
Milet	479 v. Chr.	S. 20	attisch-ionisch 29,4 cm	$1 \times 2 \times 3 \times 7^2 / 2 \times 5$
Piräus	476 v. Chr.	S. 31	dorisch 32,4 cm	$1 \times 2^2 \times 3^4$
Rhodos	408 v. Chr.	S. 59	dorisch 32,4 cm	$1 \times 2^2 \times 3^4$
Olynth	432 v. Chr.	S. 63	attisch-ionisch 29,7 cm	fast $1 \times 2 \times 3 \times 7^2 / 2 \times 5$
Kassope	360 v. Chr.	S. 85	erweitert attisch 30 cm	$1 \times 2 \times 3 \times 5$
Abdera	650 v.Chr.	S.176	attisch-ionisch 29,4 cm	$1 \times 2 \times 3 \times 7^2 / 2 \times 5$
Priene	353 v. Chr.	S. 195	attisch-ionisch 29,4 cm	$1 \times 2 \times 3 \times 7^2 / 2 \times 5$
Alexandria	vor 332 v. Chr.	S.344	attisch um 30 cm	$1 \times 2 \times 3 \times 5$
Halikarnassos	ab 377 v. Chr	S. 226	dorisch 32 cm	1×2^5
Dura Europos	um 300 v. Chr	S. 264	attisch-ionisch 29,4 cm	$1 \times 2 \times 3 \times 7^2 / 2 \times 5$
Delos	166 v. Chr.	S. 295	attisch-ionisch 29,4 cm	$1 \times 2 \times 3 \times 7^2 / 2 \times 5$
Kassope	360 v. Chr.	S. 305	erweitert attisch 30 cm	$1 \times 2 \times 3 \times 5$
Komboti	400 v. Chr.	S. 305	dorisch 32,8 cm	fast $1 \times 2^2 \times 3^4$
Labranda	ca. 370 v. Chr.	S. 231, 310	dorisch 32,4 cm	$1 \times 2^2 \times 3^4$

Der dorische Fuß 32,4 cm ($1 \times 2^2 \times 3^4 / 2 \times 5$) enthält die gleichen Primzahlen 1,2,3 wie die Tonzahlen (x 2x 5) der Tonart DIATONON DITONAION Platons und ab 384-62208 ($1 \times 2^7 \times 3 - 1 \times 2^8 \times 3^5$).

Griechische Fußmaße im 4. Jh. v. Chr. (nach W. Hoepfner & E.-L. Schwandner in: „Haus u. Stadt im Klassischen Griechenland", 1994). Von 15 historischen Städten haben nahezu 7 Städte das attisch-jonische Fußmaß 29,4 cm und 6 das nahezu dorische von 30 cm. Auffällig ist, daß die Fußlängen aller 15 Städte keine größeren Primzahlen als die ersten Fünf (1,2,3,5,7) enthalten. 1/32 dorischer Fuß ist 1,01 cm. Liegt hier vielleicht der Grund zur Kompatibilität zu unserem Zentimetermaß?

Die Primzahlen in Platons utopischer Stadt **Magnesia** (er gründet sie in den „Nomoi" auf der Lassiti-Hochebene Kretas) sind wie die in der Cheopspyramide und im ägyptischen Meß-und Maßsystem ebenfalls 1,2,3,5,7, weil Magnesia $1 \times 2 \times 3 \times 4 \times 5 \times 6 \times 7 = 5040$ Bürger bewohnen.

Abb. 184 Priene. Blick von der Agora auf die Athena-Terrasse und den Burgberg.

6. Fußmaß Priene

„Wie jedes Gebäude mußte auch jede Rasterstadt mit Hilfe der damals an diesem Ort üblichen Maßeinheit entworfen und ausgeführt werden. Daß in Priene der ionische oder attische Fuß von rund 29,4 cm galt, ist nie angezweifelt worden. Theodor Wiegand stellte für die Cella-Länge des Athena-Tempels den Wert von genau 100 Fuß fest (Wiegand – Schrader, Priene 86) und kam damit zu einem genauen Fußmaß von 29,5 cm, ein Betrag, der den Abmessungen der Insulae (Wiegand – Schrader, Priene 50) gut zu entsprechen schien. Nach der hier vorgelegten Aufschlüsselung des städtebaulichen Systems kann das Fußmaß durch Messen einer sehr langen Strecke noch genauer präzisiert werden. Von der Nordwestecke der Agora nehmen in Richtung Westen sechs Insulae und fünf Straßen die Strecke von 232,18 m ein, die in 788 Fuß entworfen wurde. Daraus ergibt sich das genaue Fußmaß von 29,46 cm[1]. Es galten im Priene des 4. Jhs. v. Chr. folgende Maße:"

1 Stadion	= 600 F	= 176,76
1 Plethron	= 100 F	= 29,46
1 E	= $1\frac{1}{2}$ F	= 44,19
1 F		= 29,46
$\frac{1}{2}'$		= 14,73
$\frac{1}{4}'$	= 1 Palm	= 7,365
$\frac{1}{8}'$		= 3,68
$\frac{1}{16}'$	= 1 Daktylos	= 1,84
$\frac{1}{32}'$		= 9,2
$\frac{1}{64}'$		= 4,6

---

[1] Daß die Autoren Hoepfner und Schwandner in ihrem Buch „Haus und Stadt im Klassischen Griechenland" (S. 193) für Priene ein Fußmaß von 29,46 cm (1 x 2 x 3 x 491/5² x 2² cm) angenommen haben, kann jetzt wegen der in 14 griechischen Stadtkolonien und auch in Priene verbauten Beschränkung auf ein Produkt von 1, 2, 3, 5, 7, also von maximal fünf ersten Primzahlen (29,4 cm (1 x 2 x 3 x 7²/2 x 5 cm), ausgeschlossen werden. Gleichwohl ist ihre Vermessung von 232,18 Metern als 788 Fuß kaum anfechtbar. Ich vermute bei der Einrichtung der Elle (29,4 cm) durch den Architekten Pytheus einen leichten antiken Eichfehler.

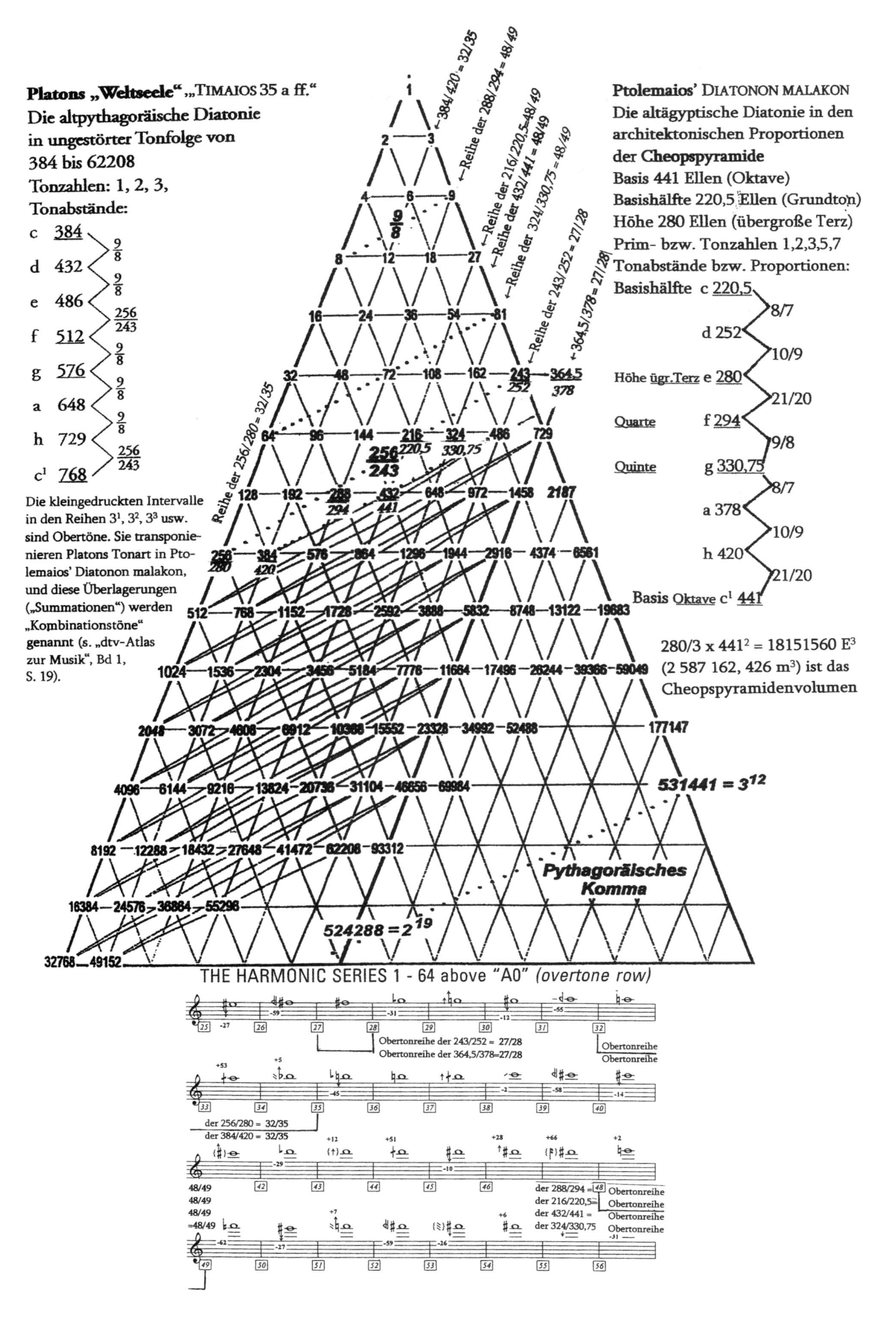

Platons „Weltseele" „TIMAIOS 35 a ff."
Die altpythagoräische Diatonie
in ungestörter Tonfolge von
384 bis 62208
Tonzahlen: 1, 2, 3,
Tonabstände:

c	384	9/8
d	432	9/8
e	486	256/243
f	512	9/8
g	576	9/8
a	648	9/8
h	729	256/243
c¹	768	

Die kleingedruckten Intervalle in den Reihen 3^1, 3^2, 3^3 usw. sind Obertöne. Sie transponieren Platons Tonart in Ptolemaios' Diatonon malakon, und diese Überlagerungen („Summationen") werden „Kombinationstöne" genannt (s. „dtv-Atlas zur Musik", Bd 1, S. 19).

Ptolemaios' DIATONON MALAKON
Die altägyptische Diatonie in den
architektonischen Proportionen
der **Cheopspyramide**
Basis 441 Ellen (Oktave)
Basishälfte 220,5 Ellen (Grundton)
Höhe 280 Ellen (übergroße Terz)
Prim- bzw. Tonzahlen 1,2,3,5,7
Tonabstände bzw. Proportionen:

Basishälfte	c 220,5	8/7
	d 252	10/9
Höhe ügr.Terz	e 280	21/20
Quarte	f 294	9/8
Quinte	g 330,75	8/7
	a 378	10/9
	h 420	21/20
Basis Oktave	c¹ 441	

$280/3 \times 441^2 = 18151560$ E³
(2 587 162, 426 m³) ist das
Cheopspyramidenvolumen

$531441 = 3^{12}$

Pythagoräisches Komma

$524288 = 2^{19}$

THE HARMONIC SERIES 1 - 64 above "A0" (overtone row)

Antike Proportionsregeln in Ägypten und im Klassischen Griechenland

Die Proportionsregeln, die die Autoren Hoepfner und Schwandner erwähnen, aber nicht zu kennen scheinen (s. Op. zit. S. 204, 312) sind primär- wie man auf der gegenüberliegenden Seite sieht – durch natürliche Intervalle der Obertonreihe vorgegeben. Ihre Auswahl trafen die antiken Architekten aus Tonabständen (Proportionen) der in der Antike geläufigen Tonarten des DIATONON SYNTONON mit den Primzahlen (1, 2, 3, 5), häufiger noch die aus dem DIATONON MALAKON mit den Zahlen (1, 2, 3, 5, 7), selten die aus dem DIATONON DITONIAION Platons mit den Zahlen (1, 2, 3), in denen der Terz-Rücksprung $\left(\frac{81}{64}\right)$ z. B. der Pyramide des NIUSERRE steht (s. hier S. 89).

Anwendung der Proportionsregel nach der Tonfolge des DIATONON DITONAION Platons und des DIATONON MALAKON des Ptolemaios durch den Architekten Pytheus im Athena-Tempel zu Priene. (Kombinationstöne in der 3. Reihe ↓)

Tonfolge von Platons Tonart DIATONON DITONAION (216–432 Hz), nach „Tim. 35 a"

c	d	e	f	g	a	h	c¹
$216 \times \frac{9}{8} =$	$243 \times \frac{256}{243} =$	$256 \times \frac{9}{8} =$	$288 \times \frac{9}{8} =$	$324 \times \frac{9}{8} =$	$364{,}5 \times \frac{256}{243} =$	$384 \times \frac{9}{8} =$	432
$\times \frac{49}{48} =$	$\times \frac{28}{27} =$	$\times \frac{5}{4} \times \frac{7}{8} =$	$\times \frac{49}{48} =$	$\times \frac{49}{48} =$	$\times \frac{28}{27} =$	$\times \frac{5}{4} \times \frac{7}{8} =$	$\times \frac{49}{48}$
= 220,5	252	280	294	330,75	378	420	441

↕

Die letzte Reihe ist die Tonfolge von Ptolemaios' Tonart DIATONON MALAKON *(220,5–441 Hz)*, ← s. verso Platons Schema, wobei die Abmessungen der Cheopspyramide, in *Ellen* und Metern gemessen, *220,5 Ellen* (115,18038 m) für die Basishälfte, *280 Ellen* (146,2608 m) für die Höhe und *441 Ellen* (230,36076 m) für die Basislänge der Cheopspyramide stehen. Des weiteren ist der doppelte Tritonos $\left(\frac{7}{5}\right)^2 = 1{,}96$ E³ der Kubikinhalt des theoretischen Cheopspyramidions. Setzt man nämlich die Stufenzahl mit 210 an, so ist die Höhe des Pyramidions $\frac{280}{210} = \frac{4}{3}$ Ellen, die Basis $\frac{441}{210} = \frac{21}{10}$ Ellen und der Inhalt $\left(\frac{4}{9} \times 2{,}1^2 = 1{,}96 \text{ E}^3\right)$.

Die Frequenzzahlen des doppelten Tritonus entsprechen den Zahlen der Ellenabstände. Sie bilden innerhalb dieser Oktave $\left(\frac{441}{220,5}\right)$ also $220{,}5 \times \frac{7}{5} = \underline{308{,}7}$ Hz und $220{,}5 \times \left(\frac{7}{5}\right)^2 = \underline{432{,}18}$ Hz, die Töne fis und his über c, wenn man aus $a^1 = 441$ Hz in A-Dur zur einfacheren Übersicht über die Klaviertasten nach C-Dur transponiert. Es sind jene 15 Daktyloi à 1,96 cm, durch die der Architekt Pytheus in Priene den Fuß (29,4 cm) geteilt hat, denn auch 441 Ellen der Cheopspyramidenbasis, geteilt durch das Fußmaß, ergeben $\frac{441}{29,4} = 15$ Ellen, und $\frac{29{,}4 \text{ cm}}{1{,}96 \text{ cm}} = 15$ cm. Er brauchte die fünfzehn Zentimeter, um durchgehend die Zackenbreite der Zähne im Architrav des Athena-Tempels zu Priene einzurichten. (S. hier Vorwort und Überblick, S. XIII)

c	d	e	f	fis	g	a	h	his	c¹
Basishälfte *220,5 Ellen*	*280 Ellen* = Höhe der Cheopspyramide							*Basislänge 441 E*	
220,5 Hz	252	280	$294 \times \frac{21}{20}$	$= \underline{308{,}7}$	330,75	378	420	$\underline{432{,}18} = \frac{50}{49}$	= 441 Hz
$220{,}5 \text{ E} \times \frac{7}{5}$				$= \underline{308{,}7} \times \frac{7}{5}$				$= \underline{432{,}18} \times \frac{50}{49}$	= 441 E
$220{,}5 \text{ E} = 432{,}18 \text{ E}/\left(\frac{7}{5}\right)^2$; $\left(\frac{7}{5}\right)^2 = 1{,}96$; $1{,}96 \times 210^3 = 18\,151\,560$ E³ = Cheopspyramidenvolumen									

Zeusheiligtum in Labranda, Karien (in der Nähe von Ephesos), begonnen durch König Maussolos nach 377 v. Chr. Von Pytheus erbaut mit dorischem Fußmaß von 32,4 cm.

Kapitel VII

Was heutigen Ägyptologen nicht gegenwärtig ist

„Analog erörtern mit den Astrologen die Musiker gemeinsam die Wechselbeziehung der Sterne und der musikalischen Konsonanzen, der Quarten und Quinten, in Quadraten und Dreiecken und die Geometer die Natur des Sehens, die von den Griechen Logos opticos genannt wird, und den übrigen Wissenschaftsgebieten sind viele oder gar alle Dinge gemeinsam, soweit es um die Erörterung theoretischer Grundsätze geht". (Vitruv)

Vitruvs Erinnerung an nötige Kenntnisse in der Musiktheorie und an die unabdingbare universale Bildung eines Architekten

Die Widmung an Augustus im Vorwort zu den „10 Bücher(n) über die Architektur" in den Jahren um 33 v. Chr. ist eine Mahnung, sich an das zu halten, was ein Architekt wie Pytheus in Priene über die Bildung des Architekten fordert und was ihm als Schöpfer einer Stadtarchitektur aus dem *„Logos optikos"* einer ästhetisch sichtbar gewordenen urbanen Einheit von Arithmetik, Geometrie und Musikwissenschaft nötig erscheint und dies hervorhebt, damit man nicht leichtsinnig bewährte Regeln löscht oder sie sogar ignoriert. Dies geschah in meinem Fall, als man mir in Unkenntnis meines Buchs Esoterik vorwarf und Projektionen platonischer Mathematik aus dem dritten Jh. v. Chr. ins alte Ägypten verlegte und mir damit die Annahme einer umgekehrten Zeitreise unterschob, wie man sie sich nur in Science-Fiction-Romanen einfallen lassen kann. Als dies geschah, kam mir die Argumentation doch sehr seltsam vor, als der Rezensent Müller-Römer, als einziger kritisch in den vergangenen fünf Jahren, mitten in der Gefahrenzone seiner Spekulation streng auf mich blickend, übersah, daß die Platonische Fakultätszahl 5040 = 1 x 2 x 3 x 4 x 5 x 6 x 7 = 7! im Papyrus Rhind (Übungsaufgaben Nr. 56, 57) vorkommt. Trotzdem präsentierte er sie mir als Erfindung der Griechen, wodurch dann der so seltsam behauptete Einfluß Platons auf das doch viel frühere Mittlere Reich Ägyptens auffiel. Der Rezensent – ein veritabler Ingenieur – war offenbar fachlich nicht in der Lage, die Konsequenz zu überdenken, daß in allen anderen Übungsaufgaben die fünf Primzahlen wiederkehren müssen, weil das ägyptische Meß- und Maßsystem in der Königselle, die Elle von 0,525 m = $\frac{(1 \times 3 \times 5^2 \times 7)}{(2^2 \times 5^2)}$ m, eben nur fünf Primzahlen (1, 2, 3, 5, 7) enthält und daß infolgedessen in den Rücksprüngen von 29 Pyramiden nur Produkte aus Zahlen von 1 bis 10 in Arnolds Liste auftreten dürften. Hätten die Ägypter ihr Maßsystem vernachlässigt, hätten die Pyramiden gar nicht gebaut werden können, denn ihre vier Grate hätten sich dann nicht mehr in der Spitze getroffen. Die Arbeit vieler Jahre wäre umsonst gewesen. Das habe ich zwar hier in meinem zweiten Kapitel nachweisen können, aber schon in meinem ersten Buch „Der Klang der Pyramiden" vorausgesetzt, ohne jetzt im zweiten Buch ein Jota daran ändern zu müssen. – Ein Mangel an Ausbildung, der solch seltsame Blüten hervorbringt, ist indessen nicht schlimm, weil korrigierbar. Wirklich Schlimmes ereignet sich, wenn Deutungen unwiderlegbar aufeinander prallen und dann als unvereinbar verharren. Werden sachliche Rückbesinnungen auf den logisch mathematischen Aufbau der Pyramidenstruktur möglich, kann man immer noch aufeinander zugehen.

Vitruv schreibt im Vorwort der decem libri an Augustus: „Deshalb sagt einer von den alten Architekten, Pytheos[23], der in Priene den Bau des Minervatempels vortrefflich als Architekt geleitet hat, in seinen Schriften, ein Architekt müsse in *allen* Zweigen der Kunst und Wissenschaft mehr leisten können als die, die einzelne Gebiete durch ihren Fleiß und ihre Tätigkeit zu höchstem Glanz geführt haben. 13. Das aber wird durch die Wirklichkeit nicht bestätigt. Ein Architekt muß nicht und kann auch nicht ein Sprachkundiger sein, wie es Aristarchos[24] gewesen ist, aber er darf nicht ohne grammatische Bildung sein, ein Musiker wie Aristoxenos[25], aber er darf nicht ohne jede musikalischen Kenntnisse sein, ein Maler wie Apelles[26], aber er darf nicht unerfahren sein im Führen des Zeichenstifts, ein Bildhauer wie Myron[27] oder Polykleitos[28], aber er darf der Bildhauerkunst nicht unkundig sein, schließlich ein Arzt wie Hippokrates[29], aber er darf in der Heilkunde nicht unbewandert sein, und er braucht nicht auf den übrigen Gebieten von Kunst und Wissenschaft eine Kapazität zu sein, darf aber doch nicht ohne alle Kenntnis in ihnen sein. Niemand kann nämlich auf so verschiedenen Gebieten die besonderen Feinheiten erreichen, weil es ihm kaum möglich ist, ihre theoretischen Grundsätze kennen zu lernen und voll und ganz zu erfassen. 14. Jedoch können nicht nur die Architekten nicht den höchsten Erfolg auf allen Gebieten erreichen, sondern sogar die, die für sich die Besonderheiten der Kunstgattungen beherrschen, bringen es nicht fertig, daß sie alle die höchste Spitze des Ruhms erlangen. Also: wenn auf den einzelnen Gebieten der Kunst nur vereinzelt Künstler (nicht einmal alle, sondern in der ganzen Länge der Zeit nur wenige) Berühmtheit erlangt haben, wie kann da der Architekt, der auf mehreren Gebieten der Kunst erfahren sein muß, nicht nur dies an sich schon Wunderbare und Große zuwege bringen[30], daß er an nichts von diesem Mangel hat, sondern daß er sogar *alle* Künstler übertrifft, die auf ihren Einzelgebieten Beharrlichkeit gepaart mit Fleiß an den Tag gelegt haben? 15. Also scheint in diesem Punkte Pytheos geirrt zu haben, weil er nicht bemerkt hat, daß die einzelnen Künste sich aus zwei Faktoren zusammensetzen, aus Ausführung und ihrer Konzeption, wovon das erstere, nämlich die Ausführung der Arbeit, eine eigene Sache derer ist, die auf speziellen Gebieten ausgebildet sind, das zweite aber Gemeingut aller wissenschaftlich Gebildeten ist, das ist die bewußte vernünftige (theoretische) Überlegung, wie sich z. B. Ärzte und Musiker mit dem Zeitmaß des Pulsschlages und der Bewegung der Füße beschäftigen[31]. Wenn es aber nötig sein sollte, eine Wunde zu heilen oder einen Kranken aus der Gefahr zu befreien, dann wird nicht der Musiker herbeikommen, sondern das wird die besondere Tätigkeit des Arztes sein. Ebenso wird auf einem Musikinstrument nicht der Arzt, sondern der Musiker so spielen, daß die Ohren eine süße Annehmlichkeit durch die gespielten Weisen empfinden. 16. Analog erörtern mit den Astrologen die Musiker gemeinsam die Wechselbeziehung der Sterne und der musikalischen Konsonanzen, der Quarten und Quinten, in Quadraten und Dreiecken[32] und die Geometer die Natur des Sehens, die von den Griechen Logos opticos genannt wird[33] (?), und den übrigen Wissenschaftsgebieten sind viele oder gar alle Dinge gemeinsam, soweit es um die Erörterung theoretischer Grundsätze geht. Die Ausführung der Werke aber, die mit der Hand oder durch technische Bearbeitung zu vollendeter Feinheit gebracht werden, ist Sache derer, die auf *einem* Gebiete der Kunst zur Ausführung ausgebildet sind. Also scheint mehr als genug erreicht zu haben, wer von den einzelnen Wissenschaftsgebieten Teilgebiete und ihre Methoden nur einigermaßen kennt, und zwar diejenigen, die für die Baukunst nötig sind, damit es ihm, wenn er über diese Dinge und Kunsterzeugnisse ein Urteil abzugeben und sie zu prüfen hat, nicht an Befähigung fehlt. 17. Die aber, denen die Natur soviel Talent, Scharfsinn und Gedächtnis verliehen hat, daß sie Geometrie, Sternkunde, Musik und die übrigen Wissenschaften voll und ganz beherrschen, wachsen über den Beruf des Architekten hinaus und werden Mathematiker. Daher können sie sich leicht mit Fachleuten in diesen Wissenschaften in Streitgespräche einlassen, weil sie mit mehr Waffen der Wissenschaften ausgerüstet sind. Solche Leute aber findet man selten, wie es z. B. vor Zeiten Aristarchos[34] aus Samos, Philolaos[35] und Archytas[35] aus Tarent, Apollonios[36] aus Pergae, Eratosthenes[37] aus Kyrene, Archimedes[14] und Skopinas[38] aus Syrakus gewesen sind, die der Nachwelt viele mechanische Werke und Uhren[39] hinterlassen haben, die durch Berechnung und auf Grund der Naturgesetze erfunden und entwickelt sind. 18. Da es also die Schöpferkraft der Natur nicht Völkern in ihrer Gesamtheit ohne Unterschied, sondern nur wenigen Menschen zugesteht, daß sie derartige Begabung besitzen, der Architekt von Beruf aber in allen Wissenschaftszweigen geschult sein muß, und da die Fassungskraft mit Rücksicht auf den Umfang des Stoffes es nur gestattet, daß er über das notwendige Maß hinaus nicht die höchsten, sondern nur mittelmäßige Kenntnisse in den Wissenschaften besitzt, bitte ich Dich, Caesar, und die Leser dieser Bücher um Nachsicht, wenn etwas zu wenig nach den Regeln der Sprachkunst dargelegt ist. Denn nicht als bedeutender Philosoph, nicht als beredter Redner und nicht als Schriftsteller, der in den besten Methoden seiner Kunst geübt ist, sondern nur als ein Architekt, der mit diesen Wissenschaften (ein bißchen) vertraut ist, habe ich mich daran gemacht, dies zu schreiben. Hinsichtlich aber dessen, was die Baukunst vermag, und hinsichtlich der theoretischen Grundsätze, die in ihr gelten, verspreche ich, daß ich in diesen Büchern, wie ich hoffe, nicht nur allen, die sich mit Bauen beschäftigen, sondern auch allen Gebildeten dies mit größter Sachkunde ohne Zweifel bieten werde.

Zweites Kapitel
Die ästhetischen Grundbegriffe der Baukunst

1. Die Baukunst besteht aus Ordinatio, die griechisch Taxis genannt wird, Dispositio, die die Griechen Diathesis nennen, Eurythmia, Symmetria, Decor und Distributio, die griechisch Oikonomia genannt wird[40].

2. Ordinatio[41] ist die nach Maß berechnete angemessene Abmessung[42] (der Größenverhältnisse) der Glieder eines Bauwerks im einzelnen und die Herausarbeitung der proportionalen[43] Verhältnisse im ganzen zur Symmetrie. Diese wird aus der Quantitas, die griechisch Posotes heißt, hergestellt. Quantitas aber ist die Ableitung einer Maßeinheit aus dem Bauwerk selbst und die harmonische Ausführung des Gesamtbaues aus den einzelnen Teilen der Bauglieder.

Dispositio ist die passende Zusammenstellung der Dinge und die durch die Zusammenstellung schöne Ausführung des Baues mit Qualitas[44]. Die Formen der Dispositio, die die Griechen Ideen nennen, sind folgende: Ichnographia, Orthographia, Scaenographia. Ichnographia ist der unter Verwendung von Lineal und Zirkel in verkleinertem Maßstab ausgeführte Grundriß, aus dem (später) die Umrisse der Gebäudeteile auf dem Baugelände genommen werden. Orthographia aber ist das aufrechte Bild der Vorderansicht …"

Kapitel VIII

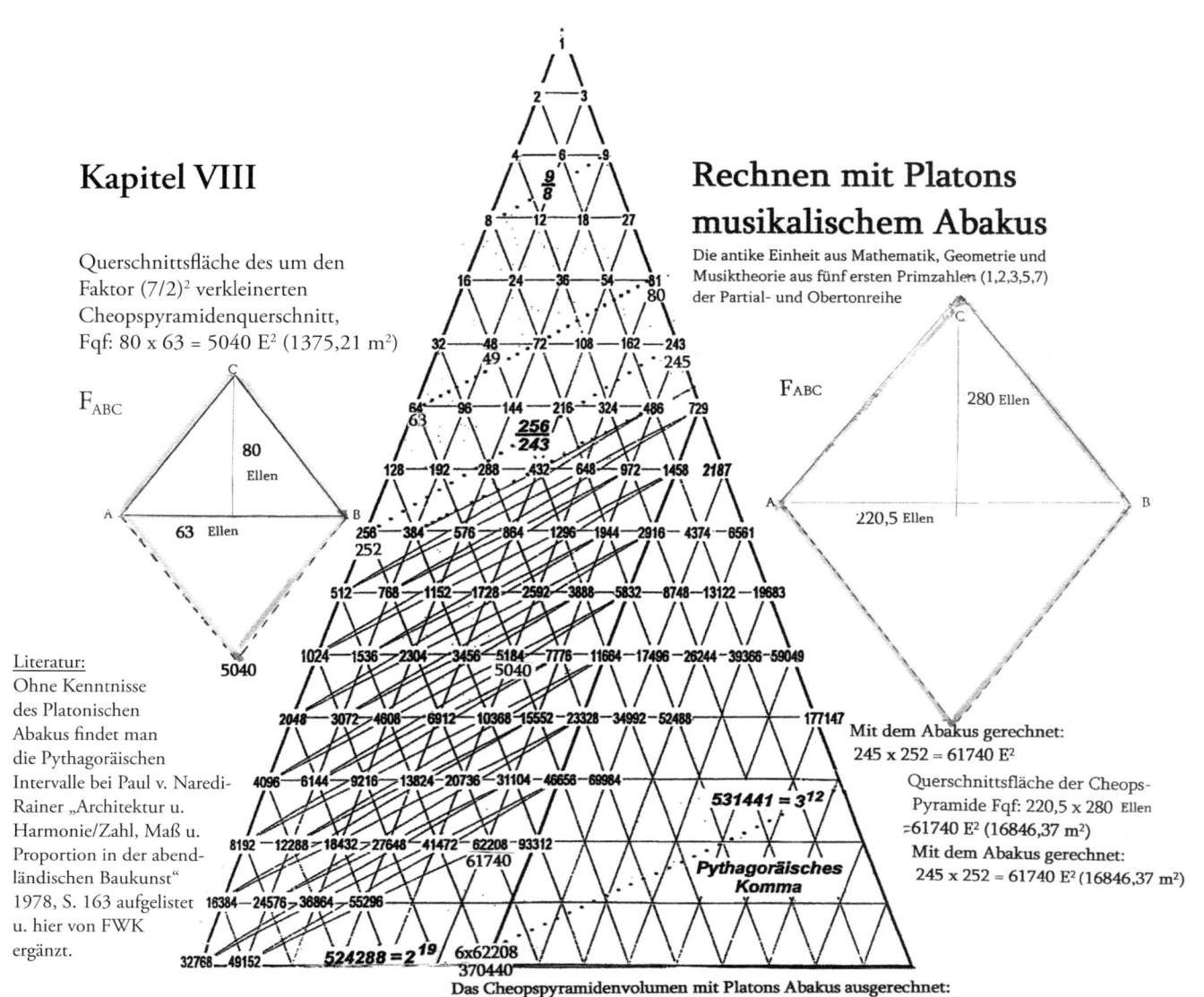

Querschnittsfläche des um den Faktor $(7/2)^2$ verkleinerten Cheopspyramidenquerschnitt, Fqf: $80 \times 63 = 5040$ E^2 (1375,21 m^2)

F_{ABC} — 80 Ellen, 63 Ellen, 5040

Rechnen mit Platons musikalischem Abakus

Die antike Einheit aus Mathematik, Geometrie und Musiktheorie aus fünf ersten Primzahlen (1,2,3,5,7) der Partial- und Obertonreihe

F_{ABC} — 280 Ellen, 220,5 Ellen

Mit dem Abakus gerechnet: $245 \times 252 = 61740$ E^2

Querschnittsfläche der Cheops-Pyramide Fqf: $220,5 \times 280$ Ellen $= 61740$ E^2 (16846,37 m^2)

Mit dem Abakus gerechnet: $245 \times 252 = 61740$ E^2 (16846,37 m^2)

Literatur:
Ohne Kenntnisse des Platonischen Abakus findet man die Pythagoräischen Intervalle bei Paul v. Naredi-Rainer „Architektur u. Harmonie/Zahl, Maß u. Proportion in der abendländischen Baukunst" 1978, S. 163 aufgelistet u. hier von FWK ergänzt.

Zahlen im Abakus: 1; 2—3; 4—6—9; 9/8; 8—12—18—27; 16—24—36—54—81; 80; 32—48—72—108—162—243; 49; 245; 64—96—144—216—324—486—729; 63; **256/243**; 128—192—288—432—648—972—1458—2187; 256—384—576—864—1296—1944—2916—4374—6561; 252; 512—768—1152—1728—2592—3888—5832—8748—13122—19683; 1024—1536—2304—3456—5184—7776—11664—17496—26244—39366—59049; 5040; 2048—3072—4608—6912—10368—15552—23328—34992—52488; 177147; 4096—6144—9216—13824—20736—31104—46656—69984; **531441 = 3^{12}**; 8192—12288—18432—27648—41472—62208—93312; 61740; **Pythagoräisches Komma**; 16384—24576—36864—55296; 32768—49152; **$524288 = 2^{19}$**; $6 \times 62208 = 370440$

Das Cheopspyramidenvolumen mit Platons Abakus ausgerechnet:

61740 E^2 ist die Querschnittsfläche groß. 6 ist Abstand zweier Rautenspitzen im Abakus einander gegenüber. 61740 E$^2 \times 6 = 370440$ E^2

Im Partialtonintervall 48/49 des Abakus ist der Nenner 49 fach von 1 entfernt. Zugerechnet ist das Volumen: $370440 \times 49 = 18151560$ E^3

Da $370440 = 210 \times 294 \times 6$ ist, ist auch $210 \times 294 \times 6 \times 49 = 18151560$ E^3

Wenn zugleich $6 \times 49 = 294$ ist, gilt die Gleichung $210 \times 294^2 = 18151560$ E^3

Da die Tonzahl 294 ein Tritonus (7/5) über 210 ist ($210 \times 7/5 = 294$) gilt die Gleichung $210 \times 210 \times 7/5 \times 210 \times 7/5 = 18151560$ E^3

Platons Abakus bestätigt (s.S.V.) die altägypt. Berechnung (Pyramidioninhalt x Stufenzahl^3) mit Vol.Cheops $210^3 \times 1,96$ E$^3 = 18151560$ E^3

Wie komme ich zu dem Intervall 252/245, dessen Produkt 61740 ist? Ich dividiere 256 durch den Partialton 36/35 und erhalte 252.
256 mal 5 Duodezimen (3) $= 256 \times 3^5 = 62208$. Ich reduziere 62208 wieder um 35/36 und multipliziere mit dem Partialton 49/48. $62208 \times 35/36 \times 4948 = 61740$. Dies bestätigt Platons Abakus: Der Abstand 61740 : 252 ist 245. (Ebenso wie 5040:63 = 80 war).

„Pythagoräische Intervalle		reine Intervalle	Diatonon malakon	P.I. aus Platons Schema errechnet
256:243	Halbton (semitomium)	16:15	21/20	$256 \times (3/2)^5 \times 2^3 = 243$
	kleiner Ganzton (tonus)	10:9	10/9	
9:8	großer Ganzton (tonus)	9:8	8/7	$8 \times (9/8) = 9$
32:27	kleine Terz (semiditonus)	6:5	6/5	$32 \times (3/2)^3 / 2^4 = 27$
81:64	große Terz (ditonus)	5:4	80/63	$81 \times 2^2 / (3/2)^4 = 64$
4:3	Quarte (diatessaron)	4:3	4/3	$4 \times (3/2) / 2 = 3$
729:512	Tritonus (tritonus)	$45:32 \times {}^{225}/_{224} = 7/5 \times$ kl. Tr.;	10/7 gr. Tr.	$729 \times 2^3 / (3/2)^6 = 512$
3:2	Quinte (diapente)	3:2	3:2	$3 / (3/2) = 2$
128:81	kleine Sexte (semitonus et diapente)	8:5 Quinte et 21/20	1,575	$128 \times (3/2)^4 / 2^3 = 81$
27:16	große Sexte (tonus et diapente)	5:3 Sexte et 81/80	27:16	$27 \times 2 / (3/2)^3 = 16$
16:9	kleine Septime (diatessaron^2) (et Did.- Komma 81/80)	9:5	9:5	$16 \times (3/2)^2 / 2^2 = 9$
243:128	große Septime (ditonus et diapente) (minus Did.- Komma 81/80)	15/8 gr.Sept et 64/63	40/21	$243 \times 2^2 / (3/2)^5 = 128$
2:1	Oktave (diapason)	2:1	2:1	$2/1$
9:4	None (diapason et tonus)	9:4 None et 64/63	144/63	$9 / (3/2)^2 = 4$

Milet, antikes Stadtzentrum (nach 479 n. Chr.) – *nasse Strümpfe auswringend*

Gebrauchsanleitung des Platonischen Intervallrechners

Aus dem Lobpreis ägyptischer Mathematik und ihren Rechenbeispielen in den „Nomoi" geht unzweifelhaft hervor, daß Platon den musikalischen Abakus, das Schema in „Tim 35b ff." während seiner Reise in Ägypten kennenlernte. Alle harmonischen Zahlen im Schema sind Vielfache (πολλαπλάσοι, Nikomachos v. Gerasa, „Einf. in d. Arithmetik 1,17, 7; 1,18, 1), Produkte aus Zählern mit Nennern pythagoräischer Intervalle der Gestalt $\frac{(n+1)}{n}$ bzw. deren Kombinationen aus Obertönen drei erster Primzahlen (1, 2, 3) bestehen. Kommen zu den Vielfachen aus 1, 2, 3 in den Zählern weitere Kombinationen mit 5 und 7 in den Nennern dazu, dann entstehen Intervalle aus ägyptischen Tonarten, die Ptolemaios überliefert. Es entstehen, zusätzlich zu 1, 2, 3 mit der 5 das Diatonon Syntonon mit der Quartteilung $\left(\frac{9}{8} \times \frac{10}{9} \times \frac{16}{15} = \frac{4}{3}\right)$, die unserer heutigen reinen Stimmung (ohne die 11) entspricht und das Diatonon Malakon mit der Quartteilung $\left(\frac{8}{7} \times \frac{10}{9} \times \frac{21}{20} = \frac{4}{3}\right)$, das zusätzlich zu 1, 2, 3 mit 5 und 7 heute nicht mehr gebräuchlich ist und ausstarb.

Kehren wir zum Schema zurück und zeigen zunächst die Methode der pythagoräischen Intervallbildung, wie sie ein antiker Musiker, aber auch Architekt vornahm, wie sie bei Vitruv nachzulesen ist. Danach finden wir die Intervalle, in denen auch 5 und 7 vorkommen, und beginnen ab 216 mit der Solmisation des Diatonon Malakon in den Abmessungen der Cheopspyramide: $216 \times \frac{49}{48} = 220,5$. Das ist die Basishälfte der Cheopspyramide mit 220,5 Ellen, und der Oberton $\frac{49}{48}$ ist die Umrechnung des pythagoräischen Intervalls 216 zu der Tonzahl 220,5 im Diatonon malakon (s. S. 134):

Diatonon Malakon

$220,5 \times \frac{8}{7} = 252$, $252 \times \frac{10}{9} = 280$ (280 Ellen ist die Höhe der Cheopspyramide), $280 \times \frac{21}{20} = 294$ (das ist das Zehnfache des attisch-jonischen Fußes von 29,4 cm), $294 \times \frac{9}{8} = 330,75$, $330,75 \times \frac{8}{7} = 378$, $378 \times \frac{10}{9} = 420$ (420 Ellen ist die Basislänge der Pyramide Dahshur-Nord), $420 \times \frac{21}{20} = 441$ (441 Ellen ist die Basislänge der Cheopspyramide). Die Intervalle des Diatonon malakon in der Cheopspyramide sind parallel im Nenner zu den Zählern der pythagoräischen Tonleiter (s. Schema, S. 134) im Abakus kursiv markiert.

Überraschend und erleichtert finden wir die pythagoräischen Intervalle aus ihren Vielfachen! Nehmen wir die Zahl 5184 und fahren mit dem Zeigefinger die rote Linie rechts bis zum Systemrand hoch, so erhalten wir 5184 geteilt durch sechs Oktaven $\left(\frac{5184}{2^6} = 81\right)$. Und gleiten wir mit dem Finger die linke Seite über 5184 hoch, so erhalten wir 5184 geteilt durch vier Duodezimen $\left(\frac{5184}{3^4} = 64\right)$. Da wir nun wissen, daß $81 \times 64 = 5184$ ist, können wir die Produktbildung aus zwei Strängen, die von der Systemgrenze zu den Vielfachen führen, überall leicht und ohne rechnen zu müssen finden. Nur ein Beispiel: $144 = 9 \times 16$, usw.

Umformende Kraft des „syntonischen Kommas" und des „Septimenkommas"

Da wir nun wissen, daß mit dem Diatonon malakon – das gleiche gilt auch für die enharmonische Tonart des Archytas $\left(\frac{5}{4} \times \frac{36}{35} \times \frac{28}{27} = \frac{4}{3}\right)$ – die Fünf und die Sieben zu der pythagoräischen Tonart noch hinzukommen, können wir $\frac{5184}{5040} = \frac{36}{35}$ leicht als den Partialton $\frac{36}{35}$ identifizieren, denn 35 ist 5×7. Auch für 5040 gilt das Zustandekommen aus zwei Strängen, die zum Systemrand führen, 5040, geteilt durch sechs Oktaven $\left(\frac{5040}{2^6} \times \frac{64}{63} = 80\right)$ und geteilt durch vier Duodezimen $\left(\frac{5040}{3^4} \times \frac{81}{80} = 63\right)$. Wie im Handbuch für Musik (S. 89) nachzuschlagen, ist $\frac{64}{63}$ das „Septimenkomma", das den großen Ganzton $\frac{9}{8}$ zum übergroßen im Diatonon malakon erhöht $\left(\frac{9}{8} \times \frac{64}{63} = \frac{8}{7}\right)$, und $\frac{81}{80}$ das „Didymische Komma", das den zweiten Ganzton in Platons pythagoräischer Tonart verkleinert $\left(\frac{9}{8} \times \frac{80}{81} = \frac{10}{9}\right)$ und somit die reine Terz $\frac{5}{4}$ im Diatonon syntonon entstehen lässt $\left(\frac{8}{8} \times \frac{10}{9} = \frac{5}{4}\right)$, also wichtige Mikrotöne, s. hier S. 133. Denn 80×63 ergibt 5040, und 5040 Quadrat-Ellen war der Flächeninhalt der um $\left(\frac{7}{2}\right)^2$ verkleinerten Querschnittsfläche s. S. 78 der Cheopspyramide $\left(280 \times 220,5 = 61740 / \left(\frac{7}{2}\right)^2 = 5040 \, E^2\right)$.

Wir kommen daher aus Platons Intervallrechner mathematisch ebenso zu den originalen Abmessungen der Cheopspyramide (Flächeninhalt = $61740 \, E^2$; Höhe 280 Ellen; Basishälfte 220,5 Ellen, Rücksprung $\frac{80}{63}$ – eine übergroße Terz $\frac{8}{7} \times \frac{10}{9}$ im Diatonon malakon des Ptolemaios – Böschungswinkel arctg $\frac{80}{63} = 51,78°$)

Eine Sensation: Die Maße der Cheopspyramide u. aller ägypt. Pyramiden leiten sich aus der Obertonreihe, dem Pascalschen Dreieck, aus Platons „Nomoi", „Timaios" u. den Übungsaufgaben Pap. Rhind ab.

Das Produkt des pythagoräischen Halbtons 256 x 243 ist 62 208. Ich reduziere im Schema 62 208 um 5 Duodezimen $\left(\frac{62\,208}{3^5} = 256\right)$ und vermindere 256 um $\frac{63}{64} = 252$. Desgleichen reduziere ich 62 208 im Schema um 8 Oktaven $\left(\frac{62\,208}{2^8} = 243\right)$. Nun reduziere ich 252 um $\frac{35}{36}$ und erhalte 245. Dann ist 245 x 252 = 61 740 – das ist der Flächeninhalt 61 740 E² der Cheopspyramide, was sowohl durch 245 Ellen x 252 Ellen = 61 740 E² als auch 220,5 Ellen x 280 Ellen = 61 740 E² ist. Das sind die historisch verbauten und von mir gefundenen neuen Abmessungen.

Damit ist der Nachweis erbracht, daß sämtliche Abmessungen der Cheopspyramide im Platonischen Schema *arithmetisch* aus dem Pascalschen Dreieck, *geometrisch* aus dem Satz des Pythagoras und *musikalisch* aus dem Diatonon malakon hergeleitet vorkommen und daß die Partial- und Obertonreihe Urheber, Wurzel oder Quelle dieser harmonischen Einheit in der Vielheit der ersten fünf Primzahlen ist. Für meine Leser, wenn sie mir bis hierhin geduldig gefolgt sein sollten und immer noch über Platons Zahl 5040 = 7! rätseln, folgt dankbar jetzt noch einmal, zum letzten Mal, Evidenz:

Man wird bemerkt haben, daß im Intervallrechner Platons waagerechte Abstände oder Strecken Quinten (3:2) sind, schräge nach links gerichtete Abstände Duodezimen (3:1) sind und schräge nach rechts gerichtete Abstände Oktaven (2:1). 5040 ist als Vielfache der ersten sieben natürlichen Zahlen eine Fakultätszahl (1 x 2 x 3 x 4 x 5 x 6 x 7 = 5040 = 7!). Fakultätszahlen kommen in der Physik (Doppler-Effekt, Akustik, Sinusfunktionen), Schwingungen der Atome (Chemie), Statistik und Musiktheorie (ganzzahlige Proportionen von Wellenknoten in Sinuskurven usw.) vor. Der sukzessive Aufbau von 7! ist: 1, 2, 6, 24, 120, 720, 5040. Man nehme sich jetzt noch einmal das Platonische Schema (s. nächste Seite) vor und setze den Zeigefinger auf 1.

1 x 1 = 1!; 2 x 1 = 2!; 3! = 6; 4! = 24; 5! 120; 6! = 720; 7! = 5040. Die rote Linie der Vielfachen geht von 1 über 2 zu 3, zu 6 zu 24. Von dort aus wechselt sie zur Zahl 120, die als Nenner unter dem Zähler 108 steht, und 108 verhält sich zu 120 wie $\frac{9}{10}$ (ein unterteiliger kleiner Ganzton im Diatonon syntonon), sodaß der Weg von $\frac{108}{24} = \frac{9}{2}$ ist. $\frac{9}{2}$ x $\frac{10}{9}$ ist aber 5, sodaß wir vom Nenner 120 aus weiterrechnen dürfen, 120 x 6 = 720. Auch diese Zahl steht im Nenner unter 729 und $\frac{729}{720}$ ist das syntonische Komma $\frac{81}{80}$, das 720 zu 729 verhilft, sodaß 120 x 6 x $\frac{81}{80}$ = 729 ist. Wir aber rechnen auf der Basis des Nenners 720 weiter und finden, daß 720 x 7 = 5040 ist, eine Zahl, die als Nenner unter dem Zähler 5184 steht und mit ihm Archytas' Viertelton $\frac{36}{35}$ bildet. Wir haben also 1 x 2 x 3 x 4 x 5 x 6 x 7 = 5040 = 7! als im Schema nachrechenbar und als vorhanden gefunden, ebenso wie $\frac{80}{63}$ im Rücksprung der Cheopspyramide als Vielfache 80 x 63 x $\frac{49}{4}$ = 5040 x $\frac{49}{4}$ = 61 740 E², also die Größe des Pyramidenquerschnitts 220,5 x 280 = 61 740 E² war.

Als sei es des Rechnens noch nicht genug, sei hier noch das Cheopspyramidenvolumen auf eine dritte, bislang unbekannte, aber sofort einsehbare Weise mit Hilfe der Division des Volumens (18 151 560 E³) durch die Querschnittsfläche (61 740 E²) ausgerechnet. 18 151 560 E³/61 740 E² = 294 Ellen.

$$210^2 \times 210 \times \left(\frac{7}{5}\right)^2 = 18\,151\,560$$

Ursache dieser Operation: $\frac{7}{5}$ ist ein kleiner Tritonus im Diatonon malakon:

$$210 \times \frac{7}{5} = 294$$

Das Volumen der Cheopspyramide ist 18 151 560 E³ (2 587 162, 426 m³).

(q.e.d.)

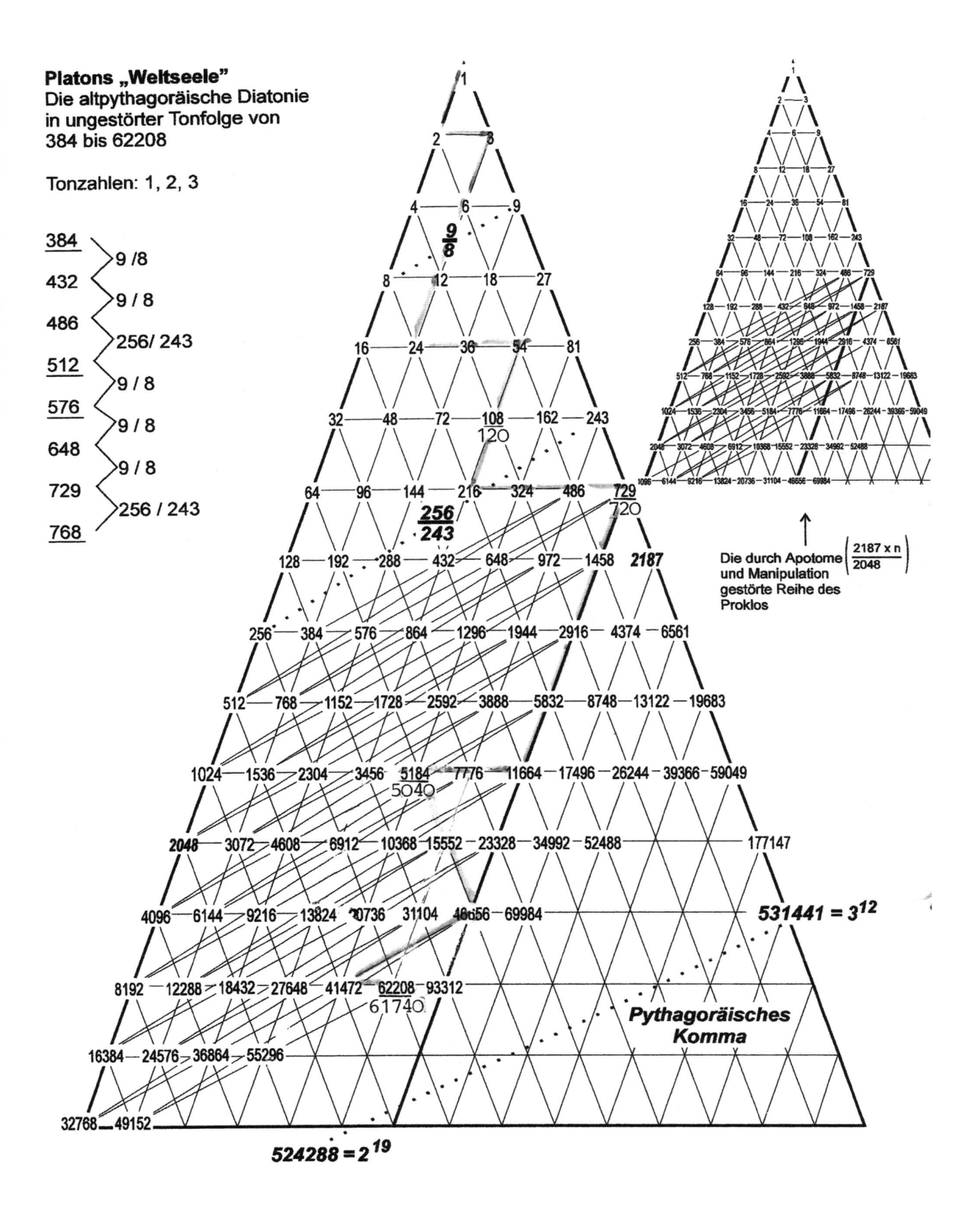

Platons „Weltseele"
Die altpythagoräische Diatonie
in ungestörter Tonfolge von
384 bis 62208

Tonzahlen: 1, 2, 3

- 384 ⎫
- ⎬ 9/8
- 432 ⎫
- ⎬ 9/8
- 486 ⎫
- ⎬ 256/243
- 512 ⎫
- ⎬ 9/8
- 576 ⎫
- ⎬ 9/8
- 648 ⎫
- ⎬ 9/8
- 729 ⎫
- ⎬ 256/243
- 768

$\frac{9}{8}$

$\frac{256}{243}$

2187

Die durch Apotome $\left(\frac{2187 \times n}{2048}\right)$ und Manipulation gestörte Reihe des Proklos

$531441 = 3^{12}$

Pythagoräisches Komma

$524288 = 2^{19}$

Kapitel IX
Die harmonischen Abmessungen aller Pyramidien sind jetzt gefunden!
Ein Erlebnisbericht für Rainer Stadelmann, Jan Assmann und seine Heidelberger Studenten der Ägyptologie

Vorbemerkung: Der Weg vom theoretischen Pyramidion an der Spitze des Pascalschen Dreiecks zum praktisch verbauten Pyramidion führte über die Kombination von Mikrointervallen mit großen Intervallen innerhalb einer Oktave und ausschließlichem Gebrauch der natürlichen Zahlen von 1–10, gemessen in Handbreiten. Nur so konnte die Wahl des Pyramidions nach Größe und Gewicht ganzzahlig eingerichtet und der Stein im Baufortschritt von Stufe zu Stufe mit hochtransportiert werden. Dabei war sein Neigungswinkel identisch mit dem der Pyramide. Die Basisabmessungen variierten zwischen 21, 24, und 25 Handbreit. Es gab auch mehrteilige Pyramidien.

7. – 18.12.2010

Seit ich aus Ägypten zurück bin und mich in die Kälte hier (–13°) kaum eingewöhnt habe, möchte ich Ihnen zu Beginn des Advents erzählen, wie es mir in Kairo am 29.10.2010 ergangen ist. Bevor ich noch den Museumsbesuch wagte, spürte ich doch die Stunde der Wahrheit gekommen, da ich erfahren würde, ob meine schon veröffentlichte Behauptung zuträfe, die Basis des PYRAMIDION AMENEMHET III. (Dahshur) sei nicht 1,87 m, wie mein Rezensent Frank Müller-Römer aus der Literatur behauptete, sondern ich hielt dagegen, sie müsse 1,875 m lang sein, eben weil die Länge 11 x 17 = 187 cm unmöglich aus dem ägyptischen Meß- und Maßsystem abzuleiten ist. Dieses System wie auch das der bei Ptolemaios überlieferten Tonarten, deren Intervalle die Neigungen der Pyramiden hervorbringen, sieht doch nur Kombinationen aus den ersten fünf Primzahlen (1, 2, 3, 5, 7) vor. Und das ist bei 187,5 cm $\frac{3 \times 5^4}{2 \times 5}$ = 187,5 cm der Fall. Die empirische Messung (1,87 m) aus den achtziger Jahren des 19. Jh. war ungenau. Wie tatsächlich in der Literatur angegeben, konnten es nur $3\frac{4}{7}$ Ellen oder $\left(3\frac{4}{7}\right)$ x 7 = 25 ganzzahlige Handbreiten sein, und $3\frac{4}{7}$ Ellen x 0,525 m, errechnet mit dem Metermaß der Königselle, sind 1,875 m.

Nur die Hälfte $\left(12\frac{1}{2} H\right)$ der Basislänge, mit dem Rücksprung $\left(\frac{10}{7}\right)$ multipliziert, keine andere Länge ergab die Höhe von $\left(12\frac{1}{2}\right)$ x $\frac{10}{7}$ = $17\frac{6}{7}$ Handbreit, die den Rücksprung $\left(17\frac{6}{7}\right)/\left(12\frac{1}{2}\right) = \frac{10}{7}$ bestätigte. Er war zugleich Intervall eines großen Tritonus (10:7) in der antiken Tonart Diatonon malakon, die Ptolemaios überlieferte. Teilt man die Gesamthöhe und die Basishälfte von Amenemhet III. (Dahshur), in Handbreit gemessen, durch $17\frac{6}{7}$ H, erhält man ebenfalls $\left(\left(\frac{1000}{7}\right)/\left(17\frac{6}{7}\right)\right)/\left(\left(\frac{700}{7}\right)/\left(17\frac{6}{7}\right)\right) = \frac{10}{7}$ als Rücksprung, der schon beim Betrachten des Bruchs ins Auge springt. Denn der Rücksprung des Pyramidions ist allemal formgebend für den der Pyramide, und beide haben den gleichen, von mir aus der Pythagoras'- und aus der Sin-$\frac{\gamma}{2}$-Probe vorhergesagten Böschungswinkel arctg $\frac{10}{7}$ = 55°. Siehe Kapitel IV, S. 87, das Pyramidion des Amenemhet III. (Dahshur).

Dennoch glaubte ich im Museum ein Examen bestehen zu müssen, und Sie können sich vorstellen, was für Gefühle mich bewegten, ja hinderten, einer Gruppe von Freunden, die die Reise vertrauensvoll mit mir nach Kairo angetreten hatten, am Morgen die Cheopspyramide zu erklären und nachmittags ins Museum zu gehen. Das ehemals vergoldete Pyramidion Amenemhets, sowohl vor Sonnenaufgang als auch nach Sonnenuntergang blitzend, war das erste und letzte Licht, das im antiken Dahshur jedermann in dieser Gegend zu sehen bekam. Diese Vorstellung tröstete mich.

Nachmittags bat ich die Freunde in den ersten Stock des Museums. Sie sollten sich die Schreine des Tutenchamun ansehen. Ich selber schlich die Treppe hinunter unten ins Foyer und dann links geradeaus zu der Stelle, wo sich die Pyramidien befanden. Zum Zeugen der Messung hatte ich meinen griechischen Freund Dr. Konstantin Kokaras gebeten. Schon beim Eintritt ins Museum hatten die Wächter mich durchleuchtet und abgetastet. Einen Fotoapparat und ein metallenes Messband hatte ich nicht, nur ein Messbandröllchen, wie es Schneiderinnen benutzen.

Zum Glück waren an diesem Tag die Passagiere eines großen Kreuzfahrtschiffs im Museum. Wir konnten unbehelligt nachmessen. Ich hielt den Anfang des Meterbandes gegen den Stein, Dr. Kokaras das andere Ende, und von da aus ging es noch einmal zur Seite ins Ungewisse. Die Basislänge des dunklen, polierten und mit der Kartusche des Amenemhet III. weiß ausgehämmerten Pyramidions war 187,5 cm. Auch die genaue Böschungslänge war in der Mitte der Seitenflächen meßbar. Auch sie war 1,63 m lang, wie von mir vorausgesagt. Die Enden der Basiskanten waren vom Sturz des Steins von der Pyramide herab beschädigt, aber ich sah die Fortsetzung der vier Kanten, in der Luft verlängert, dort auf der Linie, wo sich die Podestkante aus zwei

Hölzern mit der Gehrung von 45° trafen. Ich konnte also die Abstände auch auf der Tischplatte messen, auf dem das Pyramidion ruhte. Es blieb bei 187,5 cm.

Es hat im 20. Jh. so gute Vermessungskünstler gegeben, Maragioglio-Rinaldi und Cole bei Ludwig Borchardt, um nur zwei Namen zu nennen. Warum lernten sie nichts aus ihren Abtastungen mit dem großen Stechzirkel? Warum stellten sie nur Distanzen fest, an denen wiederum Ägyptologen im 21. Jahrhundert wie Graefe und Müller-Römer blind festhielten, mich angriffen, ohne sich dabei – wie ich mehrfach anmahnte – mit den Vorgaben und Konsequenzen des ägyptischen Meß- und Maßsystems beschäftigen zu wollen?

Was also lernen wir? Ich habe (öffne: http:archiv.ub.uni-heidelberg.de/propylaeum-dok/volltexte, 405, 588, 629 in den Jahren 2009 und 2010) mit Hilfe der Pythagoras'- und der Sinus-$\frac{\gamma}{2}$-Probe die Querschnitte von 29 Pyramiden veröffentlicht, sie überprüft und konnte aus vorhandenen unbrauchbaren Werten die genauen Maße baubarer Pyramiden, d. h. die jener ursprünglich geplanten Pyramiden, rekonstruieren, deren vier Kanten sich tatsächlich in der Spitze des Pyramidions getroffen hätten. Denn aus den bisherigen Werten der Liste hätte man mindestens 19 Pyramiden nicht bauen können, weil die Neigungswinkel nicht die richtigen Böschungslängen hervorbrachten und umgekehrt. *Daraus folgt nun, daß auch die Pyramidions, als Spitze und berechenbarer Teil dieser Pyramiden, über ebenso genaue Werte verfügen müssen, die in Neigung und Größe kompatibel mit dem Pyramidenstumpf sein müssen, auf dem sie sitzen. Das bedeutet: Sie können berechnet werden!* Dazu gehört zwingend, daß die Rücksprünge und damit Neigungswinkel der Pyramiden, die sich aus Teilern der Zahl 5040 ergaben (5040 = 1 x 2 x 3 x 4 x 5 x 6 x 7 = 7!), die Platon aus Ägypten nach Athen mitbrachte und mannigfach in den „Nomoi" (737 ff.) erwähnt, auch in den Basislängen *aller* ägyptischer Pyramidions auftauchen müssen, denn nur Produkte und Stammbrüche der Primzahlen 1, 2, 3, 5, 7 wurden im ägyptischen Meß-Maßsystem für die äußere Kontur bzw. den Umriß der Pyramidenbauten verwendet.

Folgende Liste Platons zeigt die Basislängen der Pyramidions, gemessen in Ellen (Meter) und in Handbreit. Die empirischen Abmessungen von Klein- und Kleinstpyramiden von 1–20 Handbreit sind mir nicht bekannt, aber mit Großpyramiden ab 37,5 Meter Höhe (Chendjer), also ab einer Pyramidionbreite von 3 Ellen (1,575 m), 21 Handbreit, bis einschließlich $3\frac{4}{7}$ Ellen (1,875 m), 25 Handbreit, wird man in Platons Liste mit genauen Pyramidionbasislängen, gemessen in zumeist ganzzahligen Handbreit, fündig.

In 29 Großyramiden haben die Ägypter aus Intervallen verwendeter Tongeschlechter Neigungen eingebaut, die architektonisch ebenfalls aus den musikalischen Proportionen fünf erster Primzahlen bestehen, und ebenso haben sie solche Normgrößen für das Pyramidion eingeführt. Platons aus Ägypten überlieferte Zahl 5040 liefert in ihren ganzzahligen Teilern nicht nur die Höhen- und Basislängen einzelner Pyramiden sowie ihre Rücksprünge, sondern auch auf der rechten Seite die im Meß- und Maßsystem auftretenden *genauen Pyramidionbasislängen in Ellen (Metern) und in Handbreit*.

Liste möglicher und tatsächlich vorhandener Pyramidions. Nach Platon „Nomoi" 737 ff.

1.) *7! = 5040 x 1* → *5040 E²* = Fläche eines Rechtecks von 80 Ellen Höhe und von 63 Ellen Breite,
2.) 7! = 2520 x 2   dessen Diagonale den Böschungswinkel arctg $\frac{80}{63}$ = 51,78° der
3.) 7! = 1680 x 3   Cheopspyramide bildet
4.) 7!= 1260 x 4
5.) 7! = 1008 x 5
6.) 7! = 840 x 6
7.) 7!= 720 x 7
8.) 7! = 630 x 8
9.) 7!= 560 x 9
10.) 7!= 540 x 10
11.) 7! = *420* x 12 → *420* Ellen ist die Basis von Dahshur-Nord lang
12.) 7! = *360* x 14 → *360* Ellen ist die Basis der Knickpyramide lang
13.) 7!= 336 x 15
14.) 7!= 315 x 16
15.) 7! = *280* x 18 → *280* Ellen ist die Höhe der Cheopspyramide
16.) 7! = 252 x 20

17.) 7! = 240 x *21* → *21* Handbreit = 3 Ellen (1,575 m) ist die Pyramidionbasis von 25 Pyramiden
18.) 7! = 210 x *24* → *24* Handbreit = $3\frac{3}{7}$ Ellen (1,80 m) ist die Pyramidionbasis von Niuserre
18a) 7! = $201\frac{3}{5}$ x *25* → *25* Handbreit = $3\frac{4}{7}$ Ellen (1,875 m) ist die Pyramidionbasis von Amenemhet III.
19.) 7! = 180 x 28 (Dahshur und Hawara), Chendjer und Mazghuna-Süd
20.) 7! = 168 x 30
21.) 7! = 144 x 35
22.) 7! = *140 x 36* → *140* Ellen ist die Basis der Pyramide des Userkaf lang
23.) 7! = 126 x 40
24.) 7! = 120 x 42
25.) 7! = *112 x 45* → *112* Ellen ist die Höhe der Pyramide des Amenemhet I.
26.) 7! = 105 x 48
27.) 7! = 90 x 56
28.) 7! = *84 x 60* → $\frac{7}{5}$ Rücksprung Neferirkare, Amenemhet I. und II.
29.) 7! = *80 x 63* → $\frac{80}{63}$ Rücksprung Meidum, Cheopsyramide, Königsgr. A. Sahure, Djedkare

Es gibt unter den 29 Pyramiden in der Liste Dieter Arnolds („Lexikon der ägyptischen Baukunst", S. 200) zahlreiche baugleiche Pyramiden (Dubletten). Chendjer und Mazghuna-Süd z. B. enthalten darüber hinaus genaue Hälften der Abmessungen von Amenemhet III. (Dahshur), so daß von einer Serienproduktion auch der Pyramidions mit Normgrößen auszugehen ist. Sie war nicht abhängig von der Pyramidengröße, sondern einheitlich normiert und vorgeschrieben. Dieser praktischen Maßnahme entsprechend wurden die Maße der Pyramidions ausgewählt und beibehalten, weil sie sich, ebenfalls nur aus Produkten fünf erster Primzahlen ausgelegt, ganzzahlig und in Handbreit vermessen, im Baufortschritt als Eichstein theoretischer Stufenhöhen einmeßbar bewährt hatten und als Schlußstein die jeweilige harmonische Pyramidenform vollendeten. Vermutlich wurden sie dem Pharao vor Baubeginn präsentiert, so daß also das eintrat, was Aristoteles in seiner Prinzipienlehre der „Metaphysik" ὕστερον πρότερον nennt, „das Spätere zuerst". Aus Gewichtsgründen durfte ein Pyramidion nicht zu groß und aus Gründen der einmeßbaren Formverlängerung zur ganzen Pyramide nicht zu klein sein, um schließlich unbeschädigt, vermutlich gut verpackt, im Baufortschritt Jahre lang von Stufe zu Stufe mithochgehoben zu werden. Die Normgrößen ihrer Basislängen lagen exakt und *ganzzahlig leicht einzumessen* zwischen 21 Handbreit und 25 Handbreit, also zwischen 3 Ellen (3 x 0,525 m = 1,575 m) und $3\frac{4}{7}$ Ellen (1,875 m). Eine Basis von 22 Handbreit kam für das Pyramidion nicht in Betracht, weil die Primzahl 11, (2 x 11 = 22), in keinem der Rücksprünge vorkommt. Ebenso können 23 Handbreit und 26 Handbreit nicht auftreten, weil die Primzahlen 23 und 26 = 2 x 13 sich aus Höhen und Basen, in denen sie vorkommen können, in den Rücksprüngen jeweils zweier aufeinander folgender Dreieckszahlen (S_n/S_{n-1}) stets herauskürzen und, ebenso wie die 11, nicht vorgesehen sind. Das ägyptische Meß- und Maßsystem für die Formgebung des Pyramidenumrisses enthält nur fünf erste Primzahlen (1, 2, 3, 5, 7). (S. dazu mein Buch „Der Klang der Pyramiden", S. 91) Überall dort, wo im Papyrus Rhind und Tourajew von Pyramiden die Rede ist, treten nur diese fünf ersten Primzahlen auf.

Die praktisch eingebauten Pyramidionbasen verbleiben also innerhalb der Grenzen von 21 und 25 Handbreit, so auch die Länge von 24 Handbreit. Die Fakultätszahl 4! = 24 = 1 x 2 x 3 x 4 indessen enthält nur Produkte aus der 1, 2 und 3 und kommt mit diesen Primzahlen in der pythagoräischen großen Terz $\left(\frac{81}{64}\right) = \left(\frac{9}{8}\right)^2$ im Rücksprung der Pyramide des Niuserre vor. Sie findet in der Tonart Platons $\left(\text{Diatonon ditonaion } \frac{9}{8} \times \frac{9}{8} \times \frac{256}{243} = \frac{4}{3}\right)$ Anwendung, die man noch heute, mittelalterlich *a capella* singend so mit dem schmaleren Halbton $\left(\frac{256}{243} = 1{,}053 \text{ statt } \frac{16}{15} = 1{,}066 \text{ in der reinen Stimmung}\right)$ intoniert und die in jedem Synthesizer gespeichert ist. Mit dieser Tonart im diatonischen Tongeschlecht hat Platon in („Timaios" 35 a ff.) die Harmonie der Sphären begründet. Die Pyramide des Niuserre, knapp 50 Meter hoch, besaß ein Pyramidion mit der Basislänge von $3\frac{3}{7}$ Ellen oder 24 Handbreit, eine Höhe von $\frac{243}{112}$ Ellen oder $15\frac{3}{16}$ Handbreit. Sie hatte ein Pyramidionvolumen von $\frac{2916}{343}$ Kubikellen und erzeugte mit seiner Höhe m der Pyramide, $\left(95\frac{23}{224}\right)/\left(\frac{243}{112}\right) = 43\frac{5}{6}$, eine Stufenzahl $\left(43\frac{5}{6}\right)$, ein Pyramidenvolumen von $\left(43\frac{5}{6}\right)^3 \times \left(\frac{2916}{343}\right) = 715\,989{,}8965 \text{ E}^3$ (s. S. 7 und S. 147).

Liste der Pyramidenabmessungen — Liste der Pyramidionabmessungen — Liste der Pyramideninhalte in E³ u. m³

Verwendetes Ellenmaß	Basislängen in Ellen u. (Metern)	Pyramidenhöhen	Rücksprünge einer Pyramidenhöhe H/(B/2)	Zahlen der Stufen mit Pyramidionhöhe	Pyramidionbasislängen in E, Handbreit H und (m)	Pyramidionhöhen in E, Handbreit (H)	Neigung in Grad	Pyramidonvolumen (E³)	Pyramidenvolumina von 29 altägyptischen Pyramiden in Kubikellen (E³) u. in (m³)	
(0,525 m)	276 E (144,9 m)	175 5/21 E (92 m)	80/63	MEIDUM 276/3 = 92 Stufen	3 E, 21 H, (1,575 m)	40/21 E; 13 1/3 H, (1 m)	51,78°	40/7 x 92³ =	31 147 520/7 E³	(643 877,64 m³)
(0,52236 m)	441 E(230,36 m)	280 E (146,26 m)	80/63	CHEOPS 441/3 =147 Stufen	3 E, 21 H, (1,567 m)	40/21 E; 13 1/3 H,(0,99 m)	51,78°	40/7 x 147³=	18 151 560 E³	(2 587 162,426 m³)
(0,525 m)	210 E (110,25 m)	133 1/3 E (70 m)	80/63	KÖNIGSGR.(A) 210/3 = 70 Stufen	3 E, 21 H, (1,575 m)	40/21 E; 13 1/3 H, (1 m)	51,78°	40/7 x 70³ =	1 960 000 E³	(283 618,125 m³)
(0,525 m)	150 E (78,75 m)	95 5/21 E (50 m)	80/63	SAHURE & DJEDKARE 150/3 =50 St	3 E, 21 H, (1,575 m)	40/21 E; 13 1/3 H, (1 m)	51,78°	40/7 x 50³ =	5 000 000/7 E³	(103 359,375 m³)
(0,525 m)	110 E (57,75 m)	82,5 E (43,3125 m)	3/2	UNAS 10/3 = 36 2/3 St	3 E, 21 H, (1,575 m) 2¼ E;	15 3/4 H, (1,18125 m)	56,30°	6¾ x (36 2/3)³ =	332 750 E³	(48 149,96484 m³)
(0,525 m)	210 E (110,25 m)	140 E (73,5 m)	4/3	KÖNIGSGRAB (C) 210/3 = 70 St.	3 E, 21 H, (1,575 m)	2 E, 14 H, (1,05 m)	53,13°	6 x 70³ =	2 058 000 E³	(297 799,031 m³)
(0,525 m)	410 E (215,25 m)	273 1/3 E(143,5 m)	4/3	CHEPHREN 10/3 =136 2/3 St.	3 E, 21 H, (1,575 m)	2 E, 14 H, (1,05 m)	53,13°	6x (136 2/3)³ =	137 842 000/9 E³	(2 216 240,906 m³)
(0,525 m)	140 E (73,5 m)	93 1/3 E (49 m)	4/3	USERKAF 140/3 = 46 2/3 St.	3 E, 21 H, (1,575 m)	2 E, 14 H, (1,05 m)	53,13°	6x (46 2/3)³ =	5 488 000/9 E³	(88 236,75 m³)
(0,525 m)	125 E (65,625 m)	83 1/3 E (43,75 m)	4/3	NEFERERFRE 125/3 =41 2/3 St.	3 E, 21 H, (1,575 m)	2 E, 14 H, (1,05 m)	53,13°	6x (41 2/3)³ =	3 906 250/9 E³	(62 805,17578 m³)
(0,525 m)	150 E (78,75 m)	100 E (52,5 m)	4/3	TETI & PEPI II. 150/3 = 50 St.	3 E, 21 H, (1,572 m)	2 E, 14 H, (1,05 m)	53,13°	6x 50³ =	750 000 E³	(108 527,3438 m³)
(0,524 m)	150 E (78,6 m)	100 E (52,4 m)	4/3	PEPI I. 150/3 = 50 St.	3 E, 21 H, (1,572 m)	2 E, 14 H, (1,048 m)	53,13°	6x 50³ =	750 000 E³	(107908,368 m³)
(0,525 m)	175 E (91,875 m)	116 2/3 E (61,25 m)	4/3	MERENRE 75/3 =58 1/3 St.	3 E, 21 H, (1,575 m)	2 E, 14 H, (1,05 m)	53,13°	6x (58 1/3)³ =	10 718 750/9 E³	(172 337,4023 m³)
(0,525 m)	175 E (91,875 m)	116 2/3 E (61,25 m)	4/3	UNBEKANNT 75/3 =58 1/3 St.	3 E, 21 H, (1,575 m)	2 E, 14 H, (1,05 m)	53,13°	6x (58 1/3)³ =	10 718 750/9 E³	(172 337,4023 m³)
(0,525 m)	200 E (105 m)	175 E (91,875 m)	7/4	DJEDEFRE 200/3 =66 2/3 St.	3 E, 21 H, (1,575 m) 2 5/8 E;	18 3/8 H, (1,378125 m)	60,25°	7 7/8 x (66 2/3)³ =	7 000 000/3 E³	(337640,625 m³)
(0,525 m)	200 E (105 m)	140 E (73,5 m)	7/5	NEFERIRKARE 200/3 =66 2/3 St.	3 E, 21 H, (1,575 m) 21/10 E;	14 7/10 H,(1,1025 m),	54,46°	6 3/10 x (66 2/3)³=	5600 000/3 E³	(270112,5 m³)
(0,525 m)	160 E (84 m)	112 E (58.8 m)	7/5	AMENEMHET I. 160/3 =53 1/3 St.	3 E, 21 H, (1,575 m) 21/10 E,	14 7/10 H,(1,1025 m),	54,46°	6 3/10 x (53 1/3)³ =	2 867 200/3 E³	(138 297,6 m³)
(0,525 m)	160 E (84 m)	112 E (58.8 m)	7/5	MENEMHET II. 160/3 =53 1/3 St.	3 E, 21 H, (1,575 m) 21/10 E,	14 7/10 H,(1,1025 m),	54,46°	6 3/10 x (53 1/3)³ =	2 867 200/3 E³	(138 297,6 m³)
(0,525 m)	200 E (105 m)	116 2/3 E (61,25 m)	7/6	SESOSTRIS I.& III. 200/3 =66 2/3 St	3 E, 21 H, (1,575 m)	7/4 E, 12 1/4 H, (0,91875 m)	49,4°	5 1/4 x (66 2/3)³ =	14 000 000/9 E³	(225 093,75 m³)
(0,525 m)	200 E (105 m)	93 1/3 E (49 m)	14/15	SESOSTRIS II. 200/3 =66 2/3 St.	3 E, 21 H, (1,575 m)	14/15 E, 9 4/5 H, (0,735 m)	43,02°	4 1/5 x (66 2/3)³ =	112 00 000/9 E³	(180075 m³)

Vier Pyramiden gemäß Amenemhet IIIa. (Dahshur) enthalten Siebtel im Nenner des Rücksprungs (n/7) und sind hier kursiv gesetzt. Weil in der Höhe (142 6/7 E) wie im Rücksprung (10/7) Siebtel auftauchen, wächst die Pyramidonbasis von 3 E (1,575 m) auf 3 4/7 E (1,875 m), von 21 H auf 25 H. Das Pyramidion von Amenemhet IIIa. (Dahshur) steht im Museum zu Kairo.

(0,525 m)	*200 E (105 m)*	*142 6/7 E (75 m)*	*10/7*	*AMENEMHET IIIA. 200/3 4/7= 56 St.*	*3 4/7 E, 25 H,(1,875 m),*	*125/49 E, 17 6/7 H, (7556 m) 55°*		78125/7203 x 56³	= 40 000 000/21 E³	*(275 625 m³)*
(0,525 m)	*100 E (52,5 m)*	*71 3/7 E (37,5 m)*	*10/7*	*CHENDJER 100/3 4/7 = 28 St.*	*3 4/7 E, 25 H,(1,875 m),*	*125/49 E, 17 6/7 H, (7556 m) 55°*		78125/7203 x 28³	= 5 000 000/21 E³	*(34 453,125 m³)*
(0,525 m)	*100 E (52,5 m)*	*71 3/7 E (37,5 m)*	*10/7*	*MAZHGUNA-S. 100/3 4/7 = 28 St.*	*3 4/7 E, 25 H,(1,875 m),*	*125/49 E, 17 6/7 H, (7556 m) 55°*		78125/7203 x 28³	= 5 000 000/21 E³	*(34 453,125 m³)*
(0,5075 m)	*200 E (101,5 m)*	*114 2/7 (E (58 m)*	*8/7*	*AMENEMHET IIIB. 200/3 4/7= 56 St*	*3 4/7 E, 25 H,(1,18125 m)*	*100/49 E, 14 2/7 H,(1,1128 m) 48,81°*		6250/7203 x 56³	= 32 000000/21 E³	*(199 176 5/6 m³)*
(0,525 m)	360 E (189 m)	200 E (105 m)	10/9	KNICKPYRAMIDE 360/3 =120 St.	3E, 21 H, (1,575 m)	5/3 E, 11 2/3 H, (0,875 m),	48,01°	5 x 120³	= 8 640 000 E³	(1250235 m³)
(0,525 m)	210 E (110,25 m)	100 E (52,5 m)	20/21	KÖNIGSGRAB (B) 210/3 = 70 St.	3E, 21 H, (1,575 m)	10/7 E, 10H, (0,75 m)	43,60°	4 2/7 x 70³	= 1 470 000 E³	(212 713,5938 m³)
(0,525 m)	420 E (220,5 m)	200 E (105 m)	20/21	DAHSHUR-N, 420/3 = 140 St.	3E, 21 H, (1,575 m)	10/7 E, 10H, (0,75 m)	43,60°	4 2/7 x 140³	=11 760 000 E³	(1701708,75 m³)
(0,5275 m)	200 E (105,5 m)	125 E (65,9375 m)	5/4	MYKERINUS 200/3 =66 2/3 St	3E, 21 H, (1,5825 m)	15/8 E, 13 1/8 H (0,9890625 m),	51,34°	45/8 x (66 2/3)³	= 5 000 000/3 E³	(244 633,6198 m³)
(0,525 m)	150 2/7 E (78,9 m)	95 23/224 E (49 1189/1280 m)	81/64	NIUSERRE (150 2/7/3 3/7)= 43 5/6 St.	3 3/7/E, 24 H, (1,8 m)	243/112 E, 15 3/16 H, (0,1390625 m), 51,69°		(2916/343) x (43 5/6)³	= 715 989 1793/2000 E³	(103 605,9755 m³)

147

Dies ist die altägyptische Berechnung des Volumens der Pyramide NIUSERREs aus der Formel: „Stufenzahl³ x Pyramidionvolumen = Pyramidenvolumen". Unsere heutige Berechnung kommt zum gleichen Ergebnis: „Pyramidenvolumen = $\frac{1}{3}$ Höhe x Basis²":
$\frac{1}{3}$ x $\left(95\frac{23}{224}\right)$ x $\left(150\frac{2}{7}\right)^2$ = 715 989,8965 E³ (103 605,9755 m³).

Die Normierungen der Pyramidionabmessungen

Wie aus der beiliegenden Liste der Pyramidionabmessungen hervorgeht, haben gleich 25 Pyramidien eine Basislänge von 21 Handbreit. Empirisch nachmessbar sind einige, z. B. Rainer Stadelmanns ausgegrabenes Pyramidion von Dahshur-Nord. Die vier Pyramidien Amenemhet III. (Dahshur) und (Hawara), Chendjer und Mazghuna-Süd haben eine Basislänge von 25 Handbreit. Das Pyramidion Amenemhets III. (Dahshur) fand ich mit diesem Maß (25 Handbreit) im Ägyptischen Museum zu Kairo.

Als ich zu meinen Freunden wieder nach oben entgegenging, Wogen von Japanerinnen mit meinen Händen in Schwimmbewegungen behutsam teilend und ebenso lächelnd, erfüllte mich doch die Zuversicht, ihnen mein Erlebnis mitteilen zu dürfen, und ich sende heute die komplette Liste. Sie war mit Hilfe der Rücksprünge aus meinen korrigierten Angaben der Arnoldschen Liste leicht herzustellen und mathematisch wie musikalisch korrekt abzuleiten. Die Maße der Pyramidien sind jetzt so verbindlich wie die Abmessungen der 29 Pyramiden selbst. Pyramidions mit Basislänge über 25 Handbreit wurden für den Transport von Stufe zu Stufe zu schwer! Nur mit den erwähnten Maßen und keinen anderen konnten die Pyramiden und ihre Pyramidions gebaut werden. Abweichungen davon hätten beim Baufortschritt dazu geführt, daß sich die vier Kanten nicht in der Spitze getroffen hätten. Daß die Kanten sich aber getroffen haben, verdanken sie der Auswahl n-erster fünf Primzahlen (1, 2, 3, 5, 7) in ihren Abmessungen.

Wenn Sie bei der Lektüre dieses immer trockener werdenden Erlebnisberichtes nicht bis hierhin kamen und müde vorausblätternd auf diese Auszeichnung in Großschrift stoßen, es ist schließlich bald Weihnachten und Sie sollen nicht im Zahlenmeer versinken, so schicke ich Ihnen ein Zitat aus Rilkes Briefen (an Fürstin Marie von Thurn und Taxis-Hohenlohe am 17.11.1912), was Sie, das sage ich voraus, sofort aufmerksam machen wird, denn so ungefähr sieht das Kar – ich meine das an einer Felswand endende Tal – musikliebender Künstler aus, die nicht in die mathematisch-physikalisch-schönen Grundlagen der Musik eingeweiht sind, ihr Gesetzmäßiges aber allenthalben spüren:

Rilke schreibt im zweiten Band seiner Briefe (S. 375) im „Insel"-Taschenbuch (865) über den französischen Autor Fabre d'Olivet:

„Kurz, es stehen da merkwürdige und nachdenkliche Dinge. Es ist nicht ausgeschlossen, daß Fabre d'Olivet, wenigstens ein Stück lang, auf einer alten *via sacra* vorwärts kam, in einer sehr direkten und bedeutenden Richtung. Was er von der Musik sagt, ihrer Rolle bei den alten Völkern, mag auch im Recht sein, – daß das Stumme in der Musik, wie soll ich sagen, ihre mathematische Rückseite, das durchaus lebensordnende Element z. B. noch im chinesischen Reiche war, wo der für das ganze Kaisertum angenommene Grundton (dem Fa entsprechend" – ich (F.W.K.) schreibe dazu: „Do, re, mi, *fa,* so, la", ist, solmisiert, c, d, e, *f,* g, a, –) die Großheit eines obersten Gesetzes hatte, so sehr, daß das Rohr, das diesen Ton erzeugte, als Maßeinheit, seine Fassungsmenge als Raumeinheit usw. ausgegeben wurde und von Herrschaft zu Herrschaft in Geltung blieb. Musik war jedenfalls in alten Reichen etwas namenlos Konservatives, wo manches zu erfahren wäre, was mit meinem Gefühl, Musik gegenüber, zu tun hat, ich meine, diesem äußerst unberechtigten, rudimentären Gefühl eine Art nachträglichen Stammbaums lieferte: daß diese wahrhaftige, ja diese einzige Verführung, die Musik ist, (nichts ver-führt doch sonst im Grunde) nur so erlaubt sein darf, daß sie zur Gesetzmäßigkeit verführe, zum *Gesetz selbst.* Denn in ihr allein tritt der unerhörte Fall ein, daß das Gesetz, das doch sonst immer befiehlt, flehentlich wird, offen, unendlich unser bedürftig. Hinter diesem Vorwand von Tönen nähert sich das All, auf der einen Seite sind wir, auf der anderen Seite durch nichts abgetrennt als durch ein bisschen gerührte Luft, aufgeregt durch uns, zittert die Neigung der Sterne. Darum besticht mich so, Fabre d'Olivet zu glauben, daß nicht allein das *Hörbare* in der Musik entscheidend sei, denn es kann etwas angenehm zu hören sein, ohne daß es *wahr* sei; mir, dem es überaus wichtig ist, daß in allen Künsten nicht der Anschein entscheidet, ihr ‚Wirken' (nicht das sogenannte ‚Schöne'), sondern die tiefste innere Ursache, das vergrabene Sein, das diesen Anschein, der durchaus nicht gleich als Schönheit muß einsehbar werden, hervorruft, – mir würde es verständlich sein, daß man in den Mysterien eingeweiht wurde in die *Rückseite der Musik,* in die selige Zahl, die sich dort teilt und wieder zusammennimmt und aus dem unendlich Vielfachen in die Einheit zurückfällt, und daß, wenn man das einmal wusste und verschwieg, das Gefühl, so nahe am Untrübbaren dahinzuleben, nicht ganz wieder zu vergessen war (wie immer sich im übrigen das Schicksal verhielt). –"

Ich bin hier – auch sprachlich – hilflos und möchte nicht einen schönen Text profanieren, der die Form der Wahrheit ahnt, aber ihren Inhalt nicht kennt. Auch bringt mich mein kaltes Arbeitszimmer oder ein Nachbeben des Erlebnisses, sämtliche verschwundene Pyramidions wieder zutage gefördert zu haben, zum Erzittern. Der Gewinn für die Ägyptologie zeichnet sich wie ein Gewitter am Horizont ab. Es wird reinigen. Der mystische Spuk um die Cheopspyramide wird zwar nicht verschwinden, aber es wird kein esoterisches Wasser mehr für den esoterischen Efeu da sein, den man seit Jahrhunderten nahezu schon sichtbar die Stufen hochklettern sieht.

s. Anhang 4

Die Mathematik, das filigrane leere Geäst vor dem Schnee, die weiße „Rückseite der Musik" hat es nun doch fertiggebracht, eine angewandte Ordnung im Pyramidenbau zu wiederzufinden, die nicht hypothetisch Menschenwerk ist, sondern musikalisches Gesetz. Es schadet ihm nichts, wenn wir vergessen haben, was die Antike noch wusste. Anthropomorph gesprochen, läge es der Natur fern, Rilke beizustimmen, der doch so liebenswürdig das „vergrabene Sein" von „Gefälligkeit" fernhalten will. Immer auf die gleiche Weise und selbst unverstanden dient sie uns mit ihrer Schönheit in jeder ihrer Formen – akustisch, ästhetisch und musikalisch.

Das Gesetz ist bei Platon „Epinomis" (990 E) und „Timaios" (35 a ff.) zu finden (s. mein Buch S. 73, 51–55, 75, 282–285, 302–308), nämlich in der Ableitung der „Naturtöne", die wir heute „Partial- und Obertonreihe" nennen und es akustisch-physikalisch korrekt, die wechselseitige und fortgesetzte Anwendung des *arithmetischen* Mittels $\left(\frac{a+b}{2}\right)$, Quinte (3:2 bzw. Abstand der Töne C-g) oder Dominante genannt, wenn a = 1 ist und b = 2 ist, $\left(\frac{(1+2)}{2} = \frac{3}{2}\right)$, und des *harmonischen* Mittels $\left(\frac{2ab}{(a+b)}\right)$, Quarte (4:3 bzw. Abstand der Töne C-f) oder Subdominante genannt, wenn a = 1 ist und b = 2 ist, $\left(\frac{2 \times 1 \times 2}{(1+2)} = \frac{4}{3}\right)$, jeweils auf die Klangglieder der Oktave (2:1 bzw. C-c), auch Tonika oder Grundton genannt. Die Folge Subdominante, Dominante und Tonika sind harmonische Prinzipien der Kadenz und der Tonalität überhaupt. Sie sind selber noch nicht Musik, aber doch die harmonische Bedingung, unter der die musikalischen Einfälle, die Melodien, stehen und entstehen. Das *geometrische* Mittel $(a \times b)^{1/2}$ und der *goldene Schnitt* $\left(g = (\sqrt{5}-1)/2\right)$ müssten noch erwähnt werden.

Da Sie wahrscheinlich mein Buch nicht bis in Einzelne lesen konnten, schauen Sie sich bitte die Seiten 241 ff. an, damit Sie von einem Altertumswissenschaftler B. L. Waerden erfahren können, daß die musikalische Mittelbildung in präzise meßbaren ganzzahligen Abständen in der Antike zur Einteilung der Oktave in Quinte und Quarte und zur weiteren Unterteilung der Tonleiter in Ganz- und Halbtöne und in alle möglichen konsonanten und dissonanten Intervalle führte und die gemäß der von mir festgestellten Intervalle auch in den Pyramiden und in ihren Pyramidions verbaut wurden. Daß die Mittelbildung in der Antike, die Strecken proportionierte, Frequenzen, die ihnen linear waren, nicht messen konnte, ist ohne Belang, da sie alle Töne zwischen hohem und tiefem Summen durch Proportionen halb- oder voll- bzw. teilgefüllter Gläser erzeugen konnten. Strecken, auf die gleiche Weise in die Anzahl von Schwingungen (Hz/sec) versetzt, sind Töne und Intervalle, die als Grundinventar aller möglichen Harmonien und Rhythmen in musikalischen und architektonischen Kompositionen dienen. Den Strecken aber, die sich dem heutigen Betrachter und Hörer antiker Architektur aus Steinblockformaten, Säulen- und Kapitellhöhen, im Musikinstrumentenbau als Stimmung von Saitenlängen, Rohrlängen und Bünden als Frequenzen in zahlengleichen Intervallen repräsentieren, lag damals schon die Erkenntnis als praktisches Formenbauziel zugrunde, daß die Harmonie latent nicht nur aus den Formen der Musikinstrumente erkennbar war, sondern auch die Proportionen der Architektur belebte, und beides kann man sehr schön an den antiken Musikinstrumenten des Ägyptischen Museums in Kairo, an den Neigungen der Pyramiden und sämtlichen Bauteilen des klassisch-griechischen und dorischen Tempel nachweisen. Ich selbst habe in Alexandria im Steinlager hinter der Pompejussäule Steinblöcke in Formaten der Partial-und Obertonreihe liegen sehen, sie sogar – ohne daß man ihre Musikalität bemerkte – links oben vom Eingang auf einer Bildtafel mathematisch im Algorithmus ihrer Ellenzahlen aufgelistet gefunden.

„Das Bekannte ist darum, weil es bekannt ist, noch nicht erkannt." Der Philologe und Musiktheoretiker *August Boeckh* hat im 19. Jh., auf Hegel verweisend, für die Philologie diese Form des Wiedererkennens vehement gefordert und ebenso der *Freiherr Albert von Thimus* „Die harmonikale Symbolik des Altertums (Bd. 1 1868; Bd. 2: 1878). Beide schrieben Bücher, die mir schon vor Jahren über Platons Musiktheorie Augen und Ohren geöffnet haben.
Herzlich grüßend und mit allen guten Wünschen für das Neue Jahr 2011,
Ihr F. W. Korff

Ps.
Wie schon lange – vielleicht zu lange – versprochen, folgt jetzt die Liste von 29 Pyramidionabmessungen. Hätten Sie ein Monochord zur Verfügung, so könnten Sie die Intervalle der Pyramidions durch Verschieben des Stegs unter der Saite allesamt spielen. Nehmen Sie ruhig den Taschenrechner zur Hand und machen Sie Stichprüfungen. Ich habe die Liste so angelegt, daß Sie, auch wenn Sie den Aufbau der Berechnungen nicht unmittelbar verstehen – denn dazu gehören Kenntnisse in der Musiktheorie –, ihre Richtigkeit doch nachrechnen und zumindest das Ergebnis bestätigen können. Damit wird vieles, was verlorengegangen ist und in Trümmern unter dem Wüstensand liegt, rekonstruiert und die alten Baupläne werden wieder lebendig.
„Keine Macht der Welt zerstückelt/Geprägte Form, die lebend sich entwickelt" (Goethe, „Urworte Orphisch")

Ptolemaios' Liste antiker Tonarten

„Zahlenspielereien"

DIDYMOS (1. Jahrhundert n. Chr.)

Diatonon $\quad \frac{9}{8} \times \frac{10}{9} \times \frac{16}{15} = \frac{4}{3}$

Chroma $\quad \frac{6}{5} \times \frac{25}{24} \times \frac{16}{15} = \frac{4}{3}$

Enharmonion $\quad \frac{5}{4} \times \frac{31}{30} \times \frac{32}{31} = \frac{4}{3}$

> In dieser Fotokopie der Seite 35 habe ich aus den Auflistungen Martin Vogels Cent-Berechnungen und sechs Tonarten des späteren Aristotelesschülers Aristoxenos von Tarent fortgelassen, dafür aber die jeder Tonart zugehörigen Pyramiden in kleiner Schrift gekennzeichnet.(FWK).

Die Vielzahl der Stimmungen wurde in der modernen Forschung als ein „fürchterliches Chaos" empfunden[1]. So konnte es denn nicht ausbleiben, daß sich die ablehnende Haltung, die man der Enharmonik gegenüber einnahm, samt allen Vorurteilen auf die antiken Chroai übertrug. Riemann hielt sie für „Rechenkunststücke", bei denen es wenig Wert habe, sich mit ihnen ausführlich zu befassen[2]. Für v. Hornbostel handelte es sich hierbei ebenfalls um eine „rein mathematische Spekulation", die nur beweise, daß die griechische Theorie „schon frühzeitig jeden Zusammenhang mit der Praxis verloren hatte"[3].

Fortlage nannte die Chroai „bloße Schulexperimente mit dem von Pythagoras erfundenen Kanon oder Monochord". Er hielt es für ausgemacht, „daß solche Versuche der Natur der Sache gemäß keine andere Bedeutung haben konnten, als bloße theoretische Speculationen zu erzeugen, welche innerhalb der Schulen der Philosophen unaufhörliche Dispüte erregten, während die praktischen Musiker fortfuhren, ihre Instrumente nach dem Wohlklange des natürlichen Gehörs zu stimmen"[4]. Fortlages Meinung steht in Widerspruch zur antiken Überlieferung. Ptolemaios bezieht sich bei Besprechung der Tetrachordteilungen ausdrücklich auf die Einstimmungen, die in der musikalischen Praxis seiner Zeit angewandt wurden.

PLATON ("Timaios" 35a ff.), 1. Hälfte 4. Jahrhundert v. Chr., und später

ERATOSTHENES (3./2. Jahrhundert v. Chr.)

Diatonon $\quad \frac{9}{8} \times \frac{9}{8} \times \frac{256}{243} = \frac{4}{3}$ Eine Pyramide enthält den Rücksprung aus PLATONs u. ERATOSTHENEs DIATONON: 12.Niuserre

Chroma $\quad \frac{6}{5} \times \frac{19}{18} \times \frac{20}{19} = \frac{4}{3}$

Enharmonion $\quad \frac{19}{15} \times \frac{39}{38} \times \frac{40}{39} = \frac{4}{3}$

„Freie Wahl der Stimmung"

In neuerer Zeit bildete sich die Meinung heraus, daß es dem Künstler freigestanden habe, nach Gutdünken und Belieben eine passende Stimmung auszuwählen[5]. Auch diese Ansicht wird durch die Hinweise, die Ptolemaios zu den Kithara- und Lyrastimmungen seiner Zeit gibt, widerlegt.

PTOLEMAIOS (2. Jahrhundert n. Chr.)

Diatonon Homalon $\quad \frac{10}{9} \times \frac{11}{10} \times \frac{12}{11} = \frac{4}{3}$

Diatonon Syntonon $\quad \frac{10}{9} \times \frac{9}{8} \times \frac{16}{15} = \frac{4}{3}$ 8 Pyramiden enthalten Rücksprünge aus Intervallen des DIATONON SYNTONON: 7.Chephren, 2.Mykerinus, 13.Neferefre, 15.Unas, 16.Teti, 17.Pepi I., 19.Pepi II. 28.Unbekannt

Diatonon Malakon $\quad \frac{8}{7} \times \frac{10}{9} \times \frac{21}{20} = \frac{4}{3}$ 17 Pyramiden enthalten Rücksprünge aus Intervallen des DIATONON MALAKON: 1. Meidum, 2.Knickpyramide, 3.Dahshur-N, 4.Cheops, 5.Djedefre, 6.Königsgrab in Zawiet (Versionen a,b,c), 10.Sahure, 11.Neferirkare, 14.Djedkare, 18.Merenre, 20. Amenemhet I., 22. Amenemhet II., 25.Amenemhet III.(Dahshur), 26.Amenemhet III.(Hawara), 27.Chendjer, 28.Un-

Chroma Syntonon $\quad \frac{7}{6} \times \frac{12}{11} \times \frac{22}{21} = \frac{4}{3}$ bekannt, 29.Mazghuna-Süd.
Bei der Cheopspyramide wäre eine große Terz ($\frac{7}{6} \times \frac{12}{11} = \frac{14}{11}$) im CHROMA SYNTONON möglich. Sie ist jedoch praktisch unwahrscheinlich, weil die bislang angenommene Basiskante von

Chroma Malakon $\quad \frac{6}{5} \times \frac{15}{14} \times \frac{28}{27} = \frac{4}{3}$ 440 Ellen Länge eines unbekannten Ellenmaßes durch 441 Ellen eines bekannten Ellenmaßes von 0.5229 Meter ersetzt werden muß, das Flinders Petrie und Ludwig Borchardt

Enharmonion $\quad \frac{5}{4} \times \frac{24}{23} \times \frac{46}{45} = \frac{4}{3}$ in der verlassenen, sogenannten "Königin-Kammer" entdeckten. Das Rücksprungverhältnis ändert sich also von der großen Terz im CHROMA SYNTONON ($\frac{14}{11}$) auf eine nunmehr anzunehmende große Terz ($\frac{8}{7} \times \frac{10}{9} = \frac{80}{63}$) im DIATONON MALAKON, einer Tonart, aus deren Intervallen allein Rücksprünge von 17 Pyramiden in Ägypten gebildet wurden. Und davon haben vier Pyramiden, 1.Meidum, 6.Königsgrab in Zawiet el Arjan(Version a), 10.Sahure und 14.Djedkare, den gleichen Böschungswinkel der Cheopspyramide! Der bisherige Böschungswinkel sinkt daher von $tg(\frac{14}{11}) = 51.84°$ auf $tg(\frac{80}{63}) = 51.78°$.

ARCHYTAS (1. Hälfte des 4. Jahrhunderts v. Chr.)

Diatonon $\quad \frac{9}{8} \times \frac{8}{7} \times \frac{28}{27} = \frac{4}{3}$ 3 Pyramiden enthalten Rücksprünge aus den Intervallen des DIATONON des ARCHYTAS: 21.Sesostris I., 23.Sesostris II., 24.Sesostris III.

Chroma $\quad \frac{32}{27} \times \frac{243}{224} \times \frac{28}{27} = \frac{4}{3}$

Enharmonion $\quad \frac{5}{4} \times \frac{36}{35} \times \frac{28}{27} = \frac{4}{3}$

[1] So Düring bei Besprechung der chromatischen Tetrachordteilungen, in: *Ptolemaios und Porphyrios*, 255. Bei Bouasse (*Cordes et membranes*, 369) heißt es: „On en vint à une indétermination théorique qui constitue le plus beau gâchis du monde. Un humoriste a pu écrire très raisonnablement: 'On dirait, à suivre les nombres que nous donnent les musiciens grecs, que la musique a été particulièrement constituée pour des sourds'".
[2] H. Riemann, *Die Musik des Altertums*, 237.
[3] E. M. v. Hornbostel, *Musikalische Tonsysteme*, in: *Handbuch der Physik*, hrsg. H. Geiger und Karl Scheel, Band 8, Berlin 1927, 440f; Hornbostels Meinung wurde von A. Kreichgauer (*Ueber Maßbestimmungen freier Intonationen*, phil. Diss. Berlin 1932, 141) fast wörtlich übernommen. Vgl. ferner I. Henderson, in: The New Oxford History of Music I, 1957, 342: „*When ancient theorists measured intervals — whether by ratios or by units — they did so for no practical purpose, but because numerical formulation was expected of an exact science*".
[4] C. Fortlage, *Griechische Musik*, 192.
[5] J. Handschin, *Der Toncharakter*, 65: „Ich glaube kaum, daß wir der Annahme ausweichen können, es sei damals dem ausführenden Künstler überlassen gewesen, welche „Chroa" er im Rahmen des gegebenen Tongeschlechts für den Vortrag einer Melodie wählen wollte".

aus: Martin Vogel, *Die Enharmonik der Griechen*, 1. Teil: Tonsystem und Notation. Im Verlag der Gesellschaft zur Förderung der systematischen Musikwissenschaft e.V. Düsseldorf 1963 S. 35

Liste der Pyramidenabmessungen — Liste der Pyramidionabmessungen — Liste der Pyramideninhalte in E^3 u. m^3

Verwendetes Ellenmaß	Basislängen in Ellen u. (Metern)	Pyramidenhöhen	Rücksprünge einer Pyramidionhöhe H/(B/2)	Zahlen der Stufen mit Pyramidionhöhe	Pyramidionbasislängen in E, Handbreit H und (m)	Pyramidionhöhen in E, Handbreit (H) und (m)	Neigung in Grad	Pyramidionvolumen (E^3) mal St.-Zahl^3	Pyramidenvolumina von 29 altägyptischen Pyramiden in Kubikellen (E^3) u. in (m^3)
(0,525 m)	276 E (144,9 m)	175 5/21 E (92 m)	80/63 MEIDUM	276/3 = 92 Stufen	3 E, 21 H, (1,575 m)	$^{40}/_{21}$ E, 13 $^{1}/_{3}$ H, (1 m)	51,78°	40/7 × 92³ =	31 147 520/7 E^3 (643 877,64 m³)
(0,52236 m)	441 E (230,36 m)	280 E (146,26 m)	80/63 CHEOPS	441/3 = 147 Stufen	3 E, 21 H, (1,567 m)	$^{40}/_{21}$ E; 13 $^{1}/_{3}$ H, (0,99 m)	51,78°	40/7 × 147³ =	18 151 560 E^3 (2 587 162,426 m³)
(0,525 m)	210 E (110,25 m)	133 $^{1}/_{3}$ E (70 m)	80/63 KÖNIGSGR.(A)	210/3 = 70 Stufen	3 E, 21 H, (1,575 m)	$^{40}/_{21}$ E; 13 $^{1}/_{3}$ H, (1 m)	51,78°	40/7 × 70³ =	1 960 000 E^3 (283 618,125 m³)
(0,525 m)	150 E (78,75 m)	95 $^{5}/_{21}$ E (50 m)	80/63 SAHURE & DJEDKARE	150/3 = 50 St.	3 E, 21 H, (1,575 m)	$^{40}/_{21}$ E; 13 $^{1}/_{3}$ H, (1 m)	51,78°	40/7 × 50³ =	5 000 000/7 E^3 (103 359,375 m³)
(0,525 m)	110 E (57,75 m)	82,5 E (43,3125 m)	3/2 UNAS	10/3 = 36 2/3 St.	3 E, 21 H, (1,575 m)	2 $^{1}/_{4}$ E; 15 $^{3}/_{4}$ H, (1,18125 m)	56,30°	6¾ × (36 2/3)³ =	332 750 E^3 (48 149,96484 m³)
(0,525 m)	210 E (110,25 m)	140 E (73,5 m)	4/3 KÖNIGSGRAB (C)	210/3 = 70 St.	3E, 21 H, (1,575 m)	2 E; 14 H, (1,05 m)	53,13°	6 × 70³ =	2 058 000 E^3 (297 799,031 m³)
(0,525 m)	410 E (215,25 m)	273 $^{1}/_{3}$ E (143,5 m)	4/3 CHEPHREN	10/3 = 136 2/3 St.	3 E, 21 H, (1,575 m)	2 E; 14 H, (1,05 m)	53,13°	6× (136 $^{2}/_{3}$)³ =	137 842 000/9 E^3 (2 216 240,906 m³)
(0,525 m)	140 E (73,5 m)	93$^{1}/_{3}$ E (49 m)	4/3 USERKAF	140/3 = 46 2/3 St.	3 E, 21 H, (1,575 m)	2 E; 14 H, (1,05 m)	53,13°	6× (46 $^{2}/_{3}$)³ =	5 488 000/9 E^3 (88 236,75 m³)
(0,525 m)	125 E (65,625 m)	83$^{1}/_{3}$ E (43,75 m)	4/3 NEFEREFRE	125/3 = 41 2/3 St.	3 E, 21 H, (1,575 m)	2 E; 14 H, (1,05 m)	53,13°	6× (41 $^{2}/_{3}$)³ =	3 906 250/9 E^3 (62 805,17578 m³)
(0,525 m)	150 E (78,75 m)	100 E (52,5 m)	4/3 TETI & PEPI II.	150/3 = 50 St.	3 E, 21 H, (1,575 m)	2 E; 14 H, (1,05 m)	53,13°	6× 50³ =	750 000 E^3 (108 527,3438 m³)
(0,524 m)	150 E (78,6 m)	100 E (52,4 m)	4/3 PEPI I.	150/3 = 50 St.	3 E, 21 H, (1,572 m)	2 E; 14 H, (1,048 m)	53,13°	6× 50³	750 000 E^3 (10 7908,368 m³)
(0,525 m)	175 E (91,875 m)	116$^{2}/_{3}$ E (61,25 m)	4/3 MERENRE	75/3 = 58 1/3 St.	3 E, 21 H, (1,575 m)	2 E; 14 H, (1,05 m)	53,13°	6× (58 $^{1}/_{3}$)³ =	10 718 750/9 E^3 (172 337,4023 m³)
(0,525 m)	175 E (91,875 m)	116$^{2}/_{3}$ E (61,25 m)	4/3 UNBEKANNT	75/3 = 58 1/3 St.	3 E, 21 H, (1,575 m)	2 E; 14 H, (1,05 m)	53,13°	6× (58 $^{1}/_{3}$)³ =	10 718 750/9 E^3 (172 337,4023 m³)
(0,525 m)	200 E (105 m)	175 E (91,875 m)	7/4 DJEDEFRE	200/3 = 66 2/3 St.	3 E, 21 H, (1,575 m)	2 5/8 E; 18 $^{3}/_{8}$ H, (1,378125 m)	60,25°	7 $^{7}/_{8}$ × (66 2/3)³ =	7 000 000/3 E^3 (337640,625 m³)
(0,525 m)	200 E (105 m)	140 E (73,5 m)	7/5 NEFERIRKARE	200/3 = 66 2/3 St.	3 E, 21 H, (1,575 m)	21/10 E; 14 $^{7}/_{10}$ H, (1,1025 m)	54,46	6 $^{3}/_{10}$ × (66 $^{2}/_{3}$)³ =	5600 000/3 E^3 (270112,5 m³)
(0,525 m)	160 E (84 m)	112 E (58.8 m)	7/5 AMENEMHET I.	160/3 = 53 1/3 St.	3 E, 21 H, (1,575 m)	21/10 E, 14 $^{7}/_{10}$ H, (1,1025 m)	54,46°	6 $^{3}/_{10}$ × (53$^{1}/_{3}$)³ =	2 867 200/3 E^3 (138 297,6 m³)
(0,525 m)	160 E (84 m)	112 E (58.8 m)	7/5 MENEMHET II.	160/3 = 53 1/3 St.	3 E, 21 H, (1,575 m)	21/10 E, 14 $^{7}/_{10}$ H, (1,1025 m)	54,46°	6 $^{3}/_{10}$ × (53$^{1}/_{3}$)³ =	2 867 200/3 E^3 (138 297,6 m³)
(0,525 m)	200 E (105 m)	116$^{2}/_{3}$ E (61,25 m)	7/6 SESOSTRIS I.& III	200/3 = 66 2/3 St.	3 E, 21 H, (1,575 m)	7/4 E, 12 $^{1}/_{4}$ H, (0,91875 m)	49,4°	5 $^{1}/_{4}$ × (66 $^{2}/_{3}$)³ =	14 000 000/9 E^3 (225 093,75 m³)
(0,5075 m)	200 E (101,5 m)	93$^{1}/_{3}$ E (49 m)	14/15 SESOSTRIS II.	200/3 = 66 2/3 St.	3 E, 21 H, (1,575 m)	14/15 E, 9 $^{4}/_{5}$ H, (0,735 m)	43,02°	4 $^{1}/_{5}$ × (66 $^{2}/_{3}$)³ =	112 00 000/9 E^3 (180075 m³)

Vier Pyramiden gemäß Amenemhet IIIa. (Dahshur) enthalten Siebtel im Nenner des Rücksprungs (n/7) und sind hier kursiv gesetzt. Weil in der Höhe (142 6/7 E) wie im Rücksprung (10/7) Siebtel auftauchen, wächst die Pyramidionbasis von 3 E (1,575 m) auf 3 4/7 E (1,875 m), von 21 H auf 25 H. (Dahshur) Das Pyramidion von Amenemhet IIIa. steht im Museum zu Kairo.

(0,525 m)	200 E (105 m)	142 $^{6}/_{7}$ E (75 m)	10/7 AMENEMHET IIIA.	200/3 4/7 = 56 St.	3 4/7 E, 25 H, (1,875 m)	$^{125}/_{49}$ E, 17$^{6}/_{7}$ H, (75/56 m)	55°	$^{78125}/_{7203}$ x 56³	= 40 000 000/21 E^3 (275 625 m³)
(0,525 m)	100 E (52,5 m)	71$^{3}/_{7}$ E (37,5 m)	10/7 CHENDJER	100/3 4/7 = 28 St.	3 4/7 E, 25 H, (1,875 m)	$^{125}/_{49}$ E, 17$^{6}/_{7}$ H, (75/56 m)	55°	$^{78125}/_{7203}$ x 28³	= 5 000 000/21 E^3 (34 453,125 m³)
(0,525 m)	100 E (52,5 m)	71$^{3}/_{7}$ E (37,5 m)	10/7 MAZHGUNA-S.	100/3 4/7 = 28 St.	3 4/7 E, 25 H, (1,875 m)	$^{125}/_{49}$ E, 17$^{6}/_{7}$ H, (75/56 m)	55°	$^{78125}/_{7203}$ x 28³	= 5 000 000/21 E^3 (34 453,125 m³)
(0,5075 m)	200 E (101,5 m)	114 $^{2}/_{7}$ E (58 m)	8/7 AMENEMHET IIIB.	200/3 4/7 = 56 St.	3 4/7 E, 25 H, (1,8125 m)	$^{100}/_{49}$ E, 14 $^{2}/_{7}$ H, (1 1/28 m)	48,81°	$^{62500}/_{7203}$ x 56³	= 32 000000/21 E^3 (199 176 $^{5}/_{6}$ m³)

(0,525 m)	360 E (189 m)	200 E (105 m)	10/9 KNICKPYRAMIDE	360/3 = 120 St.	3E, 21 H, (1,575 m)	5/3 E, 11$^{2}/_{3}$ H, (0,875 m)	48,01°	5 x 120³	= 8 640 000 E^3 (1250235 m³)
(0,525 m)	210 E (110,25 m)	100 E (52,5 m)	20/21 KÖNIGSGRAB (B)	210/3 = 70 St.	3 E, 21 H, (1,575 m)	10/7 E, 10H, (0,75 m)	43,60°	4 $^{2}/_{7}$ x 70³	= 1 470 000 E^3 (212 713,5938 m³)
(0,525 m)	420 E (220,5 m)	200 E (105 m)	20/21 DAHSHUR-N)	420/3 = 140 St.	3 E, 21 H, (1,575 m)	10/7 E, 10H, (0,75 m)	43,60°	4 $^{2}/_{7}$ x 140³	= 11 760 000 E^3 (1701708,75 m³)
(0,5275 m)	200 E (105,5 m)	125 E (65,9375 m)	5/4 MYKERINUS	200/3 = 66 2/3 St.	3 E, 21 H, (1,5825 m)	15/8 E, 13 $^{1}/_{8}$ H, (0.9890625 m)	51,34°	45/8 × (66 $^{2}/_{3}$)³	= 5 000 000/3 E^3 (244 633,6198 m³)
(0,525 m)	150 $^{2}/_{7}$ E (78,9 m)	95 $^{23}/_{224}$ E $(49^{1189}/_{1280} m)$	81/64 DAHSHUR-N	$^{243}/_{112}$ $(150^{2}/_{7}/_{7}/_{3}/_{3}/_{7})$ = 43 5/6 St.	3 $^{3}/_{7}$ E, 24 H, (1,8 m)	15 $^{3}/_{16}$ H $(1,1390625 m)$	51,69°	$^{(2916}/_{343)}$ × (43 $^{5}/_{6}$)³	= 715 989 $^{1793}/_{2000}$ E^3 (103 605, 9755 m³)

152

Berechnung des Pyramidions (verwendetes Ellenmaß 0,525 m):

Das Volumen der roten Pyramide Dahshur-N (Nr. 3) ist $\frac{200}{3}$ x 420² = 11 760 000 E³ (1 701 708,75 m³).

Wenn die Basislänge (420 E) durch 3 geteilt wird, setzt sie sich aus $\frac{420}{3}$ = 140 Pyramidionbasislängen à 3 Ellen zusammen. Um die zugehörige Stufenhöhe zu erhalten, ist die Gesamthöhe der Pyramide durch 140 zu teilen $\left(200\ E/140 = 1\frac{3}{7}\ E\right)$.

Das gesuchte Pyramidion hat nun eine Basislänge von 3 Ellen oder 21 Handbreit (1,575 m).

Seine Höhe ist $1\frac{3}{7}$ Ellen oder 10 Handbreit (0,75 m).

Sein Rücksprung ist „Höhe, geteilt durch die Basishälfte" $\left(1\frac{3}{7}\ E\right)/\left(\frac{3}{2}\ E\right) = \frac{20}{21}$.

Der Böschungswinkel ist: arctg $\left(\frac{20}{21}\right)$ = 43,60°.

Das Volumen des Pyramidions ist allgemein „$\frac{1}{3}$ Höhe x Basislänge²".

Das Volumen des Pyramidions von Dahshur-Nord ist: $V_{pyrd} = \frac{1}{3}$ x $\left(1\frac{3}{7}\right)$ x 3² = $4\frac{2}{7}$ E³.

Das Volumen einer Pyramide, altägyptisch berechnet, ist: „Pyramidioninhalt x Stufenzahl³".

Das Volumen der roten Pyramide ist: $4\frac{2}{7}$ E³ x (140)³ = 11 760 000 E³ (1 701 708,75 m³).

Das Pyramidion von Dahshur-N wurde mit diesen Maßen von Rainer Stadelmann ausgegraben.

<u>Das Pyramidion von Dahshur-Nord</u>

Rücksprung = $\left(\frac{\text{Höhe}}{\text{Basishälfte}}\right)$

Maße in Ellen $\left(1\frac{3}{7}\right)/\left(\frac{3}{2}\right) = \frac{20}{21}$

in Handbreit $(10)/\left(\frac{21}{2}\right) = \frac{20}{21}$

in Metern $(0,75)/\left(\frac{1,575}{2}\right) = \frac{20}{21}$

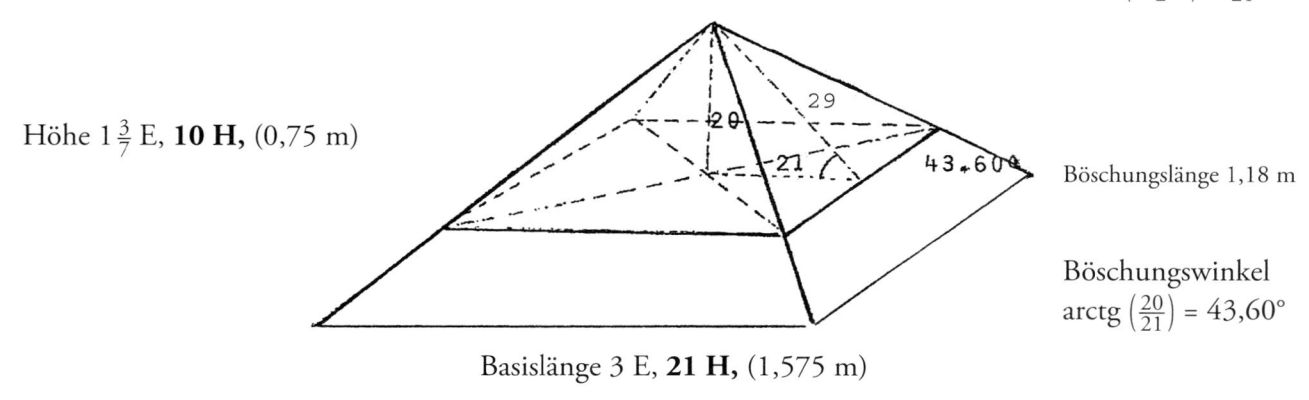

Höhe $1\frac{3}{7}$ E, **10 H,** (0,75 m)

Böschungslänge 1,18 m

Böschungswinkel arctg $\left(\frac{20}{21}\right)$ = 43,60°

Basislänge 3 E, **21 H,** (1,575 m)

Ergebnis: Rücksprung der Pyramide Dahshur-N ist der Klang eines unterteiligen Halbtons $\left(\frac{20}{21}\right)$ mit dem Intervall (H-C) in der antiken Tonart Diatonon Malakon $\left(\frac{7}{8} \times \frac{9}{10} \times \frac{20}{21} = \frac{3}{4}\right)$, die Ptolemaios aus Alexandria überliefert. Ein Rechteck mit 20 Einheiten Höhe und 21 Einheiten Breite lässt ein Halbtonformat *(Semitonos)* mit dem Diagonalenwinkel 43,60° entstehen. Wenn in Ägypten die Höhe einer Pyramidenstufe eine Elle (= 7 Handbreit) war, bildete diese Diagonale in diesem Rechteck zusammen mit der Basis des Sekeds $\left(7\frac{7}{20}\ H\right)$ die Proportion eines unterteiligen Halbtons 7 H/$\left(7\frac{7}{20}\right)$ H = 20:21. Nimmt man nach Ptolemaios' Einteilung der Quarte von dem Grundton 210 Hz erst die Quarte fort $\left(210/\left(\frac{4}{3}\right) = 157,5\ Hz\right)$, so erhält man 157,5 Hz. Nimmt man dann den Halbton $\frac{20}{21}$ fort $\left(157,5\ Hz \times \frac{20}{21} = 150\ Hz\right)$, so hört man die Tonfolge (f-e) und das Intervall des Halbtons (150 Hz / 157,5 Hz = 20:21) und sieht seine Harmonie in der flachen Neigung der roten Pyramide von 43,60°.

Berechnung des Pyramidions (verwendetes Ellenmaß 0,525 m):

Volumen Amenemhet III. Dahshur (Nr. 25) ist $\frac{1}{3} \times 142\frac{6}{7} \times 200^2 = 4 \times 10^{7/21}$ E³ (1 904 761,905 E³).

Wenn die Basislänge (200 E) durch $3\frac{4}{7}$ geteilt wird, setzt sie sich aus $200 / 3\frac{4}{7} = 56$ Pyramidionbasislängen à $3\frac{4}{7}$ Ellen zusammen. Um die zugehörige Stufenhöhe zu erhalten, ist die Gesamthöhe der Pyramide durch 56 zu teilen $\left(142\frac{6}{7}\text{ E} / 56 = \frac{125}{49}\text{ E}\right)$.

Das gesuchte Pyramidion hat nun eine Basislänge von $3\frac{4}{7}$ Ellen oder 25 Handbreit (1,875 m).

Seine Höhe ist $\frac{125}{49}$ Ellen oder $17\frac{6}{7}$ Handbreit $\left(1{,}339285714\text{ m} = 1\frac{19}{56}\text{ m}\right)$.

Sein Rücksprung ist „Höhe, geteilt durch die Basishälfte" $\left(\frac{125}{49}\text{ E}\right) / \left(1\frac{11}{14}\text{ E}\right) = \frac{10}{7}$.

Der Böschungswinkel ist: arctg $\left(\frac{10}{7}\right) = 55°$.

Das Volumen des Pyramidions ist allgemein „$\frac{1}{3}$ Höhe × Basislänge²".

Das Volumen des Pyramidions Amenemhet III. (Dahshur) ist: $= \frac{1}{3} \times \left(\frac{125}{49}\right) \times \left(3\frac{4}{7}\right)^2 = \frac{78\,125}{7203}$ E³.

Das Volumen einer Pyramide, altägyptisch berechnet, ist: „Pyramidioninhalt × Stufenzahl³".

Volumen Amenemhet III. (Dahshur) ist: $\frac{78\,125}{7203}$ E³ × 56³ = $\frac{40\,000\,000}{21}$ E³ (1 904 761,905 E³) oder 275 625 m³.

Das Pyramidion Amenemhets III. (Dahshur) steht mit diesen Maßen im Kairoer Museum.

<u>Das Pyramidion von AMENEMHET III. (Dahshur)</u>

Rücksprung = $\left(\frac{\text{Höhe}}{\text{Basishälfte}}\right)$

Maße in Ellen $\left(\frac{125}{49}\right) / \left(\frac{25}{14}\right) = \frac{10}{7}$

in Handbreit $\left(17\frac{6}{7}\right) / \left(12\frac{1}{2}\right) = \frac{10}{7}$

in Metern $\left(1\frac{19}{56}\right) / (0{,}9375) = \frac{10}{7}$

Höhe $\frac{125}{49}$ E, **$17\frac{6}{7}$ H**, (1,339285714 m)

Böschungslänge 1,63 m

Böschungswinkel arctg $\left(\frac{10}{7}\right) = 55°$

Basislänge $3\frac{4}{7}$ E, **25 H**, (1,875 m)

Ergebnis: Der Rücksprung der Pyramide des Amenemhet III. (Dahshur) ist der Klang eines großen Tritonus (10:7) mit dem Intervall (C-ges⁺) in der antiken Tonart DIATONON MALAKON $\left(\frac{8}{7} \times \frac{10}{9} \times \frac{21}{20} = \frac{4}{3}\right)$, die Ptolemaios aus Alexandria überliefert. Aus dem Rechteck mit 10 Einheiten Höhe und 7 Einheiten Breite entsteht ein Format aus drei Ganztönen *(Tritonos)*. Wenn die Höhe einer Pyramidenstufe eine Elle (= 7 Handbreit) war, bildet die Diagonale im Rechteck zusammen mit der Basis des Sekeds $\left(4\frac{9}{10}\text{ H}\right)$ die Proportion eines Tritonus 7 H / $\left(4\frac{9}{10}\right)$ H = $\frac{10}{7}$. Solmisiert man die drei Töne nach Ptolemaios' Einteilung und nimmt als Grundton die Basishälfte Amenemhet III. (Dahshur) in Hertz (100 Hz) an, dann hört man – do, mi, fa# – die Tritonusfolge (C, e⁺, ges⁺) und den Klang des großen Tritonus C/ges⁺. C = (100 Hz) × $\frac{80}{63}$ = e⁺ $\left(126\frac{62}{63}\text{ Hz}\right)$ × $\frac{9}{8}$ = ges⁺ $\left(142\frac{6}{7}\text{ Hz}\right)$.

Den Tritonus $142\frac{6}{7}$ Hz / 100 Hz = $\frac{10}{7}$ sieht man in der Neigung arctg $\left(\frac{10}{7}\right) = 55°$ und hört sie.

Berechnung des Pyramidions (verwendetes Ellenmaß 0,525 m):

Das Volumen der Pyramide des Unas (Nr. 15) ist $\frac{1}{3}$ x 82,5 x 110² = 332 750 E³ (48 149,96484 m³). Wenn die Basislänge (110 E) durch 3 geteilt wird, setzt sie sich aus $\frac{110}{3}$ = 36$\frac{2}{3}$ Pyramidionbasislängen à 3 Ellen zusammen. Um die zugehörige Stufenhöhe zu erhalten, ist die Gesamthöhe der Pyramide durch 36$\frac{2}{3}$ zu teilen $\left(82\frac{1}{2}/36\frac{2}{3} = 2\frac{1}{4} \text{ E}\right)$.

Das gesuchte Pyramidion hat nun eine Basislänge von 3 Ellen oder 21 Handbreit (1,575 m).

Seine Höhe ist 2$\frac{1}{4}$ Ellen oder 15$\frac{3}{4}$ Handbreit oder 15 H und 3 Finger (1,18125 m).

Sein Rücksprung ist „Höhe, geteilt durch die Basishälfte" $\left(2\frac{1}{4} \text{ E}\right)/\left(\frac{3}{2} \text{ E}\right) = \frac{3}{2}$.

Der Böschungswinkel ist: arctg $\left(\frac{3}{2}\right)$ = 56,30°.

Das Volumen des Pyramidions ist allgemein „$\frac{1}{3}$ Höhe x Basislänge²".

Das Volumen des Pyramidions des Unas ist: = $\frac{1}{3}$ x $\left(2\frac{1}{4}\right)$ x 3² = 6$\frac{3}{4}$ E³.

Das Volumen einer Pyramide, altägyptisch berechnet, ist: „Pyramidioninhalt x Stufenzahl³".

Das Volumen der Pyramide des Unas ist: Vol$_{\text{pyra}}$ = 6$\frac{3}{4}$ x $\left(36\frac{2}{3}\right)^3$ = 332 750 E³ (48 149,96484 m³).

Das Diatonon Syntonon $\left(\frac{10}{9} \text{ x } \frac{9}{8} \text{ x } \frac{16}{15}\right) = \frac{4}{3}$ ist durch Ptolemaios und. Didymos (um 90 n. Chr.) ohne die Sieben (7) mit Produkten aus den Primzahlen (1, 2, 3, 5) überliefert. Es entspricht unserer heutigen reinen Stimmung mit der großen Terz $\left(\frac{9}{8} \text{ x } \frac{10}{9} = \frac{5}{4}\right)$, die sowohl im Rücksprung $\left(\frac{125 \text{ E}}{100 \text{ E}} = 5:4\right)$ der Pyramide des Mykerinus auftaucht wie auch als reine Quinte (3:2) im Rücksprung der Pyramide des Unas $\left(\frac{10}{9} \text{ x } \frac{9}{8} \text{ x } \frac{16}{15} \text{ x } \frac{9}{8} = \frac{3}{2}\right)$.

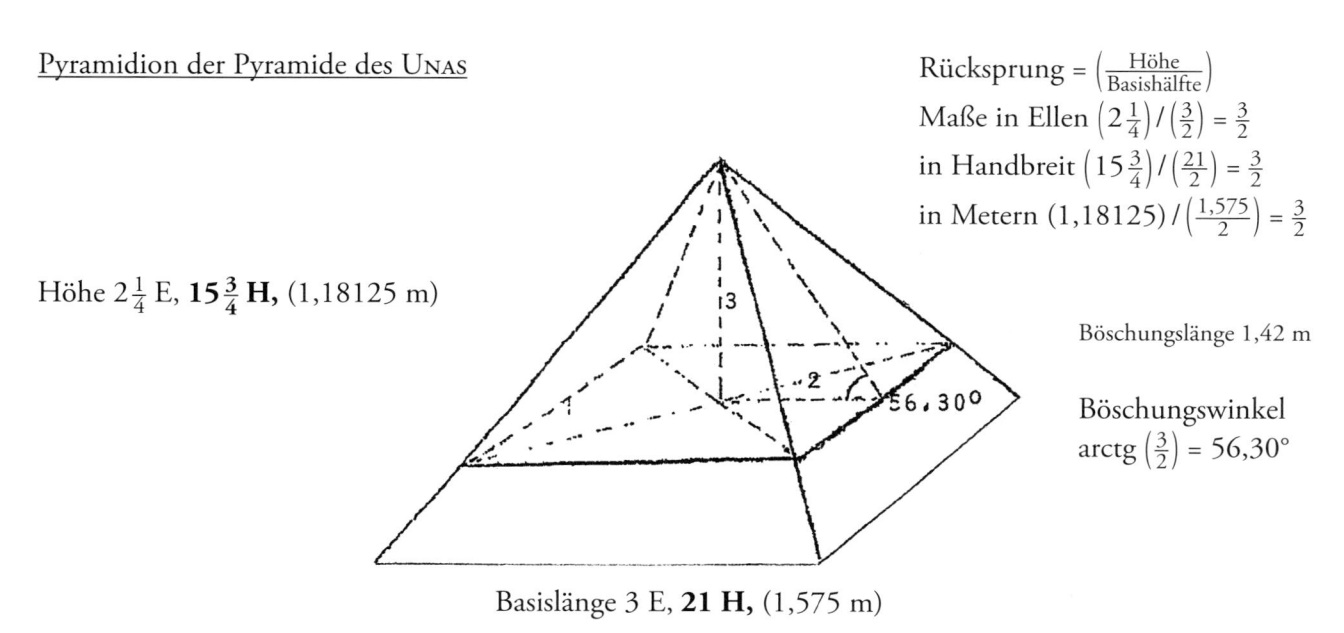

<u>Pyramidion der Pyramide des UNAS</u>

Höhe 2$\frac{1}{4}$ E, **15$\frac{3}{4}$ H,** (1,18125 m)

Basislänge 3 E, **21 H,** (1,575 m)

Rücksprung = $\left(\frac{\text{Höhe}}{\text{Basishälfte}}\right)$

Maße in Ellen $\left(2\frac{1}{4}\right)/\left(\frac{3}{2}\right) = \frac{3}{2}$

in Handbreit $\left(15\frac{3}{4}\right)/\left(\frac{21}{2}\right) = \frac{3}{2}$

in Metern $(1,18125)/\left(\frac{1,575}{2}\right) = \frac{3}{2}$

Böschungslänge 1,42 m

Böschungswinkel arctg $\left(\frac{3}{2}\right)$ = 56,30°

Ergebnis: Der Rücksprung der Pyramide des Unas ist der Klang einer Quinte (3:2) mit dem Intervall (C-g) in der antiken Tonart DIATONON SYNTONON $\left(\frac{10}{9} \text{ x } \frac{9}{8} \text{ x } \frac{16}{15} \text{ x } \frac{9}{8} = \frac{3}{2}\right)$, die Ptolemaios aus Alexandria überliefert. Ein Rechteck mit 3 Einheiten Höhe und 2 Einheiten Breite galt in der mittelalterlichen Buchbinderkunst als Quintformat *(Quinto)*. Wenn die Höhe einer Pyramidenstufe eine Elle (= 7 Handbreit) war, bildet die Diagonale in diesem Rechteck zusammen mit der Basis des Sekeds $\left(4\frac{2}{3} \text{ H}\right)$ die Proportion einer Quinte 7 H / $\left(4\frac{2}{3}\right)$ H = 3:2.

Solmisiert man Einzeltöne nach Ptolemaios' Einteilung und nimmt als Grundton die Basishälfte Unas (55 E) in Hertz (55 Hz) an, so hört man – do, re, mi, fa, sol – die Tonfolge (C, d, e, f, g) und harmonisch die Quinte C-g: = (55 Hz) x $\frac{10}{9}$ = d $\left(61\frac{1}{9} \text{ Hz}\right)$ x $\frac{9}{8}$ = e $\left(68\frac{3}{4} \text{ Hz}\right)$ x $\frac{16}{15}$ = f $\left(73\frac{1}{3} \text{ Hz}\right)$ x $\frac{9}{8}$ = g $\left(82\frac{1}{2} \text{ Hz}\right)$. Die Quinte (82,5 Hz / 55 Hz = 3:2) sieht man in der Neigung arctg $\left(\frac{3}{2}\right)$ = 56,30° und hört sie.

Berechnung des Pyramidions (verwendetes Ellenmaß 0,525 m):

Das Gesamtvolumen der Pyramide zu Meidum (Nr. 1) ist $\frac{1}{3} \times \left(175\frac{5}{21}\right) \times 276^2 = \frac{31\,147\,520}{7}$ E³ (643 877,64 m³). Wenn die Basislänge (276 E) durch 3 geteilt wird, setzt sie sich aus $\frac{276}{3}$ = 92 Pyramidionbasislängen à 3 Ellen zusammen. Um die zugehörige Stufenhöhe zu erhalten, ist die Gesamthöhe der Pyramide durch 92 zu teilen $\left(175\frac{5}{21}\text{ E} / 92 = \frac{40}{21}\text{ E}\right)$.

Das gesuchte Pyramidion hat nun eine Basislänge von 3 Ellen oder 21 Handbreit (1,575 m).

Seine Höhe ist $\frac{40}{21}$ Ellen oder $13\frac{1}{3}$ Handbreit (l m).

Sein Rücksprung ist „Höhe, geteilt durch die Basishälfte" $\left(\frac{40}{21}\text{ E}\right) / \left(\frac{3}{2}\text{ E}\right) = \frac{80}{63}$.

Der Böschungswinkel ist: arctg $\left(\frac{80}{63}\right)$ = 51,78°.

Das Volumen des Pyramidions ist allgemein „$\frac{1}{3}$ Höhe x Basislänge²".

Das Volumen des Pyramidions zu Meidum ist: $\frac{1}{3} \times \left(\frac{40}{21}\right) \times 3^2 = \frac{40}{7}$E ³.

Das Volumen einer Pyramide, altägyptisch berechnet, ist: „Pyramidioninhalt x Stufenzahl³".

Das Volumen der Pyramide zu Meidum ist: = $\frac{40}{7} \times 92^3 = \frac{31\,147\,520}{7}$E ³ (643 877,64 m³).

Die Höhen der isodomen Verkleidungssteine und die der Kemmauerblöcke, aus denen auch der genaue Böschungswinkel der Cheopspyramide arctg $\frac{80}{63}$ = 51,78° hervorgeht, wurden von mir, F. W. Korff, am 3. 6. 2006 exakt eingemessen in Meidum gefunden (s. „Hang der Pyramiden", S. 173).

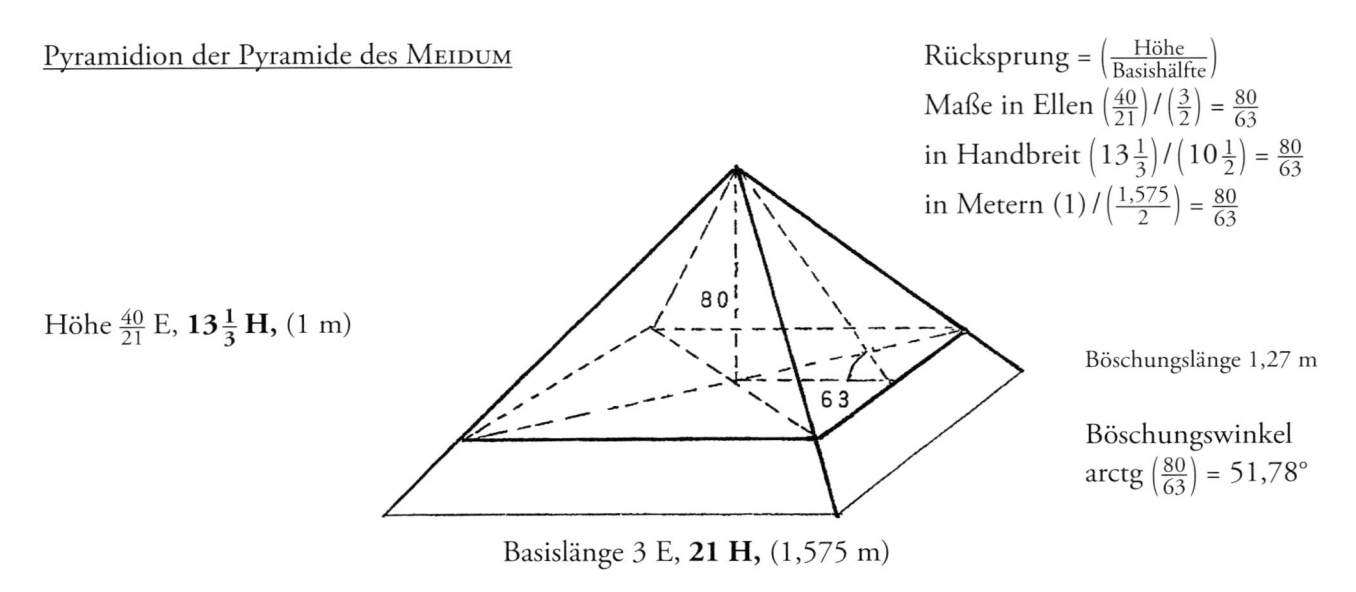

Pyramidion der Pyramide des MEIDUM

Rücksprung = $\left(\frac{\text{Höhe}}{\text{Basishälfte}}\right)$

Maße in Ellen $\left(\frac{40}{21}\right) / \left(\frac{3}{2}\right) = \frac{80}{63}$

in Handbreit $\left(13\frac{1}{3}\right) / \left(10\frac{1}{2}\right) = \frac{80}{63}$

in Metern $(1) / \left(\frac{1,575}{2}\right) = \frac{80}{63}$

Höhe $\frac{40}{21}$ E, **$13\frac{1}{3}$ H,** (1 m)

Böschungslänge 1,27 m

Böschungswinkel arctg $\left(\frac{80}{63}\right)$ = 51,78°

Basislänge 3 E, **21 H,** (1,575 m)

Ergebnis: Der Rücksprung der Pyramide zu Meidum ist der Klang einer übergroßen Terz $\left(\frac{80}{63}\right)$ mit dem Intervall (C-e⁺) in der antiken Tonart DIATONON MALAKON $\left(\frac{8}{7} \times \frac{10}{9} \times \frac{21}{20} = \frac{4}{3}\right)$, die Ptolemaios aus Alexandria überliefert. Ein Rechteck mit 10 x 8 = 80 Einheiten Höhe und 9 x 7 = 63 Einheiten Breite galt in der mittelalterlichen Buchbinderkunst als Format einer großen Terz. Wenn die Höhe einer Pyramidenstufe eine Elle (= 7 Handbreit) war, bildet die Diagonale in diesem Rechteck zusammen mit der Basis des Sekeds $\left(7 / \frac{80}{63} = 5\frac{41}{80}\text{ H}\right)$ die Proportion einer Terz 7 H / $\left(5\frac{41}{80}\right)$ H = 80:63.

Solmisiert man Einzeltöne nach Ptolemaios' Einteilung und nimmt als Grundton die Basishälfte Meidum statt der 138 Ellen in Hertz (138 Hz) an, so hört man – do, re, mi – die Tonfolge (C, d, e⁺) und harmonisch die Terz C-e⁺ = (138 Hz) x $\frac{8}{7}$ = d $\left(157\frac{5}{7}\text{ Hz}\right)$ x $\frac{10}{9}$ = e⁺ $\left(175\frac{5}{21}\text{ Hz}\right)$. Die Terz $\left(175\frac{5}{21}\text{ Hz} / 138\text{ Hz} = 80:63\right)$ sieht man in der Neigung arctg $\left(\frac{80}{63}\right)$ = 51,78°, und sie klingt als übergroße, von uns seit fast 4000 Jahren nicht mehr gehörte Terz.

Berechnung des Pyramidions (verwendetes Ellenmaß 0,52236 m):

Das Gesamtvolumen der Cheopspyramide (Nr. 4) ist $\frac{1}{3}$ x 280 x 441² = 18 151 560 E³ (2 587 162,426 m³).

Wenn die Basislänge (441 E) durch 3 geteilt wird, setzt sie sich aus $\frac{441}{3}$ = 147 Pyramidionbasislängen à 3 Ellen zusammen. Um die zugehörige Stufenhöhe zu erhalten, ist die Gesamthöhe der Pyramide durch 147 zu teilen $\left(\frac{280}{147} \text{ E} = \frac{40}{21} \text{ E}\right)$.

Das gesuchte Pyramidion hat nun eine Basislänge von 3 Ellen oder 21 Handbreit (1,56 m).

Seine Höhe ist $\frac{40}{21}$ Ellen oder $13\frac{1}{3}$ Handbreit (0,99 m).

Sein Rücksprung ist „Höhe, geteilt durch die Basishälfte" $\left(\frac{40}{21} \text{ E}\right) / \left(\frac{3}{2} \text{ E}\right) = \frac{80}{63}$.

Der Böschungswinkel ist: arctg $\left(\frac{80}{63}\right)$ = 51,78°.

Das Volumen des Pyramidions ist allgemein „$\frac{1}{3}$ Höhe x Basislänge²".

Das Volumen des Cheopspyramidions ist: = $\frac{1}{3}$ x $\left(\frac{40}{21}\right)$ x 3² = $\frac{40}{7}$ E³.

Das Volumen einer Pyramide, altägyptisch berechnet, ist: „Pyramidioninhalt x Stufenzahl³".

Das Volumen der Cheopspyramide: $\text{Vol}_{\text{pyramide}} = \frac{40}{7}$ x (147)³ = 18 151 560 E³ (2 587 162,426 m³).

Das ursprünglich verwendete Ellenmaß (0,52236 m) wurde von Flinders Petrie und dann 1926 von Ludwig Borchardt (s. „Gegen die Zahlemnystik …", S. 8) annähernd mit 0,5229 m gemessen, jedoch verworfen und durch ein willkürlich errechnetes Durchschnittsmaß (0,52355 m) aus den vier Kantenlängen ersetzt, weil Borchardt irrtümlich die Basislänge mit 440 Ellen (440 x 0,52355 = 230,362 m) annahm. Die richtige Länge ist aber 441 x 0,52236 = 230,360 m, weil die Primzahl 11, die im Produkt 440 enthalten ist (4 x 11 x 2 x 5), im ägyptischen Meß- und Maßsystem, das nur aus den ersten fünf Primzahlen (1, 2, 3, 5, 7) besteht, gar nicht vorkommen kann! (S. meine Studie „Der Klang der Pyramiden", S. 68 u. ö.)

<u>Pyramidion der CHEOPSPYRAMIDE</u>

Rücksprung = $\left(\frac{\text{Höhe}}{\text{Basishälfte}}\right)$

Maße in Ellen $\left(\frac{40}{21}\right) / \left(\frac{3}{2}\right) = \frac{80}{63}$

in Handbreit $\left(13\frac{1}{3}\right) / \left(10\frac{1}{2}\right) = \frac{80}{63}$

in Metern $(0,99) / \left(\frac{1,56}{2}\right) = \frac{80}{63}$

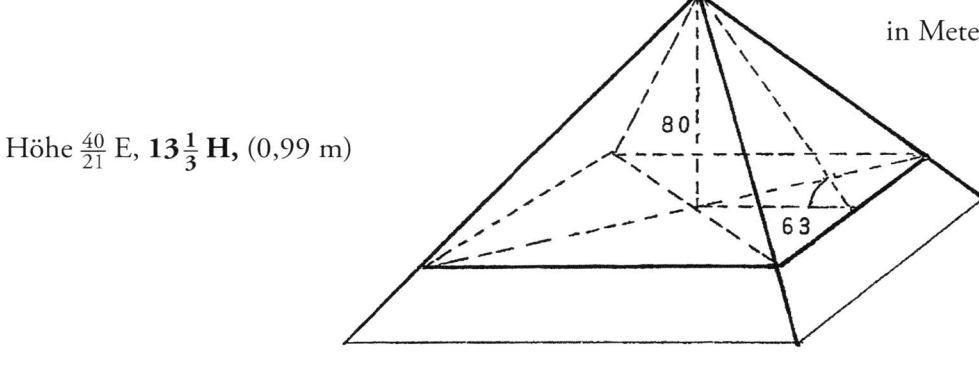

Höhe $\frac{40}{21}$ E, **$13\frac{1}{3}$ H**, (0,99 m)

Böschungslänge 1,26 m

Böschungswinkel arctg $\left(\frac{80}{63}\right)$ = 51,78°

Basislänge 3 E, **21 H**, (1,56 m)

Ergebnis: Der Rücksprung der Cheopspyramide ist der Klang einer übergroßen Terz $\left(\frac{80}{63}\right)$ mit dem Intervall (C-e⁺) in der antiken Tonart DIATONON MALAKON $\left(\frac{8}{7} \times \frac{10}{9} \times \frac{21}{20} = \frac{4}{3}\right)$, die Ptolemaios aus Alexandria überliefert. Ein Rechteck mit 10 x 8 = 80 Einheiten Höhe und 9 x 7 = 63 Einheiten Breite galt in der mittelalterlichen Buchbinderkunst als Format einer großen Terz. Wenn die Höhe einer Pyramidenstufe eine Elle (= 7 Handbreit) war, bildet die Diagonale in diesem Rechteck zusammen mit der Basis des Sekeds $\left(7 / \left(\frac{80}{63}\right) = 5\frac{41}{80} \text{ H}\right)$ die Proportion einer übergroßen Terz 7 H / $\left(5\frac{41}{80} \text{ H}\right)$ = 80:63.

Solmisiert man Einzeltöne nach Ptolemaios' Einteilung der Quarte (4:3) und nimmt als Grundton die Basishälfte statt der 220,5 Ellen in Hertz (220,5 Hz) an, so hört man – do, re, mi – die Tonfolge (C, d, e⁺) und harmonisch die Terz C-e⁺: = (220,5 Hz) x $\frac{8}{7}$ = d (252 Hz) x $\frac{10}{9}$ = e⁺ (280 Hz). Die Terz $\left(\frac{280}{220,5} \text{ Hz} = 80:63\right)$ sieht man in der Neigung arctg $\left(\frac{80}{63}\right)$ = 51,78°, und sie klingt als übergroße, von uns seit fast 4000 Jahren nicht mehr gehörte Terz.

Berechnung des Pyramidions (verwendetes Ellenmaß 0,525 m):

Das Gesamtvolumen des Königsgrabs (A) (Nr. 6) ist $\frac{1}{3} \times \left(133\frac{1}{3}\right) \times 210^2 = 1\,960\,000$ E³ (283 618,125 m³).
Wenn die Basislänge (210 E) durch 3 geteilt wird, setzt sie sich aus $\frac{210}{3} = 70$ Pyramidionbasislängen à 3 Ellen zusammen. Um die zugehörige Stufenhöhe zu erhalten, ist die Gesamthöhe der Pyramide durch 70 zu teilen $\left(133\frac{1}{3}\text{ E}/70 = \frac{40}{21}\text{ E}\right)$.

Das gesuchte Pyramidion hat nun eine Basislänge von 3 Ellen oder 21 Handbreit (1,575 m).

Seine Höhe ist $\frac{40}{21}$ Ellen oder $13\frac{1}{3}$ Handbreit (1 m).

Sein Rücksprung ist „Höhe, geteilt durch die Basishälfte" $\left(\frac{40}{21}\text{ E}\right)/\left(\frac{3}{2}\text{ E}\right) = \frac{80}{63}$.

Der Böschungswinkel ist: $\operatorname{arctg}\left(\frac{80}{63}\right) = 51{,}78°$.

Das Volumen des Pyramidions ist allgemein „$\frac{1}{3}$ Höhe x Basislänge²".

Das Volumen des Königsgrabpyramidions (A) ist:= $\frac{1}{3} \times \left(\frac{40}{21}\right) \times 3^2 = \frac{40}{7}$ E³.

Das Volumen einer Pyramide, altägyptisch berechnet, ist: „Pyramidioninhalt x Stufenzahl³".

Das Volumen der Königsgrabpyramide (A) ist: $\frac{40}{7} \times 70^3 = 1\,960\,000$ E³ (283 618,125 m³).

Vom Königsgrab in Zarwiet el Arjan ist nur die Baugrube erhalten. Drei ursprünglich geplante Rücksprünge sind möglich: Version A $\left(\frac{80}{63}\right)$, Version B $\left(\frac{20}{21}\right)$, Version C $\left(\frac{4}{3}\right)$.

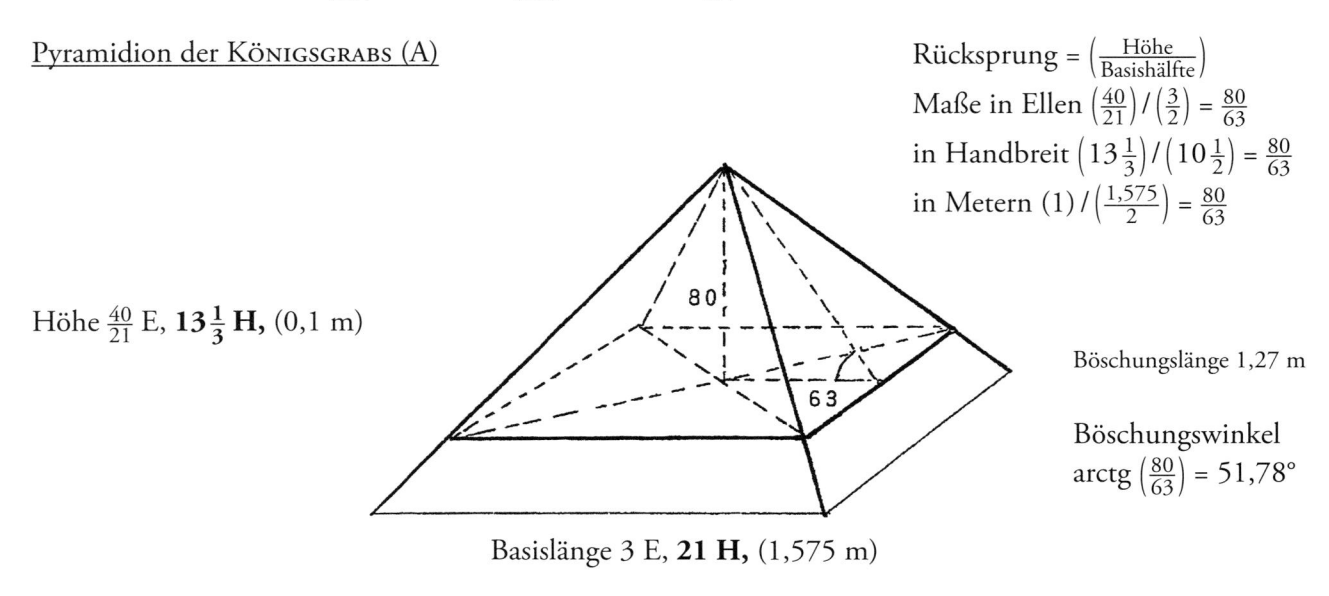

<u>Pyramidion der KÖNIGSGRABS (A)</u>

Rücksprung = $\left(\frac{\text{Höhe}}{\text{Basishälfte}}\right)$

Maße in Ellen $\left(\frac{40}{21}\right)/\left(\frac{3}{2}\right) = \frac{80}{63}$

in Handbreit $\left(13\frac{1}{3}\right)/\left(10\frac{1}{2}\right) = \frac{80}{63}$

in Metern $(1)/\left(\frac{1{,}575}{2}\right) = \frac{80}{63}$

Höhe $\frac{40}{21}$ E, **$13\frac{1}{3}$ H**, (0,1 m)

Basislänge 3 E, **21 H**, (1,575 m)

Böschungslänge 1,27 m

Böschungswinkel $\operatorname{arctg}\left(\frac{80}{63}\right) = 51{,}78°$

Ergebnis: Ein Rücksprung des Königgrabs (A) ist der Klang der übergroßen Terz $\left(\frac{80}{63}\right)$ mit dem Intervall (C-e⁺) in der antiken Tonart DIATONON MALAKON $\left(\frac{8}{7} \times \frac{10}{9} \times \frac{21}{20} = \frac{4}{3}\right)$, die Ptolemaios aus Alexandria überliefert. Ein Rechteck mit 10 x 8 = 80 Einheiten Höhe und 9 x 7 = 63 Einheiten Breite galt in der mittelalterlichen Buchbinderkunst als Format einer großen Terz. Wenn die Höhe einer Pyramidenstufe eine Elle (= 7 Handbreit) war, bildet die Diagonale in diesem Rechteck zusammen mit der Basis des Sekeds $\left(7/\left(\frac{80}{63}\right) = 5\frac{41}{80}\text{ H}\right)$ die Proportion einer übergroßen Terz 7 H / $5\frac{41}{80}$ H = 80:63.

Solmisiert man Einzeltöne nach Ptolemaios' Einteilung der Quarte (4:3) und nimmt als Grundton die Basishälfte statt der 105 Ellen in Hertz (105 Hz) an, so hört man – do, re, mi – die Tonfolge (C, d, e⁺) und harmonisch die Terz C-e⁺: = (105 Hz) x $\frac{8}{7}$ = d (120 Hz) x $\frac{10}{9}$ = e⁺ $\left(133\frac{1}{3}\text{ Hz}\right)$. Die Terz $\left(133\frac{1}{3}\text{ Hz}/105\text{ Hz} = 80{:}63\right)$ sieht man in der Neigung $\operatorname{arctg}\left(\frac{80}{63}\right) = 51{,}78°$, und sie klingt als übergroße, von uns seit fast 4000 Jahren nicht mehr gehörte Terz.

Berechnung des Pyramidions der Dublette Sahure & Djedkare (Ellenmaß 0,525 m):

Gesamtvolumen der baugleichen Pyramiden Sahure und Djedkare (Nr. 10, 14) ist $\frac{1}{3} \times \left(95\frac{5}{21}\right) \times 150^2$ = $\frac{5 \times 10^6}{7}$ E³ ($103\,359\frac{3}{8}$ m³). Wenn die Basislänge (150 E) durch 3 geteilt wird, setzt sie sich aus $\frac{150}{3} = 50$ Pyramidionbasislängen à 3 Ellen zusammen. Um die zugehörige Stufenhöhe zu erhalten, ist die Pyramidenhöhe durch 50 zu teilen $\left(95\frac{5}{21} \text{ E} / 50 = \frac{40}{21}\text{ E}\right)$.

Das gesuchte Pyramidion hat nun eine Basislänge von 3 Ellen oder 21 Handbreit (1,575 m).

Seine Höhe ist $\frac{40}{21}$ Ellen oder $13\frac{1}{3}$ Handbreit (1 m).

Sein Rücksprung ist „Höhe, geteilt durch die Basishälfte" $\left(\frac{40}{21}\text{E}\right) / \left(\frac{3}{2}\text{E}\right) = \frac{80}{63}$.

Der Böschungswinkel ist: $\arctg\left(\frac{80}{63}\right) = 51{,}78°$.

Das Volumen des Pyramidions ist allgemein „$\frac{1}{3}$ Höhe x Basislänge²".

Das Pyramidionvolumen der Dublette ist: $\frac{1}{3} \times \left(\frac{40}{21}\right) \times 3^2 = \frac{40}{7}$ E³.

Das Volumen einer Pyramide, altägyptisch berechnet, ist: „Pyramidioninhalt x Stufenzahl³".

Das Volumen von Sahure & Djedkare ist: $\frac{40}{7} \times (50)^3 = \frac{5\,000\,000}{7}$ E³ ($103\,359\frac{3}{8}$ m³).

Pyramidion der SAHURE & DJEDKARE

Rücksprung = $\left(\frac{\text{Höhe}}{\text{Basishälfte}}\right)$

Maße in Ellen $\left(\frac{40}{21}\right) / \left(\frac{3}{2}\right) = \frac{80}{63}$

in Handbreit $\left(13\frac{1}{3}\right) / \left(10\frac{1}{2}\right) = \frac{80}{63}$

in Metern $(1) / \left(\frac{1{,}575}{2}\right) = \frac{80}{63}$

Höhe $\frac{40}{21}$ E, **$13\frac{1}{3}$ H**, (1 m)

Böschungslänge 1,27 m

Böschungswinkel $\arctg\left(\frac{80}{63}\right) = 51{,}78°$

Basislänge 3 E, **21 H**, (1,575 m)

Ergebnis: Der Rücksprung von Sahure & Djedkare ist der Klang der übergroßen Terz $\left(\frac{80}{63}\right)$ mit dem Intervall (C-e⁺) in der antiken Tonart DIATONON MALAKON $\left(\frac{8}{7} \times \frac{10}{9} \times \frac{21}{20} = \frac{4}{3}\right)$, die Ptolemaios aus Alexandria überliefert. Ein Rechteck mit 8 x 10 = 80 Einheiten Höhe und 9 x 7 = 63 Einheiten Breite galt in der mittelalterlichen Buchbinderkunst als Format einer großen Terz. Wenn die Höhe einer Pyramidenstufe eine Elle (= 7 Handbreit) war, bildet die Diagonale in diesem Rechteck zusammen mit der Basis des Sekeds $\left(7 / \left(\frac{80}{63}\right) = 5\frac{41}{80}\text{ H}\right)$ die Proportion einer übergroßen Terz 7 H / $\left(5\frac{41}{80}\right)$ H = 80:63.

Solmisiert man Einzeltöne nach Ptolemaios' Einteilung der Quarte (4:3) und nimmt als Grundton die Basishälfte statt der 75 Ellen in Hertz (75 Hz) an, so hört man – do, re, mi – die Tonfolge (C, d, e⁺) und harmonisch die Terz C-e⁺ = (75 Hz) x $\frac{8}{7}$ = d $\left(85\frac{5}{7}\text{ Hz}\right)$ x $\frac{10}{9}$ = e⁺ $\left(95\frac{5}{21}\text{ Hz}\right)$. Die Terz $\left(95\frac{5}{21}\text{ Hz} / 75\text{ Hz} = 80:63\right)$ sieht man in der Neigung $\arctg\left(\frac{80}{63}\right) = 51{,}78°$, und sie klingt als übergroße, von uns seit fast 4000 Jahren nicht mehr gehörte Terz.

Berechnung des Pyramidions (verwendetes Ellenmaß 0,525 m):

Das Gesamtvolumen des Königsgrabs (C) (Nr. 6) ist $\frac{1}{3}$ x 140 x 210² = 2 058 000 E³ (297 799,0313 m³). Wenn die Basislänge (210 E) durch 3 geteilt wird, setzt sie sich aus $\frac{210}{3}$ = 70 Pyramidionbasislängen à 3 Ellen zusammen. Um die zugehörige Stufenhöhe zu erhalten, ist die Gesamthöhe der Pyramide durch 70 zu teilen (140 E / 70 = 2 E).

Das gesuchte Pyramidion hat nun eine Basislänge von 3 Ellen oder 21 Handbreit (1,575 m).

Seine Höhe ist 2 Ellen oder 14 Handbreit (1,05 m).

Sein Rücksprung ist „Höhe, geteilt durch die Basishälfte" (2 E)/$\left(\frac{3}{2} E\right)$ = $\frac{4}{3}$.

Der Böschungswinkel ist: arctg $\left(\frac{4}{3}\right)$ = 53,13°.

Das Volumen des Pyramidions ist allgemein „$\frac{1}{3}$ Höhe x Basislänge²".

Das Volumen des Königsgrabpyramidions (C) ist: $\frac{1}{3}$ x 2 x 3² = 6 E³.

Das Volumen einer Pyramide, altägyptisch berechnet, ist: „Pyramidioninhalt x Stufenzahl³".

Das Volumen der Königsgrabpyramide ist: 6 x (70)³ = 2 058 000 E³ (297 799,0313 m³).

Bei den 9 Pyramiden mit Quartrücksprung $\left(\frac{4}{3}\right)$ bestätigt die Stufenzahl (hier 70), daß die Architekten die Pyramidionbasis durchgehend mit 3 Ellen (21 H) festgesetzt haben. Denn für das pythagoräische Zahlentripel (3)² + (4)² = (5)² im ägyptischen Landvermessungsdreieck aus (Höhe)² + (Basishälfte)² = (Böschungslänge)² des Pyramidions auf dem Königsgrab (C) ist nur folgende Gleichung möglich: $\left(\frac{3}{2}\right)^2$ x $\left(\frac{4}{3}\right)^2$ = $\left(\frac{5}{2}\right)^2$. Die Höhe der Pyramide, geteilt durch $\frac{4}{2}$, ergibt die Stufenzahl $\left(\frac{140}{2} = 70\right)$. Böschungslänge des Pyramidions ist $\frac{5}{2}$ E, 17,5 H (1,3125 m). Die Böschungslänge der Pyramide ist 175 Ellen (91,875 m).

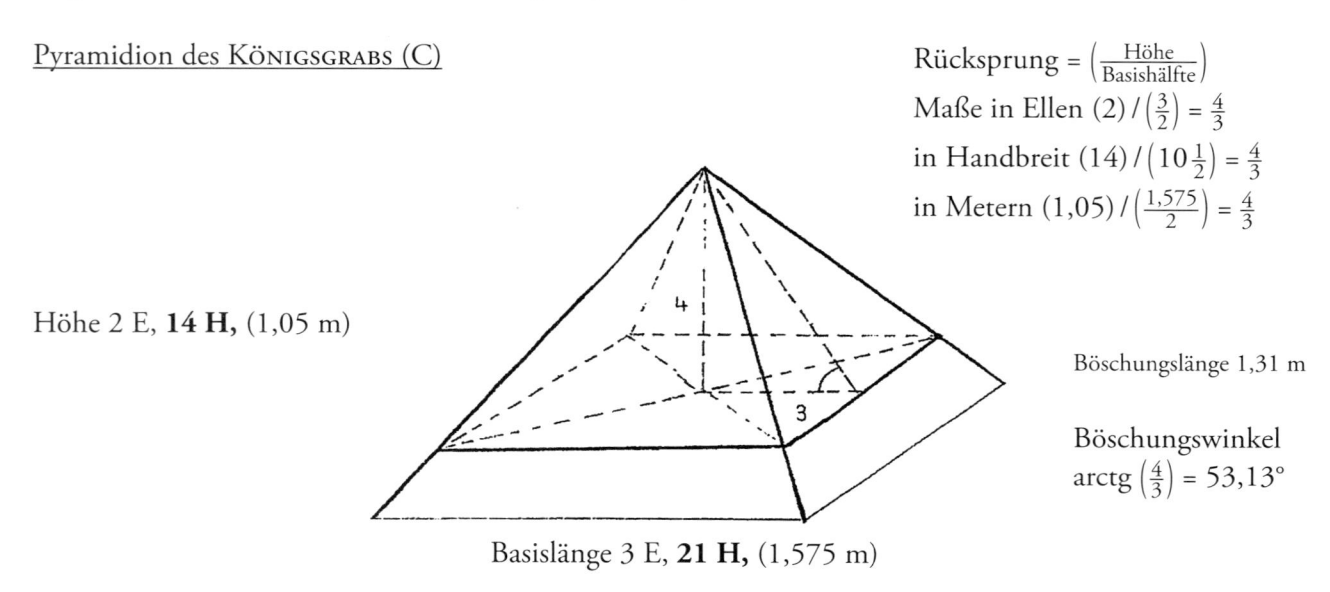

<u>Pyramidion des KÖNIGSGRABS (C)</u>

Rücksprung = $\left(\frac{\text{Höhe}}{\text{Basishälfte}}\right)$

Maße in Ellen (2) / $\left(\frac{3}{2}\right)$ = $\frac{4}{3}$

in Handbreit (14) / $\left(10\frac{1}{2}\right)$ = $\frac{4}{3}$

in Metern (1,05) / $\left(\frac{1,575}{2}\right)$ = $\frac{4}{3}$

Höhe 2 E, **14 H,** (1,05 m)

Böschungslänge 1,31 m

Böschungswinkel arctg $\left(\frac{4}{3}\right)$ = 53,13°

Basislänge 3 E, **21 H,** (1,575 m)

Ergebnis: Der Rücksprung des Königsgrabs (C) ist der Klang der Quarte (4:3) mit dem Intervall (C-f) in der antiken Tonart DIATONON MALAKON $\left(\frac{8}{7} \times \frac{10}{9} \times \frac{21}{20} = \frac{4}{3}\right)$, die Ptolemaios aus Alexandria überliefert. Ein Rechteck mit 4 Einheiten Höhe und 3 Einheiten Breite galt in der mittelalterlichen Buchbinderkunst als Quartformat *(Quarto)*. Wenn die Höhe einer Pyramidenstufe eine Elle (= 7 Handbreit) war, bildet die Diagonale in diesem Rechteck zusammen mit der Basis des Sekeds $\left(7 / \frac{4}{3} = 5\frac{1}{4} H\right)$ die Proportion einer reinen Quarte 7 H / $\left(5\frac{1}{4}\right)$ H = 4:3.

Solmisiert man Einzeltöne nach Ptolemaios' Einteilung der Quarte (4:3) und nimmt als Grundton die Basishälfte statt der 105 Ellen in Hertz (105 Hz) an, so hört man – do, re, mi, fa – die Tonfolge (C, d, e, f) und harmonisch die Quarte C-f: = (105 Hz) x $\frac{8}{7}$ = d (120 Hz) x $\frac{10}{9}$ = e $\left(133\frac{1}{3} \text{ Hz}\right)$ x $\frac{21}{20}$ = f (140 Hz). Die Quarte $\left(\frac{140 \text{ Hz}}{105 \text{ Hz}} = 4:3\right)$ sieht man im Winkel der Böschungsneigung, arctg $\left(\frac{4}{3}\right)$ = 53,13°, und hört ihren Klang.

Berechnung des Pyramidions (verwendetes Ellenmaß 0,525 m):
Das Volumen der Pyramide Chephrens (Nr. 7) ist $\frac{1}{3} \times \left(273\frac{1}{3}\right) \times 410^2 = \frac{137\,842\,000}{9} E^3$ (2 216 240,906 m³).
Wenn die Basislänge (410 E) durch 3 geteilt wird, setzt sie sich aus $\frac{410}{3} = 136\frac{2}{3}$ Pyramidionbasislängen à 3 Ellen zusammen. Um die zugehörige Stufenhöhe zu erhalten, ist die Gesamthöhe der Pyramide durch $136\frac{2}{3}$ zu teilen $\left(273\frac{1}{3} E / 136\frac{2}{3} = 2 E\right)$.
Das gesuchte Pyramidion hat nun eine Basislänge von 3 Ellen oder 21 Handbreit (1,575 m).
Seine Höhe ist 2 Ellen oder 14 Handbreit (1,05 m).
Sein Rücksprung ist „Höhe, geteilt durch die Basishälfte" (2 E)/$\left(\frac{3}{2} E\right) = \frac{4}{3}$.
Der Böschungswinkel ist: arctg $\left(\frac{4}{3}\right) = 53{,}13°$.
Das Volumen des Pyramidions ist allgemein „$\frac{1}{3}$ Höhe x Basislänge²".
Das Volumen des Chephrenpyramidions ist: $\frac{1}{3} \times 2 \times 3^2 = 6 E^3$.
Das Volumen einer Pyramide, altägyptisch berechnet, ist: „Pyramidioninhalt x Stufenzahl³".
Chephrens Gesamtvolumen: $6 \times \left(136\frac{2}{3}\right)^3 = \frac{137\,842\,000}{9} E^3$ (2 216 240,906 m³).

Bei den 9 Pyramiden mit Quartrücksprung $\left(\frac{4}{3}\right)$ bestätigt die Stufenzahl (hier $136\frac{2}{3}$), daß die Architekten die Pyramidionbasis durchgehend mit 3 Ellen (21 H) festgesetzt haben. Denn für das pythagoräische Zahlentripel $(3)^2 + (4)^2 = (5)^2$ im ägyptischen Landvermessungsdreieck aus (Höhe)² + (Basishälfte)² = (Böschungslänge)² des Pyramidions auf der Chephrenpyramide ist nur folgende Gleichung möglich: $\left(\frac{3}{2}\right)^2 \times \left(\frac{4}{2}\right)^2 = \left(\frac{5}{2}\right)^2$.
Die Pyramidenhöhe, geteilt durch $\frac{4}{2}$, ergibt die Stufenzahl $\left(273\frac{1}{3}\right)/2 = 136\frac{2}{3}$. Böschungslänge des Pyramidions ist $\frac{5}{2}$ E, 17,5 H (1,3125 m). Die Böschungslänge der Pyramide ist $341\frac{2}{3}$ E $\left(179\frac{3}{8}\right.$ m$\left.\right)$.

Pyramidion der CHEPHREN-PYRAMIDE

Rücksprung = $\left(\frac{\text{Höhe}}{\text{Basishälfte}}\right)$
Maße in Ellen $(2)/\left(\frac{3}{2}\right) = \frac{4}{3}$
in Handbreit $(14)/\left(10\frac{1}{2}\right) = \frac{4}{3}$
in Metern $(1{,}05)/\left(\frac{1{,}575}{2}\right) = \frac{4}{3}$

Höhe 2 E, **14 H,** (1,05 m)

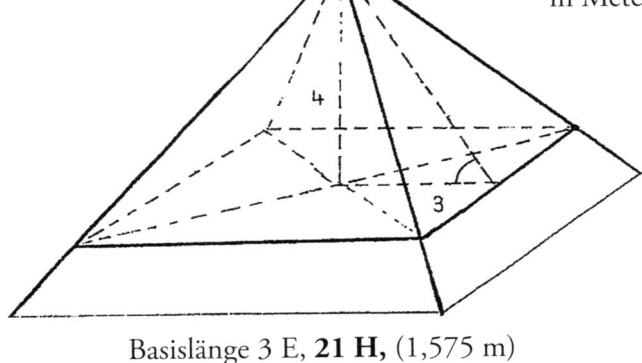

Böschungslänge 1,3125 m

Böschungswinkel arctg $\left(\frac{4}{3}\right) = 53{,}13°$

Basislänge 3 E, **21 H,** (1,575 m)

Ergebnis: Der Rücksprung der Chephrenpyramide ist der Klang der Quarte (4:3) mit dem Intervall (C-f) in der antiken Tonart DIATONON SYNTONON $\left(\frac{10}{9} \times \frac{9}{8} \times \frac{16}{15} = \frac{4}{3}\right)$, die Ptolemaios aus Alexandria überliefert. Ein Rechteck mit 4 Einheiten Höhe und 3 Einheiten Breite galt in der mittelalterlichen Buchbinderkunst als Quartformat *(Quarto).* Wenn die Höhe einer Pyramidenstufe eine Elle (= 7 Handbreit) war, bildet die Diagonale in diesem Rechteck zusammen mit der Basis des Sekeds $\left(7/\frac{4}{3} = 5\frac{1}{4} H\right)$ die Proportion einer reinen Quarte 7 H / $\left(5\frac{1}{4}\right)$ H = 4:3.

Solmisiert man Einzeltöne nach Ptolemaios' Einteilung der Quarte (4:3) und nimmt als Grundton die Basishälfte statt der 205 Ellen in Hertz (205 Hz) an, so hört man – do, re, mi, fa – die Tonfolge (C, d, e, f) und harmonisch die Quarte C-f: = (205 Hz) $\times \frac{10}{9} = d \left(227\frac{7}{9} Hz\right) \times \frac{9}{8} = e \left(256\frac{1}{4} Hz\right) \times \frac{16}{15} = f \left(273\frac{1}{3} Hz\right)$. Die Quarte $\left(273\frac{1}{3} Hz / 205 Hz = 4:3\right)$ sieht man in dem Winkel der Böschungsneigung, arctg $\left(\frac{4}{3}\right) = 53{,}13°$, und hört ihren Klang.

Berechnung des Pyramidions (verwendetes Ellenmaß 0,525 m):

Das Volumen der Pyramide des Userkaf (Nr. 9) ist $\frac{1}{3} \times \left(93\frac{1}{3}\right) \times 140^2 = \frac{5\,488\,000}{9}$ E^3 (88 236,75 m³). Wenn die Basislänge (140 E) durch 3 geteilt wird, setzt sie sich aus $\frac{140}{3} = 46\frac{2}{3}$ Pyramidionbasislängen à 3 Ellen zusammen. Um die zugehörige Stufenhöhe zu erhalten, ist die Gesamthöhe der Pyramide durch $46\frac{2}{3}$ zu teilen $\left(93\frac{1}{3} \text{ E} / 46\frac{2}{3} = 2 \text{ E}\right)$.

Das gesuchte Pyramidion hat nun eine Basislänge von 3 Ellen oder 21 Handbreit (1,575 m).

Seine Höhe ist 2 Ellen oder 14 Handbreit (1,05 m).

Sein Rücksprung ist „Höhe, geteilt durch die Basishälfte" (2 E) / $\left(\frac{3}{2} \text{ E}\right) = \frac{4}{3}$.

Der Böschungswinkel ist: arctg $\left(\frac{4}{3}\right)$ = 53,13°.

Das Volumen des Pyramidions ist allgemein „$\frac{1}{3}$ Höhe x Basislänge²".

Das Volumen des Userkafpyramidions ist: $\frac{1}{3} \times 2 \times 3^2 = 6$ E³.

Das Volumen einer Pyramide, altägyptisch berechnet, ist: „Pyramidioninhalt x Stufenzahl³".

Userkafs Gesamtvolumen: $6 \times \left(46\frac{2}{3}\right)^3 = \frac{5\,488\,000}{9}$ E³ (88 236,75 m³).

Bei den 9 Pyramiden mit Quartrücksprung $\left(\frac{4}{3}\right)$ bestätigt die Stufenzahl (hier $46\frac{2}{3}$), daß die Architekten die Pyramidionbasis durchgehend mit 3 Ellen (21 H) festgesetzt haben. Denn für das pythagoräische Zahlentripel $(3)^2 + (4)^2 = (5)^2$ im ägyptischen Landvermessungsdreieck aus (Höhe)² + (Basishälfte)² = (Böschungslänge)² des Pyramidions auf der Pyramide des Userkaf ist nur folgende Gleichung möglich: $\left(\frac{3}{2}\right)^2 \times \left(\frac{4}{2}\right)^2 = \left(\frac{5}{2}\right)^2$. Die Pyramidenhöhe, geteilt durch $\frac{4}{2}$, ergibt die Stufenzahl $\left(93\frac{1}{3}\right)/2 = 46\frac{2}{3}$. Böschungslänge des Pyramidions ist $\frac{5}{2}$ E. 17,5 H (1,3125 m). Die Böschungslänge der Pyramide ist $116\frac{2}{3}$ Ellen (61,25 m).

<u>Pyramidion der USERKAF-PYRAMIDE</u>

Rücksprung = $\left(\frac{\text{Höhe}}{\text{Basishälfte}}\right)$

Maße in Ellen (2) / $\left(\frac{3}{2}\right) = \frac{4}{3}$

in Handbreit (14) / $\left(10\frac{1}{2}\right) = \frac{4}{3}$

in Metern (1,05) / $\left(\frac{1,575}{2}\right) = \frac{4}{3}$

Höhe 2 E, **14 H**, (1,05 m)

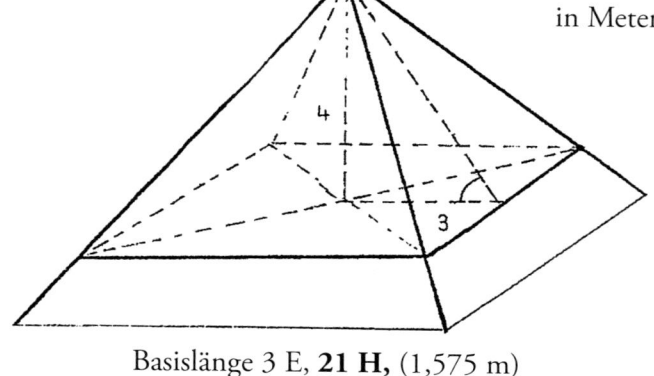

Böschungslänge 1,3125 m

Böschungswinkel arctg $\left(\frac{4}{3}\right)$ = 53,13°

Basislänge 3 E, **21 H**, (1,575 m)

Ergebnis: Der Rücksprung der Pyramide des Userkaf ist der Klang der Quarte (4:3) mit dem Intervall (C-f) in der antiken Tonart DIATONON MALAKON $\left(\frac{8}{7} \times \frac{10}{9} \times \frac{21}{20} = \frac{4}{3}\right)$, die Ptolemaios aus Alexandria überliefert. Ein Rechteck mit 4 Einheiten Höhe und 3 Einheiten Breite galt in der mittelalterlichen Buchbinderkunst als Quartformat *(Quarto)*. Wenn die Höhe einer Pyramidenstufe eine Elle (= 7 Handbreit) war, bildet die Diagonale in diesem Rechteck zusammen mit der Basis des Sekeds $\left(7 / \frac{4}{3} = 5\frac{1}{4}$ H$\right)$ die Proportion einer reinen Quarte 7 H / $\left(5\frac{1}{4}\right)$ H = 4:3.

Solmisiert man Einzeltöne nach Ptolemaios' Einteilung der Quarte (4:3) und nimmt als Grundton die Basishälfte statt der 70 Ellen in Hertz (70 Hz) an, so hört man – do, re, mi, fa – die Tonfolge (C, d, e, f) und harmonisch die Quarte C-f: = (70 Hz) x $\frac{8}{7}$ = d (80 Hz) x $\frac{10}{9}$ = e $\left(88\frac{8}{9}$ Hz$\right)$ x $\frac{21}{20}$ = f $\left(93\frac{1}{3}$ Hz$\right)$. Die Quarte $\left(93\frac{1}{3}$ Hz / 70 Hz = 4:3$\right)$ sieht man in dem Winkel der Böschungsneigung, arctg $\left(\frac{4}{3}\right)$ = 53,13°, und hört ihren Klang.

Berechnung des Pyramidions (verwendetes Ellenmaß 0,525 m):

Das Volumen der Pyramide des Neferefre (Nr. 13) ist $\frac{1}{3}$ x $\left(83\frac{1}{3}\right)$ x $125^2 = \frac{3\,906\,250}{9}$ E^3 (62 805,17578 m³).

Wenn die Basislänge (125 E) durch 3 geteilt wird, setzt sie sich aus $\frac{125}{3} = 41\frac{2}{3}$ Pyramidionbasislängen à 3 Ellen zusammen. Um die zugehörige Stufenhöhe zu erhalten, ist die Gesamthöhe der Pyramide durch $41\frac{2}{3}$ zu teilen $\left(83\frac{1}{3} \text{ E} / 41\frac{2}{3} = 2 \text{ E}\right)$.

Das gesuchte Pyramidion hat nun eine Basislänge von 3 Ellen oder 21 Handbreit (1,575 m).

Seine Höhe ist 2 Ellen oder 14 Handbreit (1,05 m).

Sein Rücksprung ist „Höhe, geteilt durch die Basishälfte" (2 E) / $\left(\frac{3}{2}\text{ E}\right) = \frac{4}{3}$.

Der Böschungswinkel ist: arctg $\left(\frac{4}{3}\right)$ = 53,13°.

Das Volumen des Pyramidions ist allgemein „$\frac{1}{3}$ Höhe x Basislänge²".

Das Volumen des Neferefre-Pyramidions ist: $\frac{1}{3}$ x 2 x $3^2 = 6$ E³.

Das Volumen einer Pyramide, altägyptisch berechnet, ist: „Pyramidioninhalt x Stufenzahl³".

Das Gesamtvolumen Neferefres ist: 6 x $\left(41\frac{2}{3}\right)^3 = \frac{3\,906\,250}{9}$ E^3 (62 805,17587 m³).

Bei den 9 Pyramiden mit Quartrücksprung $\left(\frac{4}{3}\right)$ bestätigt die Stufenzahl $\left(\text{hier } 41\frac{2}{3}\right)$, daß die Architekten die Pyramidionbasis durchgehend mit 3 Ellen (21 H) festgesetzt haben. Denn für das pythagoräische Zahlentripel $(3)^2 + (4)^2 = (5)^2$ im ägyptischen Landvermessungsdreieck aus (Höhe)² + (Basishälfte)² = (Böschungslänge)² des Pyramidions auf der Pyramide Neferefres ist nur folgende Gleichung möglich: $\left(\frac{3}{2}\right)^2$ x $\left(\frac{4}{2}\right)^2 = \left(\frac{5}{2}\right)^2$. Die Pyramidenhöhe, geteilt durch $\frac{4}{2}$, ergibt die Stufenzahl $\left(83\frac{1}{3}\right)/2 = 41\frac{2}{3}$, Böschungslänge des Pyramidions ist $\frac{5}{2}$ E, 17,5 H (1,3125 m). Böschungslänge der Pyramide ist 104,1666 E (54,6875 m).

<u>Pyramidion der NEFEREFRE-PYRAMIDE</u>

Rücksprung = $\left(\frac{\text{Höhe}}{\text{Basishälfte}}\right)$

Maße in Ellen $(2)/\left(\frac{3}{2}\right) = \frac{4}{3}$

in Handbreit $(14)/\left(10\frac{1}{2}\right) = \frac{4}{3}$

in Metern $(1,05)/\left(\frac{1,575}{2}\right) = \frac{4}{3}$

Höhe 2 E, **14 H,** (1,05 m)

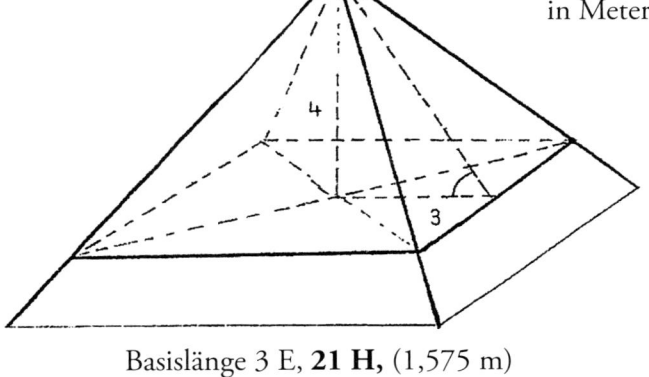

Böschungslänge 1,3125 m

Böschungswinkel arctg $\left(\frac{4}{3}\right)$ = 53,13°

Basislänge 3 E, **21 H,** (1,575 m)

Ergebnis: Der Rücksprung der Pyramide des Neferefre ist der Klang der Quarte (4:3) mit dem Intervall (C-f) in der antiken Tonart DIATONON SYNTONON $\left(\frac{10}{9} \text{ x } \frac{9}{8} \text{ x } \frac{16}{15} = \frac{4}{3}\right)$, die Ptolemaios aus Alexandria überliefert. Ein Rechteck mit 4 Einheiten Höhe und 3 Einheiten Breite galt in der mittelalterlichen Buchbinderkunst als Quartformat *(Quarto)*. Wenn die Höhe einer Pyramidenstufe eine Elle (= 7 Handbreit) war, bildet die Diagonale in diesem Rechteck zusammen mit der Basis des Sekeds $\left(7 / \frac{4}{3} = 5\frac{1}{4} \text{ H}\right)$ die Proportion einer reinen Quarte 7 H / $\left(5\frac{1}{4}\right)$ H = 4:3.

Solmisiert man Einzeltöne nach Ptolemaios' Einteilung der Quarte (4:3) und nimmt als Grundton die Basishälfte statt der 62,5 Ellen in Hertz (62,5 Hz) an, so hört man – do, re, mi, fa – die Tonfolge (C, d, e, f) und harmonisch die Quarte C-f: = (62,5 Hz) x $\frac{10}{9}$ = d $\left(69\frac{4}{9}\text{ Hz}\right)$ x $\frac{9}{8}$ = e $\left(78\frac{1}{8}\text{ Hz}\right)$ x $\frac{16}{15}$ = f $\left(83\frac{1}{3}\text{ Hz}\right)$. Die Quarte $\left(83\frac{1}{3}\text{ Hz} / 62,5 \text{ Hz} = 4:3\right)$ sieht man in dem Winkel der Böschungsneigung, arctg $\left(\frac{4}{3}\right)$ = 53,13°, und hört ihren Klang.

Berechnung des Pyramidions der Dublette Teti und Pepi II. (Ellenmaß 0,525 m):

Volumen der baugleichen Pyramiden (Nr. 16, 19) ist $\frac{100}{3}$ x 150² = 750 000 E³ (108 527,3438 m³). Wenn die Basislänge (150 E) durch 3 geteilt wird, setzt sie sich aus $\frac{150}{3}$ = 50 Pyramidionbasislängen à 3 Ellen zusammen. Um die zugehörige Stufenhöhe zu erhalten, ist die Gesamthöhe der Pyramide durch 50 zu teilen (100 E / 50 = 2 E).

Das gesuchte Pyramidion hat nun eine Basislänge von 3 Ellen oder 21 Handbreit (1,575 m).
Seine Höhe ist 2 Ellen oder 14 Handbreit (1,05 m).
Sein Rücksprung ist „Höhe, geteilt durch die Basishälfte" (2 E) / $\left(\frac{3}{2} E\right)$ = $\frac{4}{3}$.
Der Böschungswinkel ist: arctg $\left(\frac{4}{3}\right)$ = 53,13°.
Das Volumen des Pyramidions ist allgemein „$\frac{1}{3}$ Höhe x Basislänge²".
Das Volumen des Teti- und Pepi II.-Pyramidions ist: $\frac{1}{3}$ x 2 x 3² = 6 E³.
Das Volumen einer Pyramide, altägyptisch berechnet, ist: „Pyramidioninhalt x Stufenzahl³".
Das Gesamtvolumen Tetis und Pepis II. ist: 6 x 50³ = 750 000 E³ (108 527,3438 m³).

Bei den 9 Pyramiden mit Quartrücksprung $\left(\frac{4}{3}\right)$ bestätigt die Stufenzahl (hier 50), daß die Architekten die Pyramidionbasis durchgehend mit 3 Ellen (21 H) festgesetzt haben. Denn für das pythagoräische Zahlentripel (3)² + (4)² = (5)² im ägyptischen Landvermessungsdreieck aus (Höhe)² + (Basishälfte)² = (Böschungslänge)² des Pyramidions auf beiden Pyramiden ist nur folgende Gleichung möglich: $\left(\frac{3}{2}\right)^2$ x $\left(\frac{4}{2}\right)^2$ = $\left(\frac{5}{2}\right)^2$. Die Pyramidenhöhe, geteilt durch $\frac{4}{2}$, ergibt die Stufenzahl $\frac{(100)}{2}$ = 50. Böschungslänge des Pyramidions ist $\frac{5}{2}$ E, 17,5 H (1,3125 m). Böschungslänge der Pyramide ist 125 E (65,625 m).

Pyramidion der TETI-&-PEPI II.-PYRAMIDE

Rücksprung = $\left(\frac{\text{Höhe}}{\text{Basishälfte}}\right)$
Maße in Ellen (2) / $\left(\frac{3}{2}\right)$ = $\frac{4}{3}$
in Handbreit (14) / $\left(10\frac{1}{2}\right)$ = $\frac{4}{3}$
in Metern (1,05) / $\left(\frac{1,575}{2}\right)$ = $\frac{4}{3}$

Höhe 2 E, **14 H,** (1,05 m)

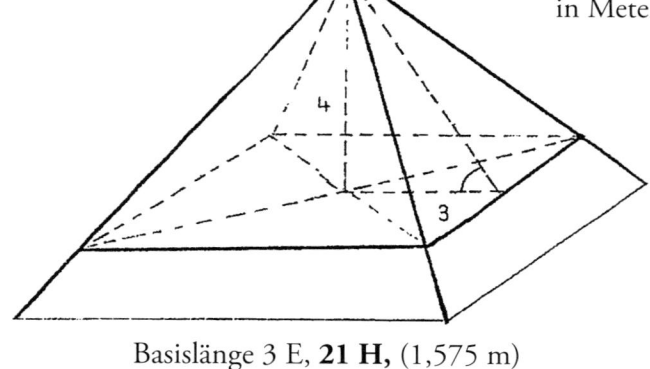

Böschungslänge 1,3125 m

Böschungswinkel arctg $\left(\frac{4}{3}\right)$ = 53,13°

Basislänge 3 E, **21 H,** (1,575 m)

Ergebnis: Der Rücksprung beider Pyramiden ist der Quartklang (4:3) mit dem Intervall (C-f) in der antiken Tonart DIATONON SYNTONON $\left(\frac{10}{9} \text{ x } \frac{9}{8} \text{ x } \frac{16}{15} = \frac{4}{3}\right)$, die Ptolemaios aus Alexandria überliefert. Ein Rechteck mit 4 Einheiten Höhe und 3 Einheiten Breite galt in der mittelalterlichen Buchbinderkunst als Quartformat *(Quarto)*. Wenn die Höhe einer Pyramidenstufe eine Elle (= 7 Handbreit) war, bildet die Diagonale in diesem Rechteck zusammen mit der Basis des Sekeds $\left(7 / \frac{4}{3} = 5\frac{1}{4} \text{ H}\right)$ die Proportion einer reinen Quarte 7 H / $\left(5\frac{1}{4}\right)$ H = 4:3.

Solmisiert man Einzeltöne nach Ptolemaios' Einteilung der Quarte (4:3) und nimmt als Grundton die Basishälfte statt der 75 Ellen in Hertz (75 Hz) an, so hört man – do, re, mi, fa – die Tonfolge (C, d, e, f) und harmonisch die Quarte C-f: = (75 Hz) x $\frac{10}{9}$ = d $\left(83\frac{1}{3} \text{ Hz}\right)$ x $\frac{9}{8}$ = e $\left(93\frac{3}{4} \text{ Hz}\right)$ x $\frac{16}{15}$ = f (100 Hz). Die Quarte $\left(\frac{100 \text{ Hz}}{75 \text{ Hz}} = 4:3\right)$ sieht man in dem Winkel der Böschungsneigung, arctg $\left(\frac{4}{3}\right)$ = 53,13°, und hört ihren Klang.

Berechnung des Pyramidions (verwendetes Ellenmaß 0,524 m):

Das Volumen der Pyramide des Pepi I. (Nr. 17) ist $\frac{100}{3}$ x 150² = 750 000 E³ (107 908,368 m³).

Wenn die Basislänge (150 E) durch 3 geteilt wird, setzt sie sich aus $\frac{150}{3}$ = 50 Pyramidionbasislängen à 3 Ellen zusammen. Um die zugehörige Stufenhöhe zu erhalten, ist die Gesamthöhe der Pyramide durch 50 zu teilen $\left(\frac{100\,E}{50} = 2\,E\right)$.

Das gesuchte Pyramidion hat nun eine Basislänge von 3 Ellen oder 21 Handbreit (1,572 m).

Seine Höhe ist 2 Ellen oder 14 Handbreit (1,048 m).

Sein Rücksprung ist „Höhe, geteilt durch die Basishälfte" (2 E) / $\left(\frac{3}{2}\,E\right) = \frac{4}{3}$.

Der Böschungswinkel ist: arctg $\left(\frac{4}{3}\right)$ = 53,13°.

Das Volumen des Pyramidions ist allgemein „$\frac{1}{3}$ Höhe x Basislänge²".

Das Volumen des Pepi I.-Pyramidions ist: $\frac{1}{3}$ x 2 x 3² = 6 E³.

Das Volumen einer Pyramide, altägyptisch berechnet, ist: „Pyramidioninhalt x Stufenzahl³".

Das Gesamtvolumen Pepi I. ist: 6 x 50³ = 750 000 E³ (107 908,368 m³).

Bei den 9 Pyramiden mit Quartrücksprung $\left(\frac{4}{3}\right)$ bestätigt die Stufenzahl (hier 50), daß die Architekten, die Pyramidionbasis durchgehend mit 3 Ellen (21 H) festgesetzt haben. Denn für das pythagoräische Zahlentripel (3)² + (4)² = (5)² im ägyptischen Landvermessungsdreieck aus (Höhe)² + (Basishälfte)² = (Böschungslänge)² des Pyramidions auf der Pyramide Pepi I. ist nur folgende Gleichung möglich: $\left(\frac{3}{2}\right)^2 \times \left(\frac{4}{2}\right)^2 = \left(\frac{5}{2}\right)^2$.
Die Pyramidenhöhe, geteilt durch $\frac{4}{2}$, ergibt die Stufenzahl $\frac{(100)}{2}$ = 50. Böschungslänge des Pyramidions ist $\frac{5}{2}$ E, 17,5 H (1,31 m). Böschungslänge der Pyramide ist 125 E (65,5 m).

<u>Pyramidion der PEPI I.-PYRAMIDE</u>

Rücksprung = $\left(\frac{\text{Höhe}}{\text{Basishälfte}}\right)$

Maße in Ellen (2) / $\left(\frac{3}{2}\right) = \frac{4}{3}$

in Handbreit (14) / $\left(10\frac{1}{2}\right) = \frac{4}{3}$

in Metern (1,048) / $\left(\frac{1,572}{2}\right) = \frac{4}{3}$

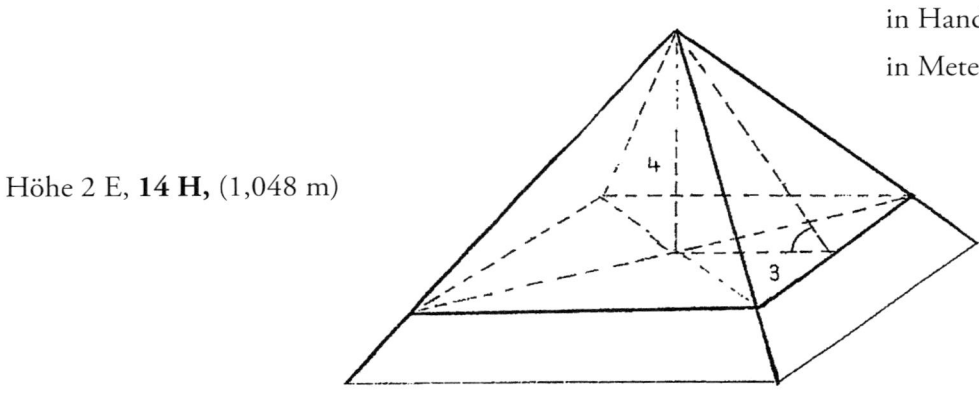

Höhe 2 E, **14 H,** (1,048 m)

Böschungslänge 1,31 m

Böschungswinkel arctg $\left(\frac{4}{3}\right)$ = 53,13°

Basislänge 3 E, **21 H,** (1,572 m)

Ergebnis: Der Rücksprung der Pyramide des Pepi I. ist der Klang der Quarte (4:3) mit dem Intervall (C-f) in der antiken Tonart DIATONON SYNTONON $\left(\frac{10}{9} \times \frac{9}{8} \times \frac{16}{15} = \frac{4}{3}\right)$, die Ptolemaios aus Alexandria überliefert. Ein Rechteck mit 4 Einheiten Höhe und 3 Einheiten Breite galt in der mittelalterlichen Buchbinderkunst als Quartformat *(Quarto)*. Wenn die Höhe einer Pyramidenstufe eine Elle (= 7 Handbreit) war, bildet die Diagonale in diesem Rechteck zusammen mit der Basis des Sekeds $\left(7/\left(\frac{4}{3}\right) = 5\frac{1}{4}\,H\right)$ die Proportion einer reinen Quarte 7 H / $\left(5\frac{1}{4}\right)$ H = 4:3.

Solmisiert man Einzeltöne nach Ptolemaios' Einteilung der Quarte (4:3) und nimmt als Gundton die Basishälfte statt der 75 Ellen in Hertz (75 Hz) an, so hört man – do, re, mi, fa – die Tonfolge (C, d, e, f) und harmonisch die Quarte C-f: = (75 Hz) x $\frac{10}{9}$ = d $\left(83\frac{1}{3}\,Hz\right) \times \frac{9}{8}$ = e $\left(93\frac{3}{4}\,Hz\right) \times \frac{16}{15}$ = f (100 Hz). Die Quarte $\left(\frac{100\,Hz}{75\,Hz} = 4:3\right)$ sieht man in dem Winkel der Böschungsneigung, arctg $\left(\frac{4}{3}\right)$ = 53,13°, und hört ihren Klang.

Berechnung des Pyramidions der Dublette Merenre und Unbekannt (Ellenmaß 0,525 m):
Volumen der baugleichen Pyramiden (Nr. 16, 19) ist $\left(116\frac{2}{3}\right)/3 \times 175^2 = \frac{10\,718\,750}{9}$ E^3 (172 337,4023 m³).
Wenn die Basislänge (175 E) durch 3 geteilt wird, setzt sie sich aus $\frac{175}{3} = 58\frac{1}{3}$ Pyramidionbasislängen à 3 Ellen zusammen. Um die zugehörige Stufenhöhe zu erhalten, ist die Gesamthöhe der Pyramide durch $58\frac{1}{3}$ zu teilen $\left(116\frac{2}{3}\text{ E}/58\frac{1}{3} = 2\text{ E}\right)$.
Das gesuchte Pyramidion hat nun eine Basislänge von 3 Ellen oder 21 Handbreit (1,575 m).
Seine Höhe ist 2 Ellen oder 14 Handbreit (1,05 m).
Sein Rücksprung ist „Höhe, geteilt durch die Basishälfte" (2 E)/$\left(\frac{3}{2}\text{ E}\right) = \frac{4}{3}$.
Der Böschungswinkel ist: arctg $\left(\frac{4}{3}\right)$ = 53,13°
Das Volumen des Pyramidions ist allgemein „$\frac{1}{3}$ Höhe x Basislänge²".
Das Volumen beider Pyramidions ist: $\frac{1}{3} \times 2 \times 3^2 = 6$ E³.
Das Volumen einer Pyramide, altägyptisch berechnet, ist: „Pyramidioninhalt x Stufenzahl³".
Das Volumen beider Pyramiden ist: $6 \times \left(58\frac{1}{3}\right)^3 = \frac{10\,718\,750}{9}$ E³ (172 337,4023 m³).

Bei den 9 Pyramiden mit Quartrücksprung $\left(\frac{4}{3}\right)$ bestätigt die Stufenzahl $\left(\text{hier } 58\frac{1}{3}\right)$, daß die Architekten die Pyramidionbasis durchgehend mit 3 Ellen (21 H) festgesetzt haben. Denn für das pythagoräische Zahlentripel $(3)^2 + (4)^2 = (5)^2$ im ägyptischen Landvermessungsdreieck aus (Höhe)² + (Basishälfte)² = (Böschungslänge)² des Pyramidions auf beiden Pyramiden ist nur folgende Gleichung möglich: $\left(\frac{3}{2}\right)^2 \times \left(\frac{4}{3}\right)^2 = \left(\frac{5}{2}\right)^2$.
Die Pyramidenhöhe, geteilt durch $\frac{4}{2}$, ergibt die Stufenzahl $\left(116\frac{2}{3}\right)/2 = 58\frac{1}{3}$. Böschungslänge des Pyramidions ist $\frac{5}{2}$ E, 17,5 H (1,3125 m). Böschungslänge der Pyramide ist 145,83... E $\left(76\frac{9}{16}\text{ m}\right)$.

Pyramidion der MERENRE-&-UNBEKANNT-PYRAMIDE

Rücksprung = $\left(\frac{\text{Höhe}}{\text{Basishälfte}}\right)$

Maße in Ellen (2)/$\left(\frac{3}{2}\right) = \frac{4}{3}$

in Handbreit (14)/$\left(10\frac{1}{2}\right) = \frac{4}{3}$

in Metern (1,05)/$\left(\frac{1,575}{2}\right) = \frac{4}{3}$

Höhe 2 E, **14 H**, (1,05 m)

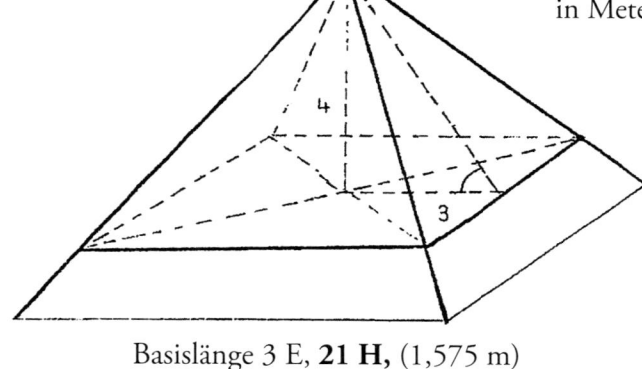

Böschungslänge 1,3125 m

Böschungswinkel arctg $\left(\frac{4}{3}\right)$ = 53,13°

Basislänge 3 E, **21 H**, (1,575 m)

Ergebnis: Der Rücksprung beider Pyramiden ist der Quartklang (4:3) mit dem Intervall (C-f) in der antiken Tonart DIATONON SYNTONON $\left(\frac{10}{9} \times \frac{9}{8} \times \frac{16}{15} = \frac{4}{3}\right)$, die Ptolemaios aus Alexandria überliefert. Ein Rechteck mit 4 Einheiten Höhe und 3 Einheiten Breite galt in der mittelalterlichen Buchbinderkunst als Quartformat *(Quarto)*. Wenn die Höhe einer Pyramidenstufe eine Elle (= 7 Handbreit) war, bildet die Diagonale in diesem Rechteck zusammen mit der Basis des Sekeds $\left(7/\frac{4}{3} = 5\frac{1}{4}\text{ H}\right)$ die Proportion einer reinen Quarte 7 H/$\left(5\frac{1}{4}\right)$ H = 4:3.

Solmisiert man Einzeltöne nach Ptolemaios' Einteilung der Quarte (4:3) und nimmt als Grundton die Basishälfte (87,5 E) statt der Ellen in Hertz (87,5 Hz) an, so hört man – do, re, mi, fa – die Tonfolge (C, d, e, f) und harmonisch die Quarte C-f: = (87,5 Hz) $\times \frac{10}{9} = d\ \left(97\frac{2}{9}\text{ Hz}\right) \times \frac{9}{8} = e\ \left(109\frac{3}{8}\text{ Hz}\right) \times \frac{16}{15} = f\ \left(116\frac{2}{3}\text{ Hz}\right)$. Die Quarte $\left(116\frac{2}{3}\text{ Hz}/87,5\text{ Hz} = 4:3\right)$ sieht man in dem Winkel der Böschungsneigung arctg $\left(\frac{4}{3}\right)$ = 53,13°, und hört ihren Klang.

Berechnung des Pyramidions (verwendetes Ellenmaß 0,525 m):

Volumen der Pyramide des Djedefre (Nr. 5) ist $\frac{1}{3}$ x 175 x 200² = $\frac{7\,000\,000}{3}$E ³ (337 640,625 m³). Wenn die Basislänge (200 E) durch 3 geteilt wird, setzt sie sich aus $\frac{200}{3}$ = $66\frac{2}{3}$ Pyramidionbasislängen à 3 Ellen zusammen. Um die zugehörige Stufenhöhe zu erhalten, ist die Gesamthöhe der Pyramide durch $66\frac{2}{3}$ zu teilen $\left(175\ E\,/\,66\frac{2}{3} = 2\frac{5}{8}\ E\right)$.

Das gesuchte Pyramidion hat nun eine Basislänge von 3 Ellen oder 21 Handbreit (1,575 m).

Seine Höhe ist $2\frac{5}{8}$ Ellen oder $18\frac{3}{8}$ Handbreit (1,378125 m).

Sein Rücksprung ist „Höhe, geteilt durch die Basishälfte" $\left(2\frac{5}{8}\ E\right)/\left(\frac{3}{2}\ E\right) = \frac{7}{4}$.

Der Böschungswinkel ist: arctg $\left(\frac{7}{4}\right)$ = 60,25°.

Das Volumen des Pyramidions ist allgemein „$\frac{1}{3}$ Höhe x Basislänge²".

Das Volumen des Djedefre-Pyramidions ist: $\frac{1}{3}$ x $\left(2\frac{5}{8}\right)$ x 3² = $7\frac{7}{8}$E ³.

Das Volumen einer Pyramide, altägyptisch berechnet, ist: „Pyramidioninhalt x Stufenzahl³".

Volumen der Djedefre-Pyramide ist: $7\frac{7}{8}$ x $\left(66\frac{2}{3}\right)^3$ = $\frac{7\,000\,000}{3}$E ³ (337 640,625 m³).

<u>Pyramidion der DJEDEFRE-PYRAMIDE</u>

Rücksprung = $\left(\frac{\text{Höhe}}{\text{Basishälfte}}\right)$

Maße in Ellen $\left(2\frac{5}{8}\right)/\left(\frac{3}{2}\right) = \frac{7}{4}$

in Handbreit $\left(18\frac{3}{8}\right)/\left(10\frac{1}{2}\right) = \frac{7}{4}$

in Metern $(1,378125)/\left(\frac{1,575}{2}\right) = \frac{7}{4}$

Höhe $2\frac{5}{8}$ E, **$18\frac{3}{8}$ H,** (1,378125 m)

Böschungslänge 1,59 m

Böschungswinkel arctg $\left(\frac{7}{4}\right)$ = 60,25°

Basislänge 3 E, **21 H,** (1,575 m)

Ergebnis: Der Rücksprung Djedefres ist der Klang der kleinen Septime (7:4) mit dem Intervall Oktave (2) geteilt durch übergroßen Ganzton) $\left(\frac{8}{7}\right) = 2/\left(\frac{8}{7}\right) = \frac{7}{4}$, das Intervall (C-b⁻) in der antiken Tonart DIATONON MALAKON $\left(\frac{8}{7} \times \frac{10}{9} \times \frac{21}{20} = \frac{4}{3}\right)$, die Ptolemaios aus Alexandria überliefert. Ein Rechteck mit 7 Einheiten Höhe und 4 Einheiten Breite ist das Format einer Naturseptime $\left(\frac{7}{4}\right)$. Wenn die Höhe einer Pyramidenstufe eine Elle (= 7 Handbreit) war, bildet die Diagonale in diesem Rechteck zusammen mit der Basis des Sekeds $\left(7/\left(\frac{7}{4}\right) = 4\ H\right)$ die Proportion einer kleinen Septime $\frac{7\,H}{4\,H}$ = 7:4. $\left(\text{Die pythagoräische Kunstseptime ist}\right.$ $\frac{7}{4} \times \frac{64}{63} = 2/\left(\frac{9}{8}\right) = \frac{16}{9}\left.\right)$

Solmisiert man Einzeltöne nach Ptolemaios' Einteilung der Quarte (4:3) und nimmt als Grundton die Basishälfte statt der 100 Ellen in Hertz (100 Hz) an, so hört man – do, re, mi, fa, sol – die Tonfolge (C, d, e⁺, f, g). Fügt man noch die Kleinstterz $\left(\frac{7}{6}\right)$ hinzu, so erklingt harmonisch – do, re, mi, fa, sol, la, la# – die kleine Septime (C-b⁻). C = (100 Hz) x $\frac{8}{7}$ = d $\left(114\frac{2}{7}\ Hz\right)$ x $\frac{10}{9}$ = e⁺ $\left(126\frac{62}{63}\ Hz\right)$ x $\frac{21}{20}$ = f $\left(133\frac{1}{3}\ Hz\right)$ x $\frac{9}{8}$ = g (150 Hz) x $\frac{7}{6}$ = b⁻ (175 Hz). Die Naturseptime $\left(\frac{175\ Hz}{100\ Hz} = 7:4\right)$ sieht man in dem Winkel arctg $\left(\frac{7}{4}\right)$ = 60,25° und hört sie aus dieser ziemlich steilen Neigung.

Berechnung des Pyramidions (verwendetes Ellenmaß 0,525 m):

Volumen der Pyramide des Neferirkare (Nr. 11) ist $\frac{1}{3} \times 140 \times 200^2 = \frac{5\,600\,000}{3}$ E^3 (270 112,5 m³). Wenn die Basislänge (200 E) durch 3 geteilt wird, setzt sie sich aus $\frac{200}{3} = 66\frac{2}{3}$ Pyramidionbasislängen à 3 Ellen zusammen. Um die zugehörige Stufenhöhe zu erhalten, ist die Gesamthöhe der Pyramide durch $66\frac{2}{3}$ zu teilen $\left(140 \text{ E} / 66\frac{2}{3} = 2\frac{1}{10} \text{ E}\right)$.

Das gesuchte Pyramidion hat nun eine Basislänge von 3 Ellen oder 21 Handbreit (1,575 m).

Seine Höhe ist $2\frac{1}{10}$ Ellen oder $14\frac{7}{10}$ Handbreit (1,1025 m).

Sein Rücksprung ist „Höhe, geteilt durch die Basishälfte" $\left(2\frac{1}{10} \text{ E}\right)/\left(\frac{3}{2} \text{ E}\right) = \frac{7}{5}$.

Der Böschungswinkel ist: $\arctan\left(\frac{7}{5}\right) = 54{,}46°$.

Das Volumen des Pyramidions ist allgemein „$\frac{1}{3}$ Höhe x Basislänge²".

Das Volumen des Neferirkare-Pyramidions ist: $\frac{1}{3} \times \left(2\frac{1}{10}\right) \times 3^2 = 6\frac{3}{10}$ E^3.

Das Volumen einer Pyramide, altägyptisch berechnet, ist: „Pyramidioninhalt x Stufenzahl³".

Volumen der Neferirkare-Pyramide: $6\frac{3}{10} \times \left(66\frac{2}{3}\right)^3 = \frac{5\,600\,000}{3}$ E^3 (270 112,5 m³).

<u>Pyramidion der NEFERIRKARE-PYRAMIDE</u>   (Ellenmaß 0,525 m)

Rücksprung = $\left(\frac{\text{Höhe}}{\text{Basishälfte}}\right)$

Maße in Ellen $\left(2\frac{1}{10}\right)/\left(\frac{3}{2}\right) = \frac{7}{5}$

in Handbreit $\left(14\frac{7}{10}\right)/\left(10\frac{1}{2}\right) = \frac{7}{5}$

in Metern $(1{,}1025)/\left(\frac{1{,}575}{2}\right) = \frac{7}{5}$

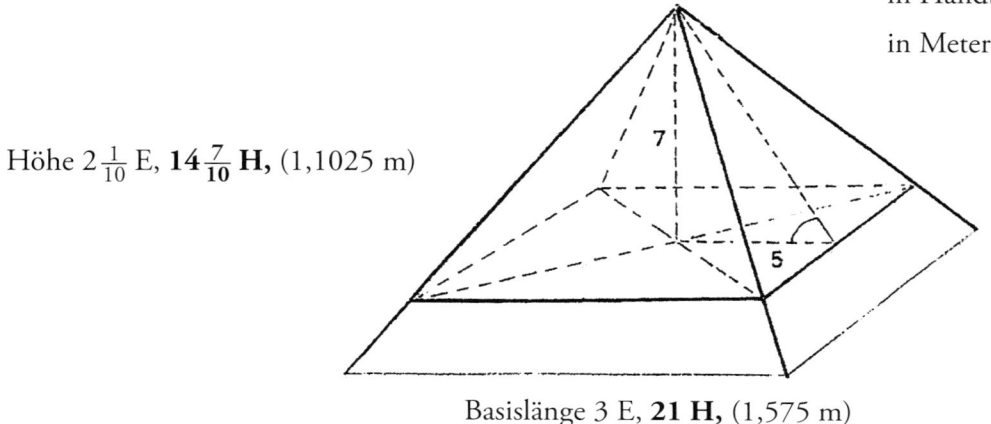

Höhe $2\frac{1}{10}$ E, **$14\frac{7}{10}$ H,** (1,1025 m)

Böschungslänge 1,35 m

Böschungswinkel $\arctan\left(\frac{7}{5}\right) = 54{,}46°$

Basislänge 3 E, **21 H,** (1,575 m)

Ergebnis: Der Rücksprung Neferirkares ist der Klang des Tritonus $\frac{8}{7} \times \frac{10}{9} \times \left(\frac{21}{20}\right)^2 = 7{:}5$ mit dem Intervall (C-fis⁻) in der antiken Tonart DIATONON MALAKON $\left(\frac{8}{7} \times \frac{10}{9} \times \frac{21}{20} = \frac{4}{3}\right)$, die Ptolemaios aus Alexandria überliefert. Ein Rechteck mit 7 Einheiten Höhe und 5 Einheiten Breite ist das Format eines Tritonus (7:5). Wenn die Höhe einer Pyramidenstufe eine Elle (= 7 Handbreit) ist, bildet die Diagonale in diesem Rechteck zusammen mit der Basis des Sekeds $\left(7 / \left(\frac{7}{5}\right) = 5 \text{ H}\right)$ die Proportion eines Tritonus $\frac{7 \text{ H}}{5 \text{ H}} = 7{:}5$.

Solmisiert man Einzeltöne nach Ptolemaios' Einteilung der Quarte (4:3) und nimmt als Grundton die Basishälfte statt der 100 Ellen in Hertz (100 Hz) an, so hört man – do, re, mi, fa, fa# – die Tonfolge (C, d, e⁺, f, fis). C = (100 Hz) $\times \frac{8}{7}$ = d $\left(114\frac{2}{7} \text{ Hz}\right) \times \frac{10}{9}$ = e⁺ $\left(126\frac{62}{63} \text{ Hz}\right) \times \frac{21}{20}$ = f $\left(133\frac{1}{3} \text{ Hz}\right) \times \frac{21}{20}$ = fis (140 Hz). Den Tritonus $\left(\frac{140 \text{ Hz}}{100 \text{ Hz}} = 7{:}5\right)$ sieht man in dem Winkel $\arctan\left(\frac{7}{5}\right) = 54{,}46°$ und hörte ihn in der Antike architektonisch nicht als Dissonanz.

Berechnung des Pyramidions der Dublette Amenemhet I. & II. (Ellenmaß 0,525 m):

Volumen der Pyramide des Amenemhet I. & II. (Nr. 20, 22) ist $\frac{1}{3} \times 112 \times 160^2 = \frac{2\,867\,200}{3}$ E ^{3} (138 297,6 m³).
Wenn die Basislänge (160 E) durch 3 geteilt wird, setzt sie sich aus $\frac{160}{3} = 53\frac{1}{3}$ Pyramidionbasislängen à 3 Ellen zusammen. Um die zugehörige Stufenhöhe zu erhalten, ist die Gesamthöhe der Pyramide durch $53\frac{1}{3}$ zu teilen $\left(112\,\mathrm{E}\,/\,53\frac{1}{3} = 2\frac{1}{10}\,\mathrm{E}\right)$.
Das gesuchte Pyramidion hat nun eine Basislänge von 3 Ellen oder 21 Handbreit (1,575 m).
Seine Höhe ist $2\frac{1}{10}$ Ellen oder $14\frac{7}{10}$ Handbreit (1,1025 m).
Sein Rücksprung ist „Höhe, geteilt durch die Basishälfte" $\left(2\frac{1}{10}\,\mathrm{E}\right)/\left(\frac{3}{2}\,\mathrm{E}\right) = \frac{7}{5}$.
Der Böschungswinkel ist: arctg $\left(\frac{7}{5}\right) = 54{,}46°$.
Das Volumen des Pyramidions ist allgemein „$\frac{1}{3}$ Höhe x Basislänge²".
Volumen der Amenemhet I. & II.-Pyramidions ist: $\frac{1}{3} \times \left(2\frac{1}{10}\right) \times 3^2 = 6\frac{3}{10}$ E ^{3}.
Das Volumen einer Pyramide, altägyptisch berechnet, ist: „Pyramidioninhalt x Stufenzahl³".
Volumen Amenemhets I. & II.: $\mathrm{Vol}_{\mathrm{pyramide}} = 6\frac{3}{10} \times \left(53\frac{1}{3}\right)^3 = \frac{2\,867\,200}{3}$ E ^{3} (138 297,6 m³).

<u>Pyramidion der AMENEMHET I. & II.-PYRAMIDEN</u>   (0,525 m)

Rücksprung = $\left(\frac{\text{Höhe}}{\text{Basishälfte}}\right)$
Maße in Ellen $\left(2\frac{1}{10}\right)/\left(\frac{3}{2}\right) = \frac{7}{5}$
in Handbreit $\left(14\frac{7}{10}\right)/\left(10\frac{1}{2}\right) = \frac{7}{5}$
in Metern $(1{,}1025)/\left(\frac{1{,}575}{2}\right) = \frac{7}{5}$

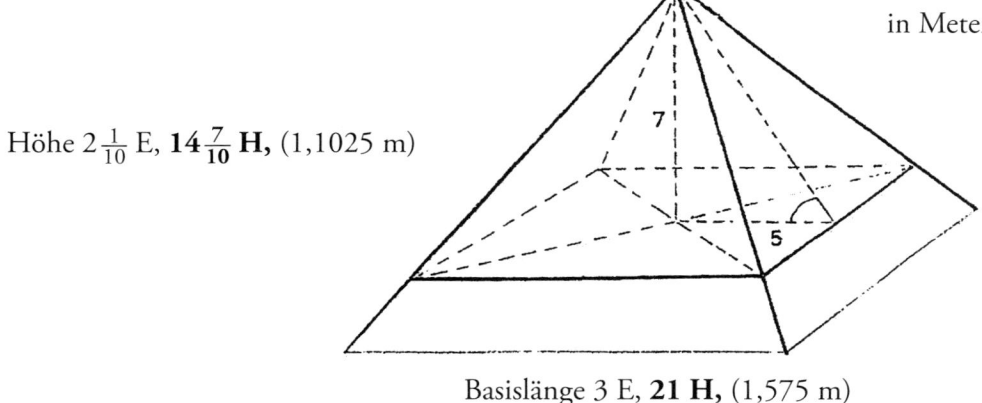

Höhe $2\frac{1}{10}$ E, **$14\frac{7}{10}$ H**, (1,1025 m)

Böschungslänge 1,35 m

Böschungswinkel arctg $\left(\frac{7}{5}\right) = 54{,}46°$

Basislänge 3 E, **21 H**, (1,575 m)

Ergebnis: Der Rücksprung Amenemhets I. & II. ist der Klang des Tritonus $\frac{8}{9} \times \frac{10}{9} \times \left(\frac{21}{20}\right)^2 = 7{:}5$ mit dem Intervall (C-fis⁻) in der antiken Tonart DIATONON MALAKON $\left(\frac{8}{7} \times \frac{10}{9} \times \frac{21}{20} = \frac{4}{3}\right)$, die Ptolemaios aus Alexandria überliefert. Ein Rechteck mit 7 Einheiten Höhe und 5 Einheiten Breite ist das Format eines Tritonus (7:5). Wenn die Höhe einer Pyramidenstufe eine Elle (= 7 Handbreit) war, bildet die Diagonale in diesem Rechteck zusammen mit der Basis des Sekeds $\left(7\,/\left(\frac{7}{5}\right) = 5\,\mathrm{H}\right)$ die Proportion eines Tritonus $\frac{7\,\mathrm{H}}{5\,\mathrm{H}} = 7{:}5$.

Solmisiert man Einzeltöne nach Ptolemaios' Einteilung der Quarte (4:3) und nimmt als Grundton die Basishälfte statt der 100 Ellen in Hertz (100 Hz) an, so hört man – do, re, mi, fa, fa# – die Tonfolge (C, d, e⁺, f, fis). C = (100 Hz) x $\frac{8}{7}$ = d $\left(114\frac{2}{7}\,\mathrm{Hz}\right)$ x $\frac{10}{9}$ = e⁺ $\left(126\frac{62}{63}\,\mathrm{Hz}\right)$ x $\frac{21}{20}$ = f $\left(133\frac{1}{3}\,\mathrm{Hz}\right)$ x $\frac{21}{20}$ = fis (140 Hz). Den Tritonus $\left(\frac{140\,\mathrm{Hz}}{100\,\mathrm{Hz}} = 7{:}5\right)$ sieht man in dem Winkel arctg $\left(\frac{7}{5}\right) = 54{,}46°$ und hörte ihn in der Antike architektonisch nicht als Dissonanz.

Berechnung des Pyramidions des Sesostris I. & III.-Pyramiden (verw. Ellenmaß 0,525 m):

Volumen der Pyramide des Sesostris I. (Nr. 21, 24) ist $\frac{1}{3}$ x $\left(116\frac{2}{3}\right)$ x 200^2 = $\frac{14\,000\,000}{9}$ E ^{3} (225 093,75 m³).

Wenn die Basislänge (200 E) durch 3 geteilt wird, setzt sie sich aus $\frac{200}{3}$ = $66\frac{2}{3}$ Pyramidionbasislängen à 3 Ellen zusammen. Um die zugehörige Stufenhöhe zu erhalten, ist die Gesamthöhe der Pyramide durch $66\frac{2}{3}$ zu teilen $\left(116\frac{2}{3} / 66\frac{2}{3} = \frac{7}{4} \text{ E}\right)$.

Das gesuchte Pyramidion hat nun eine Basislänge von 3 Ellen oder 21 Handbreit (1,575 m).

Seine Höhe ist $\frac{7}{4}$ Ellen oder $12\frac{1}{4}$ Handbreit $\left(\frac{147}{160} \text{ m}\right)$.

Sein Rücksprung ist „Höhe, geteilt durch die Basishälfte" $\left(\frac{7}{4} \text{ E}\right) / \left(\frac{3}{2} \text{ E}\right) = \frac{7}{6}$.

Der Böschungswinkel ist: arctg $\left(\frac{7}{6}\right)$ = 49,4°.

Das Volumen des Pyramidions ist allgemein „$\frac{1}{3}$ Höhe x Basislänge²".

Volumen des Sesostris I. und III.-Pyramidions ist: $\frac{1}{3}$ x $\left(\frac{7}{4}\right)$ x 3^2 = $5\frac{1}{4}$ E ^{3}.

Das Volumen einer Pyramide, altägyptisch berechnet, ist: „Pyramidioninhalt x Stufenzahl³".

Volumen Sesostris I. und III.: Vol$_{pyramide}$ = $5\frac{1}{4}$ x $\left(66\frac{2}{3}\right)^3$ = $\frac{14\,000\,000}{9}$ E ^{3} (225 093,75 m³).

Pyramidion der SESOSTRIS I. & III.-PYRAMIDEN   (0,525 m)

Rücksprung = $\left(\frac{\text{Höhe}}{\text{Basishälfte}}\right)$

Maße in Ellen $\left(\frac{7}{4}\right) / \left(\frac{3}{2}\right)$ = $\frac{7}{6}$

in Handbreit $\left(12\frac{1}{4}\right) / \left(10\frac{1}{2}\right)$ = $\frac{7}{6}$

in Metern $\left(\frac{147}{160}\right) / \left(\frac{1,575}{2}\right)$ = $\frac{7}{6}$

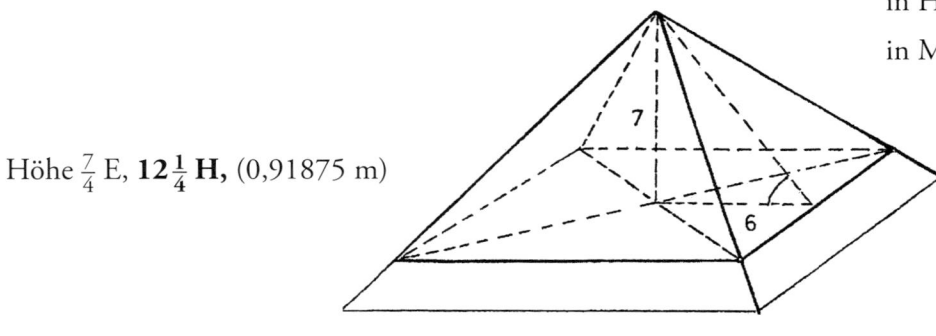

Höhe $\frac{7}{4}$ E, **$12\frac{1}{4}$ H,** (0,91875 m)

Böschungslänge 1,21 m

Böschungswinkel arctg $\left(\frac{7}{6}\right)$ = 49,4°

Basislänge 3 E, **21 H,** (1,575 m)

Ergebnis: Der Rücksprung der Pyramiden Sesostris I. & III. ist der Klang einer Kleinstterz $\left(\frac{9}{8} \times \frac{28}{27} = \frac{7}{6}\right)$ in der antiken Tonart mit dem Intervall (C-es⁻) des Archytas DIATONON $\left(\frac{9}{8} \times \frac{8}{7} \times \frac{28}{27} = \frac{4}{3}\right)$, die Ptolemaios aus Alexandria und Boëthius mit Hinweis auf Platons Freund Archytas von Tarent überliefert. Ein Rechteck mit 7 Einheiten Höhe und 6 Einheiten Breite ergibt das Format einer Kleinstterz (7:6). Wenn die Höhe einer Pyramidenstufe eine Elle (= 7 Handbreit) ist, bildet die Diagonale in diesem Rechteck zusammen mit der Basis des Sekeds $\left(7 / \left(\frac{7}{6}\right) = 6 \text{ H}\right)$ die Proportion einer Kleinstterz $\frac{7 \text{ H}}{6 \text{ H}}$ = 7:6.

Solmisiert man Einzeltöne nach Archytas' Einteilung der Quarte (4:3) und nimmt als Grundton die Basishälfte statt der 100 Ellen in Hertz (100 Hz) an, so hört man – do, re, re#, – die Tonfolge (C, d, d#: C = (100 Hz) x $\frac{9}{8}$ = d $\left(112\frac{1}{2} \text{ Hz}\right)$ x $\frac{28}{27}$ = d# $\left(116\frac{2}{3} \text{ Hz}\right)$. Die Kleinstterz $\left(116\frac{2}{3} \text{ Hz} / 100 \text{ Hz}\right)$ = 7:6 sieht man in dem Winkel arctg $\left(\frac{7}{6}\right)$ = 49,4° und hört ihn in der Naturtonreihe.

Berechnung des Pyramidions der Sesostris II.-Pyramide (verw. Ellenmaß 0,525m):

Volumen der Pyramide des Sesostris II. (Nr. 23) ist $\frac{1}{3}$ x $\left(93\frac{1}{3}\right)$ x 200^2 = $\frac{11\,200\,000}{9}$E^3 (180 075 m³). Wenn die Basislänge (200 E) durch 3 geteilt wird, setzt sie sich aus $\frac{200}{3}$ = $66\frac{2}{3}$ Pyramidionbasislängen à 3 Ellen zusammen. Um die zugehörige Stufenhöhe zu erhalten, ist die Gesamthöhe der Pyramide durch $66\frac{2}{3}$ zu teilen $\left(93\frac{1}{3}\right)/\left(66\frac{2}{3}\right)$ = $\frac{7}{5}$ E.

Das gesuchte Pyramidion hat nun eine Basislänge von 3 Ellen oder 21 Handbreit (1,575 m).

Seine Höhe ist $\frac{7}{5}$ Ellen oder $9\frac{4}{5}$ Handbreit $\left(\frac{147}{200} = 0{,}735\text{ m}\right)$.

Sein Rücksprung ist „Höhe, geteilt durch die Basishälfte" $\left(\frac{7}{5}\text{ E}\right)/\left(\frac{3}{2}\text{ E}\right) = \frac{14}{15}$.

Der Böschungswinkel ist: arctg $\left(\frac{14}{15}\right)$ = 43,02°.

Das Volumen des Pyramidions ist allgemein „$\frac{1}{3}$ Höhe x Basislänge²".

Volumen des Sesostris II.-Pyramidions ist: $\frac{1}{3}$ x $\left(\frac{7}{5}\right)$ x 3^2 = $4\frac{1}{5}$E^3.

Das Volumen einer Pyramide, altägyptisch berechnet, ist: „Pyramidioninhalt x Stufenzahl³".

Volumen Sesostris II.: $4\frac{1}{5}$ x $\left(66\frac{2}{3}\right)^3$ = $\frac{11\,200\,000}{9}$E^3 (180 075 m³).

Pyramidion der SESOSTRIS II.-PYRAMIDE   (0,525 m)

Rücksprung = $\left(\frac{\text{Höhe}}{\text{Basishälfte}}\right)$

Maße in Ellen $\left(\frac{7}{5}\right)/\left(\frac{3}{2}\right) = \frac{14}{15}$

in Handbreit $\left(9\frac{4}{5}\right)/\left(10\frac{1}{2}\right) = \frac{14}{15}$

in Metern $\left(\frac{147}{200}\right)/\left(\frac{1{,}575}{2}\right) = \frac{14}{15}$

Höhe $\frac{7}{5}$ E, **$9\frac{4}{5}$ H,** (0,735 m)

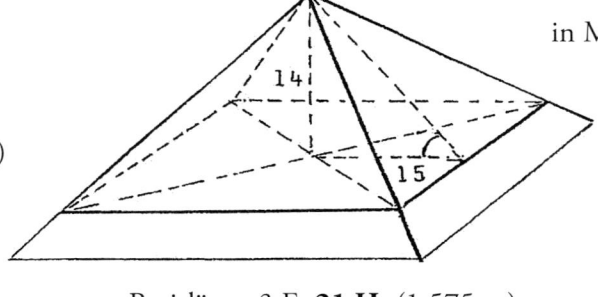

Basislänge 3 E, **21 H,** (1,575 m)

Böschungslänge 1,08 m

Böschungswinkel arctg $\left(\frac{14}{15}\right)$ = 43,02°

Ergebnis: Der Rücksprung der Pyramide Sesostris II. ist der Klang eines unterteiligen kleinen Halbtons $\left(\frac{16}{15} \times \frac{7}{8} = \frac{14}{15}\right)$ in der antiken Tonart Diatonon des Archytas $\left(\frac{9}{8} \times \frac{8}{7} \times \frac{28}{27} = \frac{4}{3}\right)$ mit dem Intervall (H-C), die Ptolemaios aus Alexandria und Boëthius mit Hinweis auf Platons Freund Archytas von Tarent überliefern. Ein Rechteck mit 14 Einheiten Höhe und 15 Einheiten Breite ergibt das Format eines unterteiligen Halbtons (14:15). Wenn die Höhe einer Pyramidenstufe eine Elle (= 7 Handbreit) ist, bildet die Diagonale in diesem Rechteck zusammen mit der Basis des Sekeds $\left(7/\frac{14}{15} = 7\frac{1}{2}\right)$ die Proportion eines unterteiligen Halbtons 7 H/$\left(7\frac{1}{2}\right)$ H = 14:15.

Solmisiert man Einzeltöne nach Archytas' Einteilung der Quarte (4:3) und nimmt als Grundton die Basishälfte statt der 100 Ellen in Hertz (100 Hz) an, so hört man – li, do – die Tonfolge (H-C):
C = (100 Hz) x $\frac{14}{15}$ = H $\left(93\frac{1}{3}\text{ Hz}\right)$. Das Intervall des unterteiligen Halbton $\left(93\frac{1}{3}\text{ Hz}/100\text{ Hz} = 14:15\right)$ sieht man in dem Diagonalenwinkel arctg $\left(\frac{14}{15}\right)$ = 43,02° und hört ihn in der Tonleiter des Archytas.

Berechnung des Pyramidions der Dublette Chendjer & Mazghuna-Süd (0,525 m):

Die Volumina der Dubletten (Nr. 27, 29) sind $\frac{1}{3}$ x $\left(71\frac{3}{7}\right)$ x 100^2 = 5 x 10^6 / 21 E^3 (34 453,125 m³). Wenn die Basislänge (100 E) durch $3\frac{4}{7}$ geteilt wird, setzt sie sich aus $100 / \left(3\frac{4}{7}\right)$ = 28 Pyramidionbasislängen à $3\frac{4}{7}$ Ellen zusammen. Um die zugehörige Stufenhöhe zu erhalten, ist die Gesamthöhe der Pyramide durch 28 zu teilen $\left(71\frac{3}{7} E / 28 = \frac{125}{49} E\right)$.

Das gesuchte Pyramidion hat nun eine Basislänge von $3\frac{4}{7}$ Ellen oder 25 Handbreit (1,875 m).

Seine Höhe ist $\frac{125}{49}$ Ellen oder $17\frac{6}{7}$ Handbreit (1,339285714 m).

Sein Rücksprung ist „Höhe, geteilt durch die Basishälfte" $\left(\frac{125}{49}\right) E / \left(1\frac{11}{14}\right) E = \frac{10}{7}$.

Der Böschungswinkel ist: arctg $\left(\frac{10}{7}\right)$ = 55°.

Das Volumen des Pyramidions ist allgemein „$\frac{1}{3}$ Höhe x Basislänge²".

Volumina der Chendjer & Mazghuna-Pyramidions: $\frac{1}{3}$ x $\left(\frac{125}{49}\right)$ x $\left(3\frac{4}{7}\right)^2$ = $\frac{78125}{7203} E^3$.

Das Volumen einer Pyramide, altägyptisch berechnet, ist: „Pyramidioninhalt x Stufenzahl³".

Volumina Chendjer & Mazghuna-Pyramiden: $\frac{78125}{7203}$ x 28^3 = $\frac{5\,000\,000}{21} E^3$ (34 453,125 m³).

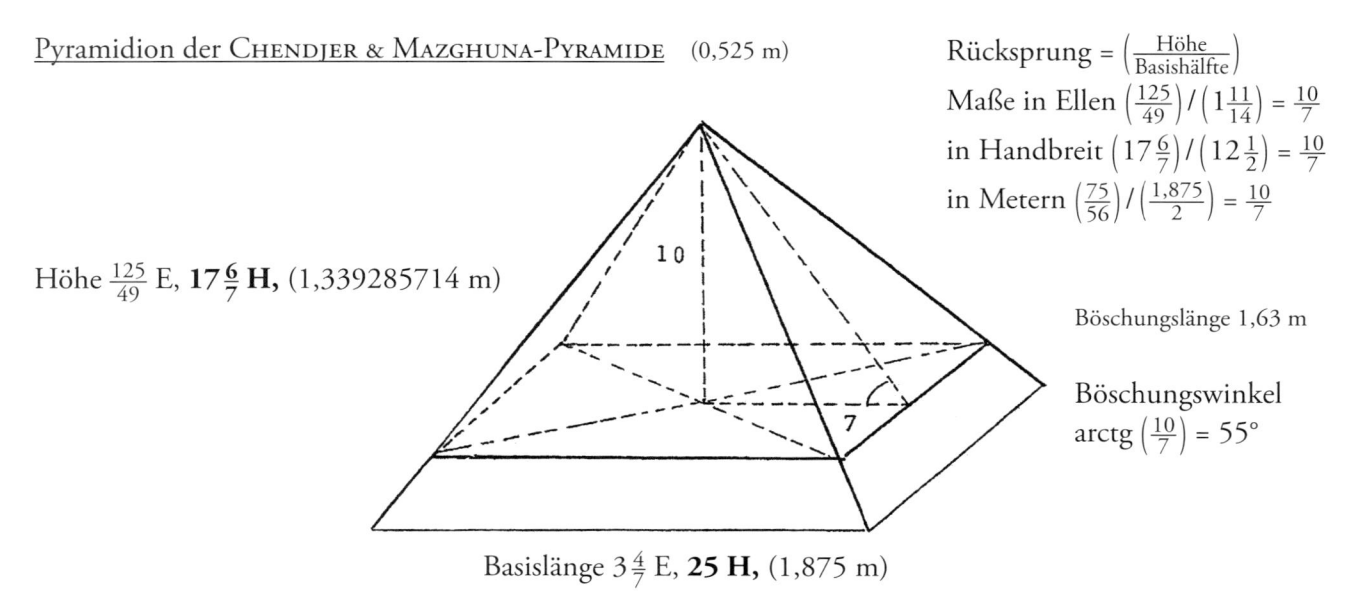

<u>Pyramidion der CHENDJER & MAZGHUNA-PYRAMIDE</u> (0,525 m)

Rücksprung = $\left(\frac{\text{Höhe}}{\text{Basishälfte}}\right)$

Maße in Ellen $\left(\frac{125}{49}\right) / \left(1\frac{11}{14}\right) = \frac{10}{7}$

in Handbreit $\left(17\frac{6}{7}\right) / \left(12\frac{1}{2}\right) = \frac{10}{7}$

in Metern $\left(\frac{75}{56}\right) / \left(\frac{1,875}{2}\right) = \frac{10}{7}$

Höhe $\frac{125}{49}$ E, **$17\frac{6}{7}$ H,** (1,339285714 m)

Böschungslänge 1,63 m

Böschungswinkel arctg $\left(\frac{10}{7}\right)$ = 55°

Basislänge $3\frac{4}{7}$ E, **25 H,** (1,875 m)

Ergebnis: Der Rücksprung Chendjer & Mazghuna-Süd ist der Klang eines großen Tritonus (10:7) mit dem Intervall (C-ges⁺) in der antiken Tonart DIATONON MALAKON $\left(\frac{8}{7} \text{ x } \frac{10}{9} \text{ x } \frac{21}{20} = \frac{4}{3}\right)$, die Ptolemaios aus Alexandria überliefert. Aus dem Rechteck mit 10 Einheiten Höhe und 7 Einheiten Breite entsteht ein Format aus drei Ganztönen *(Tritonos)*. Wenn die Höhe einer Pyramidenstufe eine Elle (= 7 Handbreit) ist, bildet die Diagonale in diesem Rechteck zusammen mit der Basis des Sekeds $\left(4\frac{9}{10} H\right)$ die Proportion eines Tritonus 7 H / $\left(4\frac{9}{10}\right)$ H = 10:7.

Solmisiert man die drei Töne nach Ptolemaios' und nimmt als Grundton die Basishälfte (50 E) Chendjer und Mazghuna-Süd in Hertz (50 Hz), so hört man – do, re, mi, fa, fa# die Tonfolge C, d, e⁺, f, ges⁺ und in ihr die drei Töne des Tritonus (C, e⁺, ges⁺), nämlich. C = (50 Hz) x $\frac{8}{7}$ = d $\left(57\frac{1}{7}\right.$ Hz$\left.\right)$ x $\frac{10}{9}$ = e⁺ $\left(63\frac{31}{63}\right.$ Hz$\left.\right)$ x $\frac{21}{20}$ = f $\left(66\frac{2}{3}\right.$ Hz$\left.\right)$ x $\frac{15}{14}$ = ges⁺ $\left(71\frac{3}{7}\right.$ Hz$\left.\right)$. Den großen Tritonus $\left(71\frac{3}{7} \text{ Hz} / 50 \text{ Hz} = 10:7\right)$ sieht man in der Neigung arctg $\left(\frac{10}{7}\right)$ = 55° und hört sie.

Der Halbton $\frac{15}{14}$ = 1,071428571 ist um den Oberton $\frac{50}{49}$ größer als der Halbton $\frac{21}{20}$ = 1,05, nämlich $\left(\frac{21}{20}\right)$ x $\left(\frac{50}{49}\right)$ = 1,071428571. Es ist der Unterschied zwischen dem großen und kleinen Tritonus. Ein geschultes Ohr hört auch ihn. 107 Hz schwingen 2 Hz höher als 105 Hz.

Berechnung des Pyramidions (verwendetes Ellenmaß 0,5075 m):
Das Volumen der Pyramide Amenemhet III.B (Nr. 26) ist $\frac{1}{3}$ x $\left(114\frac{2}{7}\right)$ x 200^2 = 32 x 10^6 / 21 E^3 $\left(199\,176\frac{5}{6} m^3\right)$. Wenn die Basislänge (200 E) durch $3\frac{4}{7}$ geteilt wird, setzt sie sich aus 200 / $\left(3\frac{4}{7}\right)$ = 56 Pyramidionbasislängen à $3\frac{4}{7}$ Ellen zusammen. Um die zugehörige Stufenhöhe zu erhalten, ist die Gesamthöhe der Pyramide durch 56 zu teilen $\left(114\frac{2}{7} E / 56 = \frac{100}{49} E\right)$.
Das gesuchte Pyramidion hat nun eine Basislänge von $3\frac{4}{7}$ Ellen oder 25 Handbreit (1,8125 m).
Seine Höhe ist $\frac{100}{49}$ Ellen oder $14\frac{2}{7}$ Handbreit $\left(1\frac{1}{28} m = 1,035714286 m\right)$.
Sein Rücksprung ist „Höhe, geteilt durch die Basishälfte" $\left(\frac{100}{49}\right) E / \left(1\frac{11}{14}\right) E = \frac{8}{7}$.
Der Böschungswinkel ist: arctg $\left(\frac{8}{7}\right)$ = 48,81°.
Das Volumen des Pyramidions ist allgemein „$\frac{1}{3}$ Höhe x Basislänge²".
Volumen des Amenemhet III. B-Pyramidions: $\frac{1}{3}$ x $\left(\frac{100}{49}\right)$ x $\left(3\frac{4}{7}\right)^2$ = $\frac{62\,500}{7203} E^3$.
Das Volumen einer Pyramide, altägyptisch berechnet, ist: „Pyramidioninhalt x Stufenzahl³".
Volumen Amenemhets III. B: $Vol_{pyramide}$ = $\left(\frac{62\,500}{7203}\right)$ x 56^3 = $\frac{32\,000\,000}{21} E^3$ $\left(199\,176\frac{5}{6} m^3\right)$.

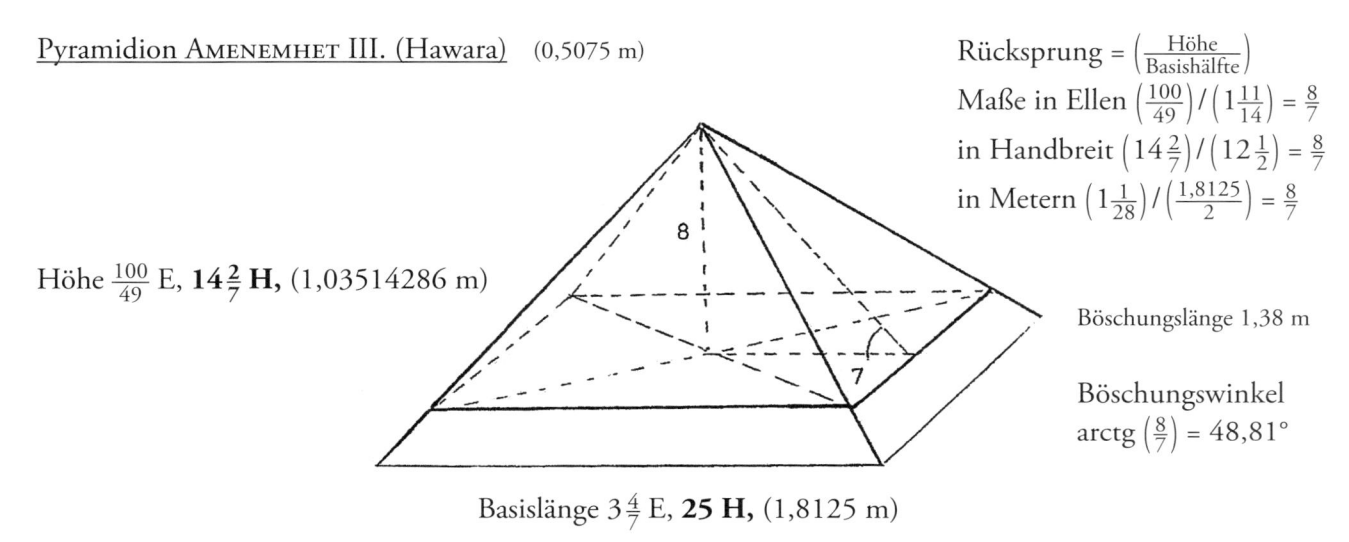

<u>Pyramidion AMENEMHET III. (Hawara)</u>   (0,5075 m)

Rücksprung = $\left(\frac{\text{Höhe}}{\text{Basishälfte}}\right)$

Maße in Ellen $\left(\frac{100}{49}\right) / \left(1\frac{11}{14}\right) = \frac{8}{7}$

in Handbreit $\left(14\frac{2}{7}\right) / \left(12\frac{1}{2}\right) = \frac{8}{7}$

in Metern $\left(1\frac{1}{28}\right) / \left(\frac{1,8125}{2}\right) = \frac{8}{7}$

Höhe $\frac{100}{49}$ E, **$14\frac{2}{7}$ H,** (1,03514286 m)

Böschungslänge 1,38 m

Böschungswinkel arctg $\left(\frac{8}{7}\right)$ = 48,81°

Basislänge $3\frac{4}{7}$ E, **25 H,** (1,8125 m)

Ergebnis: Der Pyramidenrücksprung Amenemhet III. B ist der Klang eines übergroßen Ganztons (8:7) mit dem Intervall (C) in der antiken Tonart DIATONON MALAKON $\left(\frac{8}{7} \text{ x } \frac{10}{9} \text{ x } \frac{21}{20} = \frac{4}{3}\right)$, die Ptolemaios aus Alexandria überliefert. Aus dem Rechteck mit 8 Einheiten Höhe und 7 Einheiten Breite entsteht ein Format eines Ganztons. Wenn die Höhe einer Pyramidenstufe eine Elle (= 7 Handbreit) ist, bildet die Diagonale in diesem Rechteck zusammen mit der Basis des Sekeds $\left(6\frac{1}{8} H\right)$ die Proportion dieses Ganztons 7 H / $\left(6\frac{1}{8}\right)$ H = 8:7.

Solmisiert man Töne nach Ptolemaios' und nimmt als Grundton die Basishälfte (100 E) und Hertz (100 Hz), so hört man – do, re – C = (100 Hz) x $\frac{8}{7}$ = $114\frac{2}{7}$. Den übergroßen Ganzton $\left(114\frac{2}{7} \text{ Hz} / 100 \text{ Hz} = 8:7\right)$ sieht man in der flachen Pyramidenneigung arctg $\left(\frac{8}{7}\right)$ = 48,81° und hört sie.

Berechnung des Pyramidions (verwendetes Ellenmaß 0,525 m):

Volumen der Knickpyramide (Nr. 2) ist $\frac{1}{3}$ x 200 x 360² = 8 640 000 E³ (1 250 235 m³). Wenn die Basislänge (360 E) durch 3 geteilt wird, setzt sie sich aus $\frac{360}{3}$ = 120 Pyramidionbasislängen à 3 Ellen zusammen. Um die zugehörige Stufenhöhe zu erhalten, ist die Gesamthöhe der Pyramide durch 120 zu teilen $\left(\frac{200\,E}{120} = \frac{5}{3}\,E\right)$.

Das gesuchte Pyramidion hat nun eine Basislänge von 3 Ellen oder 21 Handbreit (1,575 m).

Seine Höhe ist $\frac{5}{3}$ Ellen oder $11\frac{2}{3}$ Handbreit $\left(\frac{7}{8}\,m = 0{,}875\,m\right)$.

Sein Rücksprung ist „Höhe, geteilt durch die Basishälfte" $\left(\frac{5}{3}\right)$ E / $\left(\frac{3}{2}\right)$ E = $\frac{10}{9}$.

Der Böschungswinkel ist: arctg $\left(\frac{10}{9}\right)$ = 48,01°.

Das Volumen des Pyramidions ist allgemein „$\frac{1}{3}$ Höhe x Basislänge²".

Volumen des Knickpyramiden-Pyramidions: $\frac{1}{3}$ x $\left(\frac{5}{3}\right)$ x 3² = 5 E³.

Das Volumen einer Pyramide, altägyptisch berechnet, ist: „Pyramidioninhalt x Stufenzahl³".

Volumen der Knickpyramide: Vol$_{pyramide}$ = 5 x 120³ = 8 640 000 E³ (1 250 235 m³).

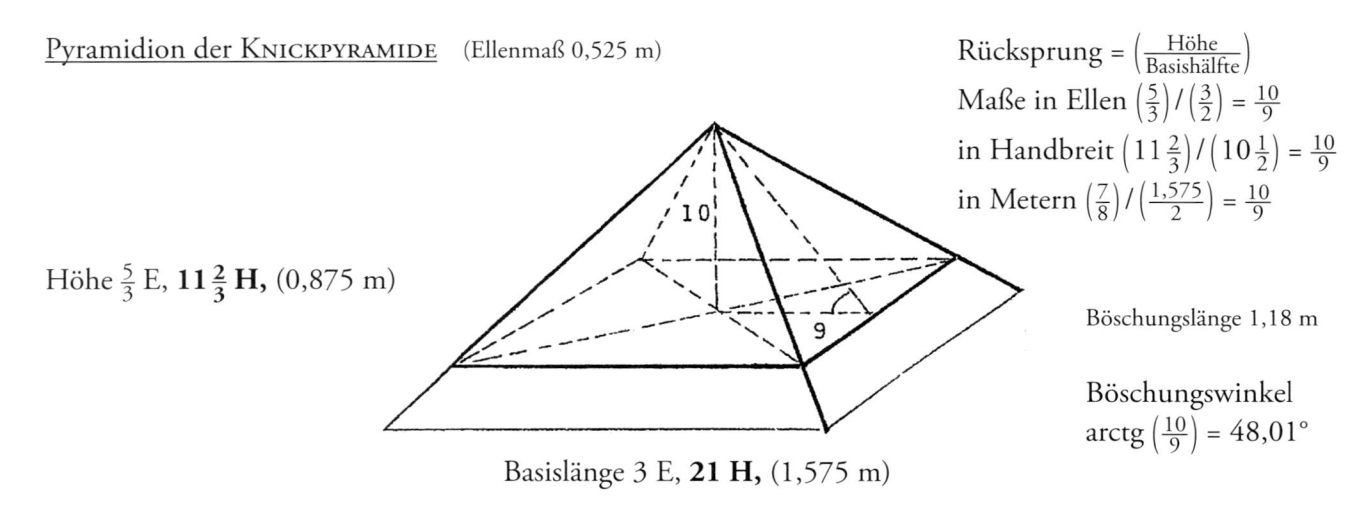

<u>Pyramidion der KNICKPYRAMIDE</u>   (Ellenmaß 0,525 m)

Höhe $\frac{5}{3}$ E, **$11\frac{2}{3}$ H,** (0,875 m)

Basislänge 3 E, **21 H,** (1,575 m)

Rücksprung = $\left(\frac{\text{Höhe}}{\text{Basishälfte}}\right)$

Maße in Ellen $\left(\frac{5}{3}\right)/\left(\frac{3}{2}\right) = \frac{10}{9}$

in Handbreit $\left(11\frac{2}{3}\right)/\left(10\frac{1}{2}\right) = \frac{10}{9}$

in Metern $\left(\frac{7}{8}\right)/\left(\frac{1{,}575}{2}\right) = \frac{10}{9}$

Böschungslänge 1,18 m

Böschungswinkel arctg $\left(\frac{10}{9}\right)$ = 48,01°

Ergebnis: Der Rücksprung der Knickpyramide ist der Klang des kleineren Ganztons (10:9) mit dem Intervall (d) in der antiken Tonart DIATONON MALAKON $\left(\frac{8}{7} \times \frac{10}{9} \times \frac{21}{20} = \frac{4}{3}\right)$, die Ptolemaios aus Alexandria überliefert. Aus dem Rechteck mit 10 Einheiten Höhe und 9 Einheiten Breite entsteht ein Format eines Ganztons. Wenn die Höhe einer Pyramidenstufe eine Elle (= 7 Handbreit) ist, bildet die Diagonale in diesem Rechteck zusammen mit der Basis des Sekeds $\left(6\frac{3}{10}\,H\right)$ die Proportion eines kleinen Ganztons 7 H / $\left(6\frac{3}{10}\,H\right)$ = 10:9.

Solmisiert man Töne nach Ptolemaios' und nimmt als Grundton die Basishälfte (180 E) und in Hertz (180 Hz), so hört man – do, re –. C = (180 Hz) x $\frac{10}{9}$ = 200 Hz. Den kleineren Ganzton $\left(\frac{200\,Hz}{180\,Hz} = \frac{10}{9}\right)$ sieht man in der Neigung arctg $\left(\frac{10}{9}\right)$ = 48,01° und hört sie.

Berechnung des Pyramidions (verwendetes Ellenmaß 0,525 m):

Das Gesamtvolumen Königsgrab (B) (Nr. 6) ist $\frac{100}{3}$ x 210^2 = 1 470 000 E³ (212 713,5938 m³).

Wenn die Basislänge (210 E) durch 3 geteilt wird, setzt sie sich aus $\frac{210}{3}$ = 70 Pyramidionbasislängen à 3 Ellen zusammen. Um die zugehörige Stufenhöhe zu erhalten, ist die Gesamthöhe der Pyramide durch 70 zu teilen $\left(100\ E/70 = 1\frac{3}{7}\ E\right)$.

Das gesuchte Pyramidion hat nun eine Basislänge von 3 Ellen oder 21 Handbreit (1,575 m).

Seine Höhe ist $1\frac{3}{7}$ Ellen oder 10 Handbreit (0,75 m).

Sein Rücksprung ist „Höhe, geteilt durch die Basishälfte" $\left(1\frac{3}{7}\ E\right)/\left(\frac{3}{2}\ E\right) = \frac{20}{21}$.

Der Böschungswinkel ist: arctg $\left(\frac{20}{21}\right)$ = 43,6°.

Das Volumen des Pyramidions ist allgemein „$\frac{1}{3}$ Höhe x Basislänge²".

Das Volumen des Königsgrabpyramidions (B) ist: $\frac{1}{3}$ x $\left(1\frac{3}{7}\right)$ x 3^2 = $4\frac{2}{7}$ E³.

Das Volumen einer Pyramide, altägyptisch berechnet, ist: „Pyramidioninhalt x Stufenzahl³".

Das Volumen der Königsgrabpyramide ist: $4\frac{2}{7}$ x $(70)^3$ = 1 470 000 E³ (212 713,5938 m³).

Vom Königsgrab in Zarwiet el Arjan ist nur die Baugrube erhalten. Drei ursprünglich geplante Rücksprünge sind möglich: Version A $\left(\frac{80}{63}\right)$, Version B $\left(\frac{20}{21}\right)$, Version C $\left(\frac{4}{3}\right)$.

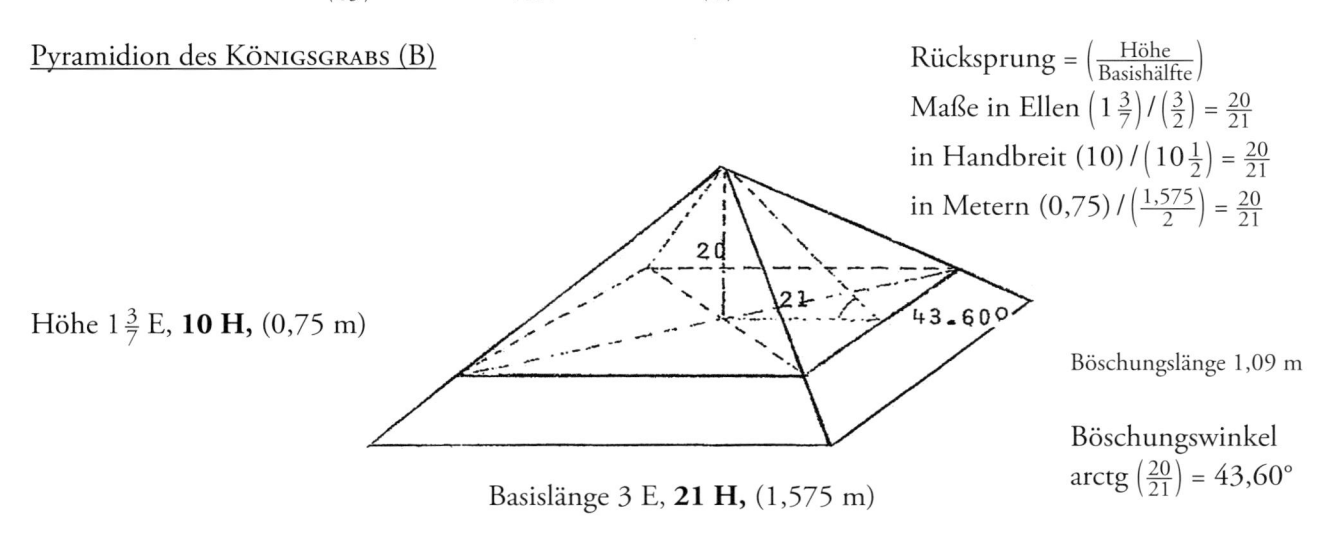

Pyramidion des KÖNIGSGRABS (B)

Rücksprung = $\left(\frac{\text{Höhe}}{\text{Basishälfte}}\right)$

Maße in Ellen $\left(1\frac{3}{7}\right)/\left(\frac{3}{2}\right) = \frac{20}{21}$

in Handbreit $(10)/\left(10\frac{1}{2}\right) = \frac{20}{21}$

in Metern $(0,75)/\left(\frac{1,575}{2}\right) = \frac{20}{21}$

Höhe $1\frac{3}{7}$ E, **10 H,** (0,75 m)

Basislänge 3 E, **21 H,** (1,575 m)

Böschungslänge 1,09 m

Böschungswinkel arctg $\left(\frac{20}{21}\right)$ = 43,60°

Ergebnis: Ein Rücksprung des Königgrabs (B) ist der Klang des unterteiligen Halbtons $\left(\frac{20}{21}\right)$ mit dem Intervall (H-C) in der antiken Tonart DIATONON MALAKON $\left(\frac{8}{7}\ x\ \frac{10}{9}\ x\ \frac{21}{20} = \frac{4}{3}\right)$, die Ptolemaios aus Alexandria überliefert. Ein Rechteck mit 20 Einheiten Höhe und 21 Einheiten Breite galt in der mittelalterlichen Buchbinderkunst als Format eines Halbtons *(semitonos)*. Wenn die Höhe einer Pyramidenstufe eine Elle (= 7 Handbreit) war, bildet die Diagonale in diesem Rechteck zusammen mit der Basis des Sekeds $\left(7/\left(\frac{20}{21}\right) = 7\frac{7}{20}\ H\right)$ die Proportion eines unterteiligen Halbtons 7 H / $\left(7\frac{7}{20}\right)$ H = $\frac{20}{21}$.

Solmisiert man Einzeltöne nach Ptolemaios' Einteilung der Quarte (4:3) und nimmt als Grundton die Basishälfte statt der 70 Ellen in Hertz (70 Hz) an, so hört man – li, do – die Tonfolge (C-H): = (70 Hz) x $\frac{20}{21}$ = H $\left(66\frac{2}{3}\ Hz\right)$. Den unterteiligen Halbton $\left(66\frac{2}{3}\ Hz/70\ Hz\right)$ = 20:21 sieht man in der Neigung arctg $\left(\frac{20}{21}\right)$ = 43,60° und hört ihn aus der flachen Neigung.

Berechnung des Pyramidions (verwendetes Ellenmaß 0,5275 m):

Das Volumen der Pyramide Mykerinus (Nr. 8) ist $\frac{125}{3} \times 200^2 = 5 \times \frac{10^6}{3}$ E^3 (244 633,6198 m³). Wenn die Basislänge (200 E) durch 3 geteilt wird, setzt sie sich aus $\frac{200}{3} = 66\frac{2}{3}$ Pyramidionbasislängen à 3 Ellen zusammen. Um die zugehörige Stufenhöhe zu erhalten, ist die Gesamthöhe der Pyramide durch $66\frac{2}{3}$ zu teilen $125 / \left(66\frac{2}{3}\right) = 1\frac{7}{8}$ E.

Das gesuchte Pyramidion hat nun eine Basislänge von 3 Ellen oder 21 Handbreit (1,5825 m).

Seine Höhe ist $1\frac{7}{8}$ Ellen oder $13\frac{1}{8}$ Handbreit (0,9890625 m).

Sein Rücksprung ist „Höhe, geteilt durch die Basishälfte" $\left(1\frac{7}{8}\right) / \left(\frac{3}{2} \text{ E}\right) = \frac{5}{4}$.

Der Böschungswinkel ist; arctg $\left(\frac{5}{4}\right) = 51{,}34°$.

Das Volumen des Pyramidions ist allgemein „$\frac{1}{3}$ Höhe x Basislänge²".

Das Volumen des Mykerinuspyramidions ist: $\frac{1}{3} \times 1\frac{7}{8} \times 3^2 = 5\frac{5}{8}$ E^3.

Das Volumen einer Pyramide, altägyptisch berechnet, ist: „Pyramidioninhalt x Stufenzahl³".

Das Volumen der Mykerinuspyramide: $= \left(5\frac{5}{8}\right) \times \left(66\frac{2}{3}\right)^3 = \frac{5\,000\,000}{3}$ E^3 (244 633,6198 m³).

<u>Pyramidion der MYKERINUS-PYRAMIDE</u>

Rücksprung = $\left(\frac{\text{Höhe}}{\text{Basishälfte}}\right)$

Maße in Ellen $\left(1\frac{7}{8}\right) / \left(\frac{3}{2}\right) = \frac{5}{4}$

in Handbreit $\left(13\frac{1}{8}\right) / \left(10\frac{1}{2}\right) = \frac{5}{4}$

in Metern $(0{,}9890625) / (0{,}79125) = \frac{5}{4}$

Höhe $1\frac{7}{8}$ E, **$13\frac{1}{8}$ H,** (0,9890625 m)

Böschungslänge 1,27 m

Böschungswinkel arctg $\left(\frac{5}{4}\right) = 51{,}34°$

Basislänge 3 E, **21 H,** (1,5825 m)

Ergebnis: Der Rücksprung der Mykerinuspyramide ist der Klang der reinen Terz (5:4) mit dem Intervall (C-f) in der antiken Tonart DIATONON SYNTONON $\left(\frac{10}{9} \times \frac{9}{8} \times \frac{16}{15} = \frac{4}{3}\right)$, die Ptolemaios aus Alexandria überliefert. Ein Rechteck mit 5 Einheiten Höhe und 4 Einheiten Breite galt in der mittelalterlichen Buchbinderkunst als Terzformat. Wenn die Höhe einer Pyramidenstufe eine Elle (= 7 Handbreit) ist, bildet die Diagonale in diesem Rechteck zusammen mit der Basis des Sekeds $\left(5\frac{3}{5} \text{ H}\right)$ die Proportion einer reinen Terz 7 H / $\left(5\frac{3}{5}\right)$ H = 5:4.

Solmisiert man Einzeltöne nach Ptolemaios' Einteilung der Terz $\left(\frac{5}{4}\right)$ und nimmt als Grundton die Basishälfte statt der 100 Ellen in Hertz (100 Hz) an, so hört man – do, re, mi – die Tonfolge (C, d, e) und harmonisch die Terz C-e: = (100 Hz) x $\frac{10}{9}$ = d $\left(111\frac{1}{9} \text{ Hz}\right)$ x $\frac{9}{8}$ = e (125 Hz). Die Terz $\left(\frac{125 \text{ Hz}}{100 \text{ Hz}} = 5:4\right)$ sieht man in dem Winkel der Böschungsneigung, arctg $\left(\frac{5}{4}\right) = 51{,}34°$, und hört ihren Klang.

Berechnung des Pyramidions (verwendetes Ellenmaß 0,525 m):

Volumen der Pyramide des Niuserre (Nr. 12) ist $\frac{1}{3} \times \left(95\frac{23}{224}\right) \times \left(150\frac{2}{7}\right)^2 = 715\,989{,}8965$ E³ (103 605,9755 m³). Wenn die Basislänge $\left(150\frac{2}{7} \text{ E}\right)$ durch $\left(3\frac{3}{7}\right)$ geteilt wird, setzt sie sich aus $\left(150\frac{2}{7}\right)/\left(3\frac{3}{7}\right) = 43\frac{5}{6}$ Pyramidionbasislängen à $3\frac{3}{7}$ Ellen zusammen. Um die zugehörige Stufenhöhe zu erhalten, ist die Gesamthöhe der Pyramide durch $43\frac{5}{6}$ zu teilen $\left(95\frac{23}{224}\right)/\left(43\frac{5}{6}\right) = \frac{243}{112}$ E.

Das gesuchte Pyramidion hat nun eine Basislänge von $3\frac{3}{7}$ Ellen oder 24 Handbreit (1,8 m).

Seine Höhe ist $\frac{243}{112}$ Ellen oder $15\frac{3}{16}$ Handbreit (1,1390625 m).

Sein Rücksprung ist „Höhe, geteilt durch die Basishälfte" $\left(\frac{243}{112}\right)/\left(1\frac{5}{7}\right) = \frac{81}{64}$.

Der Böschungswinkel ist: arctg $\left(\frac{81}{64}\right) = 51{,}69°$.

Das Volumen des Pyramidions ist allgemein „$\frac{1}{3}$ Höhe x Basislänge²".

Das Volumen des Pyramidions des Niuserre ist: $= \frac{1}{3} \times \frac{243}{112} \times \left(3\frac{3}{7}\right)^2 = \frac{2916}{343}$ E³.

Das Volumen einer Pyramide, altägyptisch berechnet, ist: „Pyramidioninhalt x Stufenzahl³".

Das Volumen der Niuserre-Pyramide: $= \frac{2916}{343} \times \left(43\frac{5}{6}\right)^3 = 715\,989{,}8965$ E³ (103 605,9755 m³).

Pyramidion der NIUSERRE-PYRAMIDE

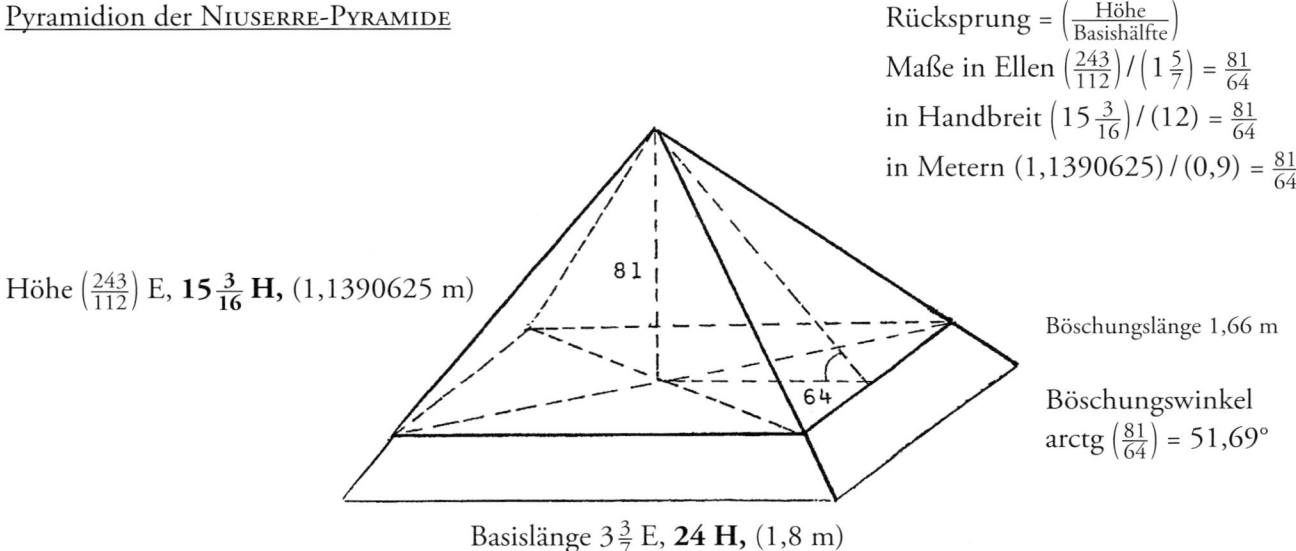

Rücksprung = $\left(\frac{\text{Höhe}}{\text{Basishälfte}}\right)$

Maße in Ellen $\left(\frac{243}{112}\right)/\left(1\frac{5}{7}\right) = \frac{81}{64}$

in Handbreit $\left(15\frac{3}{16}\right)/(12) = \frac{81}{64}$

in Metern $(1{,}1390625)/(0{,}9) = \frac{81}{64}$

Höhe $\left(\frac{243}{112}\right)$ E, **$15\frac{3}{16}$ H,** (1,1390625 m)

Böschungslänge 1,66 m

Böschungswinkel arctg $\left(\frac{81}{64}\right) = 51{,}69°$

Basislänge $3\frac{3}{7}$ E, **24 H,** (1,8 m)

Ergebnis: Der Rücksprung der Pyramide des Niuserre ist der Klang der pythagoräischen Terz (81:64) mit dem Intervall (C-f) in der antiken Tonart DIATONON DITONAION $\left(\frac{9}{8} \times \frac{9}{8} \times \frac{256}{243} = \frac{4}{3}\right)$, die Ptolemaios aus Alexandria überliefert und die Platon im „Timaios" 35 a ff., „Weltseele" nennt und in ihr „die Harmonie der Sphären" gegründet sieht. Ein Rechteck mit (9 x 9 = 81) Einheiten Höhe und (8 x 8 = 64) Einheiten Breite galt in der mittelalterlichen Buchbinderkunst als Terzformat. (*Nota bene:* In der antiken Musiktheorie finden sich zahlreiche Terzformen. In den ägyptischen Pyramidenneigungen sind allein drei Sorten verbaut: (die übergroße Terz $\left(\frac{80}{63} = 1{,}26984127\right)$ in fünf Pyramiden, einschließlich der Cheopspyramide, die pythagoräische Terz $\left(\frac{81}{64} = 1{,}265625\right)$ in der Pyramide des Niuserre und die heute noch in der reinen Stimmung gebräuchliche Terz $\left(\frac{5}{4} = 1{,}25\right)$ in der Pyramide des Mykerinus.) Wenn die Höhe einer Pyramidenstufe eine Elle (= 7 Handbreit) ist, bildet die Diagonale in diesem Rechteck zusammen mit der Basis des Sekeds $\left(5\frac{43}{81} \text{ H}\right)$ die Proportion einer pythagoräischen Terz 7 H / $\left(5\frac{43}{81}\right)$ H = 81:64.

Solmisiert man Einzeltöne nach Platons und Ptolemaios' Einteilung der Terz (81:64) und nimmt als Grundton die Basishälfte der Pyramide des Niuserre, statt der $75\frac{1}{7}$ Ellen in Hertz $\left(75\frac{1}{7} \text{ Hz}\right)$ an, so hört man – do, re, mi – die Tonfolge (C, d, e) und harmonisch die Terz (C-e):

$C = \left(75\frac{1}{7} \text{ Hz}\right) \times \frac{9}{8} = d \left(84\frac{15}{28} \text{ Hz}\right) \times \frac{9}{8} = e \left(95\frac{23}{224} \text{ Hz}\right)$. Die Terz $\left(95\frac{23}{224} \text{ Hz} / 75\frac{1}{7} \text{ Hz} = 81:64\right)$ sieht man in dem Winkel der Böschungsneigung, arctg $\left(\frac{81}{64}\right) = 51{,}69°$, und hört ihren Klang.

Der korrekte Rücksprung $\left(\frac{9}{8} \times \frac{9}{8} = \frac{81}{64}\right)$ ist, wie gesagt, das Intervall einer großen Terz im DIATONON DITONAION, der heute ebenfalls noch in alter Musik gesungenen pythagoräischen Tonart, die Platon aus einem ägyptischen Zahlenschema im „Timaios" (35 a ff.) ableitet. S. dazu mein Buch „Der Klang der Pyramiden", S. 22. Daß Platon dieses Schema seinem Aufenthalt in Ägypten verdankt, wird durch fünf Übungsaufgaben (Nr. 41–43, 48, 50) des Papyrus Rhind (s. S. 46 f., 49) belegt. Auch hier findet sich eine Kreisfläche mit der Größe $F = \frac{64}{81}D^2$ und eine Annäherung an die ägyptische Zahl $\pi = \frac{256}{81}$. S. dazu Literatur: Armin Wirsching („3 E 1 H / Warum es im alten Ägypten unmöglich war, einen Kreisumfang ungenau zu messen." In: „Studien zur altägyptischen Kultur (SAK)", Hrsg. von Hartwig Altenmüller unter Mitwirkung von Nicole Kloth (S. 304–307).

Drei Regeln zur Überprüfung korrekter Angaben über Pyramidenabmessungen in zukünftigen Handbüchern.
Dargestellt am theoretischen Pyramidion der Cheopspyramide mit dem Volumen 1,96 E^3

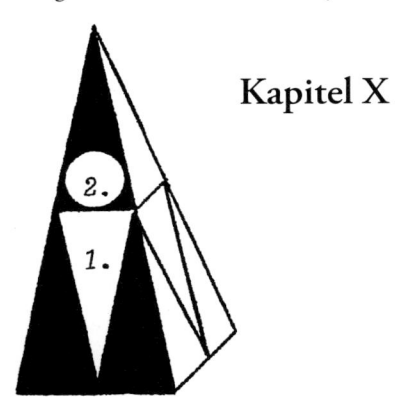

Kapitel X

Die erste Stufe besteht aus 7 leicht auseinandergerückten Raumkörpern (1.; 2.; 3.; 4.), nämlich vier stehenden Pyramidions (Δ) mit dem Inhalt (4 x 1,96 E^3) u. einem hängenden Pyramidion (∇) mit 1 x 1,96 E^3 (5.) u. von 4 spatelförmigen hängenden Pyramiden (∇), Nr. I–Nr. IV, der Raumgröße $\left(\frac{1,96}{2} = 0,98\ E^3\right)$, die die Zwischenräume auffüllen.
Neben der 1. Stufe abgesetzte 2. Stufe, das Pyramidion mit dem Inhalt: $\frac{4/3 \times 2,1^2}{3} = 1,96\ E^3$

Raumkörpersummen:
1. Stufe: 4Δ   + 1∇ + 2 ∇ Spatel =
3,72 E^3 = 4 x 1,96   + 1 x 1,96 + 4 x 0,98 = 7Δ
2. Stufe: + 1 x 1,96 = 1Δ
13,72 + 1,96 = 15,68 E^3 = 8 x 1,96 = 8Δ
                        = 2^3 x 1,96 = 8Δ

Aus den Grundzahlen (hier 2) und den Hochzahlen (hier 2^3) folgen drei allgemeine Regeln zur Überprüfung, ob die Ellen u. Meterwerte einer beliebigen Pyramide in den Handbüchern mit den dort angegebenen Höhen, Basen und Böschungswinkeln übereinstimmen.

1. Pyramidionprobe: Das Gesamtvolumen einer Pyramide, geteilt durch das Volumen ihres Pyramidions mit einer Stufenhöhe, ergibt die Stufenzahl dieser Pyramide in die 3. Potenz erhoben (hier $2^3 = 8$).

Beispiel Cheopspyramide:
Die Cheopspyramide hat 210 Stufen à $\frac{4}{3}$ Ellen durchschnittlicher Höhe[1].
$\frac{\text{Gesamtvol. Cheops}}{\text{Pyramidionvolumen}} = \frac{1/3\,(441^2 \times 280)}{1,96} = 210^3$

2. Dreiecksprobe: Die Querschnittsfläche einer Pyramide, geteilt durch die Querschnittsfläche ihres Pyramidions von der Höhe einer Stufe, ergibt die Stufenzahl dieser Pyramide in die 2. Potenz erhoben (hier $2^2 = 4$).

Beispiel Cheopspyramide:
Die Querschnittsfläche ist H x $\frac{B}{2}$ = 280 x 220,5 = 61 740 E^2.
Die Querschnittsfläche des Pyramidions ist $\frac{4}{3}$ x 1,05 = 1,4 E^2.
$\frac{\text{QF Cheops}}{\text{QF Pyramidion}} = \frac{61\,740}{1,4} = 210^2$

3. Höhenprobe: Die Höhe einer Pyramide, geteilt durch ihre Stufenhöhe (oft Rücksprung in Ellen gemessen), ergibt die Stufenzahl in die erste Potenz erhoben $\left(\text{hier } \frac{8}{3} : \frac{4}{3} = 2^1\right)$
Beispiel Cheopspyramide: $\frac{\text{Höhe}}{\text{Stufenhöhe}} = \frac{280}{4/3} = 210^1$

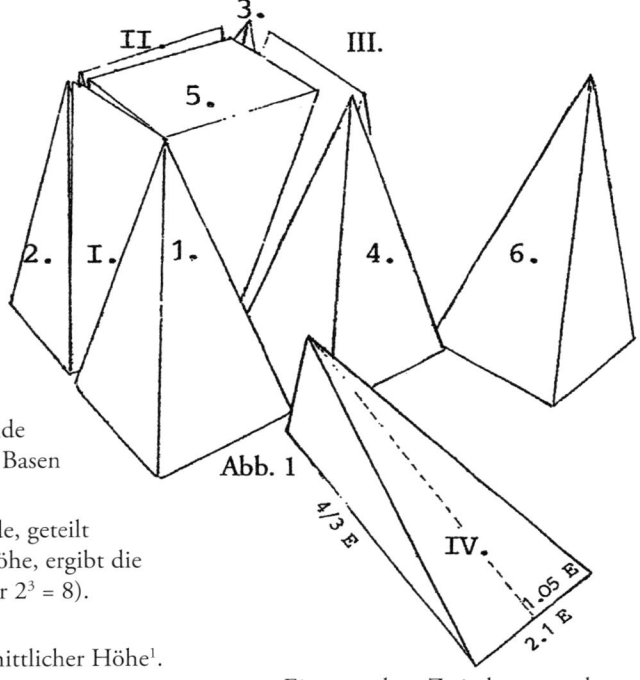

Abb. 1

Eine aus dem Zwischenraum herausgenommene spatelförmige Pyramide mit halbem Pyramidioninhalt:
$\frac{B/2 \times H \times B}{3} = \frac{1,05 \times 4/3 \times 2,1}{3} = \frac{1,96}{2} = 0,98\ E^3$

In der schlanken zweistufigen Pyramide (Abb. 1) mit dem Böschungswinkel 79,9° sind die Originalabmessungen der gedrungeneren Cheopspyramide mit dem BW arctg $\left(\frac{28}{22,05}\right)$ = 51,78° eingetragen. Die Zeichnung ist also aus Gründen perspektivischer Darstellung um den Faktor 1,47 in die Höhe gestreckt.

---

[1] Georges Goyon, „LES RANGS D'ASSISES DE LA GRANDE PYRAMIDE", vermaß 1978 sämtliche 201 erhaltenen Stufen der Cheopspyramide u. veröffentlichte das Ergebnis in BIFAO 1978. Er stellte (S. 413) eine durchschnittliche Stufenhöhe von 138,745 m : 201 = 0,6903 Metern fest. $\frac{4}{3}$ x 0,52236 sind 0,69648 Meter lang. Die durchschnittliche Stufenhöhe ist also von 69,65 cm auf 69,03 cm in 4500 Jahren herunter erodiert, also um ca. 6,2 Millimeter. Die durchschnittliche Stufenhöhe ist eindeutig $\frac{4}{3}$ Ellen nahezu mit dem Ellenmaß 0,5229 m gewesen, das Petrie und Borchardt in der sogenannten Königinkammer fanden, es aber als zu kurz verwarfen. Das exakte Ellenmaß der Cheopspyramide (0,52236 m), mit dem die Basislänge von 230,36 Metern zustandekommt, ist von diesem verworfenen Ellenmaß nur einen halben Millimeter entfernt und liegt innerhalb der Meßfehlertoleranz. Die Pyramidenhöhe ist jetzt 210 x 0,69648 = 146,2608 Meter bzw. 280 x 0,52236 = 146,2608 Meter, denn die Höhe der Cheopspyramide ist seit der Antike mit 280 Ellen überliefert.

Stückliste Cheopspyramide

Fünf verschiedene Steinblockformate in der Stückliste der Cheopspyramide

1.) Volumen Pyramidion $\frac{4}{3} \times \frac{2,1^2}{3} = 1\frac{24}{25} = 1,96$ E³ (0,28 m³) oder Vol. Normsteindrittel $\left(\frac{NST}{3}\right)$

2.) Volumen Normstein $\frac{4}{3} \times 2,1^2 = 5\frac{44}{50} = 5,88$ E³ (0,84 m³) oder Vol. Normstein $\left(\frac{NST}{1}\right)$

3.) Volumen NST-Hälfte $\frac{4}{3} \times \frac{2,1^2}{2} = 2\frac{47}{50} = 2,94$ E³ (0,42 m³) oder Vol. Normsteinhälfte $\left(\frac{NST}{2}\right)$

4.) Volumen Verkleidung $\frac{4}{3} \times \frac{2,1^2}{4} = 1\frac{47}{100} = 1,47$ E³ (0,21 m³) oder Vol. Normsteinviertel $\left(\frac{NST}{4}\right)$

5.) Volumen Eckstein $\frac{4}{3} \times \frac{2,1^2}{12} = \frac{49}{100} = 0,49$ E³ (0,07 m³) oder Vol. Normsteinzwölftel $\left(\frac{NST}{12}\right)$

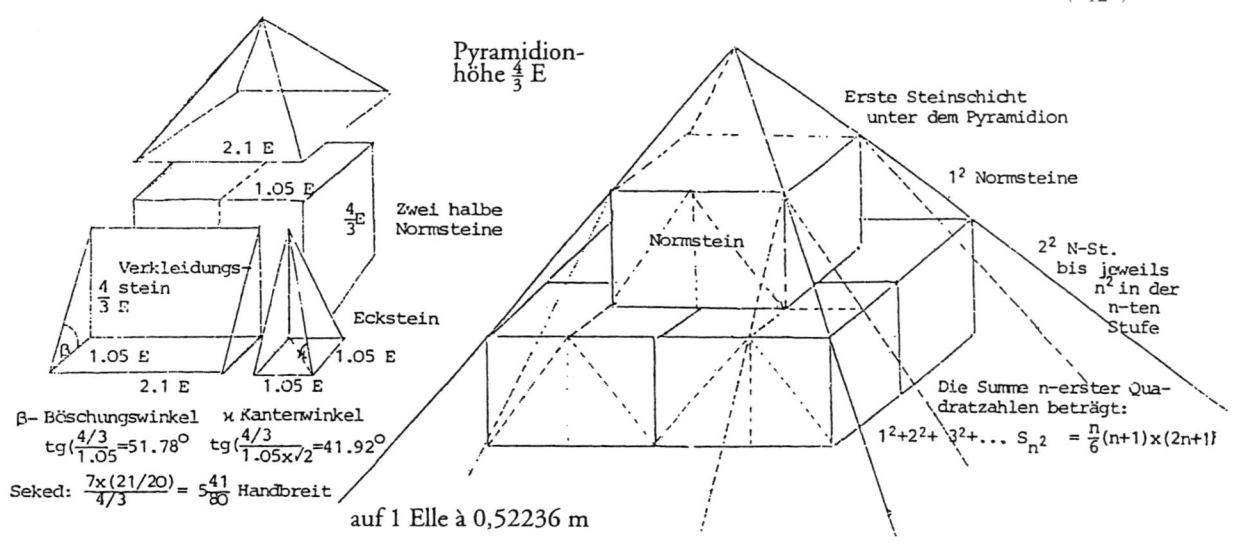

Pyramidion-höhe $\frac{4}{3}$ E

2.1 E — 1.05 E — $\frac{4}{3}$E — Zwei halbe Normsteine

Verkleidungs-stein $\frac{4}{3}$ E — Eckstein — 1.05 E — 2.1 E — 1.05 E

β- Böschungswinkel   x Kantenwinkel
tg($\frac{4/3}{1,05}$)=51,78°   tg($\frac{4/3}{1,05 \times \sqrt{2}}$)=41,92°

Seked: $\frac{7 \times (21/20)}{4/3} = 5\frac{41}{80}$ Handbreit

Erste Steinschicht unter dem Pyramidion

1^2 Normsteine

2^2 N-St. bis jeweils n^2 in der n-ten Stufe

Die Summe n-erster Quadratzahlen beträgt:
$1^2+2^2+3^2+... S_{n^2} = \frac{n}{6}(n+1) \times (2n+1)$

auf 1 Elle à 0,52236 m

VADEMECUM zur erleichterten Aufstellung von Pyramidenstücklisten, am Beispiel der Cheopspyramide

Volumen der Cheopspyramide:
$\frac{Basis^2 \times Höhe}{3} = \frac{441^2 \times 280}{3} = 18\,151\,560$ E³

bei 1 E = 0,52236 m ist das Gesamtvolumen 2 587 162,426 m³

VOL 2.

Jede Stufenschicht einer theoretischen Normpyramide, die man sich aus gleich großen Blöcken zusammengesetzt vorstellt, besteht aus einer Quadratzahl Steinblöcke, die von unten nach oben in der Folge der natürlichen Zahlen abnehmen. So enthält die Basisschicht der Cheopspyramide 210^2 Steinblöcke mit einer Breite von 2,1 Ellen, einer Tiefe von 2,1 Ellen und einer Höhe von $\frac{4}{3}$ Ellen. Die nächsthöhere Schichtkante ist um 2,1 Ellen kürzer, so daß eine Verringerung der Schichtlänge um jeweils 1,05 Ellen auf beiden Seiten die Stufung bewirkt. Von Stufe zu Stufe setzt sich diese Verringerung fort, bis mit der 209. Stufe nur noch ein Normstein mit der Seitenlänge 2,1 Ellen unter dem Pyramidion übrig ist. Die Summe der Steinblöcke in der Stufenpyramide hinter der Verkleidung ist also gleich der Summe der n-ersten Quadratzahlen. Natürlich läßt sich die Quadratzahl einer Schicht leicht ausrechnen, etwas aufwendiger ist die Summierung sämtlicher Steinblöcke in der Pyramide. Aus der Antike ist dafür auch die Summenformel der n-ersten Quadratzahlen erhalten.

Ihre Gleichung heißt: $1^2 + 2^2 + 3^2 ... S_{n^2} = \frac{n}{6}(n+1)(2n+1)$.

Die Cheopspyramide hat 209 Stufen, wozu noch die Höhe des Pyramidions mit einer Stufe kommt, dessen Rauminhalt gesondert berechnet wird. Das Volumen des Normsteins (VOL 2) beträgt also $S_{209^2} = \frac{209}{6} \times (209+1) \times (418+1) =$ 3 064 985 Normsteine à 5,88 E³.

3 064 985 × 5,88 = 18 022 111,8 E³	(3 064 985 NST)
87 780 × 1,47 = 129 036,6 E³	(21 945 NST)
836 × 0,49 = 409,64 E³	($69\frac{2}{3}$ NST)
4 × 0,49 = 1,96 E³	($\frac{1}{3}$ NST)
Vol. CHEOPS = 18 151 560 E³	(3 087 000 NST)

VOL 4.

Auf allen vier Seitenflächen der Pyramiden werden die 209 Stufen durch Schrägsteine der Verkleidung aufgefüllt, deren Summe aus der Folge der n-ersten natürlichen Zahlen besteht. Die Formel dafür ist viel älter und findet sich bei Nikomachos von Gerasa, Plutarch, Theon von Smyrna („Der Klang der Pyramiden", s. S. 8–10). Die Gleichung heißt: $S_n = \frac{n}{2}(n+1)$. Bei der Cheopspyramide ist die Summe $4 \times S_{209} = 4 \times \frac{209}{2} \times 210 = 87\,780$ Schrägsteine à 1,47 E³.

VOL 5.

Dazu kommen noch 4 × 209 Ecksteine in jeder Steinblockschicht: 4 × 209 = 836 à 0,49 E³. VOL 1. ist der Inhalt des Pyramidions oder der von vier Ecksteinen 4 × 0,49 = 1,96 E³.

Drei Regeln zur Überprüfung korrekter Angaben über Pyramidenabmessungen in zukünftigen Handbüchern. Dargestellt mit dem Beispiel des normierten und praktisch verbauten Pyramidions der Cheopspyramide mit der Größe $5\frac{5}{7}E^3 = \frac{40}{7}E^3$ (0,81 m³).

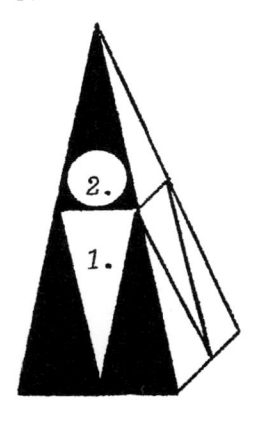

Die erste Stufe besteht aus 7 leicht auseinandergerückten Raumkörpern (1.; 2.; 3.; 4.), nämlich vier stehenden Pyramidions (▲) mit dem Inhalt $\left(4 \times \frac{40}{7}E^3\right)$ u. einem hängenden Pyramidion (▼) mit $1 \times 4 \times \frac{40}{7}E^3$ (5.) u. von 4 spatelförmigen hängenden Pyramidions (▼), Nr. I–IV, der halben Raumgröße $\left(\frac{20}{7}E^3\right)$, die die Zwischenräume ausfüllen.

Neben der 1. Stufe abgesetzte 2. Stufe, das Pyramidion (▲ Nr. 6).

Raumkörpersummen:

1. Stufe: $4▲ \; 1▼ + \frac{4}{2} ▼$ Spatel =
$\frac{280}{7}E^3 = 4 \times \frac{40}{7} + \frac{40}{7} + 4 \times \frac{20}{7} = 7▲$

2. Stufe: $+ 1 \times \frac{40}{7} = 1▲$
$\frac{280}{7} + \frac{40}{7} = \frac{320}{7} = 8 \times \frac{40}{7} = 8▲$
$= 2^3 \times \frac{40}{7} = 8▲$

Aus den Grundzahlen (hier 2) und den Hochzahlen (hier 2^3) folgen drei allgemeine Regeln zur Überprüfung, ob die Ellen u. Meterwerte einer beliebigen Pyramide in den Handbüchern mit den dort angegebenen Höhen, Basen und Böschungswinkeln übereinstimmen.

<u>1. Pyramidionprobe:</u> Das Gesamtvolumen einer Pyramide, geteilt durch das Volumen ihres Pyramidions mit einer Stufenhöhe, ergibt die Stufenzahl dieser Pyramide in die 3. Potenz erhoben (hier $2^3 = 8$).

<u>Beispiel</u> Cheopspyramide mit normiertem Pyramidion der Größe $\left(\frac{40}{7}E^3\right)$. Die Cheopspyramide hat 147 Stufen à $\frac{40}{21}$ Ellen durchschnittlicher Höhe.

Gesamtvol. Cheops/Pyramidionvolumen = $\frac{1/3 \times 280 \times 441^2}{(40/7)} = 147^3$

<u>2. Dreiecksprobe:</u> Die Querschnittsfläche einer Pyramide, geteilt durch die Querschnittsfläche ihres Pyramidions von der Höhe einer Stufe, ergibt die Stufenzahl dieser Pyramide in die 2. Potenz erhoben (hier $2^2 = 4$).

<u>Beispiel</u> Cheopspyramide:
Die Querschnittsfläche ist $H \times \frac{B}{2} = 280 \times 220,5 = 61\,740\,E^2$.
Die Querschnittsfläche des Pyramidions ist $\left(\frac{40}{21}\right) \times \left(\frac{3}{2}\right) = \frac{20}{7}\,E^2$.

$\frac{\text{QF Cheops}}{\text{QF Pyramidion}} = \frac{61\,740}{(20/7)} = 147^2$

<u>3. Höhenprobe:</u> Die Höhe einer Pyramide, geteilt durch ihre Pyramidionhöhe, ergibt die Stufenzahl in die erste Potenz erhoben.

<u>Beispiel</u> Cheopspyramide: $\frac{280}{40/21} = 147^1$

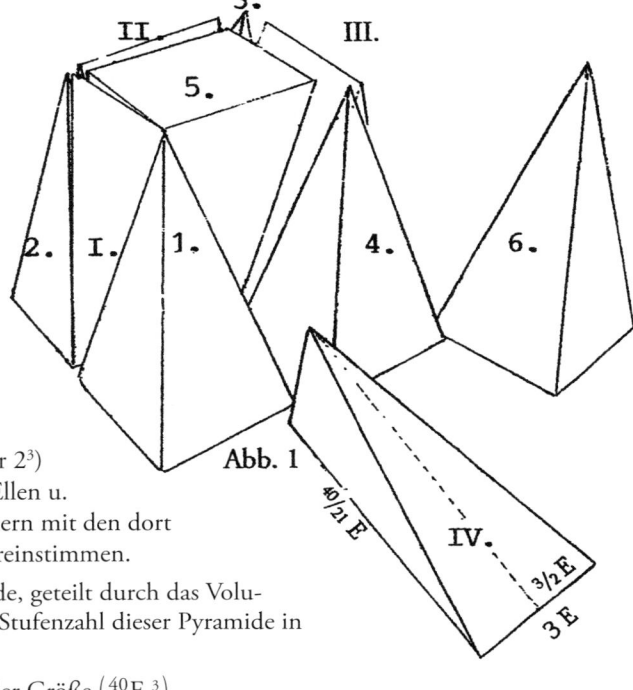

Abb. 1

Eine aus dem Zwischenraum herausgenommene spatelförmige Pyramide mit halbem Pyramidioninhalt:
$\frac{1}{3}\left(\frac{B}{2} \times H \times B\right) = \left(\frac{20}{7}\right)E^3$

In der schlanken zweistufigen Pyramide (Abb. 1) mit dem Böschungswinkel 79,9° sind die Originalabmessungen der gedrungeneren Cheopspyramide mit dem BW arctg $\left(\frac{280}{220,5}\right) = 51,78°$ eingetragen. Die Zeichnung ist also aus Gründen perspektivischer Darstellung um den Faktor 1,47 in die Höhe gestreckt.

Stückliste der roten Pyramide Dahshur-Nord mit normiertem praktisch verbautem Pyramidion der Größe
$4\frac{2}{7}E^3$ (0,62 m³)

Es existieren fünf verschiedene Steinblockformate in der Stückliste der roten Pyramide:

1. Volumen Pyramidion $\frac{30}{7} = 4\frac{2}{7}E^3$ (0,62 m³) oder Vol. Normsteindrittel $\left(\frac{NST}{3}\right)$
2. Volumen Normstein $\frac{30}{7} \times 3 = 12\frac{6}{7}E^3$ (1,86 m³) oder Vol. Normsteineintel $\left(\frac{NST}{1}\right)$
3. Volumen NST-Hälfte $\frac{30}{7} \times \frac{3}{2} = 6\frac{3}{7}E^3$ (1,22 m³) oder Vol. Normsteinhälfte $\left(\frac{NST}{2}\right)$
4. Vol. Verkleidungstein $\frac{30}{7} \times \frac{3}{4} = 3\frac{3}{14}E^3$ (0,46 m³) oder Vol. Normsteinviertel $\left(\frac{NST}{4}\right)$
5. Volumen Eckstein $\frac{30}{7} \times \frac{3}{12} = 1\frac{1}{14}E^3$ (0,15 m³) oder Vol. Normst.-Zwölftel $\left(\frac{NST}{12}\right)$

Pyramidion-Höhe $10/7$ E, 10 H, (0,75 m)

3E, 21 H, 1,575 m
1,5 E
10/7 E
Verkleidungsstein
10/7 E
Zwei halbe Normsteine
1,5 E
Eckstein
1,5 E

β–Böschungswinkel   κ–Kantenwinkel
arctg (10/7)/(3/2) = 43,60°   arct ((10/7)/(3/2 x 2^{1/2})) = 33,96°
Sekëd: 7/((10/7)/(3/2)) = 7 7/20 H

Erste Steinschicht unter dem Pyramidion

1^2 Normsteine
2^2 N.-Steine
bis jeweils n^2 in der n-ten Stufe

Die Summe n-erster Quadratzahlen beträgt:
$1^2 + 2^2 + 3^2 + \ldots + S_n^2 = (n/6)(n+1)(2n+1)$

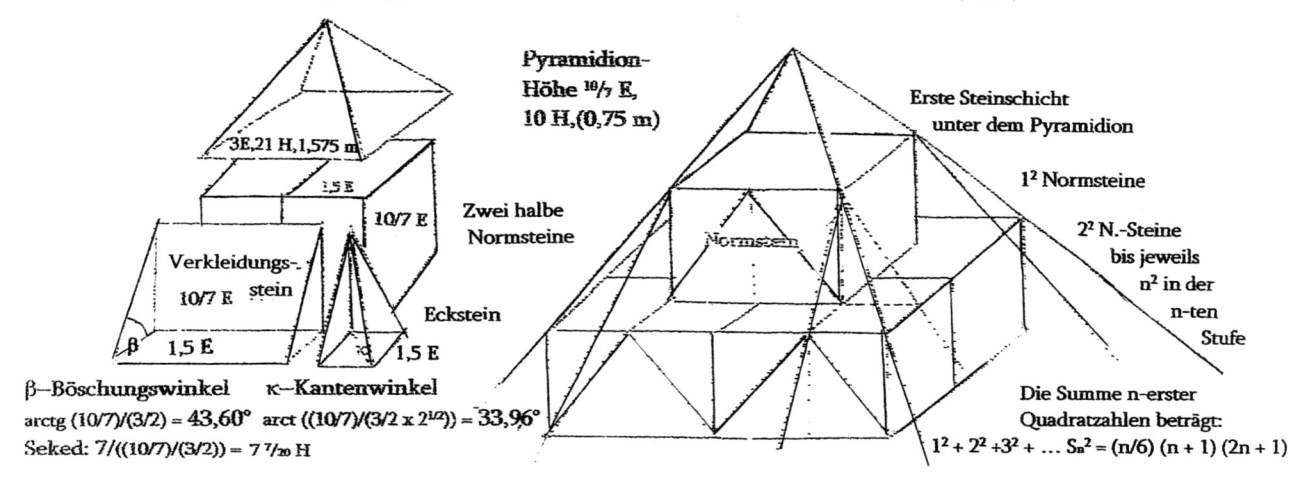

Jede Stufenschicht einer theoretischen Normpyramide, die man sich aus gleich großen Blöcken zusammengesetzt vorstellt, besteht aus einer Quadratzahl Steinblöcke, die von unten nach oben in der Folge der natürlichen Zahlen abnehmen. So enthält die Basisschicht der roten Pyramide 140^2 Steinblöcke mit einer Breite von drei Ellen, einer Tiefe von drei Ellen und einer Höhe von $\frac{10}{7}$ Ellen. Die nächsthöhere Schichtkante ist um drei Ellen kürzer, so daß eine Verringerung der Schichtlänge um jeweils $\frac{3}{2}$ Ellen auf beiden Seiten die Stufung bewirkt. Von Stufe zu Stufe setzt sich diese Verringerung fort, bis mit der 139. Stufe nur noch ein Normstein mit der Basislänge von 3 Ellen unter dem Pyramidion übrig ist. Die Summe der Steinblöcke in der Stufenpyramide hinter der Verkleidung ist also gleich der Summe der n-ersten Quadratzahlen. Natürlich lässt sich die Quadratzahl einer Schicht leicht ausrechnen. Etwas aufwendiger ist die Summierung sämtlicher Steinblöcke in der Pyramide: Aus der Antike ist dafür auch die Summenformel der n-ersten Quadratzahlen erhalten. (Zu ihrer Ableitung s. meine Studie „Der Klang der Pyramiden", S. 33).

Ihre Gleichung lautet: $1^2 + 2^2 + 3^2 \ldots S_n^2 = \frac{n}{6}(n+1)(2n+1)$.

Volumen der roten Pyramide:
$\frac{H}{3} \times \text{Basis}^2 = \frac{1}{3} \times 200 \times 420^2 = 11\,760\,000\,E^3$
bei 1 E = 0,525 m ist das Volumen:
$1\,701\,708{,}75\,m^3$

904 890 NST	11 634 300 E³
+ 9 730 NST	+ 125 100 E³
+ 46⅔ NST	+ 595 5/7 E³
+ ⅓ NST	+ 4 2/7 E³

$\frac{1}{3} \times 140^3 = 914\,666{,}6666 \times NST = 11\,760\,000\,E^3$
$\frac{1}{3} \times 140^3 = \frac{2\,744\,000}{3} \times 12\frac{6}{7} = 11\,760\,000\,E^3$

VOL. 2: Die rote Pyramide hat mit der Stufenhöhe von $\frac{10}{7}$ Ellen eine Stufenzahl von $\left(140 \times \frac{10}{7} = 200 \text{ Stufen}\right)$. Wenn von der Pyramidenhöhe das Pyramidion mit einer Stufe abgezogen und dessen Rauminhalt gesondert berechnet wird, beträgt die Zahl der Normsteine und ihr Volumen: VOL. 2 = $S_{139}^2 = \left(\frac{139}{6}\right) \times (139+1) \times (278+1) = 904\,890$ Normsteine à $12\frac{6}{7}E^3 = 11\,634\,300\,E^3$. VOL. 4: Auf allen vier Seitenflächen werden 139 Stufen durch Schrägsteine der Verkleidung aufgefüllt, deren Summe aus der Folge der n-ersten natürlichen Zahlen besteht. Auch die Formel dafür ist alt und findet sich bei Nikomachos v. Gerasa, Theon v. Smyrna (s. „Der Klang der Pyramiden", s. S. 8–10). Die Gleichung lautet: $4\,S_n = 4 \times \left(\frac{n}{2}\right) \times (n+1)$. Hier ist die Summe: $4 \times S_{139} = 4 \times \left(\frac{139}{2}\right) \times 140 = 38\,920$ Schrägsteine à $3\frac{3}{14}E^3 = 125\,100\,E^3$ oder 9730 NST. VOL. 5: Dazu kommen 4 x 139 Ecksteine in jeder Steinblockschicht. $4 \times 139 = 556\,E^3$ à $\frac{15}{14}E^3 = 595\frac{5}{7}E^3 = 46\frac{2}{3}$ NST. VOL. 1 ist der Pyramidioninhalt $4\left(\frac{2}{7}\right)E^3$ oder der von vier Ecksteinen, = $\frac{1}{3}$ NST.

Propylaeum-DOK
Publikationsplattform Altertumswissenschaften

HOME   SUCHE   VOLLTEXTSUCHE   BROWSEN   NEUZUGÄNGE   PUBLIZIEREN

Integrität dieses Dokuments

Korff, Friedrich Wilhelm :

Rainer Stadelmanns neu aufgefundenes und an der Ostseite der Pyramide aufgestelltes Pyramidion von DAHSHUR-NORD (Basislänge drei Ellen) und das Pyramidion der Pyramide AMENEMHET III. /DAHSHUR (Basislänge drei Ellen und vier Handbreit) im ägyptischen Museum zu Kairo bestätigen zum dritten Mal meine Theorie der Pyramidenneigungen als musikalische Intervalle. Mit einer Einführung in die antike Intervalltheorie und in die chronologische Folge der von den Ägyptern ausgewählten Pyramidenrücksprünge von Meidum bis Mykerinus.Fortgesetzte Widerlegung der Rezension des Prof. Dr. Frank Müller-Römer.

Prüfsumme Korff_Pyramidion_Dahsur_Juni_2010.pdf

Prüfsumme sha1 Ist: 3c53fbdbe652ae6412b373d53d957bfa24e721e8

Prüfsumme md5 Ist: 45d017b9cb85cf3e1dc65085c5bf7cd0

ÜBER PROPYLAEUM-DOK   VIEWER   PARTNER   KONTAKT   IMPRESSUM   INTERN

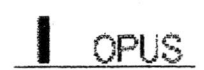

OPUS   **Propylaeum**
VIRTUELLE FACHBIBLIOTHEK
ALTERTUMSWISSENSCHAFTEN

http://archiv.ub.uni-heidelberg.de/propylaeumdok/dok_unversehrtheit.php?la=de&sou...   24.10.2010

Labranda: Zeustempelruine. 8:6 Säulen im Quartgrundriß. Die Quarte findet sich auch in der Triglyphenproportion; Fußmaß 32,4 cm.

Kapitel XI

Ein Geschenk, das uns alle erfreut

Imhoteps Erfindung der „Königselle" aus Bohrlochabständen der Nay-Flöte

„Alle, der gleichen Schule des Denkens entsprungen, naturwissenschaftliches Forschen – induktiv bei Deutungen, deduktiv bei mathematischen Ableitungen –, gleiche Methoden anwendend, stets nachvollziehbar und überprüfbar! Umso nachdenklicher und traurig stimmend, wenn eine neue Erkenntnis nicht diesen Untersuchungen unterzogen wird, um sich gemeinsam am Ergebnis zu erfreuen und Wege zu weiteren Forschungen zu eröffnen."
(Tsungya Riebe-Yang)

209 Seiten dieses Buchs werden Mathematiker interessant finden, aber, weil sie Wiederholungen und Tautologien meiden, als abundant einschätzen. Denn die ersten sechs Seiten über die antike Herleitung des Cheopspyramideninhalts aus dem Pascalschen Dreieck hätten schon genügt, um meine 14 weiteren Neuentdeckungen insgesamt als bloße Wiederholungen dieses einzigen Rechenvorgangs zu identifizieren, der in der Arithmetik zuerst auffällt, dann in der Geometrie und schließlich in der Musiktheorie, weil sämtliche Abmessungen der Pyramiden aus dem Binomialkoeffizienten 5040 = 1 x 2 x 3 x 4 x 5 x 6 x 7 (vgl. dazu Platon „Nomoi" a 771, s. hier S. 65) hervorgehen und sich nur aus Kombinationen des zahlengleich geladenen Meß- und Maßsystems mit Produkten und Teilern der Königselle 52,5 cm $\left(\frac{1 \times 3 \times 7 \times 5}{2} \text{ cm}\right)$ in 29 Rücksprüngen ableiten. Wären meine Leser darauf aufmerksam geworden, hätte ich mir viel Mühe erspart, aber auch die Freude an neuen Entdeckungen wäre gar nicht erst entstanden. Nebenbei bemerkt: Kein Jota des ersten Buchs ist im zweiten geändert.

Ich halte diese Ellenlänge für das Ergebnis einer Feinabstimmung nach dem Gehör, entnommen aus dem Abstand von neun Bambusrohrknoten innerhalb einer zwei Ellen langen Nayflöte (105 cm). Siehe dazu die obige Abbildung des Reliefs aus dem Grab von **Nenkhefetka**, ca. 2400 v. Chr. Man sieht und hört dort den Laut einer *Quinte*, die durch das Handzeichen eines gespitzten „o" zwischen Zeigefinger und Daumen des Lehrers chaironomisch als Intervall (3:2) vorgegeben wird. Die Quinte klingt, den herunterproportionierten Abständen der Tonlöcher gemäß, auf dieser Flöte entsprechend im genauen Tonabstand von 52,5 cm (7 Handbreit) zu 35 cm $\left(4\frac{2}{3} \text{ Handbreit}\right)$ und hat mit $7 / \left(4\frac{2}{3}\right) = \frac{3}{2}$ den gleichen Rücksprung einer Pyramide, wie z. B. der Pyramide des Unas $\left(82,5 \text{ Ellen zu } 55 \text{ Ellen} = \frac{3}{2}\right)$.

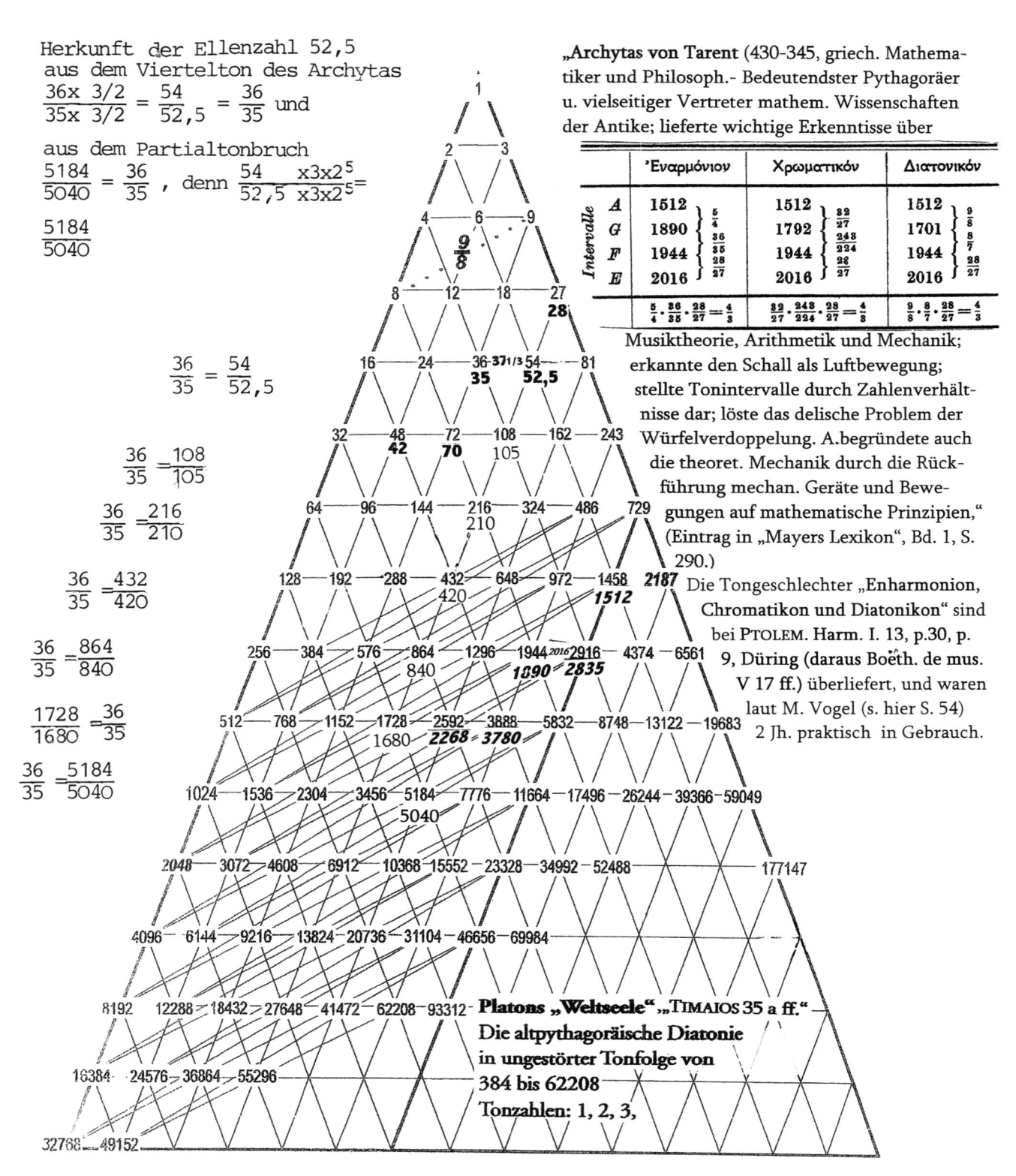

Herkunft der Ellenzahl 52,5
aus dem Viertelton des Archytas
$$\frac{36 \times 3/2}{35 \times 3/2} = \frac{54}{52,5} = \frac{36}{35} \text{ und}$$

aus dem Partialtonbruch
$$\frac{5184}{5040} = \frac{36}{35}, \text{ denn } \frac{54}{52,5} \cdot \frac{\times 3 \times 2^5}{\times 3 \times 2^5} =$$
$$\frac{5184}{5040}$$

$$\frac{36}{35} = \frac{54}{52,5}$$

$$\frac{36}{35} = \frac{108}{105}$$

$$\frac{36}{35} = \frac{216}{210}$$

$$\frac{36}{35} = \frac{432}{420}$$

$$\frac{36}{35} = \frac{864}{840}$$

$$\frac{1728}{1680} = \frac{36}{35}$$

$$\frac{36}{35} = \frac{5184}{5040}$$

„**Archytas von Tarent** (430–345, griech. Mathematiker und Philosoph.- Bedeutendster Pythagoräer u. vielseitiger Vertreter mathem. Wissenschaften der Antike; lieferte wichtige Erkenntnisse über

Intervalle	Ἐναρμόνιον	Χρωματικόν	Διατονικόν
A	1512 $\Big\}\frac{5}{4}$	1512 $\Big\}\frac{32}{27}$	1512 $\Big\}\frac{9}{8}$
G	1890 $\Big\}\frac{36}{35}$	1792 $\Big\}\frac{243}{224}$	1701 $\Big\}\frac{9}{8}$
F	1944 $\Big\}\frac{28}{27}$	1944 $\Big\}\frac{28}{27}$	1944 $\Big\}\frac{28}{27}$
E	2016	2016	2016
	$\frac{5}{4} \cdot \frac{36}{35} \cdot \frac{28}{27} = \frac{4}{3}$	$\frac{32}{27} \cdot \frac{243}{224} \cdot \frac{28}{27} = \frac{4}{3}$	$\frac{9}{8} \cdot \frac{8}{7} \cdot \frac{28}{27} = \frac{4}{3}$

Musiktheorie, Arithmetik und Mechanik; erkannte den Schall als Luftbewegung; stellte Tonintervalle durch Zahlenverhältnisse dar; löste das delische Problem der Würfelverdoppelung. A. begründete auch die theoret. Mechanik durch die Rückführung mechan. Geräte und Bewegungen auf mathematische Prinzipien," (Eintrag in „Mayers Lexikon", Bd. 1, S. 290.)

Die Tongeschlechter „Enharmonion, Chromatikon und Diatonikon" sind bei PTOLEM. Harm. I. 13, p.30, p. 9, Düring (daraus Boëth. de mus. V 17 ff.) überliefert, und waren laut M. Vogel (s. hier S. 54) 2 Jh. praktisch in Gebrauch.

Platons „Weltseele", „TIMAIOS 35 a ff."
Die altpythagoräische Diatonie in ungestörter Tonfolge von 384 bis 62208
Tonzahlen: 1, 2, 3,

Die Zahl **5040**, von Platon durchgehend in den „Nomoi" als 80 x 63 im Kontext des Städtebaus und harmonischer Staatsgründung verwendet, bildet als Bruch (80/63) den Rücksprung und die Querschnittsfläche 49/4 x 5040 = 61740 Quadrat-Ellen der Cheopspyramide. 5040 in Verbindung mit 5184 s. hier Kap. IV und im Papyrus Rhind die Übungsaufgaben Nr. 56, 57.

Die „Seele" (Tim. 36 d 8), hier „**Platons musikalischer Abakus**" genannt, findet sich nach Vorgabe von „Timaios 35 a ff." abgeleitet im **Anhang 2**, S. 199–217. Archytas war Archon von Tarent und zugleich Admiral (Nauarch) einer erfolgreichen Seemacht. Er konnte dank seines Einflusses seinen Freund Platon aus dem Kerker des Tyrannen Dionys befreien. Die beiden pythagoräischen Philosophen tauschten musiktheoretische und astronomische Kenntnisse in Briefen aus, die z. Teil gefälscht erhalten sind. Auch Philolaos und Eurytos waren Archytas' Schüler.

Bevor ich diese Vermutung durch die Prozedur des Flötenbaues und durch die Elle von 52,5 cm aus dem Rohrlochabstand eines fein gestimmten Bambusrohrs nachzuweisen versuche, möchte ich zeigen, daß die kleine aber schöne Melodie in der Abfolge (e, c, h, a, f, e, C, H), gespielt auf der Nay im Handbuch von Ulrich Michels, S. 164, die Töne des Enharmonion des Archytas in Platons Abakus sind. Dort kommen sie zweifach vor, oben in der Folge 28, 35, 36, $37\frac{1}{3}$, 42, 52,5, 70, 72, und tiefer in der Abfolge 1512, 1890, 1944, 2016. Sie sind in allen acht Tönen des Intervalls 72:28 mit 54 multipliziert. *Eine ägyptische Tonfolge aus den Jahren 2400 v. Chr., bei griechischen Musiktheoretikern des 4. Jh. v. Chr. aufgetaucht, ist eine veritable Entdeckung.* Warum Archytas um eine Oktave und drei Duodezimen ($2 \times 3^3 = 54$) transponiert, wissen wir nicht. Vermutlich wollte er den Bruch $37\frac{1}{3}$ in die ganzzahlige Tonzahl $\left(37\frac{1}{3}\right) \times 54 = 2016$ auflösen, um sein Tongeschlecht in die ganzen Zahlen des ägyptisch-platonischen Abakus aufzunehmen. Eine Tonzahl – s. gegenüberliegende Seite –, die mit $37\frac{1}{3}$ beginnt, sich zur Oktave verdoppelt $\left(74\frac{2}{3}\right)$, steht drei Duodezimen tiefer $\left(74\frac{2}{3} \times 3^3 = 2016\right)$ als Bruch, 1944/**2016**. Platon und Herodot werden in der Spätzeit erwähnt:

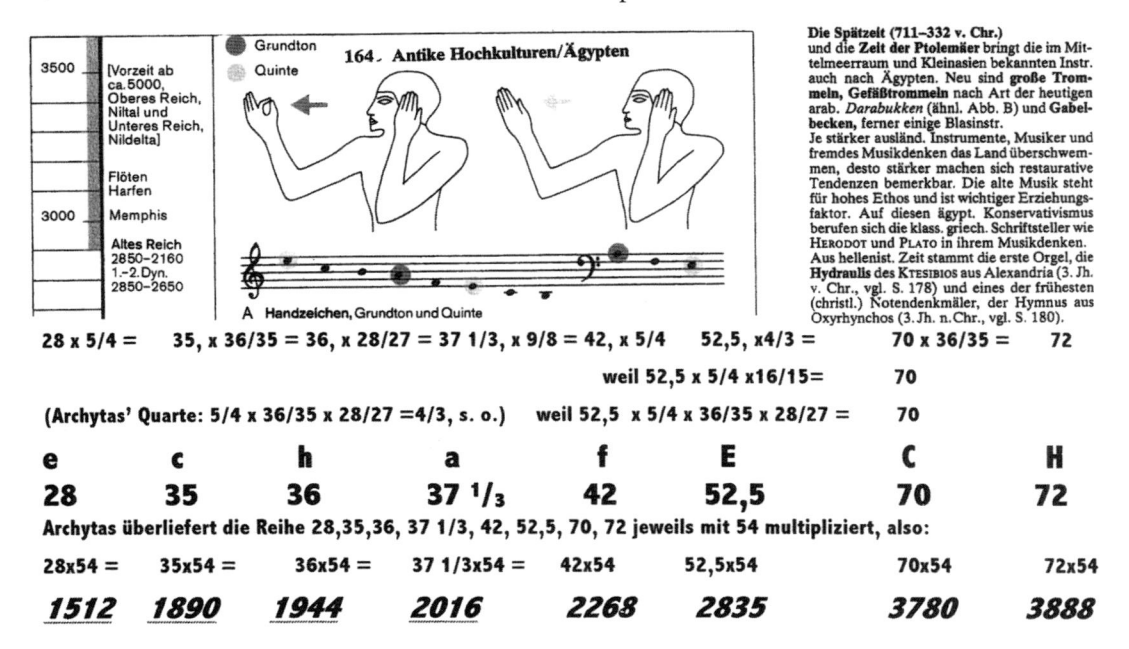

e	c	h	a	f	E	C	H
28	35	36	37 ¹/₃	42	52,5	70	72

28 x 5/4 = 35, x 36/35 = 36, x 28/27 = 37 1/3, x 9/8 = 42, x 5/4   52,5, x4/3 =   70 x 36/35 =   72

weil 52,5 x 5/4 x16/15= 70

(Archytas' Quarte: 5/4 x 36/35 x 28/27 =4/3, s. o.)   weil 52,5 x 5/4 x 36/35 x 28/27 =   70

Archytas überliefert die Reihe 28, 35, 36, 37 1/3, 42, 52,5, 70, 72 jeweils mit 54 multipliziert, also:

28x54 =	35x54 =	36x54 =	37 1/3x54 =	42x54 =	52,5x54	70x54	72x54
1512	**1890**	**1944**	**2016**	**2268**	**2835**	**3780**	**3888**

Die Abstände der Tonlöcher auf der Nay-Flöte sind nach der Tonfolge des enharmonischen Tongeschlechts des Archytas proportioniert. Auf den großen Abstand $\frac{5}{4}$ der großen Terz, folgen zwei Vierteltöne vom c zu h und h zu a, die im Spiel das Abdecken eines halben Lochs erfordern. Auf diese Quarte 2016:1512 = $\frac{4}{3}$ folgt mit $\frac{9}{8}$ Abstand einer Quinte 2835:1890 = 52,5: 35 = $\frac{3}{2}$. Bei Platon und Archytas taucht dann Imhoteps Elle 52,5 (7 H; 28 F) auf. Diese zum Ziel führende Theorie nimmt also ihre Praxis vorweg.

Nach der Theorie jetzt Imhoteps Praxis der Einrichtung der Elle

Die bisherigen Ausführungen im Kapitel 11 hatten den gravierenden Nachteil, daß im Tongeschlecht des Archytas und den Tonlochabständen der Nayflöte die ägyptische Elle mit 52,5 cm (7 Handbreit, 28 Finger) zirkelschlüssig schon vorausgesetzt schien. So wenig die mathematische Richtigkeit der Tonfolge in den drei Tongeschlechtern des Archytas, in Ptolemaios' Diatonon Malakon, in Didymos Diatonon Syntonon und Platons „Weltseele" Diatonon Ditonaion im Dialog „Timaios 35 a ff." diskutiert werden kann, so sehr hätte allerdings Imhotep, wenn er nun der Erfinder und Gesetzgeber dieses Meßsystems war, zu diesen fünf ersten Primzahlen zugesellend, eine andere Länge für Saitenlängen und Archytas' „Schallzahlen", sprich „Frequenzen", aussuchen können als ausgerechnet Zentimeter.

Liest man die Stellen „Nomoi 746 d ff." über den „Nutzen der Mathematik" in Ägypten und „Nomoi 819 a 7" über die „Arithmetik: Die ägyptische Praxis", so fällt auf, daß ein Meßsystem für Gewichte, Räume, Flächen, Längen, Zeit, Schwingungen usw. konkrete Maße eines Naturprodukts zum Ausgang hat, denn nur maßstäblich brauchbare Einheiten, vorgegeben und auffindbar in der Natur sollen ja gemessen werden, um die Relation von Größen zu erhalten und mit ihnen messen und einmessen zu können. So ist der Erdumfang der Maßstab unseres Urmeters. Ebenso ist Karat, die im Gewicht von 0,2 Gramm unveränderliche Nuß des Johannisbrotbaums, Gewichteinheit der Kunstschmiede für Gold und Edelsteine. Imhotep nahm die durchschnittliche schmalere Handbreite der Ägypter zur Pyramidenzeit vor 4500 Jahren mit $\frac{15}{2}$ Einheiten an, heute als 7,5 cm meßbar, und setzte die Elle damit mit 7 x 7,5 cm = 52,5 cm an. Die Handbreit bestand dann aus vier Fingern $\left(4 \times \frac{15}{8} \text{ cm} = 7,5 \text{ cm}\right)$. Musikalisch ist die Fingerbreite $\frac{15}{8}$ = 1,875 cm das Intervall einer großen Septime (c-h^1) oder $\frac{2}{1,875} = \frac{16}{15}$. Die Septime klingt also, von der Oktave oben her gerechnet, als eine um den Halbton $\frac{16}{15}$ verminderte Oktave. Dies ist auch in unserer reinen Stimmung der Fall, die dem DIATONON SYNTONON entspricht.

Imhotep und Archytas müssen gewusst haben, daß sich in der Partial- und Obertonreihe der Halbton $\frac{16}{15}$ in zwei ungleich große Vierteltöne $\frac{36}{35}$ und $\frac{28}{27}$ aufspaltet, denn sonst hätten beide die Tonfolge nicht in das uralte ENHARMONION $\left(\frac{5}{4} \times \frac{36}{35} \times \frac{28}{27} = \frac{4}{3}\right)$ (s. hier S. 186, 187) aufgenommen. Die Quarte $\left(\frac{5}{4} \times \frac{16}{15} = \frac{4}{3}\right)$ ist daher, weil der Rest zwischen $\frac{5}{4}$ und $\frac{4}{3}$ eben $\frac{36}{35} \times \frac{28}{27} = \frac{16}{15}$ ist, im DIATONON SYNTONON mit $\frac{9}{8} \times \frac{10}{9} \times \frac{16}{15}$ vorhanden. Die reine große Terz $\frac{5}{4}$ ist auch Teil unserer reinen Stimmung $\left(\frac{9}{8} \times \frac{10}{9} = \frac{5}{4}\right)$. Also nur so und in diesem Zahlenrahmen konnte 52,5 cm als Quinte über 35 cm entstehen $\left(35 \times \frac{3}{2} = 52,5\right)$, und dieses Intervall hat Imhotep aus zwei Bohrlöchern der Nayflöte gehört und fein gestimmt, indem er ein Bambusrohr von ungefähr 70 cm (10 Handbreit) Spanne in zwei waagerecht ausgestreckte Hände nahm, es auf die Hälfte von 35 cm $\left(4\frac{2}{3} \text{ Handbreit}\right)$ des Oktavlochs unter der Flöte kürzte und von dort aus ein Langloch in ungefährer Distanz zum Flötenende von 52,5 cm (7 Handbreit) allgemach verschob und das Bohrloch zu einer Rundbohrung mit Wachskügelchen zusetzte, bis zwei saubere Töne (ES und B) der Flöte von 52,5 cm (7 Handbreit, 28 Finger), angeblasen, als Quinte $\left(\frac{52,5 \text{ cm}}{35 \text{ cm}} = 7 \text{ H} / 4\frac{2}{3} \text{ H} = \frac{3}{2}\right)$ erklangen. So wurde die Flöte nicht anders gestimmt als heute eine Geige. Er tat dies einer uralten Regel gemäß, die aus Ägypten erhalten ist. Der heutige Flötenbauer der Nay, Hassan Marwan, zitiert diese Regel:

„Bambus besteht aus Kammern, und man kann es sich so vorstellen, daß der Meister seinen Knecht zum Fluß sendete, um Schilf für die Flöten zu holen. Und so hieß es: ‚Suche ein Rohr, das so breit ist wie Dein Daumen und das neun Kammern hat.'" (s. dazu die Flötenlänge auf dem Relief, hier S. 185)

Das Intervall der Quinte entstand primär aus der ungedackten Sinuskurve in der richtigen Gesamtlänge der Flöte, wodurch diesmal die zirkuläre Wahl der Quinte aus vermuteter Voraussetzung durchbrochen und der reine Klang selbst real durch Frequenzen – wie die Nuß des Johannisbrots durch ihr Gewicht (0,2 Gramm) – die Ellenlänge von 52,5 cm (7 Handbreit) aus der Natur der Töne definierte.

Der Weg zur heutigen Nayflöte geht über die Stimmung der antiken Flöte
Platon betont wiederholt in den „Nomoi" (656 e ff., 747 a, 819 b; u. ö.), wie unnachgiebig die Ägypter waren, einmal gefaßte Gesetze zu ändern. Die Beibehaltung der „Königselle" (7 Handbreit à 7,5 cm = 52,5 cm), von Pharao Djoser angefangen bis spät in die Ptolemäerzeit, kam mir mit ihrer Kombination aus fünf ersten Primzahlen $\frac{(1 \times 2 \times 3 \times 5 \times 7)}{4} = \frac{210}{4} = 52,5$ und ihrer Praktikabilität von sieben Handbreit, Pyramiden genau einmessen zu können, schon meinem ersten Buch zugute. Eine der möglichen Rohrlängen konnte jetzt, vorhandenen Ellenstöcken gemäß, nur aus einer Kombination der fünf ersten Primzahlen bestehen (z. B. aus 105 cm; 52,5 cm; 35 cm), die ja auch in Handbreit $\left(14 \text{ H}; 7 \text{ H}; 4\frac{2}{3} \text{ H}\right)$ und Finger $\left(56 \text{ F}; 28 \text{ F}; 18\frac{2}{3} \text{ F}\right)$ vorhanden sind. Und eben dieses Jahrtausende lange Überdauern der Maßeinheit in den Ellenstöcken und der Widerstand gegen Änderung der Tradition brachten mich auf den Gedanken, die Parallelität zwischen dem musikalisch harmonischen *Resonanzprinzip* in Intervallen und dem architektonisch harmonischen *Abstandsprinzip* im Verhältnis der Pyramidenhöhen zu ihren Basishälften, aber auch in den proportionierten Tonlochabständen auf Flöten ausführlicher zu untersuchen (der Einfall kam mir schon hier S. 51, 57).

Natürlich unterliegen die Abstände noch verschiedenen Einflüssen, z. B. der Rohrlänge, des Durchmessers, der Rohrwanddicke, Holzhärte, der Lochgröße, der Luftfeuchtigkeit und der Temperatur. Aber all' dies ist unerheblich, weil man die Quinte hören kann, d. h. den Bohrort auf dem Rohr finden kann, weil man ungefähr weiß, wo er liegen muß. Ich nahm mir dazu den Nachbau der tiefen historischen Nayflöte mit zwei Ellen Rohrlänge (105 cm), die in mehreren Exemplaren im Kairoer Museum erhalten ist. Sie wird noch heute in Ägypten gespielt und in Deutschland mit der Rohrlänge von einer Elle um 51 cm Länge, gestimmt in „e", nachgebaut (s. dazu: Marwan Hassan, „Kawala & Nay: Die Urflöten der Menschheit/Bauen, Stimmen, Pflegen und Spielen" (aus dem Internet abrufbar unter: *(http://dnb.bnb.de)* bzw. unter *(Books on Demand ISBN 978-3-848222988)*.

Die antike Nay-Flöte umgestimmt zur heutigen

Der Flötenhersteller Marwan baute mir eine Nay, gestimmt in es-b mit der Rohrlänge 52,5 cm. Auf ihr die Quinte es:b gespielt, ergab das Abstandsverhältnis der Töne in der Figuration, da man alle Tönlöcher zudeckt (es|b) und dann nur das oberste und erste Tonloch zugedeckt hält und alle weiteren fünf frei, dann hörte man den Ton b. Da das Oktavloch auf der unteren Seite der Flöte die Rohrlänge halbiert, stand die halbierte Rohrlänge von $26\frac{1}{4}$ cm, im Abstandsverhältnis $26\frac{1}{4}$ cm : 17,5 cm = 3:2, hörbar als Quinte es/b.

Benutzt man nun den Storchschnabel einer Verhältnisgleichung a:b = c:d, in der Antike wohlbekannt (vgl. Platon Tim. 32b), so gilt $52,5 : 35 = 26\frac{1}{4} : 17,5 = 3:2$. Die Flöte erhält ungefähr die Stimmung, die dann erreicht wird, wenn das Rohr zwei Ellen (105 cm) lang ist und die Tonfolge auf Archytas' Abstände des Enharmonion einrichtet und die Melodie der Nayflöte (s. S. 187) im Handbuch entsteht:

e	c	h	a	f	E	C	H
28	35	36	37 ⅓	42	52,5	70	72

Archytas überliefert die Reihe 28, 35, 36, 37 1/3, 42, 52,5, 70, 72 jeweils mit 54 multipliziert, also:

28x54 =	35x54 =	36x54 =	37 1/3x54 =	42x54	52,5x54	70x54	72x54
_1512_	**_1890_**	**_1944_**	**_2016_**	**_2268_**	**_2835_**	**_3780_**	**_3888_**

Imhotep brauchte nur seine eigene Handbreite (1 H = 7,5 cm) sieben Mal nacheinander auf das Rohr legen, um den Ellenabstand 52,5 zu gewinnen.

e	c	h	a	f	E	C	(105)
28	35	36	37 ⅓	42	52,5	70	(105)

Antike Abstände in Handbreit

28 = **4**x7 H   35 = **5**x7 H   42 = **6**x7 H   52,5 **7** H   70 = **10** H   72   (105 = **15** H)

Antike Abstände in Handbreit à 7,5 cm

35/7,5 = **4 ⅔** Handbreit   52,5 / 7,5 = **7 Handbreit**

Damit wurde die Quinte auf dem Relief des Nenkheftka und auch im Handbuch von Uwe Michels, S. 264 chaironomisch durch das zugespitzte „o" von Daumen und Zeigefinger, hier S. 187, angezeigt: Quinte in cm $\frac{52,5}{35} = \frac{3}{2}$; in Handbreit a 7,5 cm = $7/(4\frac{2}{3}) = \frac{3}{2}$; in Archytas' Schallzahlen $\frac{2835\,Hz}{1890\,Hz} = \frac{3}{2}$.

Es spricht für Imhoteps Musikalität und Sinn für praktische Anwendung, daß die Sequenz 4H:5H:6H:7H usw. ein Ausschnitt aus der Partial- und Obertonreihe ist und die einfache Handhabung, um diese Quinte (3:2) mit dem Abstand 52,5:35 einzurichten, hat entsprechende Beispiele in den Rücksprüngen der Pyramide des Mykerinos (große Terz 5:4) und des Sesostris (Kleinstterz 7:6).

Nimmt man also die Flötenlänge der Nay mit 52,5 cm an und weiß zugleich, daß die Tubuslänge 52,5 cm, statt in 28 Finger à 1,875 cm, nunmehr in 24 Vierteltöne à $\frac{7}{6}$ = 28 geteilt ist, so kann man, wenn man den Grundton 28 als den Ton „es" = 28 Hz definiert, nach dem DIATONON SYNTONON die Es-Dur Tonleiter auf der Nay einrichten:

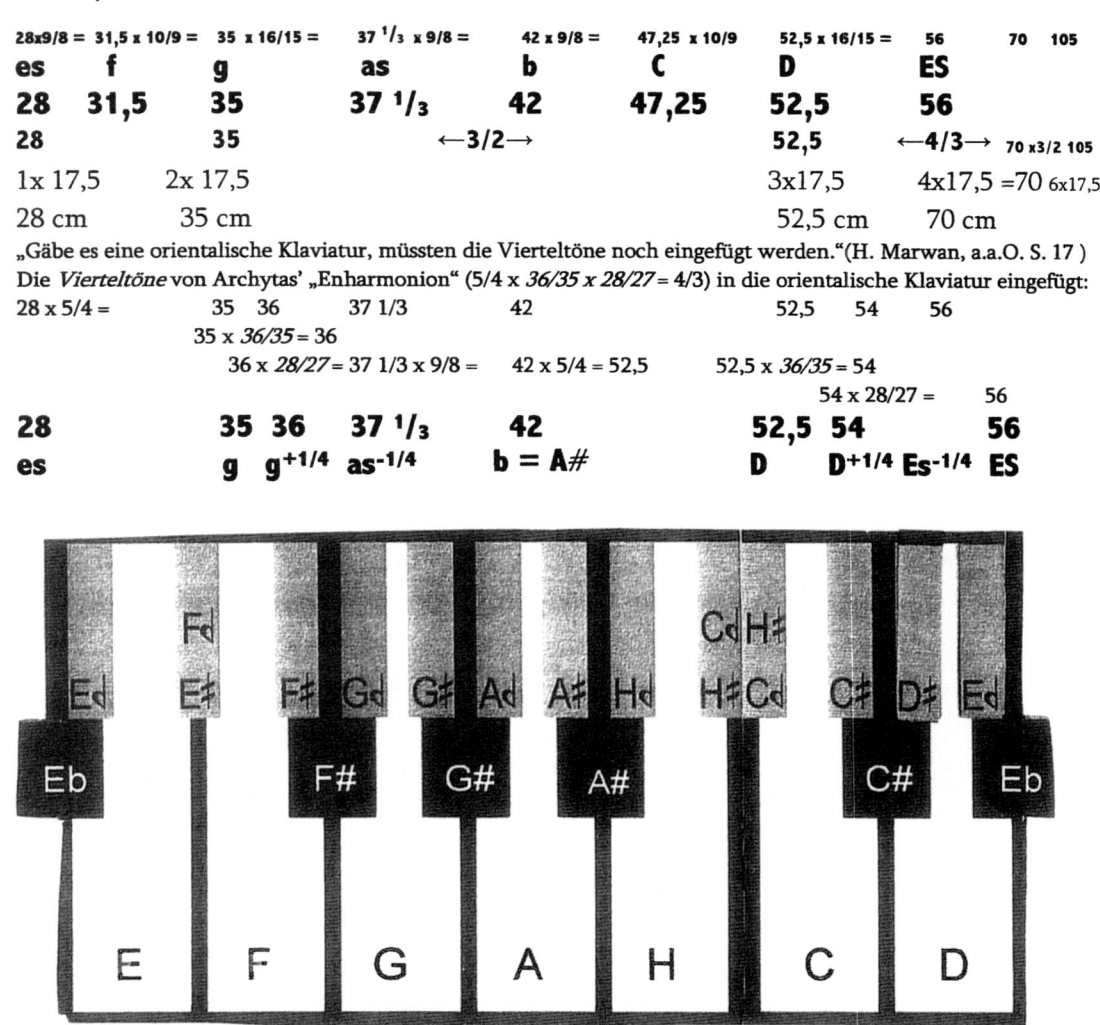

28x9/8 =	31,5 x 10/9 =	35 x 16/15 =	37 $^1/_3$ x 9/8	42 x 9/8 =	47,25 x 10/9	52,5 x 16/15 =	56	70	105
es	**f**	**g**	**as**	**b**	**C**	**D**	**ES**		
28	**31,5**	**35**	**37 $^1/_3$**	**42**	**47,25**	**52,5**	**56**		
28		35		←3/2→		52,5	←4/3→	70 x3/2	105
1x 17,5	2x 17,5					3x17,5	4x17,5 =70	6x17,5	
28 cm	35 cm					52,5 cm	70 cm		

„Gäbe es eine orientalische Klaviatur, müssten die Vierteltöne noch eingefügt werden."(H. Marwan, a.a.O. S. 17)
Die *Vierteltöne* von Archytas' „Enharmonion" (5/4 x *36/35* x *28/27* = 4/3) in die orientalische Klaviatur eingefügt:

28 x 5/4 =   35   36   37 1/3   42   52,5   54   56
              35 x *36/35* = 36
                    36 x *28/27* = 37 1/3 x 9/8 =   42 x 5/4 = 52,5   52,5 x *36/35* = 54
                                                                      54 x 28/27 =   56

28		35	36	37 $^1/_3$	42		52,5	54		56
es		g	g$^{+1/4}$	as$^{-1/4}$	b = A#		D	D$^{+1/4}$	Es$^{-1/4}$	ES

Die professionelle Einrichtung zum Flötenbau und insbesondere die der Abstandsbohrung von Tonlöchern findet sich auf S. 123 des bereits zitierten Buchs von Hassan Marwan (s. nächste Seite →)

Uraltes musiktheoretisches Additions-Schema von Intervallen, um die Tonlöcher auf der der Nayflöte mit verschiedenen Rohrlängen und Stimmungen einzurichten. (Nach H. Marwan, Op.zit.S. 123)

Marwans Vermessungsschema der Nayflöte

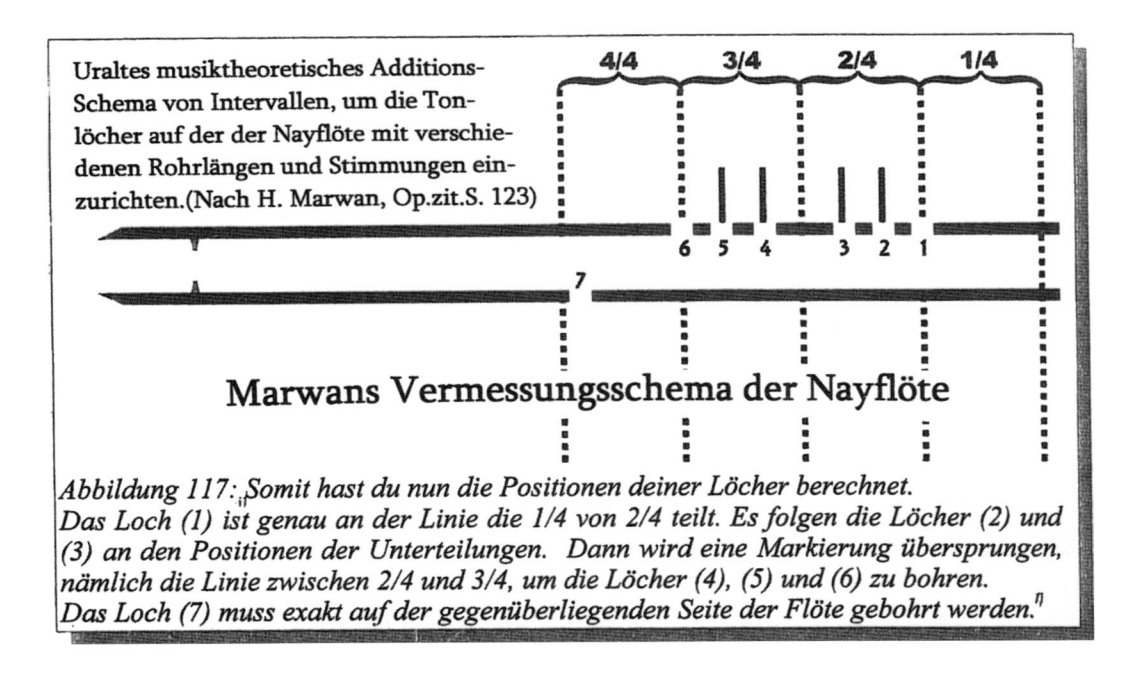

Abbildung 117: „Somit hast du nun die Positionen deiner Löcher berechnet. Das Loch (1) ist genau an der Linie die 1/4 von 2/4 teilt. Es folgen die Löcher (2) und (3) an den Positionen der Unterteilungen. Dann wird eine Markierung übersprungen, nämlich die Linie zwischen 2/4 und 3/4, um die Löcher (4), (5) und (6) zu bohren. Das Loch (7) muss exakt auf der gegenüberliegenden Seite der Flöte gebohrt werden."

Dasselbe Vermessungsschema nach dem Distanz- u. Konsonanz-Prinzip von mir errechnet in Zentimeter und Millimeter für die Rohrlänge 52,5 cm, gestimmt in es

Vorbemerkung: Wie sich im Vorspann dieser Studie das Cheopspyramidenvolumen, addiert aus sechs Pyramidenstümpfen und dem Pyramidioninhalt, zusammensetzte und sich dann noch einmal durch Multiplikation des Pyramidioninhaltes mit der dritten Potenz von 210 wiederholte, so resultiert auch hier die gemeinsam erreichte Position der Tonlöcher **additiv** aus dem Distanzprinzip der Tonloch-Abstandsstrecken auf der Flöte und zugleich **multiplikativ** aus dem Resonanzprinzip ihrer Töne, hervorgerufen durch Intervalle aus der Obertonreihe. Physikalischer Grund dafür ist, daß architektonische und musikalische Intervalle gleich harmonisch auf Auge und Ohr wirken und der Musik eine architektonische Anschauung erbauen, aus der man den Zeitgeist einer Epoche zu erkennen und historisch zu bestimmen vermag. Die antike Berechnung der Bohrlochabstände, zu der ich noch die Vorgaben erhaltener, kaum gelesener Werke des Ptolemaios, Aristoxenos von Tarent und Boëthius zähle, stimmt akustisch mit heutigen Berechnungsweisen überein.

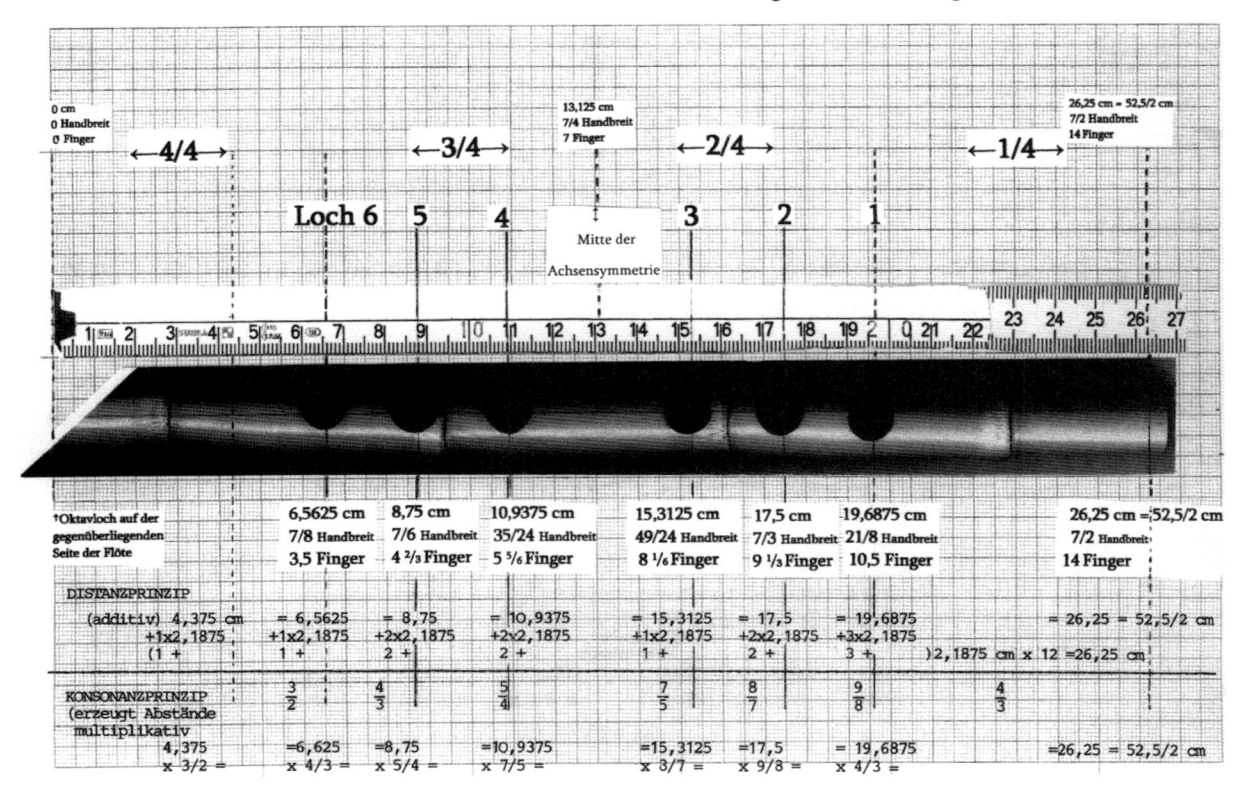

	Loch 6	5	4	Mitte der Achsensymmetrie	3	2	1	
†Oktavloch auf der gegenüberliegenden Seite der Flöte	6,5625 cm	8,75 cm	10,9375 cm	13,125 cm	15,3125 cm	17,5 cm	19,6875 cm	26,25 cm = 52,5/2 cm
	7/8 Handbreit	7/6 Handbreit	35/24 Handbreit	7/4 Handbreit	49/24 Handbreit	7/3 Handbreit	21/8 Handbreit	7/2 Handbreit
	3,5 Finger	4 ²/₃ Finger	5 ⁵/₆ Finger	7 Finger	8 ¹/₆ Finger	9 ¹/₃ Finger	10,5 Finger	14 Finger
DISTANZPRINZIP (additiv) 4,375 cm +1×2,1875 (1 +	= 6,5625 +1×2,1875 1 +	= 8,75 +2×2,1875 2 +	= 10,9375 +2×2,1875 2 +		= 15,3125 +1×2,1875 1 +	= 17,5 +2×2,1875 2 +	= 19,6875 +3×2,1875 3 +	= 26,25 = 52,5/2 cm)2,1875 cm × 12 = 26,25 cm
KONSONANZPRINZIP (erzeugt Abstände multiplikativ 4,375 × 3/2 =	$\frac{3}{2}$ = 6,625 × 4/3 =	$\frac{4}{3}$ = 8,75 × 5/4 =	$\frac{5}{4}$ = 10,9375 × 7/5 =		$\frac{7}{5}$ = 15,3125 × 3/7 =	$\frac{8}{7}$ = 17,5 × 9/8 =	$\frac{9}{8}$ = 19,6875 × 4/3 =	$\frac{4}{3}$ = 26,25 = 52,5/2 cm

Altägyptische Einmessung der Tonlöcher auf der Nay-Flöte.

Vorweg: Der Annahme, daß man die Tonlöcher vor 4500 Jahren empirisch gesucht und gebohrt habe, widersprechen genaue Abstände auf erhaltenen Instrumenten. Wie man vorging, zeigt hier das gegenüberliegende Schema aus der Studie Hassan Marwans (Op. zit. S. 123). Die Lochabstände und die Stimmung ergaben sich aus der immer wieder durch Messpunkte achsensymmetrisch in Oktaven durchproportionierter Rohrlänge von neun Bambusknoten und sechs Tonlöchern in der unteren Flötenhälfte. Sehr einfach war das Einmessen der Mensuren mit Hilfe des Distanzprinzips durch einfache Addition von Strecken à $\frac{\text{Tubuslängen}}{24}$ (z. B. hier $\frac{52,5}{24} = 2,1875$ cm). Diese Vermessung vermied die schwierigere Teilung der Oktave, die das Konsonanzprinzip durch Multiplikation von Brüchen mit sich brachte. Die dazu verwendeten Tongeschlechter sind bei Ptolemaios in Quartteilungen erhalten (vgl. hier S. 44).

Zu den Prinzipien wiederhole ich die Passage aus dem „dtv-Atlas zur Musik" und verabschiede mich herzlich von Lesern, die mehr als 200 Seiten Lektüre durchgehalten haben:

„Tonverhältnisse können nach dem Distanzprinzip gemessen und nach dem Konsonanzprinzip gewertet werden.
*Im **Distanzprinzip** geht es um den exakten Abstand zweier Töne ... Das Distanzprinzip ist besonders für die Beschreibung fremdländischer Tonverhältnisse geeignet, es sagt aber noch nichts aus über die Tonverwandtschaften.*
*Die Festlegung und Erklärung von Tonverwandtschaften erfordert die Herleitung und Einordnung von Tonabständen nach dem **Konsonanzprinzip**. Es bestimmt die Intervallwertung und damit den Sprachwert eines Tonsystems. Herleitungstheorien von Tonsystemen befassen sich daher mit der Begründung von Kon- und Dissonanzcharakter der Intervalle."* (Uwe Michels, Op. zit. S. 89)

Zum achsensymmetrischen Distanzprinzip der Abstände (s. die Seite gegenüber):
$(1 + 1 + 2 + 2 + 1 + 2 + 3) \times 2,1875 = 12 \times 2,1875 = 26,25$ cm, eine halbe Rohrlänge der Nay-Flöte von 52,5 cm, die auch die Ellenlänge Imhoteps ist. Daß die Oktave nicht abendländisch in 12 Halbtöne, sondern morgenländisch in 24 Vierteltöne geteilt ist, zeigt $\frac{52,5 \text{ cm}}{24} = 2,1875$ cm $\left(\frac{7}{6}\text{ Finger}\right)$, die technisch besonders leicht einzumessen sind, denn es ist die Daumenbreite $1,875$ cm $\times \frac{7}{6} = 2,1875$ cm, also genau $\frac{7}{6}$ Finger, nach der der Meister den Gesellen das Rohr mit neun Kammern und Daumenbreite am Nil suchen lässt. Der Nayflötenbauer Marwan gibt S. 66 den Innendurchmesser mit 18–22 Millimeter an, was einer Wanddicke von 3 Millimeter einer Rohrdicke von 2,4–2,8 cm entspricht.

Zum Konsonanzprinzip der Intervalle:
$\left(\frac{3}{2} \times \frac{4}{3} \times \frac{5}{4} \times \frac{7}{5} \times \frac{8}{7} \times \frac{9}{8} \times \frac{4}{3}\right) = 6 = 3$ Oktaven
$\left(\frac{3}{2} \times \frac{4}{3}\right) = 2; \ 2 \times \left(\frac{5}{4} \times \frac{7}{5} \times \frac{8}{7}\right) = 4; \ 4 \times \left(\frac{9}{8} \times \frac{4}{3}\right) = 6 = 3$ Oktaven

Anwesenheit der Vierteltöne in der Nay-Stimmung belegen die große Terz $\frac{5}{4}$ aus Archytas' „Enharmonion", der Tritonus $\frac{7}{5}$ aus dem DIATONON MALAKON $\left(\frac{4}{3} \times \frac{21}{20} = \frac{7}{5}\right)$ des Ptolemaios und der übergroße Ganzton $\left(\frac{8}{7}\right)$ ebendort.

Carlo Gesualdo, Fürst von Venosa (1566-1613), ist ebenso berühmt als Komponist von Madrigalen und Motetten von großer Kraft und Komplexität wie als Mörder seiner Ehefrau und ihres Geliebten in *flagrante delicto*. Gesualdos Leben und seine musikalischen Werke sind nicht unverbunden. Freilich:

»Der Tod findet sich in vielen Texten von Madrigalen, während andere die orgiastische Liebe zum Thema haben; und Gesualdo, von Musikern umgeben, die von den chromatischen Experimenten jener Zeit sowohl in Neapel wie in Ferrara hingerissen waren, schuf diese quälerische Chromatik nicht, weil er ein Mörder war; so wie er umgekehrt nicht zum Mörder wurde, weil er eine Vorliebe für quälerische Harmonien hatte. Er hatte einfach mehr Erfahrung als seine Zeitgenossen – und konnte sich deshalb besser in Grenzbereichen bewegen –, wenn es darum ging, Akkorde zu verbinden, die eigentlich nicht als verbindbar galten.« (Alan Curtis)

Zu den frühen Bewunderern von Gesualdos Musik gehörte der englische Dichter John Milton und die damals in Rom lebende schwedische Königin Christina.

Vor allem Literaten sind es, die die lange vergessenen Kompositionen Gesualdos wiederentdeckten: Gabriele d'Annunzio, Aldous Huxley, Hans Henny Jahnn, Hermann Hesse, Wolfgang Hildesheimer (»Tynset«), Lars Gustafsson (»Wollsachen« und Gedichte), Helmut Krausser (»Melodien«).

Anhang 1

GLENN WATKINS

GESUALDO
PRINCIPE DI VENOSA

LEBEN UND WERK EINES FÜRSTLICHEN KOMPONISTEN

VORWORT VON
IGOR STRAWINSKY

WOLFGANG RIHM

Gesualdos Musik klingt, als würde ein hautwandiger Raum, in dem bald Musik erklingen wird, von selbst zu klingen beginnen. Das ist das einzige Selbstverständliche an dieser Musik, an der nichts »natürlich«, alles aber herrliche Willkür und außerordentliche Gewalt ist. Alles ist da abseitig, einseitig, Beweis für Kunst als Gegennatur. Wie unterscheidet sich diese geil ausgekostete Zerknirschung vom pickligen Klingelbeutelpietismus meist nördlicher Meister! Gerade hat der Principe noch mit dem Dolch in Leichen gestochert, schon setzt er peinvolle süßdunkle Kontrapunkte, die schönsten, die es gibt. Bestimmt war er grün im Gesicht, und gelblich. – Er bleibt ohne Beispiel.

FRIEDRICH WILHELM KORFF

Über Gesualdo

Die erschreckende Neugierde, die uns seit Cusanus' Schrift »De non Aliud« oder Leibniz' mögliche Welten ergreift, wenn wir uns die Welt anders geschaffen vorstellen, als sie ist, verbinde ich mit Don Carlo Gesualdo, dessen Musik in eine andere Welt reicht.

Zuerst stelle ich fest, daß er eben eine andere und nicht die beste aller Möglichkeiten wählt. Er reduziert und sucht das Oxymoron in all seiner Ominosität, schafft aber leuchtend bisher Nichtvorhandenes in der musikalischen Literatur. Unter diesem Hörwinkel erscheint seine Wahl nicht willkürlich, sondern sie stützt sich auf die Ontologie einer bei der Schöpfung der Musik nicht zur Auswahl gekommenen Welt.[1] Sollte mein Vergleich schwer zu verstehen sein, so denke man sich alles anders, als es ist, jedoch in einer Ordnung, die zwar der gegenwärtigen analog ist, ihr aber dennoch nicht entspricht und weniger vollkommen ist, prinzipiell jedoch transponierbar und verstehbar. So läßt sich z.B. in der Arithmetik die komplexe Zahl 20738 in ein Zahlensystem umrechnen, das nicht zehn, sondern zwölf Zahlziffern kennt, und geht dann glatt auf.

Wenn ein Komponist in seiner Musik Querstände, gemischte Kadenzen, Sextakkorde als Dauerinventar, Chromatik mit bis zu sieben Kreuzen und herabsteigenden Halbtönen einsetzt, ohne Generalbaß beziehungslose und doch nicht willkürlich gewählte Akkorde schweben läßt und, kaum daß er etwas geballt ausgedrückt, es schon verlassen, verfremdet, durch Transposition explantiert hat, dann kann man – und sei

---

[1] Weswegen auch Enharmoniker und Neutöner wie Liszt, Strawinsky oder Schönberg sofort großes Interesse an Gesualdo zeigten. Jedoch ist die Setzung eines neuen Systems, z.B. des Zwölfton-Systems, nominalistisch geblieben. Dagegen glaube ich, daß Gesualdos Musik eine realistische Grundlage in einer, über ihn selbst hinaus nicht weiter entfalteten Ontologie hat, die historisch zwischen den Kirchentonarten und der sich abzeichnenden Moll-Dur-Diatonie steht. Seine Unausgeglichenheit definiert sich aus unseren Hörgewohnheiten. Er aber steht in einer Stilstille.

gellation, Süße, Heiligkeit und Schmerz, das Wagner in über sechs Stunden vorführt, Gesualdo in wenigen Minuten gelingt. Daß dieser Fürst, der seine enharmonischen Beerber nicht kannte (wie diese ihn oft ebenfalls nicht!), etwas sehr Befreiendes tat, als er sich nach den ersten drei Büchern der Madrigale außerhalb der Konvention stellte und, nach Berichten der Zeitgenossen, auf jede Weise entgleist, mit Harmonien und Modulationen zu »spielen« begann, ist in der Entwicklung der Musik einem Mutationswunder zu vergleichen, das infolge eines defekten Gens die Anpassung nicht überlebte, jedenfalls *direkt* keine Schule machte. Was aber defekt ist – und sei es noch so großartig –, bestimmt der Erfolg und der gewaltige Druck zur Regularität, der damals auf den Berufsmusikern lag. Claudio Monteverdi z.B. hätte er nie erlaubt, schwer verständliche, chromatisch-melancholische Abnormitäten zu komponieren; es hätte ihn in Mantua vielleicht, in Venedig bestimmt die Stelle gekostet. Sein »Lamento d'Arianna« war populär und ist es noch, auch wenn es sich in der Qualität neben Gesualdos Madrigal »Moro lasso« holzschnitthaft ausnimmt, aber Popularität ist für Musiker so etwas wie Beifall im vorhinein; mit Beifall brauchte der Fürst nicht zu rechnen, er war unabhängig, und es gehört sogar zu seiner Eigenheit, daß er dem Beifall, der ihm natürlich von allen Seiten gespendet wurde, mißtraute. Dazu kannte er die Rolle, die die Musik in seinem Leben spielte, zu gut. Die Esoterik machte ihn einsam, sein Ton erschien ihm vielleicht selbst anzweifelbar, und er brauchte daher Stella, Genna, selbst den gefürchteten Luzzaschi wie Dolmetscher und Statthalter seiner fremden Welt. Den Widerspruch zwischen einem völlig ungalanten Fürsten und seinen galanten Texten löste die Komposition. Wenn er nicht für sich selbst oder für die Kirche schrieb, komponierte er doch für Komponisten, in deren Schatten er sich wohler fühlen mochte als sie sich in seinem.

Ich weiß, was man gegen meine Interpretation einwenden wird. Es ist wahr und zeigt schon das Eingeständnis eines Grundmangels, wenn man, um Regelwidriges einzuordnen, es auf diese Weise versucht, indem man das Regelsystem außer Kraft setzt, in dem das Phänomen auftritt, und sich ein anderes (eine andere Ontologie o. dgl.) sucht. Wenn man auch eingestehen muß, daß der Manierismus in der Musik einige Jahrzehnte tonal richtungslos scheint, so leistet man Gesualdo vielleicht doch nur einen Bärendienst, wenn man ihm eine Sonderstellung einräumt. Dennoch bleibe ich bei meiner These, denn täte ich es nicht und

es nur zum Versuch – annehmen, daß seine musikalische Ontologie eine andere ist, ein Bezugssystem, das neben dem Herkömmlichen steht, in dem aber seine Musik leichter verstehbar wird, und daß es schließlich eine Gefühlswelt zu geben scheint, in der diese Musik nicht mehr willkürlich oder gar neurotisch wirkt. Die Tatsache, daß diese Welt schwer zugänglich ist, spricht nicht gegen ihre Existenz, und wir tun Gesualdo unrecht, wenn wir, wie Burney, seine Musik nach den Hörgewohnheiten messen, die seit Rameau verbreitet sind. Mäßen wir das sechste Buch der Madrigale an den Vorschriften von Theoretikern, die Gesualdo zeitlich und stilistisch näherstehen, an der Theorie Zarlinos oder Vincenzo Galileis, so gerieten wir in die gleichen Schwierigkeiten.

Ich glaube nicht an die These der Willkürlichkeit, an das hier und da zufällig gelungene Wechselbad eines zwischen diatonischem Allegro und chromatisch harmonischem Adagio (intellektualisiertem Glück und Schmerz) herumstolpernden »Cavaliere«, der sich in seinem »Labyrinth von Modulationen« nicht zurechtfindet.

In einer anderen Ontologie ließen sich die Überraschungen als notwendig und komplexe Modulationen als einfach darstellen. Hier würde die als Beispiel erwähnte Zahl 20738 dodekadisch 10000, und hier gäbe es, was jetzt fehlt, einen gemeinsamen Nenner im Baß, sein »nicht klares harmonisches Empfinden« (Einstein) würde durchsichtig, wenn auch in einem Nebenstrom der Entwicklung, der Gesualdo zum »einflußlosesten Komponisten der Geschichte« (Watkins) machte, als er versickerte.

Was wir dem Komponisten gegenüber voraushaben, die Schule der Klänge, die in den Jahrhunderten nach ihm folgte und die er nicht kennen konnte, gerade sie ist es, die seine arbiträren Kühnheiten nachträglich rehabilitiert, und zwar nicht nur nach dem Gesetz sich allmählich ausschärfender musikalischer Möglichkeiten. Seine Klangfiguren wirken doch, als seien sie in ihrer Zeit bewußt gelegte Minen, auf die man auch in späteren Jahrhunderten treten würde. Debussy wurde von Gesualdos harmonischen Fortschreitungen illuminiert und, vor allem, Richard Wagner! Gesualdos Karwochen-Responsorien, das »endgültige Vehikel der Selbstgeißelung« (Watkins), Tenebrae-Polyphonie, die er unter dem Eindruck von Pomponio Nennas Responsorien schrieb, erinnern in mannigfacher Beziehung an R. Wagners Oper »Parzifal« (»Der Speer, der die Wunde schlug, wird sie wieder heilen«), nur mit dem Unterschied, daß das unmittelbare Nebeneinander von geistlicher Fla-

195

mäße Gesualdo an bedeutenden Zeitgenossen wie Luca Marenzio, Macque und de Rore, so käme sofort der Vorwurf des Dilettanten über den Fürsten. In einer Kunst, in der das Zeichnen des menschlichen Körpers nicht mehr benötigt wird, kann fast jeder, auch der, der nicht nach der Natur zeichnen kann und Anatomie nicht beherrscht, reüssieren. Er braucht nur zu erklären, daß seine verrenkten Perspektiven absichtsvoll, normal und gewollt sind. Man täte jedoch Gesualdo unrecht, wenn man ihm Inflationen dieser Art vorwürfe, auch wenn er in Überraschungen und Pretiosen schwelgt, seine Hörer sich hauptsächlich an »Stellen« erinnern.[2]

M. E. hat noch kein Künstler, schon gar nicht ein großer, es nötig gehabt, auf Überraschung, auf den Effekt und auf das bloße Staunen zu setzen.[3] Wer Gesualdo nicht kennt und ihn ohne Vorurteil hört, wird gerade hier einen soupçon fühlen, Kleinlichkeit des Fürsten in der Effektsuche. Die Folge ist, was er ja selbst im Vorwort zum fünften Madrigalbuch beklagen läßt, daß man ihn plündert, ihn als Steinbruch schöner Modulationen benutzt. Der Fürst, dem in der Tat das »diletto« näher lag als sein Nutzen, ein Mann – so lautet das Vorurteil –, der aus lauter Freßsucht an der Schönheit ersticken wollte, bis sie ihm, ins sfumato von kräftigen jungen Männern gegeißelten Asthmatiker, siegreich und von den Lippen glitt, hatte das Schicksal, als Amateur zu gelten. Und dies ist nur, weil er Amateure anzog, weil er von Dilettanten – das sind oft Spezialisten und Statistiker der Schönheit – geschätzt wurde, die ein Faible für das Absichtsvolle, für Rekorde der Zumutbarkeiten und alles zählbar aus dem Maß Geratene besitzen, die eigentlich keinen Geschmack haben und sich daher das Numinose des Eiffelturms (das sie wohl noch begreifen) aus der Zahl seiner Nieten vorführen lassen. Und ebenso mit Venosas schönen Stellen, wenn man sie zählt. Das brüchige Ganze wäre zu fassen. Es ist schwer zu fassen. Es scheint barock und noch außerhalb des Barock.

Zweifellos zog Gesualdo Schönheiten wie Perlen auf die Schnur, und, stricte sic dictu, man riskiert, sich um das Ziel zu bringen, weil Schönheit in solcher Dichte neutral wird, ebenso verliert die Menge der Dissonanzen an Aufregung, wenn man, wie John Cage, sich dazu entschließt, Cluster als diskrete Töne zu nehmen. »Reguläre« Komponisten vermeiden dies, nicht nur, weil sie nicht leicht über solche Einfälle wie die Gesualdos verfügen, sondern auch dann, wenn sie einen Einfall haben, ökonomisch damit verfahren, ihn aus gemagertem Kontext herausleuchten lassen, anstatt, wie Gesualdo, rahmenlose Bilder zu reihen, die – wie im Palazzo Pitti zu Florenz – dicht, ein jedes in seiner Meisterschaft überdicht, gehängt sind und schon deshalb irritieren, weil es vom Kunstschönen kein Panorama gibt und der Hörer sein ganzes Augen- und Hörwasser hinzugießen muß, um die geballte Dichte der Musik zu verdünnen und sich dadurch erst begreifbar zu machen, da er sich doch zunächst angewidert fühlte, ebenso wie gewisse erotische Parfüms, Zibet z. B., konzentriert stinken, in Spuren aber duften.

Die Anarchie in der Wahl der Mittel, die Gesualdo oft vorgeworfen wurde, ist die eines nach nichts fragenden Aristokraten, oder die eines greifenden Kindes, eines musikalischen Raubtieres[4], und ein gewisser hermaphroditischer Infantilismus, der noch im melancholisch-skeptischen Erwachsenen das kindisch-grausame Habenwollen treibt, ist ja in diesem Renaissance-Fürsten; hier ist er dem Mörder und Künstler Benvenuto Cellini ziemlich ähnlich. Die ästhetizistische Existenz zeigt sich in der inszenierten Geste – die mich seltsamerweise an Aubrey Beardsleys Illustrationen erinnern läßt –, deren Hohlheit und Mangel an Spontaneität geradezu fühlbar ist. Der Fürst legt sich abends zu Bett, speist usw., und im Morgengrauen bringt er seine Frau und ihren Liebhaber um. Nichts von persönlicher Kränkung, aber nach außen hin, die Haut darf den Makel nicht tragen, aber das Sündenbewußtsein darf sie blähen. Gesualdos Musik reicht in eine andere Welt. Sie ist bizarr, ein Mosaik von erlesenen Scherben, zaubrisch entlegen, aber von »entlegen« kann man eigentlich nicht sprechen, da das Nahe zum Vergleich fehlt. Ich kann nachvollziehen, was Hermann Hesse im Fieber empfand: Es ist das Gold, das nie gesehen wurde. Er malt auf Schwarz, tönt aus der Nacht, aus Dunklem, Tellurischem, Materiellem, d.h. platonisch Unvollkommenem, erotisch Verwirrtem.[5] Die Musik ist eigentlich wenig theore-

---

2. Strawinsky scheint über diese »Aneinanderreihung musikalischer Musterfälle« zu spotten, wenn er erklärt, diese Musik käme ihm vor »wie in Essen von 23 Kaviar-Canapés für einen Freund herzhafter Genüsse«.

3. Der Fürst »zeigt jedem die Partitur seiner Werke, um ihn darüber in Staunen zu versetzen...«; die Kompositionen »sind voller Gesten und bewegen sich in den ungewohntesten Bahnen«. (Fontanelli)

4. Keine »diebische« Elster, wie Strawinsky meint.

5. Strawinsky weist mit Recht auf die sexuellen Symbolismen hin und ihren abgeschmackten Verbrauch. Dieser Vorwurf trifft aber nur die Texte, nicht die Musik. Die Texte haben ohnehin nur Grundierungs-, Verbrauchs-, ja Vorwandscharakter.

Aber das ist, wie schon angedeutet, Gesualdos Situation: die Stilstille. Die Chromatik, die sie vorübergehend erfüllt, bis die ersten Windstöße des Generalbasses kommen, zeigt ein bestimmtes Phänomen (Elargierung des Seelischen), das mich abschließend zu einer Beobachtung in der zeitgenössischen Malerei führt.

Der Ausblick in eine andere Welt, die ja nur eine christlich jenseitige sein konnte, wird im Manierismus mit emotionaler Übersteigerung, von Unruhe und Qual, begleitet. Ikonographisch wird dies in der religiösen Malerei durch Devotion und Entzückung legitimiert, wobei auffällt, daß Eindeutiges zur Vieldeutigkeit tendiert, bis wir schließlich im Eineins der Gegensätze (Oxymora: Glück = Qual, die Schönheit Marias ist dieselbe wie die einer Dirne) die Grenze des Verfahrens beobachten. Aber bei großen Meistern werden in dieser Überdehnung neue, bislang nicht vorhandene Ausdrucksformen sichtbar. Das beweisen nicht nur die Anamorphosen der Zeit, die ja kryptisch sind und auch verborgen blieben, sondern auch die religiöse Malerei. Wir finden bei Caracchi, Coreggio, überhaupt bei den Malern der Emilia, die im Dienst der Gegenreformation stehen, die frühbarocke Devotion, leere Gesten, malerisch mit Präzision. Aber in den Bildern Parmigianinos (z.B. an den rätselhaften Flecken auf dem Pferd im Gemälde ›Die Bekehrung des Saulus‹ oder an den schräg gelegten Rundköpfen über überlangen Hälsen der Frauen – die an Modigliani erinnern –, an Frauenhaaren, die sich wie »Querstände« in der Struktur des Bildes selbständig machen) beginnt eine neue Welt, die auch in Spanien, in El Grecos Verlängerungen (die Riesen im Gewitter zu Toledo, die dem Betrachter Gesichter zuwenden, in denen ungeheuer Wichtiges bevorsteht) auftaucht. Elargierungen dieser Art und gar nicht mehr konventionell christliche entdecken wir auch in Gesualdos Chromatik, Rhythmen, Oxymora und Harmoniefolgen. Hier ist er ganz Herr, der Fürst, seiner Zeit, und teuflisch gut dazu. Er ist nicht fremdartiger als die Maler der Gegenreformation, auch bei ihm tritt das Ungewollte vor, das Gewollte zurück. Die Maniera erstarrt, und das Verzogene bleibt stehen. In der Erstarrung, diesem angstvollen Eispunkt im schwülen Raum nicht vorhandener Gefühle, im physischen Schmerz anstelle des Seelischen, im Turngerät der Verse anstelle wirklicher Poesie, kommt die überaus sich selbst bekannte, ja dialektische Verbindung aus Willkürlichem und der formgebenden Geste zum Gesang. In diesem wie Schmetterling spießen (statt sie zu fangen) wollenden Einfangen des Gefühls ist doch

tisch, obwohl sie die energischsten Effekte (Juxtapositionen, doppelter Kontrapunkt etc.) benutzt. Der Vergleich zum Amateur, der mit Komplexem spielt, das er selbst nicht durchschaut, »sans connaissance des causes« (Burney drängt sich auf). Ambros vermutet sogar, daß sich Gesualdo die Musik aus den Tasten gesucht habe.[6] Wie richtig es ist, wenig Theorie zu vermuten, sieht man aus dem Auftauchen und häufiger Verwendung jener Tonfolge, die eigentlich kein »Stil« ist, sondern nur eine mechanische Folge von Tönen, obwohl sie stilbildend wurde und dem sinnlichen Quartbaß entsprang wie ein intellektueller Wechselbalg: der Chromatik. Sie sprengte die Modi und war doch wie Licht im Gewirr der Polyphonie. Daß die Komponisten am Hof von Ferrara sie schätzten und Gesualdo auch durch Nenna zur Chromatik geführt wurde, zeigt, wie übrigens auch die Monodie der Camerata zu Florenz in einem anderen Zusammenhang, die Rückkehr zum Einfachen. Watkins spricht von Tendenzen der Chromatik zum »homophilen Stil«, wobei er auch an den Kardinal Borromeo und an die Tridentinische Reform denkt, die eine verständlichere Musik forderte. Ich glaube, daß man gar nicht so große Zusammenhänge zu bemühen braucht. Der Hunger auf Chromatik entsprang einem Überdruß an Stuten, die aus lauter Korinthen gebacken waren. Man wollte wieder Schwarzbrot essen. Und dies kann auch gesagt werden, daß auf- und absteigende Sequenzen in der Musik, seit jeher frugal, eigentlich nur im Kontext des Gegensätzlichen ein erträgliches Mittel zur Auf- und Abschwellung des Seelischen gewesen sind, stärkend, wenn es von einem Dur-Funken zum nächsten geht, weinerlich, klagend, wenn die b gesetzt werden. Ist aber eine musikalische Idee nicht originell, so hilft es gar nicht, wenn, wie man es so oft bei schlechter Musik hört, nach jeder Wiederholung eine höhere Tonart strahlt. Gerade das letzte Buch der Madrigale zeigt eine kunstvolle Überformung der Chromatik, die die peinlich absichtsvoll wirkenden Simplizitäten (es sind nicht viele!) früherer Bücher wieder wettmacht, als hätte Gesualdo letztlich begriffen, daß Fortschreitungen in Halbtönen letztlich doch eine Sackgasse sind. Es gibt Ausdrucksmittel, die sich von den anderen dadurch unterscheiden, daß jenseits von ihnen nichts mehr ist.

6. »Damit wollten spätere Historiker einige der ausgefallenen Fortschreitungen in seinen Madrigalen erklären, und Ambros war wahrscheinlich nicht der erste, der sich mit dem Gedanken trug, die Werke des Meisters seien nicht nur Ergebnisse theoretischer Überlegungen, sondern ein Resultat der praktischen Erfahrung auf der Klaviatur ...« (Watkins)

GLENN GOULD

Gesualdos Musik oblique und mimetisch. Erlösenwollen des Vergeblichen ist das erste, das auffällt, Gelingen und Verführen in nie zuvor gesehene Räume das zweite.

Der in der *Kunst der Fuge* verwendete harmonische Stil, obgleich ungestüm chromatisch, ist eigentlich weniger zeitgenössisch als der seiner (Bachs) frühen fugalen Versuche und verrät oft, in seinen nomadischen Mäandern über die tonale Karte, eine geistige Abstammung von der ambivalenten Chromatik Cyprian de Rores oder Don Carlo Gesualdos.

(Aus: Glenn Gould, *Von Bach bis Boulez*, Kunst der Fuge, München-Zürich, 1986)

Anhang 2

Die mißglückten historischen Versuche, das „Weltseelen"-Schema „Timaios 35 a ff." zu verstehen, werden nach Platons Ausmerzung des pythagoräischen Kommas aus der „Timaios"-Scala korrigiert und damit die bisherigen Interpretationen, die an der Apotomenproblematik scheiterten, beendet. Ein Kapitel aus meinem noch nicht <u>veröffentlichten Buch über Platons Musiktheorie.</u>

Die dem Pythagoras (um 580–500 v. Chr.) zugeschriebene Intervallteilung findet sich u. a. überliefert:

Pythagoräische Intervalle in Platons „Timaios"-Skala, Literatur:
1. In den Fragmenten des Philolaos.
2. In den dem Aristoteles zugeschriebenen „Problemata musica".
3. In der Harmonielehre des Ptolemaios.

Sie setzt die drei Tongeschlechter (enharmonisch, diatonisch und chromatisch) des Platonfreundes Archytas von Tarent bereits voraus.

Die Diatonie, die durch die absolute Reinheit der Quinten und Quarten ausgezeichnet ist, taucht außerhalb der Fragmente des Philolaos auch im Platonischen Dialog „Timaios" wieder auf (Tim. 35 a ff.).

Sie ließ sich jedoch, wenn man den Anweisungen Platons folgt, nicht exakt darstellen, und so hat diese Tonleiter Platons eine Flut von Kommentaren ausgelöst. Noch Erich Frank hat in diesem Jahrhundert in ihr eine „metaphysische Konstruktion" erblicken wollen, „die mit der wirklichen griechischen Musik kaum mehr etwas gemein hat."[2]

Kommentatoren in der Antike waren u. a.: Timaios Lokris, Proklos, Plutarch, Makrobius, Ptolemaios, Vitruv.

Im Mittelalter: Boëthius, Michael Psellos.

In der Renaissance: Alberti, Gregor Reisch.

Im 19. Jahrhundert: A. Boeckh, A. J. H. Vincent, Albert Freiherr von Thimus, E. Zeller.

In der Gegenwart: A.E. Taylor, Julius Stenzel, Hans Kayser, Rudolf Haase, Gerhard Jahoda, Leo Spitzer, F. M. Cornford, Bernhard Kytzler, Erich Frank, Jacques Handschin und viele andere.

Sämtliche Darstellungen bleiben aporetisch, obwohl mitunter Lösungen geglaubt werden. Man kommt, ohne zu Zusatzhypothesen zu greifen, die man bei Platon nicht findet, nicht aus.

In meiner Ableitung der „Timaios"-Skala, die die reine Diatonie, ungestört durch Anomalien, hervorbringt, komme ich ohne solche Hypothesen und Manipulationen (Transpositionen u. dergl.) aus. Ich benutze nur den Originaltext und rehabilitiere den im Verlauf der Geschichte in Verruf gekommenen „dunklen" Text Platons.

Die pythagoräische Teilung der Oktave

Teilen sich Schwingungszahlen oder Saitenlängen in das Verhältnis 2 zu 1 oder 1 zu 2, so erklingt als Intervall beider Größen die Oktave. Dabei ist es gleichgültig, ob ich die Saitenlänge verdopple oder halbiere, ob ich nun das Verhältnis unterteilig mit $\frac{1}{2}:1$ oder oberteilig mit 2:1 nehme, die Tonabstände bleiben in beiden Fällen gleich. Bei fortgesetzter Intervallteilung empfiehlt es sich allerdings, bei einer der Meßweisen zu bleiben, und in der Regel entscheidet man sich für die überteilige.

Die Oktave (2:1) wird zunächst zweifach unterteilt. Der Tonabstand c-g oder Quinte ist das arithmetische Mittel der beiden Rahmentöne 1 und 2 innerhalb der Oktave: $\frac{(1+2)}{2} = \frac{3}{2}$ (Quinte). Denn die Quinte ist jeweils um den Betrag $\frac{1}{2}$ von 1 und 2 entfernt: $1 + \frac{1}{2} = \frac{3}{2} + \frac{1}{2} = 2$.

---
[2] Erich Frank, „Plato und die sogenannten Pythagoräer", 1923, 2. Aufl. 1962, S. 13.

Der Tonabstand c-f oder Quarte ist das reziproke arithmetische Mittel: $2 : \left(\frac{1}{a} + \frac{1}{b}\right)$ oder auch harmonisches Mittel in der Umformung $2ab : (a + b)$. Innerhalb der Töne 2 und 1 ist dieses Mittel $(2 \times 2 \times 1) : (1 + 2) = \frac{4}{3}$, also die Quart. Beim harmonischen Mittel liegen gleiche Teilungsverhältnisse vor $\left(1 : \frac{1}{3}\right) = 3; 2 : \frac{2}{3} = 3$.

Der Abstand zwischen den Tönen f und g ist ein Ganzton. Ein Ganzton bleibt übrig, wenn man vom größeren Intervallumfang der Quinte $\left(\frac{3}{2}\right)$ die kleinere Quarte $\left(\frac{4}{3}\right)$ fortnimmt. Bei der Intervallteilung geschieht dies durch Unterteilung, also durch Division: $\frac{3}{2} : \frac{4}{3} = \frac{9}{8}$.

Die Quarte setzt sich aus zwei Ganztönen und einem Rest (Halbton) zusammen, der übrig bleibt, wenn man von der Quarte eben diese beiden Ganztöne fortnimmt: $\frac{4}{3} : \left(\frac{9}{8} \times \frac{9}{8}\right) = \frac{256}{243}$. Der diatonische Aufbau der Intervallfolge c-d-e-f bildet sich aus dem Produkt zweier Ganztöne und eines Halbtones zwischen e und f: $c = 1$, $1 \times \frac{9}{8} =$ c-d, $\frac{9}{8} \times \frac{9}{8} = \frac{81}{64} =$ c-e, $\frac{81}{64} \times \frac{256}{243} = \frac{4}{3} =$ c-f.

Die Oktaveinteilung entsteht, wenn zu dieser Quarte ein weiterer Ganzton hinzugefügt wird (f × GT = g) und noch dazu eine auf die gleiche Weise eingeteilte Quarte. So also ist der Tonabstand der Oktave diatonisch eingeteilt:

Tonfolge: 1 $\frac{9}{8}$ $\frac{81}{64}$ $\frac{4}{3}$ $\frac{3}{2}$ $\frac{27}{16}$ $\frac{243}{128}$ 2
            c   d   e   f   g   a   h   c'

Verschiedene Einteilungen der Quarte ergaben schon in der Antike vier Diatoniesorten. Man findet sie bei Ptolemaios:

1. Diatonon syntonon: $\frac{10}{9} \times \frac{9}{8} \times \frac{16}{15} = \frac{4}{3}$ (Didymos, 50 n.Chr.)
2. Diatonon ditonaion: $\frac{9}{8} \times \frac{9}{8} \times \frac{256}{243} = \frac{4}{3}$ (Platon, Philolaos, Euklid, Eratosthenes)
3. Diatonon tonaion: $\frac{9}{8} \times \frac{8}{7} \times \frac{28}{27} = \frac{4}{3}$ (Archytas von Tarent)
4. Diatonon malakon: $\frac{8}{7} \times \frac{10}{9} \times \frac{21}{20} = \frac{4}{3}$ (Aristoxenos)

Die Einteilung des Didymos, ohne Zweifel schon zu Platons Zeiten bekannt, enthält zwei verschiedene Ganztöne. Diese Einteilung mit einem größeren Ganztonverhältnis von $\frac{9}{8}$ und mit einem kleineren von $\frac{10}{9}$ haben wir, nur in der Abfolge der Ganztöne vertauscht, noch heute in unserer reinen (nicht temperierten) Stimmung, z. B. im Gesang a capella. Diese schon von Didymos aufgestellte Diatonie hat die Tonfolge: $\frac{9}{8} \times \frac{10}{9} \times \frac{16}{15} = \frac{4}{3}$. Die Einteilung hat den Vorzug, die in den Natur- und Obertönen außer Oktav, Quint und Quart noch vorkommende reine Terz $\left(\frac{5}{4}\right)$ zu bilden $\left(\frac{9}{8} \times \frac{10}{9} = \frac{5}{4}\right)$. Die heute selten noch gebräuchliche pythagoräische Terz $\left(\frac{81}{64}\right)$ ist von der reinen Terz $\left(\frac{5}{4}\right)$ um das „syntonische Komma" $\left(\frac{81}{80}\right)$ entfernt $\left(\frac{81}{64} : \frac{81}{80} = \frac{5}{4}\right)$, ein Faktum, das in unseren Ausführungen noch eine wichtige Rolle spielen wird, weil die pythagoräische Intervallteilung nur mit dem Vielfachen der Grundzahlen 2 und 3 auskommt, die reine Terz $\left(\frac{5}{4}\right)$ aber als neu hinzukommende Information die Tonzahl 5 enthält.[3]

Bevor ich zur Verifikation der pythagoräischen Intervallteilung in Platons „Timaios"-Text übergehe, sind noch Halbtontypen vorzustellen. Bei der Teilung der Quarte bleibt nach Abzug der Terz $\left(\frac{81}{64}\right)$ von selbst der kleinere Halbton (Leimma) mit dem Zahlenverhältnis $\left(\frac{256}{243}\right)$ übrig.

---

[3] Neben 2, 3 und 7 taucht aber die 5 ebenfalls als Teiler in der Zahl 5040 (= 1 × 2 × 3 × 4 × 5 × 6 × 7) auf. Die Zahl 5 ist nämlich im kleineren Ganzton $\left(\frac{10}{9}\right)$ und im Halbton $\left(\frac{16}{15}\right)$ der Didymischen Diatonie enthalten. Ihrer Eigenschaft, reine Terzen zu bilden, verdanken wir die noch zu zeigende Tatsache, daß Platons kreisförmige Stadt der Magneten, geht man von ihrem Zentrum in die Peripherie, von Radiusabschnitt zu Radiusabschnitt in der regelmäßigen Tonfolge unserer Diatonie erklingt!

Ihm hinzugesellt sich noch ein größerer Halbton, der dann entsteht, wenn ich vom Ganzton (Diesis) den kleineren Halbton abtrenne $\left(\frac{9}{8} : \frac{256}{243} = \frac{2187}{2048} = \frac{273.375}{256}\right)$. Diesen vom Ganzton weggeschnittenen größeren Halbton nannten die Griechen „Apotomé" („Abgetrennter"), und der Abstand dieses größeren Halbtons zum kleineren wird auch das „pythagoräische Komma" genannt. Platon erwähnt dieses „kleinste Intervall" $\left(\frac{273.375}{256} : \frac{256}{243} = 3^{12} : 2^{19}\right)$ im „Staat" (Pol. 531 a6), und im „Timaios"-Kommentar des Proklos wird dieses Komma ausführlich behandelt (Comm, in Tim., Ausgabe A. J. Festugière, Bd. 2, S. 232 ff.).[4]

Wichtiger bleibt, um auch dies vorwegzunehmen, der größere Halbton. Er ist die Fehlerquelle in den herkömmlichen Untersuchungen der „Timaios"-Skala, denn er taucht – ohne Notwendigkeit, wie ich vor Ort zeigen werde – in Platons Zahlenreihen auf, bleibt aber innerhalb der reinen Diatonie eine Anomalie. Denn der Terz hinzugefügt, bildet er keine reine Quarte mehr $\left(\frac{81}{64} \times \frac{273.375}{256} = 3^{12} : 2^{17} = 1.3515, \textit{statt } 1.3333 = \frac{4}{3}\right)$. Diese Quarte ist um ein Komma $\left(\frac{3^{12}}{2^{19}}\right)$ größer $\left(\frac{4}{3} \times \text{Komma} = 1.3515\right)$.

Kap. I
Platons Anweisung zur diatonischen Intervallteilung (Tim. 35 a ff.) oder die Bildung der „Weltseele"

„Zwischen dem unteilbaren und immer gleich sich verhaltenden Sein und dem teilbaren, im Bereich der Körper werdenden, mischte er (der Demiurg) aus beidem eine dritte Form des Seins." (a 1-3)

Wie schon Aristoteles (De Anima A3, 10) andeutet (memerisménen ‚ten psychén' katà toùs harmonikoùs arithmoús), handelt es sich bei dem „Unteilbaren" und bei dem „Teilbaren" um harmonische Zahlenproportionen, die in der pythagoräischen Tradition als Vielfaches der Zahl 3 und 2 auftreten.

„Was aber wiederum die Natur des ‚Selben' und die des Verschiedenen angeht, so stellte er entsprechend auch bei diesen je eine dritte Gattung zusammen zwischen dem Unteilbaren von ihnen und dem in den Körpern Teilbaren. Und diese drei nahm er und vereinte alle zu e i n e r Gestalt, indem er die schlecht mischbare Natur des Verschiedenen gewaltsam mit der des ‚Selben' harmonisch zusammenfügte und sie mit dem Sein vermischte. Und als er aus Dreien eines gemacht hatte, teilte er dieses Ganze wieder in so viele Teile, als es sich geziemte, deren jeder aus dem ‚Selben', dem Verschiedenen und dem Sein gemischt war." (a3-b3)

Die Mischung besteht also aus gemischtem „Sein", gemischtem „Selben" und gemischtem „Verschiedenem". Um diese drei Sorten von Mischungen darzustellen, benutzt Platon die Produktfolge $3^0 \times 2^0$, $3^0 \times 2^1$, $3^0 \times 2^2$, 2^3, die das „Selbe" repräsentiert, sowie die Zahlenfolge $2^0 \times 3^0$, $2^0 \times 3^1$, $2^0 \times 3^2$, $2^0 \times 3^3$, die die „schwer mischbare Natur des Verschiedenen" herstellt.

Als „dritte Gattung" entstehen noch Produkte dieser Zahlen, also $2^{0 \to 3} \times 3^{0 \to 3}$, das „gemischte Sein".[5]

„Er (der Demiurg) aber begann folgendermaßen zu teilen: Zuerst entnahm er einen Teil vom Ganzen, dann den doppelten desselben, als dritten den anderthalbfachen des zweiten, aber dreifachen des ersten, als vierten den doppelten des zweiten, als fünften den dreifachen des dritten, als sechsten den achtfachen des ersten, als siebenten den siebenzwanzigfachen des ersten." (b3-c1)

---

[4] Darstellung aus dem dtv-Atlas, hier Abb. 13.

[5] Da Platon im weiteren Verlauf die Zahlen des „gemischten Sein" unerwähnt läßt, sind diese Zahlen, soweit mir bekannt, sämtlichen Auslegern dieser Stelle entgangen. Es ist aber eine recht stattliche Zahlenreihe:
$2^0 \times 3^0 = 1$; $2^1 \times 3^1 = 6$; $2^2 \times 3^1 = 12$; $2^1 \times 3^2 = 18$; $2^3 \times 3^1 = 24$; $2^2 \times 3^2 = 36$; $2^1 \times 3^3 = 54$; $2^3 \times 3^2 = 72$; $2^2 \times 3^3 = 108$; $2^3 \times 3^3 = 216$. Wer einwenden wollte, die Griechen hätten die Zahl 0 auch als Hochzahl nicht gekannt, dem gebe ich ohne weiteres recht. Man müßte dann anstelle der 2^0 oder der 3^0 die 1 setzen, was dasselbe ist, aber den Überblick über die drei Produktfolgen erschwert. Sie sind dann nur noch schwer auseinanderzuhalten. Platon gibt im „Timaios" auch die Tonzahl seiner „Einheit" nicht an. Erst seine späteren Ausleger werden sie mit der Tonzahl 384 identifizieren.

Nimmt man mit den herkömmlichen Auslegern an, das „Ganze" sei 1 (= 2^0 x 3^0), so ergibt sich die oben erwähnte Zahlenreihe: I. (1), II. (2), III. (3), IV. (4), V. (9), VI. (8), VII. (27). Diese Reihe von 7 Zahlen (Heptatys) hat laut Plutarch der Mathematiker Theodoros in eine „einzige Reihe" (Plutarch, De animae procreatione in Timaeos 1027, D 1), Crantor aber in eine winkelförmige Anordnung ähnlich dem Buchstaben Lambda gebracht, obwohl, wie Proklos richtig bemerkt, bei Platon von dieser Vorschrift nichts zu finden ist (Proklos, Comm. in Tim., a.a.O., S. 220). Sie kann jedoch aus der Vertauschung der 8 und 9 erschlossen werden, denn es stehen sich im Lambda – oder im „Lambdoma", wie man die Zahlenfolge benannt hat – links und rechts jeweils die Potenzen von 2 und 3 in aufsteigender Folge gegenüber (vgl. Abb. 1).

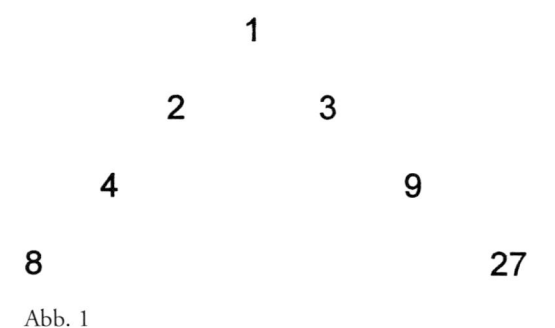

```
            1

        2       3

      4            9

   8                  27
```

Abb. 1

Nach vielen Diskussionen hat man nahezu einhellig diese Tonreihe (1–27) als abwärts gerichtet interpretiert. Sie besitzt den ungewöhnlich großen Tonumfang von vier Oktaven und einer großen Sext (1 x 2 x 2 x 2 x 2 = 16 ; 16 x $\frac{3}{2}$ = 24 ; 24 x $\frac{9}{8}$ = 27; vier Oktaven mal Quint mal Ganzton ergeben also den Intervallabstand 1 bis 27). Da bei der Intervallteilung nicht absolute Tonhöhen gefragt sind, sondern es bei ihrer Darstellung auf die durchgehende Stimmigkeit relativer Verhältnisse ankommt, kann ich der Zahl 1, die sicherlich ein sehr hoher Ton ist, das dreigestrichene e''' zu definieren.[6] Ich erhalte dann die Tonfolge 1 = e''', 2 = e'', 3 = a', 4 = e', 9 = d, 8 = e, 27 = G.

„Darauf füllte er" – so fährt Platon fort – *„die zweifachen und dreifachen Abstände dadurch aus, daß er noch mehr Teile von dort abschnitt und sie zwischen dieselben stellte, so daß sich zwischen jedem Abstand zwei Mittelglieder befanden." (36 a1-3)*

Es folgt die Darstellung der Mittleren, zuerst das harmonische Mittel, dann das arithmetische:

„Das eine, das um den gleichen Bruchteil der Außenglieder sie selber übertrifft und von ihnen übertroffen wird, das andere dagegen, das um den gleichen zahlenmäßigen Betrag das eine übertraf und von dem anderen übertroffen wird." (a3-7)

---

[6] Vgl. Bernhard Kytzler: „Die Weltseele und der Musikalische Raum", in: „Hermes", Zs. f. klass. Philologie, Bd. 87, 1959, S. 398.

Nach dieser Anweisung ergibt sich den Kommentatoren folgende Auffüllung des Lambda (Vgl. Abb. 2).

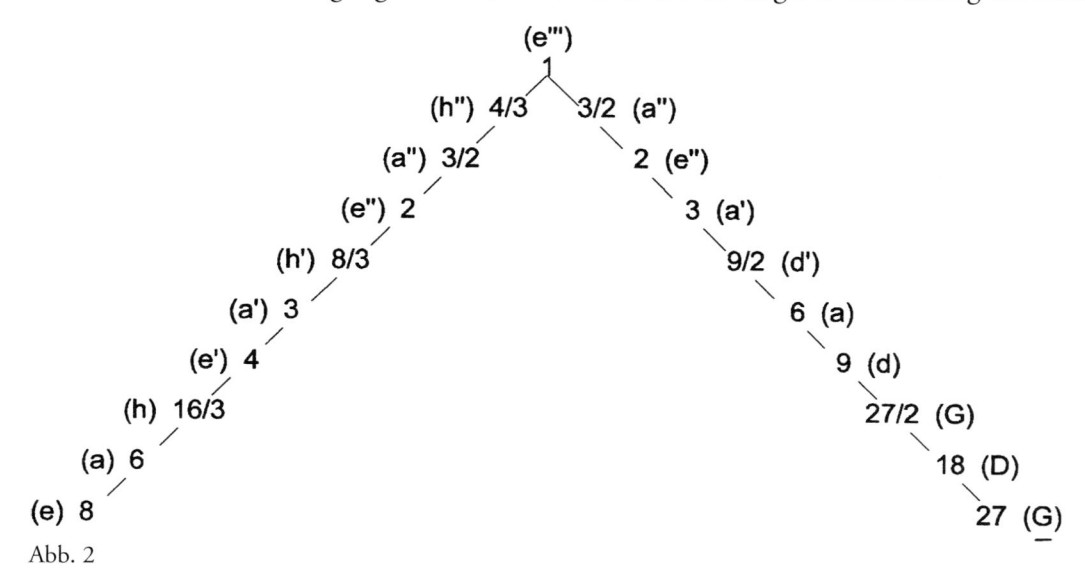

```
                                (e''')
                                  1
                      (h") 4/3       3/2 (a")
                  (a") 3/2               2 (e")
              (e") 2                         3 (a')
          (h') 8/3                              9/2 (d')
       (a') 3                                      6 (a)
     (e') 4                                          9 (d)
    (h) 16/3                                          27/2 (G)
  (a) 6                                                 18 (D)
(e) 8                                                     27 (G̲)
```
Abb. 2

Tonabstände

In beiden Reihen tauchen einige Töne doppelt auf. Setzt man diese nur einfach ein, so erhält man die Reihe:

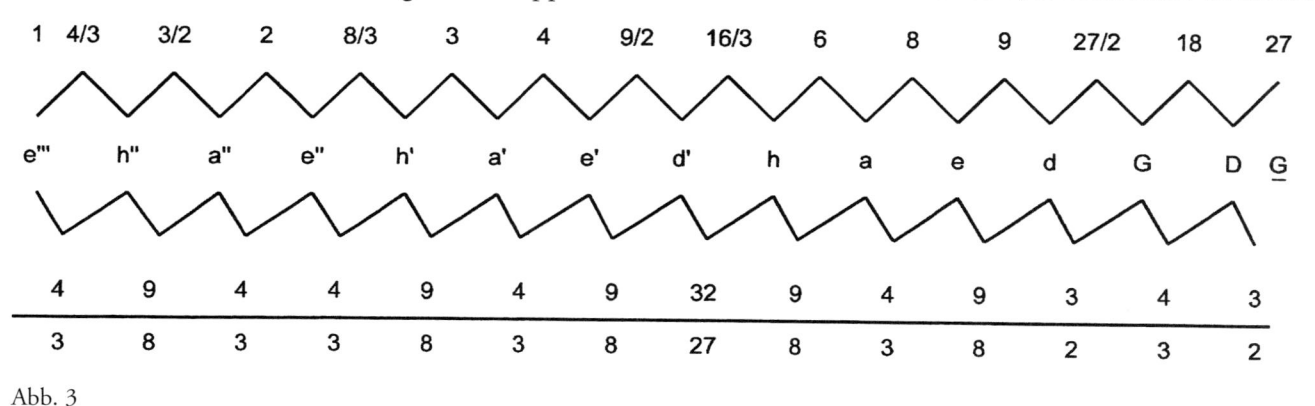

1	4/3	3/2	2	8/3	3	4	9/2	16/3	6	8	9	27/2	18	27
e'''	h"	a"	e"	h'	a'	e'	d'	h	a	e	d	G	D	G̲

| 4/3 | 9/8 | 4/3 | 4/3 | 9/8 | 4/3 | 9/8 | 32/27 | 9/8 | 4/3 | 9/8 | 3/2 | 4/3 | 3/2 |

Abb. 3

Mit der Fortlassung der Dubletten beginnt man bereits, den Platontext beliebig auszulegen. Taylor begründet dies mit dem lapidaren Satz „for convenience's sake".[7] Kytzler hält diesen Satz mit Recht für „verräterisch", denn er zeigt die Ratlosigkeit der konventionellen Auslegung gegenüber den jetzt auftauchenden Problemen.[8] Bei Platon gibt es weder den Hinweis auf Dubletten noch die Anweisung, sie aus der Reihe der Klänge zu entfernen. Es kommt aber noch schlimmer!

Platon sagt, daß nach der Auffüllung der zwei- und dreifachen Abstände durch das harmonische und arithmetische Mittel Quinten, Quarten und Ganztonabstände entstanden sind. Aber in der Mitte taucht noch ein weiteres Intervall auf, von dem Platon nicht spricht, der Tonabstand d'-h, eine kleine Terz $\left(\frac{32}{27}\right)$, die sich aus einem Ganzton- und einem Halbtonabstand zusammensetzt $\left(\frac{9}{8} \times \frac{256}{243} = \frac{32}{27}\right)$. Was ist nun mit ihr zu machen? Die Kommentatoren entscheiden sich zumeist, die Anomalie liegenzulassen und zum nächsten Schritt überzugehen.

---

[7] A. E. Taylor: A Commentary of Plato's Timaeus, 1928, S. 136 ff., hier S. 138.

[8] B. Kytzler, a.a.O. S. 400.

„Nachdem nun durch diese Verknüpfungen anderthalb-, vierdrittel- und neunachtelmalige Abstände zwischen den ersten Abständen entstanden waren, füllte er mit dem neunachtelmaligen Abstande alle vierdrittelligen aus, indem er von jedem derselben einen Teil zurückließ. Und dieser übriggelassene Teil hatte seine Grenzen in dem zahlenmäßigen Verhältnis von 256 zu 243. So war also die Mischung, von der er diese Teile abschnitt, bereits ganz verwendet." (a8-36 b2)

Sinn dieser abschließenden Prozedur ist die noch verbleibende Einteilung der Quarten in jeweils zwei einander gleiche Ganztöne und den Halbton, um die Diatonie herzustellen $\left(\frac{9}{8} \times \frac{9}{8} \times \frac{256}{243} = \frac{4}{3}\right)$. Denn an der Absicht des Demiurgen, die archaische, nur aus den Tonzahlen 2 und 3 gebildete pythagoräische Diatonie herzustellen, kann nach dieser Vorschrift überhaupt kein Zweifel sein.

Unter der Hand ist ein neues Problem aufgetaucht. Die rechte Klangreihe enthält nicht nur Quarten, sondern auch Quinten $\left(9 \times \frac{3}{2} = \frac{27}{2}; 18 \times \frac{3}{2} = 27\right)$! Was soll nun mit diesen Quinten geschehen? Platon spricht nur von der Aufteilung der Quarten! Genauer gesagt: „aller Quarten" (36 b1), worauf noch zurückzukommen sein wird. Die Ausleger, mit Proklos und Plutarch („De animae procreatione", S. 19 ff.) an ihrer Spitze entscheiden sich zumeist, die Quinten in Quarten zu verwandeln, wodurch Ganztöne freigesetzt werden, die das diatonische Gefüge insofern verändern, indem sich ab der dritten Oktave der erste zusätzliche Ganzton in eine Quarte drängt (s. Harmonische Zahlenreihe des Proklos, Diagramm Abb. 7).

J. Handschin[9] berichtet in einem vorzüglichen Überblick über die Interpretationsgeschichte der „Timaios"-Stelle, wie weitere Ausleger auf noch andere Weise den Tonraum zwischen 8 und 27 zu unterteilen suchten und dabei mehrere Möglichkeiten präsentierten, von denen bei Platon ebenfalls nicht die Rede ist. Prinzipiell ist festzuhalten: Daß eine fehlende Anweisung dazu zwingt, den Tonraum willkürlich zu unterteilen, wirft spätestens an dieser Stelle die Frage auf, ob nicht das Ableitungsschema, dem die Kommentatoren folgen (oder glauben folgen zu müssen), ein anderes ist, als das, was Platon vorschwebte und das im Gebrauch der Akademie geläufig war, das jedoch offenbar so geheim gehalten wurde, daß es schon dem ersten Ausleger dieser Stelle, Timaios Lokris, nicht gegenwärtig war.

Läßt man nun die Quinten unausgefüllt stehen – was ebenfalls unschön ist, weil es die Abfolge der Diatonie durch Quintsprünge unterbricht – und teilt in der zusammengezogenen Reihe nur die Quarten in jeweils zwei Ganztöne mit dem kleinen Halbton als Rest, so erhält man folgendes Schema:

$$1 \quad \frac{9}{8} \overset{a''}{\frac{81}{64}} \left(\frac{256}{243}\right) \frac{4}{3} \overset{g''}{\frac{9}{8}} \overset{f''}{\frac{3}{2}} \frac{27}{16} \frac{243}{128} \left(\frac{256}{243}\right) 2 \quad \frac{18}{8} \overset{e''}{\frac{162}{64}} \left(\frac{512}{486}\right) \frac{8}{3} \quad 3 \quad \overset{a'}{\frac{27}{8}} \overset{g' \; f'}{\frac{243}{64}}$$

$$\left(\frac{256}{243}\right) \; 4 \quad \overset{e'}{\frac{9}{2}} \frac{16}{3} \quad 6 \quad \frac{54}{8} \frac{486}{64} \left(\frac{512}{486}\right) \; 8 \quad 9 \quad \overset{d}{\frac{27}{2}} \overset{G}{\frac{243}{16}} \overset{F \downarrow \; ES}{\frac{2187}{128}} \left(\frac{256}{243}\right) 18 \quad \overset{E}{27}$$
$$ \uparrow$$

Abb. 4

Der Tonabstand $\frac{243}{16}$ zu $\frac{2187}{128}$ ist F–ES anstelle von F–E, wie die darüber geschichteten Quarten a″–e″ und a′–e′ zwingend fordern. Er ist damit Anomalie. Um der Störung in der Diatonie zu entgehen, hat man dann versucht, die Zweierreihe (2^n) und die Dreierreihe (3^n) getrennt zu unterteilen. Damit hatte man nur in der Zweierreihe Erfolg.

---

[9] J. Handschin, „The Timaeus Scale", Musica Disziplina 4, 1950, S. 3 ff.

In der Dreierreihe traten gleich zwei Anomalien auf:

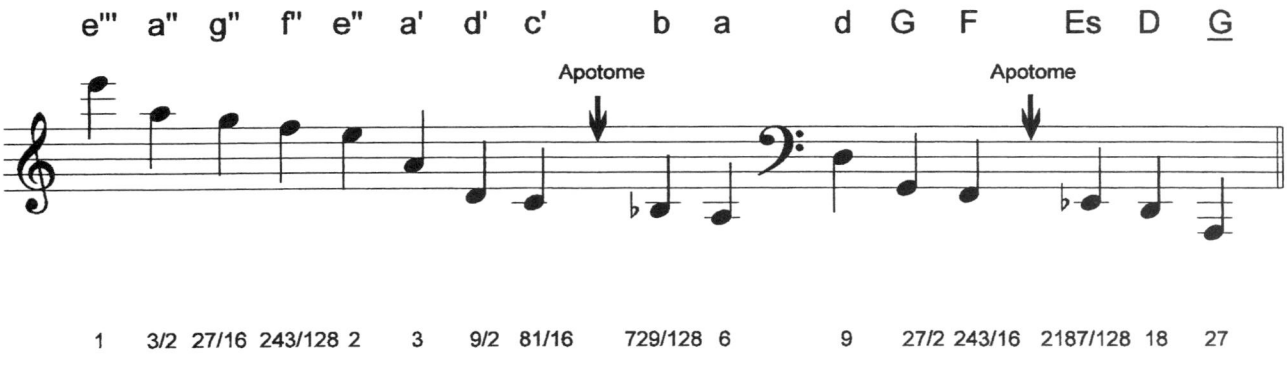

Abb. 5

Die Tonabstände $\frac{81}{16}$ zu $\frac{729}{128}$ (C–B) und $\frac{243}{16}$ zu $\frac{2187}{128}$ (F–ES) müßten C–H und F–E sein und sind daher Anomalien. Denn wenn man die Schichtung der Quarten betrachtet, so tritt in der Zweierreihe (2^n) die Quarte $4 : \frac{16}{3}$ auf. Eine entsprechende Quarte findet sich auch in der Dreierreihe (3^n). Diese Quarte $\left(\frac{9}{2} : 6\right)$ ist jedoch vom Ausgangston 4 der ersten Quarte um einen Ganzton verschoben $\left(4 \times \frac{9}{8} = \frac{9}{2}\right)$. Füllt man nun die Quarten mit Ganztönen und mit dem von Platon angegebenen Rest des Halbtons $\frac{256}{243}$ aus, so erhalten wir die Tonfolgen e′–d′–c′–h′ und d′–c′–b–a bzw. die Zahlenfolgen $4-\frac{9}{2}-\frac{81}{16}-\frac{16}{3}$ und $\frac{9}{2}-\frac{81}{16}-\frac{729}{128}-6$.

Beide Quarten haben die Töne d′ wie c′ gemeinsam, es folgt jedoch in der ersten ein h und in der zweiten ein b. Durch die obengenannte Verschiebung differiert also $\frac{16}{3}$ mit $\frac{729}{128}$, während die Töne $\frac{9}{2}$ und $\frac{81}{16}$ in beiden Quarten vorkommen. Die Differenz dieses b und h ist $\frac{729}{128} : \frac{16}{3} = \frac{2187}{2048}$ oder $\frac{273.375}{256}$. Dieses Tonverhältnis ist nun die „Apotome", der größere Halbton des aus zwei ungleich großen Halbtönen zusammengesetzten Ganztons. Die Griechen nannten den größeren Halbton deshalb „Abgeschnittener", weil er übrigbleibt, wenn man vom Ganzton (Diesis) den kleineren Halbton (Leimma) fortnimmt $\left(\frac{9}{8} : \frac{256}{243} = \frac{2187}{2048} \text{ oder } \frac{273.375}{256}\right)$. Die Apotome ist keinesfalls von Platon ins System aufgenommen, da er ausdrücklich sagt, daß „dieser übriggelassene Abstand des Teiles … seine Grenzen in dem zahlenmäßigen Verhältnis von 256 zu 243 (hatte). So war also die Mischung, von der Demiurg diese Teile abschnitt, bereits ganz verwendet" (36 b3). Der sachliche Grund dafür dürfte darin liegen, daß zwei Ganztöne, mit einem anderen Halbton als dem Leimma verbunden, die Harmonie der „Weltseele" stören, denn mit der Aufnahme der Apotomen entstehen im System unreine Quarten $\left(\frac{9}{8} \times \frac{9}{8} \times \frac{2187}{2048} = \frac{3^{11}}{2^{17}} = 1.351524, \text{ statt } \frac{4}{3} = 1.\overline{3}\right)$ bzw., wie hier, eine Anomalie bei der Teilung einer Quarte:

```
  d'        c'        h         b         a
9/2  —  81/16  —  16/3  —  729/128  —  6
  ↑         ↑         ↑         ↑
 9/8    256/243  273.375/256  256/243
```
Abb. 6

Bei den Auslegern stellt sich jetzt die Frage, ob die Apotome aufzunehmen ist, oder ob man einfach in der Dreierreihe das entstandene b in ein h korrigieren soll. Das gleiche Problem stellt sich noch einmal bei der Auffüllung der Quarte G–D $\left(\frac{27}{2} : 18\right)$ mit den Tönen $\frac{27}{2} - \frac{243}{16} - \frac{2187}{128} - 18$. Sie hat die Tonfolge G–F–ES–D. Auch hier müßte aufgrund der bisherigen Quartenschichtung ein E (16) anstelle des ES $\left(\frac{2187}{128}\right)$ auftauchen. Der Abstand von ES nach E beträgt wiederum $\frac{2187}{128} : 16 = \frac{273.375}{256}$; das ist der Abstand der Apotome! Auch hier neigt man dazu, das ES in ein E zu transponieren. Schon Proklos[10] hadert mit „Timaios dem Pythagoräer" (gemeint ist Timaios Lokros) über diese Frage und befürwortet ausdrücklich den Ausschluß der Apotomen:

---
[10] Proklos, Comm. in Tim. Ausg. A. J. Festugière, Bd. 2, S. 236.

„Begierig, in der Tonleiter nicht nur das Verhältnis des Leimma, sondern auch das der Apotome zu haben, deckte man die Existenz der Apotomen an zwei Stellen auf, in den Grundzahlen und in der Folge der Dreifachen, mit Ausnahme der Zweierreihe, und, indem man eine Zahl in jeder der zwei Reihen einfügte, hat man auch die Apotome in die Tonleiter eingeführt. Nun hat aber Platon nirgendwo die Apotome erwähnt, und das ist der Grund dafür, daß wir uns mit dem Leimma begnügen, wir haben unsere Leiter auf Zahlen beschränkt, die wir jetzt darlegen wollen. Wie sollte auch ein Platz für die Apotome da sein, nachdem beschlossen war, das diatonische Tongeschlecht zu wählen? In diesem ist der Ton nicht unterteilt, gemäß der Tatsache, daß die Geburt der Apotome genau dort stattfindet, wo der Ton unterteilt ist. Der Ton ist in der Tat das Produkt des Leimmas mit der Apotome. Der Tatsache Rechnung tragend, daß Platon die Apotome nicht erwähnt und daß ihr Tonabstand sich nicht in das diatonische Tongeschlecht einfügen läßt, wäre es doch lächerlich für uns, andere Töne in unsere Tonleiter einzufügen zu versuchen, mit dem einzigen Ziel, auch über die Apotome zu verfügen …"

Obwohl Proklos die Problematik der Apotomen kennt, vermag er sie offenbar nicht zu durchschauen. Er hat, wie wir gleich sehen werden, selbst drei Apotomen in seiner Reihe, zwei, die er nicht bemerkt, und eine, die er hinwegzumanipulieren sucht. Für den Tonraum 1–27 gibt Tim. Lokros 36 Tonzahlen an[11], Proklos beharrt auf 34, wobei gesagt werden muß, daß die Ordnungszahl – sie ist 34 – unerheblich ist, weil die Anzahl der Töne in regelmäßiger Diatonie von 1–27 einfach und ohne Platons Anweisung zu Hilfe zu nehmen, ausgerechnet werden kann, sobald man ein Vielfaches der Einheit 1 findet, das am Anfang der Reihe steht und sie selbst ungestört durch Brüche und Apotomen entwickeln kann.

Man hat in der Antike schon sehr früh Brüche zu vermeiden gesucht und bei Tonleiterberechnungen stets Vielfache (πολλαπλασιοι) – Platon nennt es im Timaios das „gemischte Sein", z. B. 1 x 2 x 3 = 6 – und überteilige (επιμοριοι) Verhältnisse nach dem Schema $\frac{n+1}{n}$, z. B. 2:1, 3:2 usw., bevorzugt.[12] Multipliziert man also sämtliche Brüche, die sich nach Platons Anweisung (Tim. 35 b2 ff.) ergeben, mit ihrem gemeinsamen Nenner, so ergibt sich für die Einheit 1 ihr Vielfaches 384. Wir haben es nun nicht mehr mit dem Tonraum 1–27, sondern mit dem um die Zahl 384 transponierten Tonraum 384–10 368 zu tun. Solange bei der Multiplikation der beiden Intervallglieder die Proportion erhalten bleibt, ist jedes Vielfache legitim, denn es ist ja nur in der Quantität auftretender Zahlen, nicht aber in der Qualität der Tonbeziehung verschieden. Das gleiche gilt für eine Division der Klangglieder durch gleiche Zahlen. So ist z. B. die Quinte $\frac{3}{2}$ völlig gleichwertig durch die Proportion $\frac{1152}{768}$ dargestellt, und die Quinte bleibt erhalten, wenn ich auch hier Zähler und Nenner durch eine beliebige Zahl teile, z. B. durch 9, so erhalte ich $\frac{128}{85.3} = \frac{3}{2}$.

Das platonische Zahlenmaterial, mit 384 multipliziert, finden wir schon bei Tim. Lokros im Kommentar zu Tim. 35 b5: „Er nahm den ersten Teil ab, der auf 384 anzusetzen ist" (96 B). Krantor und Eudor benutzten die gleiche Zahl, wie Plutarch (de an. procr. 1020 c) bezeugt. Dem folgt auch Proklos, und er spricht ungeniert und offenbar zu Recht von „Platons Zahlen"[13]. Für Kenner erübrigt sich der Hinweis, daß dieses harmonische Zahlenmaterial mit der Einheit 384 an der Spitze seit Krantors Kommentar durch die gesamte griechische und römische Literatur geht, im Mittelalter bei Boëthius und noch weit über Kepler hinaus zu finden ist. Hat man nun den Ausgangswert 384 im diatonischen System, so läßt sich feststellen, wann die erste Quarte und wann die erste Oktave vollständig in ganzzahlige Vielfache unterteilt werden kann. Plutarch in der erwähnten Schrift wie auch Proklos[14] weisen daraufhin, daß die erste Quarte ab 192 möglich ist (192, 216, 243, 256). Zur Oktave sich zu erweitern und dabei ganzzahlig zu bleiben, ist der Quarte auf dieser Stufe noch nicht möglich, dem steht der Bruch $\frac{768}{2}$ entgegen (192, 216, 243, 256, 288, 324, 364.5, 384). Den Bruch schafft man durch Verdoppelung hinweg, und so steht in der nächsten Oktave die Zahl 384 als Einheit der ersten vollständig

---

[11] 96 B, s. Lemma „Timaios Lokros" in: Pauly-Wissow, „Reallexikon der Antike", S. 1204–1226.

[12] Vgl. u. a. Euklid, Sect. Canonis; Ptolemaios, 1. Buch der Harmonielehre.

[13] a. a. O. S. 235.

[14] a. a. O. S. 223.

gradzahlig aufgefüllten Oktave sowie sämtlicher weiterer, die sich durch Verdoppelung bis ins Unendliche rechnen lassen. Zumeist beschränkt man sich auf den Tonraum 1–27 bzw. 384–10 368. In ihm füllen sich vier Oktaven zusätzlich einer Quinte und eines Ganztons, auf $\left(384 \times 2^4 \times \frac{3}{2} \times \frac{9}{8} = 10\,368\right)$.

Da mit dem Ausgangston 384 und der Ganzzahligkeit zwei Bedingungen erfüllt sind, um die reine und ungestörte Diatonie in Oktavierungen der Reihe 384, 432, 486, 512, 576, 648, 729, 768 herzustellen, erlaubt jetzt das Fehlen der Brüche eine bessere Übersicht. Auch kann man die Apotomen aufspüren, die, folgt man Platons Anweisungen nach herkömmlicher Manier, an vier Stellen der Reihe auftauchen. Zu diesem Zweck gebe ich einen Überblick (Abb. 7) über fünf ausgewählte Zahlenreihen von Handschin[15], Taylor und Moutsopoulos[16], Proklos[17] und Zeller[18]. Taylors korrekte Reihe sowie die von Moutsopoulos sind freilich errechnet – die bei Handschin/Tim. Lokros, Proklos und Zeller erwähnten Reihen sind nach Platons Anweisung aufgestellt. In ihnen tauchen auf ziemlich gleicher Höhe Apotomen als Störungen der Diatonie auf. Sie sind hier durch Kursivschrift *(A)* gekennzeichnet. In der zweiten Oktave, zwischen Terz (1944) und Quinte (2304), tritt die erste Apotome $\left(\frac{2187}{384}\right)$ auf. Man erinnere sich, es war dies der Abstand zwischen h und b (vgl. Abb. 6). Denn $\frac{2187}{384} = \frac{729}{128}$; $\frac{2048}{384} = \frac{16}{3}$, also ist $\frac{2187}{2048} = \frac{729}{128} : \frac{16}{3} = \frac{273.375}{256}$ eine Apotome (vgl. Abb. 6).

---

[15] Jacques Handschin, „The Timaeus Scale", in: „Musica disciplina" 4/1950, S. 25; die Reihe einschließlich der Apotome *6561/6144*, die, vgl. S. 27, „in ancient times" bei Tim. Lokr. vorlag.

[16] Evanghelos Moutsopoulos, „La musique dans l'oeuvre de Platon", Paris 1959, S. 371; Tayior, a. a. O. S. 143.

[17] a. a. O. S. 234.

[18] Eduard Zeller, „Die Philosophie der Griechen in ihrer geschichtlichen Entwicklung", 2. Teil, 1. Abteilung, S. 778.

Handschin / Tim. Lokros		Taylor / Moutso- poulos	Ordnungszahlen	Proklos	Zeller
— 1 —					
384		384	1.	384	384
432		432	2.	432	432
486		486	3.	486	486
512		512	4.	512	512
576		576	5.	576	576
648		648	6.	648	648
729		729	7.	729	729
— 2 —					
768	1. Oktave	768	8.	768	768
864		864	9.	864	864
972		972	10.	972	972
1024		1024	11.	1024	1024
— 3 —					
1152		1152	12.	1152	1152
1296		1296	13.	1296	1296
1458		1458	14.	1458	1458
— 4 —					
1536	2. Oktave	1536	15.	1536	1536
1728		1728	16.	1728	1728
1944		1944	17.	1944	1944
2048		2048	18.	2187 (A)	2048
2187 = 1 x 2187 (A)		•		2048	2187 (A)
2304		2304	19.	2304	2304
2592		2592	20.	2592	2592
2916		2916	21.	2916	2916
— 8 —					
3072	3. Oktave	3072	22.	3072	3072
3456		3456	23.	3456	3456
3888		3888	24.	3888	3888
4374 = 2 x 2187 (A)		4096	25.	4374 (A) 4096*	4374 (A)
4608		4608	26.	4608	4608
5184		5184	27.	5184	5184
5832		5832	28.	5832	5832
6144	4. Oktave	6144	29.	6144	•
6561 = 3 x 2187 (A)		•		•	6561 (A)
— 9 —					
6912		6912	30.	6912	6912
7776		7776	31.	7776	7776
8748 = 4 x 2187 (A)		8192	32.	8748 (A)	8748 (A)
9216		9216	33.	9216	9216
— 27 —					
10368	36.	10368	34.	10368	34.	10368	34.
* 114695		105113		105947	← Reihensummen

Abb. 7

* Proklos erwähnt *4374*, zählt aber auf der Basis 4096 weiter. Ebenso vermehrt er 1944 um einen Ganzton auf *2187*, um dann auf der Basis 1944 (und nicht, wie angegeben, auf der Basis *2187*) das Leimma anzufügen (2048). Ähnlich manipuliert ist die Tonreihe des Severus, die Proklos anschließend, S. 238, zitiert. Hier wird ein systemfremder Ton 6776 zwischen 6912 und *8748* eingeschoben, der wie ein Druckfehler wirkt. Jedoch rechnet er auch hier auf der Basis 7776 weiter. Die verschiedenen Summen der Reihen klärt Taylor a. a. O. S. 142–144.

Es sei an dieser Stelle ausdrücklich wiederholt, daß der größere Halbton $\left(\frac{2187}{2048}\right)$, der in dem Überblick über die Tonreihen Handschins, Proklos' und Zellers gleich viermal auftaucht, wegen seiner Diatoniefremde von Platon nicht beabsichtigt ist. „Und dieser (von der Quarte, FWK) übriggelassene Abstand hatte seine Grenzen in dem zahlenmäßigen Verhältnis $\frac{256}{243}$. So war also die Mischung, von der er diese Teile abschnitt, ganz verwendet" (36 b2). Das bedeutet: Der Demiurg hatte in seinem Mischkrug kein Material mehr, aus dem er diese Apotomen hätte formen können.

Hier wäre nun der Ort gekommen, die Untersuchung der schwierigen „Timaios"-Stelle abzubrechen und Erich Frank recht zu geben, der in seinem Buch „Platon und die sogenannten Pythagoräer", S. 167 u. ö. sagt: „Diese Tonleiter ist aber eine metaphysische Konstruktion, die mit wirklicher griechischer Musik nichts zu tun hat und mit bewußter Absicht ihre Töne und Konsonanzen außer acht läßt." Und in der Tat stoßen wir auf den Widerspruch, daß die Apotomen einerseits – wie wir noch weiter unten begründen werden – im System entstehen müssen, weil Oktaven und Dodezimenfolgen sich nicht schließen und durch das pythagoräische Komma – die Differenz zwischen dem größeren und kleineren Halbton – differieren, so daß also Apotomen auftreten müssen, z. B. der Unterschied zwischen einem b und ais entstehen wird, andererseits sieht Platon die Apotomen nicht vor. Auch dies wäre ein Grund, über der Timaios-Stelle zu verzweifeln und, wie es nicht wenige Ausleger getan haben, die Untersuchung einzustellen, wenn man die Aufmerksamkeit zuvor nicht noch einen Augenblick auf die Reihung der Apotomen wendete.

Sie folgen einander nämlich wie 1:2:3:4, wenn man ihre Zähler betrachtet, denn nur diese sind diatoniefremd[19], bilden also selbst den Anfang eines Platonischen Lambdoma, nur statt mit der Einheit 1 mit der Vielheit (πολλαπλασια) der Zahl 2187 = 3^7 an der Spitze:

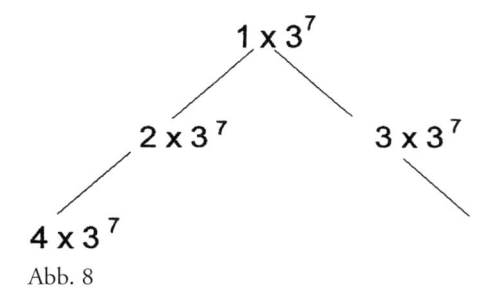

$$1 \times 3^7$$
$$2 \times 3^7 \quad 3 \times 3^7$$
$$4 \times 3^7$$

Abb. 8

Rechnet man nun die Dreierreihe (3^n) ab 27 um vier Dodezimen fort, so stößt man bei 2187 auf den Ort, wo die vier Apotomen in Form eines Lambdomas zusammengerückt auftauchen. Unmittelbar an die Bemerkung anschließend, daß mit dem Verhältnis $\frac{256}{243}$ die Quarte „begrenzt" und die „Mischung … bereits ganz verwendet" sei, um etwa auch noch andere Verhältnisse wie die Apotome aufzunehmen, gibt Platon selbst den entscheidenden Hinweis, an welcher Stelle „dieses gesamte Gefüge der Länge nach" zu „spalten" sei, um – was er freilich nicht sagt, sondern 36 b1 vollzieht – die Apotomen abzutrennen (s. Abb. 9).

Auf das weitere Vorgehen des Demiurgen, daß er nun das tiefer liegende und abgespaltene Teil des Systems aus seiner Südnordrichtung umdreht und mit der Spitze gen Süden auf die 1 legt, um auf diese Weise ein umgedrehtes, aber sehr korrektes Chi (⤫) entstehen zu lassen, müßte bei der Untersuchung der astronomischen Bedeutung der Stelle eingegangen werden. Von den beiden Spaltprodukten des Systems heißt es im Text: „legte er beide in ihrer Mitte in der Gestalt eines Chi aufeinander" (36 b2). Der kreuzförmige griechische Buchstabe besteht in der Tat nicht nur aus zwei Geraden, sondern eine davon ist S-schlagförmig. Ihr Pol in der Krümmung von SO nach SW bestimmt hier der Ton 729 (Chi ⤫ 729). Eine astronomische Untersuchung macht hier die Einführung der Himmelsrichtungen notwendig, denn es ist der Richtungsverlauf des in Rotation versetzten Systems zu bestimmen, die Umschwünge der Seele (36 d3) und die sechsfache Spaltung der Dreierreihe in „sieben ungleiche Kreise" (36 d1). Da Platon Geozentrist ist, sind allerdings weitere astronomische Untersuchungen müßig.

---

[19] Die Nenner der Apotome 256 oder 2048 sind Teil der Diatonie.

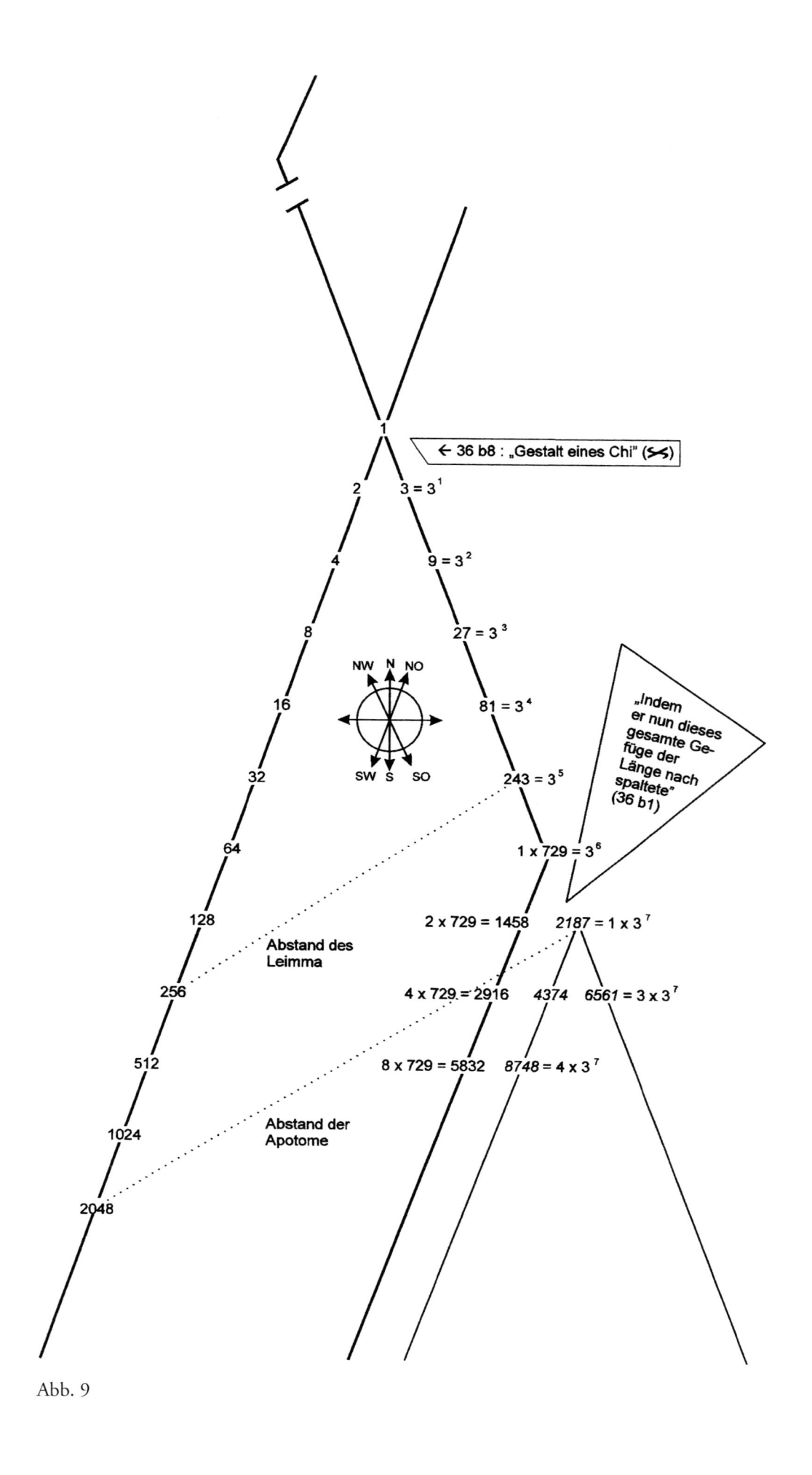

1
2   3 = 3^1
4   9 = 3^2
8   27 = 3^3
16   81 = 3^4
32   243 = 3^5
64   1 x 729 = 3^6
128   2 x 729 = 1458   2187 = 1 x 3^7
256   4 x 729 = 2916   4374   6561 = 3 x 3^7
512   8 x 729 = 5832   8748 = 4 x 3^7
1024
2048

← 36 b8 : „Gestalt eines Chi" (✂)

„Indem er nun dieses gesamte Gefüge der Länge nach spaltete" (36 b1)

Abstand des Leimma

Abstand der Apotome

Abb. 9

Wichtig ist zunächst, sich die Konsequenz der Spaltung vor Augen zu führen. Die ab 729 südwestlich sich fortsetzende Reihe ist keine reine Reihe von Dreierpotenzen mehr, sondern sie enthält, parallel zur Zweierreihe und zum abgespaltenen Gegenüber der Apotomenzähler, gemischtes Sein, das sich nun ab 729 in Oktaven fortsetzt (1 x 729; 2 x 729 = 1458; 4 x 729 = 2916; 8 x 729 = 5832). Die Spaltungsfüge ist gleichbleibend der Abstand einer Quinte $\left(1458 \times \frac{3}{2} = \mathit{2187}\right)$.

Das Systembild ist nun kein sich öffnender Winkel mehr, sondern ab 729 ein oben zugespitztes Band von 6 Quinten gleichbleibend breit. Das ist notwendig, da eine progressive Verbreiterung, wie sie beim unabgeteilten Winkel auftritt, ab 729 Apotomenabstände produziert. Diese Brüche bilden sich aus den Zählern innerhalb des abgespaltenen Winkels und aus Nennern innerhalb des Bandes, das freilich hier noch unausgefüllt vorliegt und auf eine bald zu zeigende Weise in harmonische Abstände eingeteilt wird. Die Bildung der Apotomen ist also durch die Abspaltung einerseits und durch ihre Folge, durch die gleichbleibende Breite des Bandes andererseits, ausgeschlossen. Aus dieser Beschränkung auf die „Grenzen in dem zahlenmäßigen Verhältnis $\left(\frac{256}{243}\right)$ (35 b3) folgt komplementär, daß die gesamte im System zugelassene Zahlenmenge zwar kleiner, aber nicht größer sein darf als das Produkt der von Platon angegebenen Teile (256 x 243 = 62208). Weiterhin dürfte aufgrund der gespaltenen Systeme und des Wiederauftretens von gemischtem Sein[20] ab 729 in südwestlicher Richtung allmählich klarwerden, daß bei der Aufteilung des Zahlenspektrums nicht, wie bei der herkömmlichen Auslegung der Fall, die Intervalle innerhalb der Zweier- und Dreierreihe gestellt werden müssen, sondern, wie der Text eigentlich auch vorschreibt, „zwischen dieselben" (36 a2). Quinte und Quarte sollen also nicht zwischen 1 und 2 gestellt und zu der Folge 1, $\frac{4}{3}$, $\frac{3}{2}$, 2 aufgereiht werden, um auf diese Weise die Reihen 1, 2, 4, 8 und 1, 3, 9, 27 aufzufüllen, sondern die Proportionen sollen zwischen den Reihen auftreten, zwischen 2 und 3, zwischen 4 und 9, zwischen 8 und 27, aber auch zwischen 3 und 4, zwischen 9 und 8. Wie aber ist das möglich?

Auch hierfür gibt Platon selbst kurz zuvor (Tim. 31 c3 und 35 a7) gleich zwei entscheidende Hinweise: „Das schönste aller Bänder ist aber das, welches sich selbst und das Verbundene, soweit möglich, zu einem macht." Mit dem „δεσμος καλλιοτος"[21] ist die viergliedrige Proportion $a^3:ab^2:a^2b:b^3$ gemeint, mit der es dem Demiurgen gelingt, aus Dreien – dem Verschiedenen, dem Selben und der Mischung aus beidem – eines zu machen. Man darf sicher sein, daß das in der Akademie verwendete Schema, in dem die Weltseele als „bewegte Zahl" (Xenokrates) sichtbar und in den Tönen der dorischen Tonleiter hörbar wird, ein Dreieck war, das der altpythagoräischen Tektraktys glich.

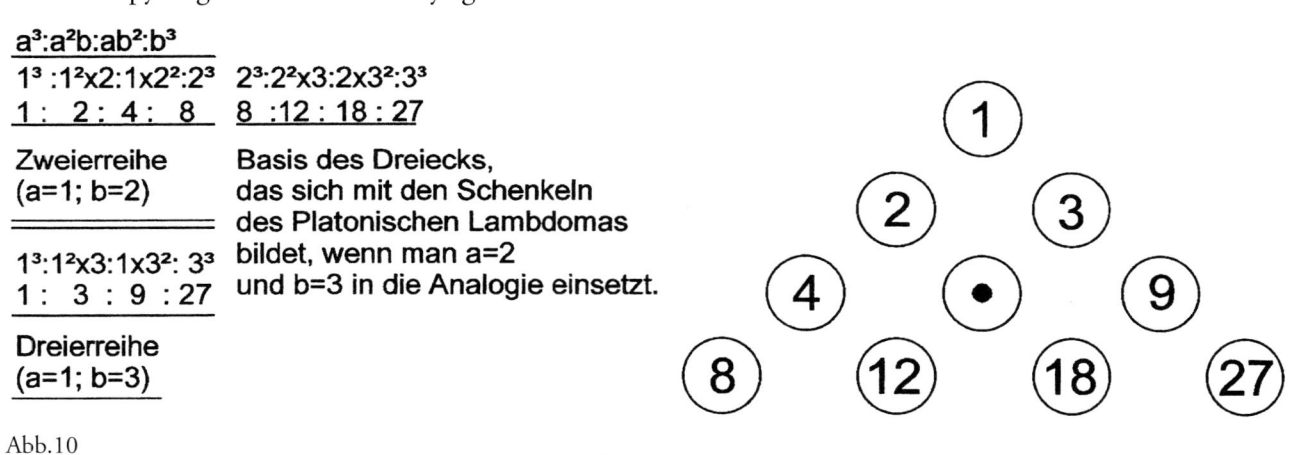

$a^3:a^2b:ab^2:b^3$

$1^3 : 1^2 \times 2 : 1 \times 2^2 : 2^3$ $2^3 : 2^2 \times 3 : 2 \times 3^2 : 3^3$
1 : 2 : 4 : 8   8 : 12 : 18 : 27

Zweierreihe
(a=1; b=2)

Basis des Dreiecks,
das sich mit den Schenkeln
des Platonischen Lambdomas
bildet, wenn man a=2
und b=3 in die Analogie einsetzt.

$1^3 : 1^2 \times 3 : 1 \times 3^2 : 3^3$
1 : 3 : 9 : 27

Dreierreihe
(a=1; b=3)

Abb.10

---

[20] Man erinnere sich, vgl. S. 201, Note 5, daß Platon gleich zu Anfang das gemischte Sein oder die „dritte Form des Seins" erwähnt.

[21] Den Hinweis auf die „αναλογια καλλιστα" (31 c4) sehe ich vor allem in 35 a7: „Und diese drei (2^n; 3^n; $2^n \times 3^n$; FWK) nahm er und vereinte alle zu *einer* Gestalt, indem er die schlecht mischbare Natur des Verschiedenen gewaltsam mit der des ‚Selben' harmonisch zusammenfügte und sie mit dem Sein vermischte. Und als er aus Dreien eines gemacht hatte ..."

Die platonische Siebenzahl in die Tektraktys eingesetzt und das Dreieck nach unten in südwestlicher Richtung ab dem gleichbreitbleibenden Band von sechs Quinten, 64 bis 729, aufgefüllt, ergibt das Rahmenschema der Diatonie (Abb. 11). Man könnte sagen, es handele sich um den Bogen (τοξος) der Harfe, in dem die Saiten so ausgespannt wie gestimmt sind, daß die Zahlenfolge, ausgedrückt in Frequenzen oder Saitenlängen, als Intervallfolge vor einem geistig „hörenden" Auge hin- und herspringt und die Harmonie der „Weltseele" erklingen läßt. Es ist die dorische Tonart, in der die Quarten wie in unserem C-Dur in jeweils zwei Ganztöne und einen Halbton aufgeteilt sind. Es fehlt hier auch die Störung durch die Apotomen (Abb. 4, 5 u. 11 rechts oben), mit der Krantor, Tim. Lokros, Proklos bis zu den heutigen Auslegern nicht zurechtkamen. Damit ist, nach mehr als 2000 Jahren, das Rätsel der „Weltseele", die angeblich dunkle „Timaios"-Stelle (Tim. 35 a ff.), gelöst!

In das Glück, dies herausgefunden zu haben und damit Platons verrufene Anweisungen als korrekt rehabilitieren zu können, mischt sich Unmut über eine Bemerkung A. E. Taylors, die der des Fuchses über die sauren Trauben gleicht. Wie auch E. Frank an vielen Stellen[22] Platon zum Sündenbock seiner eigenen musiktheoretischen Unbildung macht, nämlich seiner Unfähigkeit, die Folgen der Quintenschichtung zu durchschauen, sucht A. E. Taylor die Skala, die ihm mangels eines bildlichen Ableitungsschemas und wegen der ungelösten Apotomenproblematik letztlich „some uncertainty"[23] beließ, als mißtönig hinzustellen: „Platon's scale does not correspond to any in modern use, and would probably be displeasing to our ear."[24]

Dieses Urteil ist vom Schreibtisch des Klassischen Philologen aus gefällt und dabei doch nur vermutet worden, ein praktischer Versuch bestätigt es nicht. Ich habe im Tonlabor der Hochschule für Musik in Hannover der Zahlenfolge 384–62 208 gleichlautende Tonfrequenzen zugeordnet, und die pythagoräische Tonleiter, die in abwärts gerichteter Folge von größeren Frequenzen zu kleineren dabei erklang, konnte kein Zuhörer, weder Experte noch Laie, von unserer heutigen C-Dur-Tonleiter unterscheiden.

Obzwar die pythagoräische Terz $\frac{9}{8} \times \frac{9}{8} = \frac{81}{64}$ um ein syntonisches Komma $\frac{81}{80}$ größer ist als unsere reine Terz $\frac{5}{4}$ und auch der pythagoräische Halbton $\frac{256}{243}$ um das gleiche Komma kleiner ist als unser reiner Halbton $\frac{16}{15}$, bemerkt kein Laie im Nacheinanderabspielen die Unterschiede. Erst beim homophonen Abspielen eines pythagoräischen Dreiklangs $1, \frac{81}{64}, \frac{3}{2}$ und darauf eines Dreiklangs in reiner Stimmung $1, \frac{5}{4}, \frac{3}{2}$ klingt im Rahmen der Quinte die uralte Terz $\frac{81}{64}$ etwas rauh. Diese reine Terz $\frac{5}{4}$ besitzt eben einen höheren Verschmelzungsgrad. Hier wird auch für den Laien der Unterschied bemerkbar. Jedoch gestehe ich gern, daß ich die größere Terz in so entschlossenem Sinn nicht unschön, sogar kräftig finde gemäß Platons Dictum (Polit. 399 a2), daß im Staat „nur Dorisch und Phrygisch" zugelassen sei, „Ionisch … und Lydisch, welche auch die schlaffen heißen" (ebda.) zu meiden seien. Rein Dorisch ist aber die Tonleiter im „Timaios", und wir müssen uns in Erinnerung rufen, daß die Antike die Töne ihrer Intervalle nicht gleichzeitig, sondern im Nacheinander zu hören gewohnt war. Dabei fällt es dann kaum auf, daß die etwas größere Terz $\frac{81}{64}$ mit einem etwas kleineren Halbton $\frac{256}{243}$ zur Quart sich aufschließt, einem Halbton also, der damit einen geringeren Leittoneffekt hat, welcher hier auch undeutlich anmuten könnte, was aber an den zwei Stellen innerhalb der Oktave, an denen er auftritt, keineswegs der Fall ist. Die Leittonfunktion des Halbtons hervorzuheben, ist ein Kunstprodukt des tonartlichen Systems und damit eine Hörgewohnheit, die wir Neueren spätestens seit Rameau angenommen haben. Sie kann nicht auf die Antike übertragen werden, denn z. B. im enharmonischen oder chromatischen Tongeschlecht waren es die Alten gewohnt, nirgendwo hinführende und völlig leittonfremde Vierteltöne zu hören. Im übrigen entspricht die große Terz des temperierten Systems, nach dem alle unsere Tasteninstrumente gestimmt sind, nahezu der antiken Terz $\left(\frac{81}{64} = 1.2656 \; ; \; \sqrt[3]{2} = 1.2599\right)$.

---

[22] a. a. O. S. 13 „rein spekulatives Hirngespinst"; S. 15 „abstruseste Zahlenspekulation"; S. 14 „Was Plato will, ist überhaupt nicht wirkliche Astronomie oder Musiktheorie, ist gar nicht Wissenschaft als Erkenntnis dieser Welt"; S. 16 nichts „mit der akustischen Wissenschaft … gemein"; S. 17 „verrückte Zahlenspekulation, musikalisch ganz unmögliche Tonleiter des Timäus"; S. 19 und öfter.

[23] a. a. O., S. 143.

[24] a. a. O., S. 145.

Platons „Weltseele"
Die altpythagoräische Diatonie
in ungestörter Tonfolge von
384 bis 62208

Tonzahlen: 1, 2, 3

$\underline{384}$ ⎫
⎬ 9/8
432 ⎭
⎫ 9/8
$\underline{486}$ ⎭
⎫ 256/243
$\underline{512}$ ⎭
⎫ 9/8
$\underline{576}$ ⎭
⎫ 9/8
648 ⎭
⎫ 9/8
729 ⎭
⎫ 256/243
768 ⎭

Die durch Apotome $\left(\frac{2187 \times n}{2048}\right)$ und Manipulation gestörte Reihe des Proklos

$531441 = 3^{12}$

Pythagoräisches Komma

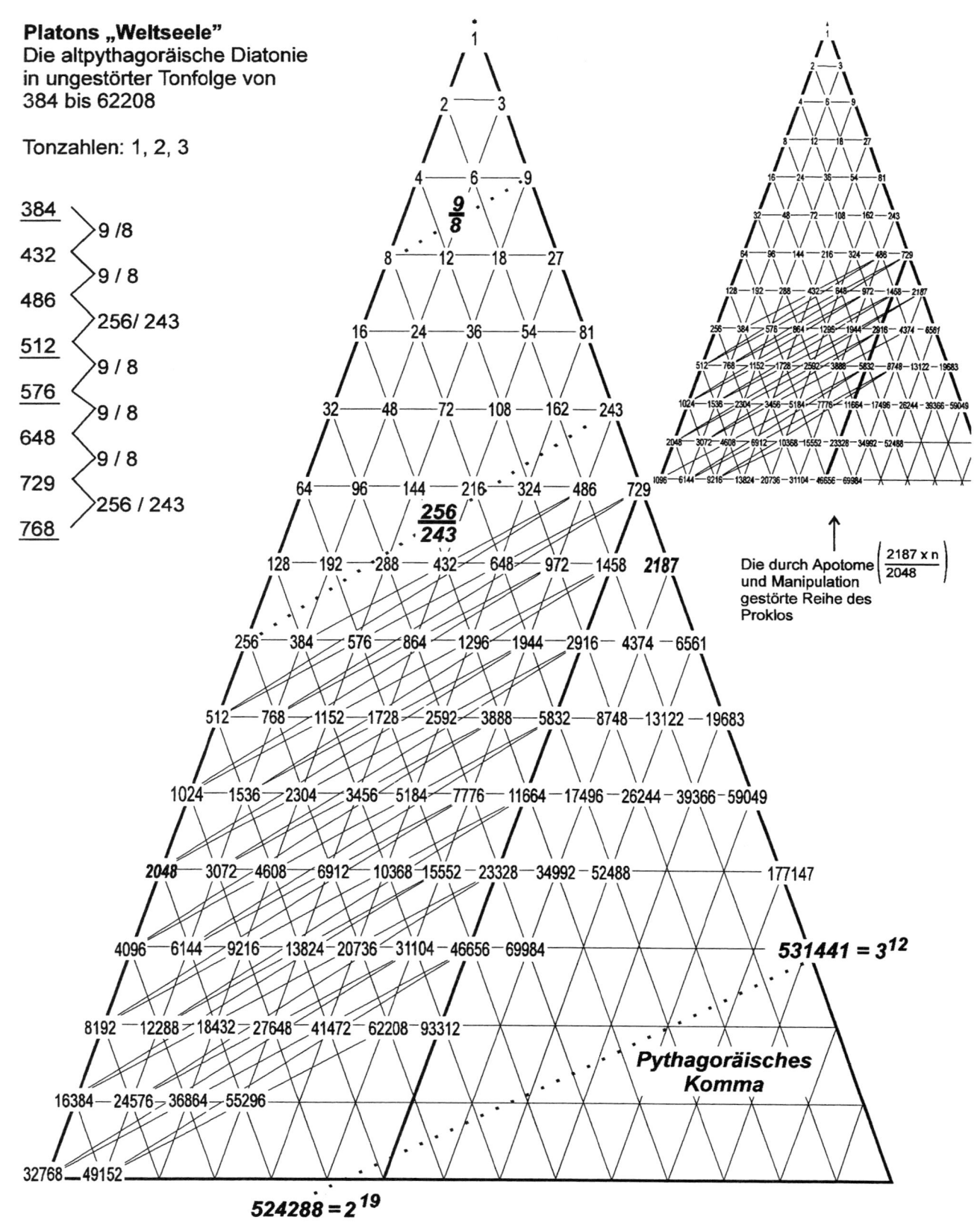

$524288 = 2^{19}$

Abb. 11

Platons korrekte Tonleiter, die wir jetzt allen weiteren Ausführungen zugrunde legen, gibt uns Gelegenheit, das soeben Besprochene nachzurechnen: Wählt man den Ausgangston 384, so ist die pythagoräische Terz 384 x $\frac{9}{8}$ x $\frac{9}{8}$ = 486. Mit dem sich anschließenden Halbton $\frac{256}{243}$ wird die Quarte 512 erreicht, 486 x $\frac{256}{243}$ = 512 = 384 x $\frac{4}{3}$. Die reine Terz über dem Ausgangston 384 ist 384 x $\frac{5}{4}$ = 480. Der Ton 480 ist um ein syntonisches Komma $\frac{81}{80}$ tiefer als 486, denn $\frac{486}{480}$ entspricht $\frac{81}{80}$. Die Terz $\frac{384}{480}$, mit dem Halbton $\frac{16}{15}$ ergänzt, ergibt wiederum die Quarte 512 / $\left(480 \times \frac{16}{15} = 512\right)$.

Auf einen Anachronismus schon in der Antike ist noch hinzuweisen. Wie Aristoxenos und Plutarch[25] berichten, war zu Platons Zeit die Enharmonik im Niedergang. Bei den praktizierenden Musikern der Zeit hatte sich die Diatonie des Archytas und schon die später auftauchende didymische Diatonie durchgesetzt, einschließlich des chromatischen Tongeschlechts und seiner Spielarten, gegen die Platon im „Staat" eifert, obwohl es gerade der Tragödiendichter Agathon ist, der diese Farben sogar schon in der Komödie benutzt. Die pythagoräische Skala war bereits zu Platons Zeiten altväterlich, und manche der neueren Ausleger meinen – sicherlich zu Unrecht! –, er habe die für die Darstellung der „Weltseele" so nötige Redundanz in der Dreizahl gefunden und die Idealzahlen (1, 2, 3) deshalb genommen, weil sie der Kategorienlehre vom „Selben", „Verschiedenen" und daraus „gemischtem Sein" trinitarisch entgegenkam. Die Sache hat ihr Fundament nicht in Platons willkürlicher Wahl der Mittel, um ein Tonsystem zu errichten, sondern *in re* der Akustik (ungradzahlige Harmonische entwickeln rauhere Teiltöne und damit höhere Klirrfaktoren), wovon – und das zeigt die verwirrte Diskussion um die Apotome – man offenbar in der Akademie mehr verstand, als ihr zugetraut wurde.[26] Verstehen doch jetzt noch viele Philologen davon nichts!

Obwohl die pythagoräische Skala bereits zu Platons Zeit als altväterlich galt, bleibt sie doch bis heute der Zeit enthoben und kanonisch. Und sie ist auch, wie wir bald zeigen werden, mit den drei Tongeschlechtern des Archytas kompatibel. Die drei Quarten des enharmonischen, chromatischen und diatonischen Tongeschlechts sind u. a. durch Ptolemaios (Harm. I 13) erhalten, und die in allen drei Geschlechtern vorkommende übergroße Terz 1944 in dem ebenfalls festen Rahmen der Quarte 1512–2016 ist ein Ton der pythagoräischen Skala (1944 = 2^3 x 3^5). Mit den festen Rahmentönen (Hestotes) bildet die pythagoräische Skala die Grundlage der beweglichen Tonschattierungen (Kinumenoi), was Martin Vogel[27], noch ohne Kenntnis des von uns gefundenen platonisch-pythagoräischen Derivationssystems, richtig vorausgesagt hat: „In der Aufstellung der festen Tonstufen ... wurden zu den Tonbuchstaben auch die Schwingungsverhältnisse ... hinzugesetzt. Alle diese Werte ... sind Brüche, deren Zähler und Nenner aus Produkten oder Potenzen der Primzahlen 2 und 3, gebildet sind. Sie gehören der Quintreihe an, aus der sich auch die Töne der sogenannten ‚pythagoreischen Stimmung' rekrutieren. Dieses Tongerüst aus Quarten, Quinten und Oktaven war so fest gefügt, daß es die zunächst fast verspielt anmutende, extreme Variabilität der Tetrachordteilungen aufnehmen konnte, ohne zu zerbrechen. Das Gefüge aus festen und beweglichen Tonstufen verlieh dem griechischen Tonsystem einen außerordentlich hohen Grad von Anpassungsfähigkeit und Beständigkeit. Die beweglichen Tonstufen boten der melodischen Erfindung immer neue Möglichkeiten zu feinerer Abschattung und Nuancierung; durch sie konnte das System jeder Moderichtung und jedem Zeitgeschmack angeglichen werden. Die Rahmentöne dagegen gaben dem System den notwendigen Halt. Ohne sie hätte es nicht tausendjährigen Bestand haben können, sondern wäre schon wegen der Vielzahl der Einstimmungen bald wieder auseinandergefallen. Aber mehr noch: ohne sie hätten sich die Tongeschlechter und Färbungen gar nicht herauszubilden vermocht. Um feine Tonunterschiede wahrnehmen zu können, bedarf das Ohr fest eingestimmter Bezugstöne. Die griechische Enharmonik konnte sich daher nur an einem System fester Rahmentöne entwickeln."

---

[25] Aristoxenos, I. Harmonik, Kap. 52, Ausg. von R. Westphal, „Melik und Rhythmik des Classischen Hellenentums", Bd. 2, S. 248. Plutarch, de musica, Kap. 37.

[26] Vgl. die ahnungslose Polemik E. Franks gegen Speusipp (a. a. O., S. 15, 132).

[27] Martin Vogel, „Die Enharmonik der Griechen", 1963, Bd. 1, S. 40.

Dieses feste diatonische Rahmensystem aus Produkten von Primzahlen, kombiniert mit den Zahlen 2 und 3, liegt, wie wir ebenfalls bald zeigen werden, sogar unserer heutigen reinen Stimmung zugrunde, so daß wir von der zeitlosen Dominanz der pythagoräischen Skala ausgehen dürfen.

Eine Entdeckung wie diese löst sofort eine Vielzahl verschiedener Folgerungen aus und gibt dem in den Forschungen über diesen Gegenstand Erreichten eine eindeutige Form, die einerseits lang tradierte Irrtümer ausschließt, andererseits bislang wenig Beachtetes bzw. Verkanntes ins Zentrum der Aufmerksamkeit rückt. Jetzt fällt es leicht, festen Tritt zu fassen und einen Schritt nach dem anderen zu tun. Es bieten sich sieben Schritte an:

1) Zunächst ist die Apotomenproblematik physikalisch zu klären, wobei die Frage entsteht, warum Taylor und die modernen Ausleger der „Timaios"-Stelle nicht in ein Handbuch der Musikwissenschaft geblickt haben, denn dort wird die Sache, mit der die frühen Harmoniker nicht zurechtkamen, einfach erklärt. Diese Erklärung wäre auch der modernen Auslegung zugute gekommen und hätte manchen Leerlauf aufgehalten und insbesondere auch schon die Forschungen des 19. Jahrhunderts (Boeckh, v. Thimus u. a.) auf den richtigen Weg gebracht. Fest aber scheint nunmehr zu stehen, daß man in der Akademie um diese Zusammenhänge wußte, denn sonst hätte Platon nicht das Verhältnis des kleineren Halbtons $\frac{256}{243}$ als Grenze seiner Systemmenge angegeben und alles, was darüber hinausging, vom Gefüge der Länge nach abgetrennt (Tim. 36 b3).

2) Dann ist zu untersuchen, ob das Platonische Lambdoma, so, wie wir es aufgefüllt haben, und so, wie Platon es gespalten hat, schon in der Antike oder erst in der Moderne auftaucht, und, wenn ja, inwieweit die Zusammenhänge verstanden und die auftauchenden Probleme gelöst wurden. Den Leser bitte ich an dieser Stelle um Verständnis dafür, daß ich zunächst die Probleme der konventionellen Auslegung und nicht gleich meine Lösung präsentiert habe. Die Überlieferung der Auslegung dieser Stelle ist, gerade weil sie ein einziger Irrtum vieler Irrender gewesen ist, geschichtsträchtig geworden. Das Dunkel, das man über diese Stelle breitete, läßt sich aber nur dadurch entfernen, indem man es zeigt und nach und nach entfernt. Hätte Platon Worte gewählt, die weniger zu Mißverständnissen führen, und hätte er, nach ein paar Hinweisen auf die Theorie der Intervallteilung am Monochord das gleiche einfacher gesagt, daß nämlich nach der Schichtung dreier Quinten größere Halbtöne im System auftauchen, die diatoniefremd sind, er wäre vielleicht mit der Richtigkeit seiner Feststellung unpopulär geblieben. Nichts deutet daraufhin, daß Platon den Text absichtlich verrätselte. Es gibt hier auch keine Ironie wie bei der Hochzeitszahl im „Staat" (Polit. 546 b5), obwohl deren Unernst umstritten ist. Vieles aber, so sein Sprachbild, das ein zum Chi (X) verdoppeltes Elementardreieck nachahmt, legt nahe, daß er dieses Dreieck mit dem sich an seiner Basis anschließenden „schönsten Band" (δεσμος καλλιοτος) in der Akademie als bekannt voraussetzen konnte. Dieses Dreieck und auch das sich daranschließende Band setzte sich selbst aus lauter kleinen Dreiecken zusammen, deren Seitenlängen in den Proportionen Oktave und Dodezime mit der Quint als Basis standen. Diese Abstände nahm er aus einem begrenzten Vorrat und legte sie wie Streichhölzchen in das beschriebene Muster. Er selbst scheint an späterer Stelle auf diese Strecken mit der Bezeichnung „kleine Stiftchen" (σμικροτητα γομφοι, Tim. 43 a5) anzuspielen, und gewiß werden diese Strecken kaum etwas anderes sein als etwa vorgestellte Seitenlängen z. B. des Tetraeders oder anderer Platonischer idealer Körper in der Mikrostruktur. Dabei ist vorauszusetzen, daß in der Musiktheorie die Proportionen in der Ebene idealtypisch durch Zahlen festgehalten wurden. Bei Nikomachos von Gerasa und Boëthius finden wir daher auch nur Dreiecke, gebildet aus harmonischen Zahlen, denn ein maßstabsgetreues Raster hätte die exponentiell rascher anwachsende Dodezimenfolge verlängert und damit das Dreieck verzerrt. Nicht einmal vorwerfen könnte man Platon, daß er, um mathematisch-harmonische Zusammenhänge auszudrücken, eine Sprache benutzt, die Gegenstände aus der Handwerker- bzw. hier Spenglersphäre heranzieht und die man heute neumodisch als „Insider-Idiom" bezeichnet. Es gab damals noch keine internationalisierte Sprache der Musiktheorie.

3) Darauf ist das Schema selbst näher zu erklären und nicht nur zu zeigen, daß bei unserer Lösung nicht nur alle Anomalien entfallen, die in der herkömmlichen Auslegung auftraten, sondern es sind auch noch zusätzliche harmonische Optionen aufzuzählen. Denn neben die Rolle des strukturbildenden arithmetischen und harmonischen Mittels tritt gleichwertig auch noch die des geometrischen Mittels, das Platon in seiner Ableitung nicht erwähnt, obwohl es in ihr vorhanden ist, und das in Harmonicis zu erwähnen, Archytas nicht müde wird („Fragmente der Harmonik", Kap. 2).[28] Damit knüpft sich auch die Verbindung zu Archytas in einem wissenschaftlichen Austausch der Kenntnisse, von dem wir annehmen, daß in ihm Platon eher der Empfangende als der Gebende gewesen sein muß.

4) Alsdann sind die Vorbereitungen abgeschlossen, um, gestützt auf eine Vermutung Tannerys, die auch Van der Waerden bestätigt, die „Epinomis"-Stelle 990 E zu untersuchen und festzustellen, daß Platon dort bei der aufeinanderfolgenden Anwendung des arithmetischen und harmonischen Mittels offenbar nicht nur die Klangglieder 1 und $\frac{2}{1}$, sondern auch 1 und $\frac{3}{2}$ sowie 1 und $\frac{4}{3}$ bis 1 und $\frac{n+1}{n}$ zu wählen scheint, so daß sich mit der Folge überteiliger Brüche (επιμοριοι) ihm bereits die Gesetzmäßigkeit der Natur- und Obertonreihe zeigt. Infolgedessen erschließt sich ihm nicht nur die große Terz $\frac{5}{4}$, sondern auch sämtliche Intervalle der drei Tongeschlechter des Archytas, die außer den pythagoräischen Tonzahlen 2 und 3 auch noch die Primzahlen 5 und 7 enthalten. Deren verdoppeltes Produkt (2 x 2 x 3 x 5 x 7 = 420) erwähnt Platon bei der Einteilung der Grundstücke seines Idealstaates „Magnesia" in den „Gesetzen" (Nom. 771 b4), weil die Zahl 420 „ein Zwölftel der Gesamtzahl" 5040 sei, die nicht nur als Gesamtzahl der Bürger im Staat eine große Rolle spielt, sondern logistisch auch sämtlichen administrativen und sonstigen Einteilungen des utopischen Staates der Magnesier zugrunde liegt. 5040 = 7! ist aber das Produkt der ersten sieben natürlichen Zahlen (1 x 2 x 3 x 4 x 5 x 6 x 7 = 5040) sowie eine Tonzahl im enharmonischen Tongeschlecht des Archytas.

5) Daß der Rekurs auf harmonisches Zahlenmaterial nicht eine bloße Zahlenspielerei ist, erhellt aus der Tatsache, daß die Zahl 5040 und ihre Teiler auch aus der Grundstückseinteilung der antiken Stadt Piräus entgegentritt, die der Pythagoräer Hippodamos von Milet ab 476 v. Chr. im Auftrag des Themistokles entwarf und noch vor Platons Lebenszeit erbauen ließ. Auf diese verblüffenden Übereinstimmungen der Angaben Platons über seine utopische Stadt „Magnesia" in den „Nomoi" mit den Forschungen und Ausgrabungen der Archäologen Schwandner und Hoepfner wird am Ende dieser Studie eingegangen.

6) Wenn man, Platon (Epin. 990 E) folgend, bei der Anwendung des arithmetischen und harmonischen Mittels die Natur- bzw. Teiltonreihe mit der Proportionenfolgen 1:2:3:4:5:6:7 … $\frac{n}{n+1}$ als eine nicht nur mathematische, sondern auch physikalisch gültige Gesetzmäßigkeit der Klänge erhält, so folgt daraus mathematisch zwingend, daß die „Timaios"-Skala mit den Tongeschlechtern des Archytas kompatibel darstellbar ist, liegt sie doch, mit Martin Vogel zu sprechen, als fester Rahmen zugrunde. Dies führe ich mit transponierten Diagrammen vor und füge zugleich an, daß diese Kompatibilität für sämtliche theoretisch denkbaren Tonsysteme gilt, wenn sie, wie etwa die zahlreichen Quartteilungen des Ptolemaios belegen, das Prinzip ganzzahliger Vielfache durchhalten. Doch obwohl es möglich wäre, soll nicht der spätere Ptolemaios zu Wort kommen, sondern nur Platon und Archytas. So zeige ich nach der Vorführung der Tongeschlechter des Archytas, daß sich auch die heutige Diatonie – die mit der Aufnahme der Primzahl 5 der Diatonie des Didymos (1. Jh. n. Chr.) verwandt ist – noch auf der Basis der „Timaios"-Skala sich erhebt. Die heutige reine Stimmung klingt nur $\frac{1}{32}$ tiefer als die antike und enthält seit der letzten Stimmtonkonferenz, London 1939, auf der der Kammerton a^1 auf 440 Hz bei 20° Celsius festgelegt wurde[29], außer den bei Archytas vorkommenden Tonzahlen 1, 2, 3, 5, 7, anstelle der 7 noch die 11. Der erste Ton, in dem alle Primzahlen der reinen Stimmung vorkommen, ist also e^1 mit 330 Hz

---

[28] H. Diels, W. Kranz, „Fragmente der Vorsokratiker", Bd. 1, 1960, S. 435.

[29] Ulrich Michels, „dtv-Atlas zur Musik, Tafeln und Texte", Bd. 1, 1977, S. 17.

(1 x 2 x 3 x 5 x 11 = 330). Auch unsere heutige temperierte Stimmung, transponiert man sie um den Teilton $\frac{54}{55}$ tiefer, ist kaum von Platons Diatonie verschieden.

7) Erst im letzten Schritt nehme ich die Auslegung der „Timaios"-Stelle dort wieder auf, wo ich sie verlassen habe (36 bl), bei der Abspaltung des Dreiecks, gebildet aus den Zählern der Apotomenverhältnisse, bei der Drehung und Wiederanfügung dieses Dreiecks an der Spitze des Systems zum Bild des Buchstabens Chi (X). Der Exkurs in die Kosmologie Platons wird freilich kurz, weil uns im Gegensatz zu den den musiktheoretischen Angaben, die korrekt sind, die astronomischen spekulativ vorkommen. Ich fühle mich nicht in der Lage, die Schritte, die zu einem geozentrischen Weltbild führen, naturwissenschaftlich nachzuvollziehen. Aber der „Timaios" ist in diesem Punkt nicht das letzte Wort Platons. Die letzten Zeilen im „Kritias"-Fragment, die letzten, die Platon vor seinem Tod überhaupt verfaßt zu haben scheint, deuten auf ein Weltbild mit der Sonne im Mittelpunkt.[30] Und auch hier wirft unser Schema ein neues Licht auf vorhandene Zusammenhänge. Die im Werk Platons mehrfach, zentral aber Polit. 587 e3 vorkommende Zahl für das Jahr und die Umlaufzeit der Sonne, 729 = 2 x 364.5 Tage und Nächte, steht an exponierter Stelle unserer „Timaios"-Skala, als große Septime über dem Ton 384 (384 x $\frac{243}{128}$ = 729), dort nämlich, wo der eine Balken des Chi (✂) sich krümmt und wo das „Gefüge" gespalten wurde. Das wird also näher untersucht werden.

---

[30] „Aber der Gott der Götter Zeus … versammelte die Götter all in ihrem ehrwürdigstem Wohnsitze, welcher im Mittelpunkt der gesamten Welt steht und alles überschaut, was des Werdens teilhaftig wurde …" (Krit. 121 b10)
Dagegen steht ein Zeugnis des Plutarch, das aber doch Platons zeitlebens gehegte geozentrische Skepsis bestätigt und auf Theophrast (Phys. Opin., Frag. 22, Dox. Graeci., S. 494, 1–3) zurückgreift: „In der Tat fügt Theophrast noch die Beobachtung hinzu, daß Platon, als er älter geworden war, es bereute, angenommen zu haben, die Erde eignete sich nicht, Mittelpunkt des Alls zu sein." (Plutarch, Plat. Fragen 8, 1006C)

Anhang 3

Friedrich Wilhelm Korff

PLATONS SPRACHE DER MUSIK
»EPINOMIS 990 E« IN NEUEM LICHT

Der Kongreß »Sprachen der Philosophie« beginnt, wie es sich gehört, mit einem Sprachfehler, der – ich weiß es nicht –, unbeabsichtigt oder absichtsvoll stehengelassen, ein Druckfehler zu sein scheint. Eigentlich müßte es auf den Plakaten und Programmen »Philosophie« heißen und nicht »Philosphie«. Ich habe das natürlich sehr früh bemerkt und, da Odo Marquard unter uns ist und über »Stilbedarf« sprechen wird, sofort für nachdenkenswert gefunden, habe mich still verhalten und nichts daran geändert, um den Ablauf unseres Symposiums nicht zu stören. Aberglaube und Scherz gehören zur Philosophie, spätestens dann, wenn im Menschenwerk das unbewußt Absichtsvolle oder das bewußt Absichtslose eintritt und ein Objekt dieses Mal subjektfrei seine Wirksamkeit entfaltet.

Da ich gern mit Holz arbeite, mit meinen Händen Tische, Stühle u. dergl. schreinere, ist mir schon früh von einem alten Tischler der Rat gegeben worden, ein Brett mit einem Astloch nicht von vornherein zu verwerfen und beiseitezulegen, sondern einen Moment lang zu überlegen, ob man das Astloch nicht in irgendeiner Weise verwenden könnte, als Ort z. B., wohin man an einer Türe die Rosette eines Türknaufs zu plazieren pflegt. Die Faserlinien des Holzes umgeben dann den Knauf wie die Linien einer Umströmung. Dies sieht sehr schön aus, und überdies ist man Sekunden lang frei wie ein Gott, der einen notwendigen Ablauf oder ein Schicksal zu wenden vermag. Mein Schwiegervater erzählte mir einmal eine kaum glaubliche Geschichte, in deren Fortgang er von einem Kaufhaus als Dank für einen einzigen Buchstaben als Druckfehler einen Riesenkorb mit Schinken, Würsten, Käse, Champagner und anderen Geschenken erhielt. Die Geschichte trug sich folgendermaßen zu:

Als verantwortlicher Redakteur einer Seite mit Werbeannoncen einer großen Zeitung hatte er zum Wochenende ein Inserat absetzen müssen, das übergroße Buchstaben der Zeile enthielt: »1-A frisch Gehacktes.« Allein der Zufall wollte es, daß der Setzer das »h« in Gehacktes mit einem »k« verwechselte und daß derjenige, der für die Korrektur zuständig war, mein Schwiegervater nämlich, dies beharrlich zweimal lesend übersah. Der Erfolg war ein Lachkonzert der gesamten Stadt. Auf diese Weise in Verruf gebracht, verkaufte sich das Gehackte prächtig und mußte an diesem Samstag mehrfach nachgeliefert werden.

Bitte lachen Sie soviel und so lang Sie wollen. Es entzerrt das oft grämliche Gesicht der Philosophie, wenn Philosophen tatsächlich einmal lachen. Schon Demokrit hat damit über den weinenden Heraklit obsiegt! Selbstverständlich versichere ich Ihnen, daß genug Kollegen, ja Kolleginnen unter uns weilen, die dem Unternehmen auch ohne diesen synergetischen Druckfehler Erfolg bereiten werden. Es heißt, der Anfang der Philosophie sei das Staunen. Es schadet nicht, wenn in dieses Staunen Lachen gemischt ist.

Auch in meinem Vortrag – mit dem ich jetzt beginne – könnte man lachen, nicht über die Unwissenheit, sondern über die Borniertheit der Wissenschaftler. Ich weiß, man kann nicht über andere lachen, ohne zu riskieren, selbst ausgelacht zu werden. Aber ich frage Sie: Was passiert, wenn ein Geisteswissenschaftler, sagen wir, ein Philosophieprofessor oder Klassischer Philologe, *und* ein Naturwissenschaftler, sagen wir, ein Akustiker, die Köpfe zusammenstecken? Und zwar über einen Text Platons.

Nichts! Gar nichts!! Der Philosoph und Geisteswissenschaftler wird das Naturwissenschaftliche in diesem Text weder bemerken noch verstehen, und der Akustiker liest nicht solche Texte. Warum sollte er sich für Platon interessieren? Dieses gegenseitige Mißverständnis und wechselseitige Unverständnis haben nun in unserem Fall »Epinomis«, es handelt sich um die Nachlese des platonischen Spätwerkes »Nomoi«, die Platons Sekretär Philipp von Opus nach Platons Tod herausgab, fast 2500 Jahre angehalten. Wie immer in einem solchen Fall – er ist gar nicht so selten und fällt nur deswegen nicht auf, weil er aus den genannten Gründen nicht auffällig ist – hat derjenige, den die ausbleibende Deutung des Textes (er gilt als dunkel) trifft, Platon nämlich, am meisten darunter leiden müssen. Wenn man ausschließt, daß Tote leiden, so sollten wir Nachkommenden uns doch schämen, so selbstgerecht aus einer Wissenschaftskultur zu urteilen, in der Natur- und Geisteswissenschaftler umeinander einen Bogen machen.

Platons korrekter Text über die Ableitung jener Harmonien, die die Grundakkorde unseres diatonischen Systems bilden: Grundton (6), Subdominante (8), Dominante (9), Tonika (12), also die Proportion der Töne 6:8:9:12, die sogenannte halbtonlose Pentatonik – wenn man in

22

der Schichtung der Quinten bis zum dritten Grad noch die Terz (15) hinzunimmt – wurde von den Klassischen Philologen für dunkel gehalten, von den Musiktheoretikern an-, aber nicht ausdiskutiert und von den Akustikern ignoriert. Man hat Platons weitergehende Anweisung zur Teilung der Oktave im Text nicht verstanden, obwohl Gelehrte wie R. P. Winnington-Ingram, P. Tannery und O. Toeplitz in den 50iger Jahren des vergangenen Jahrhunderts kurz davor waren. (Das liest man, ohne es zu bemerken, bei B. L. van der Waerden: »Die Harmonielehre der Pythagoreer«, Hermes, Zs. f. klassische Philologie, 78. Bd., S. 163-199, S. 185 ff.)

Hätte man im Jahr 1943 einen Akustiker zu Rate gezogen, möglichst einen praktischen Ingenieur, der mit der Entwicklung von Synthezisern beschäftigt war, so hätte dieser, von seinem Verständnis des Obertonspektrums aus, die weitergehenden Anweisungen Platons sofort bemerkt. So aber hielt man den Text für dunkel, und es setzten sich wieder die gängigen Vorurteile durch, die Natur- und Geisteswissenschaftler gegenüber dem Pythagoräismus und Neuplatonismus zu haben pflegen, wenn sie z. B. lesen: »Jede Figur, jede Zahlenverbindung, das ganze System der Harmonie und des Umlaufs der Gestirne muß demjenigen, welcher auf die rechte Weise darüber belehrt wird, als ein einziges und gemeinsames großes Ganzes erscheinen... Es wird einleuchten, daß ein natürliches Band (DESMOS) alle diese Gegenstände umschlingt...« (Platon, Epin. 991 D).

Ich finde dieses »noli me tangere« schade, und ich werde nicht nur in diesem Vortrag den platonischen Grundgedanken des DESMOS hochhalten, dieses Band, das nach Platon die verschiedenen Wissenschaften Physik, Mathematik, Musiktheorie und Akustik so tröstlich zusammenhält, wie es sie heute trennt, so daß die Schulhäupter der oft schon im Doppelsinne einander animosen Disziplinen so isoliert herumstehen, wie sie von Goethe geschildert werden: »Die Stücke hält er in der Hand, allein es fehlt das geistige Band.« (Zu diesem Thema »Reduktion der Wissenschaften« wird sicherlich Gerhard Vollmer in der Diskussion einiges zu sagen haben!)

Wenn der Sinn nicht klar wird, dann ist es zunächst der Sprachgebrauch Platons, den man jetzt für das Nichtverstehen verantwortlich zu machen sucht. Wir müssen einen Moment lang das Augenmerk darauf richten, daß Naturgesetze in empirischer und zugleich historischer Sprachgestalt auftreten, aus der sie für spätere Generationen kaum wiederzuerkennen sind. Schon das Wort DESMOS ist der Handwerkerspra-

23

che des Schreiners entnommen und bezeichnet funktionell so etwas wie »Verknüpfung«, die Türangel oder ein Scharnier – denken Sie an das Klavierband –, mit dem man Pergamente heften oder Türen mit dem Türrahmen, der Zarge, zu verbinden pflegt. Ein solches Band – eine Analogie, die allerdings kein supranaturales Glied enthält! – wird von Platon in den Kosmos übertragen und bezeichnet den harmonischen Zusammenhalt der Planetenbahnen, deren Abstände sich in Proportionen grader, also Klang und Resonanz erzeugender Zahlen und damit in Intervallen der Musik präsentieren. Diese Zahlen, mit Frequenzen versehen, tönen als Harmonie der Sphären. Da zur Zeit der Akademie um 400 v. Chr. noch kein festes Idiom der Akustik und der Harmonielehre vorliegt und Platon als Philosoph, der an Mathematik zwar höchst interessiert, selber aber kein Mathematiker war, sondern ein anschauender Denker, der die Vorgaben des Eudoxos, Xenokrates und Theaitetos, seiner Mathematiker in der Akademie, in seine Sprache übertrug, die bildlich metaphorisch Sprache der Handwerker war – denken Sie nur an das Beispiel mit der KERKIS, dem Weberschiffchen, mit dem er seine Ideenlehre begreiflich zu machen versuchte –, so ist zunächst festzuhalten, daß Platon selbst nur zögerlichen Gebrauch von Fachtermini macht, wie sie schon von Pythagoräischen Schulen hervorgebracht waren.

So spricht er im »Timaios« nicht von EPIMORIOI, wenn von überteiligen Verhältnissen die Rede ist, also von Brüchen der allgemeinen Form $\frac{n+1}{n}$, wie sie bei harmonischen Proportionen üblich sind, also $\left(\frac{12}{6} = \frac{2}{1}\right)$ für die Oktave, $\left(\frac{9}{6} = \frac{12}{8} = \frac{3}{2}\right)$ für die Quinte, $\left(\frac{8}{6} = \frac{12}{9} = \frac{4}{3}\right)$ für die Quarte usw. Er verwendet Fachtermini nur für die individuellen Formen. Er nennt die Quarte $\left(\frac{4}{3}\right)$ nicht TESSARON, sondern anschaulich EPITRITON ($1 + \frac{1}{3}$; Tim. 35 a ff.), die Quinte $\left(\frac{3}{2}\right)$ nicht DIAPENTE, sondern ebenso altertümlich HEMIOLION ($1 + \frac{1}{2}$; »das Ganze und ein Halbes«), den Ganzton $\left(\frac{9}{8}\right)$ nicht TONOS, sondern EPOGDOON ($1 + \frac{1}{8}$; »die Eins und ein Achtel«). Ebenso bezeichnet er das LEIMMA, gemeint ist der kleinere Halbton, mit bloßen Zahlen $\left(\frac{256}{243}\right)$. Den Namen des LEIMMA erwähnt er nicht, es ist für ihn wiederum anschaulich – der »Rest«, der das Produkt der beiden Ganztöne (DITONOS) zur Quarte $\left(\frac{4}{3}\right)$ aufschließt $\left(\frac{9}{8} \times \frac{9}{8} \times \frac{256}{243} = \frac{4}{3}\right)$.

Auch den Namen des größeren Halbtons (APOTOME) erwähnt Platon nicht und auch nicht die Zahlen seiner Proportion $\left(\frac{2187}{2048}\right)$, weil dieser Ton in seiner diatonisch eingeteilten Quarte nicht vorkommt und auch nicht vorkommen darf, weil damit eine unreine Quarte, eine »Wolfsquarte« $\left(\frac{4}{3} \times \text{KOMMA} = \frac{4}{3} \times \sqrt[12]{3}/2^{19} = 1.3515\right)$, in der Harmonie der Sphären entstünde.

24

Er berücksichtigt also das pythagoräische Komma und temperiert bei der diatonischen Einteilung der Oktave die Schwebung fort, indem er nur den kleineren Halbton zuläßt. Im »Timaios« sagt er dies ausdrücklich, als er den »Rest« beschreibt, der das Produkt der beiden Ganztöne zur Quarte auffüllt (s. o.): »Und dieser übriggelassene Abstand des Teils hatte seine Grenzen in dem zahlenmäßigen Verhältnis von 256 zu 243. So war also die Mischung, von der er (der Demiurg) diese Teile abschnitt, bereits ganz verwendet.« (Tim. 36 b3). Die Quarte der »Weltseele« muß also rein sein ($\frac{4}{3}$ = 1.3333) und nicht 1.351524353, denn für eine Proportion mit weiter unterteilten und größeren Zählern und Nennern war »die Mischung« verbraucht.

Einem Akustiker leuchtet diese Manipulation sofort ein, während die handwerkliche Sprache für einen Philologen nicht leicht verständlich ist. Praktisch aber bedeutet diese Anweisung Platons, daß in der Tonleiter der »Weltseele« im »Timaios« keine schwarzen Tasten vorkommen, und es gibt nur die beiden Halbtonabstände e-f und h-c, wenn die Skala in C-Dur steht.

In »Epinomis 990 E« benutzen Platon und Philipp von Opus die gleichen Fachausdrücke, und es hat den Anschein, als wolle sich Platon selbst im Gebrauch der damals geläufigen musikalischen Termini ihrer ursprünglich sinnlichen Sprachwurzel und ihrer mathematischen Evidenz versichern, wohl in der Hoffnung, sich auch dadurch bei mathematisch ungebildeten Philosophenschülern verständlich zu halten, jenen, meine ich, die die Tür der Akademie durchschreiten durften, ohne durch das Verbotsschild über der Türe »Niemand, der der Mathematik unkundig (AGEOMETRIKOS) ist, habe hier Entritt« gehindert zu werden.

So haben wir auch in Platons musiktheoretischen Darstellungen – es sind ihrer drei, Tim. 35 ff. (die Bildung der »Weltseele« aus den Tönen der diatonischen Tonleiter; »die durch sich selbst bewegte Zahl« [Xenokrates]), der Mythos vom Pamphylier ER im 10. Buch des »Staates«, das ein harmonisches System der sieben Planetenumläufe und des Fixsternhimmels enthält, und schließlich hier in »Epinomis 990 E« – inmitten von drei Mythen über die Harmonie der Planetenbahnen unvermittelt eine überzeitlich gültige, physikalisch-akustische Information:

25

PLATON:

EPINOMIS 990 E

(MATHEMATISCHER ANHANG ZU DEN »GESETZEN«)

Übersetzung[Ia]

1. Was aber göttlich ist und wunderbar für diejenigen, die (da) hineinschauen und <es> durchdenken <vermögen>: wie die ganze Natur Gestalt und Gattung formt, indem die Kraft (Satz 2) und die aus der Gegensetzung zu ihr nach jeder Proportion[1] <resultierende Kraft> (Satz 3) sich immer um die Verdopplung drehen.[2]

2. Die offenbar erste <Kraft> der Verdopplung schreitet nach Zahlenart gemäß dem Verhältnis 1 zu 2 fort; aber auch die quadratische [Kraft] drückt die Verdopplung aus. Die schließlich in das Feste und Greifbare[3] <gehende Kraft> ist wiederum noch einmal doppelt und schreitet von 1 bis 8 weiter.

3. Was nun endlich die <Kraft> der Verdopplung anlangt, die sich nach der Mitte wendet, wobei das Mittel einmal <als arithmetisches Mittel> um gleichviel größer ist als das kleinere und kleiner als das größere, dann aber als das andere <harmonische Mittel> um denselben Bruchteil der äußeren Glieder diese selbst übertrifft und übertroffen wird[4] – in der Mitte von der 6 zu der 12 hat sich das Verhältnis $1\frac{1}{2}$ und das Verhältnis $1\frac{1}{3}$ ergeben[1] –, so hat sie dadurch, daß sie sich von eben diesen <Verhältnissen>[2] in der Mitte <stehend>[3] wiederum nach beiden Seiten wendet, den Menschen wohltönende Gemeinschaft zuerteilt und maßgleiche Anmut in Spiel, Rhythmus und Harmonie, hingegeben dem glückseligen Reigen der Musen.

Text:

1. ὃ δὲ θεῖόν τ᾽ ἐστὶν καὶ θαυμαστὸν τοῖς ἐγκαθορῶσί τε καὶ διανοουμένοις ὡς περὶ τὸ διπλάσιον ἀεὶ στρεφομένης τῆς δυνάμεως καὶ τῆς ἐξ ἐναντίας ταύτῃ καθ᾽ ἑκάστην ἀναλογίαν εἶδος καὶ γένος ἀποτυποῦται πᾶσα ἡ φύσις.

2. ἡ μὲν δὴ πρώτη τοῦ διπλασίου κατ᾽ ἀριθμὸν ἓν πρὸς δύο κατὰ λόγον φερομένη, διπλάσιον δὲ ἡ κατὰ δύναμιν οὖσα. ἡ δ᾽ εἰς τὸ στερεόν τε καὶ ἁπτὸν πάλιν αὖ διπλάσιον, ἀφ᾽ ἑνὸς εἰς ὀκτὼ διαπορευθεῖσα.

3. ἡ δὲ διπλασίου μὲν εἰς μέσον, ἴσως δὲ τοῦ ἐλάττονος πλέον ἔλαττόν τε τοῦ μείζονος, τὸ δ᾽ ἕτερον τῷ αὐτῷ μέρει τῶν ἄκρων αὐτῶν ὑπερέχον τε καὶ ὑπερεχόμενον — ἐν μέσῳ δὲ τοῦ ἓξ πρὸς τὰ δώδεκα συνέβη τό τε ἡμιόλιον καὶ ἐπίτριτον — τούτων αὐτῶν ἐν τῷ μέσῳ ἐπ᾽ ἀμφότερα στρεφομένη τοῖς ἀνθρώποις σύμφωνον χρείαν καὶ σύμμετρον ἀπενείματο παιδιᾶς ῥυθμοῦ τε καὶ ἁρμονίας χάριν, εὐδαίμονι χορείᾳ Μουσῶν δεδομένη.

F. W. KORFF:
DIAGRAMM DER PARTIALTONBILDUNG
nach Platon »Epinomis 990 E«,
3. Abschnitt ff.

a; b Klangglieder	$\frac{a+b}{2} = aM$ arithmetisches Mittel	$\frac{1}{aM} = hM = \frac{2ab}{a+b}$ harmonisches Mittel	
Oktave 1; $\frac{2}{1}$	$\frac{1+2}{2} = \frac{3}{2}$ Quinte	$\frac{2(1\times 2)}{1+2} = \frac{4}{3}$ Quarte	1:2:3:4 ↙
1; $\frac{3}{2}$	$\frac{1+1,5}{2} = \frac{5}{4}$ große Terz	$\frac{2(1\times 1,5)}{1+1,5} = \frac{6}{5}$ kleine Terz	4:5:6 ↙
1; $\frac{4}{3}$	$\frac{1+1,\overline{3}}{2} = \frac{7}{6}$ Kleinstterz	$\frac{2(1\times 1,\overline{3})}{1+1,\overline{3}} = \frac{8}{7}$ übergroßer Ganzton	6:7:8 ↙
1; $\frac{5}{4}$	$\frac{1+1,25}{2} = \frac{9}{8}$ Großer Ganzton	$\frac{2(1\times 1,25)}{1+1,25} = \frac{10}{9}$ kleiner Ganzton	8:9:10 ↙
1; $\frac{6}{5}$	$\frac{1+1,2}{2} = \frac{11}{10}$	$\frac{2(1\times 1,2)}{1+1,2} = \frac{12}{11}$	10:11:12 ↙
1; $\frac{7}{6}$	$\frac{1+1,\overline{16}}{2} = \frac{13}{12}$	$\frac{2(1\times 1,\overline{16})}{1+1,\overline{16}} = \frac{14}{13}$	12:13:14 ↙
1; $\frac{8}{7}$	$\frac{1+1,1428}{2} = \frac{15}{14}$	$\frac{2(1\times 1,1428)}{1+1,1428} = \frac{16}{15}$ großer Halbton	14:15:16 ↙
↓	↓	↓	$\frac{n}{n+1}$
1; $\frac{n+1}{n}$	$\frac{1+\frac{n+1}{n}}{2} = \frac{2n+1}{2n}$	$\frac{2(1\times \frac{n+1}{n})}{1+\frac{n+1}{n}} = \frac{2n+2}{2n+1}$	$\frac{2n+2}{2n} = \frac{n+1}{n}$

Was B. L. van der Waerden und die Klassischen Philologen bemerkten, aber als Gesetz der Reihenbildung nicht verstanden, war Platons Hinweis im Abschnitt 3: »So hat sie (die Kraft) dadurch, daß sie sich von eben diesen (Verhältnissen) in der Mitte (stehend), wiederum nach beiden Seiten wendet (TOUTON AUTON EN TO MESO EP' AMPHOTERA STREPHOMENE) –...« – Es blieb eben nicht bei der Teilung der Oktave ($\frac{12}{6}$) in das arithmetische Mittel ($\frac{9}{6}$) und das harmonische Mittel ($\frac{8}{6}$), also in Quinte und Quarte, sondern die Teilung setzte sich auf die gleiche Weise fort –: »von eben diesen (gewonnenen Verhältnissen) in der Mitte stehend wiederum nach beiden Seiten wendet«, so hat die »Kraft« der Mittelbildung als nächstes die große Terz ($\frac{5}{4}$), die kleine Terz ($\frac{6}{5}$), Kleinstterz ($\frac{7}{6}$) usw., schließlich die gesamte Partial- und Obertonreihe ($\frac{n+1}{n}$) hervorgebracht. Diese Reihe überteiliger Verhältnisse nannten die Griechen EPIMORIOI. Und die Vielfalt dieser Töne war es, die die Oktave vollständig in Ganztöne ($\frac{9}{8}$), Halbtöne ($\frac{16}{15}$), Quinten, Quarten, Terzen einteilen konnte (s. Diagramm). Dieses Gesetz der Reihenbildung aus der abwechselnden Anwendung des arithmetischen und harmonischen Mittels auf jeweils arithmetisch und harmonisch hergestellte Klangglieder ist bei Platon mehrfach belegt, Tim. 35 a ff., Epin. 990 E und, besonders eindrucksvoll, Parm. 149 a6-c4.

B. L. van der Waerden und die Klassischen Philologen hatten festgestellt, daß Platon nahezu wörtlich dem bei Ptolemaios (Harm. I, 13) überlieferten Archytasfragment gleichen Inhalts folgte, aber nicht begriffen, daß die Einteilung der Oktave, die »den Menschen wohltönende Gemeinschaft zuerteilt und maßgleiche Anmut in Spiel, Rhythmus und Harmonie« (Epin. 990 E) nicht nur bei der Subdominante ($\frac{4}{3}$), Dominante ($\frac{3}{2}$) und Tonika ($\frac{2}{1}$), sondern gemäß der Naturtonreihe sich fortsetzt, wofür die bei Archytas vorkommende große Terz und die Kleinstterz ($\frac{7}{6}$) Gewähr leistete. Als man Platons Einteilungen bei Archytas fand, glaubte man die Herkunft festgestellt zu haben und sah sich weiterer Forschung über das Gesetz der Reihenbildung enthoben. Daß man die Intervalle ($\frac{5}{4}$ und $\frac{7}{6}$ und andere überteilige auch, $\frac{28}{27}$ oder $\frac{36}{35}$ usw.) untrüglich dort finden würde, weil die Anwendung eines Naturgesetzes vorlag, darauf kam man nicht. EPIMORIOI, die die Naturtonreihe bilden, findet man in der Spätantike bei Nikomachos von Gerasa (ca. 150 v. Chr.) in seiner »Einführung in die Arithmetik« (Buch II, Kap. 3), und Boëthius zitiert die Tabelle des Nikomachos in »De musica« (Buch II, Kap. 8), auch ein Beleg dafür, daß den Alten die Reihe bekannt war! Platon erwähnt die Oktave ($\frac{12}{6}$) in Epin. 990 A: »In der Mitte von der 6 zu der 12 hat sich das Verhältnis $1\frac{1}{2}$ und $1\frac{1}{3}$ ergeben.« Es sind dies die Töne der sogenannten »esoterischen Tetraktys«, das Modell für das Diagramm, das noch der Maler Raffael 1509 in der Stanza de la Segnatura des Vatikans dem Pythagoras im Fresko »Die Schule von Athen« auf die Tafel schreibt:

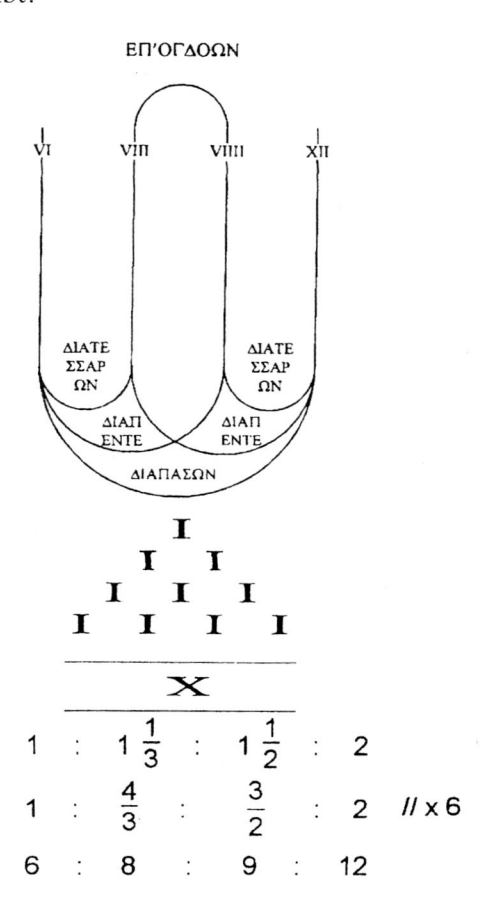

ΕΠ'ΟΓΔΟΩΝ

VI   VIII   VIIII   XII

ΔΙΑΤΕ   ΔΙΑΤΕ
ΣΣΑΡ   ΣΣΑΡ
ΩΝ   ΩΝ

ΔΙΑΠ   ΔΙΑΠ
ΕΝΤΕ   ΕΝΤΕ

ΔΙΑΠΑΣΩΝ

I
I   I
I   I   I
I   I   I   I
—————————
X

$$1 \;:\; 1\frac{1}{3} \;:\; 1\frac{1}{2} \;:\; 2$$

$$1 \;:\; \frac{4}{3} \;:\; \frac{3}{2} \;:\; 2 \quad // \times 6$$

$$6 \;:\; 8 \;:\; 9 \;:\; 12$$

Dieses εποψδοων (»Das Ganze und ein Achtel« $= 1\frac{1}{8} = \frac{9}{8}$) zitiert schon Vasari in seinen »Lebensbeschreibungen der berühmtesten italienischen Architekten, Maler und Bildhauer« (1550) und mißversteht es als »alchemistische« oder »kabbalistische« Zahl, obwohl das Ganztonverhältnis $\frac{9}{8}$, das zwischen der dritten Potenz von der Zwei ($2^3 = 8$) und der zweiten Potenz von der Drei ($3^2 = 9$) entsteht, schlicht die Mese in einer Oktave ($\frac{12}{6}$) ist, die die beiden getrennten Tetrachorde (διεζευγμένοι) auseinanderhält. Es handelt sich um den Ganzton, der zwischen zwei auf-

29

einanderfolgenden Quarten ($\frac{8}{6}$) und ($\frac{9}{12}$) steht, ebenso wie sich der Ganztonabstand f–g in die Mitte der Oktave zwischen die Quarten c–f und g–c' einfügt. Raffael ergänzt die esoterische Tetraktys (6, 8, 9, 12) gleich darunter durch die »heilige« Tetraktys (1, 2, 3, 4), deren Summe das Alphabet der Zahlen bildet und eine Dreieckszahl der Stufe 4 ist ([$S_4 = \frac{n_4}{2}(n_4+1) = \frac{4}{2}(4+1) = 10$]).

Für die Alten repräsentierte die Folge der natürlichen Zahlen 1→4 die Abfolge der Dimensionen (1 = Punkt; 2 = Linie; 3 = Fläche; 4 = Raum). Aber gerade wegen der Teilung der Oktave durch das harmonische und arithmetische Mittel wurde die Tetraktys gepriesen ($1:\frac{4}{3}:\frac{3}{2}:2$). Unter den von Aristoteles gesammelten Sprüchen findet sich die Formel: »Was ist das Delphische Orakel? Die Tetraktys! ist sie doch die Tonleiter (Harmonie), in der die Sirenen (singen).« (τι εστι το εν Δελφοις μαντειον: τετρακτυς οπερ εστιν η αρμονια, εν η σειρηνες)

Multipliziert man diese Proportionenfolge, die mit der unterteilgen und anders gruppierten Abfolge 1:2:3:4 harmonisch identisch ist, mit der Zahl 6, so kommt man wieder auf die von Platon (Epin. 990 E) angegebenen Zahlen der esoterischen Tetraktys (6:8:9:12). In der »heiligen« Tetraktys ist der Ganzton mit der Quinte verbunden (συνημμενον), so daß sich die Quinte aus der Quarte und dem Ganzton zusammensetzt ($\frac{4}{3} \times \frac{9}{8} = \frac{3}{2}$) und die Oktave aus Quinte und Quarte ($\frac{3}{2} \times \frac{4}{3} = 2$).

Quinten kommen in der esoterischen Tetraktys mit den Abständen 6:9 und 8:12 vor, in der »heiligen« Tetraktys mit dem Abstand 2:3. Quarten kommen in der esoterischen Tetraktys mit den Proportionen 6:8 und 9:12 vor, in der »heiligen« Tetraktys mit dem Abstand 3:4. Hierbei wird man natürlich sofort an die Anweisung des Nikomachos und des Boëthius denken, in ihrem Zahlendreieck, das nur Vielfache von 2 und 3 enthält, beliebig viele überteilige Verhältnisse herzustellen. Denn überteilige Verhältnisse bilden nicht nur sämtliche Intervalle in der Musik, sondern auch die Folge der natürlichen Zahlen als Brüche ($1:2:3:4 \ldots : \frac{n}{n+1}$); bzw., wenn man mit der jeweils zweiten Zahl beginnt, ($\frac{2}{1}, \frac{3}{2}, \frac{4}{3}, \ldots \frac{n+1}{n}$).

In modernen Handbüchern – z.B. dem »dtv-Atlas zur Musik«, 9. Aufl. 1985, Bd. 1, S. 88 – findet man die Partial- und Obertonreihe wie folgt dargestellt. (Auch die antike Intervallteilung Platons [6:8:9:12] wird dort erwähnt!) Ich füge an dieser Stelle noch die Partialtonfunktion hinzu, wie sie heute beim Bau ventilloser Naturfanfaren benutzt wird, wenn es darum geht, die Tubusweiten in der Öffnung des Konus

30

harmonisch zu optimieren. Hier wird nun besonders deutlich, daß Platons Anweisung in »EPINOMIS 990 E«, das Tonspektrum über Quint und Quarte hinaus in die Sequenz der Natur- und Obertonreihe zu teilen, ihr Heimatrecht in der physikalischen Akustik hat:

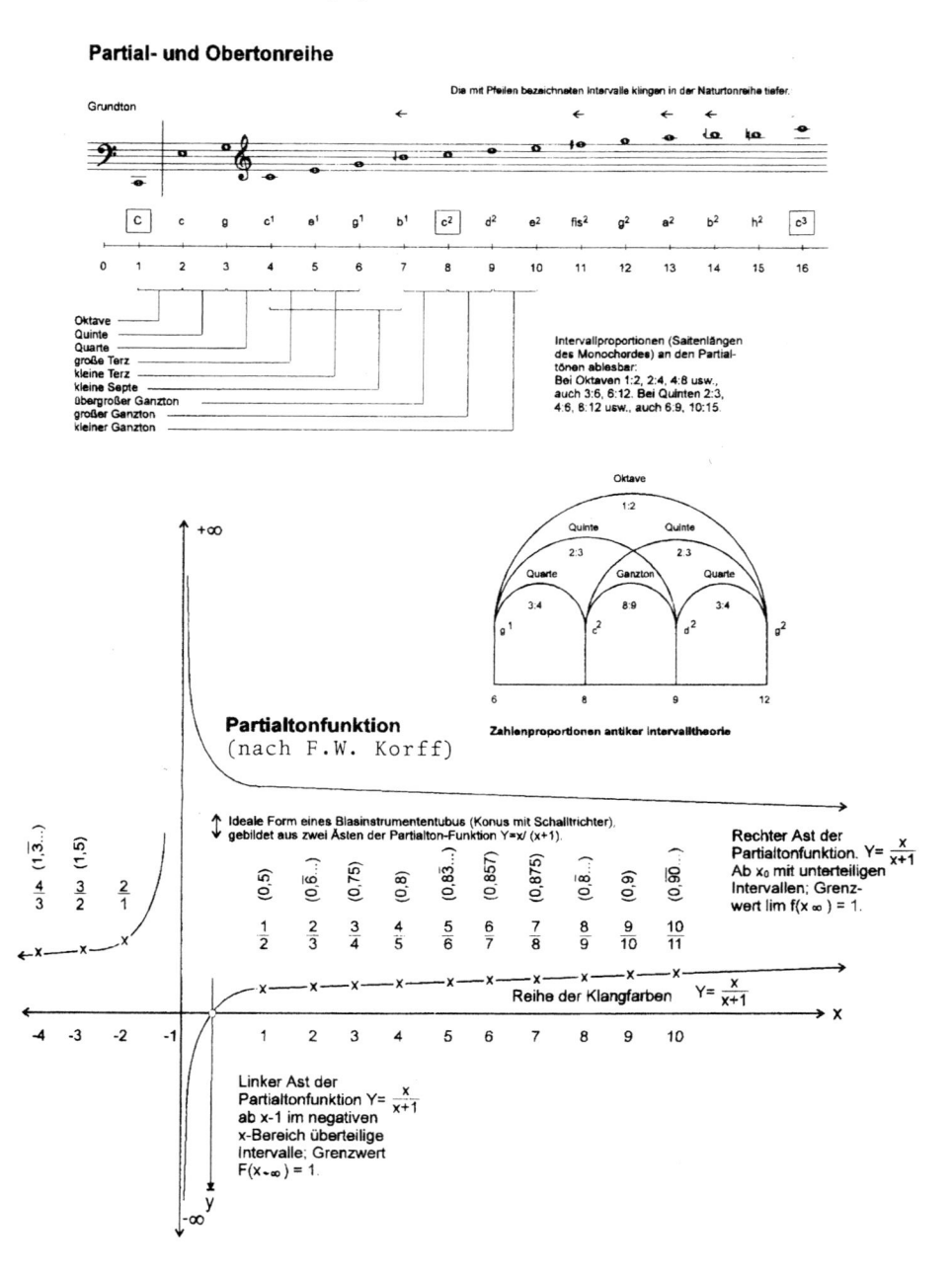

Partial- und Obertonreihe

Die mit Pfeilen bezeichneten Intervalle klingen in der Naturtonreihe tiefer.

Grundton

| C | c | g | c¹ | e¹ | g¹ | b¹ | c² | d² | e² | fis² | g² | a² | b² | h² | c³ |

0 1 2 3 4 5 6 7 8 9 10 11 12 13 14 15 16

Oktave
Quinte
Quarte
große Terz
kleine Terz
kleine Septe
übergroßer Ganzton
großer Ganzton
kleiner Ganzton

Intervallproportionen (Saitenlängen des Monochordes) an den Partialtönen ablesbar:
Bei Oktaven 1:2, 2:4, 4:8 usw., auch 3:6, 6:12. Bei Quinten 2:3, 4:6, 8:12 usw., auch 6:9, 10:15.

Oktave 1:2
Quinte 2:3   Quinte 2:3
Quarte 3:4   Ganzton 8:9   Quarte 3:4
g¹   c²   d²   g²
6   8   9   12

Zahlenproportionen antiker Intervalltheorie

Partialtonfunktion
(nach F.W. Korff)

↑ Ideale Form eines Blasinstrumententubus (Konus mit Schalltrichter),
↓ gebildet aus zwei Ästen der Partialton-Funktion Y= x/(x+1).

Rechter Ast der Partialtonfunktion. $Y = \frac{x}{x+1}$
Ab x_0 mit unterteiligen Intervallen; Grenzwert $\lim f(x \to \infty) = 1$.

$\frac{4}{3}$ (1.$\overline{3}$...) $\frac{3}{2}$ (1.5) $\frac{2}{1}$

(0,5) (0,$\overline{6}$...) (0,75) (0,8) (0,8$\overline{3}$...) (0,857) (0,875) (0,$\overline{8}$...) (0,9) (0,$\overline{90}$...)

$\frac{1}{2}$ $\frac{2}{3}$ $\frac{3}{4}$ $\frac{4}{5}$ $\frac{5}{6}$ $\frac{6}{7}$ $\frac{7}{8}$ $\frac{8}{9}$ $\frac{9}{10}$ $\frac{10}{11}$

Reihe der Klangfarben $Y = \frac{x}{x+1}$

-4 -3 -2 -1   1 2 3 4 5 6 7 8 9 10

Linker Ast der Partialtonfunktion $Y = \frac{x}{x+1}$ ab x-1 im negativen x-Bereich überteilige Intervalle; Grenzwert $F(x \to -\infty) = 1$.

31

Im Gegensatz zu ihren modernen Interpreten war also den Griechen die Existenz der Natur- und Obertonreihe durchaus bekannt. Unter ihnen ist aber Platon, soviel mir bekannt, der einzige, der explizit die Anweisung gibt, die Oktave über das arithmetische und harmonische Mittel hinaus zu teilen, so daß die zunächst gewonnenen Proportionen Quinte und Quarte wiederum der Mittelbildung unterzogen werden (s. mein Diagramm), bis in diesem korrekt angegebenen Teilungsverfahren die Reihengesetzlichkeit des Natur- und Obertonspektrums sichtbar wird. Diese war den Philologen entweder nicht bekannt, oder sie konnten sie im vorliegenden Fall nicht mit den Vorschriften Platons verbinden. Eine solche Panne, wie sie nur bei disparaten Kenntnissen und Kulturen von Geistes- und Naturwissenschaftlern auftreten kann, müßte eigentlich die Gegenwart beschämen. Daß Platon seine Kenntnisse dem Freund Archytas von Tarent verdankt, wie es die Philologen vermuten, ist zwar naheliegend, heuristisch als Beleg einer Herkunft aber wertlos, da die musiktheoretischen Fragmente des Archytas, die Ptolemaios überliefert, keine originale Quelle sind. Man hätte die nicht verstandenen EPIMORIOI ebenso bei Philolaos oder in einer anderen der jüngeren Pythagoräerschulen finden und Platons Kenntnisse auch von dort herleiten können. Naturgesetze existieren unabhängig von Autoren, die sie anwenden.

Schuld an diesem Mißverständnis trägt auch die dem Handwerker-Idiom entnommene Wortwahl Platons, insbesondere dem der athenischen Metöken. In diesem Punkt ist Platon von einem Platoniker ebenso weit entfernt wie ein Ingenieur von einem Intellektuellen. Handwerkliches, ich sagte es schon, kommt auch heutigen »Akademikern« fremd, wenn nicht gar banausisch vor. Solche Scharten auszuwetzen, wären hier weniger die Philosophen, eher die Klassischen Philologen gefordert. Die zeitlose Sprache der Mathematik brachte die Zusammenhänge schließlich doch an den Tag. Das finde ich beruhigend.

32

Anmerkungen

1a. B. L. van der Waerden, a.a.O. S. 185. Vgl. R. P. Winnington-Ingram »Classical Quarterly« 26 (1932), S. 195-208, sowie Düring 1934, S. 251; P. Tannery, Mem. Scient. III. S. 105; O. Toeplitz, Die mathematische Epinomisstelle, Quellen und Studien zur Geschichte der Mathematik 2 (1933), S. 334.

1. Gemeint ist wohl: nach der geometrischen, arithmetischen und harmonischen Proportion, von denen die letzten beiden in Satz 3 definiert werden, während die geometrische Proportion 1:2 = 2:4 = 4:8 dem Satz 2 zugrunde liegt.

Die Mittelbildung ist hier:
1 : 4/3 : 3/2 : 2   // x 6
6 : 8 : 9 : 12

2. Der erste Satz weist, wie wir es durch die eingeklammerten Hinweise kenntlich gemacht haben, auf die beiden folgenden hin. Er kann aber auch nach Toeplitz rückwärts auf die vorangehenden Sätze der Epinomis bezogen werden, in denen die ebene Geometrie definiert wurde als die Wissenschaft, die unähnliche rechteckige Zahlen ähnlich zu machen lehrt und ebenso die Stereometrie als die ›neue Kunst‹, Zahlen aus je drei Faktoren, die im räumlichen Sinne unähnliche sind, doch ähnlich zu machen (Würfelverdopplung). Diese ganze Theorie dreht sich tatsächlich immer um die Verdopplung (von Verhältnissen) und ihre Umkehrung, die Mittelbildung (diesmal im Sinne des geometrischen Mittels). Vgl. dazu noch O. Becker, Quellen u. Studien B 4, S. 1911, sowie B. L. v. d. Waerden, Math. Ann. 118 (1942), S. 286.

3. D.h. in die Dimension des Raumes hinein. Der Sinn ist: Nimmt man eine Strecke und verdoppelt sie, so erhält man ein geometrisches Bild des Zahlenverhältnisses 1:2. Verdoppelt man aber ein Quadrat nach Länge und Breite, so erhält man das Flächenverhältnis 1:4. Verdoppelt man schließlich einen Raumkörper in jeder Richtung, so erhält man das Verhältnis 1:8.

4. Diese Definition der zwei musikalischen Mittel stimmt genau mit dem am Anfang dieses Abschnitts zitierten Archytasfragment überein.

33

HERMES

ZEITSCHRIFT FÜR KLASSISCHE PHILOLOGIE

HERAUSGEGEBEN VON

HELMUT BERVE   ALFRED KÖRTE
WOLFGANG SCHADEWALDT

78. BAND 1943

WEIDMANNSCHE VERLAGSBUCHHANDLUNG
BERLIN 1944

DIE HARMONIELEHRE DER PYTHAGOREER

Die vorliegende Arbeit bildet ein Glied in einer Reihe von Studien über die Wissenschaft der Pythagoreer. Die erste, eine kurze Note in den Mathematischen Annalen 118 (1941), behandelte die Algebra der Pythagoreer in ihrem Zusammenhang mit der babylonischen Algebra, diese zweite Studie die Musiktheorie. Die dritte Abhandlung wird sich mit der Astronomie der Pythagoreer und deren Bedeutung für die antike Astronomie befassen; ihre Hauptergebnisse habe ich in der Himmelswelt 51 (1941) dargestellt. Eine Arbeit über die pythagoreische Arithmetik ist geplant.

Mein besonderer Dank gebührt den Herren Prof. G. Junge in Berlin und Dr. J. H. Anderhub in Wiesbaden für ihre äußerst wertvolle Kritik des ersten Entwurfes dieser Arbeit. Herr Dr. Anderhub hat auch die Übersetzung des schwierigen Epinomisfragmentes in Abschnitt 6 entworfen[1]).

1. Einleitung

> Die sogenannten Pythagoreer haben sich als erste mit den Wissenschaften (τὰ μαθήματα) befaßt ... Da sie ferner erkannten, daß die Verhältnisse und Gesetze der musikalischen Harmonie auf Zahlen beruhen und da auch alle anderen Dinge ihrer ganzen Natur nach den Zahlen zu gleichen schienen ..., so meinten sie, die Elemente der Zahlen seien die Elemente aller Dinge und die ganze Welt sei Harmonie und Zahl. — Aristoteles, Metaphysik A 5, 985 b.

Es gibt drei Zugangswege zur Philosophie der Pythagoreer. Der erste geht von ihrer Metaphysik aus, die man aus Fragmenten wie die des Philo-

---

[1]) Häufig zitierte Quellenausgaben: Aristoteles, Problèmes musicaux, ed. Gevaert-Vollgraff mit Kommentar und franz. Übersetzung, Gand 1899. Aristoxenos, Stoicheia, ed. Macran, mit Kommentar und engl. Übersetzung, Oxford 1902. Seitenzahlen nach Meibom, Amsterdam 1652 (bei Macran am Rande angegeben). Boethius, Institutio musica, ed. Friedlein, Leipzig 1867. Deutsche Übersetzung von O. Paul, Leipzig 1872. Eukleides, Sectio canonis, ed. H. Menge, Euclidis Opera VIII, Leipzig 1923. Franz. Übers. von Ruelle, Annuaire Assoc. ét. grec. 1884. Nikomachos, Gaudentius etc., ed. v. Jan, Musisi scriptores graeci, Leipzig 1895. Seitenzahlen nach Meibom, Amsterdam 1652. Ptolemaios, Harmonielehre, ed. Düring, Göteborgs Högscholas Arsskrift 1930. Deutsche Übersetzung und Kommentar von Düring, ebenda 1934 (zu zitieren als Düring 1934). Porphyrios, Kommentar zur Harmonielehre des Ptol., ed. Düring, Göteborgs Högsk. Arsskr. 1932. Kommentar dazu Düring 1934. Diels, Die Fragmente der Vorsokratiker, Berlin 1934. Die Zitate werden so gegeben, daß man jede Auflage verwenden kann.

laos und zerstreuten Angaben bei Aristoteles und den Doxographen zu rekonstruieren versucht. Dieser Weg, den Boeckh, Zeller, Burnet und andere beschritten haben, hat nicht zu befriedigenden, allgemein anerkannten Ergebnissen geführt. Allzu fragmentarisch sind die kurzen Notizen, aus denen man nur Thesen, nicht Gedankengänge entnehmen, allzu schwer auch die Echtheitsfragen, die Trennung von pythagoreischem, platonischem und neupythagoreischem Gedankengut.

Der zweite Weg geht von der Religion und Sittenlehre aus. Delatte[1]), Rostagni[2]) und andere haben, gestützt auf älteste Zeugnisse (Xenophanes, Epicharm, Empedokles), auf Platons Phaidon und Ovids Metamorphosen, sowie auf zahlreiche altpythagoreische Fragmente, die religiös-ethischen Lehren des Pythagoras und der 'Akusmatiker' rekonstruiert, und besonders Rostagni hat dabei auch ihre Metaphysik gestreift. Aber über die Ansichten der mehr mathematisch orientierten 'sog. Pythagoreer' des Aristoteles erfährt man auf diesem Wege nur wenig.

Um diese zu erfassen, muß man nach dem Vorbild von Frank[3]) und vor allem von Tannery[4]) von den exakten Wissenschaften ausgehen, von denen die sog. Pythagoreer nach Aristoteles ja selbst ausgegangen sind. Man muß an Hand der antiken Fachliteratur ihre Arithmetik und Geometrie, ihre Musiktheorie und Astronomie wieder aufleben lassen. Die innere logische Gliederung dieser Wissenschaften und ihr Zusammenhang mit den unverrückbaren Tatsachen der Erfahrung erlauben es hier in viel höherem Grade als sonst in der Geschichte der Philosophie, Fehler in der Überlieferung auszuscheiden, Lücken zuverlässig zu ergänzen und verschiedene historische Schichten voneinander zu scheiden. Hat man die exakten Wissenschaften einmal in dieser Weise rekonstruiert, so kann man vielleicht auch die Metaphysik dieser Pythagoreer besser verstehen und den Einfluß ihrer Lehren auf Platon und seine Schüler studieren.

Wir gehen also von der Fachliteratur aus. Die (pseudo?) Aristotelischen musikalischen Probleme enthalten eine äußerst wertvolle Diskussion verschiedener musikalischer Fragen vom pythagoreischen Standpunkte aus. Die (wahrscheinlich aus der Tradition der Akademie erwachsene) 'Sectio canonis' des Euklid[5]) stellt ein systematisches Lehrbuch der pythagoreischen Musiklehre dar. Die Harmonielehre des Ptolemaios schließlich enthält eine zusammenhängende Darstellung derselben Theorie nebst wertvollen historischen Angaben, die von der Gegenseite her, von Aristoxenos, sehr schön ergänzt werden.

---

[1]) A. Delatte, Etudes sur la litterature pythagoricienne, Paris 1915.
[2]) A. Rostagni, Il verbo di Pitagora, Turin 1924.
[3]) E. Frank, Plato und die sogenannten Pythagoreer, Halle 1923.
[4]) J. Tannery, Mémoires scientifiques, bes. Bd. III.
[5]) Vgl. Tannery, Inauthenticité de la division du canon, Mém. Sc. III 213.

Aus diesen Quellen werden wir die Gedankengänge der Pythagoreer kennen lernen. Wir werden diskutieren, welchen Anteil die Erfahrung, die Spekulation und das Experiment an der Begründung der Theorie haben, und wir werden ihre Entwicklung von Pythagoras über Hippasos bis zu den 'Kanonikern' verfolgen.

Die Erforschung dieser geschichtlichen Entwicklung, die in Abschnitt 9 in kurzen Worten zusammengefaßt werden wird, ist das Hauptziel dieser Arbeit. Die folgenden Einzelergebnisse mögen besonders erwähnt werden:

Die Pythagoreer sind keine experimentellen Naturforscher. Sie sind nicht, wie die Überlieferung will, von exakten Messungen an gespannten Saiten ausgegangen, sondern sie haben auf Grund von alltäglichen Erfahrungen an Blas- und Saiteninstrumenten die Zahlenverhältnisse für Oktave, Quinte und Quarte gefunden (Abschnitt 3). Schon Pythagoras selbst hat diese Zahlenverhältnisse gelehrt und Tonleitern aus ihnen berechnet (Abschnitt 4 und 7). Die späteren Pythagoreer, die in erster Linie Mathematiker waren, haben die Lehre von den Zahlenverhältnissen theoretisch-spekulativ auf Grund der Zahlentheorie begründet (Abschnitt 2). Erst nach 300 haben die 'Kanoniker' durch Messungen am Monochord die Grundlagen der pythagoreischen Musiktheorie experimentell bestätigt.

Die Spaltung der Pythagoreer in die beiden Sekten der 'Akusmatiker' und 'Mathematiker' wird aus einer inneren Notwendigkeit ihres Denkens heraus verständlich gemacht. Dabei fällt auf die Figur des Hippasos, des Hauptes der 'Mathematiker', ein neues Licht (Abschnitt 5).

Es wird gezeigt, daß den drei von Ptolemaios überlieferten Tongeschlechtern des Archytas von Tarent die Teilung der Quinte und Quarte in je zwei kleinere Intervalle vermittels des harmonischen Mittels zugrunde liegt. Damit wird gleichzeitig eine dunkle Epinomisstelle zum erstenmal befriedigend erklärt (Abschnitt 6).

Die diatonische Tonleiter der 'Kanoniker', die durch die absolute Reinheit aller Quinten und Quarten ausgezeichnet ist, gilt bei den Späteren allgemein als pythagoreisch und findet sich auch in den Philolaosfragmenten und im Platonischen Timaios. Frank hat in ihr eine 'metaphysische Konstruktion Platons' erblickt, die 'mit wirklicher Musik nichts zu tun hat', und hat daraus weitgehende Schlüsse, insbesondere gegen die Echtheit der Philolaosfragmente gezogen. Demgegenüber werden wir zeigen, daß die Stimmung nach reinen Quinten und Quarten in der praktischen Musik von jeher im Gebrauch und in alter Zeit sogar vorherrschend war. Die Tradition, die die zahlenmäßige Erfassung dieser Tonleiter dem Pythagoras zuschreibt, wird damit rehabilitiert (Abschnitt 7). Platon hat in der Tonleiter des 'Timaios' an alte musikalische Traditionen angeknüpft, während Archytas sich mehr nach der Mode seiner Zeit gerichtet hat.

Als Vollender der pythagoreischen Musiklehre wie der pythagoreischen Astronomie[1]) ist Herakleides Pontikos zu betrachten. Er hat, so viel wir wissen, als erster den Ton als eine Vielheit von schnell aufeinanderfolgenden Luftstößen aufgefaßt und damit die Möglichkeit eröffnet, die Zahlenverhältnisse der Konsonanzen (die vor ihm abwechselnd als Verhältnisse von Spannungen, von Längen und von Geschwindigkeiten aufgefaßt wurden) als Verhältnisse von Frequenzen zu deuten, wie wir es heute noch tun (Abschnitt 8).

2. Die Theorie der symphonen Intervalle

Der griechische Begriff eines symphonen Intervalles deckt sich nicht mit unserem Begriff der Konsonanz. Zwei Klänge bilden ein symphones Intervall, wenn sie bei gleichzeitigem Erklingen zu einem einzigen Eindruck verschmelzen. Symphone Intervalle sind demnach die Oktave, die Quinte, die aus Oktave und Quinte zusammengesetzte Duodezime, die Quarte, die Doppeloktave, nach Ptolemaios auch noch die Undezime, nach Aristoxenos außerdem noch weitere Intervalle größer als die Doppeloktave, nicht aber die große und kleine Terz. Diese sind wohl emmelisch, d. h. sie kommen in gut klingenden Tonleitern und Melodien vor, sie klingen auch schön zusammen, aber sie verschmelzen nicht und heißen daher nicht symphon, sondern diaphon. Über diesen Punkt sind alle unsere Quellen sich einig[2]).

Klaudios Ptolemaios, der hervorragende Astronom und Musiktheoretiker des späten Altertums, stellt im ersten Buch seiner Harmonielehre die pythagoreische Theorie der symphonen Intervalle folgendermaßen dar[3]):

»Das Ohr erkennt folgende symphone Intervalle: die sog. Quarte und Quinte, deren Unterschied ein Ganzton genannt wird, ferner die Oktave, die Undezime, die Duodezime und die Doppeloktave. Intervalle größer als diese sollen für unsere gegenwärtige Aufgabe außer acht bleiben. Die pythagoreische Lehre läßt von diesen nur die Undezime beiseite in Übereinstimmung mit den eigentümlichen Grundsätzen, welche die Häupter dieser Schule aus folgenden Erwägungen aufstellten.

»Der besonders beachtenswerte Ausgangspunkt ihrer Methode ist, daß gleiche Zahlen mit Tönen von gleicher Spannung verglichen werden, ungleiche aber mit Tönen verschiedener Spannung. Ferner sagen sie: wie es zwei Hauptunterschiede von Tönen verschiedener Spannung gibt — symphone und dia-

---

[1]) Siehe meinen vorhin angeführten Aufsatz in der 'Himmelswelt' 51.

[2]) Aristoxenos schreibt (Stoicheia, ed. Meibom 20_{10}): Alle Intervalle kleiner als die Quarte sind diaphon. Boethius referiert über die Meinungen von Nikomachos, Eubulides und Hippasos, die alle nur 5 symphone Intervalle anerkennen. Ptolemaios schreibt ebenso (Harmonielehre I 6, S. 13), daß die Pythagoreer zu den symphonen Intervallen nur die fünf genannten rechnen, nicht aber Intervalle wie 5:4 und 5:1.

[3]) Ich verwende die Übersetzung von Düring 1934.

phone, unter denen die symphonen am schönsten sind — so gibt es auch unter ungleichen Zahlen zwei Hauptarten von Verhältnissen, erstens die sog. überteilenden (*ἐπιμερεῖς*) oder Zahl durch Zahl, und zweitens die überteiligen (*ἐπιμόριοι*) und vielfachen (*πολλαπλάσιοι*)[1]. Die letztgenannten sind vorzuziehen wegen der Einfachheit des Vergleichs, weil bei überteiligen Zahlen der Überschuß gerade ein Bruchteil des Ganzen ist, während bei den vielfachen die kleinere Zahl in der größeren enthalten ist.

»Sie setzen nun deshalb die überteiligen und vielfachen Verhältnisse den symphonen Intervallen gleich: der Oktave sprechen sie das Verhältnis 2 : 1, der Quinte das Verhältnis 3 : 2, der Quarte das Verhältnis 4 : 3 zu. Es ist dies eine etwas theoretische Methode, da sie besagt: von den symphonen Intervallen ist die Oktave die schönste und von den Verhältnissen das Zweifache das beste, die Oktave dadurch, daß sie am nächsten steht zur Spannungsgleichheit, das Zweifache dadurch, daß nur bei diesem Verhältnis der Überschuß der ursprünglichen Zahl gleich ist. Ferner ist die Oktave aus den zwei aufeinander folgenden ersten symphonen Intervallen Quinte und Quarte zusammengesetzt, das Zweifache aus den zwei ersten überteiligen, und zwar 3 : 2 und 4 : 3. Dann ist 3 : 2 größer als 4 : 3, folglich die Quinte größer als die Quarte, so daß deren Unterschied, der Ganzton, im Verhältnis 9 : 8 steht; so viel ist nämlich 3 : 2 größer als 4 : 3. Dementsprechend rechneten sie auch die Duodezime und die Doppeloktave zu den symphonen Intervallen, weil diese im Verhältnis 4 : 1 steht, jene im Verhältnis 3 : 1. Die Undezime rechneten sie aber nicht dazu, weil dieses Intervall im Verhältnis 8 : 3 steht, also weder überteilig noch vielfach ist.

»Auf eine mehr geometrische Weise gelangen sie folgendermaßen zum gleichen Ergebnis. Denken wir uns eine Quinte AB und darauf eine neue Quinte BC, so daß AC eine Doppelquinte wird. Weil nun die Doppelquinte nicht symphon ist, steht AC nicht im doppelten Verhältnis, daher steht auch AB nicht im vielfachen Verhältnis, ist aber symphon: die Quinte steht also im überteiligen Verhältnis. Auf dieselbe Weise zeigen sie, daß die Quarte, die kleiner ist als die Quinte, auch im überteiligen Verhältnis steht. Denken wir uns nunmehr, sagen sie, eine Oktave AB und danach wieder eine Oktave BC, so daß AC eine Doppeloktave wird. Weil nun die Doppeloktave symphon ist, steht AC entweder im überteiligen Verhältnis oder im vielfachen. Das Intervall ist aber nicht im überteiligen Verhältnis, denn es könnte dann nicht halbiert werden; AC ist also im vielfachen Verhältnis und folglich auch AB: die Oktave steht also im vielfachen Verhältnis.

---

[1] Zwei Größen stehen im vielfachen Verhältnis (z. B. 2 : 1 oder 3 : 1), wenn die größere ein Vielfaches des kleineren, die kleinere also ein Teil der größeren ist. Sie stehen im überteiligen Verhältnis (z. B. 3 : 2 oder 4 : 3), wenn die größere die kleinere um einen Teil der kleineren übertrifft.

»Hieraus ziehen sie den offenbaren Schluß, daß die Oktave im Verhältnis 2:1, die Quinte im Verhältnis 3:2, die Quarte im Verhältnis 4:3 steht.«

Wir haben allen Grund anzunehmen, daß Ptolemaios über die pythagoreische Musiklehre aus bester, fachwissenschaftlicher Quelle unterrichtet war. Obwohl er die pythagoreische Begründung kritisiert, ist seine Darstellung logisch und widerspruchsfrei, ganz im Gegensatz zu den fragwürdigen Philolaosfragmenten. Er erzählt auch keine Mythen von Pythagoras, wie seine Zeitgenossen es so gerne tun, sondern er nennt als hervorragendsten pythagoreischen Musiktheoretiker den älteren Zeitgenossen Platons, Archytas von Tarent, über dessen Intervallsysteme er sich genau orientiert zeigt. Ein weiteres Zeichen der Echtheit ist, daß diese Intervallsysteme verschieden sind von denen des platonischen Timaios. Schließlich ist noch zu erwähnen, daß seine Darstellung der zweiten, »mehr geometrischen« Begründungsweise sich genau mit der der fast fünfhundert Jahre älteren Sectio canonis deckt.

In der obigen Darstellung des Ptolemaios werden zwei Begründungsweisen erwähnt. Die erste, primitivere, geht von folgenden vier Postulaten aus:

1. Den Tönen werden Zahlen zugeordnet, und zwar gleich hohen Tönen gleiche Zahlen, verschiedenen ungleiche.

2. Gleichen Intervallen entsprechen dabei gleiche Zahlenverhältnisse.

3. Symphonen Intervallen entsprechen überteilige Verhältnisse $(n+1):n$ oder vielfache $n:1$ (das Umgekehrte wird nicht verlangt).

4. Der Oktave, die dem Gleichklang am nächsten kommt, entspricht das Verhältnis 2:1, das der Gleichheit am nächsten kommt.

Da nun die Oktave aus Quinte und Quarte zusammengesetzt ist, die symphon sind, und da das Verhältnis 2:1 sich nur in einer Weise aus zwei vielfachen oder überteiligen Verhältnissen zusammensetzen läßt, nämlich so:

$$2:1 = (3:2) \cdot (4:3),$$

da weiter die Quinte größer ist als die Quarte und andererseits 3:2 größer als 4:3, so folgt, daß der Quinte nur das Verhältnis 3:2 entsprechen kann und der Quarte nur das Verhältnis 4:3. Für ihre Differenz, den Ganzton, bleibt nur das Verhältnis 9:8 übrig.

Die zweite Begründungsweise, die bei Ptolemaios kurz, in der Sectio canonis aber ausführlicher dargestellt ist, läßt das Postulat 4 fallen und unternimmt es, dieses Postulat aus den drei anderen zu beweisen unter Zuhilfenahme der Erfahrungstatsache, daß die doppelte Quinte und die doppelte Quarte nicht symphon sind, die Doppeloktave aber wohl. Der Beweis enthält einen merkwürdigen Fehlschluß, auf den schon Tannery[1]) aufmerksam ge-

---

[1]) Der Passus bei Tannery (Mém. Sc. III 215) enthält leider einen Druckfehler. Es soll heißen: La proposition 11 (statt II) contient un paralogisme: au lieu d'un postulat posé dans la préambule, on invoque la réciproque de ce postulat, laquelle est absolument déraisonnable.

macht hat. »Weil die Doppelquinte nicht symphon ist«, so wird nämlich geschlossen, »steht sie nicht in einem vielfachen Verhältnis«. Dieser Schluß beruht nicht auf dem Postulat 3, sondern auf der Umkehrung: alle vielfachen oder überteiligen Verhältnisse sind symphon. Das ist aber Unsinn: auch die Pythagoreer haben nach dem Zeugnis des Ptolemaios (I 6) die Intervalle 5 : 1 und 5 : 4 nicht als symphon betrachtet.

Die Beweisführung beruht im übrigen auf drei zahlentheoretischen Sätzen:

I. Ein vielfaches Verhältnis, verdoppelt (d. h. in moderner Ausdrucksweise: quadriert) ergibt wieder ein vielfaches Verhältnis.

II. Wenn ein Zahlenverhältnis, verdoppelt, ein Vielfaches ergibt, so ist es selbst vielfach.

III. Zwischen zwei Zahlen in einem überteiligen Verhältnis können niemals mittlere Proportionale, weder eine noch mehrere, gefunden werden.

Von diesen ist I selbstverständlich und II äquivalent dem Satz VIII 7 der Elemente von Euklid. III wird von Boethius dem Archytas zugeschrieben. Der Beweis des Archytas, den Boethius dazu anführt, stimmt nach Tannery[1]) in allen wesentlichen Punkten mit dem Beweis in der Sectio überein. Er beruht auf Euklid VIII 8: wenn sich zwischen zwei Zahlen andere Zahlen in stetiger Proportion einschalten lassen, so lassen sich ebensoviele Zahlen in stetiger Proportion auch einschalten zwischen je zwei Zahlen, die dasselbe Verhältnis haben wie sie, also insbesondere zwischen den kleinsten Zahlen im gleichen Verhältnis.

Die Übereinstimmung des Gedankenganges des von Boethius angeführten Beweises mit dem der Sectio canonis zeigt, daß Boethius ihn aus einer guten, fachwissenschaftlichen Quelle geschöpft hat. Wir dürfen demnach auch seiner Angabe, daß Satz und Beweis von Archytas stammen, Glauben schenken. Daraus ergeben sich aber zwei wichtige Folgerungen.

Erstens: Archytas setzt den Satz VIII 7 als bekannt voraus, obwohl er keineswegs selbstverständlich ist. Daraus folgt, daß es damals schon eine Zahlentheorie gegeben hat, die den größten Teil des 7. und 8. Buches der Elemente Euklids umfaßte[2]). Das wird durch einige Platonstellen bestätigt. In dieser Weise kann man ein wertvolles Stück pythagoreische Arithmetik rekonstruieren[3]).

Zweitens folgt aber, da die von Euklid und Ptolemaios dargestellte zahlentheoretische Begründung der Lehre von den symphonen Intervallen den Satz III des Archytas wesentlich voraussetzt, daß diese Begründung

---

[1]) P. Tannery, Mém. Sc. III 247.

[2]) P. Tannery, Mém. Sc. III 244.

[3]) Vgl. K. Reidemeister, Die Arithmetik der Griechen, Leipzig 1939, S. 27.

entweder dem Archytas selbst zuzuschreiben ist oder nach ihm gefunden wurde. Ptolemaios schreibt sie aber ausdrücklich den Pythagoreern zu. Damit können demnach nicht ältere Pythagoreer, sondern nur die Zeitgenossen des Archytas gemeint sein. Auch besteht zwischen den Sätzen I, II, III und ihrer musiktheoretischen Anwendung ein so enger sachlicher Zusammenhang, daß man wohl gezwungen ist, sie demselben Urheber oder wenigstens derselben Gruppe von Mathematikern zuzuschreiben. Den Sätzen I, II, III sieht man es an, daß sie nur um der musikalischen Anwendung willen aufgestellt worden sind. Wir können also nicht weit fehlgehen, wenn wir die zweite, zahlentheoretische Begründung der pythagoreischen Harmonielehre dem Archytas von Tarent zuschreiben. Dazu stimmt auch die Aussage des Ptolemaios, Archytas sei der hervorragendste unter den pythagoreischen Musiktheoretikern.

3. Erfahrung, Theorie und Experiment

Wie sind nun die Pythagoreer darauf gekommen, Töne durch Zahlen und Intervalle durch Zahlenverhältnisse darzustellen? Es gibt darüber eine hübsche Geschichte bei Nikomachos (S. 10 Meibom), Gaudentius (S. 13 Meibom) und Boethius (S. 10—11 Friedlein), die aber unmöglich wahr sein kann. Sie besagt, daß Pythagoras, bei einer Schmiede vorbeikommend, in den Tönen der fallenden Hämmer die Intervalle Oktave, Quinte und Quarte hörte. Er stellte durch genaue Wägung fest, daß die Gewichte der Hämmer sich wie die Zahlen 12, 9, 8 und 6 verhielten. Darauf ging er nach Hause, belastete vier genau gleiche senkrecht aufgehängte Saiten durch Gewichte proportional zu denen der Hämmer und stellte fest, daß die mit 12 Einheiten belastete Saite eine Oktave höher tönte als die mit 6 Einheiten belastete, die mit 9 und 8 belasteten aber die Quinte und Quarte von ihr ergaben. Er bestätigte die gemachten Wahrnehmungen durch Experimente mit dem Chordotonen und anderen Instrumenten (Auloi, Syringen usw.).

Andere Quellen erzählen besonders von Wahrnehmungen am Monochord. Diogenes Laertius bezeichnet (VIII 12) Pythagoras als dessen Erfinder. Ausführlicher berichtet Gaudentius: »Er spannte eine Saite über einen Kanon und teilte ihn in 12 Teile. Dann ließ er zunächst die ganze Saite ertönen, darauf die Hälfte, d. h. 6 Teile, und er fand, daß die ganze Saite zu ihrer Hälfte konsonant sei, und zwar nach dem Zusammenklang der Oktave. Nachdem er darauf erst die ganze Saite, dann $3/4$ von ihr hatte erklingen lassen, erkannte er die Konsonanz der 'Quarte' und analog für die Quinte. Bei Aristides Quintilianus schließlich heißt es (S. 116 Meibom, Übers. von R. Schäfke, Leipzig 1937): »Deswegen, heißt es auch, habe Pythagoras, als er sich anschickte, aus diesem Erdenleben auszuscheiden, seinen Jüngern ans Herz gelegt, das Monochord zu spielen ($\mu o\nu o\chi o\rho\delta\iota\zeta\epsilon\iota\nu$)«.

An diesen letzten Berichten ist möglicherweise etwas Wahres¹). Die anfangs erzählte Geschichte ist aber frei erfunden, denn die Angaben über die Gewichte von Hämmern und Spannungen von Saiten sind physikalisch falsch. Die Frequenzen der Töne zweier sonst gleicher Saiten sind nicht proportional zu den Spannungen, sondern zu deren Quadraten; aber das hat im Altertum anscheinend keiner gewußt.

Etwas mehr Vertrauen verdient die Erzählung bei Theon von Smyrna, nach der Lasos von Hermione²) und die Männer um den Pythagoreer Hippasos von Metapont an vollen und halb leeren Vasen der Zahlenverhältnisse der Konsonanzen wahrgenommen hätten. Sie hätten nach Theon (ed. Hiller, S. 59) zwei gleiche Vasen genommen, die eine leer gelassen und die andere halb gefüllt, dann beide angeschlagen und so die Konsonanz der Oktave erhalten, und analog für die Quarte und Quinte. Allerdings kann das Anschlagen nicht stimmen: man muß schon die Luft in den Vasen zum Tönen bringen, wenn man die genannten Konsonanzen erhalten will. Beim Anschlagen sind die Intervalle viel kleiner als Oktave, Quarte und Quinte.

Ganz unsinnig ist wiederum das in einem Phaidonscholion (Diels, Vorsokr., Hippasos A 12) unter Berufung auf Aristoxenos und Nikokles mitgeteilte Experiment des Hippasos, der vier Bronzescheiben von gleichen Durchmessern, aber verschiedenen Dicken (die zweite $1\frac{1}{3}$ mal, die dritte $1\frac{1}{2}$ mal, die vierte 2 mal so dick wie die erste) zum Tönen gebracht und dabei die Konsonanzen wahrgenommen haben soll.

Festeren Boden bekommen wir unter den Füßen, wenn wir uns an die Fachliteratur halten. Ziehen wir in erster Linie die 'musikalischen Probleme' des Aristoteles heran!

Die Echtheit der 'Probleme' ist umstritten, aber auch die Vertreter der Unechtheit sind der Meinung, daß die musikalischen Teile »des großen Philosophen durchaus würdig sind« und daß »alle Probleme seiner Lehre entstammen³)«. Nach Prantl⁴) sind die Probleme von der Peripatetiker-

---

¹) Das Monochord des Pythagoras war vermutlich eine Art Guitarre (πανδοῦρος oder πανδοῦρα), deren Saite durch Auflegen eines Fingers verkürzt wurde. Solche Instrumente waren nach Reinach (Rev. ét. gr. 8, 1895, p. 371) in archaischer Zeit sehr verbreitet. Nach Nikomachos (S. 8 Meib.) wurde das Monochord gewöhnlich Pandouros, von den Pythagoreern aber Kanon genannt. Nach Pollux aber war die Pandoura ein Trichord. Diese Widersprüche beweisen von neuem, daß auf die späten Quellen kein Verlaß ist. Auf den antiken Abbildungen von Guitarren bei Reinach (l. c.) ist die Saitenzahl leider nicht zu erkennen.

²) Lasos von Hermione, nach 'Suidas' der erste Musikschriftsteller, lehrte in Athen um 500. Er gehört zu den berühmtesten Komponisten: er erweiterte die Tonleiter der Auloi und schuf den neuen attischen Dithyrambos. Die Einteilung seines Lehrgangs kennen wir aus Martianus Capella (vgl. Gevaert, Histoire I p. 70). Von seinen Lehren ist nur der Ausspruch erhalten, daß die Töne eine Breite haben (Aristoxenos, Stoicheia 3_{22}).

³) von Jan, Pseudo-Aristotelis de rebus musicis problemata, Leipzig 1895.

⁴) Prantl, Abh. Akad. München VI (1850), S. 341.

generation unmittelbar nach Theophrast zusammengestellt. Die musikalische Terminologie ist aber nach Gevaert-Vollgraff voraristoxenisch. Wir können die Probleme also unbedenklich als Quelle für den Stand der Musiktheorie am Ende des 4. Jahrhunderts verwenden.

Der Verfasser der Probleme gehört zur pythagoreischen Richtung, das ist vom Anfang des Werkes an klar. Er legt für die Oktave, Quinte und Quarte überall die Zahlenverhältnisse 2 : 1, 3 : 2 und 4 : 3 zugrunde und deutet diese wie Archytas als Verhältnisse von Geschwindigkeiten[1]). Dem höheren Ton wird daher immer die höhere Zahl zugeordnet. Zur empirischen Begründung der genannten Zahlenverhältnisse werden in Problem 23 und 50 eine ganze Reihe von Erfahrungstatsachen herangezogen:

Problem 23. »...Wenn die Hälfte einer Saite gezupft wird, erklingt die Oktave zur ganzen Saite. Ähnlich bei den Syringen: durch das Loch in der Mitte der Syrinx erklingt die Oktave zum Ton der ganzen Syrinx. Auf den Auloi erhält man die Oktave durch Verdopplung des Abstandes, und so gehen auch die Hersteller von Blasinstrumenten vor ... Ebenso erhalten sie die Quinte, indem sie den Abstand um die Hälfte, die Quarte, indem sie sie um ein Drittel vergrößern. Auf den dreieckigen Saiteninstrumenten (Harfen) ergeben Saiten gleicher Spannung eine Oktave, wenn die eine doppelt so lang ist wie die andere.«

Problem 50 (p. 10). »Warum erklingt aus zwei gleichen und ähnlichen Gefäßen, das eine leer, das andere halb voll, die Konsonanz der Oktave? Ist es, weil der Ton des leeren Gefäßes zu dem des halb vollen im doppelten Verhältnis steht? Ist es bei den Syringen nicht ebenso? Es ist nämlich anzunehmen, daß die schnellere Bewegung immer höher ist; in dem größeren Raum aber begegnet die Luft ⟨den Wänden⟩ langsamer, in dem doppelten Raum doppelt so langsam[2]), und entsprechend in den anderen Fällen«.

Die hier erwähnten Erfahrungen an Musikinstrumenten sind jedem praktischen Musiker zugänglich und den Instrumentmachern geläufig, wie im Problem 23 ja auch hervorgehoben wird. Es ist also ohne weiteres anzunehmen, daß die Pythagoreer ursprünglich von diesen Erfahrungen ausgehend auf die Zahlenverhältnisse für Oktave, Quinte und Quarte gekommen sind. Ich meine, das ist der wahre Kern der anfangs erwähnten Erzählungen über Pythagoras und Hippasos.

Wenn dieses richtig ist, so sind die Pythagoreer ursprünglich von der alltäglichen Erfahrung ausgegangen. Dann aber haben sie eingesehen, daß diese einen zu unsicheren Boden für eine exakte Wissenschaft von den Zahlen und Intervallen bildet. Um die Oktave eines Aulostones zu erhalten, muß

---

[1]) Siehe z. B. Problem 35b (Gevaert-Vollgraff p. 6) und 50 (p. 10).

[2]) Auf die bewunderswerte physikalische Einsicht in Wesen und Entstehung der Töne, die sich im letzten Satze kundtut, kommen wir in Abschnitt 8 noch zurück.

man die Länge der tönenden Luftsäule ungefähr verdoppeln, aber nicht genau, sondern es sind noch kleine Korrekturen notwendig, die von der Größe der Löcher und der Anblaseapparatur abhängen. Bei den Saiten hat man Schwierigkeiten, die Dicke und Spannung gleich zu machen. Falls man tatsächlich versucht haben sollte, die Zahlenverhältnisse mit Hilfe angehängter Gewichte exakt zu messen, wie es für Pythagoras überliefert ist, so hat man dabei einen neuen Mißerfolg buchen müssen, da die Gewichte bei der Oktave sich nicht wie $1:2$, sondern wie $1:\sqrt{2}$ verhalten. Einigermaßen exakte Bestimmungen sind nur möglich mit dem 'Kanon': dem mit Meßlatte und verschiebbarem Steg versehenen Monochord, wie ihn Ptolomaios I 8 beschreibt; aber diese Meßanordnung scheint spätern Datums zu sein. Die Pythagoreer selbst sind bald dazu übergegangen, sich von der Erfahrung freizumachen und, wie Ptolemaios sagt, eine 'mehr theoretische' ($\lambda o\gamma\iota\varkappa\omega\tau\varepsilon\varrho o\nu$) Begründung zu geben: eben die, welche wir in Abschnitt 2 kennen gelernt haben. Diese Begründung entnimmt aus der Erfahrung nur die Tatsache, daß man überhaupt Töne durch Zahlen messen kann; im übrigen verfährt sie spekulativ, indem sie annimmt, daß symphonen Intervallen nur überteilige oder vielfache Verhältnisse entsprechen können, oder daß der Oktave, dem schönsten Intervall, das nächst der Gleichheit einfachste Zahlenverhältnis $2:1$ entsprechen muß. Aus diesen wenigen Grundannahmen wird dann alles übrige deduziert.

Wie man empirisch die Töne durch Zahlen mißt, ist für diese Pythagoreer eine sekundäre Frage, über die man verschiedener Meinung sein kann. In der Tat finden wir bei verschiedenen Autoren verschiedene Zuordnungen: die einen ordnen den höheren Tönen größere, die anderen kleinere Zahlen zu. Platon im Timaios scheint den höheren Tönen kleinere Zahlen zuzuordnen, wie es die Saitenlängen nahelegen; Aristoteles dagegen ordnete in einem später zu besprechenden Fragment den 4 festen Saiten der Lyra (Hypate, Mese, Paramese, Trite) der Reihe nach die Zahlen 6, 8, 9, 12 zu. Die letztere Zuordnung wird bei Nikomachos (l. c.) dem Pythagoras zugeschrieben, und Nikomachos, der vielfach auf altpythagoreische Überlieferung zurückgeht, ordnet auch sonst dem höheren Ton die größere Zahl zu. Einen merkwürdig schwankenden Standpunkt nimmt die Sectio canonis ein: Während es in der Einleitung heißt, daß zwei Töne deswegen ein Zahlenverhältnis zueinander haben, weil Töne Vielheiten sind, die bei Erhöhung des Tones zu-, bei Herabstimmung abnehmen, werden im Hauptteil Töne durch Strecken dargestellt, und zwar höhere Töne durch kürzere Strecken.

Daß die Zahlenverhältnisse der Konsonanzen in ganz verschiedenen Weisen empirisch bestimmt wurden, bezeugt auch Theon von Smyrna (S. 59 Hiller): »Die einen wollen die (Zahlenverhältnisse der) Konsonanzen in den Gewichten erfassen, die anderen in den Größen, andere in den Bewegungen und wieder andere in den Gefäßen«. Hierauf folgt bei Theon der schon zitierte Bericht über die Gefäßexperimente des Lasos, und dann heißt es weiter:

»Die um Eudoxos und Archytas aber meinten übereinstimmend, daß die harmonischen Zusammenklänge durch Zahlen ausdrückbar seien, daß die Verhältnisse durch die Bewegungen bestimmt werden und daß zu einer schnellen Bewegung ein hoher Ton gehöre, weil sie ununterbrochen schlägt und die Luft schneller stößt, zur langsamen Bewegung aber ein tiefer Ton, weil sie träger ist«.

Dieses stimmt nun wieder mit dem bekannten Archytasfragment überein:

»Zuerst nun überlegten sie[1]) sich, daß unmöglich ein Schall entstehen könne, ohne daß ein gegenseitiger Anschlag von Körpern stattfände... Von den an unseren Sinn anschlagenden ⟨Schällen⟩ erscheinen uns die, welche schnell und stark von dem Anschlage her zu uns dringen, hoch, die aber langsam und schwach, tief zu sein. Denn nimmt man eine Gerte und bewegt sie langsam und schwach, so wird man mit dem Schlage einen tiefen Schall hervorbringen, bewegt man sie aber rasch und stark, einen hohen... Ein Ton, der unter starkem Atemstoß hervorgebracht wird, wird stark und hoch klingen, unter schwachem Atemstoß dagegen schwach und tief. Doch können wir es auch an diesem kräftigsten Beispiel sehen, daß nämlich derselbe Mensch mit lauter[2]) Stimme sich uns weithin vernehmlich macht, mit leiser[2]) dagegen nicht einmal in der Nähe. Doch auch bei den Flöten: stürzt die aus dem Munde gestoßene Luft in die dem Munde zunächst liegenden Löcher, so gibt sie infolge des starken Druckes einen höheren Klang, dagegen in die weiter abgelegene, einen tieferen. Daraus ergibt sich klar, daß die schnelle Bewegung den Klang hoch, die langsame tief macht. Doch auch bei den in den Mysterienweihen geschwungenen Waldteufeln geschieht genau dasselbe: langsam geschwungen, geben sie einen tiefen Klang von sich, heftig dagegen, einen hohen. Auch das Rohr wird, wenn man sein unteres Ende verstopft und hineinbläst, einen tiefen Ton geben; bläst man dagegen in die Hälfte oder sonst einen beliebigen Teil, so wird es hoch klingen. Denn dieselbe Luft strömt durch einen langgestreckten Raum langsam, durch einen kürzeren heftig aus... Daß nun also die hohen Töne sich schneller bewegen, die tiefen langsamer, ist aus vielen Beispielen deutlich geworden.«

Merkwürdig, daß in diesem Fragment die Geschwindigkeit oder Heftigkeit der den Schall verursachenden Bewegung nicht klar unterschieden wird von der Geschwindigkeit, mit der der Schall zum Ohr hinkommt. Der Irrtum, daß höhere Töne sich schneller fortpflanzen, findet sich nicht nur bei Archytas, sondern auch bei Platon (Timaios 80a), der in seinen physikalischen Ansichten stark von Archytas abhängig ist.

Es ist klar, daß diejenigen, die die Zahlenverhältnisse in den Gewichten oder in den Geschwindigkeiten zu erfassen suchten, dem höheren Ton die

---

[1]) Die Wissenschaftler: οἱ περὶ τὰ μαθήματα.

[2]) Soll wohl heißen: hoher bzw. tiefer, sonst wäre es eine nichts beweisende Plattheit.

größere Zahl zuordnen mußten, die anderen aber umgekehrt. Für die theoretische Herleitung der Zahlenverhältnisse der Konsonanzen ist es gleichgültig, welche von beiden Zuordnungen man wählt.

Aus dem Vorhergehenden folgt unzweideutig, daß die Ansicht, die man z. B. bei Zeller findet, die Zahlenverhältnisse der Konsonanzen seien bei den Pythagoreern ausschließlich aus der Beobachtung der Saitenlängen gewonnen, nicht haltbar ist. Wäre sie richtig, so hätte man dem höheren Ton immer die kleinere Zahl zuordnen müssen. Sondern die Zahlenverhältnisse erscheinen nach Ansicht der Pythagoreer einmal als Verhältnisse von Saitenlängen oder Längen von Blasinstrumenten, ein anderes Mal als Verhältnisse von Spannungen oder von Geschwindigkeiten, wobei falsche und richtige Anschauungen durcheinander gehen. Ein Zahlenverhältnis wie 2 : 1 ist den Pythagoreern nicht bloß ein empirisches Meßergebnis, sondern ein Ausdruck des innersten Wesens des Intervalles der Oktave. Dieses innerste Wesen wird, so meinen sie, immer dann in Erscheinung treten, wenn man die Töne in irgendeiner Weise durch vergleichbare Zahlen ausdrückt, ganz gleich, ob diese Zahlen nun Längen, Gewichte oder Geschwindigkeiten bedeuten. Und wenn die Erfahrung sich dem nicht fügt (wie etwa im Fall der Gewichte), nun, so beruft man sich eben auf die Unvollkommenheit der Empirie (vgl. Ptolemaios I 8: »Bei Saiten mit angehängten Gewichten ist es schwer, ihre Beschaffenheit zueinander gänzlich unverändert zu erhalten, da es schon schwer ist, jede in sich selbst völlig gleichartig zu finden... Ja mehr noch, wenn jemand dies für möglich hielte und die Länge der Saite gleich wäre, so würde das größere Gewicht durch die stärkere Spannung die durch dieses Gewicht gespannte Saite länger und zugleich dichter machen«).

Diese Art, theoretischen Erwägungen mehr zu trauen als der Erfahrung, paßt auch zum ganzen Wesen der Pythagoreer; Aristoteles wirft ihnen wiederholt vor, daß sie von vorgefaßten Meinungen ausgehen und der Erfahrung Gewalt antun (z. B. Vom Himmel II 13, 293a). Es ist ganz falsch, aus den Pythagoreern experimentelle Naturforscher im modernen Sinne zu machen, wie Frank[1]) es tut.

Da es sich hier um einen prinzipiell wichtigen Punkt handelt, wollen wir noch eine Stelle bei Aristoxenos anführen, aus der klar hervorgeht, daß die Pythagoreer nicht von exakten Messungen ausgegangen sind, sondern die Sinneswahrnehmungen als unexakt ablehnten und sich lieber auf theo-

---

[1]) E. Frank, Plato und die sog. Pythagoreer, S. 172. Frank beruft sich in erster Linie auf eine Platonstelle, auf die wir noch zu sprechen kommen, dann aber auch auf Aristoteles, aus dem Frank herausliest, »daß die Italiker sich mit ihren Begriffen und Theorien nur auf die Natur beziehen und nur das als wirklich anerkennen, was man mit den Sinnen wahrnehmen kann«. Schlägt man aber die zitierte Stelle Metaphys. A 8, 989b, 29ff. auf, so steht da ganz etwas anderes!

retische Spekulationen verlassen haben. Aristoxenes bekämpft die pythagoreische Lehre mit folgenden Worten:

»Wir suchen in Übereinstimmung mit den Erscheinungen Beweise zu geben, in Gegensatz zu den Theoretikern vor uns. Die einen tragen in die Sache ganz fremde Gesichtspunkte herein und lehnen die Sinneswahrnehmungen als unexakt ab; dafür konstruieren sie dann intelligible Ursachen und sagen, es seien gewisse Verhältnisse von Zahlen und Geschwindigkeiten, auf denen die Höhe und Tiefe der Töne beruhe. Alles der Sache vollkommen fremde und den Erscheinungen geradezu entgegengesetzte Spekulation! Die anderen verzichten ganz auf Gründe und Beweise und verkünden ihre Behauptungen wie Orakelsprüche, ebenfalls ohne die Erscheinungen gehörig durchzugehen«.

Nur eine Platonstelle (Staat 530 E), die Frank genau analysiert hat, scheint auf den ersten Blick gegen unsere Auffassung zu sprechen. Es heißt dort von den Pythagoreern: »die wirklich gehörten Konsonanzen und Töne aneinander messend« ($\mathring{\alpha}\nu\alpha\mu\varepsilon\tau\varrho o\tilde{v}\nu\tau\varepsilon\varsigma$). Nun steht hier jedenfalls nicht, daß sie die Saitenlängen aneinander messen, sondern die Töne und Konsonanzen. Wie kann man Töne und Konsonanzen, d. h. also Intervalle, aneinander messen? Nun, etwa nach dem Verfahren der Wechselwegnahme ($\mathring{\alpha}\nu\tau\alpha\nu\alpha\acute{\iota}\varrho\varepsilon\sigma\iota\varsigma$ oder $\mathring{\alpha}\nu\vartheta\upsilon\varphi\alpha\acute{\iota}\varrho\varepsilon\sigma\iota\varsigma$) das für Zahlen in Euklid VII 1, für Strecken in Euklid X 1 erklärt wird[1]). Geht man z. B. von den beiden Intervallen der Oktave und Quinte aus und nimmt das kleinere Intervall vom größeren weg, so bleibt die Quarte übrig, die kleiner als die Quinte ist. Zieht man sie ihrerseits von der Quinte ab, so bleibt der Ganzton übrig. Der Ganzton läßt sich zweimal von der Quarte abziehen; was übrig bleibt, ist das Leimma (256/243), der kleinere Halbton. Nimmt man das Leimma von dem Ganzton weg, so bleibt die 'Apotome', der größere Halbton. Der Überschuß der Apotome über das Leimma ist das sog. Komma der Pythagoreer. Genau diese Wechselwegnahmen werden in zwei bekannten Philolaosfragmenten beschrieben[2]). Wir haben hier also eine mögliche Deutung des Platonischen Ausdrucks »Messen der Intervalle«, die gut zu der sonstigen pythagoreischen Überlieferung paßt. Es ist aber auch möglich, daß Platon mit »Messen von Tönen und Intervallen« einfach ihre Darstellung durch Zahlen und Zahlen-

---

[1]) Vgl. dazu O. Becker, Endokos-Studien I, Quellen u. Studien Gesch. Math. B 2, S. 311f.

[2]) Diels, Vorsokratiker, Philolaos B 6 und A 26. Vgl. Boeckh, Philolaos, Berlin 1819, sowie vor allem Tannery, Mém. Sc. III, 220—24. — Zu Boeckhs Ansicht, daß »die Harmonie dem Philolaos nichts anderes als die Oktave« sei, ist zu bemerken, daß $\mathring{\alpha}\varrho\mu o\nu\acute{\iota}\alpha$ bei Philolaos wie überall in der griechischen Musiklehre 'Tonleiter' bedeutet. Der erste Satz des Philolaosfragmentes besagt demnach: »Die Tonleiter hat den Umfang einer Quarte und einer Quinte«. Allerdings hat die Tonleiter demnach den Umfang einer Oktave, aber darum ist das Wort 'Tonleiter' noch nicht synonym mit 'Oktave'!

verhältnisse gemeint hat. Wie dem auch sei, die Platonstelle beweist nicht, daß die Pythagoreer exakte Messungen von Saitenlängen vorgenommen hätten.

Wann man zu solchen Messungen am Kanon übergegangen ist, vermag ich nicht zu sagen: jedenfalls aber erst nach Aristoxenos, also frühestens um 300. Die reichhaltige musiktheoretische Literatur des 4. Jahrhunderts schweigt ganz von solchen Experimenten: weder Archytas noch Philolaos, weder Platon noch Aristoteles, weder Herakleides Pontikos noch Aristoxenos erwähnen den ʻKanonʼ. In den aristotelischen Musikproblemen sind die Erfahrungen, die zu den Zahlenverhältnissen der Konsonanzen führen, recht ausführlich zusammengestellt, aber das Wort ʻKanonʼ kommt in dem ganzen Werk nicht vor. Die Sectio canonis begründet eben diese Zahlenverhältnisse, ohne dabei den Kanon zu erwähnen. Nur die letzten beiden Lehrsätze der Sectio handeln von der Teilung des Kanons; aber Tannery hat nachgewiesen, daß diese beiden Lehrsätze einen späteren Zusatz darstellen. Sie stehen nämlich zu den beiden unmittelbar vorangehenden im Widerspruch: diese beziehen sich auf das enharmonische Tongeschlecht, die beiden letzten aber auf das diatonische.

Somit entspricht die Geschichte der pythagoreischen Musiklehre durchaus dem normalen Gang einer Naturwissenschaft: Von der alltäglichen **Erfahrung** geht sie aus, stellt dann **Theorien** zur Erklärung der Erfahrungen auf und verifiziert schließlich diese Theorien durch besonders dazu eingerichtete **Experimente**. Die pythagoreische Musiklehre ist, ebenso wie die gleichzeitig entstandenen physikalischen Theorien (der Atomismus ist ein typisches Beispiel!) nicht auf Grund exakter Experimente entstanden: dazu war die Zeit noch nicht reif. Die Fall- und Wurftheorien des Aristoteles hätten sofort aufgegeben werden müssen, wenn man sie durch Experimente mit fallenden und geworfenen Körpern nachgeprüft hätte. Erst Straton von Lampsakos, der Physiker, hat mannigfache physikalische Experimente ausgeführt, und in dieselbe Zeit (Anfang des 3. Jahrhunderts) möchte ich auch die Erfindung des Kanon (genauer: die Vervollkommnung des alten Monochords zu einem exakten Meßinstrument) legen.

Auch den Anlaß dazu kann man, wie ich glaube, angeben: es ist die Kritik des Aristoxenos. Aristoxenos warf den Pythagoreern »der Sache vollkommen fremde und den Erscheinungen geradezu entgegengesetzte Spekulation« vor. Demgegenüber wiesen die »von der Mathematik herkommenden«, wie Porphyrios sie nennt[1]), mit Hilfe des Kanon nach, daß die Erscheinungen selbst auf die Zahlenverhältnisse der Konsonanzen führen. Die Schule der ʻKanonikerʼ stellte die genauen Vorschriften zur Teilung des Kanons nach

---

[1]) Porphyrios 66_{15} (Düring). Wenige Zeilen später nennt er sie ʻKanonikerʼ.

den verschiedenen Tongeschlechtern auf, die wir bei Euklid, Theon von Smyrna, Aristides Quintilianus, Boethius und anderen finden[1]).

4. Pythagoras und die Tetraktys

Eine Tradition, die mindestens auf das 4. Jahrhundert zurückgeht, schreibt die Entdeckung der Zahlenverhältnisse für Oktave, Quinte und Quarte dem Pythagoras selber zu[2]), und in diesem Fall gibt es keinen Grund, die Zuschreibung zu bezweifeln. Denn allerhand Lehrstücke, die mit diesen Zahlen aufs engste zusammenhängen, sind sicher altpythagoreisch.

Da ist in erster Linie die berühmte Tetraktys. Delatte, der ihr eine eingehende Studie[3]) gewidmet hat, definiert sie treffend als »Gesamtheit von 4 Zahlen, deren Verhältnisse die grundlegenden musikalischen Intervalle darstellen«. Meistens sind es die Zahlen 1, 2, 3, 4, bisweilen auch 6, 8, 9, 12. Die altpythagoreische Eidesformel »Nein, ich schwöre bei dem, der unserer Seele die Tetraktys anvertraut hat, in welcher die Quelle und die Wurzel ewiger Natur liegt« zeigt, daß die Pythagoreer die Tetraktys als eine heilige Überlieferung des Meisters selber verehrt haben. Zwar ist die Eidesformel im dorischen Dialekt verfaßt, der Sprache der 'Mathematiker' unter den Pythagoreern, und man könnte einen Augenblick zweifeln, ob die Tetraktys vielleicht diesen Mathematikern eigentümlich und die Zuschreibung an Pythagoras eine nachträgliche Fiktion wäre. Aber unter den von Aristoteles gesammelten Sprüchen, die auf die andere Sekte der 'Akusmatiker' zurückgehen, findet sich die Formel[4]) »Was ist das Delphische Orakel? Die Tetraktys! ist sie doch die Tonleiter, in der die Sirenen ⟨singen⟩«, welche zeigt, daß auch die Akusmatiker die Tetraktys und ihre Beziehung zur Harmonielehre kennen.

Wir haben also allen Grund, die Erkenntnis der harmonischen Zahlenverhältnisse dem Pythagoras selber zuzuschreiben. Ob sie letzten Endes gar auf babylonische Quellen zurückgeht[5]), kann ich nicht beurteilen, da ich keine auf die Musik bezüglichen Keilschrifttexte kenne. Möglich wäre es, denn auch in der Mathematik und Astronomie, wo die Keilschrifttexte vorliegen, stellt sich immer deutlicher heraus, wie viel und wesentliches die Pythagoreer von den 'Chaldäern' gelernt haben.

---

[1]) Zusammengestellt bei S. Wantzloeben, Das Monochord, Halle 1911.

[2]) Xenokrates bei Porphyrios in Ptol. Harm. (vgl. Abschnitt 8). Diog. Laert. VIII, 12. Proklos in Tim. II S. 174.

[3]) A. Delatte, Études sur la littérature pythagoricienne, p. 249.

[4]) A. Delatte, l. c. 259. Wortlaut: τί ἐστι τὸ ἐν Δελφοῖς μαντεῖον; τετρακτύς· ὅπερ ἐστὶν ἡ ἁρμονία, ἐν ᾗ αἱ Σειρῆνες.

[5]) Jamblichos erzählt in seinem Leben des Pythagoras (Kap. 4), daß Pythagoras in Babylon von den Magiern in der Zahlenlehre, der Musiklehre und den anderen Wissenschaften unterrichtet worden sei. Vgl. auch die Fußnote zu der Proportion A : M = M : B in Abschnitt 6.

In welcher Weise bei der Zusammensetzung von Intervallen zu größeren Intervallen die Zahlenverhältnisse zusammengesetzt werden müssen, zeigt die Tetraktys unmittelbar. Nämlich 3:2 ist das Verhältnis der Quinte, 4:3 das der Quarte, 4:2 also das der aus Quinte und Quarte zusammengesetzten Oktave. In moderner Bezeichnung sind die Brüche $1\frac{1}{2}$ und $1\frac{1}{3}$ zu multiplizieren; die Griechen sprechen aber vom zusammengesetzten Verhältnis (συγκείμενος λόγος). Diese Art der Komposition der Verhältnisse ist so elementar und naheliegend, daß ich nicht verstehe, wieso Frank (Platon und die sog. Pythagoreer, S. 158—161) die klare Einsicht in diese Zusammenhänge vor der Zeit des Archytas und Eudoxos durchaus nicht annehmen will. Die pythagoreische Arithmetik (die Archytas, wie wir in Abschnitt 2 gesehen, bereits fertig vorgefunden hat) setzt den Begriff der Zusammensetzung von Zahlenverhältnissen als selbstverständlich voraus (vgl. Euklid, Elemente, Buch VIII, Prop. 5, 11, 12, 18, 19). Ich zögere keinen Augenblick, diese Einsicht auch dem Pythagoras zuzutrauen, der sich doch nach den Zeugnissen des Aristoteles und Aristoxenos (Diels, Vorsokratiker, Pythagoras A 7 und Pythagoreische Schule B 2) ernsthaft mit der Arithmetik befaßt haben soll.

Die umgekehrte Operation der Zusammensetzung ist die Subtraktion von Intervallen. Wenn der Hypate meson die Zahl 6 zugeordnet wird, so muß man der Mese die Zahl 8, der Paramese die Zahl 9 zuordnen; dem Intervall des Ganztones entspricht also das Verhältnis 9:8. Auch diese Überlegung, die nicht einmal den Begriff des harmonischen Mittels voraussetzt, ist durchaus nicht zu hoch für die Zeit des Pythagoras, und in der Tat schreibt Nikomachos — wie wir gesehen haben — die Zuordnung der Zahlen 6, 8, 9 zu den genannten Saiten dem Pythagoras zu.

Damit hätten wir das, was Pythagoras selbst über die harmonischen Zahlenverhältnisse gelehrt hat, in der Hauptsache wiederhergestellt. Ob er seine Lehren nur als Orakelsprüche vorgetragen hat, oder ob er daneben auch auf Erfahrungen an Saiten und Blasinstrumenten hingewiesen hat, wissen wir nicht. Die in Abschnitt 2 dargestellte theoretische Begründung der Pythagoreer vor Archytas, die von der Einteilung der Verhältnisse in vielfache, überteilige und überteilende ausgeht, wird wohl allmählich im Lehrbetrieb der pythagoreischen Schule entwickelt worden sein; sie ist schon ein Stück systematische Wissenschaft und paßt nicht gut zu dem Orakelstil des Pythagoras, so wie wir ihn uns nach zeitgenössischen Schilderungen (Heraklit, Empedokles) vorzustellen haben.

Wir untersuchen nun, welche Erweiterungen die Theorie nach Pythagoras erfahren hat.

5. Hippasos, der 'Mathematiker'

Wir wissen, daß es zu Aristoteles' Zeit zwei Sekten von Pythagoreern gab, die beide behaupteten, die wahre und eigentliche Lehre des Pythagoras zu vertreten[1]). Die 'Akusmatiker' erblickten den Kern dieser Lehre in den 'Akusmata', den Sprüchen, die sie auf die Offenbarung des göttlichen Pythagoras zurückführen, und lebten genau nach den darin enthaltenen Vorschriften. Die 'Mathematiker' dagegen hielten die Förderung der Wissenschaften für das Wichtigste. Sie nahmen es mit der Schweigepflicht und den anderen Vorschriften nicht so genau wie die Akusmatiker, sondern sie neigten zu einer symbolischen Interpretation dieser Vorschriften. Die Mathematiker erkannten die Akusmatiker als rechtgläubige Pythagoreer an, aber die Akusmatiker betrachten die Mathematiker als Abtrünnige. Der Abfall wird von ihnen auf Hippasos zurückgeführt, der als erster die Schweigepflicht gebrochen habe. Auch die Mathematiker erkennen an, daß Hippasos zu den ihren gehöre und die Schweigepflicht gebrochen habe: er habe nämlich die Konstruktion des Dodekaeders in einer Sphäre verraten und sei dafür in einem Schiffbruch umgekommen (von dieser Legende gibt es mehrere Varianten).

Mir scheint die Spaltung der Pythagoreer nach dem Tode des Pythagoras auf einer inneren Notwendigkeit zu beruhen. Entweder nämlich man betrachtet als Quelle der von Pythagoras gelehrten Weisheit über Zahlen, Harmonie und Sterne die göttliche Offenbarung des Pythagoras, dann hat es keinen Sinn, diese Weisheit durch eigene Forschung zu vermehren. Oder man nimmt den von Pythagoras selbst erhobenen Anspruch, kein Weiser, sondern ein Weisheitssucher zu sein, ernst, und man widmet sich selbst auch der Forschung. Dann aber kommt man mit Notwendigkeit dazu, durch eigenes Denken über die Lehre des Meisters hinauszugehen und die Vernunft als obersten Richter in wissenschaftlichen Sachen über die Offenbarung zu stellen. Mit einem $αὐτὸς\ ἔφα$ als Begründung kann sich die Wissenschaft nicht begnügen. Und wer ernsthaft wissenschaftliche Forschung betreibt, kommt unausweislich mit der Schweigepflicht in Konflikt; denn er muß mit den Forschern anderer Schulen Beziehungen aufnehmen, er muß von ihren Ergebnissen Kenntnis nehmen und kann dabei seine eigenen nicht verschweigen.

Für Pythagoras selbst bestand dieser Konflikt zwischen Glauben und Philosophie noch nicht. Er suchte »mit allen seinen Geisteskräften« die Wahrheit und näherte sich dadurch den Göttern, und was er erforscht hatte, das lehrte er seine Anhänger als göttliche Offenbarung. Aber unter seinen Jüngern mußte sich alsbald eine Spaltung ergeben. Der erste wirkliche Mathematiker unter den Pythagoreern, nach der Überlieferung beider Sekten eben jener Hippasos, mußte mit den rechtgläubigen Traditionalisten notwendigerweise in Konflikt geraten, sobald er versuchte, in der Geometrie (Dodekaeder), Arithmetik (harmonisches Mittel), Musiklehre (symphone Intervalle, Vasen-

---

[1]) Jamblichos, Vita Pythagor. XVIII, sowie vor allem A. Delatte, Etudes sur la littérature pythagoricienne, p. 271—274.

experimente), Kosmologie (Weltperioden) und Metaphysik (Lehre vom Feuer) über Pythagoras hinauszugehen.

So gewinnt die Persönlichkeit des Hippasos für uns greifbare Gestalt: alle zerstreuten Nachrichten über ihn schließen sich zu einem geschlossenen Gesamtbild zusammen. Auch die Zeitbestimmung hat keine Schwierigkeit: Sowohl die Nachricht des Aristoteles, der ihn in einer sonst chronologischen Aufzählung unmittelbar vor Herakleitos als Vertreter der Lehre vom Feuer nennt (Metaphysik A 3, 984a), als die des Theon über die Vasenexperimente mit Lasos, stellen ihn an das Ende des 6. Jahrhunderts, und die Tradition bestätigt diese Datierung[1]). Die Meinung Franks, daß die dem Hippasos zugeschriebenen mathematischen Entdeckungen frühestens in die Zeit unmittelbar vor Archytas fallen, vermag ich nicht zu teilen. Das Dodekaeder war ja schon vor 500 den Italikern bekannt, wie der bekannte Fund eines Specksteindodekaeders in Oberitalien beweist[2]).

Die wichtigste Neuerung, die Hippasos in die Musiktheorie hineingebracht hat, scheint wohl die Einführung des harmonischen Mittels zu sein[3]). Wir untersuchen jetzt die Rolle, die dieses Mittel in der pythagoreischen Musiktheorie gespielt hat.

6. Die Lehre von den drei Mitteln und die Tonleitern des Archytas

Die Grundzüge der antiken Lehre von den drei Mitteln werden in einem bekannten Archytas-Fragment (Diels, Vorsokratiker, Archytas B 2) folgendermaßen dargestellt:

»Es gibt in der Musik drei Mittel: erstens das arithmetische, zweitens das geometrische, drittens das reziproke, das man das harmonische nennt. Das arithmetische ⟨liegt vor⟩, wenn drei Terme im Verhältnis zueinander folgende Differenzen aufweisen: um wieviel der erste den zweiten übertrifft, um so viel übertrifft der zweite den dritten. Bei dieser Proportion fällt das Intervall der größeren Terme kleiner aus, das der kleineren größer. Das geometrische, wenn der erste Term zum zweiten sich verhält wie der zweite zum dritten. Die beiden größeren schließen dann dasselbe Intervall ein wie die kleineren. Das reziproke Mittel endlich, das wir das harmonische nennen, wenn die Terme sich so verhalten: der erste übertrifft den zweiten um den-

---

[1]) Siehe 'Suidas' unter Herakleitos: Herakleitos habe in der 69. Olympiade (504—1) bei Hippasos dem Pythagoreer und Xenophanes gehört.

[2]) F. Lindemann, Zur Geschichte des Polyeders, S.-B. bayr. Akad. math. phys. Kl. 1896, 625 ff.

[3]) Die verschiedenen Berichte des Jamblichos über die Geschichte der Mittellehre, die man bei Heath, Greek Mathematics I übersichtlich zusammengestellt findet, widersprechen sich gegenseitig und haben daher wenig Wert, aber in mehreren von ihnen wird der Name Hippasos genannt.

selben Teil seiner selbst, um welchen Teil des dritten der mittlere den dritten übertrifft. Bei dieser Proportion wird das Intervall der größeren Terme größer, das der kleineren kleiner.«

Das Fragment ist nach der Meinung des Philologen unzweifelhaft echt. Es stellt den ältesten uns erhaltenen griechischen mathematischen Text dar und ist also solcher ehrwürdig. Da aber neuerdings Reidemeister[1]) die Echtheit bezweifelt hat, wollen wir den Text nicht als Beweismittel, sondern nur als Einführung gebrauchen. Daß die darin ausgesprochenen Begriffe und Sätze dem Archytas gehören und in seiner Musiktheorie eine wichtige Rolle spielen, wird sich auf anderem Wege unabhängig von der Echtheit des Fragmentes zeigen.

Die Definitionen der drei klassischen Mittel M (arithmetisch), G (geometrisch, H (harmonisch) zwischen den Termen A und B heißen also:

$$A - M = M - B$$
$$A : G = G : B$$
$$(A - H) : A = (H - B) : B$$

Die Frage nach der Existenz des geometrischen Mittels ist dieselbe wie die, ob ein Verhältnis A : B oder musikalisch gesprochen ein Interall sich 'halbieren', d. h. in zwei gleiche Verhältnisse oder Teilintervalle zerlegen läßt. Wie wichtig solche Fragen für die Musiktheorie des Archytas waren, haben wir in Abschnitt 2 schon gesehen (vgl. Satz III). Es fragt sich nun, welche Bedeutung das arithmetische und harmonische Mittel für die Musiklehre haben. Darüber geben uns nun Platon (im Timaios), Aristoteles (bei Plutarch), Nikomachos, Boethius und die anderen späten Autoren reichlich Auskunft: sie bestätigen nämlich übereinstimmend, daß das arithmetische und vor allem das harmonische Mittel die Teilung eines Intervalles in ungleiche Teilintervalle bewirkt. Und zwar sind diese Teilintervalle bei beiden Mitteln dieselben, nur in umgekehrter Reihenfolge: es gelten nämlich die Proportionen:

$$A : H = M : B \text{ und } A : M = H : B^{2})$$

Das klassische Beispiel, das bei allen genannten Autoren vorkommt, ist die Teilung der Oktave. Die Zahlen 12 und 6 stehen im Verhältnis 2 : 1; ihr arithmetisches Mittel ist 9, ihr harmonisches 8, und diese beiden bewirken die Teilung der Oktave in Quarte und Quinte bzw. in Quinte und Quarte:

$$12 : 9 = 8 : 6 = 4 : 3$$
$$12 : 8 = 9 : 6 = 3 : 2.$$

---

[1]) K. Reidemeister, Die Arithmetik der Griechen, Leipzig 1940.

[2]) Jamblichos und Nikomachos nennen diese Proportion 'die vollkommenste'. Jamblichos berichtet, sie sei von den Babyloniern erfunden und von Pythagoras nach Griechenland gebracht. Viele Pythagoreer hätten sie benutzt, z. B. Aristaios von Kroton, Timaios von Lokris, Philolaos und Archytas.

Das Aristotelesfragment[1]), in dem diese Teilung erklärt wird, möge hier in Übersetzung wiedergegeben werden, weil es ein helles Licht wirft auf die Art, wie die pythagoreische Musiktheorie im 4. Jahrhundert gelehrt wurde. Wir lassen dabei alle Erläuterungen des Plutarch beiseite, ebenso die verdorbene Stelle (240), und stellen den folgenden Satz (241) nach (243), damit (242) sich, wie es die Logik fordert, direkt an (239) anschließt. Das ganze ergibt dann einen klaren Sinn:

(227) »Die Tonleiter (ἁρμονία) ist himmlisch; sie hat eine göttliche, herrliche, wunderbare Natur. (228) Sie wird von vier Gliedern hervorgebracht und weist zwei Mittel auf, das arithmetische und das harmonische. (229) Die Größen und Überschüsse ihrer Glieder erscheinen ⟨aufeinander abgestimmt⟩ nach der Zahl und nach der Geometrie; (230) denn sie gliedert sich in zwei Tetrachorden«. (231) Das sind seine eigenen Worte. (232) Er setzt dann auseinander, daß der Körper der Tonleiter aus ungleichen, aber symphon aufeinander abgestimmten Gliedern besteht, und daß die zwei Mittelglieder mit den äußeren Akkorde bilden ⟨nach der harmonischen und⟩ nach der arithmetischen Proportion. (237) Die äußeren Glieder der Tonleiter übertreffen die Mittelglieder und werden von ihnen übertroffen um gleiche Überschüsse, sei es zahlenmäßig, sei es in geometrischer Proportion. (239) Einerseits ⟨nämlich⟩ übertrifft die Nete die Mese um ihr eigenes Drittel, und die Hypate wird von der Mese um denselben Teil übertroffen[2]). (242) Das ist die harmonische Proportion. (243) Andererseits ist der Überschuß der Nete über die Paramese nach dem arithmetischen Verhältnis gleich 3, d. h. gleich dem Überschuß der Paramese über die Hypate. (241) Die äußeren Glieder übertreffen die Mese und die Paramese und werden von ihnen übertroffen in gleichen Verhältnissen, nämlich $1\frac{1}{3}$ und $1\frac{1}{2}$. (246) »So ist sie (die Tonleiter) samt allen ihren Teilen der Natur gemäß gebildet, nämlich aus dem Geraden, dem Ungeraden und dem 'Geradungeraden'[3])«.

Die Teilung der Oktave und die Zahlenwerte 6, 8, 9, 12 kehren in der Epinomis wieder (vgl. weiter unten).

Eratosthenes hat später dasselbe Teilungsprinzip nicht nur auf die Oktave, sondern auch auf andere Intervalle angewandt. So teilt er den kleinen Ganzton 10 : 9 im chromatischen Tongeschlecht in 20 : 19 und 19 : 18, im enharmonischen den Halbton 20 : 19 weiter in 40 : 39 und 39 : 38. Bemerkenswert ist dabei, daß das kleinere Teilintervall immer von den tieferen Tönen begrenzt wird.

---

[1]) Plutarque De la musique ed. Weil-Reinach, p. 92—97. Das Fragment ist wahrscheinlich einem Jugendwerk des Aristoteles entnommen, vielleicht (nach Bussmaker und Rose) dem Dialog »Eudemos, über die Seele«.

[2]) Man muß sich dabei die Zahlenwerte vor Augen halten: Nete 12, Paramese 9, Mese 8, Hypate 6.

[3]) d. h. der Eins. Vgl. Aristoteles, bei Theon v. Smyrna, 22 Hiller; dazu Rostagni, Il Verbo di Pitagora, Cap. III.

Wenn man die größere der beiden Zahlen A und B dem höheren Ton zuordnet, wie es den physikalischen Grundanschauungen von Archytas und Eudoxos entspricht, so bewirkt das arithmetische Mittel eine solche Teilung, bei der die höheren Töne das kleinere Teilintervall, die tieferen das größere begrenzen. Beim harmonischen Mittel ist es aber umgekehrt. Daraus versteht man, wozu die Einführung des harmonischen Mittels nötig war. Das einfachere arithmetische Mittel würde zwar dieselben Teilintervalle ergeben, aber in falscher Reihenfolge.

Läßt es sich erweisen, daß auch Archytas das harmonische Mittel in diesem Sinne angewandt hat? Da müssen wir zunächst die Intervalle der Tonleiter des Archytas, die uns Ptolemaios überliefert hat, näher betrachten.

Die acht Töne der klassischen Tonleiter werden mit dem Namen der acht Saiten der Lyra belegt:

Tetrachord diezeugmenon
- Nete
- Paranete
- Trite
- Paramese

Tetrachord meson
- Mese
- Lichanos
- Parhypate
- Hypate

Die Tonleiter besteht aus zwei Tetrachorden, von denen jedes das Intervall einer Quarte umfaßt und die durch das Intervall eines Ganztones getrennt sind. Die ganze Tonleiter umfaßt also eine Oktave. Allen Tongeschlechtern gemeinsam sind die »festen Töne«, Hypate, Mese, Paramese, Nete; ihnen sind die oben schon erwähnten Zahlen 6, 8, 9, 12 zugeordnet. Die Intervalle innerhalb der Tetrachorde aber sind für die einzelnen Tongeschlechter verschieden. Es gibt drei Tongeschlechter: das enharmonische, das chromatische und das diatonische. Ihre Intervalle sind nach Archytas in der Reihenfolge vom höchsten zum tiefsten die folgenden:

enharmonisch 5 : 4, 36 : 35, 28 : 27
chromatisch 32 : 27, 243 : 224, 28 : 27
diatonisch 9 : 8, 8 : 7, 28 : 27.

Das Produkt der drei Zahlenverhältnisse ist in jedem der drei Fälle 4 : 3, d. h. die Summe der drei Teilintervalle ist immer eine Quarte.

Die höchsten Teilintervalle der drei Tongeschlechter sind leicht zu erklären: 5 : 4 ist die reine große Terz, 9 : 8 ist der Ganzton, die Differenz von Quinte und Quarte, 32 : 27 aber ist die Differenz von Quarte und Ganzton. Denkt man sich also das Tetrachord als Mesontetrachord, so bildet der enharmonische Lichanos mit der Mese eine große Terz, der chromatische Lichanos mit der Paramese eine reine Quarte, der diatonische Lichanos schließlich mit der Paranete eine reine Quinte, diese aber mit der Mese eine reine Quarte.

Merkwürdiger mutet auf den ersten Blick das allen Tongeschlechtern gemeinsame Intervall 28 : 27 an. Um es zu erklären, denke man sich[1]) unter der Hypate eine Hyperhypate im Abstand eines Ganztones; diese schließt mit der Parhypate die »verminderte kleine Terz« (9 : 8). (28 : 27) = 7 : 6 ein, die ausgesprochen angenehm klingt und in dem enharmonischen Orestes-Fragment des Euripides relativ häufig vorkommt. Handelt es sich um das Tetrachord diezeugmenon, so übernimmt die Mese die Rolle der vorhin angenommenen Hyperhypate und bildet mit der Trite diezeugmenon dasselbe Intervall 7 : 6.

Somit zeigt es sich, daß neben Oktave, Quinte und Quarte die große Terz (5 : 4) und die verminderte kleine Terz (7 : 6) die fundamentalen Intervalle des Archytas sind. Daneben kann man auch noch die in gewissem Sinne komplementären Intervalle (6 : 5) und (8 : 7) aufweisen: das letztere kommt im diatonischen Tongeschlecht vor, das erstere im enharmonischen von der Mese bis zur Paranete.

Tannery[2]) hat nun die folgende Hypothese aufgestellt: Archytas habe die Quinte und Quarte erhalten durch Teilung der Oktave nach dem arithmetischen oder nach dem harmonischen Mittel, die Intervalle (4 : 5), (5 : 6), (6 : 7) und (7 : 8) aber durch Teilung von Quarte und Quinte nach demselben Rezept. Denkt man sich etwa von der Mese aus nach unten eine Quinte und nach oben eine Quarte, so ergibt die Teilung dieser Quinte durch das harmonische Mittel genau den enharmonischen Lichanos des Archytas, dieselbe Teilung der Quarte aber die allen Tonarten gemeinsame Trite diezeugmenon.

So ansprechend diese Hypothese auch ist und so gut sie zu allem stimmt, was sonst über Archytas und die Mittellehre überliefert ist, textlich belegt war sie bisher nicht. Nun gibt es aber in der Epinomis eine Stelle, die genau dasselbe sagt, wenn man sie nur wörtlich liest. Damit ist die Tannerysche Hypothese bewiesen und gleichzeitig eine bisher dunkle Stelle in dem mathematischen Abschnitt der Epinomis 990 E aufgeklärt. Die Stelle heißt folgendermaßen[3]):

1. ὃ δὲ θεῖόν τ' ἐστὶν καὶ θαυμαστὸν τοῖς ἐγκαθορῶσί τε καὶ διανοουμένοις ὡς περὶ τὸ διπλάσιον ἀεὶ στρεφομένης τῆς δυνάμεως καὶ τῆς ἐξ ἐναντίας ταύτῃ καθ' ἑκάστην ἀναλογίαν εἶδος καὶ γένος ἀποτυποῦται πᾶσα ἡ φύσις.

---

[1]) Vgl. R. P. Winnington-Ingram, Classical Quarterly 26 (1932) S. 195—208, sowie Düring 1934, S. 251.

[2]) P. Tannery, Mém. Scient. III, S. 105.

[3]) Vgl. O. Toeplitz, Die mathematische Epinomisstelle, Quellen und Studien zur Gesch. d. Math. 2 (1933) S. 334.

2. ἡ μὲν δὴ πρώτη τοῦ διπλασίου κατ' ἀριθμὸν ἓν πρὸς δύο κατὰ λόγον φερομένη, διπλάσιον δὲ ἡ κατὰ δύναμιν οὖσα. ἡ δ' εἰς τὸ στερεόν τε καὶ ἁπτὸν πάλιν αὖ διπλάσιον, ἀφ' ἑνὸς εἰς ὀκτὼ διαπορευθεῖσα.

3. ἡ δὲ διπλασίου μὲν εἰς μέσον, ἴσως δὲ τοῦ ἐλάττονος πλέον ἔλαττόν τε τοῦ μείζονος, τὸ δ' ἕτερον τῷ αὐτῷ μέρει τῶν ἄκρων αὐτῶν ὑπερέχον τε καὶ ὑπερεχόμενον — ἐν μέσῳ δὲ τοῦ ἓξ πρὸς τὰ δώδεκα συνέβη τό τε ἡμιόλιον καὶ ἐπίτριτον — τούτων αὐτῶν ἐν τῷ μέσῳ ἐπ' ἀμφότερα στρεφομένη τοῖς ἀνθρώποις σύμφωνον χρείαν καὶ σύμμετρον ἀπενείματο παιδιᾶς ῥυθμοῦ τε καὶ ἁρμονίας χάριν, εὐδαίμονι χορείᾳ Μουσῶν δεδομένη.

Übersetzung:

1. Was aber göttlich ist und wunderbar für diejenigen, die (da) hineinschauen und ⟨es⟩ durchdenken ⟨vermögen⟩: wie die ganze Natur Gestalt und Gattung formt, indem die Kraft (Satz 2) und die aus der Gegensetzung zu ihr nach jeder Proportion[1]) ⟨resultierende Kraft⟩ (Satz 3) sich immer um die Verdopplung drehen[2]).

2. Die offenbar erste ⟨Kraft⟩ der Verdopplung schreitet nach Zahlenart gemäß dem Verhältnis 1 zu 2 fort; aber auch die quadratische ⟨Kraft⟩ drückt die Verdopplung aus. Die schließlich in das feste und greifbare[3]) ⟨gehende Kraft⟩ ist wiederum noch einmal doppelt und schreitet von 1 bis 8 weiter.

3. Was nun endlich die ⟨Kraft⟩ der Verdopplung anlangt, die sich nach der Mitte wendet, wobei das Mittel einmal ⟨als arithmetisches Mittel⟩ um gleich viel größer ist als das kleinere und kleiner als das größere, dann aber als das andere ⟨harmonische Mittel⟩ um denselben Bruchteil der äußeren Glieder diese selbst übertrifft und übertroffen wird[4]) — in der Mitte von der

---

[1]) Gemeint ist wohl: nach der geometrischen, arithmetischen und harmonischen Proportion, von denen die letzten beiden in Satz 3 definiert werden, während die geometrische Proportion $1:2 = 2:4 = 4:8$ dem Satz 2 zugrunde liegt.

[2]) Der erste Satz weist, wie wir es durch die eingeklammerten Hinweise kenntlich gemacht haben, auf die beiden folgenden hin. Er kann aber auch nach Toeplitz rückwärts auf die vorangehenden Sätze der Epinomis bezogen werden, in denen die ebene Geometrie definiert wurde als die Wissenschaft, die unähnliche rechteckige Zahlen ähnlich zu machen lehrt und ebenso die Stereometrie als die 'neue Kunst', Zahlen aus je drei Faktoren, die im räumlichen Sinne unähnlich sind, doch ähnlich zu machen (Würfelverdopplung). Diese ganze Theorie dreht sich tatsächlich immer um die Verdopplung (von Verhältnissen) und ihre Umkehrung, die Mittelbildung (diesmal im Sinne des geometrischen Mittels). Vgl. dazu noch O. Becker, Quellen u. Studien B 4, S. 191, sowie B. L. v. d. Waerden, Math. Ann. 118 (1942) S. 286.

[3]) d. h. in die Dimension des Raumes hinein. Der Sinn ist: Nimmt man eine Strecke und verdoppelt sie, so erhält man ein geometrisches Bild des Zahlenverhältnisses $1:2$. Verdoppelt man aber ein Quadrat nach Länge und Breite, so erhält man das Flächenverhältnis $1:4$. Verdoppelt man schließlich einen Raumkörper in jeder Richtung, so erhält man das Verhältnis $1:8$.

[4]) Diese Definition der zwei musikalischen Mittel stimmt genau mit dem am Anfang dieses Abschnitts zitierten Archytasfragment überein.

6 zu der 12 hat sich das Verhältnis 1½ und das Verhältnis 1⅓ ergeben[1]) — so hat sie dadurch, daß sie sich von eben diesen ⟨Verhältnissen⟩[2]) in der Mitte ⟨stehend⟩[3]) wiederum nach beiden Seiten wendet, den Menschen wohltönende Gemeinschaft zuerteilt und maßgleiche Anmut in Spiel, Rhythmus und Harmonie, hingegeben dem glückseligen Reigen der Musen.

O. Toeplitz hat, einem Vorschlag von A. E. Taylor folgend, den letzten Satz so gedeutet: Nachdem man zwischen 6 und 12 die beiden Mittel 8 und 9 gefunden hat, bilde man zwischen diesen beiden wieder ein arithmetisches und ein harmonisches Mittel, usw., und findet so immer bessere Näherungsbrüche für $6\sqrt{2}$. Sprachliche Bedenken gegen diese Deutung habe ich schon in den letzten beiden Fußnoten angeführt. Es ist aber auch sachlich nicht einzusehen, wie man durch eine solche fortschreitende Approximation jemals zu anmutigem Spiel, Rhythmus und Melodie kommen sollte.

Liest man aber den Text wörtlich, so sagt er, daß dieselbe mittelbildende Kraft, die bereits die Verhältnisse 3:2 und 4:3 hervorgebracht hat, nun noch einmal von der Mitte aus auf diese beiden angewandt wird, oder musikalisch gesprochen: nachdem man zuerst die Oktave harmonisch in Quinte und Quarte geteilt hat, teilt man diese beiden, von der Mese aus nach beiden Seiten sich wendend, noch einmal harmonisch nach demselben Verfahren. In dieser Weise erhält man in der Tat die ganze wohlklingende Gebundenheit der Musik, nämlich alle fundamentalen Intervalle der drei Tongeschlechter, nach Archytas von Tarent.

7. Die diatonische Tonleiter

Die zwei Sätze der Sectio canonis, die von der Teilung des Kanons handeln und von Tannery als späterer Zusatz erwiesen wurden, gehen auf die folgende Intervallteilung des Tetrachordes aus:

$$(9:8) \cdot (9:8) \cdot (256:243) = 4:3.$$

Sie ist dadurch gekennzeichnet, daß die beiden höchsten Intervalle exakte Ganztöne im klassischen Sinne sind. Der Ganzton wird nämlich bei allen antiken Schriftstellern als Differenz von Quinte und Quarte definiert. Wir werden diese Stimmung der diatonischen Tonleiter die kanonische nennen. Sie findet sich in den sog. Philolaos-Fragmenten, im platonischen Timaios, bei Eratosthenes und bei Ptolemaios unter dem Namen Diatonon ditonaion. Ptolemaios schreibt über sie (Harm. I 16):

---

[1]) Vgl. die schon angeführten Zahlenbeispiele 6, 9, 12 und 6, 8, 12 für das arithmetische und das harmonische Mittel, die die Zahlenverhältnisse 1½ und 1⅓ der Quinte und Quarte enthalten.

[2]) Es ist sprachlich klar, daß mit 'eben diesen' nicht die beiden Mittel 8 und 9 gemeint sein können, sondern nur die eben gewonnenen Verhältnisse 1½ und 1⅓, Hemiolion und Epitriton.

[3]) nicht: nach der Mitte, wie Toeplitz irrtümlich übersetzt.

»An die Seite des schon behandelten Diatonon syntonon[1])... stellen sie (die Kitharöden) auch ein anderes Tongeschlecht, das jenem nahekommt, überdies handlich liegt. Die zwei höchsten ⟨Intervalle⟩ machen sie zu Ganztönen und das übrige zu einem Halbton, wie sie selber glauben, wie die theoretische Berechnung aber lehrt, zu einem Leimma. Dieses ⟨Tongeschlecht⟩ wird von ihnen verwendet, weil sich weder der höchste Ton im Verhältnis 9:8 von 10:9 nennenswert unterscheidet, noch der tiefste im Verhältnis 16:15 vom Leimma. Denn wenn wir 10/9 und 9/8 von der Zahl 72 nehmen, erhalten wir 81 bzw. 80, und 9/8 dividiert mit 10/9 gibt 81/80. Dies ist auch das Verhältnis des Ditonos (9:8)·(9:8) verglichen mit 5:4, dem höchsten Intervall des enharmonischen Tongeschlechtes... Daher entsteht in keinem der vorliegenden Tongeschlechter eine nennenswerte Störung, wenn sie im Diatonon syntonon 9:8 anstatt 10:9 für das höchste Intervall verwenden... Auch ein solches Tongeschlecht können wir annehmen, weil der Übergang von dem Tonaion zu dem aus jenem ⟨und dem Tonaion⟩ gemischten leicht wird. Auch hat das Leimma im Gegensatz zu anderen Verhältnissen, die nicht überteilig sind, eine Verwandtschaft sowohl mit der Quarte als mit dem Ganzton...«

Ptolemaios erkennt, wie man sieht, etwas zögernd diese Stimmung an, deren Intervalle nicht überteilig sind, und zwar nicht mit Rücksicht auf Platon oder auf theoretische Erwägungen, sondern mit Rücksicht auf die Praxis der Kitharöden, für die diese Stimmung 'handlich liegt'. Damit ist wohl gemeint, daß man diese Stimmung sehr leicht exakt erhalten kann, nämlich indem man alle Quinten und Quarten rein stimmt, oder auch daß diese Stimmung am leichtesten modulierbar ist.

Bei vielen späten Schriftstellern gilt die kanonische Tonleiter als pythagoreisch: sie wird öfter dem Pythagoras selbst zugeschrieben[2]). Frank aber behauptet unter Berufung auf Tannery, sie sei erst von Platon eingeführt worden. Tannery selbst äußert sich allerdings viel vorsichtiger[3]). Wir aber wollen zeigen, daß die kanonische Tonleiter in der musikalischen Praxis von jeher eine große Rolle gespielt hat und daß sie sehr wahrscheinlich schon von den älteren Pythagoreern oder von Pythagoras selbst zahlenmäßig erfaßt wurde.

---

[1]) Intervalle 10:9, 9:8, 16:15.

[2]) Siehe etwa Theon von Smyrna, ed. Hiller $56_{10}-57_1$.

[3]) Tannery, Mém. Sc. III, 233: »L'habillement mathématique de l'échelle du Timée peut très bien au reste, si les fragments de Philolaos ne sont pas authentiques, ne pas remonter plus haut que l'époque de Platon,... Platon a, très probablement le premier, proposé sous forme mathématique l'échelle en question: il a essayé de justifier a priori cet échelle, dont l'origine véritable est plutôt à chercher dans l'essai d'un acousticien...« Ganz anders Frank (S. 167): »Diese Tonleiter ist aber eine metaphysische Konstruktion, die mit wirklicher Musik nichts zu tun hat und mit bewußter Absicht ihre Töne und Konsonanten außer acht läßt.«

Um diesen Nachweis zu führen, müssen wir die verschiedenen Schattierungen (χροαί) des diatonischen Tongeschlechtes untersuchen. Ptolemaios nennt folgende Teilungen des Tetrachordes:

I. Diatonon syntonon: (10 : 9). (9 : 8). (16 : 15) = 4 : 3
II. Diatonon ditonaion: (9 : 8). (9 : 8). (256 : 243) = 4 : 3
III. Diatonon tonaion: (9 : 8). (8 : 7). (28 : 27) = 4 : 3
IV. Diatonon malakon: (8 : 7). (10 : 9). (21 : 20) = 4 : 3.

I kommt mit Vertauschung des großen und des kleinen Ganztons zuerst bei Didymos (um 50 n. Chr.) vor. II ist die kanonische Tonleiter von Platon, Philolaos, Euklid und Erastosthenes. III ist das diatonische Tongeschlecht des Archytas. II, III und IV entsprechen den folgenden Teilungen der Theorie des Aristoxenos:

(2) Diatonon syntonon $1 + 1 + \frac{1}{2}$
(3) Ohne Namen (Stoicheia 52_{30}) $1 + 1\frac{1}{6} + \frac{1}{3}$ oder $1 + 1\frac{1}{4} + \frac{1}{4}$
(4) Diatonon malakon $1\frac{1}{4} + \frac{3}{4} + \frac{1}{2}$

Die Intervalle I haben im System des Aristoxenos keinen Platz: er würde sie 'irrational' nennen.

Daß die Stimmungen I bis IV alle zur Zeit des Ptolemaios bei den Kitharöden Verwendung fanden, geht aus Ptol. II 16 klar hervor. Aus der Übereinstimmung mit Aristoxenos und Archytas ergibt sich, daß dieselben Stimmungen auch in klassischer Zeit übrig waren.

Die Stimmung II ist am einfachsten praktisch exakt zu erhalten. Man stimme zunächst nach Quinten und Quarten die festen Saiten, die die Tetrachorde begrenzen: Hypate, Mese, Paramese, Nete. Eine Quarte über der Mese stimme man die Parenete, eine Quinte tiefer den Lichanos, eine Quarte höher die Trite, eine Quinte tiefer die Parhypate. Die Griechen nannten das: »Bestimmung der Töne durch Konsonanzen« (ἡ διὰ συμφωνίας λῆψις)[1].

Gevaert meint dazu: A l'origine les Grecs semblent n'avoir pas connu d'autre mode de génération des sons[2]. Ptolemaios bestätigt uns ausdrücklich (S. 59): »Die Kitharöden stimmen so, daß sowohl AB als BΓ einen Ganzton betragen.« Außer dem Vorzug der bequemen exakten Stimmung hat diese Schattierung noch den der leichteren Modulierbarkeit (Ptolemaios S. 59), da nur bei ihr die Nete synnemenon mit der Paranete diezeugmenon und die Paranete synnemenon mit der Trite diezeugmenon zusammenfällt. Dadurch erklärt sich die Beliebtheit dieser Stimmung bei den Kitharöden des Ptolemaios.

Wenn wir nun dieselbe Stimmung des diatonischen Tongeschlechtes auch bei Platon, bei Aristoxenos, in der Sectio canonis und bei Aristoxenos

---

[1] Vgl. Aristoxenos 55_{11}: »Daher ist die sicherste Bestimmung eines diaphonen Intervalles die durch Konsonanz«.

[2] Gevaert, Histoire et théorie de la musique de l'antiquité I, 309.

als einzige oder doch wichtigste Schattierung wiederfinden, so leuchtet es doch ein, daß auch sie sich nicht etwa nach theoretischen Gesichtspunkten, die nur Platon eigentümlich waren, sondern wie Ptolemaios nach der Musikpraxis ihrer Zeit gerichtet haben. Wie der erfahrene Musiker Gevaert uns wiederholt versichert, ist die »Stimmung nach Konsonanz«, d. h. nach reinen Quarten und Quinten, das einzige wirklich exakte Stimmungsverfahren: noch heute gehen unsere Klavierstimmer so vor.

Von der Stimmung II ausgehend, erhält man die anderen drei durch Herabstimmung einzelner Saiten, und zwar hat man im Fall I die festen Töne um ein Komma (81 : 80) tiefer zu stimmen, im Fall III die Triten und Parhypaten um $\frac{1}{6}$ bis $\frac{1}{4}$ Ton, im Fall IV die Paraneten und Lichanoi um ebensoviel[1]). III ist wohl neben II die beliebteste diatonische Tetrachordteilung von Archytas bis Ptolemaios (vgl. Ptol. II 16). Die Stimmungen III und IV scheinen zu den Neuerungen zu gehören, gegen die die Komödiendichter des 5. Jahrhunderts so sehr zu Felde ziehen. Denn immer ist es die Herabstimmung der Saiten und die Einführung von immer und immer weicheren Tonleitern, die in erster Linie gerügt wird[2]). Wenn nun auch Platon im Timaios in Gegensatz zu Archytas die Tonleiter II vertritt, so ist das keine bloße Spielerei mit den Zahlen 2 und 3, sondern es paßt durchaus zu seiner konservativen Einstellung gegenüber der neueren Musik, die er auch sonst öfter (vor allem in den Gesetzen) äußert. Man soll nie vergessen, daß Platon sich nicht nur auf Zahlenspekulation, sondern auch auf wirkliche Musik versteht. »Ἁρμονία συμφωνία ἐστί«: »Die Tonleiter ist Konsonanz« heißt es im Gastmahl (187a), und dieser Satz drückt in rein musikalischer Sprache schon dasselbe aus wie die Zahlenverhältnisse der Tonleiter des Timaios.

Eine weitere Stütze für unsere These, daß die Stimmung II in Theorie und Praxis von jeher eine größere Rolle gespielt hat als I, gewinnen wir indirekt durch Betrachtung des enharmonischen Tongeschlechtes. Hier zeigt sich, daß Archytas mit seiner reinen großen Terz ganz allein steht: alle anderen Autoren des fünften, vierten und dritten Jahrhunderts sind der Ansicht, daß das große Intervall des enharmonischen Tongeschlechtes ein Ditonos (gleich zwei Ganztönen) ist. Dieses zeigt sich bereits aus den Tonleitern des Damon[3]), weiter bei Aristoteles[4]), der den Viertelton wiederholt das gemeinsame Maß aller musikalischen Intervalle nennt, dann bei Philolaos[5]), der die Quarte in zwei Ganztöne und eine 'Diesis', diese aber in zwei Dia-

---

[1]) Vgl. über diese Herabstimmung Aristoxenos bei Plutarch, Kap. 38, sowie Tannery, Mém. sc. III, p. 90 ff.

[2]) Vgl. Pherekydes und Aristophanes bei Plutarch, l. c. 240—243.

[3]) Bei Aristides Quintilianus, ed. Meibom, S. 22. Vgl. R. Schäfke, Aristeides Quintilianus Von der Musik, Berlin 1937, sowie die dort angeführte Literatur.

[4]) Aristoteles, An. post. A 23; Metaphysik I 1 1053a und N 1 1087b.

[5]) Diels, Vorsokratiker, Philolaos B 6. Vgl. Tannery, Mém. Scient. III 220—243.

schismen teilt, offenbar mit Rücksicht auf das enharmonische Tongeschlecht, und selbstverständlich bei Aristoxenos, der überdies versichert, alle seine Vorgänger seien sich darüber einig, daß es keine Schattierungen des enharmonischen Geschlechtes gibt[1]). Aristoxenos und Euklid[2]) geben beide dieselbe Vorschrift zur Bildung des enharmonischen Ditonos, nämlich: man nehme vom gegebenen Ton aus eine Quinte nach unten, dann eine Quarte nach oben, dann wieder eine Quinte nach unten und eine Quarte nach oben. Bei Eratosthenes schließlich unterscheidet sich das große enharmonische Intervall (19 : 15) nur unmerklich vom Ditonos (81 : 64).

Woher kommt es, daß alle diese Autoren den Ditonos der reinen großen Terz vorziehen? Einem System zuliebe sicher nicht, denn sie sind ja Anhänger der verschiedensten Systeme. Eher einer Tradition zuliebe, die das enharmonische Tongeschlecht aus dem als älter und natürlicher betrachteten diatonischen herleitet. Nach dieser von Aristoxenos überlieferten Tradition wäre das große enharmonische Intervall aus zwei aufeinanderfolgenden diatonischen Ganztonintervallen durch Weglassung des mittleren Tones entstanden[3]). Daraus folgt von neuem, daß für Aristoxenos und die Musiker vor ihm die Intervalle des normalen diatonischen Tongeschlechtes exakte Ganztöne waren.

Aus alledem ergibt sich nun mit völliger Sicherheit, daß die Stimmung der diatonischen Tonleiter nach reinen Quinten und Quarten nicht auf Platon zurückgeht, sondern uralt ist. Wir wissen aber auch, daß Pythagoras und seine unmittelbaren Schüler die Zahlenverhältnisse für Oktave, Quinte und Quarte gekannt und mit ihnen gerechnet haben. Wenn nun einer von ihnen sich die Frage vorgelegt hat, durch welche Zahlenverhältnisse die Intervalle der diatonischen Tonleiter wohl dargestellt werden, so mußte er auf Grund der in ihr enthaltenen reinen Quinten und Quarten zwangsläufig zu den Zahlenwerten II kommen. Um so mehr empfahlen sich diese, als sie sich letzten Endes alle aus der Tetraktys, der »Wurzel und Quelle ewiger Natur«, herleiteten. Die Tradition, welche diese Zahlenwerte auf Pythagoras selbst zurückführt, ist demnach durchaus glaubwürdig.

---

[1]) Plutarch, de musica, Kap. 34. Aristoxenos gibt aber an anderer Stelle (Stoicheia 23$_{15}$ und 28$_{13}$) zu, daß der enharmonische Lichanos in der Praxis manchmal etwas höher gestimmt wurde, um das Intervall anmutender zu machen. Die Praxis kannte also wie Archytas die reine große Terz, die landläufige Theorie aber nicht.

[2]) Aristoxenos, Stoicheia S. 55 Meib. Euklid, Sectio canonis, Prop. 17.

[3]) Aristoxenos bei Plutarch, Kap. 11: »Olympos wird von den Musikern als Erfinder des enharmonischen Tongeschlechtes betrachtet, denn vor ihm war alles diatonisch und chromatisch. Sie stellen sich diese Erfindung so vor. Im Diatonischen sich bewegend, ließ Olympos häufig die Melodie direkt auf die diatonische Parhypate kommen, manchmal von der Paramese, manchmal von der Mese aus, mit Überspringung der diatonischen Lichanos. Er bemerkte dabei die Schönheit des Ethos, bewunderte die nach dieser Art gebildete Tonleiter und komponierte in ihr in dorischer Tonart.«

8. Der Schall als Vielheit von einzelnen Luftstößen

Alle Vertreter der pythagoreischen, der platonischen und der peripatetischen Schule sind sich darüber einig, daß der Schall eine Bewegung der Luft ist, die durch Anschlag von Körpern entsteht. Man vergleiche nur den Anfang des oben zitierten Archytasfragmentes mit dem, was Aristoteles (De anima 419b) über die Entstehung der Töne sagt, oder mit dem von Porphyrios überlieferten Fragment des Herakleides Pontikos[1]).

Dieses Fragment fängt mit einem Pythagoraszitat an: »Pythagoras fand, wie Xenokrates sagt, daß die Intervalle der Musik nicht ohne Zahl entstehen: denn sie werden durch Vergleichung verschiedener Größen gewonnen. Er untersuchte ferner, unter welchen Umständen die Intervalle symphon oder diaphon wurden und wie überhaupt alles Harmonische und Unharmonische entstünde. Und übergehend zu der Entstehung eines Tones sagte er: »Wenn man aus der Gleichheit etwas Symphones hören will, muß irgendeine Bewegung stattfinden«.

Mit einem deutlichen Anklang an diesen Satz des Pythagoras hebt auch die Sectio canonis an: »Wenn nur Ruhe wäre und Unbewegtheit, so wäre Stille. Wenn aber Stille wäre und nichts sich bewegen würde, so würde man auch nichts hören. Wenn man also etwas hören will, so muß vorher Anschlag und Bewegung stattfinden[2])«.

Daß die Bewegung, von der Pythagoras hier redet, bereits in klassischer Zeit als Bewegung der Luft gedeutet wurde, hat Schönberger[3]) überzeugend dargetan. Über die Art dieser Luftbewegung aber war man sich anfangs nicht recht im klaren.

Empedokles erklärt das Hören (ähnlich wie das Sehen) durch die Übereinstimmung des innen im Menschen durch den Anschlag der Luft hervorgebrachten Lautes mit dem Laut außen: »Das Hören geschieht durch den Laut von innen, indem die Luft von der Stimme bewegt wird und innen tönt. Das Hören ist nämlich wie eine Glocke, die gleiche Töne hervorbringt,

---

[1]) Porphyr. in Ptol. Harm., ed. Düring, S. 30ff. Die komplizierte Überlieferungsgeschichte dieses Fragmentes hat Düring (1934, S. 152ff.) überzeugend geklärt. Die Mitteilungen über Pythagoras am Anfang gehen auf Xenokrates zurück, aber daß Herakleides, der ein origineller Denker war, auch die ganze darauffolgende Betrachtung über das Wesen der Töne von seinem weniger bedeutenden Kollegen Xenokrates abgeschrieben hätte, ist undenkbar, sondern diese muß von ihm selbst herrühren.

[2]) Die folgende Gegenüberstellung zeigt, daß Euklid fast dieselben Worte gebraucht wie Pythagoras:

Pythagoras nach Xenokrates	Euklid
ὡσεὶ μέλλει τι ἐκ τῆς ἰσότητος σύμφωνον ἀκουσθήσεσθαι, κίνησιν δή τινα γενέσθαι	εἰ ἄρα μέλλει τι ἀκουσθήσεσθαι, πληγὴν καὶ κίνησιν πρότερον δεῖ γενέσθαι

[3]) P. L. Schönberger, Studien z. Harm. Ptol., Programm Augsburg 1914, S. 29ff.

wenn das fleischige Holz[1]) sie anschlägt. Indem sie (die Glocke) schwingt, stößt sie die Luft zu den festen Körpern hin und macht den Schall«[2]).

Wenn hier von einer Schwingung der Glocke die Rede ist, so könnte man darin eine erste Andeutung erblicken, daß der Ton ein periodischer Vorgang ist, aber zu einer klaren Erkenntnis dieses Tatbestandes ist man noch zur Zeit Platons und Aristoteles nicht gekommen. Aristoteles erklärt in De anima 419b die Entstehung der Töne so:

Beim Anschlag eines Körpers an einen anderen wird die gestoßene Luft an den geschlagenen Körper anprallen. Wenn nun dieser eine glatte Fläche hat (wie z. B. die Metalle) oder eine Höhlung, so wird die gestoßene Luft nicht zerrinnen, sondern zusammen bleiben und von der Fläche zurückgeworfen werden »wie ein Ball«, und wenn sie zusammenhängend an das Gehörorgan gelangt, so wird sie auch die Luft in den Ohren in Bewegung setzen und diese wird tönen.

Die hier vertretene Ansicht, daß nicht die Stöße oder Schwingungen der Luft, sondern die gestoßene Luft selbst bis an das Ohr gelangt, wird man wohl auch bei den früheren Autoren, insbesondere bei Archytas vorauszusetzen haben. Dadurch erklärt sich nämlich zwanglos der Irrtum des Archytas, daß höhere Töne schneller an das Ohr gelangen. Archytas hat richtig erkannt, daß schnellere Bewegungen höhere Töne erzeugen. Eine schnellere Bewegung des anschlagenden Gegenstandes nun verursacht auch eine schnellere Bewegung der gestoßenen Luft. Hätte er dabei an eine schwingende Bewegung der Luft an Ort und Stelle gedacht, so gäbe es keinen Grund für die Annahme, daß die schnellere Schwingung sich auch schneller fortpflanzt. Wenn aber die gestoßene Luft selbst sich auf das Ohr zu bewegt, so bedeutet eine schnellere Bewegung notwendig auch eine schnellere Fortpflanzung des Tones.

Aristoteles nimmt (De anima 420a 31) Stellung gegen die Ansicht des Archytas und Platon, daß der hohe Ton schnell und der tiefe langsam sei. Der hohe Ton sei nicht schnell, sondern er komme zustande durch die schnelle Bewegung. Damit hat Aristoteles freilich recht, aber seine Erklärung, daß der hohe Ton die Empfindung kurze Zeit, aber heftiger reizt (ähnlich wie ein spitzer Gegenstand den Tastsinn auf kleinerem Raum, aber heftiger reizt als ein stumpfer) trifft nicht das Wesen der Tonhöhe.

Erst bei Herakleides Pontikos (l. c.) finden wir die richtige Erkenntnis, daß der Ton aus einer Vielheit von einzelnen Stößen der Luft besteht. Herakleides geht davon aus, daß ein einzelner Stoß, den eine Saite der Luft versetzt, keine Zeit beansprucht. Da aber der Ton selbst eine gewisse Zeit dauert, so muß er aus mehreren Einzelstößen bestehen, die in unmerklich kleinen Zeitintervallen aufeinander folgen. Diese Argumentation des Herakleides

---

[1]) Über die Bedeutung des Ausdrucks σάρκινος ὄζος siehe Schönberger, l. c. 31.
[2]) Nach Theophrast. Diels, Vors. Empedokles A 86.

war so überzeugend, daß die Auffassung eines Tones als eine Vielheit von Einzelstößen sich trotz der Polemik des Theophrast[1]) sowohl in der peripatetischen Schule als in der pythagoreisch-platonischen schnell verbreitete. In vollendeter Klarheit finden wir sie dargestellt in der pseudoaristotelischen Schrift De audibilibus, die dem Physiker Straton zugeschrieben wird[2]), aber auch der Sectio canonis sowie den Musikproblemen des Aristoteles liegt dieselbe Auffassung zugrunde. In De audibilibus heißt es mit deutlichem Anklang an Herakleides:

»Die Stöße, die die Saiten der Luft versetzen, finden zahlreich und getrennt statt. Aber da zufolge der Kleinheit der Zeitintervalle das Ohr die Unterbrechungen nicht erfassen kann, so erscheint der Ton als ein einziger zusammenhängender.«

Die Sectio canonis fängt, wie schon erwähnt, mit dem gleichen Pythagoraszitat an wie das Herakleidesfragment und fährt dann fort:

»Da nun alle Töne durch einen Anschlag entstehen, ein Anschlag aber ohne vorangegangene Bewegung unmöglich ist, von den Bewegungen aber die einen dichter, die anderen seltener aufeinanderfolgen und die dichter aufeinanderfolgenden die Töne hoch, die anderen dagegen tief machen — so werden die einen Töne notwendig höher sein, weil sie aus dichter aufeinanderfolgenden zahlreicheren Bewegungen zusammengesetzt sind, die anderen aber tiefer, weil sie aus selteneren und minder zahlreichen Bewegungen bestehen. Ist ein Ton zu hoch, so wird er nachgelassen, d. h. durch Wegnehmen von Bewegung erreicht ein Ton die richtige Höhe. Ist er zu tief, so wird er stärker angespannt, d. h. aber der Ton erreicht durch Zusetzen von Bewegung die richtige Höhe. Aus diesem Grunde muß man sagen, daß die Töne aus Teilchen zusammengesetzt sind, da sie durch Zusetzen und Wegnehmen das richtige Maß erreichen. Alles, was aus Teilen zusammengesetzt ist, verhält sich aber zueinander wie ganze Zahlen, also müssen notwendig auch die Töne sich wie ganze Zahlen verhalten.«

Sowohl in De audibilibus als in der Sectio finden wir im Anschluß an die Erklärung, daß der Ton aus einzelnen Teilen (Luftstößen) zusammengesetzt ist, gleich die andere, daß die Höhe des Tones durch die dichtere oder weniger dichte Aufeinanderfolge der einzelnen Luftstöße bedingt ist. Es liegt nahe, daß diese Ansicht ebenfalls Herakleides Pontikos zuzuschreiben ist. Das Herakleidesfragment selbst bricht ab, bevor von der Höhe der Töne die Rede ist. Aber aus der Polemik des Theophrast[3]) können wir sehen, daß diese Auffassung der Tonhöhe schon zur Zeit des Theophrast mit der Auf-

---

[1]) Theophrast bei Porphyr. in Ptol. Harm. S. 62 ff.
[2]) Porphyr. in Ptol. Harm. S. 67—77. Aristoteles Werke (Bekker) 803 ff. Über die Frage der Autorschaft siehe Düring, Göteborgs Hö. Ar. 1934, S. 169 und die dort zitierte Literatur, vor allem Alexander von Aphrodisias, De Sensu 117 A.
[3]) Porphyrios 61 ff. Übers. Düring 1934, S. 161 ff.

fassung des Tones als einer Vielheit unlöslich verknüpft erscheint. Theophrast schreibt:

»Diese deutliche Wirkung der Stimme (nämlich die melodische Bewegung) versuchten einige aus dem Rhythmus herzuleiten, indem sie behaupten, die Genauigkeit der Intervalle beruhe auf den in den Rhythmen steckenden Verhältnissen[1]). Denn ein und dasselbe sei das Verhältnis der Oktave und des Zweifachen, das der Quinte und des Anderthalbfachen, das der Quarte und das Verhältnis 4:3, und auch die übrigen Intervalle hätten, ebenso wie die übrigen Zahlen, alle ihr besonderes Verhältnis. Folglich sei Quantität (ποσότης) das Prinzip der Musik ...

Wenn nun ⟨der tiefere und der höhere Ton sich voneinander unterscheiden⟩ in bezug auf Quantität, und es beruht das Wesen des hohen Tones darin, daß größere Zahlen bewegt werden, das des tieferen darin, daß er niederere beansprucht, worin bestünde dann die Eigenart der Stimme? ... Wenn aber die höheren und tieferen Töne sich als Töne schlechthin voneinander unterscheiden, werden wir auf die Quantität verzichten können ... So setzen sich weder die hohe noch die tiefe Stimme aus mehreren Bestandteilen zusammen, noch verlangen sie größere oder kleinere Zahlen ...«

Im ersten Absatz spricht Theophrast offenbar von den Pythagoreern überhaupt. Dann aber wendet er sich besonders gegen diejenigen, die den Ton aus mehreren Bestandteilen zusammengesetzt denken, d. h. also gegen Herakleides und seine Nachfolger. Nach ihnen bestehe »das Wesen des höheren Tones darin, daß größere Zahlen bewegt werden.« Daraus geht, wie mir scheint, klar hervor, daß auch nach Herakleides der höhere Ton aus zahlreicheren, dichter zusammengedrängten Luftstößen besteht.

Die Auffassung der Töne als rhythmische Folgen von einzelnen Luftstößen gestattet auch eine Erklärung des Phänomens der Konsonanz. Sie steht in etwas dunklen Worten in der schon zitierten Schrift De audibilibus (Porph. 75$_{19}$ ff.):

τὸ δ'αὐτὸ συμβαίνει τοῦτο καὶ περὶ τὰς συμφωνίας. διὰ γὰρ τὸ περισυγκαταλαμβάνεσθαι τοὺς ἑτέρους ἤχους ὑπὸ τῶν ἑτέρων, καὶ γίνεσθαι τὰς καταπαύσεις αὐτῶν ἅμα, λανθάνουσιν ἡμᾶς αἱ μεταξὺ γινόμεναι φωναί. πλεονάκις μὲν γὰρ ἐν πάσαις ταῖς συμφωνίαις ὑπὸ τῶν ὀξυτέρων φθόγγων αἱ τοῦ ἀέρος γίνονται πληγαὶ διὰ τὸ τάχος τῆς κινήσεως· τὸν δὲ τελευταῖον τῶν ἤχων ἅμα συμβαίνει προσπίπτειν ἡμῖν πρὸς τὴν ἀκοὴν καὶ τὸν ἀπὸ τῆς βραδυτέρας γινόμενον· ὥστε τῆς ἀκοῆς οὐ δυναμένης αἰσθάνεσθαι, καθάπερ εἴρηται, τὰς μεταξὺ φωνάς, ἅμα δοκοῦμεν ἀμφοτέρων τῶν φθόγγων ἀκούειν συνεχῶς.

---

[1]) Was die harmonischen Intervalle nach der von Theophrast bekämpften Anschauung mit den Rhythmen zu tun haben, wird nachher bei der Besprechung von Problem 39b klar werden.

Erläuterung: In der Konsonanz der Oktave z. B. finden die Einzelstöße des höheren Tones doppelt so häufig statt wie die des tieferen. Jeder zweite Stoß des höheren Tones erreicht also unser Ohr gleichzeitig mit einem Stoß des tieferen, und daher geht der tiefere Ton ganz in den höheren auf und verschmilzt sich mit ihm zu einem einheitlichen Eindruck.

Genau dieselbe Erklärung der Konsonanz der Oktave finden wir, sogar noch deutlicher ausgedrückt, in Problem 39b des Aristoteles wieder. Der Teil des Textes, auf den es uns ankommt, heißt (nach Gevaert-Vollgraff wie nach Reinach-Eichtal):

... καθάπερ ἐν τοῖς μέτροις οἱ πόδες ἔχουσι πρὸς αὐτοὺς λόγον ἴσον πρὸς ἴσον ἢ δύο πρὸς ἕν ἢ καί τινα ἄλλον, οὕτω καὶ οἱ ἐν τῇ συμφωνίᾳ φθόγγοι λόγον ἔχουσι κινήσεως πρὸς αὐτούς; τῶν μὲν οὖν ἄλλων συμφωνιῶν ἀτελεῖς αἱ θατέρου καταστροφαί εἰσιν, εἰς ἥμισυ ⟨ἢ τρίτον⟩ τελευτῶσαι· διὸ τῇ δυνάμει οὐκ ἴσαι εἰσίν. οὖσαι δ' ἄνισοι, διαφορᾷ τῇ αἰσθήσει ... ἔτι δὲ ⟨τῇ⟩ ὑπάτῃ συμβαίνει τὴν αὐτὴν ⟨τῇ νήτῃ⟩ τελευτὴν τῶν ἐν τοῖς φθόγγοις περιόδων ἔχειν. ἡ γὰρ δευτέρα τῆς νήτης πληγὴ τοῦ ἀέρος ὑπάτη ἐστίν· τελευτώσαις δὲ εἰς ταὐτόν, οὐ ταὐτὸν ποιούσαις, ἓν καὶ κοινὸν τὸ ἔργον συμβαίνει γίγνεσθαι, καθάπερ τοῖς ὑπὸ τὴν ᾠδὴν κρούουσιν· καὶ γὰρ οὗτοι τὰ ἄλλα οὐ προσαυλοῦντες, ἐὰν εἰς ταὐτὸν καταστρέψωσιν, εὐφραίνουσι μᾶλλον ...

Da über die Deutung die Gelehrten verschiedener Meinung sind, geben wir zunächst eine möglichst wörtliche Übersetzung:

»... Ebenso wie in den Versmassen die Versfüße ein Verhältnis zueinander haben wie gleich zu gleich oder wie 2·zu 1 oder irgend ein anderes Verhältnis, so haben auch in den Konsonanzen die beiden Töne zueinander ein Verhältnis der Bewegungen. Bei den anderen Konsonanzen ⟨als die Oktave⟩ bleiben die Beendigungen des einen Tones gegenüber denen des anderen unvollendet: sie vollenden sich nur zur Hälfte ⟨oder zu einem Drittel⟩. Darum sind sie auch der Kraft nach nicht gleich, und weil sie ungleich sind, entsteht auch für die Empfindung ein Unterschied ... Jedoch ⟨bei der Oktave⟩ trifft es sich gerade, daß die Hypate im periodischen Wiederkehr der Töne dieselbe Beendigung hat ⟨wie die Nete⟩. **Denn der zweite Stoß, den die Nete der Luft erteilt, ist eine Hypate.** Weil also die beiden Töne dieselbe Beendigung haben, ohne sonst gleich zu sein, entsteht ein gemeinsamer Eindruck, wie bei der heterophonen Begleitung eines Gesanges, wenn der Aulet, der zuerst von der Singstimme abgewichen ist, dann doch mit dieser zusammen endigt und uns dadurch um so mehr erfreut ...«

Bei der Deutung geht man am besten von dem gesperrten Satz aus. Versteht man ihn, wie es nahe liegt, so: »Jeder zweite Stoß der Nete ist ein Stoß der Hypate«, so kommt man genau auf die oben gegebene Erklärung der Konsonanz der Oktave. Der Vergleich mit den Versfüßen, von denen zwei kurze auf eine lange kommen, wird dann voll verständlich, ebenso die Aussage, daß die beiden Töne in der periodischen Wiederkehr (ihrer Elemente) dieselbe Beendigung haben. Hat man aber eine andere Konsonanz, z. B. die Quinte im Verhältnis 2 : 3, so decken sich die Stöße des einen Tones nur zur Hälfte mit denen des anderen, oder wie der Text sagt, sie »vollenden sich nur zur Hälfte«. So deutet auch Gevaert den Text[1]).

Man sagt oft, die Griechen hätten unseren Frequenzbegriff nicht gekannt. Aus dem Obigen sehen wir, daß das nicht zutrifft. Zwar dachten die Alten nicht an Schwingungen, sondern an Stöße, die die Saiten oder andere Gegenstände der Luft erteilen; auch nennen sie die einzelnen Bestandteile, aus denen die Töne nach dieser Auffassung bestehen, hin und wieder nicht Stöße, sondern Töne, so als ob jeder einzelne Luftstoß bereits Träger eines Tones wäre, aber bezüglich des Frequenzbegriffs stimmt ihre Auffassung mit der unseren überein, und die Zahlenverhältnisse der Konsonanzen deuteten sie ganz richtig als Verhältnisse der Stoßzahlen.

Kehren wir nun noch einmal zu Problem 50 zurück (vgl. Abschnitt 3), wo es hieß: »In dem größeren Raum begegnet die Luft ⟨den Wänden⟩ langsamer, in dem doppelten Raum doppelt so langsam«, so können wir auch diese Erklärung jetzt physikalisch richtig interpretieren: Wenn die Luft in den Gefäßen in Bewegung gerät und an den Wänden immer zurückgeworfen wird, so wird sie in einem halb so großen Gefäß doppelt so oft zurückgeworfen, und der entstehende Ton wird daher die doppelte Frequenz haben.

9. Überblick über die Entwicklung

Auf Grund der vorangehenden Untersuchungen gewinnen wir das folgende Bild von der Entwicklung der pythagoreischen Musiktheorie:

1. Ausgehend von den in Abschnitt 3 erwähnten Erfahrungen über den Einfluß der Spannung, der Saitenlänge und der Länge der tönenden Luftsäule auf die Höhe der Töne, vielleicht auch beeinflußt von babylonischen Lehren, kam Pythagoras dazu, den Tönen Zahlen und den Konsonanzen Zahlenverhältnisse zuzuordnen, insbesondere der Oktave, Quinte und Quarte die in der Tetraktys enthaltenen Verhältnisse 2 : 1, 3 : 2 und 4 : 3. Auf Grund dieser Erkenntnis konnte er den 4 festen Saiten der Lyra die Zahlen 6, 8, 9,

---

[1]) Reinach und Eichtal bemerken demgegenüber (Rev. ét. grec. 1900, p. 30): Mais, en philologie, il s'agit d'expliquer les textes tels que leurs auteurs les ont concus et non d'y substituer des théories plus ou moins savantes et voisines de nos connaissances scientifiques actuelles. La décomposition du son en vibrations élémentaires, la comparaison des vitesses vibratoires des sons, sont des notions étrangères à nos problémistes; le mot καταστροφαί au début de notre réponse, rapproché de εἰς ταὐτὸν καταστρέφωσιν à la fin, n'est susceptible que d'une seule traduction.« Man urteile selbst, ob die folgende Übersetzung des 2. Satzes des Textes diese seule traduction darstellt: »Or, dans les consonances autres que l'octave, les vitesses terminales (!) de l'un des sons, comparé à l'autre, sont toujours fractionnaires, ellent s'achèvent à la moitié ou au tiers«. Daß Gevaert keine gelehrte moderne Theorie in den Text hineininterpretiert hat, sondern sich auf eine gute antike stützen kann, ist nach unseren obigen Ausführungen klar.

12 zuordnen, und die Intervalle der diatonischen Tonleiter (9:8, 9:8 und 256:243) berechnen.

2. Hippasos erkannte in der Zahl 8 das harmonische Mittel zwischen 6 und 12. Er fügte den drei Konsonanzen des Pythagoras die Doppeloktave (4:1) und die Duodezime (3:1) hinzu. Aus seiner wissenschaftlichen Einstellung ergab sich mit Notwendigkeit ein Gegensatz zu den orthodox gläubigen Pythagoreern, die zu einer Spaltung führte. Zu seiner Zeit wurde der berühmte Musiker Lasos mit den Pythagoreern bekannt und verifizierte die Zahlenverhältnisse der Konsonanzen durch Versuche mit leeren und halb vollen Vasen.

3. In der Schule der sich Mathematiker nennenden Pythagoreern wurde die von Pythagoras und Hippasos begründete Musiktheorie überliefert und weiter entwickelt. Man begründete sie rein theoretisch, ausgehend von folgenden Postulaten: 1) Gleich hohen Tönen sollen gleiche Zahlen zugeordnet werden, verschiedenen ungleiche. 2) Gleichen Intervallen entsprechen gleiche Zahlenverhältnisse. 3) Symphonen Intervallen sollen überteilige oder vielfache Verhältnisse entsprechen. 4) Der Oktave, die dem Gleichklang am nächsten kommt, soll das Verhältnis 2:1 entsprechen. Intervalle wurden durch 'Wechselwegnahme' aneinander gemessen: so erhielt man den großen und den kleinen Halbton und das Komma der Pythagoreer. Mit dem enharmonischen Tongeschlecht wurde man vor Archytas nicht recht fertig, da die Teilung des Leimmas $\frac{256}{243}$ in zwei gleiche Teile nicht gelang; man sehe nur die vergeblichen Versuche in den Philolaosfragmenten. Die den Tönen zugeordneten Zahlen deutete man physikalisch einmal als Spannungen und ordnete dem höheren Ton dann die höhere Zahl zu (diese Zuordnung findet man am häufigsten, z. B. bei Aristoteles und Nikomachos), manchmal aber auch als Saitenlängen oder Längen von Blasinstrumenten, wobei dem höheren Ton die kleinere Zahl entspricht (Plato, Eratosthenes).

4. Archytas war mit dieser zwischen Gewichten und Längen schwankenden Deutung nicht zufrieden, weil sie nicht das Wesen des Tones trifft: derselbe Ton kann ja von Saiten verschiedener Länge und verschiedener Spannung erzeugt werden. Das Wesen des Tones ist für ihn Bewegung, und die Tonhöhe hängt von der Geschwindigkeit der Bewegung ab. Er stellte sich diese Bewegung wahrscheinlich als Ortsbewegung der Luft vom tönenden Körper bis zum Ohr hin vor, und er nahm dementsprechend an, dem höheren Ton käme auch eine größere Fortpflanzungsgeschwindigkeit zu. Er unternimmt es auch, durch kunstvolle zahlentheoretische Schlüsse das oben genannte Postulat 4) aus den anderen drei zu beweisen. Dieser Beweis, der in der Sectio canonis dargestellt ist, enthält allerdings einen Fehlschluß. Archytas bewies auch die Unteilbarkeit des Ganztons und baute die Lehre von

den drei Mitteln weiter aus. Indem er die Quinte durch das harmonische Mittel in große und kleine Terz, die Quarte ebenso in die Intervalle 8 : 7 und 7 : 6 teilte, erhielt er die fundamentalen Intervalle des enharmonischen, chromatischen und diatonischen Tongeschlechtes. Mit Recht nennt Ptolemaios ihn den hervorragendsten unter den pythagoreischen Musiktheoretikern.

5. Eudoxos entwickelt die Lehren des Archytas weiter. Der junge Aristoteles stellt die Grundzüge der pythagoreischen Musiklehre populär dar. Platon benutzt die Zahlenverhältnisse der Konsonanzen und das arithmetische und harmonische Mittel zur Konstruktion der Seelentonleiter des 'Timaios'.

6. Herakleides Pontikos, der Vollender der pythagoreischen Musiktheorie, entwickelt den Gedanken, daß der Ton eine Vielheit von einzelnen Luftstößen sei, die in unmerklich kleinen Intervallen aufeinander folgen, und daß die Höhe des Tones durch die schnellere Aufeinanderfolge der Luftstöße bedingt ist. Theophrast und Aristoxenos wenden sich heftig gegen diese Anschauung: für sie ist die Tonhöhe nicht ein 'Wieviel', sondern ein 'Wie beschaffen'; aber die Sectio canonis, die Musikprobleme und die Schrift De audibilibus (alle um 300) übernehmen sie. Auf der Grundlage dieser Stoßtheorie wird auch das Phänomen der Konsonanz befriedigend erklärt.

7. Zur empirischen Nachprüfung der Zahlenverhältnisse der Konsonanzen und zur Widerlegung des Aristoxenos stellen die 'Kanoniker' Experimente mit dem Monochord an. Sie lassen die 'modernen' Tonleiter des Archytas wieder fallen und kehren in Übereinstimmung mit Plato zur älteren diatonischen Tonleiter mit reinen Quinten und Quarten zurück. Einer von ihnen fügt auch die letzten beiden Lehrsätze der Sectio canonis hinzu.

8. Eratosthenes übernimmt diese diatonische Tonleiter. Für die beiden anderen Tongeschlechter berechnet er neue Intervalle unter ausgiebiger Verwendung des arithmetischen und harmonischen Mittels. Die reine große Terz des enharmonischen Tongeschlechtes des Archytas gibt er auf; dafür führt er die reine kleine Terz im Chromatischen ein.

9. Didymos verbessert den Kanon und berechnet wieder neue Tonleitern. Sein diatonisches Tongeschlecht kommt der modernen reinen Durtonleiter nahe.

10. Den Abschluß der Entwicklung bildet die uns erhaltene Harmonielehre des Ptolemaios.

Leipzig
B. L. van der Waerden

Anhang 5

Nachruf auf die zeitgenössische deutsche Ägyptologie

Die Freude, dieses Buch zu schreiben, wurde zum Ende kaum noch getrübt durch die Ablehnung, die mein erstes Buch („Der Klang der Pyramiden") im Frühjahr 2009 durch Ordinarien der Ägyptologie auf ihrem SÄK-Kongreß in Münster erfuhr. Ich habe mich inzwischen in diesem neuen Buch so in die musikalischen Proportionen der Pyramidenarchitektur und nun auch in die gleichen Intervalle in den Grundrissen klassisch-griechischer Stadtkolonien eingenistet und wohlig eingerichtet, daß ich dem Zeitgeist nicht mehr böse bin. Zudem bemerkte ich, daß die Ägyptologen den Nachruf schon auf sich selber geschrieben haben. Ich brauchte das nicht mehr.

Es gibt einige schriftliche Dokumente, die mich von der Teilnahme an den SÄK-Kongressen ausschließen und erstaunliche Wege einschlagen, um ein klärendes Gespräch über die Sachverhalte mit mir zu vermeiden. So habe ich eigentlich wenig Anlaß, diesen Vorgang mitzuteilen, fühle mich aber verantwortlich, ja gezwungen dazu, weil die Kollegen Jan Assmann und Rainer Stadelmann insofern mitbetroffen sind, als sie meine Forschung förderten, guthießen und daher von Kollegen getadelt wurden. Diese Unbill darf ich nicht hinnehmen und lasse zu diesem Zweck den Briefwechsel abdrucken, den die geharnischten Kollegen mit mir führten. – Als mein Buch im Frühjahr 2009 erschien, schenkte ich es über meinen Verleger dem Ordinarius Erhart Graefe in Münster. Er antwortete:

Georg Olms Verlag

Von:	Erhart Graefe [grafe@uni-muenster.de]
Gesendet:	Freitag, 17. April 2009 16:17
An:	w.georg.olms@olms.de
Betreff:	Re: Ägyptologenkonferenz in Münster

Sehr geehrter Herr Dr. Olms,

Ägyptologie und moderne Esoterik befinden sich in einem Spannungsverhältnis ... besonders, wenn Themen den Journalisten oder Unterhaltungsmedien in die "Hände" gefallen sind, nachdem gerade gelesene Werbetexte Eindruck gemacht haben. Man kann auch den Grundplan der Pyramiden von Giza auf den Stadtplan von Köln projizieren und dann behaupten, die Kölner Stadtplaner hätten über gewisse Gebäudekanten gewisse astronomische Phänomene ausdrücken wollen wie sie von manchen Autoren den Pyramiden nachgesagt wurden. (Die Idee mit dem Stadtplan hatte der Redakteur der TV-Sendung "Quarks" vor einigen Jahren und ridiculisierte damit die Phantasiewelt solcher Autoren).
Dieser Einleitung kurzer Sinn: Ein Kollege hat eine klare Ablehnung der Korffschen Thesen als Kurzvortrag angemeldet.
Nun werden Sie vielleicht sagen, dann wollten Sie Ihrem Autor Gelegenheit zur Einrede zugestanden sehen. Doch zu einer Diskussion um Sinn und Unsinn esoterischer Projektionen in eine andere kulturelle Welt kann ich mir die kurze Konferenz, die ja unter dem Hauptthema der Ärgernisse der Bologna-Reform steht (erster Tag und parallel zu den Vorträgen am Samstag), nicht umbiegen lassen. Das wäre dann ein Thema für eine richtige Podiumsdiskussion, aber in einem anderen Rahmen.

Mit der Bitte um Verständnis und freundlichen Grüssen,
      Erhart Graefe

UNIVERSITÄT LEIPZIG

Ägyptologisches Institut / Ägyptisches Museum
— Georg Steindorff —

Herrn
Professor Dr. F. W. Korff
Burgbreite 8
30974 Wennigsen

Leipzig, 01.10.2010

Sehr geehrter Herr Professor Korff,

vielen Dank für Ihr Schreiben und Ihre Studie

„Der Klang der Pyramiden/Platon und die Cheopspyramide – das enträtselte Weltwunder"

im Namen von Herrn Prof. Dr. Fischer-Elfert. Leider sieht er sich aus Zeitmangel nicht in der Lage, Ihre Arbeit in Augenschein zu nehmen, er ist durch zahlreiche dienstliche Verpflichtungen und das nun beginnende Semester an der Universität Leipzig mit all seinen zeitraubenden Arbeiten vollständig in Anspruch genommen und bittet Sie um Nachsicht, Ihr Anliegen nicht bedienen zu können.

Bitte haben Sie Verständnis, dass wir Ihnen die Arbeit zurücksenden.

Hochachtungsvoll

A. Kunze

A. Kunze

Anlage

F. W. Korff fragt sich nach der Lektüre des Briefs: „Was macht ein frisch gebackener Ordinarius für Ägyptologie in Leipzig, wenn er von einem Kollegen aus dem Fach Philosophie der Universität Hannover ein neues Typoskript zugeschickt bekommt, das möglicherweise wohltätig die gesamte bisherige archäologische Forschung über die Pyramiden korrigiert, von der er aber aus SÄK-Kongressen in Münster und Bonn weiß, daß die älteren Ordinarien seines Fachs die Nase rümpfen über ein Buch, das sie nicht gelesen haben. Er schaut sich das Neue ebenfalls nicht an und delegiert seine Ablehnung an seine Sekretärin."

Universität Leipzig
Ägyptologisches Institut / Ägyptisches Museum
— Georg Steindorff —
Goethestraße 2, D – 04109 Leipzig

Telefon +49-341-97-37010
Fax +49-341-97-37029
www.uni-leipzig.de/~egypt
e-Mail akunze@rz.uni-leipzig.de

Thema: **Re: Information über F.W. Korffs Studie "der Klang der Pyramiden"**
Datum: 30.06.2010 14:07:13 Westeuropäische Sommerzeit
Von:
An:

Sehr geehrter Herr Prof. Korff,

soeben komme ich von der Besprechung zur SÄK und muss Ihnen leider sagen, dass Ihr Anliegen von allen anwesenden Organisatoren abgelehnt wurde. Leider müssen Sie davon absehen, Ihre Schrift während der diesjährigen SÄK in Bonn zu verteilen; ich hoffe die Kollegen am nächsten Austragungsort im kommenden Jahr werden kooperativer sein.

Mit freundlichen Grüßen,
Michael Höveler-Müller

Ägyptisches Museum Bonn
Regina-Pacis-Weg 7
53113 Bonn

Tel. +49-228-739710
Fax. +49-228-737360
Email: aegyptisches-museum@uni-bonn.de
Homepage: www.aegyptisches-museum.uni-bonn.de

Am 30.06.2010 12:21 Uhr schrieb "FWKorff@aol.com" unter <FWKorff@aol.com>:

> Sehr geehrter Herr Kurator Höveler- Müller,
> die Broschüre - es handelt sich um einen Reader mit Ringband - , die ich vom Olms-Tischstand aus kostenlos an die Kongreßteilnehmer verteilen möchte, ist bereits erschienen und im Internet unter
> (http: archiv.ub.uni-heidelberg. de/propylaeumdok/volltexte 2009/405) und 2010/488 zu öffnen.
> Zu Ihrer Vorab-Information hänge ich den Text 405 dieser e-mail als Anhang an.
> Mit freundlichen Grüßen, Ihr
> F.W. Korff

Ein Lichtblick – Die Kuratoren in Bonn und Leipzig

F. W. Korff schreibt: Noch weiß ich nicht, was später folgt. Eben weil meine Studien keine Deutung enthalten, sondern ausschließlich überprüfbare Mathematik, bin ich mir meiner Sache so sicher, daß ich mich um weitere drei Personen kümmern muß, deren Reputanz durch beherztes Eintreten für mich vielleicht in Misskredit geraten ist. Prof. Joachim-Friedrich Quack in Heidelberg lud mich zu einem Vortrag ein, in dem ich vor ihm und seinen Studenten die Abmessungen der Pyramiden und die ägyptische Musterpyramide vorrechnete.

Der Kurator des Bonner Museums Michael Höveler-Müller teilte mir (offensichtlich etwas geknickt) mit, daß mir auf dem SÄK-Kongreß 2010 in Bonn von „allen anwesenden Organisatoren" verboten wurde, vom OLMs Kongreßtischstand aus einen Flyer mit Hinweisen auf Vorveröffentlichung meines neuen Buchs durch die Universität Heidelberg in der „Propyläums"-Dokumentation der Universitätsbibliothek zu verteilen. (S. nebenstehende Seite). Das war von der Seite der Ägyptologen starker Tobak, und er qualmte unüberlegt. Wie Galileo wurde ich richtig stolz darauf, mein Buch auf einen veritablen ägyptologischen Index gesetzt zu sehen. Er war natürlich juristisch anfechtbar, ist es posthum-historisch auch noch. Ich fügte mich, vertagte innerlich den Tort bis auf eine späte Genugtuung, beschloß, durch ein neues Buch mit den alten Ergebnissen, an denen sich nicht ein Jota änderte, nur verständlicher geschrieben, einen zweiten Versuch zu machen, die zeitgenössische Ablehnung zu überwinden.

Der Leipziger Kustos Dietrich Raue, der mir während eines wortreichen, aber sehr sympathischen Telefongesprächs – ohne Loyalität gegenüber dem Kollegen-Chef einzubüßen – klarmachte, daß seine in Bedrängnis geratende koalierte Meinung, ja irgendwie aufgenötigtes inhaltlich gleichlautendes Schreiben, ein irr abgedrungener Brief (s. nebenstehende Seite), der doch vernünftige erdnahe Argumente enthält – nämlich das Geständnis eigener Inkompetenz und Mahnung, sein Forschungsgebiet sei ein völlig anderes, – daß er keineswegs die Methode meiner Abwimmelung durch Fischer-Elfert duldete.

Die Weisheit des Kustos bestärkte mich. Eigentlich hatte ich den Ägyptologen mit meinen neuen Erkenntnissen Freude bereiten wollen, schließlich geht es doch um die Reputation des Fachs und nicht um die seiner Vertreter. Statt dessen schwiegen sie oder reagierten gereizt. Ich beschloß, Polemik zu vermeiden und weniger gestachelt nach meinem Wahlspruch „lieber heimlich interessiert als unheimlich blasiert" abermals aufzutreten, wie das nun jetzt auch geschehen ist.

Das Schweigen in der ägyptologischen Zentrale aus der Freien Universität Berlin, das der Archäologe Wolfram Hoepfner in einem Telefonat brach, enthielt ebenfalls Ablehnung und offenbarte eine Rebellion der zuständigen Lehrstuhlinhaber, die doch eigentlich wissen sollten, daß antik architektonische Proportionen der Gestalt $(n + 1):n$ zugleich auch musikalische Intervalle sind. (S. dazu meine Nachmessung einer Triglyphenproportion im Berliner Pergamonmuseum auf den nächsten Seiten →). Aber wie hätte man darauf kommen sollen, wenn man sich damit begnügte, nur den Titel „Klang der Pyramiden" als esoterisch getönt zu hören, und die Gewissheit hatte, daß das Buch auf dem Münsterschen SÄK-Kongreß 2009 abgelehnt worden war?

Ich möchte nicht die Gewissensbisse eines redlichen Kollegen ertragen, der unbeeindruckt von der abgeblockten Diskussion mit mir in mein Buch geschaut hatte und bald gefesselt war. Aber um des schlechten Gewissens willen auch noch *ancipiti proelio* um mein Buch zu kämpfen, fiel keinem der Berliner Kollegen ein. Das Wissen ist zwar noch nicht ausgestorben, wird aber in den Quellen nicht mehr konsultiert. Die Archäologie an der FU mit dem ubiquitären Interesse an Soziologie ist ohnehin in die Jahre gekommen. Gelehrsamkeit im alten Sinne wurde noch im 19. Jahrhundert, aber seit 1968 nicht mehr gepflegt.

Antwort Dietrich
Reues, Kustos in
Leipzig

Sehr geehrter Herr Kollege Kopf,

die Thematik ihrer Publikation liegt weit abseits meiner Forschungsgebiete – und ich werde mich aufgrund anderer Verpflichtungen auch nicht darum kümmern können.

Von daher sende ich ihnen heute mit dieser Post die Unterlagen zurück,

mit [...] Ihr

[Unterschrift]

Kein Wunder, daß die Restauratoren, die zur Zeit mit dem Parthenontempel in Athen beschäftigt sind und – wie neulich in der FAZ zu lesen war – mit Aplomb das Rätsel einer überall auftauchenden, im wahren Sinne des Wortes maßgebenden Proportion 9:4 erwähnen und mit Recht die Triglyphe konstitutiv als Einheit in der Vielheit verbaut sehen, nicht wissen, daß 9:4 musikalisch eine None ist – Tonabstand c-d^1, – obwohl ihnen musiktheoretisch aus dem Vitruv bekannt sein sollte, daß jonische Tempel wie auch die dorischen in allen Teilen harmonisch proportioniert sind. Wer aber liest noch Vitruv „De architectura libri decem" (I, 6–10; III, 1–5; IV, 1–9; V,4)?

Auch in der Ägyptologie scheint man etwas schläfrig geworden zu sein, was in der Forschung den jetzigen Zustand des DAI in Kairo kennzeichnet. Waren nicht die Berliner bis vor kurzem maßgebend in der Ägyptologie? Ich finde das schade und trauere wohl einem Phantom wissenschaftlich verläßlicher Autorität nach. Nur Jan Assmann und Rainer Stadelmann freuten sich mit mir, und die Großen in der Archäologie auf meiner Seite zu erleben, genügt mir und ist mehr, als ich erwarten konnte.

So zeigt auch die nebenstehende E-mail Stadelmanns an den Kustos der Ägyptologischen Sammlung in Leipzig Dr. Friedrich Raue, wie aussichtslos der Kampf im Jahr 2010 noch war. Jetzt aber bin ich gespannt, hoffe, wenn überhaupt Hoffnung möglich ist, auf eine elegantere Zurückweisung als – Schweigen.

Thema: **Re: Dank für die Nachricht, etwas Neues ist gefunden!**
Datum: 11.10.2010 13:37:20 Westeuropäische Sommerzeit
Von: rainer@rainer-stadelmann.de
An: FWKorff@aol.com

Lieber Herr Korff,

ich habe soeben an Herrn Dr. Raue geschrieben, der gerade Kustos der Ägyptologischen Sammlung in Leipzig geworden ist. Falls die nächste SÄK in Leipzig stattfinden sollte, wird er sich sicher intervenieren. Was für ein armseliger Verein das doch ist. Und was für großartige Experten!!!! Man sollte dem H. Müller-Römer wirklich die Dissertation aberkennen!!!!
Sehr herzliche Grüße auch an Ihre liebe Gattin
Ihr Rainer Stadelmann

Lieber Dietrich,

zunächst wünschst ich – und natürlich auch Hourig – ein gutes Eingewöhnen in Leipzig.
Das ist ja inzwischen wieder eine mondäne Stadt geworden. Die Sammlung war und ist eine Schatzkammer.
Und ein Wechsel ist immer gut, auch wenn ich mir für Sie einen Wechsel auf einen Lehrstuhl sehr gewünscht hätte! Sie haben auch alle intellektuellen und fachlichen Voraussetzungen dafür! Aber vielleicht kommt dies auch noch.

Ich habe gleich noch eine Bitte an Sie. Die nächste SÄK soll in Leipzig stattfinden, trifft dies zu?
Ich glaube die letzte SÄK, zu der wir anreisten, war die in Leipzig noch vor der Wende. Damals sind wir aus Solidarität zu den tapferen Kollegen, die dem Regime trotzten, gekommen. Aber ansonsten kommen wir ohne diese Veranstaltungen aus.

Bei der letzten SÄK in Bonn gab es anscheinend einen Eklat. Dazu hatte sich u. a. Herr FW.Korff angemeldet, der sein Buch, *Klang der Pyramiden*, und andere Ergebnisse vorstellen wollte. Man hat ihm den Zutritt gesperrt. Herr Korff ist immerhin Professor der Philosophie, ein anerkannter Musikologe etc. Ganz gleich ob man seine Veröffentlichung akzeptiert oder nicht, er ist ein Forscher!! Seine Veröffentlichungen sind jedenfalls wissenschaftlicher als die von Herrn Müller-Römer, dessen 'Pyramidenbuch' zwar eine gute Literaturübersicht gibt, aber seine eigene These ist absolut falsch. Das habe ich ihm bei einem Gespräch versucht beizubringen. Herr Haase hat ihm gleiches geschrieben, etc. Seine beiden Professoren sind ja auch anerkannte Spezialisten!!!! des Pyramidenbaus; ich glaube die haben nie eine Pyramide gesehen! Ansonsten hätten sie diese These ablehnen müssen. Das gleiche gilt auch für Herrn Graefe, der anscheinend mit in dem Ablehnungskomitee war.
Ich finde das einfach schändlich!
Falls Herr Korff zur nächsten SÄK kommen wollte, bitte ich um Ihre Unterstützung, dass er nicht wieder abgelehnt wird. Es werden so viele Vorträge zugelassen, die sicher ein niedereres Niveau haben.
Jetzt wünsche ich Ihnen aber erst einmal einen guten Einstand,
sehr herzliche Grüße auch von Hourig
Ihr Rainer Stadelmann

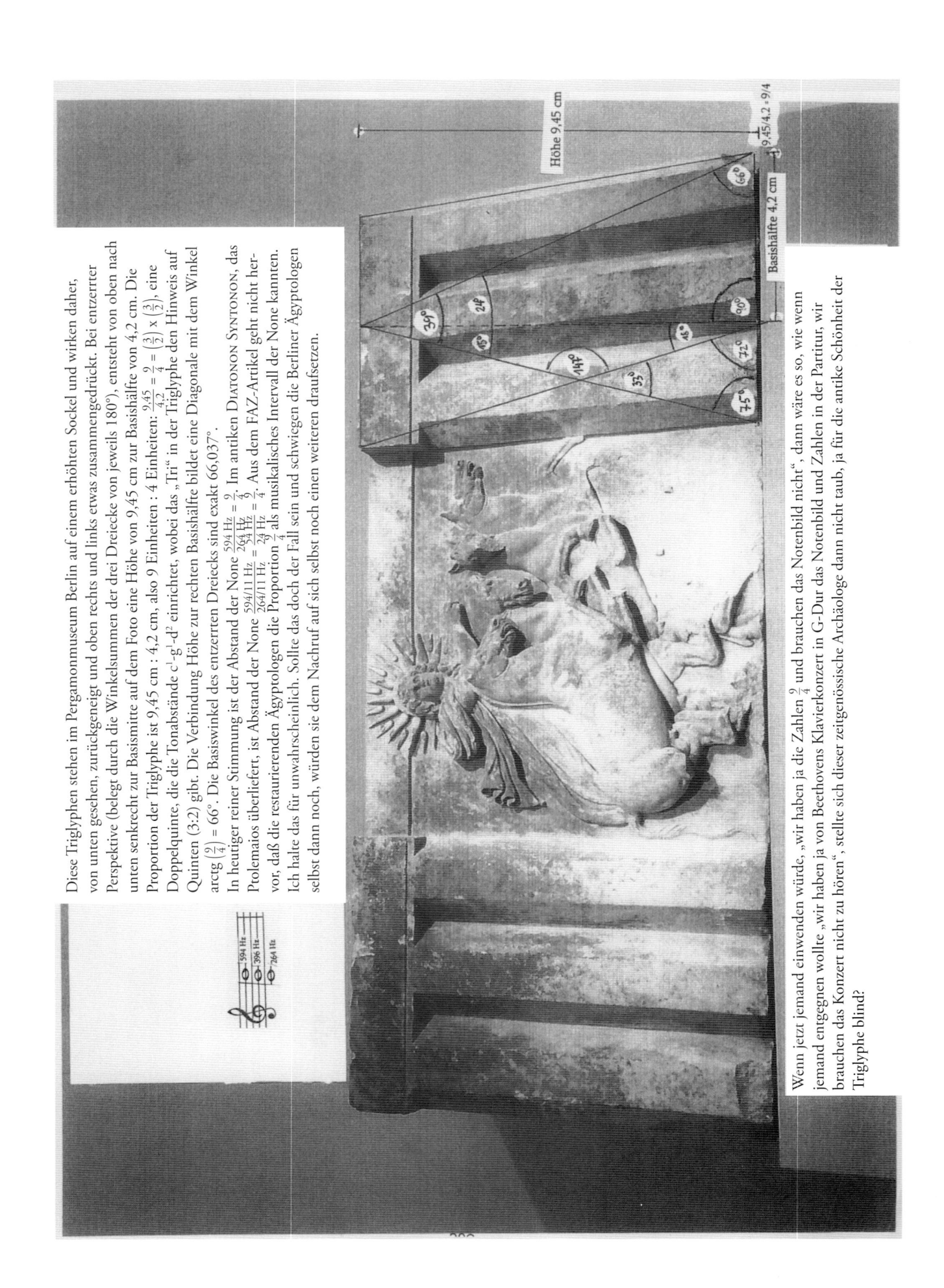

Diese Triglyphen stehen im Pergamonmuseum Berlin auf einem erhöhten Sockel und wirken daher, von unten gesehen, zurückgeneigt und oben rechts und links etwas zusammengedrückt. Bei entzerrter Perspektive (belegt durch die Winkelsummen der drei Dreiecke von jeweils 180°), entsteht von oben nach unten senkrecht zur Basismitte auf dem Foto eine Höhe von 9,45 cm zur Basishälfte von 4,2 cm. Die Proportion der Triglyphe ist 9,45 cm : 4,2 cm, also 9 Einheiten : 4 Einheiten: $\frac{9,45}{4,2} = \frac{9}{4} = \left(\frac{3}{2}\right) \times \left(\frac{3}{2}\right)$, eine Doppelquinte, die de Tonabstände c^1-g^1-d^2 einrichtet, wobei das „Tri" in der Triglyphe den Hinweis auf Quinten (3:2) gibt. Die Verbindung Höhe zur rechten Basishälfte bildet eine Diagonale mit dem Winkel arctg $\left(\frac{9}{4}\right) = 66°$. Die Basiswinkel des entzerrten Dreiecks sind exakt 66,037°.

In heutiger reiner Stimmung ist der Abstand der None $\frac{594\,Hz}{264\,Hz} = \frac{9}{4}$. Im antiken DIATONON SYNTONON, das Ptolemaios überliefert, ist Abstand der None $\frac{594/11\,Hz}{264/11\,Hz} = \frac{24\,Hz}{4} = \frac{9}{4}$. Aus dem FAZ-Artikel geht nicht hervor, daß die restaurierenden Ägyptologen die Proportion $\frac{9}{4}$ als musikalisches Intervall der None kannten. Ich halte das für unwahrscheinlich. Sollte das doch der Fall sein und schwiegen die Berliner Ägyptologen selbst dann noch, würden sie dem Nachruf auf sich selbst noch einen weiteren draufsetzen.

Wenn jetzt jemand einwenden würde, „wir haben ja die Zahlen $\frac{9}{4}$ und brauchen das Notenbild nicht", dann wäre es so, wie wenn jemand entgegnen wollte „wir haben ja von Beethovens Klavierkonzert in G-Dur das Notenbild und Zahlen in der Partitur, wir brauchen das Konzert nicht zu hören", stellte sich dieser zeitgenössische Archäologe dann nicht taub, ja für die antike Schönheit der Triglyphe blind?

Epilog

Goethe schreibt im „Faust II, 1. Akt Rittersaal, Vers 6443 ff. über die Triglyphe im „Meisterstück" griechischer Tempel:

> „So wie sie wandeln, machen sie Musik.
> Aus luft'gen Tönen quillt ein Weißnichtwie,
> Indem sie ziehn, wird alles Melodie.
> Der Säulenschaft, auch die Triglyphe klingt
> Ich glaube gar, der ganze Tempel singt."

In den Kommentaren, vor Jahrzehnten ausgeschrieben und, wie ich vermute, von der zeitgenössischen deutschen Archäologie unbeachtet, finde ich u.a.: „Was sich vollzieht, ist eine musikalische Architektur. Die Romantiker, z. B. Görres, nannten die Baukunst „gefrorene Musik"." Theodor Friedrich, Kommentar zu Goethes Faust 1932, Neubearbeitung durch Lothar Scheithauer, Stuttgart 1959 u. ö. S. 247). Von Arthur Schopenhauer finden sich ganze Passagen in „Parerga und Paralipomena" über Stein gewordene Architektur als „Objektivation des Willens". Sie gehen auf frühe persönliche Gespräche mit Goethe zurück. Zu Pästums Tempel Goethe an Herder, 17.5.1787, Abs. 4 (s. auch 23.3.1787); Band XI[3] der Hamburger Ausgabe hat auf S. 630 den Kommentar von Herbert von Einem dazu.

Erleichterte Leseprobe zur Einheit der antiken Musiktheorie, Geometrie und Mathematik

Beweis für Laien und Fachfremde, daß die in Platons Tonart DIATONON MALAKON proportionierten Abmessungen der Cheopspyramide heute tatsächlich rein in A-Dur erklingen, wenn man ihre Ellen als Frequenzen, meßbar in Hz, notierte.

Am Ende der Bemühung, Fehler der Ägyptologen im vermuteten Aufbau aller ägyptischen Pyramiden darzustellen, tat sich ein erheblich folgereicher Fehler schon vor sieben Jahren auf, und ich entdeckte, daß er die gesamte Pyramidenforschung seit dem Ende des 19. Jahrhunderts blockiert (s. Korff 2008, S. 68). Wenn erst einmal – wie hier – dieser Fehler gefunden ist, besteht auch die Chance, ihn zu beseitigen. Die Basis der Cheopspyramide ist nicht 440 Ellen, sondern sie ist 441 Ellen lang. Mein Bemühen darum war nicht nur im Einzelfall der Cheopspyramide erfolgreich, sondern über der Korrektur ihres Aufbauprinzips erfaßte ich zugleich auch bisherige Meßfehler in den restlichen 28 Großpyramiden Ägyptens. Seit Napoleons Zeiten hatte die Forschung nicht darauf geachtet, die fünf ersten Primzahlen in den Pyramidenabmessungen einzuhalten, sondern ließ vielfach auch größere Primzahlen zu, die im ägyptischen Meß- und Maßsystem gar nicht vorkommen. Auf den Gedanken, daß man dann mit den im Museum zu Kairo befindlichen Ellenstöcken gar keine Pyramiden hätte bauen können, weil sie mit ihrer Einteilung in Handbreit und Finger nur Primzahlprodukte aus den Zahlen 1, 2, 3, 5, 7 enthielten, völlig untauglich zum Einmessen wurden, – *auf diesen Gedanken kam man nicht.* Wenn z. B., wie von Dieter Arnold auf S. 200 in seinem „Lexikon der ägyptischen Baukunst" berichtet, die Pyramide Amenemhets III. in Dahshur „143 Ellen (75 m)" hoch ist, dann hätten 143 x 0,525 m = 75,075 m ergeben. In Wirklichkeit aber war die Pyramide, aus ihrem Rücksprung $\left(\frac{10}{7}\right)$ – ein großes Tritonusintervall $\left(\frac{8}{7} \times \frac{10}{9} \times \frac{9}{8} = \frac{10}{7}\right)$ – errechnet, $142\frac{6}{7}$ Ellen = 1000 Handbreit hoch, denn nur $142\frac{6}{7}$ Ellen x 0,525 m ergeben = 75 Meter. Wie hätten die Ägypter auf 143 = 11 x 13 kommen können, wenn Abschnitte mit 11 und 13 gar nicht auf ihren Ellenstöcken eingeeicht waren? Daß sie dessen ungeachtet, da ihnen ja trotzdem additiv die Wahl aller möglichen Primzahlen offenstand, dennoch die Ellenzahl 143 aus freien Stücken wählten, ist nach der Wahrscheinlichkeitsrechnung völlig auszuschließen!

Mein Fund enthält keine Deutung oder gar Interpretation, sondern meine von der zeitgenössischen Ägyptologie zur Zeit noch unbeachteten Ableitungen sind mathematisch unwiderlegbar. Wenn auch in der Mathematik viele Wege zum selben Ziel führen, unterscheiden sie sich doch dadurch, daß es umständliche und einfache Beweise gibt. Hier nun möchte ich als „Nachklang" dem Laien und Fachfremdem vorführen, daß nicht 440 = 1 x 2^3 x 5 x 11 Ellen, sondern 441 = 1 x 3^2 x 7^2 Ellen die Basislänge der Cheopspyramide ist. Zwar scheint mein Verfahren auf den ersten Blick fast umständlich, genau das ist meine Absicht! Mathematikern ist Umständlichkeit, auch wenn sie zum Ziel führt, ein Greuel. Für den Laien ist ruhige Weitläufigkeit Schritt für Schritt so greuelhaft nicht, denn ein Fachfremder kann einer ihm doch unbekannten Musiktheorie nur dann folgen, wenn ihm jeder Schritt vorgerechnet wird, da ihm aus der Richtigkeit des Ergebnisses selbst noch ein ein fehlendes Verständnis des Weges dorthin akzeptabel wird. Drei Punkte führen uns zum Ziel:

1. Es fällt das Umrechnenkönnen über fünf erste Primzahlen der hier beteiligten musikalischen Stimmungen auf. Wir haben zunächst die reine Stimmung, entworfen von der zweiten internationalen Stimmkonferenz (London 1939).
2. Dann überliefert Ptolemaios die Tongeschlechter DIATONON SYNTONON und das DIATONON MALAKON. Um nachzuvollziehen, daß die fünf ersten Primzahlen, die im Diatonon malakon und in Platons 60 Teilern der Zahl 5040 = 7! = (1 x 2 x 3 x 4 x 5 x 6 x 7) vorhanden sind, ist dann das Überführen des Einen ins andere durch Transposition möglich.
3. Die Darstellung dieser Gruppen und ihre Transposition zeigt, daß die ägyptischen Architekten bei ihrer Wahl der Höhe der Cheopspyramide = 280 Ellen und ihrer Basis von 441 Ellen nur diese fünf ersten Primzahlen verwandten. Auch weitere Einteilungen wie die Querschnittsberechnung, das Volumen, der Rücksprung usw. enthalten diese Zahlen, die den Böschungswinkel etc. präzis und den Pyramidenaufbau fehlerlos und damit unwiderlegbar machen. Mit anderen Maßeinheiten hätte nicht gebaut werden können, denn die vier Grate der Pyramide hätten sich nicht in der Spitze getroffen.

Heutige und antike Musiktheorie

Die Basislänge der Cheopspyramide ist nicht 440 durchschnittliche Ellen à 0,523555... m, wie es noch, einer ungesicherten Überlieferung Herodots vertrauend, Ludwig Borchardt 1926 annahm, sondern es sind 441 kleinere à 0,52236 m. Warum? $440 = 1 \times 2^3 \times 5 \times 11$ kann nicht sein, jedoch $441 = 1 \times 3^2 \times 7^2$. Das ägyptische Meß- und Maßsystem enthält schon aus meßtechnischen Gründen keine Elf. Brüche mit der 11 im Nenner lassen sich im Gelände in Serie nicht abstecken, ohne Meßfehler zu erzeugen, ist doch $\frac{1}{11} = 0,9090...$ ein periodischer Dezimalbruch. Produkte und Brüche aus den fünf ersten Primzahlen (1, 2, 3, 5, 7) in der Königselle von 52,5 cm = $1 \times \left(\frac{3}{2}\right) \times 5 \times 7$ lassen sich dagegen leicht abstecken, weil sie rational ganzzahlig sind. Die Eins (1) wurde in der Antike nicht als Primzahl verstanden, schlug nur bei Summen zu Buche, nicht aber bei Produkten und Brüchen, es sei denn als Kehrwert. Es wurde mir klar, daß nur die fehlende Eins, die in der hieratischen Schrift ein bloßer Punkt war (.), tradiert leicht übersehen und dann fehlen konnte. Diese winzige Ursache, die aus 441 die Zahl 440 machte, hatte eine ungeheuer explodierende Fehlforschung über die Pyramiden zur Folge.

Hier zitiere ich aus dem Handbuch zur Musik („Ulrich Michels, dtv-Atlas zur Musik", Bd. I. S. 16) drei Stimmungen, die auf der 2. internationalen Stimm-Konferenz in London 1939 bei 20° Temperatur festgelegt wurden. Darunter findet sich auch die reine Stimmung mit ihren Verhältnissen zum Ton c^1, der mit 264 Hz = 24×11 Hz definiert wurde. Es zeigt sich, daß man in London die Elf an alle Töne dieser Stimmung gehängt hat, die in der Antike durch Ptolemaios (Harm. I., II 16) als DIATONON SYNTONON nahezu gleich überliefert ist, jedoch ohne die Elf mit dem großen Ganzton $\frac{9}{8}$ zu Beginn der zweiten Quarte. Die Londoner reine Stimmung ohne Elf entspricht also der antiken, die die didymische genannt wird, sie hat nur zu Beginn der zweiten Quarte den kleineren Ganzton $\frac{10}{9}$.

Noch einmal: wichtig ist an dieser Stelle zu bemerken, daß in den Abmessungen Höhe ($280 = 1 \times 2^3 \times 5 \times 7$) und in der Basishälfte $\left(220,5 = \frac{1}{2} \times 3^2 \times 7^2\right)$ nur Produkte und Brüche – hier ist es ein Bruch $\frac{1}{2}$ – der ersten fünf Primzahlen (1, 2, 3, 5, 7) vorkommen, denn dies ist nach dem Meß- und Maßsystem der Ägypter ohne Ausnahme in den Rücksprüngen sämtlicher Pyramiden der Fall. Die ersten vier Primzahlen (1, 2, 3, 5), läßt man die Elf fort, sind auch in der Londoner reinen Stimmung von 1939 verwendet. In ihr stehen die Pyramiden: Chephren, Mykerinus, Neferefre, Unas, Teti, Pepi I., Pepi II., weil die Londoner reine Stimmung (ohne die 11) bis auf den Umtausch von $\frac{10}{9}$ nach $\frac{9}{8}$ in der zweiten Quarte mit dem antiken Diatonon syntonon identisch ist.

Londoner reine Stimmung
1 x 9/8 x 10/9 x 16/15 x 9/8 x 10/9 x 9/8 x 16/15 = 2

Ptolemaios' Diatonon syntonon
1 x 9/8 x 10/9 x 16/15 x 9/8 x 9/8 x 10/9 x 16/15 = 2

Von den Abrundungen der 2. Stimmkonferenz in London 1939 korrigierte reine Stimmung, s. hier Kap. II, S.63
220 (a), 247,5 (h), 275 (cis^1), 293 1/3 anstelle von 297(d^1), 330 (e^1), 366 2/3 anstelle von 367 (fis^1), 422,4 anstelle (gis^1), 440 (a^1)

Platons und Ptolemaios' Diatonon malakon in Ellenzahlen der Cheopspyramide
1x 8/7 x 10/9 x 21/20 x 9/8 x 8/7 x 10/9 x 21/20 = 2
<u>220,5</u> x 8/7 = 252 x 10/9 = <u>280</u> x 21/20 = 294 x 9/8 = 330,75 x 8/7 = 378 x 10/9 = 420 x 21/20 = <u>441</u>

Wenn man nun die Sieben in die Londoner Tonfolge hineinrechnet, wie hier folgend der Fall ist, ergibt sich diatonisch und nicht sehr entfernt klingend das antike Diatonon malakon entsprechend den Abmessungen der Cheopspyramide in Ellen (<u>220,5</u> Ellen ist die Basishälfte, <u>280</u> Ellen die Höhe und <u>441</u> Ellen die Basislänge). Die Oktave (220,5 x 2 = 441) läßt, in Hertz solmisiert, kaum veränderte antike Töne der A-Dur Tonleiter erklingen. Da Platon in den „Nomoi 771 a6 – c3" mit den 60 Teilern der Zahl 5040 = 7! die Partial- und Obertonreihe ausschließlich aus den ersten fünf Primzahlen hervorgehen läßt (s. Kap. III, S. 65) *und in dieser Reihe die genauen Abmessungen der Cheopspyramide offenbart*, fällt es leicht, von der reinen Stimmung ausgehend, über Platons Zahl 5040 (= 1 x 2 x 3 x 4 x 5 x 6 x 7 = 7!) die Intervalle des Diatonon malakon, aber auch die Steigungen der Böschung, Rücksprünge und Winkel anderer ägyptischer Pyramiden zu erreichen und dabei wiederum aus dieser Transposition zu erkennen, daß nur die ersten fünf Primzahlen in den Rücksprüngen auftreten. S. dazu die Liste der Rücksprünge (hier im Kapitel I, S. 8).

Von reiner Stimmung über Platons Zahl 5040 = 7! zur Tonleiter in der Cheopspyramide

A-Dur in reiner Stimmung	Diatonon Malakon in A-Dur	Abmessungen Cheopspyramide in Ellen
Die reine Stimmung ohne 11 multipliziert zu 7!	A Dur multipliziert zu 7!	220,5 x 8/7 = 252, x 10/9 = 280, x 21/"= 294 usw. s.o.

220 (a) = 20 x11	20x252 = 7!	220,5 x 160/7 = 7!	220,5 (a) x 160/(7x20) =	
247,5 (h) = 22,5x11	22,5x224 = 7!	252 x 20 = 7!		= 252 (h
275 (cis¹) = 25 x11	25x201,6 = 7!	280 x 18 = 7!	252 x 20/18	= 280 (cis¹)
297 (d¹) = 27 x11	27x186 ²/₃= 7!	294 x 120/7 = 7!	280 x (7x18)/120	= 294 (d¹)
330 (e¹) = 30 x11	30x168 = 7!	330,75 x 320/21 = 7!	294 x (120 x21)/(7x320)	= 330,75 (e¹)
367 (fis¹)=33,36…x11	33,36…x151,06 = 7!	378 x 40/3 = 7!	330,75 x(320x3)/(21x40)	= 378 (fis¹)
422 (gis¹) = 38,36 x11	…38,36…x131,37 = 7!	420 x 12 = 7!	378 x 40/(3x12)	= 420 (gis¹)
440 (a¹) = 40 x11	40x126 = 7!	441 x 80/7 =7!	420 x (12x7)/80	= 441(a¹)

Als Folge der Abrundung durch die Stimm-Konferenz enthalten die Halbtöne cis, fis, gis in der Londoner reinen Stimmung größere Primzahlen als 1,2,3,5,7.

So kommt man über Platons Teiler der Zahl 5040 = 7! = 1 x 2 x 3 x 4 x 5 x 6 x 7 von der reinen Stimmung (1939) zum antiken Diatonon syntonon (20, 22,5, 25, 26⅔, 30, 33, 75, 37,5, 40) und von dort aus zum Diatonon malakon (220,5, 252, 280, 294, 330,75, 378, 420, 441), dessen Frequenzen als Abmessungen in Ellen in der Cheopspyramide verbaut sind.

Die Stimmungen werden in der Gegenwart und wurden in der Antike durch Anhebung des Grundtons (1) durch überteilige Brüche der Partialtongestalt $\frac{(n+1)}{n}$ notiert, die jeweils die genauen Tonabstände zum Grundton (1) markierten, bis die Oktave (2) erreicht war. Sie erklingen in der Gegenwart durch rationale Intervalle als Frequenzen. Im Pyramidenbau sind sie als gleichzahlige Intervalle durch architektonisch gleich proportionierte Abstände in Ellen feststellbar und wären damit auch sichtbar, – wenn man darauf gekommen wäre. Gleichzahlig waren sie aber schon in der Antike. Es waren Tonzahlen, die verschiedene Saitenlängen gleicher Spannung bezeichneten:

Tonabstände der reinen Stimmung (s. „dtv-Atlas zur Musik" von U. Michels S. 16)

Notenname	temper. Stimmung	physikal. Stimmung		Cent	reine Stimmung	Verhältnis zu c¹	temperierte Stimmung
c⁵	4186,03 Hz	~ 2¹²	c²	1200	528 Hz	2:1	523,25 Hz
c⁴	2093,02 Hz	~ 2¹¹	h¹	1100	495 Hz	15:8	493,88 Hz
c³	1046,51 Hz	~ 2¹⁰	b¹	1000	475 Hz	9:5	466,16 Hz
			a¹	900	440 Hz	5:3	440,00 Hz
c²	523,25 Hz	~ 2⁹	as¹	800	422 Hz	8:5	415,31 Hz
c¹	261,63 Hz	~ 2⁸	g¹	700	396 Hz	3:2	392,00 Hz
c	130,81 Hz	~ 2⁷	fis¹	600	367 Hz	25:18	369,99 Hz
C	65,41 Hz	~ 2⁶	f¹	500	352 Hz	4:3	349,23 Hz
C₁	32,70 Hz	~ 2⁵	e¹	400	330 Hz	5:4	329,63 Hz
C₂	16,35 Hz	~ 2⁴	es¹	300	317 Hz	6:5	311,13 Hz
C₃	8,15 Hz	~ 2³	d¹	200	297 Hz	9:8	293,67 Hz
			cis¹	100	275 Hz	25:24	277,18 Hz
			c¹	0	264 Hz	1:1	261,63 Hz

C Tonhöhen   chromatische Tonleiter   Kammerton

Zu den Tonabständen der Londoner reinen Stimmung und dem antiken Diatonon syntonon ist noch zu bemerken, daß der Halbton as¹, der zur Oktave a¹ aufschließt 422,4 Hz x $\frac{25}{24}$ = 440 Hz, eben nicht $\frac{16}{15}$ Hz ist, sondern der kleinere Halbton $\frac{25}{24}$, der sich zusammen mit dem größeren gis¹ $\left(\frac{27}{25}\right)$ zum großen Ganzton zusammenschließt $\left(\frac{25}{24}\right)$ x $\left(\frac{27}{25}\right) = \frac{9}{8}$. Wenn man also von der Tonart A-Dur und ihren drei Kreuzen cis, fis, gis spricht, so ist das nicht ganz korrekt, man müsste eigentlich cis, fis, as, zwei Kreuzen und einem b sprechen. Da hier mit Tonabständen exakt gebaut wird, müssen die korrekten Ellenlängen eingehalten werden. Für den praktischen Musiker der Geige, Cello und Baß spielt, sind diese kleinen Unterschiede ohne Bedeutung, zumal in Konzerten die temperierte Stimmung vorherrscht und die reine Stimmung eigentlich nur noch der menschlichen Stimme vorbehalten ist.

In den Tönen der reinen Stimmung ohne die Elf sind nur die ersten vier Primzahlen (1, 2, 3, 5) enthalten. Aus folgendem Grund kommt im Diatonon malakon der Cheopspyramide die Sieben noch dazu (1, 2, 3, 5, 7): Vom (a) nach (h) in der reinen Stimmung wurde der Grundton 220 Hz um $\frac{9}{8}$ erhöht, wie vom (a) nach (h) im Diatonon malakon der Grundton 220,5 um einen größeren Bruch $\frac{8}{7}$. Nach der natürlichen Zahlenfolge $\frac{(n+1)}{n}$ der Partial- und Obertonreihe ist aber $\frac{8}{7} = \frac{9}{8}$ x $\frac{64}{63}$. Das Septimenkomma $\frac{64}{63}$ (s. Handbuch S. 85) enthält die 7 im Nenner (9 x 7 = 63). Wir müssen also, wie gesagt, $\frac{9}{8}$ mit $\frac{64}{63}$ multiplizieren, um die Solmisation mit dem übergroßen Ganzton $\frac{8}{7}$ zu starten. Der Quarte im Diatonon malakon muß aber vom Halbton $\frac{16}{15}$ wieder $\frac{64}{63}$ abgezogen werden, um sie rein zu erhalten, denn dann ist wieder $\left(\frac{9}{8} \times \frac{64}{63}\right) \times \frac{10}{9} \times \left(\frac{16}{15} \times \frac{63}{64}\right) = \frac{4}{3}$ oder gekürzt $\frac{8}{7}$ x $\frac{10}{9}$ x $\frac{21}{20} = \frac{4}{3}$, weil doch $\frac{16}{15}$ x $\frac{63}{64} = \frac{21}{20}$ ist. Auf diese Weise kommen nun in der Tonart Diatonon malakon die Abmessungen der Cheopspyramide zutage: 220,5 x $\frac{8}{7}$ = 252 Ellen, 252 x $\frac{10}{9}$ = 280 Ellen. Das musiktheoretisch gewonnene Ergebnis ist der Rücksprung (weil $\frac{8}{7}$ x $\frac{10}{9}$ die übergroße Terz $\frac{80}{63}$ ist), und auch das Produkt 80 x 63 = 5040 = 1 x 2 x 3 x 4 x 5 x 5 x 7 = 7! ist erreicht. Beide Frequenzen wechseln nunmehr als Ellenabstände, Flächen- und Rauminhalte in die Geometrie:

Ergebnis

Ein musikalisches Verhältnis von zwei Tönen bzw. Frequenzen wird zum Verhältnis von zwei gleichzahligen Strecken. Die Pyramidenhöhe (280 Ellen) zur Basishälfte (220,5 Ellen) ist in Hertz ausgedrückt eine übergroße Terz a-cis⁺ in A-Dur. Diese Terz ist aber zugleich geometrisch der Rücksprung der Pyramide $\frac{280}{220,5} = \frac{80}{63}$. Denn der Rücksprung formt den Böschungswinkel: arctg $\frac{80}{63}$ = 51,78°. Da aber der Rücksprung einer Pyramide zugleich die Steigung einer Geraden ist und sich der Pyramidenumriß aus zwei Geraden zusammensetzt, die sich in der Spitze eines Pyramidenquerschnitts kreuzen, und wir das so beschaffene Dreieck im Cartesischen Koordinatensystem antreffen, sind wir unvermittelt von der Musiktheorie in die Geometrie übergegangen.

Geometrie der Cheopspyramide

Zwei Funktionsgleichungen dieser Geraden bilden den Umriß des Pyramidenquerschnitts,

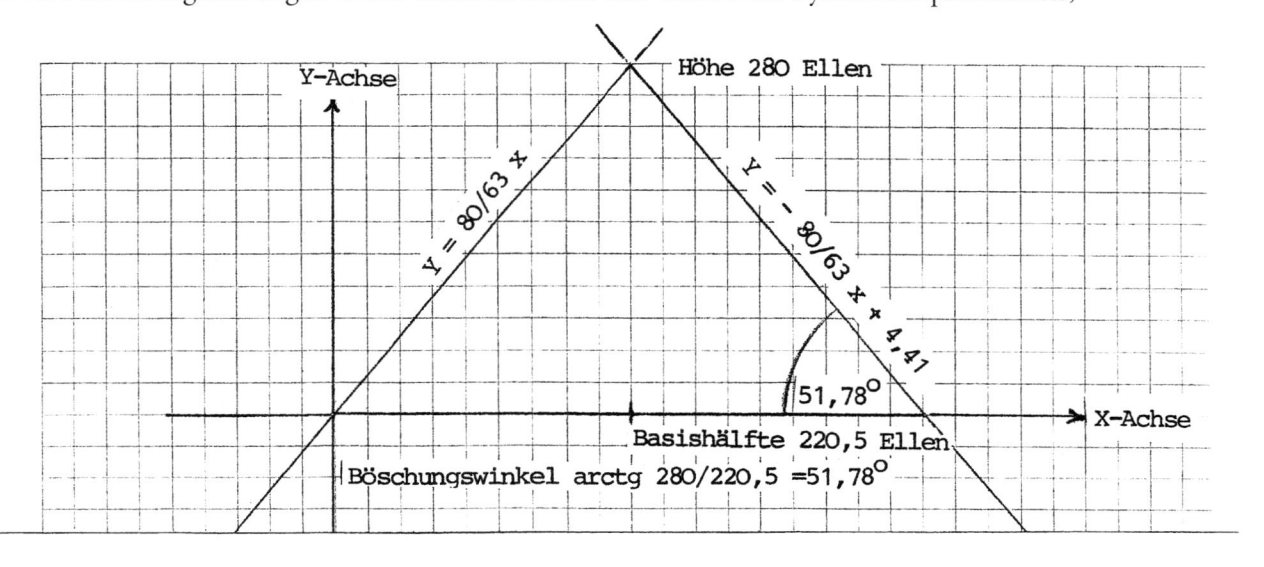

Was hier aus der Musiktheorie erreicht ist, wird jetzt auch in der Geometrie bestätigt:

Die Pyramidenrücksprünge sind Steigungen der Böschungslinien

Die originalen Höhen und Basishälften der 15 Pyramiden stimmen nicht in den Zahlen, wohl aber in ihren Rücksprungsverhältnissen aus 5 ersten Primzahlen überein, die Rücksprünge aus Intervallen der A-Dur Tonleiter wären und 220,5 Ellen zur Basishälfte hätten:

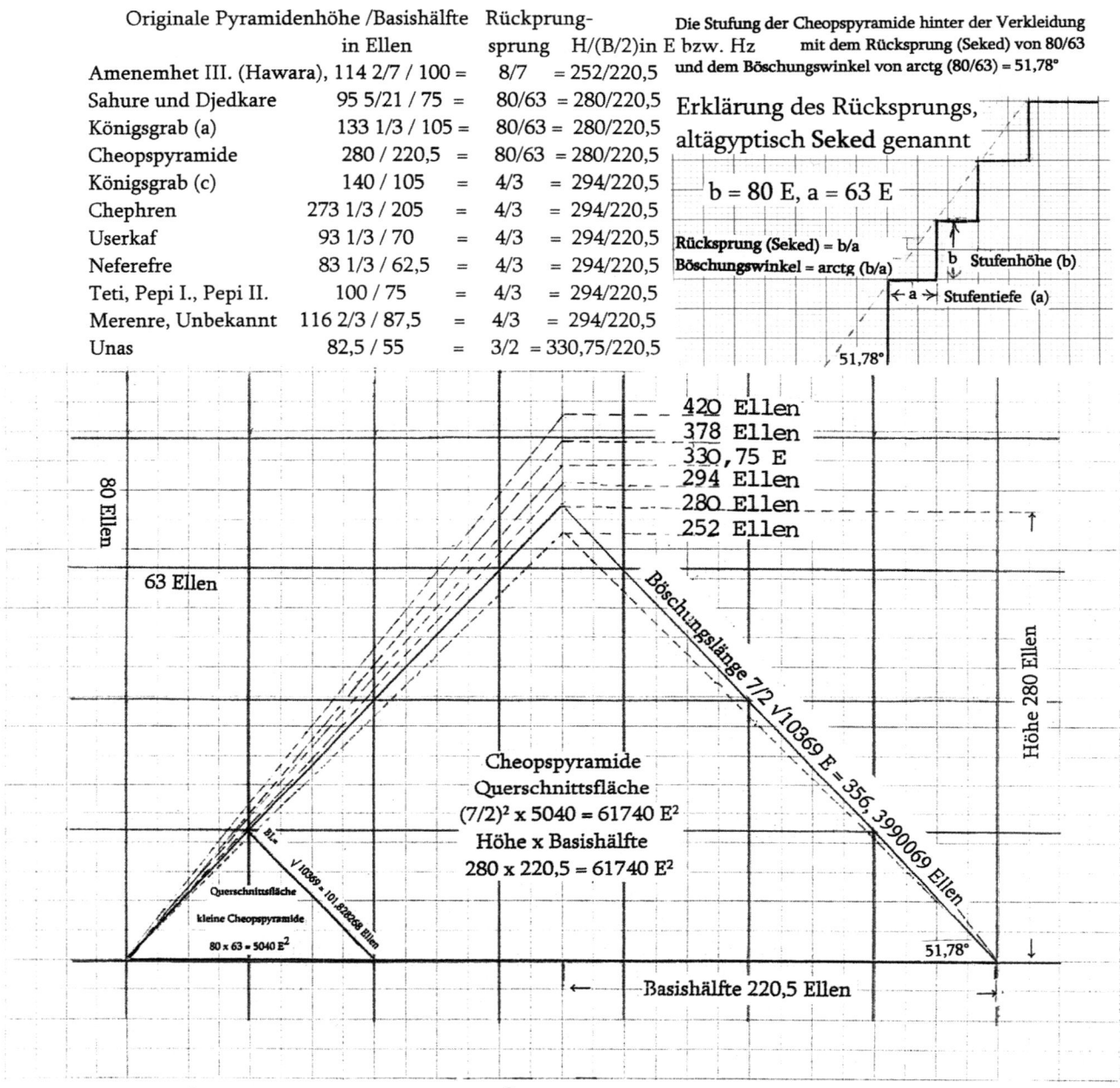

Originale Pyramidenhöhe /Basishälfte in Ellen		Rücksprung H/(B/2) in E bzw. Hz	
Amenemhet III. (Hawara),	114 2/7 / 100 =	8/7	= 252/220,5
Sahure und Djedkare	95 5/21 / 75 =	80/63	= 280/220,5
Königsgrab (a)	133 1/3 / 105 =	80/63	= 280/220,5
Cheopspyramide	280 / 220,5 =	80/63	= 280/220,5
Königsgrab (c)	140 / 105 =	4/3	= 294/220,5
Chephren	273 1/3 / 205 =	4/3	= 294/220,5
Userkaf	93 1/3 / 70 =	4/3	= 294/220,5
Neferefre	83 1/3 / 62,5 =	4/3	= 294/220,5
Teti, Pepi I., Pepi II.	100 / 75 =	4/3	= 294/220,5
Merenre, Unbekannt	116 2/3 / 87,5 =	4/3	= 294/220,5
Unas	82,5 / 55 =	3/2	= 330,75/220,5

Die Stufung der Cheopspyramide hinter der Verkleidung mit dem Rücksprung (Seked) von 80/63 und dem Böschungswinkel von arctg (80/63) = 51,78°

Erklärung des Rücksprungs, altägyptisch Seked genannt

b = 80 E, a = 63 E

Rücksprung (Seked) = b/a
Böschungswinkel = arctg (b/a)
b Stufenhöhe (b)
a Stufentiefe (a)

51,78°

420 Ellen
378 Ellen
330,75 E
294 Ellen
280 Ellen
252 Ellen

80 Ellen
63 Ellen

Böschungslänge 7/2 √10369 E = 356,3990069 Ellen

Höhe 280 Ellen

Cheopspyramide
Querschnittsfläche
$(7/2)^2 \times 5040 = 61740\ E^2$
Höhe × Basishälfte
$280 \times 220,5 = 61740\ E^2$

√10369 ≈ 101,828698 Ellen

Querschnittsfläche
kleine Cheopspyramide
$80 \times 63 = 5040\ E^2$

51,78°

← Basishälfte 220,5 Ellen →

252/220,5 = 8/7   arctg 8/7 = 48,81° Neigungswinkel Amenemhet III. (Hawara)
280/220,5 = 80/63 arctg 80/63 = 51,78° Neigungswinkel Sahure, Djedkare, Cheops
294/220,5 = 4/3   arctg 4/3 = 53,13° Neigungswinkel Chephren + 8 Pyramiden
330.75/220,5 = 3/2 arctg 3/2 = 56,30° Neigungswinkel Unas
378/220,5 = 12/7   arctg 12/7 = 59,74° Neigungswinkel
420/220,5 = 40/21 arctg 40/21 = 62,3° Neigungswinkel

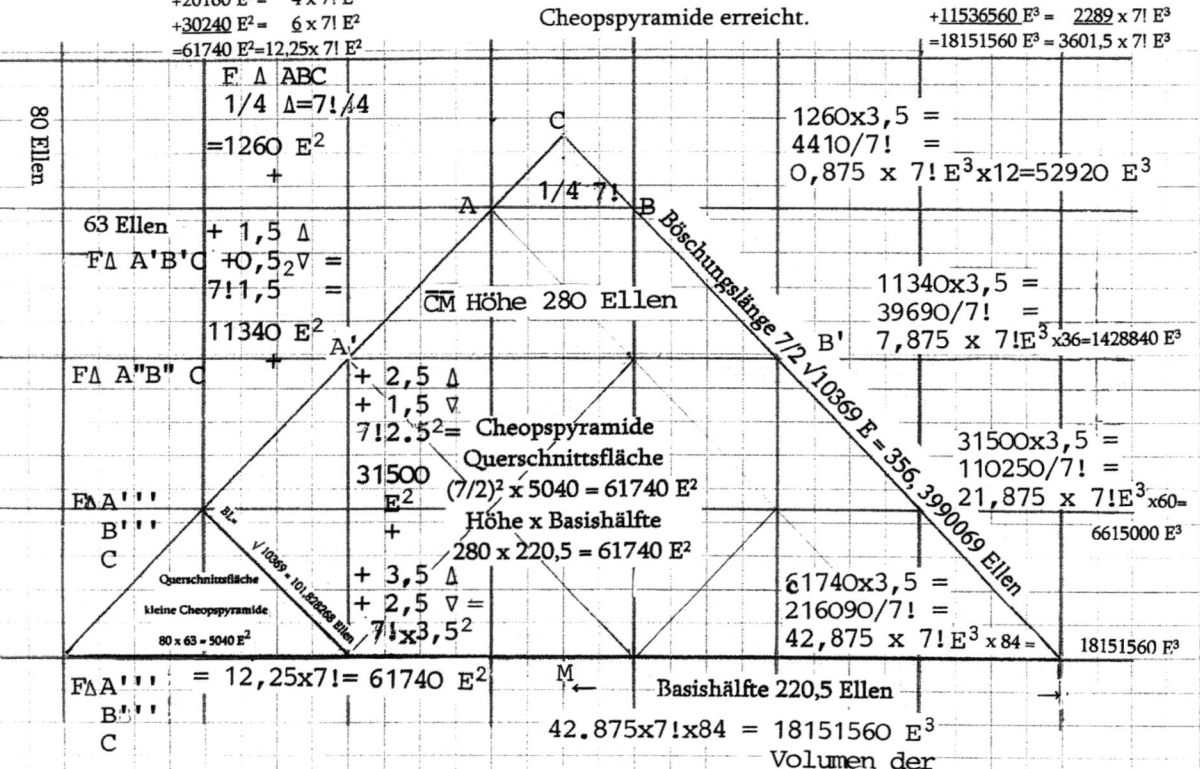

Geometrische Berechung des Cheopspyramidenquerschnitts und Volumens

In der Geometrie werden aus Zahlen Punkte, Streckenlängen, Flächen- und Raumgrößen.

Links ↕ ist die Berechnung des Pyramidenquerschnitts unter Verwendung von Platons Dreiecksflächengröße (5040 E^2), ihrem Viertel (1260 E^2), und ihrer Hälfte (2520 E^2), die im Cheopspyramidenquerschnitt mit insgesamt 12,25 Dreiecken eine Gesamtfläche von 12,25 x 5040 = 61740 E^2 erreichen.

Rechts ↕ ist die Berechnung des Pyramidenvolumens aus Raumkörpern (Pyramidien), deren Vergrößerungsfaktor vom Querschnitt zum Raum 294 ist (in Hz der Ton d^1; als Zehntel 29,4 cm den altgriechischen attisch-jonischen Fußes ausmacht) und insgesamt mit 42,875 x 5040 x 84 = 18151560 E^3 das Volumen der Cheopspyramide erreicht.

Vol. ABC = 52920 E^3
Vol. A'B'C = 1428840 E^3
Vol. A"B"C = 6615000 E^3
Vol. A'''B'''C = 18151560 E^3

```
  1260  E² =  1/4 x 7! E²
+10080  E² =    2 x 7! E²
+20160  E² =    4 x 7! E²
+30240  E² =    6 x 7! E²
=61740  E² = 12,25 x 7! E²
```

Summe der Volumina
```
   52920 E³ =   10,5 x 7! E³
+1375920 E³ =    273 x 7! E³
+5186160 E³ =   1029 x 7! E³
+11536560 E³ =  2289 x 7! E³
=18151560 E³ = 3601,5 x 7! E³
```

80 Ellen

F △ ABC
1/4 △ = 7!/4
= 1260 E^2

63 Ellen

F△ A'B'C + 1,5 △ +0,5 ▽ = 7! 1,5 = 11340 E^2

F△ A"B"C

F△ A'''B'''C

Querschnittsfläche kleine Cheopspyramide 80 x 63 = 5040 E^2

F△ A'''B'''C = 12,25 x 7! = 61740 E^2

CM Höhe 280 Ellen

Böschungslänge 7/2 √10369 E = 356,399069 Ellen

+2,5 △
+1,5 ▽
7! 2,5² = Cheopspyramide Querschnittsfläche
31500 E^2
$(7/2)^2$ x 5040 = 61740 E^2
Höhe x Basishälfte
280 x 220,5 = 61740 E^2
+3,5 △
+2,5 ▽
7! x 3,5²

M ← Basishälfte 220,5 Ellen

1260 x 3,5 = 4410/7! = 0,875 x 7! E^3 x 12 = 52920 E^3

11340 x 3,5 = 39690/7! = 7,875 x 7! E^3 x 36 = 1428840 E^3

31500 x 3,5 = 110250/7! = 21,875 x 7! E^3 x 60 = 6615000 E^3

61740 x 3,5 = 216090/7! = 42,875 x 7! E^3 x 84 = 18151560 E^3

42.875 x 7! x 84 = 18151560 E^3
— Volumen der Cheopspyramide —

Arithmetische Berechung des Cheopspyramidenquerschnitts und Volumens

ChFQ: 280 E x 220,5 E = 61740 E^2 ChVol.: 61740 E^2 x 294 E = 18151560 E^3 ← Herkunft der Zahl 294:

61740 E^2 x (3,5 x 84) E = 18151560 E^3 Die ägypt. Berechnungsformel
5040 E^2 x ($3,5^2$ x $3,5^2$ x 24) E = 18151560 E^3 für das Pyramidenvolumen ist:
(7! x $3,5^4$ x 4!) E^3 = 18151560 E^3 **Pyramidionvolumen x Stufenzahl³**

Nach heutiger Berechnung ist die Querschnittsgröße einer Pyramide:
Höhe x Basishälfte. Cheopspyramide 280 x 220,5 = 61740 E^2

Das theor. Cheopspyramidion war (7x7)/(5x5) E^3 groß. 49/25 x 210^3 = 18151560 E^3; 294 = 210 x 7/5.

Nach heutiger Berechnung ist das Volumen einer Pyramide:
Höhe/3 x Basis². Cheopspyramide 280/3 x 441^2 = 18151560 E^3

18151560 E^3 = 7/5 x 210^2 x 210 x 7/5
18151560 E^3 = $(7/5)^2$ x 210^3 E^3
(vgl. hier Vorwort S.5 u.ö.)

Nach altägyptischer Berechnung ist die Querschnittsgröße einer Pyramide:
Pyramidionquerschnittsfläche x Stufenzahl²:
(80x63) x $3,5^2$ = 61740 E^2 bei der Cheopspyramide, falls sie 3,5 Stufen hätte.

Nach altägyptischer Berechnung ist das Volumen einer Pyramide:
Pyramidioninhalt x Stufenzahl³:
423360 x $3,5^3$ = 18151560 E^3 bei der Cheopspyramide, falls sie 3,5 Stufen hätte.

Nota bene: Die altägyptischen Berechnungsmethoden im Papyrus Rindt und Tourajew sind oft umständlicher als die heutigen, führen aber zum gleichen Ergebnis.

Personenregister

Agathon 223
Alberti 208
Altenmüller 33, 187
Amenophis IV. Echnaton 60
d'Annunzio 202
Apelles 145
Apollonios 146
Archimedes 146
Archytas 17, 43, 45, 46, 53, 65, 68, 70, 74, 98,
    112, 139, 179, 180, 195–199, 201, 208, 209,
    223, 225, 234, 238
Aristarchos 145, 146
Aristoteles 67, 71, 98, 155, 208, 210, 236
Aristoxenos 53, 145, 160, 200, 209, 223
Arnold 10–15, 18, 20–22, 24–33, 35–51,
    78–81, 85, 86, 95, 97, 103–105, 107, 145,
    155, 157, 287
Assmann VII, 55 ff, 101, 153, 278, 283
Augustus 145

Becker 239
Beethoven 285
Boeckh 159, 208, 224
Boëthios 19, 43, 45, 46, 74, 112, 195, 200, 208,
    215, 224, 234, 236
Borchardt 12, 22, 33, 53, 64, 65, 154, 160, 166,
    188, 288
Borges 95
Bouasse 58, 160

Cantor IV, 71
Cech 139
Cherniss 102
Christina von Schweden 202
Cole 154
Cornford 208
Curtis 202

Demokrit 228
Descartes 290
Didymos 63, 61, 160, 164, 196, 209, 223, 225
Diels 71
Diodor 91
Diogenes Laërtius 70, 71
Dion 71
Dionys 195

Djoser 60, 197
D'ooge 77
Düring 53, 102, 160, 195, 239
Dupuis 77

Ehrenberg 135
Einem, v. 286
Ellis 113, 116, 118, 121, 124, 130, 138
Enzensberger 78
Eratosthenes 53, 61, 146, 160, 209
Eudor 215
Eudoxos 70, 98, 230
Euklid 70, 209, 215
Eurytos 70, 71, 195

Festugière 210, 214
Fischer-Elfert 279, 281
Fortlage 53, 160
Frank 208, 218, 221, 223
Friedrich 286

Galileo 281
Geiger 53
Gesualdo 101, 202
Gillain VI
Görres 286
Goethe 159, 229, 286
Gould 101, 207
Goyon IV, 188
Graefe 154, 278, 284
Gustafsson 202

Haase 208, 284
Handschin 53, 160, 208, 213, 216–218
Helmholtz 101, 113, 116, 118, 121, 124, 130,
    138
Henderson 53, 160
Heraklit 228
Herder 286
Hermodor 70
Hermogenes 70
Herodot 196, 288
Hildesheimer 202
Hippodamos 99, 109, 116, 118, 121, 132, 133,
    134, 137, 225
Hippokrates 145

Hoepfner 99, 109, 129, 132, 137, 139, 140, 141, 143, 225, 281
Höveler-Müller 280, 281
Homer 135
Horaz 137
Hornbostel, v. 53, 160
Huxley 202

Imhotep 11, 19–21, 23–32, 34–51, 59, 60, 72, 194, 196, 197, 198, 201
Iversen 10, 70

Jahnn 57, 202
Jahoda 208
Jamblichos 14, 102
Jaquin 65
Jünger 89
Justinian 90

Kant 57
Karajan 63
Kayser 57, 208
Kepler 215
Kleisthenes 135
Kloth 33, 187
Kokaras 153
Korff 23, 75, 78 ff, 100, 102, 106, 108, 132, 157, 159, 192, 203, 220, 227, 233, 237, 278–281, 284, 287
Krantor 211, 215, 221
Kranz 71
Kratylos 70
Krausser 202
Kreichgauer 53, 160
Ktesibios 196
Kunze 279
Kytzler 208, 211, 212

Lenk 100
Lichtenberg 87
Luhmann 137

Makrobius 208
Maragioglio 12, 105
Marquard 217
Marwan 197–201
Marx 95
Mausollos 133, 144

Michels 54, 58, 62, 66, 97, 100, 108, 196, 198, 288, 289
Milton 202
Moutsopoulos 216, 217
Mozart 55, 56, 62, 65, 66, 68
Müller-Ehrenfeldt 97
Müller-Römer 145, 153, 154, 192, 284
Myron 145

Napoleon 105, 108, 287
Naredi-Rainer 149
Nikomachos III, IV, 74, 77, 102, 150, 189, 191, 224, 234, 236
Nussbaum 101

Oleson 140
d'Olivet 157
Olms 278

Pachelbel 57
Parmenides 70
Pascal I, III–VI, 23, 71–75, 77, 95, 151, 194
Petrie 12, 53, 160, 166, 188
Philipp von Opus 228, 231
Philolaos 70, 71, 146, 195, 208, 209, 238
Platon II, 10, 14, 17, 23, 33, 34, 43, 45, 46, 53, 58, 61, 66, 67, 70, 71, 73, 74, 87, 88, 91, 94, 97–100, 102, 106, 108, 134, 138, 139, 140, 142, 143, 145, 149–152, 154, 155, 158–160, 179, 180, 186, 187, 194–198, 208–216, 218, 220–234, 236, 237, 238, 287, 288, 289, 292
Plutarch 91, 94, 97, 102, 103, 108, 189, 208, 211, 213, 215, 223, 226
Polykleitos 145
Porphyrios 102
Proklos 152, 208, 210, 211, 213–218, 221, 222
Psellos 208
Ptolemaios IV, V, 10, 11, 15, 19, 20, 21, 23–32, 34–51, 53, 61, 68, 74, 80, 82, 85, 96, 102, 113, 114, 116–119, 122, 124, 125, 130, 131, 142, 143, 150, 153, 160, 162–187, 195, 196, 200, 201, 208, 223, 225, 234, 238, 285, 287, 288
Pythagoras VI, 13, 14, 15, 63, 66, 67, 80, 81, 83, 86, 91, 95, 97, 104, 106, 107, 108, 149–152, 155, 169–176, 186, 187, 195, 208, 209, 210, 213, 221, 222, 223, 225, 231, 235
Pytheus 99, 109, 129, 130, 133, 134, 135, 141, 143–146

Quack 281

Raffael 66, 67, 91, 97, 99, 235, 236
Raue 281–284
Reisch 208
Riemann 53, 160
Rihm 101, 203
Rilke 157, 158
Rinaldo 12
Ross 71

Sabat 113, 116, 118, 121, 124, 130, 138
Severus 217
Scheel 53
Scheithauer 286
Schikaneder 57
Schopenhauer 286
Schrader 141
Schwandner 99, 109, 129, 132, 137, 139, 140, 141, 143, 225
Schwarz 71
Schweinitz 101, 113, 116, 118, 121, 124, 130, 138
Sieber II, 72
Skopinas 146
Sokrates 70
Speusippos 223
Spitzer 208
Stadelmann VII, 80, 82, 83, 157, 162, 192, 278, 283, 284
Stenzel 208
Strawinsky 202

Tannery 225, 229, 239
Taylor 208, 212, 216, 217, 221, 224
Theaitetos 230
Themistokles 225
Theodoros 70, 208
Theon 74, 77, 102, 189, 191
Theophrast 226
Thimus, v. 159, 208, 224
Thukydides 135
Thum 100
Thurn und Taxis-Hohenlohe, v. 157
Timaios Lokris 208, 213, 214, 215, 216, 217, 221
Toeplitz 229, 239
Tourajew 155

Tschu Schi Kih IV, 71
Tsungya Riebe-Yang 194
Tutenchamun 153

Vasari 235
Vicentino 101
Vincent 208
Vitruv 106, 133, 135, 145, 150, 208, 283
Vogel 53, 160, 195, 223, 225
Vollmer 229

Waerden, van der 158, 225, 229, 234, 239
Walter 101
Wan Ly IV, 71
Watkins 101, 202
Westphal 223
Wiegand 141
Winnington-Ingram 229, 239
Wirsching 33, 187

Xenokrates 220, 230, 231

Zeller 208, 216, 217, 218

Telos / Telos / Telos!

Ebenfalls lieferbar:

Friedrich Wilhelm Korff
Der Klang der Pyramiden
Platon und die Cheopspyramide – das enträtselte Weltwunder
2. Auflage 2009
VI/324 S. Beigefügt sind eine Falttafel und eine CD
ISBN 978-3-487-13539-7 (Broschur)
ISBN 978-3-487-13540-3 (Leinen)

„Ein wahres Weltwunder ist wahrlich der stille Anblick der Pyramiden. Aber noch ein größeres ist ihr Gesang, die Kenntnis der Geometrie, der Bautechnik und Musik, die sie hervorbrachten." (FAZ)

„Stein gewordene Musik": Die Tagesthemen berichteten über „die Sensation in Fachkreisen".
(Sendung vom 08.12.2008. http://www.tagesschau.de/multimedia/sendung/tt1022.html)

„Die Pyramiden sind Stein gewordene Musik, deshalb wirken sie auf die Menschen so harmonisch. Das klingt spektakulär, und ist es auch." (taz)

Mit den Pyramiden haben die Ägypter Bauwerke von Weltgeltung geschaffen. Warum ihr Anblick stets aufs Neue fasziniert, blieb uns bisher verborgen. Wir erkannten nur, dass die Böschungswinkel der Pyramiden sämtlich harmonisch sind. Die Suche nach dem Grund für dieses erstaunliche Phänomen hat den Philosophen Friedrich Wilhelm Korff in die antike Musiktheorie geführt. Das Geheimnis der Zahl 5040, die Platon zur logistischen Basis seines Idealstaats erklärt, war bisher selbst den klassischen Philologen verborgen geblieben. Korff hat entdeckt, dass diese Zahl in Wahrheit eine Pyramidenzahl ist. Sie enthält den kompletten Satz der Abmessungen der Cheopspyramide in überprüfbaren Ellenlängen. Dank seines archäologischen Spürsinns und den mathematisch exakten Ableitungen gelingt Korff der Nachweis, dass die Neigungswinkel aller Pyramiden aus musikalischen Intervallen gebildet sind. Da man den Anblick der Pyramiden nicht hören kann, löst sich das Rätsel, wenn man im übertragenen Sinne sagt: Sie klingen in den Augen, sind steingewordene Musik, materialisierte geistige Systeme. Unsere Architekten haben mit ihren heutigen Nachbildungen so gut wie nie die Faszination der ägyptischen Originale erreicht: Sie wissen nicht um die altägyptische Kenntnis der Harmonie der Pyramidenneigungen.
Die Entdeckung Korffs wird in dem 324 Seiten umfassenden Werk wissenschaftlich begründet und ist nach der Vielzahl nicht immer solider Veröffentlichungen über die Pyramiden endlich ein unwiderlegbarer, mathematisch genau begründeter Beweis für die Lösung des Rätsels. Korffs Ausführungen werden ergänzt durch die Einschaltung von Tabellen und Faltkarten. Die beigefügte CD bezeugt, wie die Intervalle der antiken Tonarten klingen.

Ein bahnbrechender Wurf ist Friedrich Wilhelm Korff, Professor für Philosophie, mit seinem jüngsten Werk „Der Klang der Pyramiden" gelungen. Korff weist am Beispiel der ägyptischen Pyramiden mit mathematischer Präzision und zahlreichen historischen Quellen unwiderlegbar nach, welch große Rolle die Kenntnisse harmonikaler Proportionen bereits in der Architektur der Antike spielten. Was bereits

Johannes Kepler im Hinblick auf den Umlauf der Planeten in seinem dritten Planetengesetz nachgewiesen hat und einige Forscher der Neuzeit in vielen Ausformungen der Natur und der Kunst gefunden haben, hat Korff nun speziell an den ägyptischen Pyramiden nachgewiesen: Die musikalische Obertonreihe ist weit mehr als nur das Grundsystem einer musikalischen Harmonielehre; sie ist ein ästhetisches, harmonikales Gesetz, das in der Seele des Menschen verankert ist, nach welchem der Mensch Schönheit und Ästhetik von Unharmonischem unterscheidet. Auch dann, wenn uns diese Vorgänge beim Betrachten der Pyramiden nicht bewusst sind, so sind sie doch im inneren Tönen, im Empfinden der Seele verankert. Ton und Zahl sind untrennbar miteinander verbunden, die wohl elementarste und allgemeingültige Erkenntnis, die Korff in seinem Werk am Beispiel der allseits bekannten ägyptischen Pyramiden aufzeigt.

Die einfachen Proportionen – die ersten Teiltöne der Obertonreihe, die sowohl den Dur- als auch den Mollakkord bilden – entsprechen in ihrer einfachen Anlage dem ästhetischen Empfinden des Menschen und zeigen somit einen konkreten Zusammenhang zwischen dem Schönen und dem Natürlichen auf. Dieses alte pythagoreische Wissen um harmonikale Entsprechungen wird in der Zukunft noch so manche Überraschung ans Licht bringen.

Henny Jahn, Kirchenmusikerin und Orgelbaumeisterin

„Ihre Entdeckung ist mit allem historischen Wissen und präziser Beobachtung in einer Weise abgesichert, dass man nur staunend den Hut ziehen und Sie beglückwünschen muss. Ihre Ergebnisse sind schlagend und werfen ein völlig neues Licht auf den Pyramidenbau wie auf die Baukunst überhaupt. Freilich: so recht Sie ohne Zweifel haben, so schwer werden wir Ägyptologen es haben, Ihre Entdeckungen mit dem in Beziehung zu setzen, was wir sonst von Ägypten, den Pyramiden, der ägyptischen Musik und und Mathematik und geistigen Hintergründen der ägyptischen Baukunst wissen. Ihr Buch wird eine ungeheure Herausforderung an unser Fach darstellen und hoffentlich eine intensive Forschung in Gang setzen, um Ihren sensationellen Ergebnissen den nötigen Kontext zu geben."

Prof. Dr. Jan Assmann (Universität Heidelberg)